Wuppertaler Studienbibel

Wuppertaler Studienbibel

Begründet von
Fritz Rienecker

Reihe: Neues Testament

Herausgegeben von
Werner de Boor
und
Adolf Pohl

R. Brockhaus Verlag Wuppertal

Das Evangelium des Johannes

1. Teil
Kapitel 1 bis 10

erklärt von

Werner de Boor

R. Brockhaus Verlag Wuppertal

9. Auflage 1985

Copyright © 1968 by R. Brockhaus Verlag Wuppertal
Printed in Germany
Druck: Weihert-Druck GmbH, Darmstadt

ISBN 3-417-25104-4 Efalin
ISBN 3-417-25004-8 Paperback

Dem Andenken an

FRITZ RIENECKER

den Begründer und ersten Herausgeber

der Wuppertaler Studienbibel

VORWORT

Fritz Rienecker hatte sich als Herausgeber der Studienbibel die Auslegung des Johannesevangeliums besonders vorbehalten und mit großer Freude die Arbeit daran begonnen. Da setzte der Herr unerwartet seinem Wirken ein Ende. Seinem Andenken soll dieser Band gewidmet sein.

Nun habe ich die Arbeit übernommen. Mancher wird gerade beim Johannesevangelium die Auseinandersetzung mit andern Auslegern erwarten. Ich habe sie aber bewußt vermieden. Eine solche Auseinandersetzung muß gründlich sein, wenn sie überhaupt Wert haben soll. Sie müßte bei einer Leserschaft, die nicht schon in der theol. Literatur bewandert ist, die abweichenden Auffassungen R. Bultmanns und anderer eingehend schildern. Welchen Umfang hätte dann dieser Band haben müssen!

Ich folge aber grundsätzlich dem Beispiel A. Schlatters. Er hat nicht nur in seinen „Erläuterungen", sondern auch in seinen großen Kommentaren auf jede Diskussion mit andern Theologen verzichtet. Er wollte den Benutzern seiner Bücher wie seinen Studenten im Kolleg zum wirklichen „Hören" auf den Text selber helfen. „Das Hören wird gestört, wenn uns ein Gewirr von Stimmen gleichzeitig bestürmt. Stille ist die Bedingung des Hörens; es verlangt die Beschränkung des Verkehrs auf den, der jetzt mit uns spricht" („Erlebtes" 3. Aufl. S. 78). So möchte auch ich meine Leser nur mit dem Text selber beschäftigen. Daß zu diesem „Hören" auf den Text alles das hilft, was treue philologische und historische Forschung an wirklichen Erkenntnissen erarbeitet hat, ist gewiß.

Selbstverständlich gibt es zu unserm Evangelium eine Fülle von Auslegungen und Schriften, die mit reichem Gewinn studiert werden können. Ein Literaturverzeichnis am Schluß der „Einleitung" sucht dem Leser einige Hinweise zu geben.

Dieser Band ist unter mancherlei Schwierigkeiten zustandegekommen. Umso dankbarer bin ich den vielen Betern, Erwachsenen und Kinderkreisen, die die Arbeit durchgetragen haben.

Dorothea Vogt hat auch bei diesem Band die vielfache Schreibarbeit mit innerer Anteilnahme geleistet, Parallelstellen ausgesucht und das Sachregister angefertigt.

Schwerin, den 18. Juni 1968   Werner de Boor

Inhaltsverzeichnis

Einleitung   Seite

I. Wer schrieb dieses Buch über Jesus?	15
II. Johannes und die Synoptiker	21
III. Die Begriffswelt der Reden Jesu	26
IV. Das Ziel des Johannesevangeliums	27
V. Die Einheitlichkeit des Johannesevangeliums	29
VI. Die Entstehungszeit des Johannesevangeliums	30
VII. Die Unterschiede der Lesarten in den Handschriften	30
VIII. Literatur zum Johannesevangelium	31
Das Geheimnis der Person Jesu, Jo 1, 1—5	33
Ein Zwischenblick auf Johannes den Täufer, Jo 1, 6—8	42
Die Wirkung des wahren Lichtes, Jo 1, 9—13	44
Die Gabe des Offenbarers, Jo 1, 14—18	50
Das Zeugnis des Johannes, Jo 1, 19—28	61
Ein zweites Zeugnis des Johannes, Jo 1, 29—34	68
Johannes-Jünger werden Jesus-Nachfolger, Jo 1, 35—42	74
Philippus und Nathanael werden Jünger Jesu, Jo 1, 43—51	79
Die Hochzeit zu Kana, Jo 2, 1—11	86
Die Tempelreinigung, Jo 2, 12—22	93
Jesus und die Jerusalemer, Jo 2, 23—25	101
Das Nikodemusgespräch, Jo 3, 1—21	102
Das letzte Zeugnis des Täufers, Jo 3, 22—36	119
Die Wirksamkeit Jesu in Samaria, Jo 4, 1—42	128
Ein zweites Zeichen Jesu in Galiläa, Jo 4, 43—54	149
Die Heilung am Teich Bethesda, Jo 5, 1—18	153
Jesus bezeugt seine Gottessohnschaft, Jo 5, 19—30	164
Die drei Zeugen für Jesus, Jo 5, 31—40	174
Der Unglaube der Juden, Jo 5, 41—47	180
Die Speisung der Fünftausend, Jo 6, 1—15	184
Jesus wandelt auf dem Meer, Jo 6, 16—24	191
Jesus, das Brot des Lebens, Jo 6, 25—35	194
Der Unglaube der Galiläer, Jo 6, 36—51	200
Jesu Fleisch als Lebensbrot, Jo 6, 52—59	210
Die Scheidung der Jünger, Jo 6, 60—71	216
Jesus kommt zum Laubhüttenfest wieder nach Jerusalem, Jo 7, 1—13	226
Jesu Auseinandersetzung mit den Festpilgern, Jo 7, 14—30	232
Ein Verhaftungsversuch des Hohen Rates, Jo 7, 31—36	241
Jesus ruft zum Glauben am letzten Tag des Festes, Jo 7, 37—44	244

	Seite
Der mißlungene Verhaftungsversuch des Hohen Rates, Jo 7, 45—52	249
Ein Einschub: Jesus und die Ehebrecherin, Jo 7, 53 — 8, 11	252
Jesus, das Licht der Welt, Jo 8, 12—20	257
Die entscheidende Bedeutung der Person Jesu, Jo 8, 21—30	262
Jesu Freiheitsverheißung für die glaubenden Juden, Jo 8, 31—36	270
Die Teufelskindschaft bei dem Samen Abrahams, Jo 8, 37—47	275
Die Ewigkeit Jesu, Jo 8, 48—59	283
Die Heilung des Blindgeborenen, Jo 9, 1—7	290
Das Verhör des Geheilten vor den Pharisäern, Jo 9, 8—34	293
Durch Jesus werden Blinde sehend und Sehende blind, Jo 9, 35—41	300
Jesus bezeugt seine Sendung in Bildern aus dem Hirtenleben, Jo 10, 1—21	304
Der Ruf zur Entscheidung beim Tempelweihfest, Jo 10, 22—42	318

Richtlinien
für die Benutzer der Wuppertaler Studienbibel

In bezug auf den Bibeltext:
Der Bibeltext ist fett gedruckt. Wiederholungen aus dem behandelten Bibeltext sind fett gedruckt.
Gesperrt nur im Sinne der Verdeutlichung bei Betonung.

In bezug auf die Parallelstellen:
Mit Absicht sind eine große Fülle von Bibelstellen als Parallelen gebracht. Für diese Parallelstellen ist am Rand eine Spalte freigelassen.

In bezug auf die Handschriften:
Zu den wichtigsten vom Text abweichenden Lesarten, die sich im allgemeinen in den Fußnoten finden, sind folgende Zeichen gesetzt, die der Erklärung bedürfen:

Die Handschriften des Neuen Testaments

Bezeichnung	aus Jahrhundert	Namen	Standort: in Bibliothek	
ℵ	IV	Sinaiticus	London	Neutestamentlicher Teil einer Vollbibel. Die romantische Entdeckungsgeschichte, wie sie Tischendorf erzählt, siehe bei Tischendorf. Gregory 348 ff., Gregory 23 ff. 1844 im Katharinenkloster auf Sinai in einem Abfallkorb zum Heizen bestimmt. Genannt sei auch: S c h n e l l e r : Tischendorf-Erinnerungen.
A	V	Alexandrinus	London	Das NT mit 1. Clemensbrief und den sogen. Psalmen Salomos, in der Bibliothek Alexandrien, 1628 an Karl I. von England geschenkt. Vollbibel mit einzelnen Lücken.
B	IV	Vaticanus	Rom	Einer der größten Schätze der päpstlichen Bibliothek. Vollbibel mit Lücken.
C	V	Ephraemi rescriptus	Paris	In Pariser Nationalbibliothek stehend. Vom Syrer Ephraem überschrieben. 1535 nach Paris gekommen. Bibel mit vielen Lücken.

Diese vier Bibeln des IV. und V. Jahrhunderts dürfen als die wichtigsten Zeugen gelten. — Wenn sie auch auf die Hauptsitze der katholischen und anglikanischen Kirche R o m , P a r i s , L o n d o n verteilt sind, so hat doch der deutsche Protestantismus sich um ihre gelehrte Erforschung sehr bemüht.

Die Zusammenfassung der v i e r Handschriften ℵ A B C zu einer Textgruppe wird die h e s y c h i a n i s c h e oder ä g y p t i s c h e T e x t f o r m genannt. Hesychius war ein Grieche in Alexandrien. Weil Alexandrien in Ägypten liegt, wird diese Textgruppe auch die ägyptische Textform genannt.

Weitere Handschriften des Neuen Testaments

Bezeichnung	aus Jahrhundert	Namen	Standort: in Bibliothek	
D	VI	Bezae Cantabrigiensis	Cambridge	Enthält die 4 Evangelien und die Apostelgeschichte, aber mit großen Lücken.
E	VIII	Basiliensis	Basel	⎫
F	IX	Boreelianus	Utrecht	⎬ Diese Handschriften enthalten die vier Evangelien.
G	X	Seidelianus I	London	
H	IX	Seidelianus II	Hamburg	⎭
L	VIII		Paris	H und L enthalten Apostelgeschichte und Briefe.
046	VIII		Rom	046 enthält Offenbarung des Johannes.

Die sogenannte Koine ist diejenige Handschriftengruppe, welche die Zusammenfassung der einzelnen Handschriften E F G H L und 046 bildet.

Es sind also die Handschriften aus dem VIII. bis X. Jahrhundert. Die Koine ist die in Antiochien und später in Konstantinopel zur allgemeinen Verbreitung gekommene Textform. Diese Textform tritt uns, da Erasmus von Rotterdam solche späten Handschriften benutzte, in Luthers Bibelübersetzung entgegen. Luther stützte sich auf diese späte Handschriftengruppe, also auf die sogenannte K o i n e, die in der Erasmusausgabe vorlag.

Die Erasmusarbeit war eine sehr flüchtige Arbeit.

„Erasmus benutzte höchstens drei Handschriften, die er von den Predigermönchen in Basel entlieh und die heute noch erhalten sind (keine von ihnen ist älter als das 12. Jahrhundert). Sie zeigen, daß Erasmus die Handschriften selbst durcharbeitete und dann als Vorlage in die Druckerei gehen ließ. Für die Offenbarung des Johannes, die in jenen Handschriften fehlte, wurde eine Handschrift aus Maihingen herangezogen; in ihr fehlte der Schluß 22, 16—21; Erasmus übersetzte ihn einfach aus der Vulgata ins Griechische, ohne das irgendwo anzugeben." Michaelis, Einleitung in das NT 1954 Seite 357.

Die K o i n e - G r u p p e, d. i. die Vorlage Luthers, erwähnen wir ebenfalls.

Andere Handschriften werden jeweilig im Text erklärt.

Am Schluß der Studienbibel soll eine Übersicht über die Geschichte der Handschriften folgen.

In bezug auf besondere Urtextwörter:

Schwierige Wörter des griechischen Textes, die die Möglichkeit verschiedener Übersetzungen bieten, sind in den Fußnoten eingetragen. Die griechischen Wörter sind dabei in Klammern oder in Anführung gesetzt und in lateinischen Buchstaben wiedergegeben!

Abkürzungs-Verzeichnis

I. Allgemeine Abkürzungen:

AT = Altes Testament
NT = Neues Testament
atst = alttestamentlich
ntst = neutestamentlich
grie = griechisch
hebr = hebräisch
lat = lateinisch
LXX = Septuaginta. Das ist die griechische Übersetzung des AT, angeblich von 70 gelehrten Juden auf Befehl des Königs Ptolemäus Philadelphus 200 v. Chr. in Alexandrien angefertigt.

II. Literatur-Abkürzungen:

W—B = Walter Bauer: Griechisch-Deutsches Wörterbuch. 4. Aufl. 1952
Bl—De = Blaß—Debrunner: Grammatik des ntst Griechisch 9. Auflage 1954 zitiert n. §§.
Radm = Rademacher: Neutestl. Grammatik 1925. 2. Aufl.
Ki—Th W = Kittel: Theolog. Wörterbuch
NTD = Neues Testament Deutsch Göttingen 1932 ff.
St—B = Strack—Billerbeck: Kommentar zum NT aus Talmud usw. Bd. I—IV. München 1922 ff.

III. Abkürzungen der biblischen Bücher:

a) Altes Testament

1 Mo = 1. Mose
2 Mo = 2. Mose
usw. = usw.
Jos = Josua
Ri = Richter
Rth = Ruth
1 Sam = 1. Buch Samuelis
2 Sam = 2. Buch Samuelis
1 Kö = 1. Buch der Könige
2 Kö = 2. Buch der Könige
1 Chro = 1. Buch der Chronika
2 Chro = 2. Buch der Chronika
Esr = Esra
Neh = Nehemia
Esth = Esther
Hio = Hiob
Ps = Psalter
Spr = Sprüche
Pred = Prediger
Holi = Hohelied
Jes = Jesaja
Jer = Jeremia
Kla = Klagelieder
Hes = Hesekiel
Da = Daniel
Hos = Hosea
Joe = Joel
Am = Amos
Ob = Obadja
Jon = Jona
Mi = Micha
Nah = Nahum
Hab = Habakuk
Ze = Zephanja
Hag = Haggai
Sach = Sacharja
Mal = Maleachi

b) Apokryphen

Tob = Tobias
1 Makk = 1. Makkabäer
2 Makk = 2. Makkabäer
Sir = Sirach

c) Neues Testament

Mt = Matthäus
Mk = Markus
Lk = Lukas
Jo = Johannes
Apg = Apostelgeschichte
Rö = Römer
1 Ko = 1. Korinther
2 Ko = 2. Korinther
Gal = Galater
Eph = Epheser
Phil = Philipper
Kol = Kolosser
1 Th = 1. Thessalonicher
2 Th = 2. Thessalonicher
1 Tim = 1. Timotheus
2 Tim = 2. Timotheus
Tit = Titus
Phlm = Philemon
1 Pt = 1. Petrus
2 Pt = 2. Petrus
1 Jo = 1. Johannes
2 Jo = 2. Johannes
3 Jo = 3. Johannes
Hbr = Hebräer
Jak = Jakobus
Jud = Judas
Offb = Offenbarung des Johannes

Vgl. W. Stb. Matth. S ... = Vergleiche Wuppertaler Studienbibel Matthäus-Band Seite ...
Vgl. W. Stb. Mark. S ... = Vergleiche Wuppertaler Studienbibel Markus-Band Seite ... usw.

EINLEITUNG[1]

I. Wer schrieb dieses Buch über Jesus?

Wenn wir das Johannesevangelium miteinander lesen, dann ist es eine entscheidende Frage für uns: Wer schrieb dieses Buch über Jesus? War es der Zebedaide Johannes, also ein Jünger und Augenzeuge? Durch Jahrhunderte hindurch war es die zweifellose Überzeugung der Gemeinde Jesu, in diesem Evangelium das Werk des Apostels Johannes vor sich zu haben. Dann aber brachen die Bedenken dagegen auf, zuerst 1792 bei dem englischen Theologen Evanson, der das Johannesevangelium einem platonischen Philosophen des 2. Jahrhunderts zuschrieb. Seitdem ist die Auseinandersetzung über die „Echtheit" unseres Evangeliums nicht zur Ruhe gekommen. Wir können diese Auseinandersetzung hier nicht in ihrer ganzen Breite entfalten, müssen dem Leser aber einen Einblick in die Fragen geben. Wir lesen unser Evangelium doch sehr anders, wenn wir überzeugt sind, den Apostel Johannes zu uns reden zu hören, als wenn wir annehmen müssen, ein unbekannter Mann der 2. oder 3. Generation trage uns seine Auffassung von Jesus in Form eines Evangeliums vor.

Wir haben zuerst zu hören,

1. Was unser Evangelium selbst über seinen Verfasser sagt.

a) Während es durch den Briefstil der Zeit gegeben ist, daß die Verfasser der ntst Briefe — eine bezeichnende Ausnahme macht gerade der 1. Johannesbrief — sich am Beginn ihrer Schreiben mit Namen nennen, fehlt bei allen Evangelien, auch bei Lukas, der Verfassername. Aber Lukas als „gebildeter Schriftsteller" hat immerhin in einem Vorwort einiges von sich selbst und seiner Arbeit gesagt. Bei Johannes (ebenso bei Matthäus und Markus) fehlt jede direkte Selbstaussage des Verfassers.

b) Wenn unser Evangelium auch kein „Vorwort" hat, so hat es doch in Kapitel 21 einen Nachtrag[2]. Dieses Kapitel 21 schildert uns Osterereignisse, die nicht in Jerusalem, sondern in Galiläa geschahen. Dazu gehört auch das Gespräch des Auferstandenen mit seinem Jünger Petrus (V 15—19). Im Anschluß an dieses Gespräch heißt es dann: „Petrus aber wandte sich um und sah den Jünger folgen, welchen Jesus lieb hatte, der auch an seiner Brust beim Abendessen gelegen hatte und gesagt: Herr, wer ist's, der dich verrät? (V. 20)." Und nun gibt eine Gruppe von Männern, die wir

---

[1] Vgl. dazu W. Michaelis „Einleitung in das Neue Testament" Bern 1961³ S. 91 ff. und den Artikel „Johannesevangelium" im „Lexikon zur Bibel" Brockhaus Verlag.
[2] Kapitel 20, 30 f. ist ein klarer Abschluß. Kapitel 21 ist dem ursprünglichen Buch zugefügt, allerdings wohl sofort bei seiner Veröffentlichung, da wir keinerlei Handschriften unseres Evangeliums ohne Kapitel 21 kennen.

nicht näher kennen, das Zeugnis ab: „Dies ist der Jünger, der von diesen Dingen zeugt und dies geschrieben hat, und wir wissen, daß sein Zeugnis wahrhaftig ist" (V. 24). Damit ist eine entscheidende Tatsache festgestellt. Unser Evangelium ist geschrieben von „dem Jünger, den Jesus liebhatte". Dieser Jünger muß zu den zwölf Aposteln gehören, da nur diese bei dem letzten Mahl Jesu zugegen waren. Was wir miteinander lesen werden, stammt auf jeden Fall von einem Augenzeugen, von einem Mann aus dem engsten Jüngerkreis, ja von einem Jünger, der dem Herrn in besonderer Weise nahestand[3].

c) Können wir noch näher bestimmen, wer aus dem Kreis der Zwölf dieser Mann war? Der Jünger, dem das Zeugnis des Nachtrags gilt, erscheint hier wie auch 20, 2 ff unmittelbar mit Petrus zusammen. So aber steht in der Apostelgeschichte Johannes neben Petrus (3,1; 4,13). Ebenso sieht auch Paulus in Gal 2,9 Johannes neben Petrus als „Säule" in der Urgemeinde. Wenn also unser Evangelium einen „Jünger, den Jesus liebhatte", in dieser Verbundenheit mit Petrus zeigt (auch in der Szene 13, 23 ff), dann mußte jeder Leser des Evangeliums in ihm den Apostel Johannes sehen.

d) Aber kann dieser „Jünger, den Jesus liebhatte" nicht doch eine frei erfundene Gestalt, eine symbolische Figur des „wahren Jüngers" sein[4]? Sie wäre es allenfalls, wenn sie eben nur allgemein-symbolisch im Evangelium vorkäme. Aber es werden im Evangelium ganz konkrete Handlungen gerade diesem „Jünger" zugeschrieben, es ist sichtlich ein bestimmter Mann aus dem Apostelkreis gemeint. W. Michaelis[5] weist auf einen besonders wichtigen Tatbestand hin: „Der Bericht über das letzte Mahl, in den 13, 23 ff eingefügt ist, gehört zum festen Bestand der synoptischen Tradition. Dies bedeutet, daß die gesamte Christenheit der Zeit, in der das Johannesevangelium entstanden ist, gewußt hat, daß das letzte Mahl Jesu mit seinen Jüngern eine geschichtliche Tatsache war, und auch gewußt hat, wer damals anwesend war. Welcher Verfasser hätte es vor solchen Lesern wohl wagen dürfen, in einen Bericht über das letzte Mahl eine fingierte Idealgestalt einzufügen? Ja, welcher Verfasser hätte damals auch nur in seinen Plänen auf diesen Gedanken kommen können? Diese Lösung scheint die schlechteste aller möglichen Lösungen zu sein."

e) Eine weitere Beobachtung kommt hinzu. Unser Evangelium ist nicht sparsam im Gebrauch der Apostelnamen. Simon Petrus, Andreas, Philippus, Nathanael, Thomas werden mehrfach genannt. Nur Johannes und Jakobus erscheinen in unserem Evangelium niemals mit Namen! Das wird nur dann verständlich, wenn Johannes

---

[3] Er „lag an der Brust Jesu". Das dürfen wir nicht in sentimentaler Weise mißverstehen. Man „lag" damals bei feierlichen Mahlzeiten am Tisch. Das brachte es mit sich, daß immer wieder ein Gast, dem Tisch mit aufgestütztem Haupt zugekehrt, „zu der Brust" eines andern Gastes hin lag. Dabei ist es dann ein bevorzugter Platz, wenn ein Gast „zu der Brust des Hausherrn hin" zu liegen kam.
[4] So R. Bultmann in seinem Kommentar S. 269 „Der Lieblingsjünger ist vielmehr eine Idealgestalt".
[5] A. a. O. S. 99.

selbst der Verfasser ist, der sich scheut, unter ausdrücklicher Nennung seines Namens von sich selbst zu sprechen. Wer aber in dem „Jünger, den Jesus liebhatte", Johannes erkannt hat — und die ersten Leser des Evangeliums mußten das noch viel unmittelbarer tun als wir heute —, der versteht dann auch die zarte Art, mit der Johannes im Evangelium von sich spricht und in Kap. 1 sein eigenes Gläubigwerden andeutet[6].

f) Endlich darf auch die Versicherung gleich am Anfang des Evangeliums „Wir sahen seine Herrlichkeit" (1, 14) nicht gering geachtet werden. Nichts weist darauf hin, daß der Verfasser dieses „Sehen" nur als ein „geistiges" verstanden wissen will, das er mit jedem Christen teilt. Das wird durch 1 Jo 1, 1 sogar ausgeschlossen, wo der gleiche Zeuge neben dem „Hören" und „Sehen" Jesu sogar von einem „Betasten mit seinen Händen" spricht. Wenn er in 20, 29 so ausdrücklich Christen vor Augen hat, die „nicht sehen und doch glauben", dann darf die Hervorhebung seines eigenen „Sehens" in 1, 14 nicht verharmlost und entleert werden.

g) Es ist kein Zweifel, der Verfasser unseres Evangeliums sagt es uns in zurückhaltender und doch ganz klarer Weise, daß er Johannes, der Jünger und Apostel, der Zebedaide, ist.

Jede Bestreitung der Verfasserschaft des Johannes erhebt darum notwendig gegen den Schreiber und gegen die Herausgeber unseres Evangeliums einen schweren Vorwurf. Der unbekannte Verfasser hätte in einer Weise, die man nur als raffiniert bezeichnen könnte, bei seinen Lesern den Eindruck zu erwecken versucht, der Apostel Johannes zu sein[7]. Und der Kreis der Herausgeber in Kap. 21 würde diese Irreführung noch mit der ausdrücklichen Versicherung der Wahrhaftigkeit des Evangelisten decken und dadurch die Leser bewußt in der Täuschung bestärken, es mit dem Jünger Johannes zu tun zu haben. Eine solche Anschuldigung gegen Verfasser und Herausgeber des Johannesevangeliums müßte sich auf unumstößliche Gründe stützen, die es unwiderleglich erweisen, daß der Apostel Johannes nicht der Schreiber des Evangeliums sein kann. Liegen solche Gründe vor?

Daß sie tatsächlich nicht vorliegen können, ergibt sich schon aus der Tatsache, daß Forscher, wie Fr. Godet, Th. Zahn, A. Schlatter u. a., von der Abfassung unseres Evangeliums durch den Apostel Johannes überzeugt sind. Wirklich eindeutigen Beweisen für die Unechtheit des Johannesevangeliums hätten auch sie sich beugen müssen.

---

[6] Vgl. die Auslegung zu 1, 40 ff.
[7] Daß ein Christ gegen Ende des 1. Jahrhunderts ein Evangelium schrieb unter der Vorgabe, der Apostel Johannes zu sein, kann man leicht behaupten. Aber wie sollen wir uns die Täuschung der damaligen Gemeinden eigentlich konkret vorstellen? Wenn Johannes tatsächlich alt geworden war, war er den Gemeinden vor allem in Kleinasien gut bekannt; sie wußten sofort, daß dieses Evangelium nicht von ihm stammen konnte. Wenn Johannes aber, wie Bultmann und andere meinen, bereits früh den Märtyrertod erlitt, dann konnten die Gemeinden schwerlich glauben, daß jetzt nach Jahrzehnten auf einmal ein Evangelium dieses Johannes erschien.

2. Wie steht es mit der kirchlichen Bezeugung des Johannesevangeliums?

Aber gehen wir den Fragen näher nach und stellen wir zunächst fest, wie es mit der kirchlichen Bezeugung des Johannesevangeliums steht.

a) Die älteste unmittelbare Nachricht über die Entstehung des Johannesevangeliums haben wir bei Irenäus, dem wichtigsten der alt-katholischen Kirchenväter. Irenäus stammt aus Kleinasien und wurde 178 Bischof von Lyon in Südfrankreich. In seinem Hauptwerk „Gegen die Häresien"[8] sagt er von Johannes, dem Apostel, dieser habe in Kleinasien bis in die Zeit Trajans (98—117) gelebt. „Danach (nach den Synoptikern) hat auch Johannes, der Jünger des Herrn, der auch an seiner Brust lag, seinerseits ein Evangelium herausgegeben, während er in Ephesus in Kleinasien weilte." Dieses Evangelium sei besonders gegen den Gnostiker Kerinth, einem Zeitgenossen des Apostels, und gegen die Nikolaiten gerichtet.

Woher hat Irenäus seine Kenntnis? Er beruft sich auf Bischof Polykarp von Smyrna, der 86jährig als Märtyrer 155 oder 166 starb. Irenäus hat Polykarp sehr gut und lebendig gekannt. Er erinnert sich nicht nur, daß Polykarp Johannes und andere Jünger Jesu erwähnt hat, sondern weiß noch, was Polykarp von Johannes über Jesus gehört hat, über seine Wunder und seine Lehre im einzelnen[9].

So hat die Nachricht des Irenäus über Johannes und seine Schriften einen festen Grund. Sie beruht auf den Mitteilungen eines Mannes, der mit dem Apostel Johannes noch selber in persönlicher Verbindung gestanden hat[10].

b) Nun hält man aber diesem Zeugnis des Irenäus eine Aussage des Papias entgegen, die Euseb in seiner Kirchengeschichte (III, 39) aus dem Vorwort des Papias zu seinem Werk über die „Herrenworte" zitiert[11]. An dieser Äußerung des Papias ist das Auffallende, daß darin zweimal ein „Johannes" genannt wird. Einmal erscheint er mit einer Reihe der bekannten Apostel zusammen. Danach aber wird ein „Alter Johannes" zusammen mit einem uns sonst nicht bekannten Aristion aufgeführt. Hat es also zwei Männer namens Johannes gegeben, die den Gewährsmännern des Papias bekannt waren, von denen Papias sichere Nachrichten über Jesus bekommen konnte?

Viele Forscher haben diese Frage bejaht; sie unterscheiden von daher einen „Presbyter" Johannes vom „Apostel" und Zebedaiden. Und nun meinen sie, dieser „Presbyter Johannes" sei es gewesen, der in hohem Alter bis in die Tage Trajans hinein in

---

[8] Irenäus „Adversus haereses" Dtsch Übersetzung in der „Bibliothek der Kirchenväter" 2. Auflage 1911 ff.

[9] Vgl. den Brief des Irenäus an den Gnostiker Florinus, mitgeteilt durch Euseb in seiner Kirchengeschichte V 20.

[10] Fr. Büchsel urteilt: „Diese Überlieferung hat mit Polykarp einen glänzenden Gewährsmann und braucht nur diesen einen, um von Irenäus bis Johannes zu reichen. Sie verdient also unser bestes Zutrauen. Nur ganz besonders starke Gründe können gegen sie aufkommen" (NTD Bd IV 1949 S. 22).

[11] Papias war Bischof in Hierapolis von Phrygien und schrieb in der Zeit zwischen 120—160 n. Chr. sein Werk „Auslegung der Herrenworte", aus dem nur dürftige Reste in Zitaten bei andern Schriftstellern erhalten sind.

Ephesus gelebt und das Evangelium geschrieben habe. Er sei verständlicherweise bald mit dem bekannten Apostel Johannes verwechselt worden, auf den man nun alles übertragen habe, was doch nur von dem „Presbyter" gelten könne.

Aber selbst wenn diese Annahme recht hätte, wäre die eigentliche Schwierigkeit nicht behoben, um derentwillen man den Presbyter Johannes als Verfasser unseres Evangeliums mit einer gewissen Erleichterung begrüßt hatte. Das Problem liegt ja nicht so sehr in der Behauptung, daß gerade der Zebedaide das Johannesevangelium schrieb, sondern darin, daß ein Jünger und Augenzeuge sein Verfasser sein soll. Und gerade dies wird nicht anders, wenn jener zweite Johannes der Verfasser des Evangeliums ist. Dieser ist nämlich gar kein „Presbyter". Das Wort „presbyteros" bezeichnet hier bei Papias nicht ein kirchliches Amt, sondern die Zugehörigkeit zur ersten Generation, die noch den Herrn selbst gekannt hat. „Wenn aber einer, der den Alten (den „presbyteroi") nachgefolgt war, des Weges kam, dann habe ich stets nach den Worten der Alten („presbyteroi") mich erkundigt, was Andreas oder Petrus gesagt hat oder was Philippus oder was Thomas oder was Jakobus oder was Johannes oder was Matthäus oder was sonst einer von den Jüngern des Herrn gesagt hat." Genau so heißt nun jener zweite Johannes der „Alte" („presbyteros"). Also gehört auch er zur ersten Generation. Darum wird er auch in gleicher Weise wie Andreas, Petrus usw. als „Jünger des Herrn" bezeichnet. Er ist also wie Andreas, Petrus und die andern mit Jesus gegangen und ist Augen- und Ohrenzeuge. Nur darum können die Gewährsmänner des Papias Wert auf das legen, was er „sagt", und es in eine Reihe stellen mit dem, was Andreas, Petrus usw. „gesagt haben". Mit andern Worten: Auch wenn es diesen zweiten Johannes gab und wenn er das Evangelium schrieb, ist dieses Buch von einem Mann der ersten Generation, von einem Jünger und Augenzeugen verfaßt. Die „Johanneische Frage" findet auf diese Weise keineswegs eine einfache „Lösung".

Aber hat Papias überhaupt an zwei verschiedene Männer mit Namen Johannes gedacht? Das wird äußerst unwahrscheinlich, sobald wir uns klar machen, daß beide genau die gleiche Kennzeichnung erhalten. Beide sind „Alte" und beide sind „Jünger des Herrn". So wird es sich in beiden Sätzen des Papias um die gleiche Person handeln. Aber warum dann ihre zweimalige Nennung? Nun, bei aller Gleichheit der Bezeichnung liegt doch in den beiden Aussagen des Papias ein Unterschied vor, der zu beachten ist, nämlich der Unterschied in der Zeitform der Aussage. Im Blick auf die zuerst genannte Apostel-Reihe steht die Form der Vergangenheit: „Sie haben gesagt." Bei Aristion und Johannes heißt es dagegen in der Form der Gegenwart: „Sie sagen". Dabei dürfen wir es nicht aus den Augen verlieren, worum es Papias hier geht. Er will uns seine Gewährsmänner zeigen, von denen er selber gelernt hat. Und bei diesen seinen Gewährsmännern unterscheidet er zwei Gruppen. Die der ersten Gruppe konnte er fragen, was ihnen einst Andreas, Petrus usw. „gesagt haben". Bei denen der zweiten Gruppe konnte er sich erkundigen, was ihnen jetzt Jünger des Herrn, Aristion und Johannes, „sagen". Er kennt also Männer, die früher einmal Umgang mit allen Aposteln hatten, unter denen selbstverständlich auch Johannes steht. Aber er kennt auch Männer, die jetzt noch Gelegenheit hatten, mit den letzten Überlebenden der ersten Generation zu sprechen. Neben Aristion gehört zu diesen Überlebenden auch der „Alte Johannes". Eben als dieser besonders alt gewordene unter den Jüngern des Herrn trug er den Ehrennamen „der Alte", mit dem er sich auch in seinem 2. und 3. Brief nennt.

Die kirchliche Überlieferung, die über Irenäus auf den Johannes-Schüler Polykarp zurückgeht, schreibt unser Evangelium eindeutig dem Apostel Johannes zu und wird durch die uns vorliegenden Aussagen des Papias nicht entkräftet, sondern verstärkt.

3. Widerlegt Markus (Mk 10, 39) die Verfasserschaft des Johannes?

Aber wird nicht die Verfasserschaft des Zebedaiden auf eine sehr einfache Weise widerlegt? In Mk 10, 39 wird doch beiden Söhnen des Zebedäus das Martyrium prophezeit[12]. Für kritische Forscher ist diese Prophezeiung selbstverständlich ein „vaticinium ex eventu", also eine Weissagung, die man Jesus nur darum in den Mund gelegt habe, weil Johannes tatsächlich wie sein Bruder Jakobus früh hingerichtet worden sei. Aber haben wir irgendwo einen beweiskräftigen Beleg für einen solchen frühen Märtyrertod des Johannes? Das ist nicht der Fall. Apostelgeschichte 12, 2 spricht nur von der Hinrichtung des Jakobus. Bei dem „Apostelkonzil" (Apg 15) begegnet Johannes dem Apostel Paulus noch als Säule der Jerusalemer Gemeinde (Gal 2, 9). Und wer immer den „Nachtrag" unseres Evangeliums schrieb, hätte in Kap. 21, 22 auf ein besonders langes Leben des Apostels niemals hinweisen können, wenn jedermann um ein frühes Sterben des Johannes wußte.

Jesus hat allen seinen Jüngern das Leiden um seines Namens willen vorausgesagt (Mt 10, 17—22; Jo 16, 1 f). In Mk 10, 39 will Jesus also nicht das Leidensgeschick der Zebedaiden als ein einzigartiges herausheben; er spricht den beiden hier das allgemeine Jüngerlos ausdrücklich zu, weil sie ihn nach dem Ehrenplatz im Reiche Gottes gefragt haben. Wie sich aber der Leidensweg für die einzelnen Jünger konkret gestaltet, bleibt dabei offen. Leidenskelch und Leidenstaufe war allen Jüngern beschieden, auch wenn das Leiden für jeden von ihnen eine andere Gestalt hatte. Mk 10, 39 muß darum nicht einen frühen Zeugentod des Johannes beweisen[13].

Aber die Zweifel an der Echtheit des Johannesevangeliums erwachsen nicht aus solchen einzelnen Beobachtungen. Wenn von so vielen Theologen immer wieder die

---

[12] Das ist in der Tat für R. Bultmann das wichtigste Argument. „Als Verfasser kommt jedenfalls der Apostel Johannes nicht in Frage, schon wegen des Abstandes des Johannes von der alten Überlieferung, aber auch weil der Zebedaide Johannes schon früh von den Juden getötet worden ist, wie aus Mk 10, 39 hervorgeht und durch einige altkirchliche Zeugnisse bestätigt wird, besonders durch ein Papias-Fragment, dessen Echtheit selbst nicht bezweifelt werden kann." R. Bultmann in RGG 3 III Sp. 849.

[13] Der Kirchengeschichtsschreiber Philippus von Side (um 430) will freilich bei Papias gelesen haben: „Johannes der Theologe und sein Bruder Jakobus wurden von den Juden ermordet." Die gleiche Überlieferung erscheint noch einmal bei einem Chronisten des 9. Jahrhunderts. Aber diese Behauptung ist für uns nicht nachprüfbar. Sie kann auf Mißverständnissen beruhen. Auf jeden Fall sind solche späten und unkontrollierbaren Angaben nicht imstande, die Selbstaussagen des Evangeliums und die frühe kirchliche Bezeugung zu widerlegen.

Abfassung unseres Evangeliums durch den Apostel bestritten wurde, dann hat das andere Gründe. Sie liegen in dem Unterschied zwischen Johannes und den „Synoptikern"[14] der jedem aufmerksamen Bibelleser auffallen muß. Dieser Frage wenden wir uns nun in einem eigenen Abschnitt zu.

II. Johannes und die Synoptiker

1. Aufriß der Wirksamkeit Jesu

Auffallend verschieden ist der Aufriß der Wirksamkeit Jesu. Bei den Synoptikern muß man den Eindruck haben, daß diese Wirksamkeit nur etwa ein Jahr gedauert und sich völlig in Galiläa vollzogen hat. Nur ein einziges Mal kommt Jesus während seines öffentlichen Auftretens nach Jerusalem, zu jenem Passa, das ihm den Tod bringt.[13a]

Nach der Darstellung des Johannes dagegen geht Jesus gleich zu Beginn seiner Wirksamkeit zum Passa nach Jerusalem (2, 13) und ist dort und in Judäa tätig. Natürlich weiß auch Johannes von mehrfachem Wirken Jesu in Galiläa (1, 43 — 2, 12; 4, 43 ff; 6, 1 ff). Aber immer wieder (5, 1 ff; 7, 10 ff; 10, 22 ff) ist Jesus bei den großen Festen in Jerusalem, ehe er dort zum letzten Passa feierlich einzieht (12, 12ff). Die entscheidenden Reden und Auseinandersetzungen mit Israel[15] finden in Jerusalem statt. Das öffentliche Wirken Jesu muß nach dieser Darstellung des Johannes etwa drei Jahre gedauert haben.

Keines der „Evangelien" will uns eine „Biographie" Jesu im modernen Sinn geben. Auch Johannes wählt aus der ganzen Fülle dessen, was von Jesus zu erzählen wäre (20, 30; 21, 25), das aus, was seine Leser besonders zum Glauben an Jesus führen oder in diesem Glauben stärken kann. Auch sein Evangelium ist „Verkündigung". Während aber die Synoptiker auf die historische Genauigkeit des „Rahmens" keinen Wert legen, sondern von der Bedeutung ihres „Stoffes" erfüllt sind, erweist sich Johannes als der unmittelbare Jünger und Augenzeuge, indem er unwillkürlich den zeitlichen Ablauf der Wirksamkeit Jesu so schildert, wie er tatsächlich gewesen ist.

[13a] Matthäus, Markus, Lukas verwenden — abgesehen von dem sogenannten „Sondergut" bei jedem von ihnen — weitgehend die gleiche Überlieferung der Worte und Taten Jesu. Vielfach stimmen sie wörtlich überein oder zeigen nur verhältnismäßig geringe Unterschiede. Darum kann man sie alle drei in einer „Zusammenschau", griech.: „Synopse" nebeneinanderstellen. Von dieser Möglichkeit einer „Synopse" aus nennt man sie die „Synoptiker" und spricht von den „Synoptischen Evangelien".

[14] „Passa" wird in diesem Band ohne h geschrieben. Ich verweise dazu auf das Buch von Joachim Jeremias S. 9 „Die Abendmahlsworte Jesu", EVA Berlin

[15] Wir verwenden diese heilsgeschichtliche Bezeichnung auch in der Auslegung immer wieder. Der Ausdruck „Das jüdische Volk" könnte den falschen Eindruck erwecken, als sei Israel ein Volk neben vielen andern Völkern. Das ist Israel zwar auch. Es ist aber wesentlich aus allen andern Nationen herausgehoben durch seine heilsgeschichtliche Erwählung und Bestimmung. Daß es sich in diesem Buch nur um das Israel zur Zeit Jesu handelt und nicht um den heutigen Staat Israel, bedarf keines besonderen Hinweises.

2. Abweichung von den Synoptikern

Es ist von dieser Verschiedenheit her nicht verwunderlich, daß Johannes auch dem Stoff seines Evangeliums nach von den Synoptikern abweicht. Wohl berichtet Johannes von der galiläischen Wirksamkeit Jesu und schildert dabei das Speisungswunder und das Wandeln Jesu auf dem stürmischen Meer. Aber die aus den Synoptikern uns so bekannten Worte und Gleichnisse Jesu suchen wir bei Johannes vergebens. Viele Heilungen, Dämonenaustreibungen und Machttaten, von denen die synoptischen Evangelien erfüllt sind, stehen bei Johannes nicht. Johannes setzt offenbar die Kenntnis der andern Evangelien in der Gemeinde voraus[16]. Er wiederholt nicht, was die Gemeinde schon wußte, nicht einmal die Einsetzung des Abendmahles. Dafür bietet er uns Taten und Reden Jesu, die uns die Synoptiker schon darum nicht erzählen, weil sie ihren Blick nicht auf Jerusalem richten. Die drei großen Wunder (Heilung des Kranken am Teich Bethesda, Heilung des Blindgeborenen und Auferweckung des Lazarus), die durch den Kampf Jesu mit den leitenden Kreisen seines Volkes besondere Bedeutung haben, geschehen im Raum von Jerusalem. Ebenso sind die großen Reden und Auseinandersetzungen in den Kapiteln 5, 7, 8 und 10 völlig von der Lage in Jerusalem bestimmt.

So ist kein Einwand gegen diese Stücke des Evangeliums zu erheben, weil nur Johannes sie habe. Aus der Fülle des Stoffes ist, wie gerade Johannes weiß (20, 20; 21, 25), nur ein Bruchteil von den Evangelisten ausgewählt und aufgeschrieben. Johannes stellt in seinem Evangelium das dar, was der Verdeutlichung der entscheidenden Jerusalemer Wirksamkeit diente. In der Verschiedenheit des Stoffes liegt also kein Beweis für die „Unechtheit" unseres Evangeliums.

3. Reden Jesu, ein Gegensatz zwischen Johannes und den Synoptikern?

Aber wenn wir dies alles verstehen und anerkennen, liegt nicht doch ein unüberbrückbarer Gegensatz zwischen Johannes und den Synoptikern in der Darbietung der Reden Jesu vor? Kann Jesus gleichzeitig so gesprochen haben, wie es die Synoptiker schildern, und so, wie wir es bei Johannes finden? Bei Johannes lange Reden, die Jesus selbst, seine Person und seine Bedeutung zum Thema haben; dort bei den Synoptikern nach palästinensischer Art knappe, prägnante Sprüche und kurze, anschauliche Gleichnisse, und dies alles kreisend um das Reich Gottes und um das rechte Verhalten zu Gott und zu dem Nächsten. Zeigt nicht die synoptische Darstellung allein den echten, geschichtlichen Jesus, während der „Johanneische Christus" gerade in seinen Reden offenbar eine freie Erfindung des Evangelisten ist?

Mit dem Urteil, was geschichtlich gewesen sein „könne" oder „nicht könne", müssen wir sehr vorsichtig sein. Daß sich die Worte und Gleichnisse Jesu, wie die Synoptiker

---

[16] Das wird besonders deutlich, wenn er sich in 3, 23 ff. ausdrücklich auf eine Angabe der Synoptiker (Mk 1, 14; Mt 4, 12) bezieht und sie aus seiner genaueren Kenntnis heraus zurechtrückt. So weicht Johannes auch in der Angabe des Todestages und der Sterbezeit Jesu von den Synoptikern ab. Vgl. die Auslegung zu 13, 1 f.; 18, 28; 19, 14.

sie uns geben, gerade in Galiläa und im schlichten Volk leicht im Gedächtnis behielten und dort weiter überliefert wurden, ist sehr verständlich. Muß aber Jesus darum auch in Jerusalem in der Auseinandersetzung bei den leitenden Kreisen ebenso gesprochen haben? Kann es hier nicht auch ganz anders um seine Person, seine Vollmacht, um den Glauben an ihn gegangen sein, wie uns das sofort beim ersten Besuch Jesu in der Hauptstadt bei der Tempelreinigung und im Nikodemusgespräch entgegentritt? Es sind ja diese „Reden Jesu" — auch die in der Synagoge von Kapernaum! — gerade keine „Predigten", sondern fort und fort „Gespräche", ja harte Diskussionen, wobei die Antworten Jesu die Fragen und Einwände seiner Gegner erkennen lassen, auch dort, wo Johannes sie nicht ausdrücklich beibringt.

Daß Jesus tatsächlich auch „anders" gesprochen hat, das zeigen indirekt die Synoptiker selbst. Sie wissen von „langen Predigten" (Mk 6, 34) und tagelanger Verkündigung Jesu (Mk 8, 2). Dabei aber kann Jesus nicht stundenlang nur kurze Sprüche und Gleichnisse aneinandergereiht haben. „Lange Predigten" erfordern zusammenhängende Darlegungen, wie sie uns Johannes in Kap. 6 auch für die galiläische Wirksamkeit Jesu schildert.

Es ist notwendig, bei diesem Punkt noch zu verweilen, da auch solche Ausleger, die an der Verfasserschaft unseres Evangeliums durch den Apostel Johannes festhalten, doch in den Reden Jesu freie Gestaltung des Evangelisten sehen. Fr. Büchsel[17] urteilt: „Das vierte Evangelium bringt uns die geschichtliche Wirklichkeit Jesu nur im Rahmen des Verständnisses, und zwar des nachträglich gewonnenen Verständnisses des Evangelisten, der dem bloß Geschichtlichen mit einer eigentümlich ausgeprägten Freiheit gegenüberstand." W. Wilkens[17a] spricht von der „ungeheuren Freiheit des vierten Evangelisten der Tradition gegenüber, die in der Vollmacht echten Zeugentums gründet." H. Strathmann[18] wird noch deutlicher: „Man pflegt zu sagen, die johanneischen Jesusreden seien ‚durch die Person des Johannes hindurchgegangen'. Richtig! Was heißt das aber? Die johanneischen Christusreden sind Johannesreden über Christus. Johannes benutzt sie als Form, um über Christus zu predigen, weshalb denn auch bisweilen die Reden Jesu, auch der Form nach, unversehens in Reden über Jesus übergehen. Mit andern Worten: Johannes huldigt bei seiner Darstellung nicht dem Historismus, sondern dem Prinzip der kerygmatischen Stilisierung."

Es stehen hinter diesen Aussagen sicher richtige Beobachtungen. Das gilt besonders im Blick auf die eigentümliche Sprache im Johannesevangelium, die auch die Sprache Jesu in dieser Darstellung mit bestimmt. „Es ist eine oft gemachte Beobachtung, daß in den johanneischen Schriften überall dieselbe Redeweise zu finden ist, ob nun Jesus oder Johannes der Täufer oder Johannes der Zebedaide der Redende ist. Zwischen den Reden Jesu und den Briefen des Johannes ist kein Stilunterschied"[19]. Hier ist deutlich zu merken, wie Johannes in langen Jahren

---

[17] a. a. O. S. 9 f.
[17a] Die Entstehungsgeschichte des vierten Evangeliums Zollikon 1958.
[18] a. a. O. S. 22.
[19] Fr. Büchsel a. a. O. S. 9.

vielfältigster Verkündigungsarbeit alles mit seinem Herrn Durchlebte in sich aufgenommen hat und es nun in seiner Sprache widergibt.

Aber es ist demgegenüber nun doch eine ganz entscheidende Frage zu stellen: Wo ist hier die Grenze zwischen „geschichtlichem Zeugnis" und „geistlicher Dichtung"? Haben wir es noch wirklich mit Jesus selbst zu tun oder mit einer Gestalt, die der Evangelist aus seinem „nachträglich gewonnenen Verständnis" auch erst nachträglich von sich aus malt? Wenn Büchsel meint: „Wer Jesus aus dem verstehen wollte, was er zu seinen Lebzeiten von ihm wissen konnte, muß ihn nach Johannes notwendig falsch verstehen" und „daß der Eindruck der geschichtlichen Wirksamkeit einfach als solcher keinen Menschen zum Glauben an Jesus bringt", dann wären die „Juden" völlig entschuldigt, wenn sie Jesus damals nicht verstanden und ablehnten. Das bekannte Wort Jo 1, 14 müßte dann künstlich umgedeutet werden: Das Wort wurde Fleisch, und später, nach seiner Auferweckung und Erhöhung, sahen wir auch seine Herrlichkeit[20]. Wenn Johannes uns Jesus so ganz nach seinem späteren geistlichen Verständnis schildert, dann sind wir in einer bedenklichen Weise von Johannes und der Richtigkeit dieses seines Verstehens abhängig und haben es nicht mehr wirklich mit Jesus, sondern tatsächlich nur mit dem „Johanneischen Christus" zu tun.

Glaube kann nicht von „Deutungen" leben, auch nicht von den tiefsinnigsten und schönsten; Glaube lebt von Wirklichkeiten. Wenn Johannes die entscheidenden Worte Jesu nicht wiedergibt, weil er sie so gehört hat, sondern von seinem nachträglichen Verständnis Jesu her meint: so hätte Jesus eigentlich reden müssen, dann sind wir als Glaubende in einer bösen Lage. Wie sollten wir diese „Ich-bin"-Worte Jesu noch ernsthaft auslegen können, wenn wir denken müßten, daß sie Jesus selbst gar nicht gesprochen hat. Und wie können wir einem Israeliten — das ist ja der Verfasser des Johannesevangeliums jedenfalls — zutrauen, daß er diese an den Jahwe-Namen erinnernden Worte Jesu frei erfunden und Jesus in den Mund gelegt hat! Es mag richtig sein, was neuerdings oft in diesem Zusammenhang betont wird[21], daß erfundene Anekdoten und Aussprüche eine geschichtliche Gestalt besser kennzeichnen könnten als historisch zuverlässige Berichte. Die Lage wird aber völlig anders, wenn ich selbst von den bestimmten Zusagen eines mächtigen Mannes Gebrauch machen will. Da nützt mir das beste und „charakteristischste" Wort nichts, wenn es erfunden ist. Der Mann muß seine Zusage unmißverständlich so gegeben haben, wenn ich einen Anspruch auf sie gründen will. Hat Jesus sein mächtiges „Ich bin . . ." mit den daran angeknüpften Versprechungen nicht wirklich so gesagt, dann hilft es uns gerade im letzten Ernstfall, etwa in unserm Sterben, gar nichts, wenn Johannes von seiner nachträglichen Christus-Erkenntnis her versichert, daß Jesus so hätte sprechen „können", ja eigentlich hätte sprechen „müssen".

Diese ganze Anschauung von der Zurücktragung späterer Christuserkenntnis in die Darstellung des geschichtlichen Jesus wird aber von unserm Evangelium selbst

---

[20] Und wie sollten wir dann 1 Jo 1, 1 verstehen, wo ausdrücklich von einem „Sehen mit den Augen" und „Betasten mit den Händen" die Rede ist!
[21] So W. Stählin „Auch darin hat die Bibel recht" Ev. Verlagswerk, Stuttgart 1964.

widerlegt. Johannes hat an einzelnen Stellen selber angemerkt, daß die Jünger diese Worte erst später nach seiner Auferstehung richtig verstanden haben (z. B. 2, 22; 7, 39; 12, 16). Damit hat er aber gerade bezeugt, daß er solche Worte seines Herrn nicht erfunden oder umgeformt, sondern in ihrer ursprünglichen Form wiedergegeben hat, während ihm und den andern Jüngern das Verständnis dieser Worte damals noch gefehlt habe und erst später nach Ostern aufgegangen sei. Wenn er aber in seinem Evangelium fort und fort alles von seinem späteren Verständnis aus dargestellt hätte, dann hätte er keinen Anlaß mehr gehabt, an bestimmten einzelnen Stellen hervorzuheben, daß hier erst ein späteres Erkennen ihm den tieferen Sinn der Sache erschlossen habe.

Es ist zuletzt eine Vertrauensfrage, vor der wir stehen. Wir haben keine Möglichkeit, objektiv nachzuprüfen, ob Johannes die Reden seines Herrn richtig und getreu wiedergegeben hat. Aber wir sehen in seinem Evangelium wieder und wieder, wie er bemüht ist, über das Wirken Jesu in allen Einzelheiten genau zu berichten[22]. Sollte er dann auf einmal bei der Hauptsache seines Buches[23], bei den Worten und Reden Jesu, unzuverlässig sein und uns eigene Betrachtungen als Worte seines Herrn vorlegen? Sollte dies ein Jünger tun, dem seine Freunde ausdrücklich die Wahrhaftigkeit seiner Zeugnisse bescheinigen (21, 24), und der in seinem Brief versichert „Was wir gesehen und gehört haben, das verkündigen wir euch" (1 Jo 1, 3)? Wir dürfen die Reden Jesu in unserem Evangelium mit dem festen Zutrauen lesen, daß wir in ihnen Jesus selbst zu uns sprechen hören.

4. Die innere Übereinstimmung mit den Synoptikern

Bei dem Blick auf die Synoptiker wollen wir nicht einseitig nur auf die Unterschiede achten, sondern auch die innere Übereinstimmung sehen. Der das ungeheure Wort von seinen Jüngern zu sagen wagte „Ihr seid das Licht der Welt", sollte der nicht zuerst von sich selber bezeugt haben: „Ich bin das Licht der Welt"? Und Worte der unvergleichlichen Hoheit Jesu stehen auch bei den Synoptikern, und auch bei ihnen sind sie mit jenem einzigartigen Sendungsbewußtsein verknüpft, das sich in der Aussage: „Ich bin gekommen" ausprägt (z. B. Mt 10, 34. 35. 37 in Verbindung mit 5 Mo 33, 9; Mt 5, 17; 9, 13; 18, 11; 20, 28; Lk 6, 46 in Verbindung mit Mal 1, 6; Lk 12, 49). Und den „johanneischen" Klang in dem Selbstzeugnis und Heilandsruf Mt 11, 25—30 hat man schon immer beachtet.

Die bleibenden Unterschiede zwischen Johannes und den Synoptikern sind zu

---

[22] Vgl. die Auslegung zu: 1, 28; 3, 22; 4, 5 f.; 4, 20; 5, 2; 6, 59; 8, 20; 10, 22—23 und 1, 35; 1, 39; 1, 43; 4, 40; 5, 10.

[23] Schon M. Luther hat festgestellt: „Weil nun Johannes gar wenig Werke von Christus, aber gar viele seiner Predigten beschreibt, umgekehrt die andern drei Evangelisten aber viele seiner Werke und wenige seiner Worte beschreiben, ist das Evangelium des Johannes das einzige schöne, rechte Hauptevangelium und den andern dreien weit vorzuziehen und höher (als sie) zu heben" (Vorrede zum Neuen Testament). Es darf freilich nicht übersehen werden, wie gerade Johannes die Werke Jesu schätzt; vgl. nur 10, 37 f.

verstehen. In ihnen liegt kein zwingender Grund, an dem Selbstzeugnis unseres Evangeliums und an der kirchlichen Überlieferung über die Verfasserschaft des Apostels Johannes zu zweifeln[24].

III. Die Begriffswelt der Reden Jesu

Wie aber steht es mit der Begriffswelt der Reden Jesu bei Johannes? Zwar erscheinen auch bei den Synoptikern in der Verkündigung Jesu die großen Gegensätze von Licht und Finsternis, Leben und Tod, so wahr diese Verkündigung auch dort zur letzten Entscheidung ruft. Aber bei Johannes sind die Reden Jesu von den Gegensatzpaaren „Licht und Finsternis", „Geist und Fleisch", „Wahrheit und Lüge", „Leben und Tod", „Sein von oben her" und „Sein von unten her" beherrscht und gestaltet. Die Forschung hat Entsprechungen dazu in der Gnosis[25] gefunden und darum im Johannesevangelium eine späte Schrift gesehen, die unter Verwendung gnostischer Begriffe und Anschauungen den Kampf gegen die Gnosis führe[26]. Freilich haben uns nun die Handschriftenfunde in der Wüste Juda und die Entdeckungen vom Denken und Leben der „klösterlichen" Gemeinschaft von Qumran[27] über-

---

[24] Es ist doch von erheblichem Gewicht, daß durch die Jahrhunderte bis heute der Jesus der synoptischen Darstellung und der Jesus unseres Evangeliums von der Gemeinde durchaus nicht als unvereinbare Gegensätze empfunden werden. Ist das nicht der einfache Beweis dafür, daß es der eine Herr ist, der in dem doppelten Zeugnis der Synoptiker und des Johannes lebendig vor uns steht?

[25] Gnosis = Bezeichnung für eine Lehre, die behauptete, eine höhere Art der „Erkenntnis" und eine tiefere Einsicht in die religiösen Geheimnisse vermitteln zu können. Die Vertreter dieser Lehre wurden Gnostiker genannt. Sie vertraten ihre Philosophie in den ersten Jahrhunderten der christlichen Zeitrechnung. Man unterscheidet die Gnostiker Clemens Alexandrinus, Origenes u. a., die durch ihre Spekulationen den christlichen Glauben stützen wollten, von den ausgesprochen häretischen Gnostikern wie Basilides, Valentinus, Marcion u. a., die den Gnostizismus mit altorientalischen, persischen und syrischen Religionsvorstellungen, jüdischer Theologie, platonischer, stoischer und pythagoräischer Philosophie vermischten. Es entstanden dabei phantastische und verworrene Systeme. Spuren gnostischer Auffassungen werden im NT bekämpft und abgewiesen (Kol 2, 8; 1 Tim 6, 3—21; aber auch im 1 Johannesbrief und in der Offenbarung (Konstanzer Bibellexikon — Christl. Verlagsanstalt Konstanz 1962). Eingehende Darstellungen finden die Leser im Begriffslexikon zum Neuen Testament — R. Brockhaus Verlag, im biblisch-theologischen Handwörterbuch Vandenhoeck und Ruprecht Göttingen und im Kompendium der Kirchengeschichte von K. Heussi Berlin 1957 S. 51.

[26] „Wie der Evangelist es wagen konnte, sein Evangelium mit Verwendung der gnostischen Begrifflichkeit zu schreiben, wird verständlich, wenn man sieht, daß im gnostischen Mythos ein bestimmtes Verständnis von Welt und Mensch seinen Ausdruck findet, an das der Evangelist anknüpfen konnte — eine Frage, auf die das Evangelium die Antwort war." R. Bultmann in RGG³ Bd III Sp. 847.

[27] Eine gründliche Einführung gibt RGG Bd V Sp. 740 ff. Dort finden wir auch genaue literarische Angaben. Hingewiesen sei auch auf H. Bardtke „Die Handschriftenfunde am Toten Meer" Bd I und II und „Die Handschriftenfunde in der Wüste Juda" Hauptbibelgesellschaft zu Berlin, und auf Leipold/Grundmann „Umwelt des Christentums" Bd I S. 305 ff. EVA 1965.

raschend gezeigt, daß die „gnostische Begrifflichkeit" nicht erst in der späteren hellenistischen Gnosis, sondern bereits in vorchristlicher Zeit in einer streng jüdischen Gemeinschaft zu finden war[28]. Und diese Gemeinschaft lebte in der Nähe der Jordangegend, in der Johannes der Täufer wirkte. Die Priesterschaft Jerusalems und die maßgebenden pharisäischen Kreise mußten um „Qumran" wissen, das von Jerusalem nur etwa 20 km entfernt war. Und die Anschauungswelt von Qumran mit ihrer harten Kritik am offiziellen Judentum lag gerade den Kreisen nicht fern, die in lebendiger Erwartung nach dem endgültigen Heilshandeln Gottes ausschauten. So kann auch Jesus selbst eine Sprache gesprochen haben, die in Jerusalem Freunden und Feinden nicht unverständlich war[29].

IV. Das Ziel des Johannesevangeliums

Wir werden das Johannesevangelium nur recht verstehen, wenn wir uns das Ziel vor Augen halten, das Johannes mit seinem Evangelium verfolgt.

a) Es waren bereits andere Evangelienschriften im Besitz der Gemeinde, warum schreibt nun auch er noch sein Buch? Man hat schon in der alten Kirche[30] gemeint, es habe Johannes daran gelegen, Jesus „geistiger", „innerlicher", modern gesprochen „philosophisch" darzustellen. Das Johannesevangelium ist darum auch in „geistigen" und philosophischen Kreisen besonders geschätzt worden. Und doch ist diese Meinung irrig. Es ist Johannes ernst mit der „Fleischwerdung" und also mit dem ganz realen Leben des Sohnes Gottes. Andererseits will uns Johannes das Wirken Jesu nicht in seiner ganzen Breite zeigen. Das hatten die Synoptiker bereits getan. Er konzentriert sich auf ein einziges Thema, das ihm das eigentliche Thema des Lebens Jesu zu sein scheint. Sofort am Eingang seines Buches hat er es vor uns hingestellt: Das ewige Wort, durch das die Welt geschaffen ist, kommt in seiner Herrlichkeit, von Gottes Liebe gesandt, rettend in die Welt; aber die Seinen nehmen ihn nicht auf! Das ganze Johannesevangelium handelt von dem Ringen Jesu mit seinem Volk und dessen führenden Kreisen, den Priestern und Pharisäern in Judäa, den Zeloten in

---

[28] „Was man ohne Übertreibung aussprechen kann, ist nur, daß das Evangelium, die Briefe des Johannes und die Rollen vom Toten Meer auf der gleichen Grundlage sektiererischen Judentums sich abzeichnen. Die Rollen zeigen uns also, was nicht immer beachtet worden ist, daß wir den Boden, aus dem die Theologie des Johannes hervorwuchs, nicht außerhalb des Judentums von Palästina zu suchen brauchen." M. Burrows „Die Schriftrollen vom Toten Meer", München 1957 S. 281.

[29] Es ist aber darauf hinzuweisen, daß wir erst in den Anfängen der Erforschung von Qumran und seiner Beziehung zum Neuen Testament stehen. Die Urteile der Forscher gehen z. T. weit auseinander. Es kann hier nur von „Möglichkeiten" gesprochen werden, die ein neues Verständnis gerade der „johanneischen Sprache" erschließen könnten.

[30] Klemens von Alexandria (um 200, Lehrer der Katechetenschule in Alexandria) hat in seinem Werk „Hypotyposen" geschrieben, Johannes habe in der Meinung, daß das Äußerlich-Menschliche der Geschichte Jesu in den älteren Evangelien genügend dargestellt sei, auf Betreiben seiner Schüler und vom Geist Gottes erfüllt, ein Evangelium geschrieben, das die geistliche Seite an der Geschichte Jesu zeigt (so Euseb, KG VI 14, 7).

Galiläa. Auch die Synoptiker wissen um den Gegensatz zwischen Jesus und den Leitern des Volkes und schildern ihn an vielen Stellen in einzelnen Erzählungen und knappen Worten. Sie wissen, daß daraus das Kreuz Jesu erwuchs. Johannes aber läßt uns ganz anders die Tiefe des Konfliktes und die ständige Steigerung des Kampfes bis zum Kreuz hin miterleben.

Weil die Auseinandersetzung Jesu mit Israel und das Werben um sein Volk das ganze Johannesevangelium füllt, hat man es als „eine Missionsschrift für Israel"[31] verstehen wollen. Dabei würde aber ein ganz eigentümlicher Zug verkannt, der unserm Evangelium seine besondere Eigenart gibt. Sofort am Beginn wird uns gezeigt, daß Jesus nicht nur der Messias Israels ist, sondern als der Mittler der Schöpfung von Anfang an in Beziehung zur ganzen Welt steht. Darum ist er auch bei seinem Kommen als Retter „in der Welt", und „die Welt" ist es, die ihn nicht kennt (1, 10). Der Täufer sieht in Jesus das Lamm Gottes, das nicht nur Israels Verfehlungen, sondern „die Sünde der Welt trägt" (1, 29). In Jesus zeigt Gott, wie er nicht allein das auserwählte Volk, sondern „die Welt liebt" (3, 16). Die Samariter, die zum Glauben kamen, bekennen ihn darum mit Recht als „den Retter der Welt" (4, 42). Der „König", der die Aufgabe hat, für die Wahrheit zu zeugen (18, 37), ist damit nicht nur „der König der Juden" (das ist er freilich auch!), sondern ein König aller Menschen, weil alle die Wahrheit nötig haben, so wie sie auch alle dem Tode unterworfen sind und den brauchen, der „die Auferstehung und das Leben ist" (11, 25). Wohl bleibt Jesus Israel treu bis zum Tode und geht nicht hinaus zu den Griechen (7, 35; 12, 20 ff), aber gerade als der ans Kreuz Erhöhte wird er weltweit „alle zu sich ziehen" (12, 32).

Umgekehrt wird darum aber auch deutlich, daß Israel trotz seiner Erwählung, die unbestritten bleibt (4, 22!), durch seinen Unglauben zum besonderen Repräsentanten der gottfeindlichen „Welt" wird. Die, die sich der Abrahamskindschaft rühmen, sind Kinder des Teufels (8, 44), welcher „der Fürst dieser Welt" ist.

So zielt unser Evangelium, während es das Ringen Jesu mit Israel schildert, fort und fort auf die allumfassende Bedeutung und die weltweite Sendung des Sohnes Gottes[32].

b) Es geht im Kampf mit Israel nicht um Einzelheiten, so sehr solche „Einzelheiten" wie die Sabbatfrage auch bei Johannes hervortreten (5, 10—16). Aber Johannes macht es noch deutlicher als die Synoptiker, daß es nur um ein einziges geht, um die Stellung zu Jesus selbst, um Glauben oder Unglauben ihm gegenüber. Das gibt dem Johannesevangelium seine „Einfachheit" und, wenn man so sagen will, seine großartige „Eintönigkeit" gegenüber den Synoptikern. Es ist der Sache nach bei den Synoptikern nicht anders (vgl. Lk 10, 42; Mt 7, 24—27; 11, 20—30; 19, 21; 19, 28 f; u. a.). Aber bei Johannes wird in der eigenen Verkündigung Jesu deutlich, was dann die Botschaft der Apostel, voran des Apostel Paulus, Juden und Heiden lehrt:

---

[31] So K. Bornhäuser 1928.
[32] W. Brandt hat in seiner Auslegung zum Johannesevangelium „Das ewige Wort", besonders darauf hingewiesen.

„Glaube an den Herrn Jesus Christus, so wirst du und dein Haus gerettet." Johannes zeigt uns, daß diese Botschaft nicht die Erfindung der Apostel war, sondern daß Jesus selbst so in die Entscheidung des Glaubens an seine Person gestellt hat: „Wenn ihr nicht glaubt, daß ich bin, werdet ihr sterben in euren Sünden" (Jo 8, 24).

c) So ist es kein Wunder, daß Johannes selbst im „Glauben" das Ziel seines Zeugnisses von Jesus sah. Er spricht am Schluß seines Werkes von der Fülle der Zeichen Jesu, die er hier nicht alle habe berücksichtigen können. „Diese aber sind geschrieben, daß ihr glaubet, Jesus sei der Christus, der Sohn Gottes, und daß ihr durch den Glauben das Leben habet in seinem Namen" (20, 31). Dabei ist zu beachten, daß Johannes hier nicht die Aussageform wählt, „damit ihr zum Glauben kommt", sondern die Verbform gebraucht, die die Dauer einer Handlung ausdrückt. Sein Evangelium will keine eigentliche Missionsschrift sein, sondern gilt der bereits glaubenden Gemeinde, um sie im Glauben zu stärken, zu klären und zu vertiefen.

Es ist möglich, daß Johannes dabei die Gefährdung vor Augen hatte, die von einer Form der „Gnosis" ausging, die selber christlich sein wollte, ja, das Christentum erst auf seine eigentliche Höhe zu führen behauptete und eifrig um die Gemeinden warb. Schon im Kolosserbrief stoßen wir gerade in Kleinasien auf Anfänge dieser christlichen Gnosis mit ihren „höheren Erkenntnissen" und ihren besonderen Methoden geistlichen Lebens (Kol 2, 8. 16—23). Gleichzeitig mit Johannes lebt und wirkt in Ephesus der Gnostiker Kerinth. So kann es wohl sein, daß manches in unserm Evangelium im Blick auf die Gnosis besonders hervorgehoben ist. Aber wir würden die ganze Größe des Johannesevangeliums verkennen, wenn wir in ihm nur eine antignostische Schrift sehen wollten. Es ist wirklich das „Evangelium nach Johannes", wie die alte Kirche es nannte, das ganze, volle Evangelium, geschrieben, um den Lesern Jesus so zu zeigen, daß ihr Glaube an Jesus hängen und in Jesus den Weg, die Wahrheit und das Leben finden kann.

V. Die Einheitlichkeit des Johannesevangeliums

Wie steht es mit der Einheitlichkeit unseres Evangeliums? Kann sie im Ernst angezweifelt werden? Ist nicht gerade das Johannesevangelium geschlossen und einheitlich in seinem unverkennbaren Stil, in seinem klaren Aufbau?

Aber es ist immer schon aufgefallen, daß Kap. 6 Jesus plötzlich in Galiläa zeigt, ohne daß uns — wie in 4, 1—3 — etwas über die Tatsache und die Gründe einer erneuten Rückkehr nach Galiläa gesagt worden ist. Würde sich Kap. 6 nicht viel einfacher an Kap. 4 anschließen? Und wenn dann Kap. 5 erst auf Kap. 6 folgte, würde uns Jesu Wort in 7, 21 mit seinem Hinweis auf das in Kap. 5 erzählte Wunder nicht viel verständlicher?

Kann eine spätere, irrige Umstellung der Kapitel erfolgt sein? Da alle Handschriften ohne Ausnahme den Text so bringen, wie wir ihn heute haben, müßte die Verschiebung der Kapitel bereits bei der ersten Herausgabe des Buches stattgefunden haben. Um dies verständlicher zu machen, hat man an eine „Blattvertauschung" gedacht. Das Johannesevangelium wäre dann nicht als „Buchrolle" erschienen, sondern als „Codex" auf Blätter geschrieben worden. Aber eine versehentliche Vertauschung von Blättern wäre nur dann möglich, wenn Kap. 5 wie Kap. 6 die Blätter genau ausfüllte, ohne daß noch Zeilen auf ein neues Blatt übergriffen.

H. Strathmann (NTD Bd IV/1955) hat an diesem Punkt eine Lösung vorgeschlagen, die zugleich auch manche andere Unebenheit[33] in unserem Evangelium verständlich machen könnte. Wenn Johannes erst im Alter an die Niederschrift seines Buches ging, so ist er vielleicht nicht mehr selber mit der letzten Ausgestaltung fertig geworden. Gerade darum hat ein Kreis seiner Schüler und Freunde das 21. Kapitel hinzufügen und die Verantwortung für die Herausgabe des Werkes übernehmen müssen. Dabei hat es schon geschehen können, daß die rechte Reihenfolge der Kap. 5 und 6 nicht erkannt und dadurch gleich in der ursprünglichen Handschrift der Text so geschrieben wurde, wie wir ihn in allen Handschriften vorfinden. Aber mehr als eine erwägenswerte Annahme ist auch diese Lösung nicht.

VI. Die Entstehungszeit des Johannesevangeliums

Ist die kirchliche Überlieferung über die Entstehungszeit unseres Evangeliums zutreffend? Hat also Johannes das Evangelium im hohen Alter gegen Ende des 1. Jahrhunderts in Ephesus geschrieben? Die kritische Forschung hat eine Zeitlang unser Evangelium als das Buch eines unbekannten Verfassers weit später ansetzen wollen. Alle solchen späten Datierungen sind widerlegt, seit man in Ägypten einen Papyrusfetzen mit einigen Sätzen aus dem 18. Kapitel des Johannesevangeliums fand. Dieses Stücklein Papyrus beweist, daß unser Evangelium bereits um 100 in Ägypten verbreitet war. So muß es spätestens am Ende des 1. Jahrhunderts geschrieben worden sein[34]. Das stimmt mit der Nachricht überein, die wir aus der alten Kirche durch Irenäus empfangen: Johannes habe in Kleinasien bzw. Ephesus „bis in die Zeiten Trajans" (98—117) gelebt und dort nach Matthäus, Markus und Lukas seinerseits ein Evangelium herausgegeben.

VII. Die Unterschiede der Lesarten in den Handschriften

Die Unterschiede der Lesarten in den Handschriften sind im allgemeinen nicht erheblich. Wo sich Abweichungen finden, die inhaltlich und somit für das Ver-

---

[33] Diese Unebenheiten haben immer wieder Ausleger veranlaßt, Umstellungen im Text vorzunehmen oder Textstellen als spätere Einschübe auszuschalten. R. Bultmanns Kommentar gibt einen Eindruck von solchen Versuchen, mit vieler Mühe einen „besseren" und klareren Text herzustellen.
Strathmann bemerkt dazu mit Recht: „Aber welcher Tor von Bearbeiter soll es denn für sinnvoll gehalten haben, aus dieser erkennbaren Ordnung die gegenwärtige Unordnung herzustellen" (a. a. O. S. 9/10).

[34] Heute zeigen sich in der Forschung Tendenzen, sogar eine verhältnismäßig frühe Entstehungszeit anzunehmen. Vgl. den interessanten Aufsatz von M. Gericke in der Th L Z 90, Jahrgang 11 Sp. 807 ff. Gericke vertritt die These, daß das Johannesevangelium kurz nach Markus und spätestens im Jahre 68 n. Chr. erschienen sei.

ständnis von Sätzen unseres Evangeliums von Bedeutung sind, ist in der Auslegung darauf hingewiesen. Es wird dabei aber auf eine nähere Angabe der einzelnen Handschriften verzichtet. Wer die griechische Sprache nicht beherrscht und keine genaue Vorstellung von den griechischen Handschriften und den lateinischen und syrischen Übersetzungen hat, würde von solchen Angaben wenig Gewinn haben. Wer sein Neues Testament griechisch zu lesen vermag, findet selber alles im Apparat seines „Nestle". Das Wichtigste über die großen Handschriften und Handschriftengruppen ist in unserer Studienbibel auf S. 11 f nachzulesen.

VIII. Literatur zum Johannesevangelium

Für die eigene Weiterarbeit des Lesers sind als Hilfsmittel vor allem Nachschlagewerke wichtig.

Der Leser wolle die Parallelstellen wirklich benutzen und mit ihrer Hilfe Bibel durch Bibel erklären.

Von Konkordanzen sei hingewiesen auf

Die Bremer biblische Handkonkordanz Anker-Verlag. 1036 Seiten;

F. Hauß Biblische Taschenkonkordanz Furche-Verlag. 248 Seiten;

Konstanzer Kleine Konkordanz CVA. 272 Seiten;

Elberfelder Bibelkonkordanz. 1460 Seiten.

Auf das „Lexikon zur Bibel" und das „Theologische Begriffslexikon" R. Brockhaus-Verlag ist der Leser in der Auslegung vielfach aufmerksam gemacht worden.

Eine vortreffliche Erklärung wichtigster ntst Begriffe bietet R. Luther in „Neutestamentliches Wörterbuch" Furche-Verlag.

An Auslegungen seien genannt:

In der Schriftenreihe „Bibelhilfe für die Gemeinde" Bd IV die Auslegung von W. Schütz. Wer das Johannesevangelium in raschem Zuge als Ganzes vor Augen haben will, wird hier eine ausgezeichnete Hilfe finden, welche Kürze mit geistlicher Kraft und Tiefe verbindet.

Im „Das Neue Testament Deutsch" ist das Johannesevangelium zunächst von Fr. Büchsel bearbeitet worden. Die Auslegung ist sorgfältig und kritischen Erwägungen gegenüber zurückhaltend.

Die neue Bearbeitung unseres Evangeliums im „NTD" stammt von H. Strathmann. Hier ist die Auslegung lebendig und anschaulich, aber modern-kritisch ausgerichtet.

Immer wieder als wertvoll erweist sich Schlatter in seinen „Erläuterungen zum NT" Bd. III. Der Leser wird hier mit dem Text selbst beschäftigt und mit kritischen Theorien verschont.

Th. Jänicke „Die Herrlichkeit des Gottessohnes", 1949, Verlag Haus und Schule, Berlin.

W. Brandt „Das ewige Wort", Evangelische Verlagsanstalt Berlin;

W. Lüthi „Johannes, das vierte Evangelium", Reinhardt Verlag, Basel, 1963.
G. Spörri „Das Johannesevangelium" 1. und 2. Teil, Zwingli-Verlag, Zürich, 1963.
In der Sammlung „Der kirchliche Unterricht an höheren Lehranstalten" ist Bd. III „Lektüre des Johannesevangeliums" durch Marianne Timm gegeben, Ev. Presseverband, München, 1960.

Eine gute katholische Auslegung wird in Herders theol. Kommentar zum Neuen Testament „Das Johannesevangelium Teil 1" von R. Schnackenburg, Herder, Freiburg 1965 geboten.

Wer sich von den alten Vätern weiterführen lassen will, greife zu der Auslegung Johann Albrecht Bengels: „Gnomon" (Dtsch C. F. Werner, Berlin, 1952).

Eine besondere Darstellung des „Evangeliums St. Johannes" gibt Vilmar in seinem Kollegium Biblikum.

Wissenschaftliche Kommentare gibt es in reicher Fülle. Immer noch sehr wertvoll ist F. Godet, Kommentar zu dem Evangelium des Johannes, Hannover, Berlin, 1903.

Theodor Zahn, „Das Evangelium des Johannes", Leipzig 1920, zeichnet sich durch gründliche philologische Arbeit am Text aus.

Walter Bauer, „Das Johannesevangelium im Handbuch zum NT" herausgegeben von H. Lietzmann Bd. VI, Tübingen 1933, ist reich an literarischen und geschichtlichen Hinweisen.

R. Bultmann, „Das Evangelium des Johannes", Göttingen 1956.

Auch wer theologisch völlig anders denkt als Bultmann, wird die Gründlichkeit, die Wissensfülle und exegetische Klarheit vieler Auslegungen dieses Kommentars schätzen müssen.

DAS GEHEIMNIS DER PERSON JESU

Johannes 1, 1—5

1 Im Anfang war der Logos (das Wort), und der Logos war bei Gott,
2 und Gott [von Art] war der Logos. *Dieser war im Anfang bei Gott.
3 *Alles wurde durch ihn, und ohne ihn wurde auch nicht eines, was
4 geworden ist. *In ihm war Leben, und das Leben war das Licht
5 der Menschen. *Und das Licht scheint in der Finsternis, und die Finsternis hat es nicht ergriffen.

zu Vers 1:
Jo 17, 5. 8
1 Jo 1, 1. 2
Offb 19, 13
zu Vers 3:
1 Mo 1, 1
Ps 33, 6
1 Ko 8, 6
Kol 1, 16
Hbr 1, 2
zu Vers 4:
Jo 5, 26
8, 12
14, 6
1 Jo 1, 2
zu Vers 5:
Lk 1, 78 f
Jo 3, 19
9, 5
12, 35
1 Th 5, 4

1/2

Von dem Größten, was es in der Welt gibt, von dem einzig wirklich Großen und Wichtigen soll berichtet werden, von Jesus Christus, von seinem Leben, Reden, Wirken, Leiden, Sterben und Auferstehen. Der an Jesus glaubenden Gemeinde[35] soll mit diesem Bericht die ganze „Herrlichkeit" Jesu zur Stärkung, Klärung und Vertiefung ihres Glaubens gezeigt werden. Aber wie soll dieses Berichten „anfangen"?

Johannes übergeht alles, was Matthäus und Lukas von der Geburt und der Kindheit Jesu erzählen; es ist der Gemeinde schon bekannt[36]. Und es ist in sich selbst noch nicht das Eigentliche und Entscheidende, was von dem Geheimnis der Person Jesu gesagt werden muß. Johannes möchte sofort am Anfang seiner Schrift gerade auf dieses Geheimnis den Blick seiner Leser lenken, damit sie alles, was er von Jesus berichtet, in der rechten Weise verstehen. Denn er will uns durch seine ganze Schrift hindurch zeigen, wie nicht die Gaben, Taten und Wirkungen Jesu das Wichtigste sind, sondern Jesus selbst in seiner Person, in seinem wunderbaren Sein. Darum sind die Gipfelpunkte des Evangeliums, wie Johannes es uns bezeugt, die großen „Ich bin"-Worte Jesu. Jesus g i b t nicht nur Wasser, Brot, Leben, Auferstehung, Jesus i s t selber dieses alles und kann es uns nur darum wahrhaft „geben", weil er es wesensmäßig ist. Darum kann Johannes das Geheimnis der Person Jesu nicht nur wie Markus in Kürze aussprechen. Er muß mehr davon sagen. Er fängt darum mit dem Anfang an; aber mit jenem Anfang, der im letzten Sinn „der Anfang" ist, jener „Anfang", mit dem deshalb auch die ganze Bibel beginnt: „Im Anfang schuf Gott Himmel und Erde" (1 Mo 1, 1). Über diesen „Anfang" geht Johannes bewußt und in Ablehnung aller „gnostischen" Spekulationen[37] nicht hinaus. In die vorweltliche Ewigkeit Gottes sucht er nicht zu blicken. Aber das allerdings stellt er fest: An diesem Anfang „war" Er bereits, den wir als Jesus Christus kennen und von dem

---

[35] Vgl. Einleitung S. 29.
[36] Vgl. Einleitung S. 22.
[37] Vgl. Anmerkung Einleitung S. 26 Nr. 25.

die ganze Schrift des Johannes sprechen soll. Er ist nicht erst damals mit allem Geschaffenen geworden, auch nicht als die höchste Spitze der Schöpfung. Nein, Er „war" da schon, und „war bei Gott". Darum gehört er auf die Seite Gottes, nicht auf die Seite des Geschaffenen: Er war „Gott von Art". Und noch einmal wird es unterstrichen: „**Dieser war im Anfang bei Gott.**" Dabei kann das hinweisende Wort „**dieser**" und die ganze Wiederholung der ersten Aussage eine ausschließende und abwehrende Bedeutung gerade wieder der Gnosis gegenüber haben. Nicht irgendwelche andern Wesen und Kräfte waren im Anfang bei Gott; nein, nur „**dieser**" war es, nur Er allein.

Was immer wir von Jesus lesen werden, wann immer wir den Namen Jesus aussprechen, wir müssen wissen, Jesus ist der, der wohl als ganzer Mensch vor uns steht und der doch wesensmäßig total anders ist als wir alle, auch als die Größten und Edelsten unter uns. Jesus wird das selber in seiner einfachen und doch radikalen Weise sagen: „Und er sprach zu ihnen: Ihr seid von unten her, ich bin von oben her; ihr seid von dieser Welt, ich bin nicht von dieser Welt" (8, 23; vgl. dazu 8, 58; 17, 5; 17, 24).

1 Aber Johannes nennt den Namen „Jesus" eigentlich erst in V. 29, wenn er auch schon in V. 17 einen ersten Hinweis auf ihn gibt. Die Menschwerdung Jesu geschieht ja erst noch und ist ein grundlegendes Ereignis der Heilsgeschichte. Jetzt, „**im Anfang**", muß anders von Jesus gesprochen werden, um das Geheimnis seiner Person vor uns hinzustellen. „**Im Anfang war der Logos, das ‚Wort'.**"

„Der Logos, das Wort" — so ist nirgends im Neuen Testament (mit Ausnahme von Offb 19, 13) Jesus genannt worden. Auch in unserm Evangelium kommt dieser Titel nicht wieder vor. Unter den gewaltigen Aussagen Jesu lautet keine: „Ich bin das Wort." Warum hat Johannes hier am Beginn des Evangeliums das ganze Geheimnis Jesu in diesen Ausdruck hineingefaßt? Was hat er unter dem „Logos", dem „Wort", verstanden? Die geschichtliche Forschung hat mit großem Fleiß geprüft, wo dieser Ausdruck „das Wort", „der Logos", in der jüdischen, griechischen und orientalischen Umwelt des Neuen Testamentes vorkommt und was er dort bedeutet. Was dachte ein Zeitgenosse des Johannes, was empfand und sah er innerlich vor sich, wenn er hier von „dem Logos, dem Wort", las? Die Forschung hat uns eine Fülle von Material dazu beigebracht. Die Schwierigkeit liegt aber für uns gerade in der Fülle und Mannigfaltigkeit dieses Materials. Wie sollen wir heute auch nur mit einiger Gewißheit feststellen, welche Anschauungen seiner Zeit und Umwelt gerade Johannes vor Augen gehabt hatte? Bei den Lesern seines Buches aber wird es gegangen sein, wie wir es heute noch bei vieldeutigen Worten und Begriffen beobachten können: die Leser brachten je nach ihrer Herkunft und nach ihrem persönlichen Denken ein ganz verschiedenes Verständnis des Ausdruckes „Logos", „Wort" mit. Johannes aber hat diese unterschiedlichen Auffassungen des „Logos" gerade nicht näher besprochen und sich nicht für eine von ihnen als der richtigeren entschieden. Mögen seine Leser bei „Logos" an „Weisheit" oder „Weltvernunft", bzw. an den „Sinn" der Welt denken, an ein weltdurchwirkendes Gesetz oder eine weltdurchwirkende Kraft, oder mögen sie im „Logos" ein göttliches Mittelwesen zwischen Gott und Welt sehen, wie es die Anschauungen der Gnosis lehrten, allen sagt Johannes: Was ihr bisher im Blick auf den „Logos" gedacht oder geahnt haben mögt, erst in Jesus Christus steht es in voller Klarheit und Wirklichkeit vor euch. In Jesus erst findet ihr, was ihr ahntet, meintet und suchtet[38].

Aber wenn Johannes auch in die weltanschauliche und religiöse Lage seiner Zeit hinein spricht und besonders die Gnosis vor Augen hat, so ist er doch vor allem Lehrer und Leiter der Gemeinde Jesu. Diese Gemeinde aber lebt — wie die Briefe des Paulus zeigen — auch auf griechischem Boden vom Alten Testament her. Und ihr Apostel Johannes ist selbst Jude. So haben wir vor allem zu prüfen, welche Rolle das „Wort" schon im Alten Testament spielt. Von Beginn der Bibel an geschieht Gottes Schaffen, Regieren, Richten, Leiten und Beschenken wieder und wieder durch sein „Sprechen", durch sein „Wort". So ist vom „Wort" Gottes im AltenTestament sehr viel die Rede; es hat für den Blick des Alten Testamentes göttliche Macht in sich und kann wie eine eigene, selbständig lebende und handelnde Größe erscheinen. Darum wird ihm auch „Ewigkeit" zuerkannt und tiefe Ehrfurcht vor ihm gefordert (Jes 40, 8; 55, 11; 66, 2; Jer 23, 29; Ps 12, 7; Ps 119, 89). Wenn wir dazu in den Sprüchen Salomo in Kap. 8, 22 f von der „Weisheit" lesen: „Der Herr hat mich schon gehabt im Anfang seiner Wege, ehe er etwas schuf, von Anbeginn her. Ich bin eingesetzt von Ewigkeit her, im Anfang, ehe die Erde war", dann stehen wir unmittelbar bei den Aussagen des Johannes[39].

Wenn wir also nach der Herkunft und dem Sinn der ersten Aussage im „Prolog" unseres Evangeliums fragen, dann können wir feststellen: Sie sind Auslegung der Bibel, Auslegung des Alten Testa-

---

[38] So darf die Gemeinde Jesu bis heute allen Religionen und Weltanschauungen mit sehr froher Zuversicht bezeugen, daß in Jesus Christus die wahre Erfüllung auch für ihr Sehnen, Streben und Denken liegt, weil er das „Wort" am „Anfang" war und ist.

[39] Auch schon die Rabbinen hatten erkannt, welche Rolle das „Wort" im Alten Testament spielt. Freilich, bei ihnen ist dieses „Wort", das vor der Welt da war und um dessentwillen die Welt geschaffen wurde, das „Gesetz". Johannes verkündigt im Gegensatz zum Rabbinat sofort am Beginn seines Buches „Evangelium". Das „Wort", das im Anfang bei Gott war, ist nicht das — erst durch Mose gegebene — Gesetz (V. 17), sondern das schaffende, gebende und rettende Wort.

mentes. Aber sie sind nicht eine Auslegung, die Johannes sich erdacht hat, sondern eine Auslegung, die Gott selbst in der Sendung Jesu gegeben hat. Ungezählte Leser und Lehrer der Bibel haben sich gerade mit dem geheimnisvollen ersten Blatt der Heiligen Schrift beschäftigt und viel darüber gesonnen und geschrieben. Johannes kann allen diesen Gedanken gegenüber mit froher Gewißheit sagen: Was „im Anfang" war, als Gott „sprach", das braucht ihr nicht mehr selbst zu ergrübeln; es steht greifbar vor euch in Jesus.

Johannes hat erfaßt, daß dieses „Wort", in dem Gott am Anfang schaffend sprach und dann immer neu gebietend und schenkend redete, wirklich (wie Spr 8, 22 ff es von Gottes „Weisheit" meint) eine selbständige Person in Gott ist. Das konnte Johannes erfassen, weil er J e s u s als dieses „Wort" erkannt hatte. Und nun sagt er es zu I s r a e l hin, werbend und zum Glauben rufend: Das „Wort", von dem ihr wißt und viel sprecht, es ist in Jesus in seiner ganzen Wahrheit und Gnade da, gerade für euch. Und er sagt es der Gemeinde erhellend und frohmachend: Jesus, an den ihr glaubt, ist noch größer und herrlicher, als viele von euch denken; er ist das „Wort" Gottes, das schon „im Anfang bei Gott" war.

Steht Johannes mit dieser Botschaft völlig allein in der ersten Christenheit, so daß wir doch zögern müssen, ihm darin zu folgen? Nein, auch Paulus tat der Sache nach schon das gleiche, wenn er in Rö 10, 6 ff Aussagen des Mose aus 5 Mo 30, 11—14 nahm und in dem „Wort", von dem Mose dort gesprochen hat, Jesus Christus erkannte[40]. Und auch Hbr 1, 1—3 zeigt, wie andere Lehrer der Christenheit in Jesus das „Wort" erfaßten, in dem Gott sich uns gegenüber völlig ausspricht.

Und gerade von da aus öffnet sich uns das Verständnis für die Aussagen des Johannes. Wir wissen, was das „Wort" in unserem Verkehr miteinander bedeutet. Erst durch das „Wort" gibt es Verbundenheit von Person zu Person. Ja, im Gebrauch des Wortes werde ich selbst überhaupt erst in vollem Sinn „Person". In allem Reden, und sei es im verborgenen Selbstgespräch, suche ich „mich" auszusprechen. In meinem „Wort" bin ich selbst da und erfasse mich selbst in meinem Denken, Fühlen und Wollen. Aber freilich, wie schmerzhaft unvollkommen bleibt unser „Wort". Wieviele Wörter reihen wir darum aneinander und finden doch nicht „das rechte Wort". Wir vermögen mit vielen Worten weder uns selbst noch einem andern uns wirklich verständlich zu machen. Unermüdlich spricht die Menschheit sich aus in Dichtern und Denkern und muß doch immer wieder neu

---

[40] So rechtfertigt Rö 10, 6 ff den Anfang unseres Evangeliums, und umgekehrt rechtfertigt Jo 1, 1 die kühnen Aussagen des Paulus in Rö 10, 6 ff.

damit beginnen, weil alles bisher Gesagte das Eigentliche gerade doch nicht sagt. Ganz anders ist es mit Gott. Gott spricht sich, wenn er es will, vollkommen aus. Er bedarf dazu nicht vieler und immer erneuter Worte. „Ein für allemal", wie der Hebräerbrief so gern sagt (7, 27; 9, 12; 10, 10), bezeugt er sein ganzes Herz und Wesen in einem einzigen Wort. Und dieses „Wort" ist nicht ein Schall, eine Buchstabenreihe, sondern ist eine Person, wie Gott selbst Person ist. Dies von Gott vor aller Zeit ausgesprochene „Wort" steht nun selbständig neben Gott und ist doch zugleich nichts Wesensanderes, nichts Zweites neben Gott. Das wird von Johannes besonders dadurch eingeprägt, daß in seiner Aussage **„das Wort war bei Gott"** das „bei" nicht nur einen rein räumlichen Tatbestand bezeichnet, sondern den Sinn von einem innerlichen „Zu-hin" mitklingen läßt. Der, der „das Wort" ist, ist **„Gott von Art"**, aber er steht nicht einfach „neben" Gott, sondern ist in seinem ganzen Wesen ständig **„zu Gott hin"** gewandt, völlig bezogen auf den Gott und Vater, in dessen ewigem „Sprechen" er seinen Ursprung hat.

In Vers 14 und 18 (und später noch oft) wird dieses „Wort" als das „Ebenbild Gottes" (vgl. Kol 1, 15; 2 Ko 4, 4; Hbr 1, 3) auch der „Sohn", der „Einzige Sohn" vom Vater genannt, der „an der Brust des Vaters ist". Es ist aber bedeutsam, daß Johannes hier am Beginn nicht den Ausdruck „Sohn", sondern den Begriff „das Wort" verwendet. Er schreibt in einer Zeit, in der die heidnische Umwelt viel von „Göttersöhnen" zu sagen wußte, die von Göttern erzeugt worden waren. Diese heidnisch-sinnlichen Vorstellungen will Johannes von vornherein von dem Blick auf Jesus fernhalten. Mit dem Bild des vom Vater gesprochenen „Wortes" ist das Geheimnis Jesu in Klarheit und Reinheit erschlossen und sein Verhältnis zum Vater im Gegensatz zu allen heidnischen Mythen dargestellt.

Welch eine „Christologie"[41] steht damit vor uns, mächtig, tief, geheimnisvoll und doch auch wieder einfach und verständlich. Das Geheimnis, um das später die Trinitätslehre der Kirche ringt, bleibt als solches bestehen und läßt sich nur „widerspruchsvoll" ausdrücken: Jesus, der „Sohn", das „Wort", ist ganz eins mit dem Vater und ist zugleich von ihm unterschieden in einem selbständigen Leben. Und doch stehen nicht zwei Götter nebeneinander; es gibt nur den einen wahren, lebendigen Gott. Aber dieser Gott als der Lebendige ist nicht eine starre, leere Einheit; er lebt in drei „Personen", deren eine der „Sohn" ist. Gerade im Zeugnis des Johannes von dem Sohn, der das

---

[41] Unter „Christologie" verstehen wir die „Lehre von Christus", also den Versuch, das Geheimnis der Person Jesu Christi, ihr Wesen und ihre Bedeutung, in kirchlichen Lehrsätzen zu umschreiben. Diese „Christologie" bildet immer wieder die Mitte aller christlichen Theologie.

„Wort" ist, in dem Gott sich völlig ausgesprochen hat und das darum ganz eins mit Gott ist und doch zugleich als „ausgesprochenes" Wort ein eigenes Leben hat, kann uns das Geheimnis anschaulich und begreifbar werden, so weit das überhaupt möglich ist. Die Sätze des Johannes beginnen zu leuchten und zu sprechen: **„Im Anfang war das Wort und das Wort war bei Gott, und Gott von Art war das Wort. Dieses war im Anfang bei Gott."**

Wenn Jesus, der Sohn, seinem eigentlichen Wesen nach das „Wort" ist, dann ist auch von vornherein das rechte Verhältnis der Menschen zu ihm bestimmt. Das „Wort" will „gehört" **werden, und es sucht** den „Glauben", der sich ihm öffnet und ihm gehorchend vertraut. Darum wird dann im ganzen Evangelium der große Kampf gehen, dessen Zeugen wir Kapitel um Kapitel werden. Und schon von diesem seinem ersten Satz her kann Johannes am Schluß seines Buches mit Recht sagen, daß der Glaube an Jesus das Ziel seines ganzen Schreibens gewesen sei (20, 31).

3   Der Ernst, mit dem dies alles gemeint ist, wird in V. 3 sichtbar. „War" er, der „das Wort" ist, bereits „im Anfang" aller Zeit und alles Raumes und aller Dinge „bei Gott", dann muß dieses Wort selber an der Schöpfung beteiligt sein. Wie die Formulierung „im Anfang" auf den biblischen Schöpfungsbericht hinweist, so denkt Johannes jetzt daran, daß alles Schaffen Gottes in seinem „Sprechen", in seinem „Wort" geschah. „Und Gott sprach ...", so klingt es immer wieder durch den Schöpfungsbericht. Die Schöpfung geschah also durch ihn, der in seinem Wesen ganz und gar „das Wort Gottes" ist. Darum bezeugt es Johannes: **„Alles wurde durch ihn, und ohne ihn wurde auch nicht eines, was geworden ist."**

Dieses Wort „alles" hat einen zusammenfassenden Sinn und erinnert an unser Wort „das All". Das All ist durch Jesus und damit auch für ihn geschaffen. Gerade darin hat es seine Einheit und in seiner Entwicklung durch ungeheure Zeiträume hindurch auch sein Ziel. Das ist nicht ein Satz bloßer theoretischer Spekulation. Diese Aussage hat große praktische Bedeutung[42]. Es gibt nicht einen einzigen Bereich in der ganzen Schöpfung, der Jesus fremd ist, der nicht auf Jesus bezogen wäre! Wie wichtig ist das für uns, denen das Weltall sich zu einer unausdenkbaren und erschreckenden Größe erweitert hat. Auch jene Spiralnebel, jene Milchstraßensysteme, die in ihrer Entfernung von Millionen von Lichtjahren Millionen Sonnen umfassen, sind durch Jesus geschaffen und stehen in Beziehung zu ihm und seinem Werk, auch wenn uns das jetzt noch nicht erkennbar ist. Wie zeigt uns das Jesu ganze Größe und Bedeutung, und wie getrost

---

[42] Vgl. dazu die Erklärung von Kol 1, 15 in der W. St.

macht es zugleich uns, die Seinen, wo immer wir uns im Raume der Schöpfung befinden mögen. Die Aussagen des 139. Psalmes, die zunächst erschreckend sind, gewinnen von hier aus für Jünger Jesu einen neuen und seligen Sinn: Nirgends und niemals fallen wir aus dem Machtbereich Jesu heraus.

Das Wichtigste in der Schöpfung aber ist der Mensch. Um den Menschen, den kleinen Menschen in einem riesigen Kosmos, geht es eigentlich. Unser Vers sagt uns nun: es hat jeder Mensch seine ursprüngliche und unauflösliche Beziehung zu Jesus, wenn doch **„nicht eines, was geworden ist"**, ohne Jesus Christus wurde. Die Verkündigung von Jesus drängt niemand eine fremde Gestalt auf, sondern erinnert an den Einen, durch den und für den auch er von vornherein geschaffen ist. Das Mittlertum Jesu wird nicht erst durch die Sünde hervorgerufen. Der „Sohn" ist nicht untätig bei Gott, bis ihn die Not unserer Verlorenheit zum Handeln ruft. Er ist Mittler der Schöpfung, wie Mittler der Erlösung; und er ist das eine gerade darum, weil er auch das andere ist[43].

Die Schöpfung wäre bei aller Großartigkeit des Weltraumes mit seinen ungezählten Sternenheeren dennoch entsetzlich starr und kalt, wenn es in ihr nicht das Wunder des „Lebens" gäbe. Schon das natürliche Leben ist für die Wissenschaft ein Rätsel[44]. Welche geheimnisvollen Tiefen tun sich aber erst auf, wenn wir als Menschen nach dem wahren Leben, dem Leben im letzten und höchsten Sinn fragen! Immer kreist das Denken und Sinnen des Menschen um die Frage: Wie finde ich das echte, das eigentliche, das unerschöpfliche Leben, das Leben, das den Namen „Leben" wirklich verdient? So kommt die Botschaft des Johannes uns Menschen in unserem innersten Verlangen entgegen, wenn sie uns sagt: **„In ihm war Leben."** So jubelt ja Johannes auch am Anfang seines ersten Briefes: „Das Leben ist erschienen, und wir haben gesehen und bezeugen und verkündigen euch das Leben, das ewig ist, welches war bei dem Vater und ist uns erschienen" (1 Jo 1, 2). Und das glauben wir wohl, wenn er hier hinzufügt: **„und das Leben war das Licht der Menschen."** Auch für uns verbindet sich mit dem Wort „Tod" die Vorstellung der „Todesnacht", also des „Dunkels" und der „Finsternis". Und auch für uns ist das Leben im Gegensatz zum Tod voll Licht und Wärme. Wenn wir das wahre, unerschöpfliche Leben hätten, dann wäre alles

4

---

[43] Das werden wir in der Verkündigung ganz anders als bisher sowohl als steten tragenden Grund im Blick haben, wie auch direkt aussprechen müssen. Es wird uns zugleich im Verkündigungsdienst bestätigt durch die erstaunliche Tatsache, daß alle Menschen ohne Unterschied der Rasse oder des kulturellen Standes Jesus erfassen können.

[44] Darum werden immer neue Versuche gemacht, die Lebenserscheinungen in mechanische Vorgänge physikalisch und chemisch aufzulösen.

voll Licht. Jesus selbst wird immer wieder von „Licht" und „Leben"
mit uns sprechen. Weil Jesus allein das eigentliche „Leben" hat, ist er
damit zugleich auch „das Licht der Welt" (8, 12), für das alles, was
wir sonst an „Licht" kennen, nur ein Gleichnis oder Abglanz ist.

Wieder haben wir damit zugleich eine „Auslegung" der Schrift
erhalten. Gerade das erste Schöpfungswort Gottes 1 Mo 1, 3 zeugt
von Jesus (5, 39). In dem ungeheuren Geschehen, als es „Licht wurde"
und das Licht in die Finsternis brach, war Jesus am Werk und brachte
der Welt sein Wesen[45].

Johannes beschreibt hier so wenig wie später, was denn nun das
„Leben" eigentlich ist. „Beschreiben" und „erklären" läßt sich immer
nur, was starr, mechanisch, tot ist[46]. Was „Leben" ist, kann der
Mensch nur im Verlangen nach dem Leben ahnen; und er kann es
kennen, wenn er selber wirklich „lebt". Aber es wird gut sein, wenn
wir hier schon zu den Aussagen hinüberblicken, die der gleiche Apostel Johannes in seinem ersten Brief in Kapitel 3,14 macht: „Wer nicht
liebt, bleibt im Tode." Gott ist der „Lebendige", gerade indem er
„Liebe" ist (1 Jo 4, 16), indem er den Sohn liebt (Jo 5, 20) und ihm
an seinem eigenen Wirken teilgibt und dann in wahrhaft göttlicher
Weise die Welt liebt (3, 16). Ohne diese Liebe würden menschliche
und göttliche „Lebendigkeit" etwas Schreckliches sein. Aber gerade
als Liebe ist das Leben das Licht der Menschen.

Warum formuliert aber Johannes: das Leben „war" das Licht der
Menschen? Ist dieses „war" die Zeit im Paradies, als die ersten Menschen in dem Sohn wahrhaft „lebten", durch den und zu dem sie geschaffen waren? Oder will Johannes mit der Zeitform der Vergangenheit nur überhaupt daran erinnern, daß die Menschen jetzt
dieses Leben, das für sie Licht ist, nicht mehr haben und daß Jesus
es ihnen erst aufs neue bringen muß?

5 Aber wenn das so ist und wenn in Jesus nun das heiß ersehnte
Leben zu uns kommt, das alles ins Licht taucht, müssen dann nicht
alle zu diesem Einen hinströmen, in dem von Anfang an das Leben
war? Muß der Bericht des Johannes nun nicht zur Schilderung eines
einzigen großen Siegeszuges dieses wunderbaren Lichtes werden?
Jetzt sofort am Beginn seiner Darstellung weist Johannes auf das
zweite Geheimnis in der Geschichte Jesu hin, das er in V. 9—11 noch
erschreckender kennzeichnen wird. Jesu Leben wird nicht ein Siegeszug, sondern der Weg zum Kreuz. Der Bringer des Lebens und des

---

[45] Darum hat Mathilda Wrede diesen Vers der Schöpfungsgeschichte richtig verstanden, als sie jenem geketteten Verbrecher im Gefängnis zeigte, wie Jesus in das Chaos und in die Nacht seines Lebens das erlösende Licht bringen wollte.

[46] Es gelingt allerdings heute den Physikern nicht einmal mehr, das Atom anschaulich zu machen. Selbst die Materie ist für uns geheimnisvoll geworden.

Lichtes wird abgelehnt, gehaßt und getötet. Wie kann das sein? In der knappen, radikalen Art seiner Aussagen stellt Johannes es ohne nähere Begründung in seiner ganzen Tatsächlichkeit vor uns hin, daß diese Menschenwelt, in die Jesus kommt, „Finsternis" ist. Mit keinem Wort sagt uns Johannes, wie eine durch das „Wort" geschaffene Welt zu solcher „Finsternis" werden konnte. Er spricht nicht vom Sündenfall, wie er stets ungern von dem redet, was seine Leser ohnehin wissen können und wissen müssen. Der Sündenfall steht aber mächtig hinter der kurzen Aussage des Johannes[47]. Wichtiger als alle „Erklärungen", die zuletzt doch nichts zu erklären vermögen, ist für Johannes die unleugbare Tatsache der „Finsternis", die jeder Wahrhaftige als schwere Wirklichkeit anerkennen muß. Jesus Christus, das ewige Wort, steht in dieser Welt, und das heißt nun: **„Und das Licht scheint in der Finsternis."**

Was geschieht nun? Johannes kann zunächst nur mit einer negativen Feststellung antworten, die zudem noch eigentümlich doppeldeutig ist. **„Das Licht scheint in der Finsternis, und die Finsternis hat es nicht ergriffen."** „Finsternis" kann ja ihrem Wesen nach das Licht nicht wollen, nicht dankerfüllt „ergreifen" und sich seiner freuen. Sie kann es nur scheuen und hassen. Die Gemeinde Jesu kann sich darum von vornherein nicht wundern, wenn das helle Evangelium gerade nicht angenommen, **„ergriffen"**, sondern abgewiesen und bekämpft wird[48]. Aber es fragt sich sehr, ob das „Ergreifen" hier überhaupt positiv als ein „Annehmen", ein „Verstehen" gemeint ist. Die Vorsilbe „kata", die hier mit dem Verbum „greifen, nehmen", verbunden ist, entspricht unserer Vorsilbe „unter" oder „herab". Das „Ergreifen" ist also ein solches, das das Ergriffene unter sich zwingt und sich seiner bemächtigt. Wichtig ist die Parallele 12, 35, wo ganz klar in diesem Sinn von der Finsternis gesagt wird, daß sie Menschen „ergreift". Dann liegt in der Aussage des Verses vor allem ein tröstlicher Triumph. Die **„Finsternis"** hat das Licht nicht **„ergreifen"** können, um es zu überwältigen und auszulöschen. Das Licht scheint unbesieglich in der Finsternis. Vers 12 und 13 wird uns zeigen, welch wunderbares

---

[47] Anders urteilt Schlatter: „Von einem Fall der Welt in die Finsternis hat Johannes nicht gesprochen, da 1 Mo 1, 1—3 seine Gedanken regiert. Die Finsternis ist das Erste, das was der Ankunft des Lichtes vorangegangen ist. Das göttliche Schaffen bewegt sich in aufsteigender Richtung. Dann aber, wenn das Licht in die Dunkelheit hineintritt, entsteht aus dem Verhalten des Menschen Schuld. Sie entsteht deshalb, weil er sich vom Licht fernhält und in der Dunkelheit verharrt." Schlatter „Der Evangelist Johannes" 1960³ S. 9.

[48] Paulus hat das gleiche „Rätsel des Unglaubens" in seiner Weise in 2 Ko 4, 4—5 vor uns hingestellt.

Ergebnis das immer wieder hat⁴⁹. Die Gemeinde erlebt beides in immer neuen Erfahrungen, daß die Finsternis das Licht nicht zu ihrer Errettung ergreift, daß sie es aber auch nie zu seiner Vernichtung zu ergreifen vermag.

EIN ZWISCHENBLICK AUF JOHANNES DEN TÄUFER
Johannes 1, 6—8

zu Vers 6:
Mt 3, 1
Mk 1, 4
Lk 1, 13—17
57—80

zu Vers 7:
Lk 3, 3
Jo 1, 31
5, 33—35
Apg 19, 4

zu Vers 8:
Jo 1, 20
3, 28
5, 35

6 Es trat ein Mensch auf, gesandt von Gott, sein Name [war] Johan-
7 nes. * Dieser kam zum Zeugnis, damit er Zeugnis gebe von dem
8 Licht, damit alle zum Glauben kämen durch ihn. * Nicht war jener das Licht, sondern er sollte Zeugnis geben von dem Licht.

6—8 Es folgt eine deutliche Unterbrechung des eigentlichen Gedankenganges, der im Vers 9 fortgesetzt wird. Wir müssen die Verse 6—8 sozusagen in Klammern setzen. Indem Johannes von dem Licht schreibt, das in der Finsternis scheint, muß er an Kreise denken, die in Johannes dem Täufer dieses „Licht" sahen. Die Schilderung in Mt 3 und Lk 3 läßt uns etwas davon erkennen, wie tief der Täufer auf Menschen gewirkt hat und wie mächtig die Erweckungsbewegung war, die durch ihn ausgelöst wurde. Nicht wenige waren damals bis in das Zentrum ihres Lebens ergriffen worden und trugen die Kunde von diesem gewaltigen Gottesmann weiter. War er nicht ein helles Licht in der Finsternis dieser Welt? Jesus bestätigt das in seinem Wort Jo 5, 35: „Er war die brennende und scheinende Lampe"⁵⁰, so ist es kein Wunder, daß es zur Zeit der Apostel Täufergemeinden gab, die nicht unbedeutend gewesen sein werden. Ihre Spuren finden sich in Apg 18, 24 f bei einer Gestalt wie Apollos, in Apg 19, 1—7 bei jenen „Jüngern" in Ephesus, die den Heiligen Geist nicht hatten und nur die Taufe des Johannes kannten⁵¹.

6 Johannes, der vom Täufer noch mehrfach sprechen wird (1, 29 ff; 3, 22 ff), hält es für wichtig, schon jetzt einen Blick auf seine Gestalt zu werfen. Dieser Blick ist ein gerader und klarer. Johannes hat es nicht nötig, den Täufer irgendwie herabzusetzen und negativ von

---

⁴⁹ Darum ist auch das Pauluswort von dem „Siegeszug" wahr, in den die Boten Jesu hineingenommen werden (2 Ko 2, 14 so im grie Text).
⁵⁰ Jesus verwendet hier nicht das Wort für „Licht" (so in der LÜ), sondern ein Wort, das die Lampe, die Leuchte bezeichnet.
⁵¹ Vgl. die Auslegung zu diesen Stellen in der W. St.

ihm zu reden. Er läßt ihm seine ganze Größe und Bedeutung. „**Es trat ein Mensch auf, gesandt von Gott, sein Name [war] Johannes.**" An der göttlichen Sendung und Bevollmächtigung des Täufers ist kein Zweifel. Sie wird mit den gleichen Ausdrücken bezeichnet, die dann Jesus selbst für seine Sendung vom Vater fort und fort gebraucht. Johannes mit seinem Werk ist wirklich und eindeutig „von Gott". Von Gott ist aber auch die besondere Art seines Wirkens bestimmt: „**Dieser kam zum Zeugnis, damit er Zeugnis gebe von dem Licht.**" Es gibt ja vielerlei Weisen des Redens. Wer aber den Auftrag hat, „Zeuge" zu sein und „Zeugnis zu geben", der hat nicht seine eigenen Gedanken zu entwickeln oder zukünftige Dinge und Ereignisse anzukündigen; er hat auch nicht über die Meinungen oder Erfahrungen anderer zu referieren, er hat Tatsachen festzustellen, über die er eigene Gewißheit besitzt. Wir werden von dem „Zeugnis" des Täufers noch in 1, 26 f und 1, 29—34 hören.

Das von Gott gewollte Ziel des Zeugnisses ist ein großes: „**Damit alle zum Glauben kämen durch ihn!**" Hier wird sofort und ausdrücklich das „Glauben" als das entscheidende Verhalten des Menschen genannt. „Zeugnis" und „Glaube" gehören wesensmäßig zusammen. „Der, zu dem ein Zeuge geredet hat, ist zum Glauben befähigt und verpflichtet" (Schlatter). Es genügt nicht, daß Zeugnis des Täufers vom Licht nur zur Kenntnis zu nehmen. Erst im glaubenden Annehmen des Lichtes und in der glaubenden Hingabe an das Licht kommt das zustande, was den Menschen aus der Finsternis rettet und was darum Gott mit dem Zeugnis seiner Boten erreichen will. Aber solcher „Glaube" ist auch alles, was nötig, ja, was Jesus gegenüber möglich ist. Wenn Johannes mit dem Blick auf die Gnosis seiner Zeit schrieb, dann hat er ihr mit dieser Aussage schon die gründliche Ablehnung erteilt[52].

„Alle" sollen zum Glauben kommen. Der Täufer hatte nicht auszuwählen und sich mit seinem Wirken auf bestimmte Kreise zu beschränken. Israel als Ganzes war gemeint und von Gott durch den Täufer angesprochen. Welch ein Auftrag war das! Wie groß macht Johannes uns den Täufer. Aber wer am Täufer hängt und den Täufer recht ehren will, der tue, was das eigentliche Ziel seines Wirkens war und komme zum Glauben an Jesus. „Täufergemeinden" müssen „Jesusgemeinden" werden. Dann ist die göttliche Sendung des Täufers wirklich verstanden.

Denn das muß bei aller Anerkennung des Täufers und seiner großen göttlichen Sendung ausdrücklich als Tatsache hervorgehoben werden: „**Nicht war jener das Licht, sondern er sollte Zeugnis geben von dem**

---

[52] Vgl. Einleitung S. 29.

Licht." Die brennende und scheinende Lampe (Jo 5, 35 S. 176) war er; „das Licht" ist er nicht. „**Das Licht**" ist nur der Eine, der „Logos", das von Gott in Ewigkeit gesprochene „Wort", von dem Johannes nun weiter redet.

DIE WIRKUNG DES WAHREN LICHTES

Johannes 1, 9—13

zu Vers 9:
Mt 4, 16
11, 3
Jo 3, 19
6, 14
11, 27
12, 46
1 Jo 2, 8

zu Vers 10:
Jo 1, 3—5
14, 17
1 Ko 2, 8

zu Vers 11:
Lk 19, 14
Jo 5, 43

zu Vers 12:
Jo 20, 31
Apg 4, 12
Rö 8, 14—16
Gal 3, 26
Eph 1, 5
1 Jo 3, 1

zu Vers 13:
Jo 3, 5. 6
1 Pt 1, 23
1 Jo 5, 1
Jak 1, 18

9 Das war das wahre Licht, das jeden Menschen erleuchtet, der in
10 die Welt kommt. * In der Welt war er, und die Welt wurde durch
11 ihn, und die Welt erkannte ihn nicht. * In sein Eigentum kam
12 er, und die Seinen nahmen ihn nicht an. * Wieviele ihn aber aufnahmen, denen gab er Vollmacht, Kinder Gottes zu werden,
13 denen, die glauben an seinen Namen, * die nicht aus Geblüt und nicht aus Fleischeswillen und nicht aus Manneswillen, sondern aus Gott geboren wurden (oder: die glauben an den Namen von ihm, der nicht aus Geblüt und nicht aus Fleischeswillen und nicht aus Manneswillen, sondern aus Gott geboren wurde).

Nun setzt Johannes seine Darstellung fort. Vers 9 knüpft unmittelbar an Vers 5 an. Vom „Wort", vom „Logos" hatte Johannes gesprochen. Im Gegensatz zu dem Täufer, der nur „die Leuchte" war, war das „Wort" „**das wahre Licht**". „Wahr, wahrhaftig", hat hier auch für unser Sprachgefühl den Sinn von „echt, wirklich, eigentlich". Wir sind nicht betrogen, wenn wir nur in Jesus mit aller Bestimmtheit „das Licht" sehen.

Dieses Licht „**erleuchtet jeden Menschen, der in die Welt kommt**". Wie ist das gemeint? Nicht „statistisch", sondern grundsätzlich, wie es notwendig von dem ausgesagt werden muß, der das wahre Licht ist[53]. Zugleich hat hier Johannes die Wirksamkeit Jesu im Evangelium treffend gekennzeichnet und von der Arbeitsweise anderer religiöser Richtungen grundlegend unterschieden. „Während der
9 Rabbi durch sein Gesetz die jüdische Gemeinde von der Menschheit absondert und der Gnostiker seinen Schülern eine Geheimlehre anbietet und aus seinem Gottesdienst ein System macht, reicht die Wirksamkeit Jesu so weit als die menschliche Bedürftigkeit" (Schlatter a. a. O. S. 16).

---

[53] Das entspricht der Verwendung des Wortes „alle" bei Paulus, das ebenfalls wesensmäßig und nicht zahlenmäßig von ihm gebraucht wird. Auf der Verkennung dieser Tatsache beruhen mancherlei Schriftbeweise der Allversöhnungslehre.

Johannes 1, 9—13

Diese Bedürftigkeit ist damit gegeben, daß der Mensch der ist, „der in die Welt kommt"[54]. Denn in der „Welt" ist er in der „Finsternis" und bedarf des erleuchtenden Lichtes. Da aber „das Licht in der Finsternis scheint" und von der Finsternis nicht verschlungen werden kann, hat jeder Mensch die einzigartige Möglichkeit von diesem Licht erleuchtet zu werden und das wahre Leben zu gewinnen. **„Jeder Mensch"** hat diese Möglichkeit, nicht nur die Glieder des auserwählten Volkes, nicht nur der religiös veranlagte oder der sittlich oder geistig hochstehende Mensch. Jeder Mensch ist durch das Wort zu ihm hin geschaffen, jeder Mensch sucht das Licht, für jeden Menschen ist seine erleuchtende Macht da[55]. Keiner ist ausgeschlossen! Wie ist das in den 1900 Jahren der Verkündigung in aller Welt zum Staunen als Tatsache erwiesen. Eine ganz andere Frage aber ist es, ob sich nun auch „jeder Mensch, der in die Welt kommt", wirklich von dem wahren Licht erleuchten läßt. Schon gleich die nächsten Verse werden diese Fragen hart verneinen, und die ganze Schrift des Johannes zeigt wieder und wieder dieses Nein.

„In der Welt war er, und die Welt wurde durch ihn, und die Welt erkannte ihn nicht." Bei dem Wort „Welt" denken die biblischen Zeugen nicht an die Natur, nicht an Pflanzen, Tiere und Sterne, sondern an die „Menschenwelt", die Welt der Geschichte. Ohne jetzt schon die ganze Paradoxie der Offenbarung auszusprechen wie in V. 14, läßt uns Johannes doch schon aufhorchen: **„In der Welt war er"**, das ewige, aus Gott stammende und zu Gott hin gerichtete Wort. Ist das zu fassen? Wir wissen, wie diese **„Welt"** nicht göttlich ist, sondern eine Welt der Sünde und des Todes. Kann der Logos in dieser so wesensandern Welt sein? Johannes bezeugt die Tatsache, **„in der Welt war er"**. Wir dürfen dabei nicht vergessen: **„Die Welt wurde durch ihn."** Wie immer es mit der Welt heute stehen mag, ihr Ursprung liegt in Gott und in seinem „Wort". Im Gegensatz zu allen

10

---

[54] Rein der Form nach könnte dieses „kommend in die Welt" auch zu „das wahre Licht" gehören. Aber wir finden sonst keine Beispiele, daß eine solche Verbalverbindung durch einen Nebensatz unterbrochen wird. Gerade 11, 27 ist keine Parallele, sondern ein Gegenbeispiel. So wie in 11, 27 hätte Johannes auch in unserm Vers die Worte unmißverständlich gestellt, wenn er von dem „Licht, das in die Welt kommt" hätte reden wollen. „In die Welt kommend" wird daher zu dem unmittelbar vorangehenden Wort „jeden Menschen" gehören.

[55] Bei diesem Verständnis unseres Verses muß nicht erst an den „Logos spermatikos" gedacht werden, an die Lehre der Stoiker von dem Logos, von der „Weltvernunft", die wie „Samen" überall ausgestreut ist und mit diesen Lichtfunken alle Menschen erreicht, auch die, die sich nicht denkend und gesammelt dem „Logos" zuwenden. In V. 9 ist es ebenso wie in V. 5 nicht von dem Logos vor seiner Offenbarung die Rede, der gleichsam von Natur in der Welt ist und sein erleuchtendes Werk tut. Johannes spricht in allen seinen Aussagen von Jesus. Das beweist sogleich **der Fortgang** in den Versen 10—13, die alle eindeutig von dem Geschehen im Kommen Jesu Christi reden.

„dualistischen"[56] Weltanschauungen sieht das Evangelium die „Welt" nicht als in sich selbst böse und widergöttlich oder als Gebilde einer gottfeindlichen Macht an. Die Welt ist und bleibt „Schöpfung".

Aber freilich, umso rätselhafter und erschreckender ist der Tatbestand, auf den schon V. 5 hinwies, und der uns hier noch deutlicher gezeigt wird. **„Die Welt wurde durch ihn, und die Welt erkannte ihn nicht."** Die Welt erkannte und erkennt also den nicht, durch den sie doch wurde. Weil sie durch das „Wort" ihr Dasein hat und weil zugleich in diesem „Wort" Sinn und Ziel ihres Daseins liegen, müßte sie das „Wort" auch „erkennen", wenn es nun in der Person Jesu „in der Welt war". Darum ist ihr „Nichterkennen" nicht ein entschuldbarer Irrtum, ein bloßer Mangel an Erkenntniskraft, sondern eine Schuld, hinter der verborgen ein Nicht-kennen-wollen liegt. Und wenn die „Welt", also der Mensch, wie er jetzt ist, den nicht erkennt, der sein eigentliches Leben, sein wahres Licht ist, dann ist das zugleich ganze Verlorenheit[57]. Was soll aus der Welt werden, die den nicht kennt und kennen will, der doch ihr Ursprung und ihr Ziel ist?

11 Vers 11 macht die Schwere dieses Geschehens noch eindrucksvoller deutlich. **„In sein Eigentum kam er, und die Seinen nahmen ihn nicht auf."** Der Logos war wie ein Hausherr, der nach Hause kommt[58] und dem nun seine eigenen Hausgenossen die Tür verschließen. Es ist dabei nötig und vom Ganzen des Textes her sogar unzutreffend, diesen Vers eigens auf das jüdische Volk bezogen zu sehen. Sicherlich, im Blick auf das „Volk des Eigentums" spitzt sich solche Aussage noch besonders zu. Der Jude zuallererst[59] mußte von seinem Leben unter dem Worte Gottes her den erkennen, der in seiner ganzen Person „das Wort" ist. Und gerade er stößt Jesus aus und tötet ihn. Aber das **„Eigentum"**, das „Heim" des Logos ist die ganze Schöpfung, die „Welt", alle Menschen sind die **„Seinen"**, weil jeder Mensch durch ihn wurde (s. o. zu V. 1–3) und das wahre Licht „jeden Menschen" erleuchtet. Darum liegt das schreckliche Rätsel auch nicht nur über dem Volk Israel, sondern über der ganzen Welt.

---

[56] Das Wort ist von dem lateinischen Zahlwort „Duo = zwei" abgeleitet. Der Dualismus rechnet mit zwei entgegengesetzten Weltprinzipien, die hinter allem Geschehen stehen. Die Gnosis war häufig „dualistisch".

[57] Es ist verhängnisvoll, daß wir in der Christenheit bei dem Wort „Sünde" sofort an moralische Verfehlungen und dazu meist noch an solche gröberer Art denken. Die eigentliche Sünde und Verlorenheit des Menschen liegt genau darin, daß er, wenn Gott in seinem ewigen Wort zu ihm kommt, ihn nicht „erkennt". Diese „Sünde" begehen nicht nur einzelne „schlechte" Menschen, in dieser Sünde leben auch die edelsten und besten.

[58] Das von Johannes verwendete Wort „ta idia = sein Eigentum" hat oft die Bedeutung „Heim, Heimat".

[59] Vgl. das „zuerst" in Rö 1, 16; 2, 10; auch Apg 13, 46.

Der Gang der Botschaft von Jesus durch die Jahrhunderte und um den Erdball ist ständig begleitet von der dunklen Melodie **„und die Seinen nahmen ihn nicht an"**. Erklären läßt sich das nicht. Es wäre ja nicht mehr „Sünde" und „Schuld", wenn es sich irgendwie verständlich machen ließe. Es gehört zum Wesen des „Bösen", daß es unerklärbar ist. Jede „Erklärung" nähme ihm seinen Charakter als unverzeihliche Schuld[60].

Scheint also das wahre Licht vergeblich? Kommt der Logos einfach umsonst in sein Eigentum? Nein, es gibt Menschen, die **„ihn aufnehmen"**[61]. Johannes sagt über ihre Zahl nichts. Je nach dem Blickpunkt mögen es „wenige" oder „viele" sein. Aber **„wieviele ihn immer aufnahmen"**, ihnen wird etwas unglaublich Großes und Herrliches zuteil. Der Logos **„gab ihnen Vollmacht, Kinder Gottes zu werden"**. 12

Ist das denn wirklich etwas so Großes? Uns sagt der Ausdruck „Kind Gottes" nicht mehr viel. Es erscheint uns „selbstverständlich", daß alle Gottes Kinder sind. Wir wissen allzu wenig von der Majestät und der Heiligkeit Gottes, um in Wahrheit erfassen zu können, was das heißt, ein „Kind" dieses Gottes zu sein und bei ihm Heimatrecht zu haben. Erst wer etwas von dem durchlebt hat, was Jesaja in der Begegnung mit Gott erfuhr (Jes 6!), wem das „Weh mir, ich vergehe, denn ich bin unreiner Lippen" aus dem erschrockenen Herzen brach, erst der kann ermessen, welch eine „Vollmacht" dazu gehört, um ein Kind dieses heiligen Gottes zu sein und „bei der ewigen Glut und bei dem verzehrenden Feuer zu wohnen" (Jes 33, 14). Jesus aber gibt diese einzigartige Vollmacht denen, die ihn aufnehmen. Wer den „einzigen Sohn vom Vater" aufnimmt, wird dadurch selber in die Sohnesstellung vor Gott erhoben[62]; er wird durch den „Sohn" ein „Kind Gottes"[63].

Das „Aufnehmen" wird erläutert. Es ist das **„Glauben an seinen Namen"**. Der „Name" ist für uns etwas Zufälliges und Belangloses geworden. Für die Bibel aber sind Namen bedeutsam. Sie weisen auf

---

[60] Vgl. dazu 8, 44 in der Auslegung.
[61] Wir begegnen hier zum ersten Mal der eigentümlichen Darstellungsweise des Johannes, bei der einer klar hingestellten Aussage sogleich im nächsten Satz eigentümlich widersprochen wird. Damit wird Johannes dem widerspruchsvollen Charakter der Wirklichkeit in besonderer Weise gerecht. Die Aussage I: („Die Seinen nahmen ihn nicht auf") ist wahr und bleibt bestehen. Aber die Aussage II: („Wieviele ihn aber aufnahmen") muß ihr dennoch entgegengesetzt werden, um die ganze Wirklichkeit zu erfassen.
[62] In Gal 4, 6 f haben wir die nachpfingstliche Erfüllung dieser Zusage. Wer den Sohnesgeist empfängt, hat damit Teil an der Sohnschaft bei Gott.
[63] Jesus selbst wird nie als „Kind Gottes" bezeichnet. Wohl aber können im Neuen Testament die Gotteskinder auch „Söhne" Gottes genannt werden (Rö 8, 14; Gal 4, 6 f).

das Wesen einer Sache oder einer Person hin. So wird auch der Name „Jesus" von Gott selbst bestimmt und dem Joseph und der Maria durch einen Engel mitgeteilt; er erweist den Träger dieses Namens als den, der „sein Volk retten wird von ihren Sünden" (Mt 1, 21). Von Johannes war aber der Jesusname noch nicht genannt. Im Zusammenhang unseres Textes kann es sich nur um den Namen handeln, in welchem Johannes das eigentliche Wesen Jesu ausgesprochen hat, indem er ihn den Logos, das „Wort" nennt. Wer in dem Menschen Jesus das ewige „Wort" erfaßt, in dem Gott selbst sich ausspricht, und wer sich diesem „Wort" vertrauend und gehorsam öffnet, der „nimmt es wahrhaft auf" und erhält die Vollmacht, Gottes Kind zu sein[64].

13 Vers 13 setzt die nähere Erläuterung fort. Was aber wird erläutert? Der Text liegt hier in zwei Lesarten vor, die beide gut bezeugt sind und beide einen wesentlichen Sinn ergeben. Der Satz kann ursprünglich[65] in der Einzahl geschrieben sein: „Der nicht aus Geblüt und nicht aus Fleischeswillen und nicht aus Manneswillen, sondern aus Gott geboren wurde." Dann wäre der Vers eine nähere Erläuterung, was unter dem einzigartigen „Namen" dessen zu verstehen ist, dem unser „Glaube" gilt. An seinen Namen glauben heißt dann, erfassen, daß in Jesus der eine vor uns steht, der wesenhaft aus Gott geboren ist, während alle andern Menschen, auch die größten und gewaltigsten, doch nur aus dem Geblüt[66] und aus dem Willen des Fleisches und dem Zeugungswillen eines Mannes stammen. Die dreifach unterstrichene Absage an das Geboren-werden nach der natürlichen Weise würde dann ein Beweis dafür sein, daß auch Johannes die wunderbare Entstehung Jesu und ihre grundlegende Bedeutung kennt und anerkennt, auch wenn er in seiner Darstellung des Evangeliums sonst nicht von ihr spricht. Nicht der Wille des Mannes Joseph, nicht der natürliche Trieb des Geblütes, nicht die naturhafte Geschlechtsbeziehung hat Jesus hervorgebracht, Jesus ist **aus Gott geboren**. Eine solche Aussage des Johannes würde besonders wichtig für das rechte Verständnis von 6, 42; 7, 41 f. Während Johannes dort wahrheitsgemäß berichtet, wie an der Abstammung von Joseph aus Nazareth der Anstoß an Jesus entsteht, würde er

---

[64] In aller Klarheit ist hier ausgesprochen, daß wir erst und einzig durch den „Glauben an seinen Namen" und durch kein anderes Mittel, also auch nicht durch ein Sakrament als solches, Kind Gottes werden.

[65] Forscher wie Th. Zahn und Fr. Büchsel halten diese Lesart mit Überzeugung für die ursprünglichere und verweisen auf das Verständnis, das Kirchenväter aus dem 2. Jahrhundert von der Stelle haben.

[66] In einer für uns nicht übersetzbaren Weise steht hier das Wort „Blut" im Plural. Es kann daran gedacht sein, daß ja gerade bei der Zeugung neuen Lebens zweierlei Blut sich verbindet.

seine Leser an diesen unsern Vers erinnern, in welchem er sie auf die geheimnisvolle Geburt Jesu hingewiesen hat. Aber die Handschriften, denen wir auch sonst in der Textgestalt folgen, bieten in unserm Vers den Plural: „**Die nicht aus Geblüt und nicht aus Fleischeswillen, sondern aus Gott geboren wurden.**" Dann ist der Vers eine weitere Beschreibung der Glaubenden. Ihr „Werden" zu Kindern Gottes ist danach in einem letzten Ernst gemeint. Sie erhalten nicht nur „die Stellung" von Kindern im Hause Gottes und bekommen nicht nur die Vollmacht, diesen hohen Namen in Anspruch zu nehmen. Nein, es ist so, wie Johannes es in seinem Brief ausdrücklich dem „Kind Gottes heißen" hinzufügt: „und sind es auch" (1 Jo 3, 1). Ein „Kind" in diesem wesenhaften Sinn werde ich immer nur durch „Geburt". Wer „an seinen Namen glaubt", der darf wissen, daß eine geheimnisvolle Geburt mit ihm vorgegangen ist, jenes Geschehen, das wir „Wiedergeburt" nennen[67]. Es ist, wie Jesus dem Nikodemus sagen wird, die „Geburt von oben" her, aus dem Geist Gottes. Der „Wiedergeborene" ist der „Geistesmensch", von dem Paulus redet (Rö 8, 1—10; Gal 6, 1). Im Geist Gottes trägt er wesenhaft göttliches Leben in sich und ist darum „Gottes Kind". Das bestimmende Merkmal seines Lebens ist der „Glaube an seinen Namen". Solches „Glauben" an seinen Namen stammt nicht aus dem „Willen des Fleisches", auch nicht des frommen Fleisches. Das „Fleisch", also der natürliche Mensch, ist zum Glauben nicht fähig. Auch die ganze Entschlußkraft, die ein „Mann" in seinen Willen hineinlegen mag, kann den Glauben nicht erzwingen. Es gehört zum Ernst unserer Verlorenheit, daß nur das Wunder einer neuen Geburt den Durchbruch des Glaubens schenken kann[68].

Wieder stehen wir vor einem Geheimnis. Es ist eigentlich nichts natürlicher als das „Annehmen" dessen, der als das ewige Wort und als unser eigener Ursprung zu uns kommt. Jeder müßte dieses „Licht" sehen und mit froher Begier nach diesem „Leben" greifen und den aufnehmen, von dem und zu dem er geschaffen ist. Aber ein rätselhafter, sündiger Unwille hindert uns an dem, was so einfach und klar geschehen müßte. Das ist die Tiefe unserer Verlorenheit. Nur das Wunder einer neuen Geburt aus Gott rettet uns aus ihr.

---

[67] Dem entspricht genau die Aussage der reformatorischen Väter, daß der Glaube als solcher eine „neue Geburt aus dem Geist Gottes ist". Vgl. Apologie, Göttingen 1930, Bd I Art. IV, 64; IV, 125; IV, 125; IV, 182; IV, 251.

[68] Das muß gerade auch alle Mission und Evangelisation wissen! Wie brennend der Eifer eines Evangelisten sei, der „Wille eines Mannes" kann keine echten Kinder Gottes hervorbringen. Was wir mit dem eigenen Einsatz erreichen, bleibt im Raum des seelisch-religiösen Wesens.

Die Darstellung des Johannes wird immer wieder um dies Geschehen, um das Rätsel des Glaubens und das Rätsel des Unglaubens kreisen.

DIE GABE DES OFFENBARERS

Johannes 1, 14—18

zu Vers 14:
Jes 60, 1
Mt 17, 2
Lk 9, 32
Jo 2, 11
3, 16. 17
1 Tim 3, 16
2 Pt 1, 16 f
1 Jo 1, 1
4, 29
Offb 21, 3
zu Vers 15:
Mt 3, 11
Jo 1, 27. 30
zu Vers 16:
Jo 3, 34
Kol 1, 19
2, 9
zu Vers 17:
Rö 6, 14
10, 4
zu Vers 18:
Mt 11, 27
Jo 5, 36
6, 46
14, 9
1 Tim 1, 17
3, 16
6, 16
1 Jo 4, 12
5, 20

14 Und der Logos (das „Wort") wurde Fleisch und wohnte unter uns, und wir schauten seine Herrlichkeit, eine Herrlichkeit wie eines
15 einzigen Sohnes vom Vater, voll Gnade und Wahrheit. * Johannes zeugt von ihm und sagt laut: Der nach mir Kommende ist mir
16 zuvorgekommen; denn er war eher als ich. * Denn aus seiner Fülle haben wir alle empfangen (oder: genommen), und zwar Gnade
17 über Gnade. * Denn das Gesetz wurde durch Mose gegeben; die
18 Gnade und die Wahrheit ist durch Jesus Christus geworden. * Gott hat keiner jemals gesehen; ein Einziggeborener, Gott [von Art], der an der Brust des Vaters ist, der hat Kunde gebracht.

Daß „das Wort" nicht bei dem Vater blieb und gleichsam nur von oben und von fern auf diese Welt sah, sondern „in der Welt war" und als Licht „in der Finsternis scheint", das hat Johannes bereits ausgesprochen. Aber es blieb noch geheimnisvoll und ohne nähere Kennzeichnung gesagt. Nun wird dieses „in der Welt sein" des Logos in einem einzigen, knappen Ausdruck mit radikaler Schärfe bestimmt: „Und der Logos (das Wort) wurde Fleisch."
Wir fragten schon zu Vers 10, ob denn wirklich der Logos Gottes in der so wesensfremden, von „Finsternis" gekennzeichneten „Welt" sein könne? Aber wenn er es schon war, mußte es dann nicht nur ein flüchtiger Besuch sein, ein Besuch, bei dem sich der Logos aus allem heraushielt und zu allem in entschlossenem Abstand blieb, was seinem Wesen fremd war? Und wenn er schon Menschengestalt trug, tat er es dann nicht so, wie es auch die Griechen von ihren Göttern erzählten, die in irgendeiner Verkleidung auf der Erde erschienen, um rasch wieder in ihren heiteren Himmel zurückzukehren, unvermengt mit aller irdischen Last der Menschen?
Nein, sagt Johannes, die Botschaft von Jesus ist etwas radikal anderes als alle Mythen und Göttersagen. Jedes Wort der Aussage wird hier wichtig. Denn die Aussage ist ungeheuer: das ewige „Wort", in dem Gott sein ganzes Herz und Wesen ausgesprochen hat, „wurde Fleisch", wurde ein wirklicher Mensch von Fleisch und Blut.
Das ist echte „Offenbarung". Gott schritt nicht unter einer Schein-

hülle von Menschlichkeit, unberührt von wirklichem Menschsein zwischen uns hindurch, sondern Gott wurde wahrhaft unseresgleichen in voller Solidarität. Darum ist nicht nur gesagt: das Wort wurde „Mensch", sondern in der Betonung der wirklichen Lage des Menschen heißt es: das Wort wurde „**Fleisch**". Schon im Alten Testament kennzeichnet „Fleisch" den Menschen in seiner Schwachheit, Hinfälligkeit und Todverfallenheit; vgl. etwa Ps 56, 5; 78, 39; Jes 31, 3; 40, 6; Jer 17, 5[69]. Paulus hat in der entsprechenden Aussage in Rö 8, 3 vom „Fleisch der Sünde" gesprochen. Auch für Johannes gehört das „Fleisch" zu der „Finsternis" der Gott entfremdeten Welt (3, 6; 6, 63). Aber das hebt er jetzt nicht hervor. Ihm liegt daran, mit dem Wort „Fleisch" deutlich zu machen, wie völlig das ewige Wort in das ganze Menschsein eingeht. Darum ist auch jede Wendung vermieden, die ein bloßes „Anziehen" des Fleisches verstehen lassen könnte. Mit Bedacht ist das schroffe und eindeutige Wort gewählt: Der Logos „**wurde**" Fleisch.

„**Das Wort wurde Fleisch**", das ist der entscheidende Satz am Anfang des Evangeliums. Weil dies geschehen ist, kann überhaupt ein „Evangelium" geschrieben werden, kann Johannes einen geschichtlichen Bericht von Jesus geben. Aber nun muß es auch ein wirklich „geschichtlicher" Bericht sein. Gerade darum wird uns Johannes sehr genaue, historische Angaben über Ort und Zeiten machen und in seiner Erzählung auch Einzelheiten erwähnen, die theologisch bedeutungslos sind, die aber daran erinnern, wie völlig das ewige Wort in das menschlich-geschichtliche Dasein eingegangen ist[70]. Aber ebenso haben wir auch bei allem, was Johannes uns von Jesus erzählen wird, stets daran zu denken, daß dieser Mensch in Wahrheit das ewige Wort Gottes ist.

---

[69] Das Wort „Fleisch" meint zunächst alles kreatürliche Sein im Gegensatz zum „Geist" als dem Wesen Gottes (Jes 31, 3; Jo 4, 24). Darum ist auch der Mensch als Kreatur „Fleisch". So kann das Wort in der Wendung „alles Fleisch" einfach die gesamte Menschheit bezeichnen (Jes 40, 5), ohne daß damit eine Abwertung zum Ausdruck kommt. Aber zum Neuen Testament hin wird dann gerade der Gegensatz des „Fleisches" zum Wesen Gottes immer schärfer und klarer hervorgehoben, bis in den Darlegungen des Paulus „Fleisch" und „fleischlich" geradezu die eigentliche Kennzeichnung der widergöttlichen, sündhaften und verlorenen Existenz des Menschen wird (Rö 8, 3–9; Gal 5, 16–22). Vgl. Theol. Begriffslexikon zum NT, Artikel „Fleisch".

[70] Schon zur Zeit des Johannes regt sich der „Doketismus". Der Name ist von „Dokeo = scheinen" abgeleitet. Gnostische Kreise behaupten, der ewige Gottessohn sei nur „scheinbar" Mensch geworden und habe seine göttliche Herrlichkeit nur unter der Hülle des Menschen Jesus von Nazareth verborgen. Auf diesen geschichtlichen Menschen Jesus komme darum gar nichts an. Dagegen wendet sich Johannes mit diesem grundlegenden Satz am Eingang des Evangeliums. Das ist wichtig für unsere heutige theologische Situation. Die moderne Theologie hat als Folge der geschichtlichen Skepsis „doketische" Züge angenommen.

„Offenbarung" ist also „Inkarnation = Fleischwerdung" des Wortes Gottes. Damit ist ausgesprochen, daß sie gerade nicht nur eine Sache für unser „Denken" ist, nicht eine bloße Mitteilung von göttlichen Gedanken und Lehren. „Offenbarung" ist viel wesenhafter und gewaltiger. Das Wort Gottes ist nicht nur gedankenmäßig, sondern wesenhaft menschlich in unserer Mitte. „Gott" ist als „Mensch" unter uns sichtbar, als ganzer Mensch für unser ganzes Menschsein.

Es ist Johannes geschenkt worden, diese grundlegende Bedeutung der „Offenbarung" vor uns hinzustellen, ehe er von Jesus erzählt. Jeder der ntst Zeugen hat seine eigene Aufgabe und zeigt der Gemeinde aller Zeiten Gottes große Taten in einer besonderen Sicht. Für Paulus ist „das Wort vom Kreuz" ein und alles, nachdem ihm das Kreuz Jesu der Anstoß gewesen war, der seinen erbitterten Zorn gegen Jesus und seine Jünger hervorgerufen hatte. Dabei weiß auch Paulus von der Bedeutung der „Inkarnation" Phil 2, 5 ff[71]; Gal 4, 4; Rö 8, 3 f. Die letzte Stelle zeigt aber, wie sehr Paulus auch dabei sofort das Kreuz im Blick hat. Johannes aber kann das ganze Evangelium im „Wort von der Fleischwerdung" aussprechen. Er zeigt uns, wie nicht erst im Kreuzesgeschehen, sondern schon in diesem ungeheuren Schritt des Logos hinein in das Fleisch unsere Erlösung begründet ist. Und er läßt uns ahnen, wie dieses „Fleischwerden" des „Wortes" der grundlegende Beginn des „Kreuzes" ist, des leidenden Tragens der Sünde und Verlorenheit der Menschen. Darum sieht der Täufer, lange vor dem Kreuz, sofort bei der ersten Begegnung in Jesus das „Lamm Gottes, das der Welt Sünde trägt" (1, 29). Das „Fleisch" nicht nur als Verkleidung überstreifen, sondern Fleisch „werden", das bedeutet in der vollen Solidarität mit uns unser Leben der Sünde und des Todes auf sich nehmen und Tag um Tag „tragen" bis in das Sterben, ja in das Sterben am Kreuz hinein.

„Das Wort wurde Fleisch", wie ist das möglich? Auf diese Frage gibt es keine Antwort und darf es keine Antwort geben, da sie das Wunder der Offenbarung auflösen würde. Aber das dürfen wir allerdings im Vorblick auf 3, 16 und unter dem Zeugnis des Johannes in 1 Jo 4, 9f sagen, daß hierin die Herrlichkeit der Liebe aufleuchtet. „Inkarnation", völlige Solidarität mit unserm Menschenleben, Übernahme unserer ganzen Existenz — das ist Liebe und wird nur von der Liebe vollbracht. Und umgekehrt, was eigentlich „Liebe" ist, das kann nur aus dieser Inkarnation, aus diesem Fleischwerden des „Wortes" erfaßt werden[72].

---

[71] Paulus verdeutlicht das ganze Ausmaß des Geschehens in der Fleischwerdung des ewigen Wortes, indem er Jesus die „Gestalt Gottes" mit der „Gestalt eines Sklaven" vertauschen läßt.

[72] Hier ist auch uns gezeigt, in welcher Richtung alle echte „Liebe" der Jünger Jesu geht.

Johannes setzt seinen grundlegenden Satz fort. Was tat das „Wort", als es „Fleisch wurde"? **„Es wohnte unter uns."** Man hat gern darauf hingewiesen, daß für das **„Wohnen"** hier ein Wort verwendet sei, das eigentlich „zelten" bedeute. Aber wenn damit hervorgehoben sein soll, daß der Logos bei uns nur „zeltete" und nicht wirklich „wohnte", dann ständen wir wieder in der Nähe des „Doketismus". Wir dürfen in fremden Sprachen so wenig wie in unserer eigenen einfach auf ehemalige Grundbedeutungen von Worten zurückgreifen. Worte stehen in einem steten, lebendigen Sinnwandel. Das hier von Johannes gebrauchte Wort hatte damals durchaus die Bedeutung des wirklichen „Wohnens", nicht den Sinn eines flüchtigen Besuches. Vielleicht ist dafür der Ausdruck „zelten" darum genommen worden, weil Gott zuerst im „Offenbarungszelt", der „Stiftshütte", unter Israel wohnte. So spricht Johannes auch in der Offenbarung (21, 3) von der „Hütte (wörtlich: dem „Zelt") Gottes bei den Menschen" und gibt das hier verheißene „Wohnen" Gottes unter seinen Menschen ebenfalls mit dem Wort „zelten" wieder, obwohl es hier eindeutig als sein ewiges, nie wieder aufhörendes Wohnen geschaut ist.

Das ewige Wort des Vaters, das nun „unter uns wohnte", ist die Erfüllung der alten Geschichte Israels (2 Mo 25, 8; 29, 45) wie der prophetischen Weissagung (1 Chr 23, 25; Jer 7, 3; Hes 37, 27; Sach 2, 14), um wiederum auf der neuen Erde seine letzte ewige Erfüllung zu finden. Gott wohnte schon im Offenbarungszelt und wohnte in seinem heiligen Tempel. Nun wohnt er in Jesus unter uns. Schon hier leuchtet auf, daß dann also Jesus der wahre Tempel ist und uns das wirklich gibt, was im Tempel Jerusalems (und auch in allen Tempeln der Welt) gesucht wurde. Das Wort Jesu in 2, 19 hat hier ebenso seinen Grund wie die Aussage des Paulus über die Gemeinde Jesu, die als „Leib des Christus" zugleich der tatsächliche „Tempel" ist, in dem Gott jetzt auf Erden wohnt (1 Ko 3, 16; 14, 25). Weil das Wort Fleisch wurde und unter uns wohnte, darum wurde das möglich, was Johannes nun bezeugt: **„Und wir schauten seine Herrlichkeit."** Johannes wählt hier das Wort **„schauen"**[73], das auf ein wirkliches, aufmerksam betrachtendes Sehen hinweist. Wie ernst und wirklich es gemeint ist, sagt uns Johannes in seinem ersten Brief, wo er im Blick auf „das Wort des Lebens" schreibt: „Das wir gesehen haben mit unsern Augen, das wir beschaut haben und unsere Hände betastet haben" (1 Jo 1, 1). Den Gemeinden, für die Johannes schreibt, wird

Sie entspricht der „Inkarnation", indem sie auf die andern wirklich „eingeht" und in die volle Solidarität mit ihnen tritt. So haben die Jünger und Jüngerinnen Jesu geliebt, zu denen wir aufsehen: H. Taylor, Vater Bodelschwingh, Mutter Eva und viele andere.

[73] Es ist das Wort, welches wir aus dem Wort „Theater-Schauspiel" kennen.

das nicht zuteil. Ihnen wird es bezeugt, damit sie „glauben". Sie werden von Jesus selbst selig gepriesen, weil sie „nicht sehen und doch glauben"[74]. Aber darum brauchen die Gemeinden das Wort derer, die da sagen können: „Wir schauten, wir sahen", das Wort der Augenzeugen. Der Verfasser unseres Evangeliums zählt sich durch dieses „wir" den Augenzeugen ausdrücklich zu.

Was aber „**schaute**" Johannes? Den Menschen Jesus von Nazareth sahen damals Scharen von Leuten. Aber viele von ihnen sahen in Jesus den „Samariter", den „Ketzer", den „dämonischen Menschen" (7, 20; 8, 48; 8, 52; 10, 20). Die „wir", zu denen Johannes gehört[75], schauten etwas ganz anderes: „**Seine Herrlichkeit.**" Das Wort „Doxa = Herrlichkeit" ist griechische Wiedergabe des atst Begriffes „kabod". Der zugrundeliegende Wortstamm bedeutet zunächst „schwer sein" und wird von da aus zum Ausdruck der „Gewichtigkeit", der „Großartigkeit", der „Ehre", der „Herrlichkeit"[76]. Und schon das Alte Testament weiß, daß im eigentlichen und letzten Sinn nur der lebendige Gott so „schwer", so über alles wichtig, groß und „herrlich" ist[77]. Und solche göttliche „**Herrlichkeit**" schauten Johannes und seine Freunde an Jesus, obwohl er „Fleisch" war, dieser wirkliche, leidende, sterbende Mensch. Ja, sie lernten von Jesus selbst, gerade in seiner „Niedrigkeit" seine „Herrlichkeit", in seinem Kreuz seine „Erhöhung" (3, 15) zu sehen.

Die Augenzeugen schauten an Jesus „Herrlichkeit". Aber es ist nicht die unaushaltbare Herrlichkeit Gottes, vor der selbst die großen Engel um den Thron her das Angesicht verhüllen. Es ist die Herrlichkeit im Abglanz, im „Wort", „**eine Herrlichkeit wie eines einzigen Sohnes vom Vater**".

Wir kennen aus der LÜ den Ausdruck „der eingeborene Sohn"; das ist der Versuch, das grie Wort „mono-genes" möglichst wörtlich wiederzugeben. Aber der zweite Teil dieses Wortes ist wahrscheinlich nicht von „genesthai = geboren werden" abzuleiten, sondern von „genos = Art". So würde „mono-genes" unserem „einzigartig" ent-

---

[74] So schildert auch Petrus das Wunder des Christenstandes der Gemeinde: „Ihn habt ihr nicht gesehen und habt ihn doch lieb; und nun glaubt ihr an ihn, wiewohl ihr ihn nicht sehet", 1 Pt 1, 8.

[75] Johannes will nicht ein einsames Original sein mit seiner Betrachtung Jesu; er weist auf einen ganzen Kreis hin, der in gleicher Weise Jesus schaute. Vgl. die entsprechende Haltung bei Paulus 1 Ko 15, 11. Unser Glaube ruht nicht auf großartigen Einfällen einzelner Persönlichkeiten, sondern auf dem übereinstimmenden Zeugnis bevollmächtigter Boten.

[76] Vgl. dazu im „Lexikon zur Bibel" Stichwort „Herrlichkeit" und im „Theol. Begriffslexikon zum Neuen Testament" Stichwort „Ehre" Bd 1 S. 204 ff.

[77] Aus der Vielzahl der Stellen vgl. 2 Mo 16, 10; 24, 16; 33, 18; 40, 34; 4 Mo 4, 21; Ps 150, 2; Jes 6, 3; 40, 5; 60, 1; 62, 2; Hes 8, 4; 44, 4.

sprechen⁷⁸. Daß Gott nur einen einzigen Sohn habe, mußte nicht erst gesagt werden. Aber darauf ist der Blick gerichtet, daß Jesus in einem „einzigartigen" Verhältnis zum Vater steht und allein „Sohn" dieses Gottes ist. Das ist seine „Herrlichkeit", die Johannes in allen Worten und Taten Jesu „schaute"⁷⁹.

Johannes wird sie nun Kapitel um Kapitel auch uns schauen lassen. Gerade darum haben wir nicht nur die „Briefe" des Neuen Testamentes mit ihren lehrhaften Aussagen über Jesus, sondern auch die „Evangelien" mit ihrem „Bild" Jesu, damit auch unser Glaube selber etwas von dem „sieht", dem er sich für Leben und Sterben anvertraut. Darum soll und darf die Gemeinde aller Zeiten in diesem abgeleiteten Sinn ebenfalls bekennen: **„Wir schauten seine Herrlichkeit, eine Herrlichkeit wie eines einzigen Sohnes vom Vater."** Es ist die Aufgabe jedes Lesers der Evangelien, dieses „Schauen" Jesu zu üben.

Johannes hat die Herrlichkeit Jesu später noch einmal geschaut, und nun nicht im Fleisch, sondern unmittelbar, als er im Geist war und in die himmlische Welt blicken durfte: Offb 1, 12 ff. Aber da „fiel er zu Jesu Füßen wie ein Toter". Das „Wort" wurde „Fleisch", damit wir die Herrlichkeit des Sohnes anschauen können, ohne daran zu zerbrechen und zu sterben. In dem Menschen Jesus strahlt das Licht der Offenbarung so, wie wir es jetzt ertragen können. So ist es ein heiliges, aber doch ein freudevolles, dankendes Wort, das Johannes hier ausspricht.

Darum setzt Johannes hinzu: diese Herrlichkeit sei **„voll Gnade und Wahrheit"**. So zu uns zu kommen, daß wir es schauen und ertragen können, und dafür die Fleischwerdung auf sich zu nehmen, das ist **„Gnade"**.

Johannes wählt dabei das Wort „charis = Gnade", nicht das Wort „eleos = Mitleid". Johannes denkt ganz von Gott und nicht vom menschlichen Elend her. Er schildert die gewaltige Bewegung von oben nach unten. Diese Bewegung ist „charis", **„Gnade"**, Herabneigung, auch wenn das menschliche Elend sie nötig macht.

Jeder, der weiß, wen er mit dem Wort „Gott" meint, versteht ohne weiteres, daß Gott „Herrlichkeit" besitzt. Das aber ist die Frage, worin Gottes „Herrlichkeit" besteht. Von Natur sehen wir Menschen von unserer eigenen Art her „Herrlichkeit" als Entfaltung von

---

[78] So wird „mono-genes" vielfach gebraucht: Abraham heißt „mono-genes", weil er als einziger zur Erkenntnis Gottes kommt; die Seele ist mono-genes, weil sie nur einmal vorhanden ist und nicht ersetzt werden kann, oder Israel als das einzige Volk Gottes. Vgl. Schlatter a. a. O. S. 25.

[79] Vielleicht klingt in dieser Aussage des Johannes auch 1 Mo 22, 2 nach: Abraham muß „seinen einzigen Sohn, den er lieb hat" nehmen und opfern. Gerade so wird uns der „einzige Sohn" in 3, 16 als von Gott hingegeben begegnen. Vgl. Mk 12, 6; Rö 8, 32.

Macht, Glanz und Größe. Und gewiß hat der lebendige Gott auch solche „Herrlichkeit". Aber schon im Alten Testament wird deutlich, daß Gottes eigentlichste Herrlichkeit ganz anderer Art ist. Gott geht schon im AT den Weg nach unten. Gott offenbart sich nicht in den großen Weltreichen und auf den Höhen der Geschichte. Er ist „der Gott Abrahams, Isaaks und Jakobs". Er erwählt sich das kleine, zertretene Israel und erweist schon hier seine „Torheit" und „Schwachheit" (1 Ko 1, 25) als seine göttliche Größe und Kraft. Das alles ist lauter „Gnade". Als darum Gott seinen Namen ausruft vor Mose, der Gottes „Herrlichkeit" sehen möchte, kann es nur erklingen: „Herr, Herr, Gott, barmherzig und gnädig und geduldig und von großer Gnade und Treue." Darum hätte Israel, das an Jesus die göttliche Macht vermißte, gerade von Mose und dem AT her Gottes wahre Herrlichkeit **„voll Gnade und Wahrheit"** in Jesus erkennen müssen.

Johannes spricht von Gnade **„und Wahrheit"**. Schon im AT finden wir diese Verbindung von „Gnade" und „Wahrheit" (Ps 89, 15; 92, 3; 100, 5; 115, 1). Dabei ist der Ausdruck für **„Wahrheit"** vom Stamm „aman" abgeleitet, der „fest sein" bedeutet[80]. Was fest und zuverlässig ist und uns darum nicht täuscht und enttäuscht, das ist „wahr" und „Wahrheit". So kann in Ps 89, 15 „Wahrheit" in der revidierten LÜ auch mit „Treue" wiedergegeben werden. Die **„Gnade"** in Jesus ist echte Gnade, auf die wir uns völlig verlassen dürfen. **„Wahrheit"** ist die echte Wirklichkeit im Gegensatz zu allem Schein und aller Entstellung der Wirklichkeit in der „Lüge". Die „Wahrheit" ist „Licht" entgegen aller Verdunkelung und „Finsternis". Die eigentliche Wahrheit tritt in Jesus hervor, während in der Gott entfremdeten Welt alles entstellt, mißgestaltet und darum unecht und unwahr ist. Während die Welt uns vorwirft, daß wir an Märchen glauben und uns eine religiöse Scheinwelt aufbauen, haben wir tatsächlich in Jesus die eigentliche Wirklichkeit. Daß sie uns in ihm gezeigt wird, das ist „Gnade". So gehören „Gnade" und „Wahrheit" eng zusammen.

15 Wieder wird Johannes das Wort des Täufers wichtig. Er war selber von der Bewegung um den Täufer erfaßt gewesen und sah die schätzenswerten Kreise, die sich jetzt noch auf den Täufer beriefen. Der Täufer ist aber der „Zeuge" für Jesu Herrlichkeit. **„Johannes zeugt von ihm und sagt laut."** Wörtlich heißt es: „Er hat geschrien und sagt." Dies „Schreien"[81] ist der Ausdruck der vollen, das ganze Herz erfüllenden Gewißheit. Nicht nur in zaghaften, leisen Andeutungen, sondern **„laut"** und klar hat es der Täufer bezeugt: **„... der nach mir Kommende ist mir zuvorgekommen; denn er war eher als ich."**

---

[80] Vgl. die Anmerkung Nr. 124 S. 84.
[81] Vgl. dazu Rö 8, 15; Gal. 4, 6; Offb 7, 10.

Jesus tritt erst „nach" dem Täufer auf. Es konnte darum scheinen, als sei er etwas wie eine Frucht der Erweckungsbewegung, ein Nachfolger des Täufers, ein Weiterführer seines Werkes. So mögen es Täufergemeinden zur Zeit der Apostel noch behauptet haben. Aber es scheint nur so. In Wirklichkeit ist Jesus dem Täufer „zuvorgekommen"; so sagt der Täufer es selbst in einem Wortspiel. Denn Jesus ist „eher", ja „war" „eher" als Johannes. Wie weit dieses „eher" reicht, das läßt Johannes noch unausgesprochen. Er bezeugt nur das, was er klar weiß, ohne eigenmächtige Folgerungen daraus zu ziehen. Jesus selbst wird dieses „eher" aufnehmen und dann in seiner vollen Wahrheit sagen: nicht nur eher als der Täufer, nein, „ehe denn Abraham wurde, bin ich" (8, 58).

Nun fährt der Evangelist selbst wieder fort. Die Aussage von V. 16 ist unmöglich im Munde des Täufers. Es erscheint dasselbe „wir", das in V. 14 sprach. Diese „wir", diese Augenzeugen, haben nicht nur „geschaut". Sie sind nicht „Zu-schauer" geblieben, sondern mit Jesus in die engste Lebensverbindung gekommen und haben dabei **„aus seiner Fülle genommen, Gnade über Gnade"**. Johannes kann nur staunend und dankend auf sein Leben zurückblicken, das durch Jesus unermeßlich reich geworden ist. Er hat erfahren, wie groß und herrlich diese „Fülle" war, aus der er unbegrenzt nehmen durfte. Dabei ist „pleroma = Fülle" wieder ein bestimmter Begriff, den die Gnosis gern gebrauchte. Aber was immer gnostische[82] Denker über das „Pleroma" denken und phantasieren mochten, Johannes hatte in Jesus die echte und eigentliche „Fülle" gefunden. Hier war die „Fülle" nicht Begriff und nicht Gedanken, hier war sie fort und fort als Wirklichkeit zu erfahren.

Aber wieder war das nicht eine Besonderheit des Johannes. Durch ein **„wir alle"** schließt er sich mit vielen zusammen. Und diesmal sind das nicht nur die Augenzeugen und Apostel. „Wir sahen seine Herrlichkeit", das kann die Gemeinde Jesu nur in einem übertragenen Sinn sagen. **„Aus seiner Fülle haben wir genommen"**, das ist eine eigene Erfahrung aller Christen in allen Zeiten und an allen Orten. In diesem einen kurzen Satz spricht sich das eigentliche Wesen des Christenlebens aus. Als „Christ" leben heißt, niemals in sich selber etwas haben, sondern fort und fort aus einer unausschöpfbaren Fülle nehmen und empfangen[83]. In allen Weltanschauungen und Religionen geht es um unser „Leisten" und um unsere „Verdienste". Im Evangelium kann man nur dankend rühmen, was man „empfing". Und was

---

[82] Vgl. dazu Anmerkung Nr. 25 S 26.
[83] Das hier verwendete grie Wort „lambano" kann das Nehmen wie das Empfangen aussagen.

wir hier empfangen, das ist „**Gnade über Gnade**". Stehen wir am Anfang des Christseins staunend vor der Gnade, die uns errettend aus der Finsternis zu seinem wunderbaren Licht, aus dem Tode zum Leben brachte, so wird im Laufe unseres Lebens diese Gnade des Anfangs überströmt von immer neuer und neuer Gnade, wie aus einer vollen Quelle Wasser über Wasser fließt. Darum ist das Christenleben vom Anfang bis zum Ende Staunen und Danken und „vollkommene Freude" (15, 11).

„**Wir alle haben empfangen**", schreibt Johannes in seiner Zeit, und er sah dabei auf die kleine Christenheit von damals. Welche Weite hat inzwischen dieses „**wir alle**" bekommen! Wieviel gewisser ist es geworden! Der kleine Einzelchrist darf in verzagten Stunden aufschauen und sich inmitten dieser ungeheuren Schar sehen, die es ihm bezeugt: Wir alle, wir alle haben aus seiner Fülle empfangen. Wie könnte das sein, wenn diese Fülle nicht da wäre und wenn sie nicht wahrhaft göttliche Fülle ist?

17   Dieses Leben des steten Empfangens von Gnade über Gnade ist der vollendete Gegensatz gegen ein Leben unter dem Gesetz. Unter dem Gesetz müßte es heißen: „Aus unserer Fülle haben wir alle hervorgebracht Werk über Werk." Darum blickt Johannes gerade jetzt auf das Gesetz und stellt fest: „**Das Gesetz wurde durch Mose gegeben, die Gnade und die Wahrheit ist durch Jesus Christus geworden.**" Eine Schrift über Jesus, von einem Israeliten geschrieben, wollte und mußte mit jüdischen Lesern rechnen. Sofort die ersten Worte dieser Schrift sprachen darum besonders in jüdische, vom Alten Testament lebende Herzen hinein: „Im Anfang war das Wort." Diese Leser aber fragten naturgemäß: „Und was ist mit Mose? Was ist mit dem Gesetz?[84]" Es wird voll anerkannt: „**Das Gesetz wurde durch Mose gegeben.**" An der Offenbarungsgeschichte wird nichts abgestrichen. Johannes entwickelt nicht wie Paulus eine eigene Lehre vom Gesetz, das in aller seiner Heiligkeit und Herrlichkeit für uns doch nur „Dienst der Verurteilung" und „Dienst des Todes" sein kann (2 Ko 3, 7. 9; Rö 5, 20; 7, 7—13). Aber der Sache nach lehrt Johannes das Gleiche, wenn er feststellt „**Gnade und Wahrheit**" kam durch das Gesetz nicht; sie ist erst „**durch Jesus Christus geworden**". Noch einmal stoßen wir auf den inneren Zusammenhang von „Wahrheit" und „Gnade". Unter dem „**Gesetz**" kam es nicht zur „**Wahrheit**", sondern zur „Heuchelei", zum Scheinleben einer unechten Frömmigkeit. Das hatte Jesus selber mit tiefem Ernst gezeigt (Mt 6, 1—18). Wahre Wirklichkeit eines Lebens mit Gott gibt es erst da, wo die Gnade waltet und

---

[84] Vgl. dazu unter dem Stichwort „Gesetz" „Lexikon zur Bibel" und „Theol. Begriffslexikon zum Neuen Testament" Bd 5 S. 21 ff.

wo die aufgenommene Gnade tatsächliche Gotteskindschaft wirkt. Das Gesetz führt zum krampfhaften Schein oder zur Verzweiflung. Die Gnade aber läßt Wahrheit[85] „werden". Diese Formulierung von einer „gewordenen Wahrheit" zeigt, daß es nicht um die theoretischen „ewigen Wahrheiten" der Philosophie geht, sondern um einen Lebenszustand, der in der Tat allein „**durch Jesus Christus wird**". Was alles „Gesetz" vergeblich fordert und aller „Idealismus" nur als schöner Traum vor uns hinstellt, das wird lebendige Wirklichkeit, wenn ein Menschenleben von Jesus Christus ergriffen ist. Bis heute sind in aller Welt wirkliche Christen durch Jesus Christus unter uns „gewordene Wahrheit".

Nun wird die Offenbarung Gottes in Jesus noch einmal abschließend zum Ausdruck gebracht. Dabei wird festgestellt, und zwar nicht mit einer gewissen Verlegenheit, sondern mit klarer Bestimmtheit: „**Gott hat keiner jemals gesehen.**" Das „jemals" zeigt, daß Johannes auch hier nicht „Denker" ist, der grundsätzliche Wahrheiten klärt, sondern Zeuge, der Tatsachen vor uns hinstellt. So ist es gewesen: Keiner, nicht einmal ein Mose, hat den Anspruch erhoben, Gott gesehen zu haben. Freilich stehen hinter dieser geschichtlichen Tatsache wesensmäßige Gründe. Die unreine und sündhafte Kreatur kann nicht die sichtbare Gegenwart des Heiligen Gottes ertragen. Gott „sehen" heißt zerbrechen und sterben. Wer ernstlich (2 Mo 33, 18—23) oder spöttisch ein Sehen Gottes fordert, weiß nicht, was er tut[86]. Diese „Unsichtbarkeit" Gottes mag uns manchmal Not machen, wenn uns die Frage ans Herz dringt „Wo ist nun dein Gott" (Ps 42, 4). Aber sie ist nicht ein „Mangel" Gottes, sondern in dieser Zeit und für diese Welt unaufhebbar zum Wesen Gottes gehörend. Umso größer ist das Geschenk, das Johannes bezeugt. „**Ein Einziggeborener**[87]**, Gott [von Art], der hat Kunde gebracht.**" Welch ein Satz! Es ist nicht verwunderlich, daß man seinen so knappen und herben Wortlaut zu mildern versucht hat. Die Handschriften der Koine[88] schreiben statt „**ein Einziggeborener, Gott**" vielmehr: „der einziggeborene Sohn", wobei die Worte „Gott" und „Sohn" in der grie Sprache und Schrift ähnlicher sind als im Deutschen. Man hat auch das Wort „Gott" in den

18

---

[85] Vgl. dazu unter dem Stichwort „Wahrheit" „Lexikon zur Bibel".
[86] Mit Recht hat man darauf hingewiesen, daß wir nicht einmal in das Licht der Sonne zu sehen vermögen. Wie wollten wir den Lichtglanz Gottes ertragen? Jesaja „sah" zwar „den Herrn sitzen auf einem hohen und erhabenen Thron"; aber eigentlich „sah" er ihn doch nicht, denn schon der „Saum seines Kleides füllte den Tempel" und „das Haus ward voll Rauch". Aber selbst so „verging" Jesaja vor der Gegenwart Gottes.
[87] Wir geben hier das „mono-genes" mit „Einziggeborener" wieder, verweisen aber auf die Erklärung des grie Wortes auf S. 55 Anmerkung 78.
[88] Vgl. „Handschriften des Neuen Testamentes" S. 12 dieses Bandes.

Genetiv setzen wollen: „Der Einziggeborene Gottes." Und der bloßen Aussage **„der hat Kunde gebracht"** ist ein erleichterndes „uns" hinzugefügt worden. Aber es ist eine gute Regel, den kürzeren und härteren Text als den ursprünglichen anzusehen, weil Milderungen und Ergänzungen bei späteren Abschreibern gut verständlich sind.

Wir folgen der „hesychianischen" Textform („H") und lassen es bei dem Satz, der bei der Art des Johannes in seinen ganzen Prolog paßt: „Einziggeborener, Gott von Art, hat Kunde gebracht." Wie in Vers 1 ist auch hier das knappe Wort „Gott" als ein Hinweis auf die göttliche Wesensart **„dieses Einziggeborenen"** zu fassen. Er und er allein konnte wahrhaft Kunde von Gott bringen, weil er dieser „Einzigartige" war, im Anfang schon bei Gott und selber „Gott von Art". Er hat das sichere Wissen um Gott. Auf ihn sind alle angewiesen. Bei ihm kommt die Gottesfrage der Menschheit zur Ruhe, weil sie hier die klare und zuverlässige Antwort findet. Welch ein Geschenk!

Unser deutsches Wort **„Kunde bringen"** könnte einen etwas unsicheren Klang haben. Im grie Text ist hier aber das Wort verwendet, das wir noch heute für eine genaue und gründliche Auslegung eines Textes gebrauchen: das Wort „Exegese". Wie bei einer rechten Exegese der Sinn eines Textes voll erschlossen wird, so hat Jesus das gewaltige Wort „Gott" uns „exegisiert". Durch Jesus ist uns klar gezeigt, wer Gott wirklich ist. Zu diesem Dienst ist Jesus fähig, weil er auch jetzt, da er im Fleisch als Mensch auf der Erde lebt, doch **„an des Vaters Brust ist"**. Die beständige Dauer dieses Zustandes drückt Johannes aus, indem er wörtlich sagt: „Der an des Vaters Brust Seiende." Dabei ist natürlich nicht an das kleine Kind gedacht, das an der Brust von Vater oder Mutter liegt. Jesus redet im Bild der damaligen Tischsitte. Man „saß" nicht zu Tisch, sondern „lag" auf Polstern, deren Kopfteil dem Tisch zugekehrt war. Wer sein Polster neben dem des Gastgebers hatte und darum „an der Brust des Hausherrn liegt", hat mit diesem den vertrautesten und nächsten Umgang. Dieses Bild ergab sich Johannes vielleicht von daher ganz besonders, weil er selber diese Nähe zu Jesus haben und „an der Brust Jesu liegen" durfte (13, 23; 21, 20). Mitten in seinem Erdenwandel stand Jesus in diesem ungehemmten Umgang mit dem Vater[89].

Jesus „exegisierte" darum Gott auch nicht nur mit einzelnen Worten, sondern mit seinem ganzen Sein und Wandel auf der Erde. Jesus als das fleischgewordene Wort Gottes war in allem fort und fort eine

---

[89] Andere Ausleger betonen die Gegenwartsform der Aussage und meinen von daher, daß sich dieses „Sein an der Brust des Vaters" nur auf den jetzt gültigen Zustand der Erhöhung Jesu zur Rechten Gottes beziehen könne. Es sei damit auch der Kreis des Prologs geschlossen, indem V. 18 zu V. 1 zurückkehre.

beständige „Exegese Gottes", eine ständige „Auslegung" dessen, was das Wort „Gott" sagen will[90]. Das ist die Gabe des Offenbarers. Mit dieser zusammenfassenden Feststellung schließt der „Prolog".
Aber ist dieser erste Abschnitt des Johannesevangeliums überhaupt ein „Prolog"?
Eines ist gewiß und läßt sich objektiv erweisen: Johannes selbst hat diesen Anfang seines Evangeliums nicht als einen „Prolog" empfunden. Denn er kann in Vers 19 mit einem schlichten, verknüpfenden „und" fortfahren. Für ihn ist also die weitere Erzählung nicht von den ersten Versen des Kapitels abgehoben[91]. Auch in Stil und Sprache findet sich kein wesentlicher Unterschied[92]. Darin bestätigt sich, was wir im Lesen dieses ersten Abschnittes fort und fort merkten: Johannes ist auch in den ersten Sätzen seines Werkes nicht „Systematiker", sondern „Historiker", nicht „Denker", der grundsätzliche Probleme entwickelt, sondern „Evangelist", „Bericht-Erstatter", der Geschehnisse und Wirklichkeiten aufzeigt. Auch da, wo er grundsätzliche Feststellungen traf, tat er es in „geschichtlichen" Aussagen, bis hin zum ersten Satz seines Werkes. Wir könnten Vers für Vers noch einmal daraufhin ansehen, denken aber besonders an Vers 10. 12 f. 14. 17. 18. So werden wir gut tun, Kap. 1, 1—18 nicht als einen besonderen „Prolog" dem „Evangelium" gegenüberzustellen, sondern das Evangelium wirklich mit seinem „Anfang" beginnen zu lassen.

DAS ZEUGNIS DES JOHANNES

Johannes 1, 19—28

19 Und dies ist das Zeugnis des Johannes, als zu ihm sandten die Juden aus Jerusalem Priester und Leviten, damit sie ihn fragten: 20 Du, wer bist du? * Und er bekannte und leugnete nicht; und er 21 bekannte: Ich, ich bin nicht der Messias. * Und sie fragten ihn:

zu Vers 19:
Jo 5, 33
zu Vers 20:
Jo 3, 28
Apg 13, 25

---

[90] Schlatter a. a. O. S. 36 bemerkt dazu: „So ist auch hier wieder das Einigende und das Trennende im Verhältnis Jesu zum Rabbinat klar geschrieben. Beide waren „Exegeten" und zeigen ihren Jüngern Gottes Werk und sagen ihnen Gottes Willen; Jesus wiederholt aber nicht das Wort eines andern Menschen, sondern sagt, was er selbst vom Vater hört und beim Vater sieht.

[91] Wie anders ist es bei dem „Vorwort", das Lukas in seinem Evangelium voranstellte.

[92] „Auch die Veränderung im Rhythmus ist nicht so groß, daß sie die ersten Sätze etwa als ein ‚Lied' von den Erzählungen trennte; denn der Rhythmus der gleichgebauten Sätze erhält sich durch das ganze Buch. Auch das ist ein Merkmal, das die Heimat des Verfassers offenbart. Denn in parallelgebauten Sätzen dachten die, die ihr Leben lang aus dem Psalter ihr Gebet machten." Schlatter a. a. O. S. 37.

zu Vers 21:
5 Mo 18, 15—1
Mal 3, 23 f
Mt 11, 14
17, 10—13
Lk 1, 17
Jo 6, 14
7, 40

zu Vers 23:
Jes 40, 3
Mt 3, 3 f
Mk 1, 3
Lk 3, 4

zu Vers 24:
Jo 9, 16

zu Vers 25:
Mt 16, 14
21, 25

zu Vers 26/27:
Mt 3, 11 f
Mk 1, 7 f
Jo 1, 33
Apg 13, 25

zu Vers 28:
Mt 3, 6
Jo 10, 40

Was denn? Bist du etwa Elias? Und er sagte: Ich bin es nicht. Bist 22 du der Prophet? und er antwortete: Nein. * Sie sprachen nun zu ihm: Wer bist du?, damit wir Antwort geben können denen, die 23 uns gesandt haben. Was sagst du über dich aus? * Und er sprach: Ich, ich bin eine Stimme eines, der in der Wüste ruft: Ebnet den 24 Weg des Herrn, wie gesagt hat Jesaja, der Prophet. * Und abgesandt waren sie von den Pharisäern aus (oder: Und Abgesandte 25 aus dem Kreis der Pharisäer waren [zugegen]). * Und sie fragten ihn und sprachen zu ihm: Warum taufst du denn, wenn du nicht der Messias bist und auch nicht Elias und auch nicht der Prophet? 26 * Es antwortete ihnen Johannes: Ich, ich taufe mit Wasser; mitten 27 unter euch steht der, den gerade ihr nicht kennt, * der nach mir Kommende, dessen ich nicht würdig bin, daß ich ihm den Riemen 28 der Sandale aufmache. * Dieses geschah in Bethanien, jenseits des Jordan, wo Johannes taufend weilte.

19

Schon zweimal hat Johannes auf den Täufer hingewiesen (vgl. die Auslegung zu V. 6—8 und zu V. 15). Jetzt schildert er eingehend „das Zeugnis des Johannes". Es ist als „amtliches" und darum unumstößliches Zeugnis hervorgerufen durch eine offizielle Anfrage aus Jerusalem. Johannes schildert mit großer Sachkunde, was die andern Evangelisten so nicht berichten. Wir müssen uns losmachen von unserm „individualistischen" Denken. Wir sehen den einzelnen losgelöst für sich seine religiösen Entscheidungen treffen. Israel aber war eine Einheit und konnte in den großen Fragen seines Lebens vor Gott nur als ganzes eine Entscheidung vollziehen. Dabei war „Jerusalem" der maßgebende Ort und in Jerusalem der „Hohe Rat" mit seiner Priesterschaft und mit seinen Theologen und rechtskundigen Beratern die entscheidende Instanz[93]. Johannes hat dafür den klaren Blick gehabt, wenn er sofort am Beginn seiner Erzählung Jerusalem, Priester und Pharisäer nennt und auch in den folgenden Kapiteln das ganze Ringen Jesu um Jerusalem und die führenden Männer des Volkes gehen läßt. Eine Bewegung im Volk, wie der Täufer sie hervorgebracht hatte, konnte in Jerusalem nicht unbeachtet bleiben.

---

[93] Der Ausdruck „die Juden" bekommt darum im Bericht des Johannes einen doppelten Sinn. Er kann „die Juden" als ganzes Volk in ihrer Eigenart und inneren Einstellung bezeichnen. Er kann aber auch speziell die leitenden Kreise meinen, von denen dieses „Judentum" offiziell vertreten wurde. „Die Juden", die eine amtliche Abordnung zum Täufer schicken, sind wesentlich die Glieder des Hohen Rates, die sich dabei aber als die rechten Vertreter aller „Juden" fühlen. Die häufige Verwendung des Ausdrucks in unserm Evangelium zeigt zugleich, wie der altgewordene Apostel in seiner Zeit und Umwelt die Judenschaft als eine geschlossene Größe der Gemeinde Jesu gegenüberstehen sieht.

Johannes 1, 19—28

Jerusalem muß prüfen[94], was draußen im Land an religiösen Bewegungen geschieht. Zu Johannes, dem Haupt der mächtigen Erweckung dort am Jordan, „sandten die Juden aus Jerusalem Priester und Leviten, damit sie ihn fragten: Du, wer bist du?"

Johannes spricht hier (und auch später in seinem Bericht immer wieder) mit einer eigentümlichen Schärfe von „den Juden". Steht dahinter so etwas wie ein „Antisemitismus"? Nein, ein Paulus, der sich selbst ganz und gar als Israeliten wußte (Phil 3, 5) und Israel mit heißer Liebe umfing (Rö 9, 1—5), kann genauso von den Juden sprechen: 1 Ko 1, 22—24; 9, 20; 10, 32; 2 Ko 11, 24; 1 Th 2, 14; Rö 2, 17; 3, 1[95]. Aber Johannes schildert hier in der Tat zum ersten Mal den tiefen Gegensatz zwischen dem „Judentum" und dem, was Gott nun ganz neu in Israel wirkt und schenkt. Das ist der Sache nach nichts anderes als später der schwere Kampf des Paulus mit seinem eigenen Volk (vgl. besonders Rö 9—11). Dabei ist das Erschütternde und für uns Warnende, daß „die Juden" sich streng an die Bibel und an eine biblische Dogmatik halten und gerade als diese „Wissenden" taub und blind sind für das Neue und Herrliche, das Gott in ihrer Mitte tut. Gefangen in ihrem eigenen biblischen System sehen sie nicht mehr die großen Linien der Bibel, die Gott jetzt in Jesus zur Vollendung bringt.

Vor unsern Augen beginnt das jetzt in der Anfrage an den Täufer. 20
Dieser versteht sofort den eigentlichen Sinn der an ihn gerichteten Frage „Du, wer bist du eigentlich?" Das hieß bei der Größe der Bewegung um ihn her: Willst du etwa der Messias sein? „Er bekannte: Ich, ich bin nicht der Messias." Mochten manche Anhänger des Täufers — bis in die Tage der Apostel hinein — mit diesem Gedanken spielen, er selbst verneint es völlig. Die Aussage des Evangelisten in 1, 8 wird durch das eigene Zeugnis des Täufers bestätigt. Betont steht im Griechischen das „Ich" hervorgehoben: Ich? Oh, nein, ich bin nicht der Gesalbte[96]!

Damit waren aber die Fragenden nicht zufriedengestellt. Es muß 21
alles genau ergründet werden. Sie kannten ja auch ihre Bibel. Nach

---

[94] Wir haben eine gute Parallele dazu in Apg 8, 14; die Apostel in Jerusalem nehmen für sich ganz selbstverständlich die gleiche Pflicht in Anspruch, die sie in ihren jüdischen Verhältnissen an der Leitung ihres Volkes durch den Hohen Rat gesehen hatten.

[95] Wir haben in gleicher Weise Beispiele in der antiken Literatur, wie etwa ein Mann aus Athen seinerseits von „den Athenern" redet, ohne daß darin eine Kritik oder Ablehnung liegt.

[96] In der grie Sprache wird das persönliche Fürwort gewöhnlich nur durch die Form des Tätigkeitswortes ausgedrückt. Wird ein „ich, du, wir, ihr" besonders genannt, dann ist es damit betont hervorgehoben. Wir haben versucht in der Übersetzung dieser Betonung durch die doppelte Nennung des „Ich" oder „Du" Ausdruck zu geben.

Mal 3, 23 wollte Gott den Elias zur Vorbereitung für den Messias senden. „**Und sie fragten ihn: Was denn? Bist du etwa Elias? Und er sagte: Ich bin es nicht.**" Jesus hat in dem Auftreten des Täufers die Erfüllung der Maleachi-Weissagung gesehen (Mt 11, 14). Johannes selbst will es sich aber nicht anmaßen, Elias zu sein. In dieser Demut, die aus sich selbst trotz aller Größe der Wirksamkeit nichts macht, zeigt sich die Echtheit seiner Sendung. Gerade weil er sich selbst nicht als „Elias" bezeichnet, kann Jesus in seinem Auftreten die Erfüllung der Elias-Weissagung finden.

Neben der Erwartung des „Elias" war in Israel von 5 Mo 18, 15 ff her eine weitere Hoffnung für die Endzeit lebendig. Ein Prophet war hier von Mose versprochen worden, der die vielen andern Gottesboten überragen und Mose selbst gleich sein sollte. Er wurde darum mit Betonung „der" Prophet genannt. So geht das Verhör weiter: „**Bist du der Prophet? Und er antwortete: Nein.**"

22 Nun sind die Abgesandten mit ihrer biblischen Dogmatik am Ende. Was will dieser Johannes eigentlich sein, wenn er keinen der bekannten endzeitlichen Titel für sich in Anspruch nimmt? Eine Antwort erwarten ihre Auftraggeber, so „**sprechen sie zu ihm: Wer bist du? Damit wir die Antwort geben können denen, die uns gesandt haben? Was sagst du über dich aus?**"

23 Diese Frage konnte der Täufer nicht durch den Hinweis auf eine eigene Inspiration und auf seine persönliche Gewißheit beantworten. Das hätte in Israel und besonders vor dem Hohen Rat keinerlei Geltung gehabt. Er mußte ein Wort der Schrift haben, auf das er sich berufen konnte. Gab es denn noch ein solches? Wer ein theologisches System hat, der übersieht leicht biblische Aussagen, die er wohl liest und doch nicht wirklich erfaßt. Der ungelehrte Prediger der Wüste muß die Priester und Leviten daran erinnern, daß es neben „Elias" und „dem Propheten" noch andere Gestalten in der Schrift gibt, die das Kommen des Messias vorbereiten. So vermag er sich mit seinem Wirken in besonderer Weise biblisch einzuordnen. „**Er sprach: Ich, ich bin eine Stimme eines, der in der Wüste ruft: Ebnet den Weg des Herrn!, wie gesagt hat Jesaja, der Prophet.**" Nicht etwas Großes und Namhaftes will der Täufer sein. Aber „**eine Stimme**" ist er, die Stimme „**eines, der in der Wüste ruft: Ebnet den Weg des Herrn**".

Dieses Jesaja-Wort (Jes 40, 7) ergreift Johannes, weil in ihm so deutlich wird, daß es auf die Person des Rufenden nicht ankommt. Sie bleibt völlig im Hintergrund. Wichtig ist allein, daß diese „Stimme" ertönt, daß dieser „Ruf" erhoben und — gehört wird, daß gerade im Volk Gottes das Ebnen des Weges geschieht, auf dem der Herr zu seinem Volk kommen will. Diesem Ruf hat sich Johannes zur Verfügung gestellt. Das ist seine Sendung und das Recht seines Wirkens. So weiß er sich in der Bibel stehen.

Es ist kennzeichnend, wie die Abgesandten aus Jerusalem darauf reagieren. Es gibt keinen Augenblick echten Hörens und wirklicher Besinnung. Es wird von ihnen überhaupt nicht beachtet, daß die Bibel von dieser „Stimme" schrieb und daß ihr Ruf entscheidend sein könnte. Es erscheint den Abgesandten selbstverständlich, daß dieser Johannes für sie nicht ernst zu nehmen ist. Nach der Wahrheit seines Wortes wird keinen Augenblick gefragt. So kommt es auch nach der ernsten Selbstaussage des Johannes nicht zu einem echten Gespräch über sein Wirken, sondern das Verhör wird von ihrem festen Standort aus fortgesetzt[97]. „**Und sie fragten ihn und sprachen zu ihm: Warum taufst du denn, wenn du nicht der Messias bist und auch nicht Elias und auch nicht der Prophet?**" Für die Darstellung unseres Evangeliums ist es bezeichnend, daß wir vom „Taufen" des Johannes jetzt erst durch die Frage der Untersuchungskommission hören. Gestalt und Wirken des Täufers wird als bekannt vorausgesetzt. Der Evangelist hält es für überflüssig, noch selber eine Schilderung davon zu geben. Nur das will er der Gemeinde zeigen, was die Synoptiker nicht berichtet haben. Der „Täufer" hat getauft, das weiß jedermann. Aber nun wird sichtbar, wie nicht so sehr das Reden und Verkündigen, sondern das konkrete Handeln des Täufers das Bedenkliche und Anstößige ist. Mochte Johannes eine „Stimme" sein und seine Stimme erschallen lassen; das waren schließlich nur Worte. Aber er forderte klare Entscheidung durch die Handlung der Taufe; er führte dadurch eine Scheidung im Volk herbei und beanspruchte für seine Taufe, daß sie auch vor Gott Geltung habe und die für den Messias bereite Schar herausstelle. Welch bedenkliche Spaltung trug er damit ins Volk! Und sollen etwa sie, die Priester und Leviten, die Führer des Volkes, für den Messias unbrauchbar sein, weil sie sich diesem Johannes und seiner Taufe nicht unterwarfen? Welche Ansprüche stellte er damit, Ansprüche ohne jeden Grund, wenn er doch keine jener biblischen Gestalten war, denen man eine besondere Vollmacht des Handelns hätte zubilligen müssen?

24/25

Die Frage wird eingeleitet mit einer Bemerkung, deren Sinn nicht eindeutig ist: „**Und abgesandt waren sie von den Pharisäern aus.**" Will das sagen, daß die Abgesandten selber aus den Reihen der Pharisäer stammten? Möglich wäre das trotz ihrer ausdrücklichen Kennzeichnung als „Priester und Leviten" in Vers 19, weil auch Prie-

---

[97] So ist wieder und wieder in der Kirchengeschichte der Verlauf von Untersuchungen gewesen, wenn Gott neue Bewegungen aufbrechen ließ. Die Männer des neuen Wirkens Gottes wurden überhaupt nicht „gehört", sondern von alten Positionen aus abgeurteilt.

ster zu der pharisäischen Genossenschaft[98] und zum Rabbinat gehörten. Der Hohepriester konnte für eine theologische Untersuchung der Täuferbewegung gerade solche Ratsmitglieder ausgewählt haben, die als Priester zugleich eine schriftgelehrte Ausbildung und eine pharisäische Einstellung besaßen. Der Evangelist kann aber auch nachträglich darauf hinweisen wollen, daß die ganze Abordnung einer Untersuchungskommission auf den Einfluß der Pharisäer zurückging, die ebenfalls Sitz und Stimme und unter Umständen auch großen Einfluß im Hohen Rat (Gamaliel!) besaßen.

Zu erwägen ist aber auch eine andere Auffassung und Übersetzung der Stelle: „**Und Abgesandte aus dem Kreis der Pharisäer waren zugegen.**" Mit den Priestern und Leviten war dann noch eine zweite Untersuchungskommission bei Johannes erschienen, die sich nun besonders für seine Tauftätigkeit interessierte. Die Pharisäer waren gewohnt, mancherlei Lehrmeinungen zu dulden; aber ihnen wird gerade das vollmächtige Handeln des Johannes in der Taufe anstößig gewesen sein. Hier überschreitet der Täufer seine Grenze. So sind die Abgesandten instruiert, Johannes besonders nach seiner Taufe und nach seiner Berechtigung zu solchem Tun zu fragen. Unterstützt wird diese Auffassung durch das parallele Geschehen, das uns Mt 21, 23 ff geschildert wird.

26/27 „**Es antwortete ihnen Johannes: Ich, ich taufe mit Wasser.**" Wohl handelt Johannes mit seiner Taufe und wirkt Scheidung und Entscheidung. Und doch, wie gering ist seine Taufe. Nur mit Wasser geschieht sie. Die Männer des Hohen Rates können unbesorgt sein, er nimmt auch mit seinem Taufen nichts von dem vorweg, was Gott nur selber durch den Messias wirken kann. Und doch — wie besorgt müßten gerade sie, die verantwortlichen Leiter Israels sein! Sie halten sich voll Sorgen und Ärger bei seiner armen Person auf, die doch gar

---

[98] Wir müssen uns völlig von den gewohnten Vorstellungen lösen, die sich für uns mit den Worten „Pharisäer" und „Pharisäismus" verbinden. Für uns ist „Pharisäer" ein Scheltname geworden, der einen engherzigen, überheblichen und dazu noch heuchlerischen Frommen bezeichnet. Das erklärt sich aus dem Kampf Jesu gegen die Pharisäer, wie es das Neue Testament uns vor Augen führt. Die „Pharisäer", die „Abgesonderten" sind aber zunächst rein sachlich eine Gruppe im Volk Israel, die Israel — im Gegensatz zu den „Sadduzäern", der Gruppe der Priester — von fremden Einflüssen hellenistischer und rationalistischer Art freihalten und zugleich nach dem großen Gericht Gottes in der Zerstörung Jerusalems und in der Babylonischen Gefangenschaft für die genaue Erfüllung des göttlichen Gesetzes im Volk sorgen wollten. Eine innere Richtung dieser Art wird schon bei Nehemia und Esra sichtbar, zur eigentlichen Parteibildung kam es aber erst später. Der „Pharisäismus" verband sich eng mit der Schriftgelehrsamkeit. Gottes Gesetz müsse auf das Genaueste durchforscht und erklärt werden, damit es richtig gehalten werden konnte. Es mußte aber keineswegs jeder Angehörige der Pharisäergruppe auch ein „Schriftgelehrter" sein, während der Schriftgelehrte richtungsmäßig stets den Pharisäern zugehörte.

nichts ist als nur „eine Stimme". Und dabei ist die Lage für sie und das ganze Israel schon zu den letzten Entscheidungen herangereift. Der Messias ist da! **„Mitten unter euch steht er, den gerade ihr nicht kennt."** Sie wissen über den Messias freilich theologisch besonders Bescheid, aber er ist für sie nicht mehr als theologische Lehre, eine ferne Gestalt der Zukunft. Undenkbar ist es für sie, daß er wirkliche Gegenwart mitten unter ihnen sein könnte; und doch ist es so. Der Täufer weiß es. Und er, der mächtige Mann der großen Taufbewegung, beugt sich tief vor dem, der unerkannt schon da ist. Mit einem betont vorangestellten **„ihm"** versichert er, daß er **„nicht würdig ist"**, **„ihm"**, diesem Gewaltigen, **„der nach ihm kommt"**, den geringsten Sklavendienst zu tun, ihm auch nur **„den Riemen der Sandale aufzumachen"**. Um ihn geht es, an ihm entscheidet sich für Israel und auch für euch, Israels Leiter, Leben und Tod. Fragt darum nicht nach mir, fragt nach dem, der nach mir kommt.

Der Evangelist schließt diesen Bericht mit einer genauen Ortsangabe: **„Dieses geschah in Bethanien, jenseits des Jordans, wo Johannes taufend weilte."** Sie ist für uns schwierig, weil wir sonst nur von dem Bethanien bei Jerusalem hören (Mt 21, 27; 26, 6; Lk 24, 50; Jo 11, 1). Ein **„Bethanien jenseits des Jordans"** ist uns nicht bekannt. Darum hat schon Origenes[99] gemeint, statt „Bethanien" vielmehr „Bethabara", das bedeutet „Furthausen", lesen zu sollen. Aber es hat in Palästina (wie auch bei uns) mancherlei Orte gleichen Namens gegeben. „Bethanien", „Elendshausen", mag man manche arme Siedlung genannt haben. Und gerade der Name „Bethabara", „Furthausen", konnte freie Erfindung sein, weil man die Tauftätigkeit des Johannes naturgemäß an einer Furt des Jordan suchte[100]. Es ist aber auf jeden Fall wichtig, daß Johannes hier (wie später noch an manchen Stellen) genaue örtliche und zeitliche Angaben macht, deren Richtigkeit zu bezweifeln kein Grund vorliegt.

28

---

[99] Origenes, 185/86 in Alexandria geboren, war der größte Lehrer der dortigen Katechetenschule. Er starb 254 an den Folgen der Folterung, die er bei der Verfolgung unter Decius erlitten hatte.

[100] Auf alten Karten ist ein Ort an einer Jordanfurt, die für die Wirksamkeit des Täufers wohl geeignet sein konnte (vgl. die Angabe zu „Bethanien" im „Lexikon zur Bibel"), als „Ainon", „Quelle" eingetragen. „Bethanien" könnte Verschreibung für „Beth-Ainon" sein. „Ainon" ist dann in Jo 3, 23 ausdrücklich als Ort des Täufers erwähnt.

EIN ZWEITES ZEUGNIS DES JOHANNES

Johannes 1, 29—34

zu Vers 29:
Jes 53, 4. 7
Jer 11, 19
Mt 8, 17
Jo 1, 36
1 Pt 1, 9
1 Jo 3, 5
Offb 5, 6. 9. 1:
zu Vers 30:
Jo 1, 15. 27
zu Vers 32/33:
Mt 3, 13—17
Mk 1, 9—11
Lk 3, 21 f
Jo 1, 26

29 Am nächsten Tag sieht er Jesus auf sich zukommen und sagt:
30 Siehe, das Lamm Gottes, das wegträgt die Sünde der Welt. * Dieser ist es, von dem ich sagte: Nach mir kommt ein Mann, der mir
31 zuvorgekommen ist; denn er war eher als ich. * Und ich selber kannte ihn nicht; aber damit er Israel offenbar würde, deswegen
32 kam ich mit Wasser taufend. * Und es bezeugte Johannes: Ich habe geschaut den Geist herabkommend wie eine Taube aus dem
33 dem Himmel, und er blieb auf ihm. * Und ich selber kannte ihn nicht; aber der mich sandte zu taufen mit Wasser, der sprach zu zu mir: Auf welchen du sehen wirst den Geist herabkommen und
34 bleiben auf ihm, der ist es, der mit Heiligem Geist tauft. * Und ich habe gesehen und habe bezeugt, daß dieser ist der Sohn Gottes.

Der Täufer weiß mit Bestimmtheit von der Nähe des kommenden Herrn. „Mitten unter euch steht er" bereits. Aber — wer ist es? Das weiß Johannes bei seinem ersten Zeugnis noch nicht. Das ist echte Haltung eines Propheten; er darf und will nicht mehr wissen, als das, was Gott ihm zeigt. Darum ist es eine große Sache, als nun die Begegnung des Täufers mit Jesus erfolgt und das Zeugnis des Johannes endgültig bestimmt und konkret wird. Dieses Ereignis wird darum

29 zeitlich genau festgelegt: „**Am nächsten Tag sieht er Jesus auf sich zukommen.**" In diesem „auf sich zukommen" wird in einer knappen Andeutung die ganze Geschichte der Taufe Jesu liegen, wie sie Mt 3, 13—17 erzählt wird. Denn wozu sollte Jesus zum Täufer kommen, wenn nicht zum Empfang der Taufe? Das aber ist die Erzählungsart unseres Evangeliums, daß Johannes die andern, in der Gemeinde bereits bekannten Berichte übergeht oder nur mit einem knappen Wort auf sie Bezug nimmt. Darum wird hier auch von Jesus ohne jede nähere Erläuterung gesprochen. Johannes schrieb sein Evangelium für die Gemeinde, die Jesus kannte.

Der Täufer hat den nach ihm Kommenden, dem er nicht einmal den geringsten Sklavendienst zu tun würdig ist, als den gewaltigen Richter gesehen, der mit der Wurfschaufel in der Hand Spreu und Weizen scheidet (Mt 3, 12). Aber nun kommt dieser Gewaltige zu ihm, um sich mitten unter den Schuldigen mit taufen zu lassen! Da geht es dem Täufer auf: „**Siehe das Lamm Gottes, das wegträgt die Sünde der Welt.**"

Es ist ein ungeheures Wort, zumal es jetzt, lange vor dem Kreuzesgeschehen, gesprochen wird. Es ist nicht eine nachträgliche Erkenntnis, die notgedrungen am Kreuz entsteht. Hier ist mit einer Umkehr aller bisher geltenden Erwartungen, die der Wendung im Leben des Saulus vor Damaskus gleicht, erschaut, daß die erste Aufgabe des Messias nicht Gericht und Herrschermacht ist, sondern das **„Wegtragen der Sünde der Welt"**. Der erwartete Messias ist nun, da er kommt, nicht „Löwe", sondern „Lamm", nicht „König", sondern „Diener" (Mt 20, 28). So steht „der König aller Könige und Herr aller Herren" auch in der Offenbarung des Johannes als das „erwürgte Lamm" da (Offb 5, 6), und zwar gerade in der Stunde, in der er das Buch mit den sieben Siegeln aus Gottes Hand empfangen und damit zum Vollstrecker des Weltplanes Gottes werden soll. Er ist als dieses „Lamm" dem „Tier" von Offb 13 entgegengesetzt, in dem sich alles menschliche Herrschaftswesen in letzter Aufgipfelung zusammenfaßt. Indem unsere erste Begegnung mit Jesus in unserm Evangelium ihn als das „Lamm" vor uns hinstellt, ist grundlegend über die Botschaft von Jesus entschieden. Ob der Täufer bei dem **„Lamm Gottes"** an das Passalamm dachte oder an die beiden Lämmer, die nach 4 Mo 28, 3—4 täglich als Opfer im Tempel bluteten[101], oder ob er einfach von Jes 53 geleitet war, das wissen wir nicht. Aber jedenfalls ist Jesus die „Erfüllung" dessen, was die Opferlämmer Israels nur vorausdeuten konnten und was der Prophet voraussah. Jesus ist dabei nicht mehr als „Lamm Israels", das vom Menschen gebrachte Opfer, sondern „Gottes Lamm" und darum wahrhaft rein und fehlerlos und zum Opfer tauglich. Er ist das Lamm, das Gott selbst darbringt in der Erfüllung alles dessen, was „Opfer" im Gesetz und in der ganzen Welt heißt.

Dieses Opfer Gottes kann vollbringen, was kein menschliches Opfer vermochte: es kann die Sünde **„wegtragen"**, also wirklich beseitigen[102]. Nun wird unsere Sünde nicht nur von Gott gnädig „übersehen" oder „bedeckt"; nun wird sie gültig aus dem Wege geräumt durch den, der sie auf sich selbst lädt und trägt. So hat Johannes es in seinem ersten Brief (3, 5) bezeugt: „Und ihr wißt, daß jener erschienen ist, damit er die Sünden wegtrage!" Micha 7, 18 ist darin erfüllt, wo im hbr Text ebenso vom „Wegtragen" der Schuld gesprochen wird. Darum ist Gott jetzt nicht mehr nur barmherzig im Übersehen von Sünde, sondern „treu und gerecht", wenn er die Sünde

---

[101] Das Passalamm wurde zwar geopfert, blieb aber doch das Eigentum der Menschen und wurde von ihnen beim Passamahl verzehrt. Insofern war es nicht in vollem Sinn „Gottes Lamm". Die beiden täglich geopferten Lämmer waren für das Empfinden Israels nichts Geringes. Auch unter den größten Schwierigkeiten im belagerten Tempel hielt man an diesem wichtigsten Teil des Opferdienstes fest.
[102] Vgl. dazu die Ausführungen des Hebräerbriefes in der W. Stb., besonders zu Hbr 10, 1—10.

vergibt (1 Jo 1, 9). Eine völlig neue und unvergleichliche Stellung zur Sünde wird hier sichtbar. Die Sünde wird nicht bloßgestellt, getadelt, gerächt, wie unter dem Gesetz und dem Pharisäismus. Sie wird aber ebenso wenig verharmlost oder entschuldigt. Sie wird in ihrem ganzen schweren Ernst gesehen und gerade so von dem stillen Lamm auf sich genommen und fortgetragen.

Es ist **„die Sünde der Welt"**, die von dem Lamm Gottes weggetragen wird. Darin ist die umfassende Größe des Opfers Jesu ausgesagt. Alle Sünde, nicht nur die leichtere, sondern auch die blutrote und entsetzliche, nicht nur die Sünde Israels, sondern auch die jedes anderen Volkes, nicht nur die Sünde von damals, sondern auch die von heute und morgen, nicht nur die Sünde anderer, sondern auch die meine ist von diesem „Wegtragen" erfaßt. Zugleich ist der Ausdruck „die Sünde der Welt" von großer Wichtigkeit für das rechte Verständnis der Sünde. Wohl wird jeder einzelne schuldig und hat seine Sünden als sein persönlichstes Eigentum, das er ganz allein zu verantworten hat. Und doch gibt es nicht lauter einzelne, selbständige „Sünden". Alle Sünden hängen tief miteinander zusammen wie ein verfilztes Geflecht und bilden so miteinander **„die Sünden der Welt"**. Darum kann das Lamm Gottes auch nur diese ganze Sünde als solche wegtragen, in die auch meine einzelnen Verfehlungen eingewoben sind. Darin liegt die volle Gewißheit der ganzen Vergebung für jeden einzelnen[103].

Hat der Täufer dabei den Ausgang Jesu, sein Sterben am Fluchholz, schon vorausgeschaut? Auf dem Isenheimer Altar zeigt er unter diesem Wort vom Lamm Gottes mit überlangem Finger auf den Gekreuzigten. Aber der Täufer sagt nicht: Siehe, dieser wird einmal das Lamm Gottes werden, das am Kreuz die Sünde der Welt wegträgt. Der Täufer sieht und begreift, daß ein solches „Tragen" das ganze Sein dieses Lammes kennzeichnet. Jetzt schon, da Jesus zu ihm kommt, um unter den andern Sündern getauft zu werden, nimmt und trägt er die Sünde der Welt. Es ist für uns von großer Wichtigkeit, daß auch wir diesen Blick des Täufers bekommen und das Leiden und Tragen Jesu nicht auf die Stunden am Kreuz beschränken, sondern erkennen, daß das ganze Leben Jesu von seinem Anfang an ein Tragen und Leiden war und darin die Kreuzesgestalt hatte[104].

Denn dadurch hört die Erlösung auf, für uns eine bloß dogmatische Behauptung zu sein. Nun steht sie als einzigartige Wirklichkeit einer

---

[103] Es ist darum eine negative Selbstüberschätzung, wenn ich daran zweifle, ob denn auch „meine" Sünden vergeben werden können. Hinter diesem Fragen kann unbewußt der Stolz stehen, der doch wenigstens darin eine „Ausnahme" sein möchte, die den gewöhnlichen Sünder überragt.

[104] Vgl. dazu W. de Boor „Das ist Jesus" S. 98 f 2. Aufl. R. Brockhaus Verlag.

heißen, schweren Arbeit des „Wegtragens" anschaulich vor uns. Wir ahnen auch, welche Liebe dazu gehört, um die ganze Last unserer schmutzigen Sünde auf sich selbst zu laden und als heiliges Gotteslamm dadurch zu lauter Sünde zu werden (2 Ko 5, 21).

Aber freilich, alles „Tragen" der Sünde muß sich darin vollenden, daß dieses Lamm unsere Schuld stellvertretend in das Gericht Gottes hineinträgt und Fluch und Gottverlassenheit für uns erduldet. Der Täufer muß das Ende Jesu nicht in allen Einzelheiten vorausgeschaut haben. Aber das wußte er, daß ein **„Lamm Gottes"** dazu da war, geopfert und geschlachtet zu werden. **„Siehe, das ist Gottes Lamm, das wegträgt die Sünde der Welt"**, dies Wort war tatsächlich erst am Kreuz erfüllt. Dort war es endgültig vollbracht.

Und nun nimmt der Täufer sein Wort noch einmal auf[105], das in Form eines Wortspiels von dem „nach ihm Kommenden" sprach, der ihm doch **„zuvorgekommen"** sei, und das der Evangelist schon in Vers 15 mitteilte. Aber jetzt bleibt es nicht mehr ein bloßes Rätselwort. Jetzt kann der Täufer auf Jesus weisen und feststellen: **„Dieser ist es, von dem ich sprach"**, von dem ich dieses seltsame Wort sagte.

Aber woher kam ihm diese Gewißheit, daß „dieser" jener rätselhafte Mann war, der nach ihm kam und ihm doch **„zuvorgekommen"** war? Er muß gestehen: **„Und ich selber kannte ihn nicht."** Wie konnte er ihn dann mit Gewißheit erkennen? Nicht aus seiner eigenen Scharfsichtigkeit heraus. Gott selbst mußte ihm die klare Gewißheit schenken. Und Gott benutzte dazu die Tauftätigkeit des Johannes. So geht jetzt dem Johannes der eigentliche Sinn und Zweck seines Taufens auf: **„Aber damit er Israel offenbar würde, deswegen kam ich mit Wasser taufend."** Von diesem seinem Taufen, das den Jerusalemern so anstößig und bedenklich war, hat Johannes nie zu hoch gedacht und darum sofort bei seiner ersten Verantwortung von seinem Wassertaufen weg auf den Kommenden gewiesen (V. 26). Seine Taufe gab den Menschen nicht das Entscheidende; aber er vollzog sie doch auf Gottes Befehl. Und nun wird ihm klar: Ihr eigentlicher Sinn war das Offenbarwerden dessen, der so still und demütig zur Taufe kam und nun bei seiner Taufe das Zeugnis Gottes empfing.

Offenbar werden sollte er **„Israel"**. Hier haben wir bei Johannes jenes eigentümliche „den Juden zuerst", das wir dann ebenso bei Paulus finden (Rö 1, 16; Apg 13, 46). Das Lamm Gottes trägt zwar nicht nur die Sünden Israels, sondern die der ganzen Welt. Aber der

---

[105] Es gehört zu der besonderen Art des Evangeliums, auf bisher Erzähltes zurückzuweisen. Neben unserm Vers vergleiche 3, 26. 28; 5, 33; 4, 24; 11, 37; 13, 33; 15, 20; 18, 9. 24. 32; 21, 10. „Johannes erstrebt eine einheitliche Wirkung und erinnert darum oft an das, was er vorher gesagt hatte" (Schlatter a. a. O. S. 50).

Gang der Heilsgeschichte macht es notwendig, daß dieses Lamm zuerst für Israel allein offenbar wird.

32 Wie aber wurde dem Täufer selbst von Gott her die Gewißheit über Jesus zuteil? Das sagt er uns nun in einem erneuten Zeugnis. **„Und es bezeugte Johannes: Ich habe geschaut den Geist herabkommend wie eine Taube aus dem Himmel, und er blieb auf ihm."** Den andern — außer Jesus selbst (Mt 3, 16) — blieb der gewaltige Vorgang verborgen, aber der Täufer sah ihn.

Was ist es mit diesem Vorgang? Scheint hier nicht ein Widerspruch vorzuliegen gegen Aussagen wie Lk 1, 35; Mt 1, 18? Muß der aus dem Geist Gottes Gezeugte erst noch den Geist empfangen? Besaß das Kind Jesus, das sein „mußte" im Hause des Vaters (Lk 2, 49), den Geist Gottes noch nicht? Liegen hier verschiedene „Traditionen" vor, die wohl im Ziel einig sind, Jesus als den wahren Gottessohn zu erweisen, die es aber auf widersprechende Weise tun? Die eine Überlieferung meint, daß Jesus von Geburt an der Sohn war, weil sein ganzes Werden durch Gottes Geist geschah; die andere Überlieferung aber erzählt, wie er bei der Taufe durch das Herabkommen des Geistes der Sohn Gottes wurde. Ist es so? Aber gerade unser Johannesevangelium warnt uns, voreilig „Widersprüche" zu sehen und sie verschiedenen Traditionen zuzuweisen. Johannes hat es mächtig bezeugt, daß Jesus nicht ein bloßer Mensch war, sondern das ewige „Wort" des Vaters, das Fleisch wurde. Trotzdem berichtet er hier, wie sich der Geist Gottes auf Jesus niederließ. Er empfand hier offensichtlich keinen „Widerspruch". Das „Wort" wurde wahrhaft und wirklich „Fleisch" und bedurfte nun der neuen Erfüllung mit dem Geist, um sein Werk in dieser Welt ausrichten zu können.

Wenn der Geist **„wie eine Taube"** herabkommt, so mag mit daran gedacht sein, daß die Taube als Bild der Sanftheit und Arglosigkeit galt (Mt 10, 16). Es wird aber nicht der „Geist" mit einer „Taube" verglichen, sondern das **„Herabkommen"** des Geistes mit dem „Herabschweben", das jedermann an den Tauben so oft beobachten konnte. Die göttlichen Wirklichkeiten können nur in irdisch-anschaulichen Bildern dargestellt werden. Es sind dann aber nicht „nur" Bilder, sondern im „Bild" („Taube", „herabkommen") werden Wirklichkeiten erfaßt. Gerade hier, wo der Geist Gottes sich in seiner Fülle auf einen Menschen niederläßt, kommt er nicht in Sturm und Feuer, sondern im sanften Schweben der Taube. So ist sein innerstes Wesen (vgl. auch 1 Kö 19, 12 f).

Entscheidend ist, daß der Täufer sehen konnte: der Geist **„bleibt auf Jesus"**. Auch zu den Propheten des Alten Bundes war der Geist Gottes gekommen und hatte durch sie geredet. Aber es waren immer nur zeitliche Inspirationen, welche die Propheten empfingen. Jesus aber ist in seinem ganzen Leben unaufhörlich und völlig vom Geist erfüllt, den der Vater ihm, dem einzigen Sohn, „nicht nach Maß" gibt (3, 34). Und nun ist dieser Vorgang nicht nur ein wesentliches Geschehen im Leben Jesu, sondern wird für den Täufer zu einem bestimmten Zeichen von Gott her. „**Und ich selber kannte ihn nicht; aber der mich sandte zu taufen mit Wasser, der sprach zu mir: Auf welchen du sehen wirst den Geist herabkommen und bleiben auf ihm, der ist es, der mit Heiligem Geist tauft.**" 33

Jetzt erst wird der Gegensatz zu dem Selbstzeugnis des Täufers „Ich taufe mit Wasser" (V. 26) ausgesprochen: der Kommende „**tauft**" nicht mehr nur mit Wasser, sondern „**mit Heiligem Geist**". Seine Taufe bleibt nicht bloßes „Zeichen", das Gott erst noch bestätigen und erfüllen muß. Seine Taufe gibt in voller Wirklichkeit das Heil und das neue Leben, indem sie im Geist geschieht und den Geist verleiht. Dabei gibt Jesus den Seinen den Geist so, wie er ihn selbst empfing, als den bleibenden Besitz, der ihr ganzes Leben dauernd bestimmt und sie selbst zu „Geistesmenschen" macht und damit jeden einfachsten Glaubenden hoch über die Propheten erhebt (1 Ko 2, 6—16; Mt 11, 11). Jesus selbst hat im Gespräch mit Nikodemus (3, 5) zum Ausdruck gebracht, wie die Bußtaufe des Johannes mit Wasser und sein eigenes Taufen mit dem Heiligen Geist zueinander gehören und erst miteinander die Wiedergeburt wirken. Die echte christliche Taufe ist darum eine solche mit „Wasser und Geist".

Doch darum geht es jetzt noch nicht. Jetzt handelt es sich um die Gewißheit und das Zeugnis des Täufers. Es wird nochmals ausgesprochen, weil es dem Evangelisten so wichtig ist „**Und ich habe gesehen und habe bezeugt, daß dieser ist der Sohn Gottes.**" Einige Handschriften lesen anstelle von „der Sohn" vielmehr „der Auserwählte" Gottes. Haben wir hier den ursprünglichen Wortlaut, der erst später durch den geläufig gewordenen Titel „der Sohn" ersetzt wurde? Man könnte es denken. Aber die Bezeugung dieser Lesart ist doch schwach. Und der sorgfältig immer neu überprüfte Text von Nestle hält den Wortlaut „**der Sohn**" fest. Es wird von jetzt an viel vom „**Sohn**" gesprochen werden, auch durch Jesus selbst. Inhaltlich geht das Bild „Sohn" nicht über das hinaus, was der Ausdruck „das Wort" in sich schließt. Im „Wort" wie im „Sohn" stellt Gott sein ganzes Wesen sich selbst gegenüber. Aber der Titel „das Wort" bleibt dem Anfang unseres Evangeliums vorbehalten. 34

Es ist erstaunlich, daß der Täufer hier Jesus nicht als den erwarteten Messias bezeugt, sondern als den „**Sohn Gottes**". Aber ihm war gezeigt worden, daß die wesentliche Aufgabe des Messias eine ganz andere war, als Israel dachte. Die Sünde der Welt mußte weggetragen werden. Dazu aber war ein Messias als „Davids Sohn" nicht imstande. Zur Rettung verlorener Sünder gehört „die Kraft Gottes" selbst (Rö 1, 16). Nur der **„Sohn Gottes"** konnte diese ungeheure Aufgabe lösen.

JOHANNES-JÜNGER WERDEN JESUS-NACHFOLGER

Johannes 1, 35—42

zu Vers 36:
Jes 53, 7
Jo 1, 29
zu Vers 37:
Jo 1, 40
zu Vers 40:
Mt 4, 18—20
zu Vers 41:
Jo 4, 25
zu Vers 42:
Mt 16, 18
Mk 3, 16
Jo 21, 15—17

35 Am nächsten Tag stand Johannes wieder da und von seinen Jün-
36 gern zwei, * und er blickt auf Jesus, der vorüberging, und sagt:
37 Siehe, das Lamm Gottes. * Und es hörten ihn diese beiden Jünger
38 [so] reden und folgten Jesus nach. * Jesus aber wandte sich um und sah sie nachfolgen und sagt zu ihnen: Was sucht ihr? Sie aber sprachen zu ihm: Rabbi (das heißt übersetzt: „Lehrer"), wo wohnst
39 du? * Er sagt zu ihnen: Kommt, und ihr werdet es sehen. Da kamen sie und sahen, wo er wohnt, und blieben bei ihm jenen Tag; es
40 war um die zehnte Stunde. * Es war Andreas, der Bruder des Simon Petrus, der eine von den beiden, die es von Johannes gehört
41 hatten und ihm nachgefolgt waren. * Es findet dieser zuerst den eigenen Bruder Simon und sagt zu ihm: Wir haben den Messias (das ist übersetzt: „Christus") gefunden. Er führte ihn zu Jesus.
42 * Jesus blickte ihn an und sprach: Du bist Simon, der Sohn des Johannes; du sollst Kephas heißen (das wird übersetzt: „Petrus").

35/36   Jesus hielt sich noch einen weiteren Tag dort im Mittelpunkt der Täuferbewegung auf, um erst einen Tag später (V. 43) nach Galiläa zurückzukehren. Wieder fällt uns die genaue Datierung auf, die anders ist als das viel allgemeinere „danach" oder „alsbald" der Synoptiker. An diesem Tag **„stand Johannes wieder da und von seinen Jüngern zwei, und er blickt auf Jesus, der vorüberging, und sagt: Siehe, das Lamm Gottes."** Er „sieht" Jesus nicht nur, sondern heftet seinen Blick auf ihn, weil er aufs neue staunend vor seiner unerhörten Entdeckung steht: der Messias, also der Herr Israels und der Welt, ist ein **„Lamm"**, das **„Lamm Gottes"**. Es ist die gleiche Entdeckung, die einen Saul von Tarsus völlig umwarf und umwandelte: der Messias ist der Gekreuzigte[106].

---

[106] Wie der Täufer nach dieser Entdeckung doch noch an Jesus zweifeln konnte (Mt 11, 2 und 3), ist uns freilich rätselhaft. Aber welche Rätsel birgt immer wieder unser Menschenherz! Wie oft müssen wir es von uns selber sagen: Wie konnte ich nach allen Glaubenserfahrungen doch so kleingläubig sein!

Johannes 1, 35—42

Johannes steht nicht als Einsamer in der Volksmenge, sondern hat „Jünger" um sich, also junge Männer, die sich ihm dauernd angeschlossen haben, von ihm lernen und ihm wohl auch in der Arbeit zur Seite stehen. Zwei dieser Jünger sind an diesem Tage bei Johannes und „hörten ihn so reden und folgten Jesus nach"[107]. Die beiden „hören" wirklich. Sie mögen noch gar nicht viel verstehen, was in dieser staunenden Aussage ihres Meisters liegt. Aber sie machen ernst mit seiner Aufforderung: „Siehe!" Sie lassen das Gehörte bis in ihr Herz gehen und dort zum eigenen Entschluß werden. Dieser Mann dort hat etwas anderes als ihr Meister, ihn müssen sie kennenlernen. So lösen sie sich von Johannes und folgen Jesus nach.

„**Jesus aber wandte sich um und sah sie nachfolgen und sagt zu ihnen: Was sucht ihr?**" Das „Nachfolgen" ist zunächst nur das äußere Hinter-Jesus-Hergehen, in dem freilich die ganze Bitte liegt: Wir möchten deine Jünger werden, wir möchten bei dir sein, wie wir bisher bei Johannes waren, nimm uns an. Aber dieses Annehmen muß auch wirklich noch erfolgen. Niemand kann von sich aus ein Jünger werden und mit seinem eigenen Entschluß darüber verfügen; er muß in die Nachfolge berufen werden. Darum erzählen die andern Evangelisten von der feierlichen „Berufung" der Zwölf durch Jesus nach einer durchbeteten Nacht (Lk 6, 12—16; Mk 3, 13—19). Doch auch sie wissen, daß diese Berufung und Einsetzung der „Zwölf" nicht ein völlig neuer und jäher Entschluß Jesu war, sondern daß ihr mancherlei Begegnungen mit Männern dieses Kreises vorausgingen, in denen schon eine gewisse Erwählung und Berufung geschah (Mt 4, 18—22; Lk 5, 1—11). Ein eindeutiges Bild der Vorgänge können wir uns freilich aus den verschiedenen Berichten nicht machen; doch das erkennen wir, daß die Jüngerschar Jesu aus einer reichen und lebendigen Geschichte erwachsen ist. Johannes aber kann uns klar sagen, daß die ersten Jesus-Jünger aus dem Kreise der Johannes-Jünger stammten und daß eine organische Geschichte Gottes in ihrem Leben vorlag. Die Erweckungsbewegung um den Täufer hatte sie erfaßt, und von da aus kamen sie durch das Zeugnis des Täufers selbst zu Jesus[108].

---

[107] Johannes weist uns mit den typischen Ausdrücken „Jünger" und „Nachfolge" in die palästinensisch-jüdische Welt. Der „Rabbi" hat als „Lehrer" um sich „Schüler". Und diese Schüler „folgen ihm nach". Sie gehen in voller Wirklichkeit hinter dem Meister her, um seine Belehrungen zu empfangen und diese sich anzueignen. Darum drückt sich in dem „Nachfolgen" der beiden Johannesjünger schon der Wunsch aus, nun „Schüler" dieses größeren „Meisters" zu werden.

[108] Wir wissen es aus dem eigenen Leben, durch wie viele Begegnungen mit Jesus, durch wie viele Anstöße und Rufe es gehen kann, bis uns die endgültige Berufung an den Platz führt, an dem wir das aufgetragene Werk tun dürfen. Darum ist uns die Vielfalt der Berichte kein Anstoß und kein Grund zur „Kritik".

Nun wird Jesus der Handelnde. **„Jesus aber wandte sich um und sah sie nachfolgen und sagt zu ihnen: Was sucht ihr?"** Dieses so einfache Wort, das sich aus der Situation fast von selbst ergab, ist das erste Wort, das wir im Evangelium aus dem Munde Jesu hören. So sachlich und so natürlich kann das ewige Wort sprechen! Aber die Frage ist zugleich voll Tiefe und Macht. Wißt ihr wirklich schon, was ihr wollt! Wißt ihr, was ihr bei mir sucht und was bei mir zu finden ist?

Gerade unter dieser Frage wird die Antwort der beiden eine sachliche und bescheidene. Was hätten sie jetzt alles aus einem bewegten Herzen heraus sagen können! So wird es nur die ehrerbietige, aber doch nicht ungewöhnliche Anrede: **„Rabbi, Lehrer."** Und auch ihr Wunsch ist zurückhaltend oder wenigstens zurückhaltend ausgesprochen: **„Wo wohnst du?"**, wir möchten dich besuchen, wir möchten dich näher kennenlernen. Jesus antwortete seinerseits nicht mit Fragen, wer sie sind, was sie bisher erlebt haben, wie sie innerlich stehen. Seine Antwort ist knapp, sachlich und darin doch eine volle Einladung schenkend: **„Kommt, und ihr werdet es sehen."** Das ist an und für sich eine weit verbreitete Einladungsformel. Und doch wird ein solch übliches Wort bedeutsam und tief, wenn es in dieser einzigartigen Lage gesprochen wird. Jesus weiß, die beiden werden wahrlich nicht nur seine Wohnung **„sehen"**, sondern werden unendlich viel mehr zu **„sehen"** bekommen.

39 **„Da**[109] **kamen sie und sahen, wo er wohnt, und blieben bei ihm jenen Tag; es war um die zehnte Stunde."** Wie verhalten ist die Bibel, völlig anders als unsere moderne Literatur. Was hätten wir wohl alles aus diesem ersten Besuch bei Jesus, aus diesen ersten entscheidenden Gesprächen erzählt. Johannes aber teilt uns nur die einfache Tatsache mit: **„sie blieben bei ihm jenen Tag."** Aber er datiert die Begegnung ganz genau: **„Es war um die zehnte Stunde."** Dieser erste Besuch bei Jesus fand gegen 4 Uhr nachmittags statt[110].

40 Warum diese Schilderung des Johannes, die einerseits so genau und anderseits so knapp und kurz ist, ohne daß uns bedeutsame Worte oder Taten Jesu berichtet werden? Ein freier Erfinder von Christusgeschichten hätte eine erste Begegnung mit dem Sohn Gottes, dessen Herrlichkeit wir sahen, ganz anders ausgemalt. Verständlich ist uns die Schilderung nur, wenn sie Wiedergabe persönlichster Erinnerung

---

[109] Im grie Text steht hier eigentlich ein nachgestelltes „nun": „Sie kamen nun und sahen." Johannes verwendet dieses „nun" gern und viel. Für ihn hat es offenbar nicht den etwas schwerfälligen Charakter, der für uns in dieser Ausdrucksweise liegen würde. Es ist in unserer Übersetzung vielfach mit einem „da" wiedergegeben.

[110] Über die Bedeutung solcher genauen Angaben vergleiche wieder die Einleitung S. 25

ist. Johannes hat sich zwar hier nicht selbst genannt, wie er es auch im ganzen Evangelium nicht tun wird. Aber indem er jetzt fortfährt: **„Es war Andreas, der Bruder des Simon Petrus, der eine von den beiden, die [es] von Johannes gehört hatten und ihm nachgefolgt waren"**, gibt er einen zarten Hinweis darauf, daß der andere der beiden er selber war. Welcher der Jünger sollte es sonst sein, der mit dem Brüderpaar Andreas—Petrus so eng verbunden ist? Auch bei den Synoptikern erscheinen Petrus und Andreas immer zusammen mit dem Brüderpaar Johannes und Jakobus (Mt 4, 18—22; Lk 5, 10). Die unvermittelte Nennung des **„Simon Petrus"** mit seinem vollen Namen zeigt wieder, wie sehr Johannes mit Lesern rechnet, welche die synoptischen Erzählungen kennen. Er muß seinen Lesern Simon Petrus nicht erst vorstellen!

„Andreas findet zuerst den eigenen Bruder Simon und sagt zu ihm: Wir haben den Messias (das heißt: „Christus") gefunden. Er führte ihn zu Jesus." Wenn Andreas sogleich seinen Bruder Simon **„finden"** kann, wird auch dieser mit in der Umgebung des Täufers gewesen sein. Die jungen Männer, die dem Täufer folgten, waren aber suchende Leute, die auf den warteten, auf den die ganze Bußbewegung dort am Jordan zielte und den der Täufer selbst angekündigt hatte. Darum konnte Andreas seine große Entdeckung nicht für sich behalten. Er mußte seinem Bruder die mächtige Nachricht vom „Finden" bringen und es ihm sagen: **„Wir haben den Messias gefunden."** Nun kann Simon nicht einfach diese Botschaft hören und dem Messias selbst fern bleiben. Doch gerade, wenn der Messias selbst da ist, darf sich ein junger Fischer ohne weiteres zu ihm hintrauen? Mit Freude übernimmt Andreas hier den Dienst und **„führte ihn zu Jesus"**. Das ist zugleich ein Hinweis, wie die Botschaft von Jesus auch solche natürlichen Wege zu ihrem Fortgang benutzt. Ein Bruder darf dem andern den entscheidenden Dienst tun. In der Beifügung **„er findet zuerst den eigenen Bruder"** wird ein Hinweis verborgen sein, daß danach auch Johannes selber seinen Bruder Jakobus „gefunden" und in ähnlicher Weise mit Jesus in Verbindung gebracht hat[111].

In dem Wort des Andreas läßt uns Johannes nachträglich den ganzen Ertrag jener ersten Gespräche erfahren, über deren Gang er uns in keuscher Zurückhaltung nichts mitgeteilt hatte. Jesus ist für An-

---

[111] Der Verfasser unseres Evangeliums will nicht namentlich von sich selbst sprechen. Darum werden die Zebedäussöhne, die in den Synoptikern eine erhebliche Rolle spielen, im ganzen Johannesevangelium nicht genannt. Johannes macht es so, wie es noch die Baumeister und Maler des Mittelalters machten: in feiner Andeutung brachten sie ihren Namenszug oder ihr Bild irgendwie in ihrem Kunstwerk an.

dreas jetzt nicht mehr nur „Rabbi", nun ist er „der Messias"¹¹². Der schon lange Erwartete ist da, und die beiden Johannes-Jünger haben ihn **„gefunden"**. Auf Jesu Frage: „Was sucht ihr?" wagten sie noch nicht zu antworten, was doch in ihrem Herzen eigentlich schon leben mußte, wenn sie den Täufer verließen: „Wir suchen den Messias." Jetzt aber spricht Andreas das „Messiasbekenntnis" aus. Ist das ein Widerspruch zu Mk 8, 29, zu dem Messiasbekenntnis des Petrus bei Cäsarea Philippi? Aber gerade Johannes wird uns in seinem Evangelium sehr zeigen, welch ein lebendiger Vorgang das „Glauben" ist, wie es ein Anfangsstadium hat, aus dem es herauswachsen muß zu reiferen Formen, wie es durch immer neue Erkenntnisse hindurch geht. Darum kann auch das „Bekenntnis" des Glaubens mehrfach wiederholt werden, ohne daß damit „Widersprüche" gegeben wären. Darum berichtet auch Johannes von einem „Petrusbekenntnis" in einer viel späteren, entscheidungsvollen Stunde (6, 67—69). Und gerade Johannes weiß, wie auch dieses Bekenntnis vor dem Kreuz Jesu nicht standhält und wie es erst durch die Begegnung mit dem Auferstandenen zur endgültigen Gewißheit bei den Jüngern kam. Wir müssen an die Lebendigkeit wirklicher Geschichte denken, damit wir nicht in falscher Weise betroffen vor den scheinbaren „Widersprüchen" in den evangelischen Berichten stehen.

42   Diese „Widersprüchlichkeit" und Unausgeglichenheit echter Geschichte steht auch beim nächsten Vers vor uns. Wann hat Simon eigentlich den Namen „Kephas", „Petrus", „Felsenmann" erhalten? Nach Mt 16, 18 könnte es so scheinen, als habe ihm erst sein Bekenntnis bei Cäsarea-Philippi diesen Namen eingetragen. Aber auch Matthäus (4, 18; Mk 3, 16) weiß, daß ihm dieser seltsame Name schon weit früher beigelegt worden ist. Davon berichtet nun Johannes: **„Jesus blickte ihn an und sprach: Du bist Simon, der Sohn des Johannes; du sollst Kephas**¹¹³ **heißen (das wird übersetzt: „Petrus").** Eine Erklärung gibt Jesus für diese Umbenennung des Simon hier nicht. Sein „Blick", mit dem er den vor ihm stehenden Mann anschaut und durchschaut, fand nichts „Felsartiges" an dem, der unter den Jüngern in besonderer Weise jähen Stimmungen und Stimmungs-

---

[112] Johannes gibt zu dem hbr Wort die grie Übersetzung „Christus", die für den grie Leser — Johannes schreibt offenbar für den grie Raum, in dem er von Ephesus aus seine Arbeit getan hat — sofort verständlich einen „Gesalbten" bezeichnet. Wir sehen deutlich „Christus" ist nicht ein Eigenname, wie wir das Wort häufig gebrauchen, sondern ist ein „Titel", der Titel des erwarteten „Königs". Die Könige Israels wurden „gesalbt" (vgl. 1 Sam 9, 16; 16, 12; 2 Sam 2, 4; 1 Kö 19, 15). Der erwartete Messias aber ist in einzigartiger Weise „der" Gesalbte, „der" König.

[113] Der ursprüngliche, aramäische Name haftet so fest, daß Paulus ihn auch im grie Raum ohne weiteres benutzt; 1 Ko 9, 5; 15, 5; Gal 2, 9; 2, 11.

umschwüngen unterliegt, dadurch zum Verleugner wird und selbst später noch so schwankend sein kann, wie Paulus es Gal 2, 11 ff schildert. Jesus „sieht" ganz anders als wir. Jesus sieht in einem Menschen das, was er selber aus ihm machen will und wird[114]. Wir werden aber zugleich an die Erklärung denken, die Jesus selber nach Mt 16, 18 der Bezeichnung des Simon als „Felsen" gibt. Nur setzt diese Erklärung voraus, daß Simon den Beinamen „Petrus" bereits trug. Jetzt macht Jesus daraus einen „Amtsnamen", der dem Simon eine besondere Bedeutung bei dem Aufbau der Gemeinde zuweist. Das hat Johannes bestätigt, indem er uns schildert, wie Jesus als der Auferstandene den Auftrag des Petrus nach seinem tiefen Fall erneuert (21, 15—17)[115].

PHILIPPUS UND NATHANAEL WERDEN JÜNGER JESU

Johannes 1, 43—51

43 Am nächsten Tage wollte er nach Galiläa aufbrechen und findet
44 Philippus. Und es sagt zu ihm Jesus: Folge mir! * Es stammte aber Philippus aus Bethsaida, aus der Stadt des Andreas und Petrus.
45 * Es findet Philippus den Nathanael und sagt zu ihm: Von dem Mose geschrieben hat im Gesetz und die Propheten, den haben
46 wir gefunden, Jesus, einen Sohn des Joseph aus Nazareth. * Und es sprach zu ihm Nathanael: Aus Nazareth kann etwas Gutes
47 kommen? Philippus sagt zu ihm: Komm und sieh! * Jesus sah Nathanael auf sich zukommen und sagt von ihm: Sieh, in Wahr-
48 heit ein Israeliter in dem kein Falsch ist. * Nathanael sagt zu ihm: Woher kennst du mich? Jesus antwortete und sprach zu ihm: Bevor dich Philippus rief, als du unter dem Feigenbaum warst, sah ich
49 dich. * Nathanael antwortete ihm: Rabbi, du bist der Sohn Gottes,
50 du bist der König Israels. * Und Jesus antwortete und sprach zu ihm: Weil ich dir sagte, daß ich dich sah unter dem Feigenbaum,

zu Vers 43/44
Mt 8, 22
9, 9
Mk 2, 14
Jo 12, 21 f
zu Vers 45:
5 Mo 18, 18
Jes 7, 14
53, 2
Hes 34, 23
Lk 24, 25 f
Jo 21, 2
zu Vers 46:
Jo 7, 41. 52
zu Vers 49:
Mt 14, 33
16, 16
Jo 6, 69
12, 13

---

[114] So „sieht" Gott auch bei uns den alten Menschen schon als gekreuzigt und begraben, so lebendig der alte Adam bleibt, und sieht uns als „gerecht" und „heilig" vor ihm, so wenig wir selber von solcher „Gerechtigkeit" an uns zu entdecken vermögen.

[115] Schlatter sagt zu dem eigentümlichen Verhältnis von Petrus und Johannes: „Sowohl Johannes als Petrus werden von Jesus, jeder in besonderer Art, bevorzugt. Johannes kommt vor Petrus zu Jesus, aber nicht Johannes, sondern Petrus wird von Jesus zum „Felsen" gemacht. Das Verhältnis zwischen den beiden Jüngern wird in der Passionsgeschichte 13, 23—26; 18, 15 f und in der Ostergeschichte 20, 3—10; 21, 7—11 in derselben Weise versichert" (a. a. O. S. 55).

zu Vers 50: Jo 14, 12 20, 29 zu Vers 51: 1 Mo 28, 12 Mt 4, 11 Jo 12, 28	51 glaubst du. Größeres als solche Dinge wirst du sehen. *Und er sagt ihm: Wahrlich, wahrlich, ich sage euch, ihr werdet den Himmel geöffnet sehen und die Engel Gottes hinaufsteigend und herabsteigend auf den Menschensohn.
43/44	Jesus hält sich nicht länger beim Täufer auf; schon „am nächsten Tage will er nach Galiläa aufbrechen". Wenn auch große Scharen erweckter Menschen dort am Jordan auf Jesu Verkündigung gehört hätten, Jesus ehrt die volle, von Gott geschenkte Selbständigkeit der Täuferbewegung und bewahrt zugleich auch seine eigene volle Freiheit des Wirkens nach des Vaters Willen. Auf dem Rückweg nach Galiläa „findet er Philippus. Und es sagt zu ihm Jesus: Folge mir!" Philippus ist der erste, den Jesus selber von sich aus in seine Nachfolge beruft. Daß Philippus dem Rufe folgt, muß nicht erst gesagt werden. Auch die Synoptiker zeigen uns, welche innere Gewalt in dem einfachen Ruf und Befehl Jesu lag (Mt 4, 18—22; 9, 9). Jesus ist auch darin das Wort Gottes selber: „Denn wenn er spricht, so geschieht's" (Ps 33, 9).

„Es stammte aber Philippus aus Bethaida[116], aus der Stadt des Andreas und Petrus." Wieder werden natürliche Zusammenhänge von Jesus geachtet. Sein „Finden" des Philippus ist kein zufälliges oder willkürliches. Es besteht bereits eine Beziehung des Philippus zu dem Brüderpaar Andreas und Petrus, und gerade nur auf diesem Wege von Mann zu Mann geht die Botschaft von dem Messias zunächst weiter. Keiner derer, die jetzt „gefunden" hatten, dachte an eine öffentliche Verkündigung des Messias Jesus. Dazu war es ihnen viel zu ernst mit dem Herrentum des Gesalbten. Die Stunde und die Weise öffentlichen Hervortretens kann nur der Messias selber bestimmen. Und Jesus seinerseits ruft jetzt nur einzelne in seine Nachfolge. Diese Berufung der „Apostel" ist aber nichts Nebensächliches, sondern ein ganz wesentliches Ereignis der evangelischen Geschichte. Diese Männer sind der unentbehrliche Grundstock der Gemeinde, und nicht Jesus selbst, sondern erst die Apostel bauen die Gemeinde auf, zuerst die Gemeinde Jesu aus Israel und dann die Gemeinde Jesu aus den Nationen (Apg 1, 8).

Es ist sehr eigen, wie das Wort vom „finden" durch die Verse 41—45 hindurchgeht. Fort und fort wird hier „gefunden". Wie kostbar sind solche Zeiten! Hinter dem „Finden" Jesu steht aber ebenso wie hin-

---

[116] „Bethsaida" heißt „Fischhausen". Eine „Stadt Bethsaida" kennen wir am Nordufer des Sees Genezareth; sie wurde von Herodes Philippus unter dem Namen Julia zur Stadt erhoben. Bethsaida ist in den Evangelien Mt 11, 21; Mk 6, 45; 8, 22—26; Lk 9, 10—18; Jo 12, 21 erwähnt. Ob es sich dabei überall um den gleichen Ort handelt, ist nicht mit Bestimmtheit zu sagen, zumal in Jo 12, 21 ein „Bethsaida in Galiläa" von einem andern Bethsaida unterschieden sein könnte.

ter dem „Finden" der Menschen das „Geben" Gottes. In seinem letzten Gespräch mit dem Vater spricht darum Jesus dankend von den Menschen, die der Vater ihm von der Welt gegeben hat (17, 6).

So „**findet**" nun auch Philippus jemanden, den er offenbar gut kennt und dem er von seinem eigenen Finden und Gefundenhaben sagen muß. „**Es findet Philippus den Nathanael und sagt zu ihm: Von dem Mose geschrieben hat im Gesetz und die Propheten, den haben wir gefunden, Jesus, einen Sohn des Joseph aus Nazareth.**" Das klingt so, als habe schon manche biblische Unterhaltung zwischen den beiden jungen Männern stattgefunden; jedenfalls aber, als sei Nathanael ein sorgfältig auf die Bibel bedachter Mann gewesen. Sie beide wissen von dem Warten auf den Messias, von dem „**Mose geschrieben hat im Gesetz und die Propheten**"[117]. „Geschrieben" war von dem Messias wohl. Aber er war ihnen immer und immer nur Gegenstand eines Sehnens und Hoffens geblieben. Welch eine ungeheure Nachricht ist es darum, die Philippus dem Nathanael mitteilen kann: Den, von dem wir lasen und sprachen, nach dem wir uns sehnten, den „**haben wir gefunden**". Dann steht er also als ein bestimmter Mensch unter uns? Ja, es ist „**Jesus, ein Sohn des Joseph aus Nazareth**". Wir merken, Jesus selbst hat seinen Jüngern von sich und seinem Leben erzählt und dabei Joseph als seinen Vater genannt. Das Geheimnis seiner Geburt mußte nicht sofort berührt werden. Joseph war und blieb gültig vor Menschen sein Vater. Wenn Johannes als letzter sein Evangelium schrieb, dann kannte er Mt 1, 18—21 und setzte diese Kenntnis auch bei seinen Lesern voraus. Es war Gottes eigener Wille, daß Jesus „**ein Sohn des Joseph aus Nazareth**" sein sollte. „Sohn Gottes" (V. 34) und „Sohn Josephs" — beides stand als Tatsache vor den Jüngern. Sie nahmen es als Tatsache, ohne sofort eine Erklärung dafür zu verlangen. Freilich, es zeigt sich bei Philippus noch eine Grenze seines Blickes, die bei Nathanael (V. 49) sofort überwunden wird. Philippus sah in Jesus den Messias. Aber konnte der Messias nicht sehr wohl einen menschlichen Vater haben? War er nicht der „Davidsohn"? Daß Jesus ein ganz anderer „Messias" war, von einer weit größeren und wesenhaft göttlichen Herrlichkeit, daß mußte Philippus noch nicht gleich erkannt haben.

Aber das Zeugnis des Philippus stößt bei Nathanael auf stärkste Bedenken. Nathanael erhebt den gleichen Einwand, den auch andere bibelkundige Israeliten später gegen Jesus vorbringen werden. „An-

---

[117] „Gesetz und Propheten", das ist der Kanon der Bibel Alten Testamentes. Die von uns jetzt als die „Lehrbücher" des Alten Testamentes bezeichneten Schriften kamen erst spät als dritter Teil der Bibel hinzu. Doch wurden die Psalmen hoch geschätzt und vielfach mit zu den „Propheten" gerechnet.

dere sagten: Dieser ist der Messias; andere aber sagten: Kommt denn der Messias etwa aus Galiläa? Hat nicht die Schrift gesagt ‚Aus dem Samen Davids' und ‚aus Bethlehem', dem Dorf, wo David war, ‚kommt' der Messias?" (7, 41 f). Wo steht in der biblischen Weissagung etwas von Galiläa und gar von dem kleinen Flecken Nazareth als Herkunftsort des Messias? Auch bei Nathanael ist es gerade sein „biblisches Wissen"[118], das ihn gegen die Botschaft von Jesus, dem Sohn Josephs aus Nazareth, mißtrauisch macht. Er kleidet seinen Einwand in das bekannte Wort: **„Aus Nazareth kann etwas Gutes kommen?"** Hinter dieser Frage steht nicht nur die Geringschätzung des kleinen Ortes. Auch Bethlehem war keine bedeutende Stadt, sondern wurde schon vom Propheten ausdrücklich als „klein" bezeichnet (Mi 5, 1). Aber über Bethlehem stand die klare göttliche Verheißung, von **„Nazareth"** war nirgends in der Bibel die Rede! Nur eigenmächtige Anmaßung konnte einen Mann aus Nazareth dazu bringen, sich als Messias auszugeben. Was hatte er schon mitzubringen, was ihn befähigen konnte, die große Aufgabe des Messias zu erfüllen? Die Galiläer hatten vor nicht allzulanger Zeit ihre bittere Erfahrung mit einer machtlosen Messiasbewegung gemacht, als Judas, der „Galiläer" (Apg 5, 37), der Mitbegründer der Zelotenpartei[119], einen Aufstand gegen die Steuereinschätzung des Quirinius (Lk 2, 1 f) in Gang zu setzen suchte. Sollte jetzt wieder etwas ähnliches **„Gutes"** aus Nazareth kommen?

Philippus aber findet die einzige Antwort, die hier gegeben werden kann, und spricht sie kurz und schlagfertig aus: **„Komm und sieh!"** Er kann es tun, weil die volle eigene Überzeugung ihm die Freiheit zu solcher Antwort gibt. Gerade eine ganze Gewißheit macht uns frei von allem Eifern, Beweisen und Diskutieren. Sie erlaubt uns die lockende Herzlichkeit, die in dem Wort des Philippus liegt. Da, wo ich selbst gewiß bin, kann ich bitten: Komm und sieh auch du. Über Wirklichkeiten entscheiden keine Theorien, kein vorgefaßtes Denken, auch keines, das scheinbar biblisch begründet ist. Wirklichkeiten sollen gesehen und erfaßt werden[120].

47 Der aber, der „sieht", ist erst einmal Jesus: **„Jesus sah Nathanael**

---

[118] Wir fanden ähnliches schon bei der Abordnung aus Jerusalem, die den Täufer zu verhören hatte (S. 63).

[119] Die „Zeloten" waren die „Eiferer", die mit Einsatz des eigenen Lebens, aber auch mit jedem Mittel der Gewalt die Freiheit dem jüdischen Volk erringen wollten, wie es einst die Makkabäer getan hatten.

[120] Gott sei Dank, daß wir auch heute jedem redlich Fragenden und ehrlich Zweifelnden sagen dürfen: „Komm und sieh!" Das allerdings muß er dann auch wirklich tun. Aus allem Diskutieren und Reden „über" Jesus entsteht kein lebendiger Glaube. Wir müssen Jesus selbst gegenüberstehen.

auf sich zukommen und sagt von ihm: **Sieh, in Wahrheit ein Israeliter, in dem kein Falsch ist.**" Jesus „sieht" die Redlichkeit im Fragen und Zweifel des Nathanael. In diesem Mann ist bei allem Fragen und Zweifeln „kein Falsch", wie wir es bei den Abgesandten aus Jerusalem spüren mußten. Die Seligpreisung von Ps 32, 2 ist bei ihm erfüllt. So ist Nathanael „in Wahrheit ein Israelit", d. h. ein Israeliter, wie er sein sollte. An einer raschen, stimmungsmäßigen Begeisterung ist Jesus nichts gelegen. Nathanael darf als Israelit gerade von seiner Bibelkenntnis her fragen, wenn er nur wirklich fragt und nicht einfach ablehnt, wenn er nur wirklich „kommt und sieht". Jesus nimmt ihm sein Zweifeln nicht übel und tritt ihm mit ruhiger Achtung entgegen.

Empfindet Nathanael sie als ein falsches Gewinnenwollen? Liegt in seiner Antwort: **„Woher kennst du mich?"** eine Abwehr? Oder ist es nur Überraschung, die ihn so fragen läßt? 48

Aber nun darf er „sehen", wie Philippus es ihm versprochen hat, und doch wieder ganz anders, als Philippus es sich selber denken konnte. Er darf „sehen", mit welchem Blick Jesus „sieht". **„Jesus antwortete und sprach zu ihm: Bevor dich Philippus rief, als du unter dem Feigenbaum warst, sah ich dich."** Johannes hat uns nicht gesagt, auch nicht sagen wollen, was Nathanael unter dem Feigenbaum in jener Stunde tat. Darum sollen auch wir es nicht wissen wollen und uns nicht in Vermutungen darüber ergehen[121]. Solche Dinge des persönlichen Lebens gehören in die Verborgenheit. Und dem Evangelisten liegt nicht an Geheimnissen in der Seelengeschichte des Nathanael. Ihm liegt an der Herrlichkeit Jesu. Jesus „sieht" uns auch da, wo wir ganz verborgen zu sein meinen unter dem dichten Blätterdach eines Baumes, und sieht unser geheimstes Tun. Das dürfen wir wissen, erschrocken oder getröstet, wie wir es brauchen.

„Nathanael antwortete ihm: Rabbi, du bist der Sohn Gottes, du bist der König Israels." Nathanael ist überwunden. Er erkennt Jesus in Wahrheit. Aber er erkennt ihn, weil er von Jesus erkannt ist. So wird es Jesus später seinen Jüngern ausdrücklich sagen, daß sie nicht ihn erwählten, sondern daß er sie erwählt hat (15, 16). So geht im biblischen Zeugnis immer das „Erkennen Gottes allen unserm Erkennen voran (Jer 1, 5; Gal 1, 15; 4, 9)[122]. So ist auch hier das Be- 49

---

[121] Immerhin ist zu beachten, daß das palästinensische Haus meist nur einen einzigen Wohnraum enthielt, weshalb Jesus den Beter Mt 6, 6 in die Vorratskammer verwies. Der Feigenbaum mit seinen besonders tief herabhängenden Zweigen konnte dem Beter und Schriftforscher einen willkommenen Platz zur Sammlung bieten.

[122] Das entspricht der einzigartigen Hoheit Gottes. Aber es ist zugleich für uns von unermeßlichem Wert, daß unser Verhältnis zu Gott nicht auf unserem schwachen und schwankenden Erkennen, sondern auf Gottes ewigem und vollkommenen Erkennen ruht.

kenntnis des Nathanael nur die anbetende Antwort auf das Erkanntsein von Jesus. Nun hat er selber gesehen, daß aus Nazareth „etwas Gutes" kommen kann und daß Philippus recht hat: der **„König Israels"** ist da. Aber dieses „Gute", das erstaunlicherweise ausgerechnet aus Nazareth kommt, dieser König Israels, ist mehr, als Nathanael sich nach seiner Bibelkenntnis gedacht hatte. Er ist viel einfacher, ein „Rabbi", und viel unergründlicher, **„der Sohn Gottes"**.

Aus eines echten Israeliten Mund ertönt hier am Anfang des Evangeliums das Bekenntnis: Jesus aus Nazareth — der König Israels. Und genauso wird es zuletzt als der Grund des Todesurteils über dem Kreuz stehen: „Jesus, der Nazaräer, der König der Juden" (19,19).

50 **„Jesus antwortete und sprach zu ihm: Weil ich dir sagte, daß ich dich sah unter dem Feigenbaum, glaubst du. Größeres als solche Dinge wirst du sehen."** Was liegt in dieser Antwort Jesu! Jesus ist nicht schon damit zufrieden, daß hier ein Fragender überwunden wurde und nun an ihn glaubt. Nicht die leiseste Spur eines Triumphes klingt in dieser seiner Antwort. Es ist eher, als wollte er Nathanael sofort weiterführen. Die Basis für Nathanaels Glaube ist zu schmal. Ein einzelnes persönliches Erleben reicht nicht auf die Dauer aus[123]. Aber Nathanael wird ja auch noch mehr und noch **„Größeres sehen"**. Und nun wendet Jesus sich zugleich an die andern Jünger mit, und zum

51 ersten Mal erklingt aus seinem Mund jenes **„wahrlich, wahrlich ich sage euch"**, das wir im Evangelium noch so oft hören werden. Dabei ist das **„Wahrlich"** nichts anderes als das bekannte **„Amen"**, das schon im Alten Testament in dieser Verdoppelung als Bestätigung eines Fluches ebenso wie eines Lobpreises Gottes vorkommt (4 Mo 5,22; Neh 8,6)[124]. Jesus sagt mit seinem „Amen, Amen" seinen Jüngern: Ihr dürft euch darauf verlassen, es ist wirklich so, wie ich es euch verspreche. „Zuverlässig ist das Wort und aller Annahme wert", wird es später in der Gemeinde heißen (1 Tim 1,15 wörtliche Übersetzung).

Was verspricht Jesus? Was ein Jakob einst im Traum schaute (1 Mo 28,10—13.17), das soll für die Jünger bei Jesus volle Wirklichkeit werden. Wo Jesus ist, da ist der Himmel nicht mehr verschlossen, da ist die harte Scheidewand weggenommen, die seit dem Sündenfall die

---

[123] Die Parallele zu dem Wort an Thomas (20,29) „Weil du mich gesehen hast, Thomas, so glaubst du: Selig sind, die nicht sehen und doch glauben" ist beachtlich.

[124] Es ist also ein hbr Wort, vom Stamm „aman = festsein" abgeleitet und mit einem langgedehnten „e" und mit der Betonung auf der zweiten Silbe auszusprechen. Vom gleichen Stamm ist auch das Hauptwort „ämät = Zuverlässigkeit, Wahrheit, Treue" gebildet. Vgl. o. S. 56. „Amen" als Versicherung heißt dementsprechend: „So ist es wirklich" oder „so soll es sein", „so gilt es". Es kann in diesem Sinn einer Aussage auch vorangestellt werden und diese als wahr und gültig kennzeichnen.

heilige Welt Gottes von der Menschenwelt trennt. Der Durchbruch ist geschehen, als das ewige Wort aus dem Himmel auf die Erde kam. Darum war in der Nacht seiner Geburt der Himmel offen und die Menge der himmlischen Heerscharen lobend und anbetend der Erde nahe. Der Himmel bleibt offen über Jesus, und die Engel haben den ungehinderten Zugang zu Jesus. „Ihr werdet die **Himmel geöffnet sehen und die Engel Gottes hinaufsteigend und herabsteigend auf den Menschensohn**[125]. „Hinauf- und herabsteigen" entspricht der Schilderung in 1 Mo 28, 12. Die Engel sind um Jesus. Von ihm steigen sie empor, um den Willen Gottes zu erfahren, und von Gott steigen sie herab, um seinen Willen im Dienst Jesu zu tun. Es ist aber wieder die ernste Zurückhaltung des Johannes und für die Echtheit seines Werkes kennzeichnend, daß er uns davon in seinem ganzen Evangelium unmittelbar nichts davon zeigen wird. Kein Engel wird in ihm sichtbar. Aber so sollen wir dennoch in allem Folgenden Jesus sehen: ständig unter einem geöffneten Himmel lebend, ständig umgeben von den himmlischen Boten. Die Jünger werden auch darin Zeugen seiner ungehinderten Verbindung und Einheit mit dem Vater sein. Er ist „an der Brust des Vaters", denn der Himmel ist „offen". Dabei wollen wir darauf achten, daß mehrfach in der Bibel vom „**Himmel**" in der Mehrzahl gesprochen wird. Damit wird besonders deutlich, daß nicht der atmosphärische „Himmel" über uns gemeint ist, sondern die wahrhaft jenseitige Welt Gottes, die viele „Himmel", viele „Räume" Gottes umfaßt[126].

Zum ersten Mal finden wir hier auch die geheimnisvolle Selbstbezeichnung Jesu als „**Menschensohn**". „Sohn des Menschen" braucht an und für sich nichts anderes zu besagen, als „ein Mensch, wie er eben als Mensch ist". Jesus kann mit diesem Wort ausgedrückt haben: „Ganz als Mensch", als echter Mensch lebe ich unter euch, freilich nur als der Mensch, über dem der Himmel offen ist. Aber durch die Schilderung in Da 7, 13 f hatte dies Wort „Menschensohn" eine besondere, endzeitliche Bedeutung erhalten. Die geheimnisvolle Gestalt des „Menschensohnes" ist es, die den tierhaften Weltreichen[127] ein Ende macht und von Gott das letzte bleibende Reich empfängt. So kann und wird Jesus mit dem Menschensohntitel auf seine endzeitliche Bedeutung und Herrlichkeit hingewiesen haben, die jetzt freilich in seinem einfachen Menschsein verborgen ist. Wohl ist er „der König Israels" und wird dies am Kreuz mit seinem Blut besiegeln. Und

---

[125] Die Koine liest am Anfang des Satzes ein „Von jetzt an".
[126] Vgl. dazu vor allem 1 Kö 8, 27; Mt 3, 16. 17 (grie Text); 2 Ko 12, 2—4.
[127] Vgl. o. S. 69 den Hinweis auf den Gegensatz „Lamm" und „Tier" in **der Offenbarung Johannes**.

doch ist er etwas anderes und größeres als das, was man von dem verheißenen König als dem „Davidssohn" erwartete[128]. Er ist der himmlische „**Menschensohn**", dem die Engel des Himmels dienen. So werden seine Jünger ihn kennenlernen.

DIE HOCHZEIT ZU KANA

Johannes 2, 1—11

zu Vers 1:
Jo 4, 46
21, 2
zu Vers 3—5:
1 Kö 17, 18
Mt 12, 48
Jo 7, 6
19, 26
zu Vers 6:
Mk 7, 3 f
zu Vers 7/8:
Mt 9, 15
26, 29
zu Vers 10:
Lk 5, 39
zu Vers 11:
Jes 8, 23
9, 1
Jo 1, 14
V. 50
4, 54
11, 40
12, 37
20, 30 f

1 Und am dritten Tage war eine Hochzeit in Kana in Galiläa, und
2 es war die Mutter Jesu dort. * Eingeladen wurde aber auch Jesus
3 und seine Jünger zu der Hochzeit. * Und als es an Wein fehlte,
4 sagt die Mutter Jesu zu ihm: Wein haben sie nicht [mehr]. * Und es sagt zu ihr Jesus: Was habe ich mit dir zu tun, Frau? Noch ist
5 meine Stunde nicht gekommen. * Es sagt seine Mutter den Die-
6 nern: Was er euch sagt, das tut. * Es waren aber dort steinerne Wasserkrüge, sechs, nach der Reinigungssitte der Juden aufge-
7 stellt, je zwei oder drei Maß fassend. *Es sagt ihnen Jesus: Füllt die Wasserkrüge mit Wasser. Und sie füllten sie bis oben an.
8 * Und er sagte ihnen: Schöpft jetzt und bringt dem Festordner. Sie
9 brachten es. * Als aber der Festordner das Wasser gekostet hatte, das zu Wein geworden war, und er wußte nicht, woher er sei — die Diener aber wußten es, die das Wasser geschöpft hatten —,
10 ruft der Festordner den Bräutigam * und sagt zu ihm: Jedermann gibt zuerst den guten Wein, und wenn sie trunken sind, den ge-
11 ringeren. Du hast den guten Wein bis jetzt zurückbehalten. * Dies tat Jesus als Anfang seiner Zeichen in Kana in Galiläa und offenbarte seine Herrlichkeit. Und es glaubten an ihn seine Jünger.

11 Wir stehen vor der ersten Wundererzählung unseres Evangeliums und werden gut tun, vor der Auslegung im einzelnen den Vers 11 vorweg zu nehmen, der als Unterschrift des ganzen Bildes uns zum grundsätzlichen Verstehen anleitet.

„**Dies tat Jesus als Anfang seiner Zeichen in Kana in Galiläa und offenbarte seine Herrlichkeit. Und es glaubten an ihn seine Jünger.**" Johannes wird uns eine Reihe von Wundern berichten. Diese Taten gehören unlöslich zu dem Bild Jesu. Man kann sie nicht ausklammern oder auslöschen, ohne das ganze Bild zu zerstören. Was ist es mit den „Wundern"? Der „lebendige Gott" und „Wunder" gehören untrennbar zusammen. Gott ist der „Lebendige", der Gegenwärtige, der

---

[128] Vgl. dazu auch Mt 22, 41—46.

Mächtige und Herrliche eben darin, daß er Wunder tut. Andernfalls wird er der Werkmeister, der einmal die Weltmaschine gebaut und in Gang gesetzt hat, um nun ihrem gesetzmäßigen Ablauf tatenlos zuzusehen. Es verliert dann auch unser Beten jeden Sinn. Das kann uns klar werden an dem grundlegenden Wunder des Alten Testamentes, an der Errettung Israels aus Ägypten.

Jesus hat den Jüngern das Leben unter einem „geöffneten Himmel" versprochen. Dann kann es nur ein Leben voller Wunder sein. Wozu sollen die Engel „herabsteigen auf den Menschensohn", wenn auch bei ihm alles nur nach den bekannten Naturgesetzen ginge? Jesus ist das fleischgewordene Wort Gottes; von diesem „Wort" aber ist es im Geschehen der Schöpfung bezeugt und in Ps 33,9 geschrieben: „Wenn er spricht, so geschieht's, wenn er gebietet, so steht es da." Jesu „Herrlichkeit als des einzigen Sohnes vom Vater" muß sich darin zeigen, daß die Wunder des lebendigen Gottes nun auch durch ihn geschehen. Gerade darin **offenbart er seine Herrlichkeit**.

Darin liegt bereits, daß die Wunder **„Zeichen"** sind. So groß das Geschenk, welches das Wunder gibt, auch ist: die Fülle von Wein zum Fest, Gesundheit nach dreißig Jahren Krankheitsnot, das Augenlicht für einen Blindgeborenen, neue Lebenszeit für den früh gestorbenen Lazarus — es sind das in sich selbst nur vereinzelte und vorübergehende Gaben. Das Eigentliche und Entscheidende liegt darin, daß sie uns „zeigen": der Himmel ist offen, Gott ist in Jesus lebendig helfend unter uns, Jesus hat wunderbare Macht über alle Mächte der Krankheit, der Finsternis und des Todes. Johannes hat in seiner Schilderung diesen „Zeichen"-Charakter der Wunder in besonderer Weise hervorgehoben. Darum wird es hier im Geschehen auf der Hochzeit am Anfang der Wirksamkeit Jesu betont: **„Dies tat Jesus als Anfang seiner Zeichen in Kana in Galiläa und offenbarte seine Herrlichkeit."** Nicht am „Wein" soll unser Blick hängen bleiben. Und es ist auch nicht das Wunder als solches „Jesu Herrlichkeit". Wir lasen bereits 1,14, worin diese **„Herrlichkeit"** besteht: in „Gnade und Wahrheit". Aber diese „Gnade" wird als eine göttlich helfende und schenkende Gnade auch in „Wundern" offenbar. Über ein „Wunder" kann nicht diskutiert werden. Ein Wunder ist geschehen oder es ist nicht geschehen. Ist es aber in der Macht Gottes geschehen, dann können wir mit dem, der es tat, nicht rechten, warum er hier etwas für uns Fragwürdiges vollbrachte. War es wirklich nötig, einer Hochzeitsgesellschaft Wein in solchem Übermaß zu verschaffen[129]? Aber auch

---

[129] Die Alkoholfrage dürfen wir hier getrost beiseite lassen. Trotz gelegentlicher Trunkenheit an seltenen Festtagen war im armen Israel der Wein keine Gefahr. Auf griechischem Boden ist das anders. Während daher Jesus bei aller Schärfe seiner Worte nach dieser

hier geht es um das „Zeichen". Hier wird alles bedeutungsvoll, alles redet eine geheime Sprache. Mit „Wasser" tauft Johannes; mit „Wasser" sind die Krüge gefüllt. Vorbereitende Reinigung schenkt die Taufe des Johannes, vorläufige Reinigung nach den Bestimmungen des Gesetzes und der Überlieferung gibt das Wasser in den Krügen. Jetzt aber ist der ganz andere da, der Vollender, der Messias. Jetzt ist „Hochzeit". Sollen die Hochzeitsleute „fasten", während der Bräutigam bei ihnen ist (Mk 2, 18 f)? Darf die Hochzeit unter den Augen des Messias durch Mangel an festlichem Wein[130] gestört werden? Wenn aber der König helfend eingreift, kann er anders als königlich geben, also besten Wein in überreicher Fülle? Die Jünger sollen es gleich am Anfang verstehen: Jetzt ist Hochzeitszeit, der königliche Bräutigam ist unter ihnen (Mt 22, 1—4).

Darum ist gerade in dem Bericht des Johannes nicht zu übersehen, daß die großen Taten Jesu immer im Zusammenhang mit einem „Fest" geschehen. Nicht nur in den Tiefen der Not und des Leidens ist die Hilfe Jesu begehrenswert. Auch für die Festtage unseres Lebens hat erst Jesus die Gabe, die wahrhaft erfüllt, was ein „Fest" für den Menschen sein will. Für die hohen Zeiten unseres Lebens ist Jesus unentbehrlich.

Auch die ausgesprochene „Weltlichkeit" dieses ersten Wunders gehört zur Sache. Das ewige Wort des Vaters, durch welches alles geschaffen ist, steht nicht im Gegensatz zur Schöpfung, auch da nicht, wo es um die schöpfungsmäßige Freude der Menschen geht. Jesus war kein „Asket". Das hat Johannes im Bild Jesu betont der Gnosis gegenüber hervorgehoben, die immer asketische Züge trug[131].

Der Beginn der Wirksamkeit Jesu geschieht auf einer Hochzeit. Und das erste Zeichen, das Jesus tut, ist nicht von menschlicher Not gefordert, sondern darf ein Wunder zur festlichen Freude sein.

Das Wunder ist nicht „des Glaubens liebstes Kind", sondern der Glaube darf an erfahrenen Wundern wachsen. „Und das Volk fürchtete den Herrn und sie glaubten ihm und seinem Knecht Mose", das ist das Ergebnis des wunderbaren Durchzugs durch das Rote

---

Richtung keine Warnung für nötig hält, spricht die Unterweisung der Apostel mit aufschreckendem Ernst von der Sünde des Trinkens: 1 Ko 5, 11; Gal 5, 21; Eph 5, 18. Und im übrigen feierte eine Hochzeit in Palästina durch Tage hindurch und hatte bei der orientalischen Gastfreundlichkeit mit Scharen von Menschen zu rechnen, die längere oder kürzere Zeit am Fest teilnahmen.

[130] Einige Handschriften bezeichnen in Vers 3 den Wein ausdrücklich als „Wein der Hochzeit". Diese Lesart ist schwerlich ursprünglich, aber sie sagt, warum der Weinmangel so schwerwiegend war.

[131] Gnostische Denker suchen in dieser Welt nicht die Schöpfung Gottes, sondern das Machwerk eines Gottes, der im Gegensatz zum wahren Vater im Himmel stand. Natürlich mußte man sich dann von dieser Welt so fern wie möglich halten.

Meer (2 Mo 14, 31). **"Und es glaubten an ihn seine Jünger"**, dazu half die Offenbarung der Herrlichkeit Jesu durch das Zeichen seiner schöpferischen Macht. Das ist auch so gewollt. „Glaubet doch — wollt ihr mir nicht glauben — den Werken", ruft Jesus Jo 10, 38 den Juden zu. Freilich, es liegt zugleich eine eigentümliche Brüchigkeit in dem Glauben auf Grund von Wundern, wenn die Wunder nicht wirklich ganz als „Zeichen" verstanden werden und das Herz zu dem wandten, auf den sie von sich selbst weg hinweisen. Wir dürfen nicht vergessen, was wir uns schon (S. 78) klarmachten, daß der „Glaube" eine lebendige Sache ist. Darum wächst der Glaube aus ersten Anfängen zu immer reiferen Gestalten. Voll Freude glauben die Jünger Jesu an den so herrlich schaffenden und schenkenden Meister. Aber wieviel werden sie noch zu lernen und zu leiden haben, bis sie nach Kreuz und Auferstehung wirklich die Glaubenden sind, die als seine Zeugen in der weiten Welt Menschen zum Glauben an Jesus führen können!

Und nun lesen wir noch einmal sorgfältig Vers für Vers unseres Berichtes. Wieder datiert Johannes genau: **„Und am dritten Tage war eine Hochzeit in Kana in Galiläa, und es war die Mutter Jesu dort."** Der „dritte Tag" zählt nach der Zeitangabe in Kapitel 1, 39. Die Lage des Ortes Kana kennen wir nicht mit Sicherheit. Wahrscheinlich ist es das heutige Chirbet-Kana, 13 km nördlich von Nazareth[132]. Die Mutter Jesu wird nicht mit Namen genannt. Wenn es von ihr einfach heißt **„sie war dort"**, so kann damit ausgedrückt sein, daß sie eine nähere Beziehung zur Familie hatte, in der die Hochzeit gefeiert wurde. **„Eingeladen wurde aber auch Jesus und seine Jünger zu der Hochzeit."** Vielleicht wurde Jesus als der älteste Sohn der Familie gerade darum mit zur Hochzeit gebeten, weil der Vater nicht mehr lebte. Von Joseph jedenfalls ist in den Evangelien nach den ersten Kapiteln nie mehr die Rede. (Vgl. besonders Mt 12, 46; Mk 3, 21. 31). Die Jünger Jesu werden mit eingeladen. Man weiß also schon, daß Jesus als „Rabbi" auftritt und „Schüler" um sich hat. Wir erfahren 21, 2 daß Nathanael aus Kana stammt. Das mag zur Einladung der Jünger mit beigetragen haben. Es herrscht aber im Morgenland überhaupt eine weitherzige Gastlichkeit. Hat die Mutter mit dem Hochzeitshaus zu tun, dann ist auch ihr Sohn mit eingeladen; und hat dieser Jünger um sich, dann sind auch diese willkommen. 1/2

Warum der Wein vorzeitig ausgeht, wird uns nicht mitgeteilt. Aber 3

---

[132] Vgl. die Karte im „Lexikon zur Bibel" Sp 433. Dieses „Kana in Galiläa", jetzt der Ort einer fröhlichen Hochzeit, wird später im Krieg gegen die Römer eine Rolle spielen. „In dieser Zeit gab es in Kana keine Christenheit mehr. Damals schwur die Jugend **Kanas** zum zelotischen Bekenntnis. Tat sie es schon, als Antipas der Landesfürst war und Jesus in Galiläa wirkte?" Schlatter a. a. O. S. 65.

die Tatsache ist da und wird von dem fraulichen Blick der Mutter Jesu bemerkt. Kann Jesus hier nicht helfen? In der zurückhaltendsten Weise trägt die Mutter ihren Wunsch an Jesus heran: **„Wein haben sie nicht [mehr]."** Dahinter muß nicht schon die Erwartung eines eigentlichen Wunders stehen. Wie sollte Maria zu dieser Erwartung kommen! „Der Anfang der Zeichen" war noch nicht geschehen. Aber da Joseph offenbar nicht mehr lebt, ist Jesus als der älteste Sohn der, an den sie sich in dieser Verlegenheit wendet. Vielleicht kann er irgendwie helfen?

4   Die Antwort Jesu hat die Schroffheit nicht, die wir leicht darin hören; sie hat aber den tiefen Ernst, den wir darin hören sollen: **„Frau, was habe ich mit dir zu tun?"** Wörtlich: „Frau, was ist mir und dir?" „Was haben wir gemeinsam?" Meine Aufgabe ist eine völlig andere als die deine. Du bist eine **„Frau"**, deine Gedanken als Frau sind mit andern Dingen beschäftigt als mein Denken und Wollen. Du sorgst dich um den fehlenden Wein, und ich trage als das Lamm Gottes die Sünde der Welt und schaue auf jene „Stunde", die kommen wird, in der ich sterbend mein Werk vollende. Darum kannst du nicht über mich verfügen. In dieser Weise bin ich nicht mehr dein Sohn. Du mußt es begreifen, wer ich bin und was mir aufgetragen ist. Hier haben menschliche Ansprüche nichts mehr zu sagen[133]. Der Sache nach ist hier das Gleiche mit Unerbittlichkeit herausgestellt, was auch Stellen wie Mt 8, 21 f; 10, 37; 12, 46—50 sagen: Vor der einzigartigen Größe und Wichtigkeit der Sache Gottes verlieren alle andern Bindungen ihre Geltung.

Jesus fügt hinzu: **„Noch ist meine Stunde nicht gekommen."** Damit beginnt wieder das Zeichenhafte deutlich zu werden. Die **„Stunde"** Jesu ist im eigentlichen Sinn seine Todes- und Verklärungsstunde (7, 30; 8, 20; 12, 27; 17, 1.) Diese **„Stunde"**, in der er als der „Sohn" hervortritt, der an das Kreuz erhöht und gerade darin vom Vater „verklärt" wird, ist noch nicht da. Aber auch jede andere **„Stunde"**, in der etwas von seiner Sohnesherrlichkeit aufleuchtet, muß erst **„gekommen"** sein, ehe Jesus handeln kann. Denn sein Handeln ist nicht mehr das des Sohnes einer Frau, der jederzeit mit menschlichen Mitteln Verlegenheiten abhilft[134], sondern es ist das Handeln des Sohnes Gottes, das als solches mit wunderbarer Hilfe nur hervortreten kann, wenn vom Vater her die Stunde dafür da ist.

---

[133] Alle „Marien-Verehrung", wie sie in der Christenheit schon früh begann, ist durch dieses Wort Jesu selbst ausgeschlossen. Die Mutter Jesu ist eine „Frau", mit allem Großen, was in einem Frauenleben liegt; aber sie ist nicht mehr als das.

[134] Wieviele Christen sehen Jesus auch heute als den Nothelfer, der jederzeit zur Verfügung stehen muß, wenn der Mensch ihn braucht. Auf die Macht der Gnade Jesu dürfen wir in jeder Lage hoffen; aber alles Verfügen über Jesus ist ausgeschlossen.

Wie das kanaanäische Weib „das heimliche Ja unter dem Nein" (Luther) hört und ergreift, so hört und erfaßt auch Jesu Mutter in dem **„noch nicht"** die große Möglichkeit eines kommenden „jetzt aber doch". Jesus wird irgendwie helfen. Darum **„sagt seine Mutter den Dienern: Was er euch etwa sagt, das tut."** Was Jesus den Dienern sagen könnte, bleibt offen.

Nun wird unser Blick abgelenkt. **„Es waren aber dort steinerne Wasserkrüge, sechs, nach der Reinigungssitte der Juden aufgestellt, je zwei oder drei Maß fassend."** Aus dem Wissen um Gottes Heiligkeit und aus dem Gefühl der eigenen Unreinheit gab es im Judentum vielerlei „Reinigungssitten"; vgl. Mt 15, 1—20; Mk 7, 1—4. Es ging dabei nicht um eine hygienische, sondern um eine kultische Sauberkeit. Bei einer Hochzeit bedurfte das junge Paar besonders kultischer Reinigungsbäder. So ist es zu verstehen, daß hier für sehr viel Wasser gesorgt worden war[135]. Das Wasser ist tatsächlich verbraucht. Das zeigt, daß es eine große, an Gästen reiche Hochzeit gewesen sein muß, die auch dementsprechend viel Wein erforderte. Das wird bestätigt, da mehrere „Diener" und ein „Festordner" für diese Hochzeit zur Stelle waren.

Jesus gibt den Dienern einen für sie unverständlichen Auftrag, den sie aber — als Diener an das Gehorchen gewöhnt und von der Weisung der Mutter Jesu vorbereitet — erfüllen. **„Es sagt ihnen Jesus: Füllt die Wasserkrüge mit Wasser! Und sie füllten sie bis obenan."** Noch schwieriger mußte ihnen die weitere Aufforderung vorkommen: **„Schöpft jetzt und bringt dem Festordner."** Was würde der Festordner dazu sagen? Nun, sie sind „Diener" und tun nur, was ihnen befohlen wird. Ein „Rabbi", der Jünger um sich hat, ist jedenfalls eine Respektsperson, deren Weisung man einfach befolgt. **„Sie brachten es."**

Johannes erzählt, was sich ereignet hat. Aber im Erzählen zeigt er uns Linien des göttlichen Handelns, die wir überall in der Schrift bemerken können und die darum von uns beachtet sein wollen. Das Wunder von Kana beginnt mit einem Befehl, der völlig abwegig erscheint. An Wein fehlt es, und Jesus läßt Wasser bringen. So steht am Anfang biblischer Wunder immer wieder das befehlende Wort, welches Unverständliches, ja Unmögliches verlangt und in der gehorsamen Befolgung des Befehls das Unmögliche wirkt und schenkt. Gottes wunderbares Handeln macht den Menschen nicht passiv, sondern erwartet seinen „Glauben", nicht als einen Denkvorgang im Kopf, sondern als vertrauendes Gehorchen in der Praxis.

---

[135] Das grie „Maß" entspricht dem hbr „bath" und enthält 39 Liter. Jeder Krug faßte also rund 100 Liter.

9 "Als aber der Festordner das Wasser gekostet hatte, das zu Wein geworden war, und er wußte nicht, woher er sei — die Diener aber wußten es, die das Wasser geschöpft hatten." Das Wunder ist geschehen, in aller Stille, fern von allem, was nach einem „Zauber" aussehen konnte. Es ist ein Wunder, wie es Gott der Schöpfer ständig in jedem Weinstock vollbringt, das uns dort aber „selbstverständlich" erscheint, weil wir daran gewöhnt sind und weil es langsam in Monaten geschieht. Das personegewordene lebendige „Wort" des Schöpfers vollzieht hier den Vorgang ohne Mittel in einem Augenblick.

9/10 Die Diener waren nicht umsonst folgsam. Sie dürfen die ersten Zeugen des Wunders sein. Der Festordner dagegen weiß nicht, woher dieser Wein ist. Er "ruft den Bräutigam und sagt zu ihm: Jedermann gibt zuerst den guten Wein, und wenn sie trunken sind, den geringeren. Du hast den guten Wein bis jetzt zurückbehalten." Er wird mit diesem Wort der unfreiwillige Zeuge der reichen Gabe Jesu. Jesus erfüllt, was Ps 36, 8 f von Gott und seinem Hause ausspricht, und erweist sich eben darin als der Sohn dieses Hauses und als der Offenbarer dieses Gottes.

Wir beobachten etwas von der Eigenart der Darstellung bei Johannes. Wie in Kapitel 1, 11 f läßt Johannes auch hier einer scheinbar abgeschlossenen Aussage sofort das Gegenteil folgen. Die Stunde Jesu ist „noch nicht gekommen", und kommt doch im gleichen Augenblick. Solche „Widersprüche" in ein und demselben Geschehen kennzeichnen das „Leben" im Gegensatz zur starren Mechanik. Es ist weiter auffallend, wieviel Johannes in seinem Erzählen nur eben andeutet oder völlig übergeht, während er anderes mit großer Genauigkeit festhält. Ob nicht die Diener sofort begeistert von dem Wunder erzählt haben, was die Hochzeitsgesellschaft dazu gesagt hat, wie vor allem Maria diese alles Erwarten übertreffende Erhörung ihrer Bitte erlebt hat, von alledem erfahren wir nichts. Ist das nicht wieder ein Zeichen der Echtheit? Würde eine frei erfundene Wundergeschichte nicht sehr anders aussehen?

Johannes hat am Schluß seines Werkes von den „Zeichen" gesagt, sie seien geschrieben, „daß ihr glaubet, Jesus sei der Christus, der Sohn Gottes, und daß ihr durch den Glauben das Leben habt in seinem Namen" (20, 31). So ist für ihn auch das Wunder auf der Hochzeit nicht ein bloßes historisches Ereignis, das sich nun einmal so abgespielt hat. Es ist in der Überzeugung des Johannes ein „Zeichen", auch für seine Leser, also auch für uns, das für uns die gleiche Wirkung haben soll wie bei den Jüngern, die an Jesus glaubten. Das „Zeichen" weist auf Jesus, der als der Auferstandene uns gegenwärtig ist. Mit diesem Jesus, von dem wir soeben lasen, haben wir es selber zu tun. „Jesus Christus gestern und heute und derselbe auch in Ewigkeit. (Hbr 13, 8). Was „zeigt" aber dieses erste „**Zeichen**" Jesu auf der Hochzeit zu Kana? Es ist nicht eine äußere Zufälligkeit, daß der Hochzeitswein von Jesus gerade in den Krügen geschenkt wird, die für das Wasser zur Erfüllung der gesetzlichen Reinigungsvorschriften aufgestellt waren. Hier werden nicht nur die Frauensorgen der Mutter Jesu beseitigt. Hier richtet der Messias und Gottessohn selbst ein Zeichen auf. Es bricht die neue Zeit an. Wo er da ist, bedarf es der „Reinigung" im alten Sinn nicht mehr. Die alte Angst ist zu Ende. Freiheit und Freude ist in reichstem Maße an die Stelle der Ängstlichkeit und Sorge getreten wie der edle Wein an die Stelle des Wassers. Das gilt auch uns. Ein Hinweis auf den Wein des Abendmahles ist in unserem Text nirgends gegeben[136]. Aber Jesus ist auch für uns der Herr der Herrlichkeit, der uns anstelle des „Wassers" eigener vergeblicher Reinigungsversuche unter dem Gesetz den Freudenwein des Evangeliums schenkt in königlicher Fülle. Und weil wir ihn selber so erfahren, darum glauben wir auch das äußere Zeichen, durch das Jesus damals diese seine Herrlichkeit offenbart hat.

DIE TEMPELREINIGUNG

Johannes 2, 12—22

12 Danach zog er hinab nach Kapernaum, er selbst und seine Mutter und seine Brüder und seine Jünger; und dort blieben sie einige
13 Tage. * Und nahe war das Passa der Juden, und Jesus zog nach
14 Jerusalem hinauf. * Und er fand im Heiligtum die Verkäufer von Rindern und Schafen und Tauben und die Geldwechsler sitzend
15 * und machte eine Peitsche aus Binsenstricken und trieb sie alle aus dem Heiligtum hinaus, die Schafe wie die Rinder, und schüt-
16 tete die Münzen der Wechsler aus und stieß ihre Tische um * und sprach zu den Taubenhändlern: Tragt das weg von hier, macht
17 nicht das Haus meines Vaters zu einem Kaufhaus. * Es dachten seine Jünger daran, daß geschrieben steht: Der Eifer um dein Haus
18 wird mich verzehren (Ps 69, 10). * Da antworteten die Juden und sprachen zu ihm: Was zeigst du uns als Zeichen [dafür], daß du
19 dieses tun [darfst]? * Jesus antwortete und sprach zu ihnen: Brecht diesen Tempel ab, und in drei Tagen werde ich ihn wieder

zu Vers 12:
Mt 4, 13
13, 55

zu Vers 13:
Mt 20, 18
Jo 5, 1
7, 10
11, 55
12, 1

zu Vers 14—16:
Mt 21, 12 f
Mk 11, 15—17
Lk 2, 49
19, 45 f

zu Vers 18:
Mt 11, 61
21, 23
Jo 6, 30

---

[136] Strathmann in seiner Auslegung im NTD sieht den wesentlichen Sinn des ganzen Berichtes in dieser seiner Beziehung auf den eucharistischen Wein der Mahlfeier der Gemeinde.

zu Vers 19:
Mt 16, 21
26, 61
27, 40

zu Vers 21/22:
Hos 6, 2
Jo 12, 16
14, 26
20, 9
1 Ko 6, 19
15, 1 ff

20 erstehen lassen. * Da sprachen die Juden: In sechsundvierzig Jahren ist dieser Tempel erbaut worden, und du willst ihn in drei
21 Tagen erstehen lassen? * Er aber sagte es von dem Tempel seines
22 Leibes. * Als er nun aus den Toten erstanden war, gedachten seine Jünger daran, daß er dieses gesagt hatte, und sie glaubten der Schrift und dem Wort, das Jesus gesprochen hatte.

12   Es erfolgt eine wesentliche äußere Wendung im Leben Jesu, die auch von den Synoptikern ausdrücklich berichtet wird (Mt 4, 12 f): „Danach zog er hinab nach Kapernaum." Johannes aber erweitert diese Mitteilung durch eine Angabe, deren Sinn für uns nicht eindeutig ist. Er sagt, daß nicht nur „er selbst" nach Kapernaum gegangen sei, sondern auch „seine Mutter und seine Brüder und seine Jünger". Johannes fügt hinzu: „Und dort blieben sie einige Tage." Was heißt das? Blieben sie nur so kurz dort, weil alle mit Jesus zum Passa nach Jerusalem gingen? Seine Jünger sind dort jedenfalls bei ihm, wie Vers 17 zeigt; aber waren es auch die Mutter und die Brüder? Oder haben die Handschriften recht, die uns lesen lassen: „Und dort blieb er einige Tage"? Oder will Johannes sogar sagen, daß die Familie Jesu nur für einige Tage mit nach Kapernaum kam, um dann wieder nach Nazareth zurückzukehren? Wir wissen es nicht. Aber über die Gründe der Trennung Jesu von seiner Heimat erfahren wir nichts. Sie werden in den Berichten wie 6, 41 f deutlich. Wenn man sogar am See Genezareth so redete, wie viel stärker war diese Ablehnung Jesu um seiner Herkunft willen in Nazareth selbst. Dazu kam aber sicher auch, daß die Gegend am See ganz anders bevölkert war als das arme Gebirgsland. Jesus suchte in Kapernaum die größere Wirkungsmöglichkeit.

13/14   „Und nahe war das Passa der Juden, und Jesus zog nach Jerusalem hinauf." Wir stoßen auf einen wesentlichen Unterschied in der Darstellung des Lebens Jesu bei Johannes und bei den Synoptikern. Die Synoptiker kennen nur einen einzigen Aufenthalt Jesu in Jerusalem am Ende seines Lebens, also den, der unmittelbar zu seinem Tode führte. Nach ihrem Bericht vollzieht sich das ganze Wirken Jesu in Galiläa und ist so gerafft dargestellt, daß es nicht länger als ein Jahr zu dauern scheint. Bei Johannes zieht sich das Wirken Jesu deutlich durch mehrere Jahre hindurch und verläuft nicht so einfach geradlinig wie bei den Synoptikern. Eben darum haben wir bei Johannes das geschichtlich vollständigere Bild[137].

---

[137] Vgl. Einleitung S. 21.

Gleich am Anfang seiner Wirksamkeit geht Jesus zum Passa nach Jerusalem, und da schon kommt es zur Tempelreinigung, die die Synoptiker an das Ende der Geschichte Jesu verlegen und zwangsläufig verlegen müssen, da sie nur diesen einen Aufenthalt Jesu in Jerusalem kennen. Johannes, der im allgemeinen nicht die Berichte der Synoptiker wiederholt, sondern als bekannt voraussetzt, hat die Tempelreinigung auch seinerseits erzählt, weil sie an diesem geschichtlich zutreffenden Platz noch eine ganz andere Bedeutung erhält, die Johannes uns zeigen möchte. Dabei wird das unmittelbare Hintereinander des ersten „Zeichens" auf der Hochzeit und dieser Tat Jesu im Tempel tief bedeutsam. Jesus ist der „Freudenmeister", der königlich Schenkende. Das sollen wir von Anfang an wissen. Aber das Bild Jesu und seiner Sohnesherrlichkeit würde falsch, wenn wir nicht jetzt sofort anschließend den ganzen herben und unerbittlichen Ernst Jesu kennenlernten, der ebenso von Anfang an bis zum Ende sein Leben und Wirken bestimmt. Der harte Eifer für das Haus seines Vaters ist nicht weniger die Offenbarung der „Herrlichkeit" des „Sohnes" wie sein Anteil an der schaffenden und gebenden Macht Gottes im Wunder auf der Hochzeit. Eines darf hier nicht vom andern getrennt oder sogar gegen das andere ausgespielt werden. Erst in der Gleichzeitigkeit der beiden Grundzüge offenbart Jesus den wahren Gott, der die Welt mit der Hingabe des Besten liebt und dessen Zorn dennoch offenbart wird in unbeugsamem Ernst (3, 16 und Rö 1, 18). Wir wissen nicht, wie oft Jesus nach seiner ersten Teilnahme am Passa als Zwölfjähriger (Lk 2, 41 ff) in den folgenden Jahren nach Jerusalem gekommen ist und die Zustände im Tempel beobachtet hat. Vielleicht hat ihn alles schon oft gequält, was er dort sah. Jetzt aber ist er nicht nur ein einfacher Festteilnehmer, jetzt hat er als der Messias zu handeln. „**Und er fand im Heiligtum die Verkäufer von Rindern und Schafen und Tauben und Geldwechsler sitzen**[138]**.**" Dieser ganze Betrieb hatte sich im Vorhof des Tempels, aber damit doch „im Heiligtum", auf die natürlichste Weise entwickelt. Wer nach dem Gesetz sein Opfer darbringen wollte, brauchte dazu das vorgeschriebene Tier. Sollte er es den weiten Weg von seiner Heimat her mitbringen[139]? War es nicht am einfachsten beim Tempel selbst zu kaufen? Und die Tempelsteuer (Mt 17, 24), die jeder Jude jährlich zu entrichten hatte, durfte nur in jüdischem Geld, nicht in ausländischer Währung bezahlt werden. Warum sollen die vielen Juden aus dem

---

[138] Der Händler im Orient „sitzt", wie es dort auch der Lehrende tut (Lk 4, 20; Mt 5, 1 und 2).

[139] In 5 Mo 14, 24—26 war um solcher Schwierigkeiten willen ausdrücklich erlaubt, den Zehnten des Ackerertrages an Naturalien in Geld nach Jerusalem zu bringen und dort die nötigen Einkäufe zu tätigen.

Ausland ihr Geld nicht gleich im Tempel wechseln können? Alles diente doch nur dem Kultus, wie ihn das Gesetz forderte? Was war daran zu beanstanden?

15/16 Jesus aber „machte eine Peitsche aus Binsenstricken und trieb sie alle aus dem Heiligtum hinaus, die Schafe wie die Rinder, und schüttete die Münzen der Wechsler aus und stieß ihre Tische um." Warum tut Jesus das? Warum findet er sich nicht ab mit dem, was nun einmal ganz von selbst aus dem Opferdienst im Tempel erwachsen war und was so viele fromme Männer ohne Bedenken mit ansahen? Das Wort an die Taubenhändler sagt es uns: „Zu den Taubenhändlern sprach er: Tragt das weg von hier, macht nicht das Haus meines Vaters zu einem Kaufhaus." Mag alles dies, was sich hier im Tempelhof abspielt, noch so „praktisch" sein und darum geradezu „notwendig" erscheinen, für Jesus ist es unerträglich. Denn es ist ja in Wahrheit gar nicht das einfache Bereitstellen der zum Gottesdienst notwendigen Dinge, es ist Handel und Geschäft. Die ganze Welt menschlicher Ichsucht mit ihrem Gelddenken, ihrem Feilschen und Lärmen ist damit in das Heiligtum eingedrungen. Statt der tiefen Stille vor der Gegenwart des Heiligen Gottes (Hab 2, 20!) lärmender Betrieb, statt der Sammlung auf Gott in Lob und Anbetung, Dank und Bitte, ein gottvergessenes Kreisen um den eigenen Gewinn. Nicht an Gott, sondern an Geld wird dabei gedacht. Jesus aber ist der Sohn, für den dieses Heiligtum in Wahrheit das ist, was die andern nur in gewohnten und gedankenlosen Worten darüber sagen: Gottes Haus, „seines Vaters Haus". Der Sohn Gottes empfindet die ganze Mißachtung Gottes in dieser Entweihung seines Hauses[140].

17 So greift Jesus ein. Er tut es nicht mit Worten oder Erörterungen, er tut es mit der entschlossenen Tat. Auch hier muß ein „Zeichen" aufgerichtet werden, das unübersehbar ist. Bloße Worte führen in Diskussionen, Taten zwingen zur Entscheidung. Diese Tat Jesu aber kommt nicht aus einer menschlichen Aufwallung, der nur Erschlaffung und Reue folgen würde. Sie kommt aus einem „Eifer", einer heiligen „Eifersucht" für Gott und seine Ehre, von der schon das Alte Testament gesprochen hat. „Es dachten seine Jünger daran, das geschrieben steht: Der Eifer um dein Haus wird mich verzehren (Ps 69, 10)." In Jesus ist dieses Wort erfüllt; und damit ist Jesu Tat in diesem Wort

---

[140] Unheimlich ist in der Geschichte der Religionen, auch der „christlichen Religionen", immer wieder die Vermischung von Gottesdienst und Geschäft, von Gott und Geld, die wie von selbst entsteht, an die wir uns schnell gewöhnen und die wir — wie die Frommen Jerusalems — dann gar nicht mehr als Sünde empfinden. Wir werden uns immer neu die Augen dafür öffnen lassen müssen, wo bei uns ähnliche Dinge beginnen, wenn auch in feinerer und gerade darum besonders gefährlicher Form.

der Schrift gerechtfertigt[141]. Dabei mochte durch das Herz der Jünger eine Ahnung gehen, daß dieses Wort der Schrift nicht umsonst in die Zukunft blickt. Die Tat Jesu war von folgenreicher Schwere. In welche Kämpfe und Gefahren mußte sie Jesus führen. Dieser Eifer um Gottes Haus konnte im innersten Sinn ihn „verzehren" und den Tod über ihn bringen. Das Kreuz von Golgatha erwuchs in der Tat nicht zuletzt aus der Tempelreinigung, aus dieser Enthüllung der menschlichen Sünde gerade im Zentrum der Frömmigkeit.

Die Fragen, wie denn nun verfahren werden soll, um den Fortgang des Opferdienstes und der Tempelsteuer praktisch zu ermöglichen, hat Jesus nicht beantwortet. Es geht um das erste Gebot in seinem ganzen Ernst. Wird dieses Gebot erfüllt, dann werden sich auch Wege für die Durchführung der Opfergesetze zeigen. Mt 6, 33 gilt auch hier. Jesus sah aber zugleich schon das Ende dieses Tempels und seines ganzen Gottesdienstes und die Anbetung Gottes im Geist und in der Wahrheit (4, 23) vor sich, die allen diesen Nöten ein Ende machen wird.

Taten zwingen zur Entscheidung. Eine solche Tat im Tempel konnte 18 nicht unbeachtet bleiben, sondern forderte notwendig die Stellungnahme der andern heraus. Darum ist es treffend ausgedrückt, wenn Johannes fortfährt „Da antworteten die Juden". „Die Juden" sind dabei hier wie in 1, 19[142] die amtlichen Kreise, die befugten Sprecher der Judenschaft. Es können Glieder der Tempelpolizei gewesen sein, die unter dem „Hauptmann des Tempels" ihren Dienst tat (vgl. Apg 4, 1), oder auch Glieder der Priesterschaft, die im Tempel ihren eigensten Bezirk sahen.

Sie „antworteten" Jesus auf seine Tat. Johannes zeigt uns hier, wie der Konflikt Jesu mit seinem Volk und seinen Führern nicht erst allmählich entsteht, sondern von Anfang an mit innerer Notwendigkeit gegeben war und von Jesus selbst durch sein eigenes Tun zum Ausbruch gebracht wird. Nicht die andern sind die Angreifer. Jesus selbst greift damit an. Er tut es, weil gerade „die Juden", das Volk Gottes, Gott nicht „kennen". Das wird deutlich an dem Mittelpunkt des Volkes Gottes und seinem Leben, an dem Tempel und an der Stellung zum Tempel. Hier wird die Lüge offenbar, daß scheinbar alles für Gott geschieht und in Wirklichkeit doch Gott beiseite gesetzt und zum bloßen Mittel menschlicher Ichsucht herabgewürdigt wird. Dagegen

---

[141] Wie erschreckend gering ist unser „Eifer" für Gott und seine Ehre. Kränkungen unseres Ichs durch nahestehende Menschen können uns aufs tiefste empören; die Mißachtung Gottes dagegen bewegt uns meist sehr wenig. Der „Sohn" war darin völlig anders als wir.

[142] Vgl. die Anmerkung auf S. 62.

richtet sich der schroffe Angriff dessen, der als der Sohn den Vater liebt und seine Ehre nicht geschändet sehen kann.

Die „Antwort" der Juden darauf besteht in der Frage nach Jesu Vollmacht. **„Was zeigst du uns als Zeichen [dafür], daß du dieses tun [darfst]?"** Die Gegner wagen es nicht, sich ihrerseits für den ganzen Kaufbetrieb im Tempel einzusetzen. Sie spüren wohl selbst, wie recht Jesus der Sache nach eigentlich hat. Aber das allein genügt nicht. Wer in das Leben des Volkes Israel eingreifen will, muß dazu von Gott ermächtigt sein. Denn es ist Gottes Volk. Darum führte der Schriftgelehrte für seine Weisungen und Anordnungen sorgfältig den Beweis aus der Bibel. Wer darüber hinaus prophetische oder gar messianische Taten vollbringt, der muß durch „Zeichen" beweisen, daß sein Tun nicht eigene Willkür ist, sondern im Auftrag Gottes geschieht. So war der Täufer amtlich vernommen und nach dem Recht zu seinem Taufen gefragt worden (1, 19—27). So soll jetzt auch Jesus durch ein „Zeichen" seine göttliche Sendung unter Beweis stellen (vgl. auch Mt 21, 23—27).

19 **„Jesus antwortete und sprach zu ihnen: Brecht diesen Tempel ab, und in drei Tagen werde ich ihn wieder erstehen lassen."** Die Synoptiker berichten dieses Wort Jesu nicht, sie setzen es aber auch ihrerseits nach Mt 26, 61; 27, 40 als von Jesus gesprochen voraus. Johannes zeigt uns, wann Jesus es gesagt hat und was er damit meinte. Es ist in sich ein Rätselwort und soll auch ein solches sein. Die Gegner leh-
20 nen sich sofort dagegen auf: **„Da sprachen die Juden: In sechsundvierzig Jahren ist dieser Tempel gebaut worden, und du willst ihn in drei Tagen erstehen lassen?"** Herodes der Große hatte den kleinen Tempel, der nach der Rückkehr aus der Babylonischen Gefangenschaft errichtet worden war (vgl. den Propheten Hagai, besonders 2, 1—3), durch einen Prachtbau ersetzt, der im Jahre 20/19 v. Chr. begonnen wurde, aber auch zur Zeit Jesu noch nicht vollendet war. Wenn Jesus jetzt im Jahre 27/28 in Jerusalem war, konnten die Juden ihm mit Recht entgegenhalten, daß man schon 46 Jahre an diesem Tempel baue, den er in drei Tagen **„wieder erstehen lassen"** wolle.

21 **„Er aber sagte es von dem Tempel seines Leibes."** Jesus hat den Tempel in Jerusalem nicht in einer falschen Geistigkeit gering geschätzt. Das hat er eben mit einer Tat bewiesen, an die er sein Leben wagte. Auch Jo 4, 21—24 ist nicht so zu verstehen. Das Heiligtum in Jerusalem ist unter all den Tausenden von „Tempeln" in der Welt der einzige, der nach Gottes eigenem Befehl erbaut ist und darum die Verheißung der wahrhaftigen Gegenwart Gottes besitzt und so den Sinn eines „Tempels" erfüllt. Dies Heiligtum ist wirklich „Gottes Haus". Aber nun, da das Wort Fleisch wurde, wohnt Gott noch ganz anders auf dieser Erde. Der Leib Jesu ist Wohnstätte Gottes und darum

„Tempel" in einer Wahrheit und Herrlichkeit, die alles überragt, was das Heiligtum auf dem Zion bieten konnte.

Ist aber dieses Heiligtum schon so mißachtet, dann wird gerade Gottes Gegenwart in Jesus die tödliche Feindschaft gegen ihn erwecken. Gerade Gottes Volk wird Gottes wahren Tempel **„abbrechen"**. Johannes hat die drei Leidensweissagungen der Synoptiker nicht wiederholt. Aber auch er weiß, wie Jesus den Kampf von Anfang an vor sich gesehen hat, der mit seiner Verwerfung und Tötung enden muß. Eben in der Tempelreinigung beginnt — von Jesu Seite aus! — dieser Kampf und wird in seiner inneren Notwendigkeit und in seinem unausweichlichen Ende deutlich. **„Brecht diesen Tempel ab"**, ja, sie werden es tun!

Aber wie in den synoptischen Worten sieht Jesus auch hier mit dem Leiden und Sterben zusammen seine Auferstehung vor sich. **„Brecht diesen Tempel ab, und in drei Tagen werde ich ihn wieder erstehen lassen."** Jesus wählt hier für „bauen" ein Wort, das man ähnlich wie unserm Ausdruck „errichten" oder „erstehen lassen" für Bauwerke gebrauchen konnte, das aber zugleich „auferstehen" heißt. So erscheint das Wort im nächsten Vers sofort wieder: **„Als er nun aus den Toten erstanden war."** So wird der abgebrochene Tempel seines Leibes in drei Tagen „wieder erstehen" in seiner Auferstehung aus[143] den Toten. Dabei kennzeichnet es die eigentümliche Einheit des „Sohnes" mit dem „Vater", wie sie gerade das Johannesevangelium uns unvergleichlich darstellt (5, 19 ff!), daß Jesus hier das „Wiedererstehenlassen" des Tempels nicht Gott, sondern sich selbst zuschreibt: **„In drei Tagen werde ich ihn wieder erstehen lassen."** Das entspricht der Art, wie Jesus Jo 10, 17 davon spricht, daß er sein Leben läßt und es wieder an sich nimmt. Die Botschaft von Ostern hat stets diese beiden Seiten in sich beschlossen: sie sagt von Gott, daß er Jesus auferweckt habe, und sie sagt von Jesus, daß er auferstanden sei. Es ist ernst damit, daß der Sohn selber tut, was er den Vater tun sieht.

Johannes wird dieses geheimnisvolle Wort vom „Leib Jesu", der der „Tempel" ist, der abgebrochen und in drei Tagen wieder aufgerichtet wird, nicht geschrieben haben, ohne daran zu denken, daß nun auch die Gemeinde Jesu sein „Leib" und eben darum der neu errichtete und wahre „Tempel Gottes" ist (vgl. 1 Ko 3, 16; Eph 2, 19—22; 4, 11—16; Kol 1, 18). Was die Menschheit in allen ihren Tempeln

---

[143] Das Neue Testament formuliert überall so und zeigt damit seine Grundauffassung über den Tod. Das Sterben läßt keineswegs im Nichts versinken, sondern führt zu den Toten, die im Totenreich „leben". „Aus" der unzählbaren Schar „der Toten" wird Jesus vom Vater herausgerufen zu einem neuen Leben. Die andern Toten bleiben in ihrer Lage, bis auch sie — in ihrer verschiedenen Ordnung (1 Ko 15, 23) und zu einem völlig verschiedenen Los (Jo 5, 29) — auferweckt werden.

ersehnt und zu haben vorgibt und doch nie wirklich findet: Gegenwart des lebendigen Gottes, das ist in der Gemeinde Jesu, in seinem „Leibe", erfüllt (1 Ko 14, 24 f).

Das aber ist nun — bei Johannes wie bei den Synoptikern (Mt 12, 38—40) — trotz aller andern Wunder Jesu doch das einzige wirkliche und unbestreitbare „Zeichen" für die Vollmacht Jesu, daß er so sein Leben hingeben und so in der Auferstehung aus den Toten sein Leben und seine Herrlichkeit wiederbekommen wird. Die Zeichenforderung des Unglaubens kann niemals befriedigend erfüllt werden. Weil sie aus einem Herzen kommt, das sich nicht im Glauben öffnen will, ja, das sich gegen den auflehnt, der zur ganzen Hingabe ruft, darum genügt ihr kein noch so großes Wunder. Johannes wird uns das erschütternd an der Auferweckung des Lazarus zeigen. Dieses mächtigste aller Zeichen Jesu wirkt nur eines: nicht den Glauben, sondern den endgültigen Todesbeschluß des Hohen Rates (11, 46 ff; Mt 26, 61). Erst Jesu Tod und Jesu Auferstehung werden seine göttliche Vollmacht so erweisen, daß Glaube an Jesus entsteht bis in die Reihen der Priesterschaft hinein (Apg 6, 7). Darum verweist Jesus schon auf diese „Zeichen". Als der Gekreuzigte und Auferstandene ist er der „Herr", der alles „tun darf" und alles allein zur Ehre des Vaters tut.

22 Auch die Jünger Jesu haben die rätselhafte Antwort Jesu nicht verstanden. Doch „**als er nun aus den Toten erstanden war, gedachten seine Jünger daran, daß er dieses gesagt hatte**". Johannes spricht hier etwas aus, was nicht nur für dies eine, besondere Wort Gottes gilt, sondern eine umfassende Erfahrung der Jünger im Blick auf das Reden und Wirken ihres Herrn war. Die Auferstehung, die Jesus als „Sohn Gottes in Kraft" (Rö 1, 4) erwies, ließ sie vieles, was sie einst gehört und gesehen hatten, ganz neu verstehen. Das heißt aber nicht, daß sie von der Auferstehung aus die Geschichte Jesu umdichteten und eine spätere „Gemeindetheologie" in diese Geschichte einbauten! Nein, es ist genauso, wie es unser Vers 22 zeigt. Das Wort Jesu war geschichtlich in diesem Wortlaut bei der Tempelreinigung gesagt worden. Aber wahrhaft verstanden in seiner Größe und Tiefe hatten die Jünger es nicht (vgl. auch 12, 16; 20, 9). Das geschah erst von seiner Erfüllung in der Auferstehung her. Da „glaubten" sie dieses Wort erst in vollem Sinn. Denn nun konnte sich ihr Glaube auf zwei, ja auf drei Zeugen stützen: auf die Schrift, auf das vorausverkündigte Wort Jesu selbst und auf die eigenen Erfahrungen in den Begegnungen mit dem auferstandenen Herrn. „**Und sie glaubten der Schrift und dem Wort, das Jesus gesprochen hatte.**"

JESUS UND DIE JERUSALEMER

Johannes 2, 23—25

23 Wie er aber in Jerusalem beim Passa bei dem Fest war, vertrauten viele auf seinen Namen, als sie seine Zeichen schauten, die er
24 tat. *Jesus selbst aber vertraute sich ihnen nicht an, weil er alle
25 kannte, * und weil er nicht nötig hatte, daß jemand Zeugnis gäbe über den Menschen; denn er wußte selbst, was in dem Menschen war.

zu Vers 23:
Jo 4, 45
7, 31
11, 45
zu Vers 24:
Jo 6, 15
zu Vers 25:
Mt 9, 4
Mk 2, 8
Jo 1, 42
V. 47
16, 30

23 Gleich bei seinem ersten Aufenthalt „in Jerusalem beim Passa bei dem Fest" entfaltet Jesus eine aufsehenerregende Wirksamkeit auch im Tun von „Zeichen". Jesus wächst nicht allmählich in eine immer größere Tätigkeit hinein, wie es bei den Großen der menschlichen Geschichte der Fall ist. In diesem Sinn hat Jesus keine „Geschichte". Es läßt sich von ihm keine Biographie schreiben. Johannes macht uns das besonders deutlich. Es gibt bei ihm in keiner Weise so etwas wie einen „Galiläischen Frühling"[144], dem dann erst die tragischen Verwicklungen folgen, die zu der Katastrophe in Jerusalem führen. Jesu öffentliche Wirksamkeit beginnt nicht in Galiläa, sondern in Jerusalem! Dort lehrt er nicht nur — dies selbstverständlich auch, wie das Wort des Nikodemus an ihn (3, 2) ausdrücklich bestätigt —, sondern tut weitere „Zeichen", von denen Johannes nichts einzelnes berichtet, obgleich sie so mächtig sind, daß sie auch der Leitung des Volkes Eindruck machen (3, 2). Darum geht nun bei „vielen" in Jerusalem ein Staunen und ein Fragen durch das Herz, wenn sie Jesus sehen. Sie sprechen seinen „Namen" mit wachsendem Vertrauen aus. Und der Name „Messias" erklingt dabei, und es kommt zu dem Gedanken, daß „Jesus Christus", also „Jesus, der Messias" wohl der rechte „Name" für diesen einzigartigen Mann sein könnte. Aber wieweit ist das doch noch entfernt von der wirklichen Überzeugung, die Jesus als dem Messias die eigene Person und Existenz tatsächlich ausliefert. „Zeichen" sind Ruf zum Glauben. Jesus selbst wertet sie so (10, 38). Aber Wunder überwinden als solche das selbstische Begehren nicht. Sie können es sogar noch stärken und damit den wirklichen Glauben hindern, der selbstlose Hingabe sein muß. Gerade weil im Johannesevangelium „glauben" das ein und alles ist, zeigt uns Johannes mit Sorgfalt auch jene inneren Vorgänge, die wie „glauben" aussehen und doch noch nicht echter Glaube sind.

---

[144] So Ernst Rénan in seinem berühmten „Leben Jesu" 1863.

24 Darum antwortet diesem „Vertrauen" der Jerusalemer nun auch nicht das „Vertrauen" Jesu[145] zu ihnen. So wie sie zwar an seinen Namen glauben, aber sich ihm doch nicht wahrhaft ausliefern, so „vertraute Jesus selbst sich ihnen nicht an, weil er alle kannte". Jesus „kennt" nicht nur einen Nathanael und sieht ihn in einer besonderen Stunde seines Lebens (1, 47—49). Er kennt „alle", alle in Jerusalem, die von ihm angetan sind, ihm auch „vertrauen" und doch sich selber täuschen und nicht wissen, wie es wahrhaft um sie steht.

25 Er kennt „alle", „weil er nicht nötig hatte, daß jemand Zeugnis gäbe über den Menschen, denn er wußte selbst, was in dem Menschen war". In den tausend verschiedenen Ausprägungen, Lebensgeschichten und Individualitäten wiederholt sich doch immer wieder nur „der Mensch". Wie sollte aber das ewige Wort „den Menschen" nicht völlig kennen, der durch dieses Wort und für dieses Wort geschaffen ist? In dem wahrhaftigen Licht, das in der Finsternis scheint, wird „der Mensch" offenbar, der in seinem jetzigen Wesen seinen Ursprung verleugnet und seine Bestimmung verfehlt und so in der Finsternis verloren ist. Diesem Menschen kann sich Jesus nicht anvertrauen. Hier wird die tiefe Kluft sichtbar, die Jesus von uns „allen" trennt, obwohl er zu uns kam und Fleisch wurde. Diesen heiligen Abstand Jesu von uns haben wir zu sehen und zu achten, damit in unserm Herzen kein falsches Verhältnis zu Jesus, keine unheilige Vertraulichkeit entsteht. Jesus kann sich uns nicht anvertrauen; Jesus kann nur für uns sterben! Nur so schließt er die Kluft, die uns von ihm trennt, und kann sich dann so „uns anvertrauen", daß er im Heiligen Geist selber in uns wohnt.

DAS NIKODEMUSGESPRÄCH

Johannes 3, 1—21

zu Vers 1:
Mt 22, 16
Jo 7, 50
19, 39
zu Vers 2:
Jo 5, 36
9, 33

1 Es war aber ein Mensch aus den Pharisäern, Nikodemus sein
2 Name, Mitglied des Hohen Rates der Juden. * Dieser kam zu ihm bei Nacht und sprach zu ihm: Rabbi, wir wissen, daß du von Gott hergekommen bist als Lehrer. Denn niemand ist imstande, diese
3 Zeichen zu tun, die du tust, wenn nicht Gott mit ihm ist. * Jesus antwortete und sprach zu ihm: Wahrlich, wahrlich ich sage dir,

---

[145] Im Griechischen steht hier in V. 24 das gleiche Wort wie in V. 23, das wir sonst immer mit „glauben" wiedergeben. Johannes hebt es hart hervor: die Jerusalemer „glauben" zwar an den Namen Jesu, aber Jesus „glaubt" nicht an die Jerusalemer und an die Echtheit ihres „Glaubens".

Johannes 3, 1—21

wenn einer nicht von neuem geboren wird (oder: gezeugt wird von oben her), ist er nicht imstande, die Königsherrschaft Gottes
4 zu sehen. * Es sagt zu ihm Nikodemus: Wie vermag ein Mensch geboren zu werden, wenn er ein Greis ist? Kann er etwa in den Schoß seiner Mutter ein zweites Mal eingehen und geboren wer-
5 den? *Jesus antwortete: Wahrlich, wahrlich ich sage dir, wenn einer nicht geboren wird aus Wasser und Geist, so ist er nicht im-
6 stande, einzugehen in die Königsherrschaft Gottes. * Was aus dem Fleisch geboren ist, ist Fleisch; und was aus dem Geist geboren
7 ist, ist Geist. * Wundere dich nicht, daß ich dir sagte: Ihr müßt von neuem geboren werden (oder: gezeugt werden von oben her).
8 * Der Wind weht, wo er will, und seine Stimme hörst du, aber du weißt nicht, woher er kommt und wohin er geht. So ist es mit
9 jedem, der geboren ist aus dem Geist. * Nikodemus antwortete
10 und sprach zu ihm: Wie kann das geschehen? * Jesus antwortete und sprach zu ihm: Du bist der Lehrer Israels, und diese Dinge
11 kennst du nicht? * Wahrlich, wahrlich ich sage dir, was wir wissen, das reden wir, und was wir gesehen haben, das bezeugen wir, und
12 unser Zeugnis nehmt ihr nicht an. * Wenn ich von den irdischen Dingen zu euch sprach und ihr nicht glaubt, wie werdet ihr glau-
13 ben, wenn ich zu euch von den himmlischen Dinge spreche? * Und keiner ist in den Himmel hinaufgegangen außer dem, der aus dem Himmel herabkam, der Menschensohn, (der im Himmel ist).
14 Und so wie Mose erhöhte die Schlange in der Wüste, so muß er-
15 höht werden der Menschensohn, * damit jeder Glaubende in ihm
16 ewiges Leben habe. * Denn so liebte Gott die Welt, daß er den einzigen Sohn gab, damit jeder, der an ihn glaubt, nicht verloren
17 gehe, sondern ewiges Leben habe. * Denn nicht sandte Gott den Sohn in die Welt, damit er die Welt richte, sondern damit gerettet
18 werde die Welt durch ihn. * Wer an ihn glaubt, wird nicht gerichtet; wer nicht glaubt, ist schon gerichtet, weil er nicht geglaubt
19 hat an den Namen des einzigen Sohnes Gottes. * Das ist das Gericht, daß das Licht gekommen ist in die Welt, und es liebten die Menschen mehr die Finsternis als das Licht; denn es waren böse
20 ihre Werke. * Denn jeder, der Schlechtes treibt, haßt das Licht und kommt nicht zu dem Licht, damit seine Werke nicht an den Tag
21 kommen. * Wer aber die Wahrheit tut, kommt zum Licht, damit seine Werke offenbar werden, weil sie in Gott gewirkt sind.

Das „Nikodemusgespräch", das wir alle kennen, aber meist nur als ein für sich stehendes Einzelereignis, fällt, wie wir nun merken, in den ersten Aufenthalt Jesu in Jerusalem. Es ist ein Stück aus Jesu dortiger Wirksamkeit, bzw. auch eine Frucht dieses seines Wirkens.

Apg 2, 22
10, 38
zu Vers 3/4:
Mt 18, 3
Jo 1, 13
18, 36
2 Ko 5, 17
1 Pt 1, 23
1 Jo 3, 9
Jak 1, 17 f
zu Vers 5:
Hes 36, 25—27
Mt 3, 11
19, 28
Rö 6, 4
Eph 5, 26
Tit 3, 5
1 Pt 1, 3
2 Pt 1, 11
zu Vers 6/7:
1 Mo 5, 3
6, 9
Jo 1, 13
Rö 8, 5—9
1 Ko 15, 50
Gal 6, 8
zu Vers 8:
Pred 11, 5
Jo 14, 17
Apg 2, 2
zu Vers 9/10:
Lk 1, 34 f
Jo 9, 30
Rö 2, 20 f
zu Vers 11:
Lk 22, 67
Jo 3, 32
8, 26. 28
12, 49
14, 24
1 Ko 2, 14
zu Vers 13:
Rö 10, 6
Eph 4, 9
zu Vers 14/15:
4 Mo 21, 8 f
Mk 16, 16
Jo 8, 28
12, 32
V. 34
18, 32
2 Ko 5, 21

Gal 3, 13	Bis in die führenden Kreise hinein bewegt Jesus die Gemüter. Wir
zu Vers 16:	müssen dabei immer bedenken, daß die Erwartung des kommenden
Jo 5, 24	Messias in Israel lebendig war und unter dem Druck der römischen
Rö 1, 16	Fremdherrschaft neue Kraft gewonnen hatte. Schon beim Auftreten
5, 8	des Täufers war es die Frage gewesen: Wollte er etwa der Messias
8, 32	sein (vgl. 1, 19 ff)? Nun ist Jesus in seiner Person und in seinen
1 Jo 4, 9	Taten noch gewaltiger und gewinnender als der Täufer. So „glaubten
zu Vers 17:	viele an seinen Namen" (2, 23). Darum macht sich nun einer der füh-
Mk 2, 17	renden Männer Jerusalems zu Jesus auf, Nikodemus[146], der zur
Lk 9, 56	Gruppe der „Pharisäer"[147] gehörte und Sitz und Stimme im Hohen
19, 10	Rat hatte.
Jo 12, 47	
zu Vers 18:	

Bis in die führenden Kreise hinein bewegt Jesus die Gemüter. Wir müssen dabei immer bedenken, daß die Erwartung des kommenden Messias in Israel lebendig war und unter dem Druck der römischen Fremdherrschaft neue Kraft gewonnen hatte. Schon beim Auftreten des Täufers war es die Frage gewesen: Wollte er etwa der Messias sein (vgl. 1, 19 ff)? Nun ist Jesus in seiner Person und in seinen Taten noch gewaltiger und gewinnender als der Täufer. So „glaubten viele an seinen Namen" (2, 23). Darum macht sich nun einer der führenden Männer Jerusalems zu Jesus auf, Nikodemus[146], der zur Gruppe der „Pharisäer"[147] gehörte und Sitz und Stimme im Hohen Rat hatte.

„Dieser kam zu ihm bei Nacht und sprach zu ihm: Rabbi, wir wissen, daß du von Gott her gekommen bist als Lehrer. Denn niemand ist imstande diese Zeichen zu tun, die du tust, wenn nicht Gott mit ihm ist." Warum dieser Mann **„bei Nacht"** Jesus aufsuchte, sagt uns Johannes nicht. Es muß nicht Ängstlichkeit und Scheu dahinter stecken. Nikodemus weiß sich offenbar mit andern führenden Männern in der Wertschätzung Jesu eins und kann sagen: **„Wir wissen, daß du von Gott her gekommen bist."** Dann mußte er seinen Besuch bei Jesus nicht verheimlichen. Man mag damals die stillen Nachtstunden gern zu einem ungestörten Gespräch benutzt haben, weshalb Johannes keine besondere Begründung des nächtlichen Besuches für nötig hält. Offen bleibt auch die Frage, ob die ersten Jünger Jesu, also auch Johannes selbst, dem Gespräch beiwohnten.

2 Die Anrede des Nikodemus an Jesus ist eine ehrende. Er, der angesehene Theologe, der „Lehrer Israels" (V. 10), nennt den unstudierten Mann aus Galiläa **„Rabbi"**. Er gibt freimütig den tiefen Eindruck wieder, den er wie andere Ratsgenossen von Jesus empfangen hat. Es ist aber auch bei ihm nicht so sehr das Wort Jesu, das ihn innerlich überwunden hat, sondern es sind die „Zeichen", die ihn nötigen, Gott hinter dem Tun Jesu zu sehen. Später werden auch die erstaunlichsten Wunder Jesu seine Gegner nicht mehr überzeugen, sondern nur ihre Erbitterung bis zum Äußersten steigern (vgl. 9, 24—34; 11, 46—53). Wieder wird deutlich, daß „Wunder" nicht der Lebensgrund für wahren Glauben sein können. Aber der ehrenden Anrede setzt Nikodemus auch jetzt schon eine klare Schranke, die in dem betont

---

[146] Nikodemus werden wir im Evangelium noch einmal in 7, 50 und 19, 29 begegnen. Der griechische Name findet sich bei Juden Palästinas mehrfach. „Die jüdische Überlieferung weiß von einem Nakdemon, der bis zur Zeit des großen Aufstandes lebte, sehr reich und **sehr** fromm war. Dieser Nakdemon könnte mit Nikodemus identisch sein, doch hört **man** nichts davon, daß dieser Nakdemon Christ war." Fr. Büchsel zu dieser Stelle im NTD S. 51.

[147] Vgl. Anmerkung S. 66.

nachgestellten Wort „Lehrer" sichtbar wird. Du bist von Gott gekommen, ja; aber du bist nur ein großer „Lehrer"[148], mehr nicht. Oder willst du mehr sein? Willst du denen zustimmen, die jetzt in Jerusalem zu sagen beginnen: Jesus Christus, Jesus der Messias? Diese verborgene Frage ist von Nikodemus an Jesus gerichtet. Über diese Frage will er mit Jesus selbst reden.

Darum „antwortet" Jesus, obgleich keine direkte Frage ausgesprochen wurde. Jesus ist völlig frei von jener geheimen Selbstgefälligkeit, die uns alle für die ehrende Anrede aus dem Mund eines hochgestellten Mannes empfänglich macht. Jesus läßt sich auf die Frage des Nikodemus als solche gar nicht ein. Jesus diskutiert nicht mit Nikodemus, sondern stellt sachlich, aber mit einschneidendem Ernst fest, daß bei Nikodemus für die Entscheidung einer solchen Frage die Grundlage fehlt. „**Jesus antwortete und sprach zu ihm: Wahrlich, wahrlich ich sage dir, wenn einer nicht von neuem geboren wird (oder: gezeugt wird von oben her), ist er nicht imstande, die Königsherrschaft Gottes zu sehen.**" Das ist radikaler Angriff auf den Theologen Nikodemus. Er und seine Freunde meinen „**zu wissen**". Sie meinen als theologische Lehrer und bewährte Ratsmitglieder selbstverständlich das rechte Urteil zu haben und Gottes Walten im Blick auf Jesus klar zu erkennen. In Wirklichkeit sind sie gar nicht imstande, das königliche Walten Gottes[149] zu sehen. Dazu fehlt ihnen die unabdingbare Voraussetzung. Gottes königliches Walten ist dem Menschen verborgen. Kein eigenes Wissen und Denken des Menschen gibt ihm den Blick dafür; auch nicht ein theologisches und biblisches Wissen, wie es ein Nikodemus jedenfalls hervorragend besaß. Die geöffneten Augen für Gott bekommt der Mensch allein durch einen Vorgang, den Jesus nur mit einer „**Zeugung**" und einer „**Geburt**" vergleichen kann. Eine bloße Verbesserung oder Vertiefung des Menschen und seines theologischen Denkens führt hier nicht zum Ziel. Die Erneuerung des Menschen muß „radikal" sein, muß an die Wurzel gehen und sein ganzes Wesen gerade im Zentrum umschaffen. Das von Jesus hierbei verwendete Wort „anothen" kann sowohl „**vom neuem**" wie auch „**von oben**" bedeuten. Wir werden uns aber nicht für die eine oder andere Bedeutung entscheiden müssen. Gerade in diesem doppelten Verständnis des Wortes wird uns die Sache erschlossen, um

3

---

[148] Diese Anerkennung Jesu als „Lehrer" wird von den Pharisäern auch Mt 22, 16 und ebenfalls mit einem „Wir wissen" ausgesprochen.

[149] Die LÜ verwendet in unserem Text den bekannten Begriff „Reich Gottes". Dieser verleitet uns leicht dazu, ihn räumlich zu verstehen. Der zugrundeliegende hbr Ausdruck und seine griech Wiedergabe meinen aber nicht einen „Bereich", in welchem Gott herrscht, sondern die „Königsherrschaft Gottes" in ihrem Vollzug, das „königliche Walten Gottes" als solches.

die es geht. Der Mensch muß **„von neuem geboren werden"**; das kann aber nur geschehen, indem er **„von oben gezeugt wird"**[150].
Jesus hat wirklich im tiefsten Sinn Nikodemus „geantwortet". Er hat den ernsten Punkt getroffen, der einen Mann wie Nikodemus, und alle seine Freunde von Jesus trennen muß. Der „Pharisäismus lebte von der eigenen Leistung vor Gott. Es ist darin die klarste Ausprägung aller natürlichen „Religion" und „Frömmigkeit". Hier ist der Mensch noch völlig von sich selbst überzeugt. In seinem Wesen ist er in Ordnung. Nur seine sittlichen und religiösen Leistungen muß er nach dieser oder jener Seite hin noch steigern. Jesus aber verneint gerade dies. Er erklärt die totale Unfähigkeit des Menschen vor Gott. Hier steht für Nikodemus sein ganzes bisheriges Denken und Leben auf dem Spiel[151]. Darum lehnt er Jesu Wort als unmöglich ab, obwohl er Jesus gerade als den von Gott gekommenen Lehrer begrüßt hat.

4 **„Es sagt zu ihm Nikodemus: Wie vermag ein Mensch geboren zu werden, wenn er ein Greis ist? Kann er etwa in den Schoß seiner Mutter ein zweites Mal eingehen und geboren werden?"** Er „mißversteht"[152] Jesus, aber er tut es bewußt, um in diese Form seinen inneren Widerspruch zu kleiden. Darum spitzt er sein Mißverständnis zu und spricht von dem **„Greis"**, der doch nicht **„in den Schoß seiner Mutter ein zweites Mal eingehen und geboren werden"** könne. Man darf darum aus dieser Formulierung nicht schließen, daß Nikodemus selbst ein so alter Mann war.

Kommt in diesem „Mißverstehen", trotz des bewußten Widerspruches, auch eine unbewußte Sehnsucht ans Licht, die trotz aller Selbstüberzeugung im Herzen auch eines Pharisäers liegen kann? Wieviele fromme und unfromme Menschen kennen dieses Sehnen. Noch einmal geboren werden, noch einmal radikal neu anfangen können nach all dem vergeblichen Kämpfen und Quälen mit sich selbst, ein wesenhaft neuer Mensch werden, wie wunderbar wäre das! Aber — es ist ja

---

[150] Damit ist die Grundfrage an alle Theologen und an alle Verkündiger gestellt: Ist bei ihnen diese unabdingbare Voraussetzung erfüllt, ohne die sie wesensmäßig blinde Theologen und Verkündiger sein müssen?

[151] Die Bekehrung der „Frommen" ist darum eine besonders gewaltige Sache, wie an Saul von Tarsus und seiner Bekehrung zu sehen ist. In allen Erweckungsbewegungen spielt diese „Bekehrung der Frommen" eine entscheidende Rolle.

[152] Bei Johannes gehen die Gespräche Jesu vielfach durch ein solches „Mißverstehen" vonseiten des Gesprächspartners hindurch; vgl. 4, 11; 6, 52; 8, 33; 11, 12; 11, 24. Doch auch bei den Synoptikern „mißverstehen" sogar die Jünger ihren Herrn immer wieder. Das Mißverstehen ist nicht — wie immer wieder behauptet wird — ein schriftstellerisches Mittel des Evangelisten, um das Gespräch in Gang zu halten, sondern ist eine Tatsache, und zwar eine notwendige Tatsache, bei den Gesprächspartnern Jesu. Würden sie ihn einfach „verstehen", so wäre er nicht der Offenbarer Gottes und das Licht, das „in der Finsternis" scheint. Vgl. 3, 19—21; 8, 42 f.

ein unmöglicher Traum! Man kann eben nicht „**ein zweites Mal in den Schoß seiner Mutter eingehen und geboren werden**". Man kann kein neues Leben beginnen. Man muß der bleiben, der man ist.

Was „antwortet" Jesus? Er wiederholt seine Behauptung und kennzeichnet sie mit dem ernsten „Amen, Amen[153], ich sage dir" als unumgänglich und unumstößlich. Er beginnt sie aber zu erläutern: „**Wahrlich, wahrlich ich sage dir, wenn einer nicht geboren wird aus Wasser und Geist, so ist er nicht imstande einzugehen in die Königsherrschaft Gottes.**" Jesus nennt die beiden Mittel, durch die der „unmögliche Traum" zur Wirklichkeit werden kann: „**Wasser**" und „**Geist**". Die Ausleger behaupten unermüdlich, hier sei von Johannes die christliche Taufe gemeint. Aber wie sollte Jesus seinen Besucher in einem so entscheidenden Gespräch auf etwas hinweisen, von dem dieser keine Vorstellung haben konnte? Wäre das eine echte „Antwort" gewesen[154]. Jesus muß ein „Wasser" meinen, das auch Nikodemus kennt. Wir hören zweimal im Evangelium von einem solchen „Wasser". Es war das „Wasser" in den Krügen zur Erfüllung der gesetzlichen Reinigungsvorschriften und das „Wasser" der Johannestaufe. Gerade auch der Pharisäismus wußte von der „Unreinheit" des Menschen vor Gott und hatte darum ein ganzes System von Reinigungsvorschriften entwickelt. Lag hier nicht eine Erkenntnis, die nur vertieft werden mußte, um die Selbstsicherheit eines Nikodemus zu erschüttern und ihm für das große Angebot Jesu das Herz zu öffnen? Johannes der Täufer hatte diese Vertiefung des Reinigungsgedankens gebracht. Nicht einzelne Waschungen waren nötig, sondern eine radikale Reinigung des ganzen Menschen, und dieser Reinigung bedurften auch die Pharisäer, auch die führenden Theologen im Hohen Rat (Mt 3, 7). Daran erinnert Jesus seinen Besucher[155]. Die „neue Geburt" beginnt mit jener Selbstverurteilung, die jeder vollzog, der zu Johannes kam und sich taufen ließ. Er richtete damit sein ganzes bisheriges Leben, bejahte die Notwendigkeit einer durchgreifenden Reinigung und verlangte nach der Zusage der Vergebung Gottes. Nikodemus, der du eine Wiedergeburt für unmöglich hältst, warst du bei Johannes? Hast du dich von ihm taufen lassen? Hast du dich Gottes königlichem Walten dort in der Taufbewegung unterworfen? Das reicht freilich noch nicht aus. Zu solchem „Wasser" muß „Geist Gottes" kommen, wie es der Täufer selbst so klar sagte. Konnte und mußte

---

[153] Vgl. o. S. 84 die Ausführungen zu 1, 51.

[154] Die Behauptung, hier sei von der christlichen Taufe die Rede, verbindet sich darum meist mit der Überzeugung, das ganze Gespräch sei eine Erdichtung des Evangelisten, um hier teils durch Jesu Mund, teils in einer Art Predigt über Jesus das darzulegen, was der Gemeinde wichtig war.

[155] Das entspricht dem Wort Jesu in Mt 21, 23—27 und 28—32.

Nikodemus das nicht auch verstehen, wenn er an die mächtigen Worte seiner Bibel, des Alten Testamentes, dachte, und wäre es nur an Hes 36, 25—27 oder Jes 44, 3? An beiden Stellen las Nikodemus bereits jene Verbindung von „Wasser" und „Geist", von Reinigung und neuem Leben, wie sie ihm Jesus jetzt vor Augen stellte. Mußte Nikodemus das Wort Jesu wirklich nur ablehnen? Konnte er nicht mit ernstlicher Offenheit fragen, ob die alte Verheißung **„Wasser" und „Geist"** sich nicht in Johannes und in Jesus erfüllte?

Zugleich behauptet Jesus die Notwendigkeit dieser neuen Geburt nicht nur, sondern begründet sie auch. Die Königsherrschaft Gottes[156] soll ja nicht nur „gesehen werden". Wir sollen in sie „eingehen", um in ihr zu leben. Das ist jenes „Wohnen bei ewiger Glut und verzehrendem Feuer", von dem Jesaja (33, 14) sprach. Kann das der natürliche Mensch ertragen? Um in Gottes Reich einzugehen, muß man dem

6/7 Wesen dieses Reiches entsprechen. Aber **„was aus dem Fleisch geboren ist, ist Fleisch"**. Der merkwürdige Begriff „Fleisch" bezeichnet in der Bibel das Wesen des von Gott getrennten und darum unreinen und hinfälligen Menschen, ja das Wesen aller Geschöpflichkeit. „Fleisch" aber kann nicht im Reich Gottes leben[157]. Denn Gottes Wesen ist „Geist". Dies Wort meint nicht in unserem heutigen Sinn die „Geistigkeit" oder gar den Intellekt, sondern das heilige, ewige Wesen des lebendigen Gottes[158] in seiner Kraft und Herrlichkeit. Aber nur **„was aus dem Geist geboren ist, ist Geist"** und hat damit die göttliche Art in sich, die es in Gottes Gegenwart, in Gottes königlicher Herrschaft aushält[159]. Darum Nikodemus, **„wundere dich nicht, daß ich dir sagte: Ihr müßt von neuem geboren werden (oder: gezeugt werden von oben her)"**. Wirklich, es „muß" sein, nicht von einer äußeren Gesetzlichkeit her, sondern hier liegt eine innere Notwendigkeit vor, aus dem Wesen der Sache heraus. Jesus stellt Nikodemus

---

[156] Johannes hat dieses bei den Synoptikern so häufig gebrauchte Wort in seinem Evangelium nur an dieser einen Stelle. Wahrscheinlich will er auch in dieser Sache nicht wiederholen, was in den andern Evangelien reichlich nachgelesen werden konnte. Jesus hatte aber auch in seinen dort überlieferten Reich-Gottes-Worten den alten Begriff der „Königsherrschaft Gottes" so neu und lebendig gefaßt, daß Johannes uns lieber an ganz andern Worten und Vergleichen Jesu zeigt, was Gott durch Jesus wirkt und gibt. Dem „König" in der antiken Welt entsprechen die Knechte (Mt 18, 23). Jesus aber sagte seinen Jüngern ausdrücklich, daß er sie nicht als „Knechte" ansehe (15, 14—15).

[157] Vgl. die Darlegung über „Fleisch" auf S. 51 und die Auslegung zu 1 Ko 15, 50 in der W. St.

[158] Vgl. dazu 4, 24 und die Erklärung dieses Verses. Siehe auch den Artikel „Geist Gottes" im „Lexikon zur Bibel" und im „Theol. Begriffslexikon" S. 479 ff Bd 1.

[159] Auch ein redlicher junger Mann wie Jesaja kann in Gottes Nähe nur sagen: „Weh mir, ich vergehe! Denn ich bin unreiner Lippen und wohne unter einem Volk von unreinen Lippen" (Jes 6, 5).

nicht vor eine unbegreifliche und künstliche Forderung, sondern vor
ein unausweichliches Lebensgeheimnis.

Dieses Lebensgeheimnis ist aber eine spürbare Realität. Das erläutert Jesus, indem er auf die Rätselhaftigkeit und doch unleugbare Wirklichkeit des „Windes" hinweist. **„Der Wind weht, wo er will, und seine Stimme hörst du, aber du weißt nicht, woher er kommt und wohin er geht. So ist es mit jedem, der geboren ist aus dem Geist."** Der Vergleich mit dem „Wind" liegt in diesem Gespräch besonders nah, weil in der hebräischen wie in der griechischen Sprache das gleiche Wort „ruach" bzw. „pneuma" sowohl „den Wind" wie „den Geist" bezeichnet. „Wind" und Geist aber **„wehen"** und kommen dabei aus unbekannten Fernen. Sie haben auch eine unberechenbare Freiheit, über die kein Mensch verfügen kann. Und unabsehbar wie ihr Ursprung, ist auch das Ausmaß ihrer Wirkung und das Ziel ihres Weges. Und doch ist der „Wind" nicht unerkennbar oder gar unwirklich. Er hat eine „Stimme", die jedermann hört, in der er in seiner ganzen Wirklichkeit erfaßt werden kann. In allen diesen Zügen wird der „Wind" zum Bild des „Geistes" in seiner geheimnisvollen und doch so wirksamen Realität. Dabei denkt aber Jesus in bezeichnender Weise nicht an „Geist" im allgemeinen, sondern an den konkreten Menschen, an dem die Wirkung des Geistes zu merken ist: **„So"**, nämlich so geheimnisvoll und doch so ganz klar erkennbar **„ist es mit jedem, der geboren ist aus dem Geist"**.

Nun stellt Nikodemus die direkte Frage an Jesus: **„Wie kann das geschehen?"** Er ist im Gespräch Jesus gefolgt. Er hat die Notwendigkeit der Wiedergeburt durch eine Zeugung von oben aus dem Geist Gottes zu erfassen begonnen. Aber gerade wenn sie so unbedingt nötig ist, um in die Königsherrschaft Gottes hineinzukommen, wird die Frage nach dem „Wie" ihres Geschehens umso dringlicher.

Jesus muß mit einem Vorwurf antworten: **„Du bist der Lehrer Israels, und diese Dinge kennst du nicht?"** Wie kann man ein Lehrer in Gottes Volk, wie kann man Theologe, maßgebender Theologe sein, und diese notwendigsten Dinge für jede wahre Gotteserkenntnis und für die Erlangung des Heils nicht kennen? Jesus sieht in Nikodemus nicht nur die einzelne Menschenseele, der zu ihrem eigenen Heil geholfen werden muß. Der da zu ihm kam, kam als einer der führenden Männer Israels. Seine Blindheit riß Israel mit in den Abgrund. Welch eine Verantwortung lag auf diesem Mann[160]! Darum steht ganz Israel vor Jesu Blick, wenn er mit diesem **„Lehrer Israels"** redet.

---

[160] Welche Verantwortung liegt auf jedem Prediger, auf jedem Mitglied einer Kirchenleitung, auf jedem theologischen Dozenten!

11 Nun hätte Jesus den „Schriftgelehrten" auf die Schrift, etwa auf Hes 36, 25—27 hinweisen und den „Schriftbeweis" führen können. Er tut es nicht; es könnte zu einer Diskussion über Auslegungsfragen führen. Jesus ist etwas anderes wichtig. Was er Nikodemus zu sagen hat, das liegt nicht in unerreichbarer Höhe. **„Wahrlich, wahrlich, ich sage dir, was wir wissen, das reden wir, und was wir gesehen haben, das bezeugen wir."** Es geht nicht um unwirkliche Theorien, um überspannte Forderungen, um fromme Luftgespinste. Jesus redet aus ruhiger Gewißheit und bezeugt Realitäten, die zu sehen sind. Jesus faßt sich dabei mit allen Boten Gottes zusammen zu einem **„Wir".** Er vertritt nicht eine einzigartige Ansicht. Von der notwendigen Erneuerung eines Menschen durch „Wasser und Geist" sprachen ja schon die Propheten, wie wir sahen. Aber nun fällt eine Entscheidung im Herzen des Hörers. Bleibt es beim bloßen Fragen und Erörtern oder wird das Zeugnis Jesu im Ernst „angenommen"? Jesus sieht, wie das Ergebnis auch bei einem Mann wie Nikodemus sein wird: **„Und unser Zeugnis nehmt ihr nicht an."** Er muß dabei seinen Gast mit seinen Pharisäerkreisen in einem **„Ihr"** zusammenfassen, wie sein Gast selber am Anfang seines Gespräches im Namen seiner Gruppe sagte: „Wir wissen..." Keiner von uns löst sich leicht aus seiner Umgebung, sondern wird von ihr bestätigt und geformt. Jesus blickt auf die ganze Geschichte seines Volkes: Immer standet „ihr" leitenden Männer in der Ablehnung gegen „uns" Boten der göttlichen Wahrheit[161], wie könnte es jetzt anders zwischen dem Pharisäer und Jesus ausgehen? Was immer die Gründe dafür sein mögen, wie immer Nikodemus sich weiter bemüht hat, Jesus zu schätzen und seiner Verehrung für Jesus Ausdruck zu geben (7, 50; 19, 39), wahrhaft „angenommen" hat er Jesu Zeugnis und Jesus selbst nicht[162].

12 Von **„irdischen Dingen",** von Dingen, die auf Erden geschehen und zum Bereich menschlicher Erfahrung gehören, hat Jesus gesprochen. Die Wiedergeburt erfolgt zwar durch Zeugung „von oben"; aber sie geschieht an dem jetzt auf Erden lebenden Menschen. Man kann von ihr **„wissen"** und kann sie **„sehen".** Es gibt aber auch **„himmlische Dinge",** Geheimnisse Gottes und der göttlichen Welt[163].

---

[161] So hat es später der erste Märtyrer aus der Zeugenschar Jesu dem Hohen Rat gesagt. Apg 7, vor allem V. 51 f.
[162] Es gibt bis heute viel Anhänglichkeit an Jesus, die doch nie zu diesem wirklichen „Annehmen" kommt, das nach 1, 12 allein Verheißung hat.
[163] Die „himmlischen Dinge" haben stets eine große Anziehungskraft auf die Menschen ausgeübt. Es gab auch im Judentum eine Fülle von Schriften, die von der „Himmelfahrt" bekannter biblischer Männer erzählten und dabei die jenseitige, himmlische Welt eingehend schilderten.

Jesus könnte von ihnen reden, denn er kennt auch sie, wie gleich der folgende Satz erläutern wird. Aber wenn Nikodemus etwa deshalb kam, um von Jesus als einem besonders beglaubigten Lehrer außerordentliche Aufschlüsse über Gottes Geheimnisse zu erhalten und so ein besonders tiefsinniges Gespräch über letzte Themen der Theologie mit ihm zu führen, so hat er sich getäuscht. Es geht Jesus (wie allen Zeugen im NT) nicht um unser religiöses Interesse, sondern um das ernsthafte „Annehmen" des Zeugnisses von unserer Verlorenheit und unserm Heil. Erst wenn dies geschehen ist, dann kann eine glaubende Gemeinde auch von den himmlischen Geheimnissen Gottes etwas erfahren. Johannes selbst wird in seiner „Offenbarung" die Gemeinde vielfältig, aber freilich auch mit heiliger Zurückhaltung, Blicke in den Himmel tun lassen. Dem Nikodemus aber (und allen seinen Artgenossen) muß Jesus sagen: **„Wenn ich von irdischen Dingen zu euch sprach und ihr nicht glaubt, wie werdet ihr glauben, wenn ich zu euch von den himmlischen Dingen spreche?"**

Dabei sitzt vor Nikodemus der eine Einzige, der wirklich als Zeuge von den „himmlischen Dingen" reden könnte. Denn sonst **„ist keiner in den Himmel hinaufgegangen"**, wie es doch nötig wäre, wenn jemand die himmlichen Dinge kennen wollte. Ihre Kenntnis hat nur **„der aus dem Himmel herabkam, der Menschensohn"**. Diese beiden Aussagen sind in dem Satz Jesu in verkürzter Form zusammengefaßt: **„Und keiner ist in den Himmel hinaufgegangen außer dem, der aus dem Himmel herabkam, der Menschensohn (der im Himmel ist)."**

Ob die Beifügung: der Menschensohn, **„der im Himmel ist"**, ursprünglich schon zum Text gehört hat oder eine sehr alte Hinzufügung darstellt, ist strittig. Ihre Bezeugung ist jedenfalls alt und gut. Es könnte sich die Fortlassung einer so schwierigen Aussage leichter erklären lassen, als ihre spätere Zusetzung, für die kein naheliegender Grund zu denken ist. Denn schon die richtige Wiedergabe des kleinen Satzes ist zweifelhaft. Das hier stehende Partizip „ho on" kann nämlich auch in ein „der ... war" aufgelöst werden. Dann ist noch einmal unterstrichen, was in dem Wort vom „Herabkommen" schon ausgesagt ist: Der Menschensohn kann von himmlischen Dingen reden, denn er kam vom Himmel herab und **„war"** im Himmel. Hat aber Johannes wirklich von einem „im Himmel sein" des Menschensohnes gesprochen, dann will er wie 1, 18 auf das tiefe Geheimnis Jesu weisen: Jesus wandelt als Mensch auf Erden und „ist" doch zugleich **„im Himmel"**, an der Brust des Vaters. So ist er der Zeuge, der einzige, von all dem, was den Himmel erfüllt.

Nun kommt Jesus zu dem entscheidenden Punkt seiner Antwort auf die Frage des Nikodemus, wo ein Mensch jene Zeugung von oben und die Geburt aus Wasser und Geist findet. Scheinbar ganz willkürlich und zusammenhanglos, in Wirklichkeit aber im tiefsten und notwendigsten Zusammenhang spricht er — vom Kreuz. Dieser tiefe Zusammenhang steht in der Heilsgeschichte mächtig vor uns. Ihre gewaltigen Stufen folgen mit innerer Notwendigkeit aufeinander: Karfreitag — Ostern — Pfingsten. Die Sendung des Geistes kann nicht geschehen, ehe nicht Karfreitag und Ostern gewesen sind. Erst die Aufhebung der Weltschuld, der Vollzug der Versöhnung der Welt mit Gott, das Opfer des Sohnes und seine Erhöhung danach machten die Bahn frei für den Geist und für sein Wohnen in der Gemeinde und im einzelnen Glaubenden.

Den gleichen Zusammenhang zeigt uns in lehrhafter Form Paulus in Rö 8, 1—4. Auch hier scheint „Rechtfertigung" (V. 1), „Geisteswirken" (V. 2) und der Sühnetod des Sohnes Gottes (V. 3) willkürlich ineinander gemischt zu sein; aber Vers 4 zeigt, daß es sich um den notwendigen Weg zu dem Ziel einer neuen Existenz im Heiligen Geist handelt, um einen Weg, der unumgänglich über das Kreuz führt. Ebenso bestätigt das Wort des Petrus am Pfingsttag die gleiche Wahrheit. Die Gabe des Geistes kann nur der empfangen, der zuvor von dem gekreuzigten und auferstandenen Retter Jesus seine Sünden abwaschen und sich aus dem verkehrten Geschlecht erretten ließ (Apg 2, 38—42).

Davon muß also auch Jesus mit Nikodemus sprechen. Aber wie kann er einem jüdischen Schriftgelehrten das Kreuz klar machen, das erst nach Jahren auf Golgatha stehen wird? Da greift Jesus nach der Geschichte von der ehernen Schlange (4 Mo 21, 8. 9), die einem Nikodemus wohl bekannt war. Jesus kann darum von „der" Schlange sprechen. **„Und so wie Mose erhöhte die Schlange in der Wüste..."** Da steht es Nikodemus vor Augen: die große Schar, um ihrer Schuld willen von feurigen Schlangen gebissen, rettungslos sterbend. „So", Nikodemus, steht es auch heute um den Menschen in seiner Schuld vor Gott. Es ist nicht Zeit zu interessanten theologischen Erörterungen, es geht um Rettung! Die Rettung für Israel kam damals durch die eherne Schlange. Der tödliche Schlangenbiß wurde durch das Schlangenbild geheilt. Aber es mußte **„erhöht"** werden, hoch auf einen Pfahl gehängt, damit jeder Sterbende es ansehen konnte; denn darin lag die Rettung. Nur dieses eine war zu tun, was auch der schwächste Sterbende tun konnte: auf die Schlange zu „blicken". „So", genauso muß es auch heute wieder zugehen, damit Menschen errettet werden und in ihrer Errettung die neue Geburt im Heiligen Geist erlangen. **„So muß erhöht werden der Menschensohn, damit jeder Glaubende in ihm ewiges Leben habe."** Die Not liegt nicht einfach in dem Fehlen des Geistes. Der Schlangenbiß der Sünde bringt den Tod. Darum muß auch heute wieder ein „Schlangenbild" den

Schlangenbiß heilen. Der Menschensohn und Gottessohn wird zur „Sünde gemacht" (2 Ko 5, 21), um von der Sünde zu retten. Auch er muß dabei **„erhöht"** werden, an den Pfahl gehängt und in der Auferstehung und Himmelfahrt weltweit gegenwärtig gemacht werden, **„damit jeder Glaubende in ihm ewiges Leben habe".** Denn auch hier ist nichts anderes nötig als der „Blick", der glaubende Blick auf ihn[164]

Wenn Nikodemus fragt, wie ein Mensch zu der neuen Geburt, zu dem neuen Leben kommen kann — hier ist der entscheidende Schritt genannt. Der Blick auf den ans Kreuz erhöhten Sündenträger der Welt bringt das Leben. Dieses Leben ist hier wie an vielen Stellen das **„ewige"** Leben genannt. Das Wort „ewig" meint aber nicht eine philosophisch gedachte „Ewigkeit" im Gegensatz zur „Zeit". Es meint erst recht nicht eine bloße „Endlosigkeit"[165], die als solche schrecklich wäre. Es heißt eigentlich „äonisch", also „zu dem kommenden, neuen Äon gehörend" und die Art der kommenden Welt an sich tragend. Dazu gehört ganz gewiß auch „Unverweslichkeit" und „Unsterblichkeit" (1 Ko 15, 42—44). Aber es gehört vor allem dazu die göttliche Herrlichkeit in ihrer Lebens- und Liebesfülle, die ein ewiges Dasein erst zu einem seligen macht (Rö 8, 18; 8, 29; 8, 30; 1 Ko 2, 7; 2 Ko, 4, 17). Es ist ein Leben, bei dem wir bis in die Leiblichkeit hinein die vom Geist Gottes Erfüllten und Gestalteten sein dürfen (1 Ko 15, 44. 49).

Und nun wiederholt Jesus das Gesagte um seiner unendlichen Wichtigkeit willen noch einmal in vertiefender Weise und prägt das Wort, das zu den bekanntesten in der ganzen Bibel gehört und das mit Recht „das Evangelium im Evangelium" genannt worden ist. **„Denn so liebte Gott die Welt, daß er den einzigen Sohn gab, damit jeder, der an ihn glaubt, nicht verloren gehe, sondern ewiges Leben habe."** Jesus nennt die Quelle, aus der das ganze Geschehen fließt, das verlorenen Menschen äonisches Leben, ewiges und göttliches Leben gibt. Diese Quelle ist die Liebe Gottes.

16

---

[164] Das wird sehr anschaulich im Leben des jungen Spurgeon. Friedlos, unglücklich, suchend, gerät er an einem Januartag in die kleine Kapelle der Primtiv-Methodisten, und unter dem Wort des Jesaja vernimmt er den persönlichen Anruf des Predigers: „Junger Mann, du bist bekümmert. Du wirst nie aus dem Kummer herauskommen, bis du auf Christus blickst. Blicke! Blicke! Blicke! Es heißt nur blicken!" Spurgeon bezeugt: „... ich blickte hin, bis ich fast meine Augen hätte ausschauen können, und noch im Himmel will ich in unaussprechlicher Freude weiterblicken!" Ein ganzes Leben lang hat dieser Grund gehalten.

[165] Das Wort „aión" als Wiedergabe des hbr „côlam" benennt freilich zunächst eine lange, unbestimmte und in diesem Sinn „endlose" Zeit, sei es in die Vergangenheit oder in die Zukunft hinein. Doch auch in diesem Sprachgebrauch ist das Wort nicht philosophischer Gegensatz zur „Zeit", sondern blickt auf einen erfüllten Zeitraum mit undeutlichen Grenzen, auf die „graue Vorzeit" oder die „ferne Zukunft".

Es kommt aber alles darauf an, daß wir hier das klare Wort „So" beachten, das diese Liebe Gottes kennzeichnet. Es heißt keineswegs nur „so sehr". Auch das liegt darin: „So sehr, so unbegreiflich, so tief und mächtig liebt Gott die Welt." Aber dieses „So" entspricht dem „So" von Vers 14.

„So", auf diese Weise, wie es in der ehernen Schlange vorbildlich zum Ausdruck kam, „**so**" liebte Gott die Welt. Nur „**so**" konnte er sie lieben. Diese Liebe hat nichts zu tun mit einer harmlosen Freundlichkeit eines „lieben Gottes" der Welt gegenüber. Die Welt ist wirklich „Welt", Gott entfremdete, ja gottfeindliche, verdorbene Kreatur (vgl. 1, 5; 1, 10 f). Diese „**Welt**" kann der heilige, lebendige Gott nur „**so**" lieben, daß er den einzigen Sohn gab, ihn zur „ehernen Schlange", zur Sünde, ja zum Fluch machte (Gal 3, 13). Mit Betonung wird jetzt statt „Menschensohn" „**der Sohn, der einzige**" gesagt. Dieser Sohn muß „**gegeben**", dahingegeben werden, bis zur Gottverlassenheit am Kreuz. „**So**" ist die Liebe Gottes. Darum kann sie auch nicht einfach in der Natur, in der Geschichte gefunden werden, sondern nur da, wo diese Hingabe des Sohnes vor uns steht: in der Krippe, in dem Lamm Gottes, das fort und fort die Sünde der Welt trägt, in dem geschlagenen und angespienen Herrn der Herrlichkeit, in dem am Pfahl sterbenden König. „**Denn so liebte Gott.**"

Es ist also nicht so, daß wir von uns aus schon wissen, was „Liebe" ist, um nun festzustellen, daß auch Gott Liebe zur Welt hat. Nein, erst in dieser Liebe Gottes zur Welt lernen wir überhaupt, was wirkliche Liebe ist. Es ist die Liebe, die ihren Grund nicht im andern und seiner liebenswerten Art hat, sondern die grundlos und frei aus sich selbst quillt und wahrhaft den „Feind" zum „Geliebten" macht. Von dieser Liebe kann immer nur staunend gesprochen werden.

In der Aussage, daß diese Liebe der „**Welt**" gilt, liegt der Grund der Gewißheit, daß sie auch mir gehört. Denn zu dieser „Welt" gehöre auch ich. Dieser Liebe Gottes kann ich aufgrund dieses Wortes um so gewisser sein, je weniger ich etwas „besseres" sein will, je völliger ich mich zu dieser „Welt" rechne.

Diese Welt ist aber eine Welt der „Verlorenen". Wenn es in unserm Vers auch als selige Freudenbotschaft ausgesprochen wird: „**Auf daß jeder, der an ihn glaubt, nicht verloren gehe**", so ist damit doch in ganzem Ernst gesagt, daß jeder Mensch ohne die rettende Liebe Jesu „verloren" ist. Dieser Ernst darf auf keinen Fall überhört werden! Sonst wird der ganze Satz entwertet. Die Botschaft von Jesus ist darum so unbedingt notwendig und darum die wunderbarste Botschaft der Welt, weil sie „**Verlorenen**" die Rettung bringt. Das Wort „**verloren gehen**" bedeutet „verderben, zugrundegehen, umkommen". Und dieses „Verderben" ist ebenso wie das „Leben" ein „ewiges"

(2 Th 1, 9), ein „äonisches", das für Verlorene den kommenden Äon zu jener furchtbaren Finsternis macht, von der Jesus Mt 8, 12; 22, 13 gesprochen hat.

Noch einmal wird das einzige „Tun" genannt, das jetzt vom Menschen verlangt wird: das **„Glauben an ihn"**. Dieses „Glauben" liegt schon im „Blick" auf die eherne Schlange. Es ist keine „Leistung". Es ist dem Geringsten und Schwächsten möglich. Es fordert keine Kraft. Und doch liegt etwas Großes darin, daß es selber schon der Beginn des neuen Lebens ist. Wer wirklich **„glaubt"** und glaubend auf das Kreuz blickt, der gibt sich selbst verloren, der erkennt allein in dem hingegebenen Gottessohn seine Rettung, der ehrt Gott wahrhaft als Gott, der ergreift Gottes unbegreifliche Liebe, der sieht in dem Menschensohn Jesus den einzigen Sohn Gottes, der sich für ihn, den todeswürdigen Sünder, opfert. Aber darin ist dann schon die „Verlorenheit", die auf jedem Menschen liegt, aufgehoben. Dieses „Glauben" führt zum „Haben" des ewigen Lebens. Wohl ist der neue Äon der erst noch kommende. Das ihm zugehörige Leben ist darum ein zukünftiges. Und doch erhoffen wir es nicht nur, sondern **„haben"** es bereits jetzt. Gerade Johannes wird nicht müde, das zu betonen. Möglich ist dieses „Haben", weil es sich nicht um die philosophische „Ewigkeit" handelt, die im reinen Gegensatz zur „Zeit" steht, sondern um das göttliche Leben, das auch in dieser Zeit schon gelebt werden kann. Dieses „Leben" ist da im Wort, in Christus, wie wir in 1, 4 hörten, und Christus „lebt" in dem Glaubenden: Gal 2, 20.

Wie einheitlich, einfach und klar ist doch das Evangelium bei allen seinen Zeugen. Wie übereinstimmend ist dieser zentrale Satz unseres Abschnittes mit der grundlegenden Aussage des Evangeliums bei Paulus in Rö 1, 16 und 1 Ko 1, 21. Ob wir nach der „Gerechtigkeit" verlangen, nach der wirklichen „Weisheit" begehren, nach der radikalen Erneuerung des verdorbenen Lebens uns sehnen, immer gibt das Evangelium die eine, kinderleichte und doch so gewaltige Antwort[166]: Wahre Weisheit, Gerechtigkeit, die vor Gott gilt, „Äonisches Leben" findet jeder Glaubende am Kreuz, da wo der heilige Gottessohn zur „Schlange", zur Sünde, zum Fluch für uns wird.

Nun ist es klar: Wenn Israel den kommenden Messias als den Vertilger der Gottlosen sah, wenn auch der Täufer ihn als den Mann mit der Worfschaufel verkündigte, der seine Tenne fegt (Mt 3, 10 und 12), und wenn unser eigenes belastetes Gewissen ihn nur so mit Furcht

17

---

[166] „Dies ist das wundervolle Ding: erst dünkts für Kinder zu gering, und dann zerglaubt ein Mann sich dran und stirbt wohl, eh ers glauben kann. Daran erkennt man hier das kleine Heer, und davon singt man am kristallnen Meer" (Zinzendorf).

erwarten kann, dann ist die Wirklichkeit seines jetzigen Kommens eine erstaunlich andere: „**Denn nicht sandte Gott den Sohn in die Welt, damit er die Welt richte, sondern damit gerettet werde die Welt durch ihn.**" In Jesus haben wir es jetzt nur mit dem Retter zu tun[167].

„**Wer an ihn glaubt, wird nicht gerichtet.**" Was schließt dieser kleine Satz in sich! Wie seltsam, daß wir diesem Satz ins Gesicht weithin in den Kirchen verkündigten, daß auch die Glaubenden im Weltgericht stehen müssen[168]. Jeder Glaubende darf aufgrund des klaren Wortes Jesu in der seligen Gewißheit leben und sterben „**Ich werde nicht gerichtet.**"

18 Aber wenn das wahr ist, dann ist notwendig auch das andere wahr: „**Wer nicht glaubt, ist schon gerichtet, weil er nicht geglaubt hat an den Namen des einzigen Sohnes Gottes.**" Im Griechischen ist dabei für „nicht" ein Wort verwendet, das nicht einfach eine Tatsache feststellt, sondern eine verneinende, abwehrende Haltung ausdrückt. Man könnte geradezu übersetzen: „Wer nicht glauben will, ist schon gerichtet." Es gehört zum Geheimnis des Glaubens, daß er wohl Geschenk und Wirkung Gottes ist und doch unsern eigenen Willen nicht ausschließt. Keiner kann ohne eigenen Willenseinsatz zum Glauben kommen und im Glauben beharren[169]. Und jedenfalls die Verweigerung des Glaubens ist des Menschen eigene Tat. Sie ist ihrem Wesen nach Ablehnung der rettenden Liebe Gottes in ihrer klarsten und gewaltigsten Gestalt. Diese Ablehnung stammt zuletzt immer aus dem Stolz des Menschen, der diese Liebe nicht nötig zu haben meint, weil er seine Verlorenheit nicht zugeben will. Das „**nicht an den Namen des einzigen Sohnes Gottes geglaubt**" haben ist also nicht die Verweigerung einer abgenötigten Zustimmung zu irgendwelchen dogmatischen Behauptungen! Wirklicher „Unglaube" hat stets tiefe und wesenhafte Gründe im Menschen und ist darum eine Entscheidung des Menschen, die ihn zu einem schon Gerichteten macht[170]. Wer Gottes Rettungstat

---

[167] Darum hat uns schon Luther gewarnt, daß wir ja nicht „aus Christus einen Mose machen". Uns ist „der Dienst der Versöhnung" aufgetragen, 2 Ko 5, 19 f.

[168] Man begründet das mit dem Wort 2 Ko 5, 10. Aber das Gericht, in das „wir alle", also gerade „wir Glaubenden" kommen, ist eine völlig andere Sache. In ihm geht es nicht um ewiges Leben und ewigen Tod, sondern um unsere Mitarbeit am Aufbau der Gemeinde. Auch der, dessen ganzes Lebenswerk verbrennt, ist und bleibt selber gerettet. Vgl. 1 Ko 3, 11 ff und die Auslegung dazu in der W. Stb.

[169] Die Trennung der beiden Seiten am Glauben, also sowohl die Zumutung des Glaubens als einer eigenen Leistung des Menschen, die er jederzeit selber vollziehen könne und müsse, wie seine Darstellung als eine reine Tat Gottes, auf die der Mensch nur passiv warten könne, ist in der Verkündigung und Seelsorge gefährlich.

[170] Es ist dabei zu beachten, daß Paulus in 1 Ko 14, 24 f den in diesem Sinn „Ungläubigen" von dem noch „Ahnungslosen" unterscheidet. Vgl. die Auslegung der Stelle in der

in der Hingabe des Sohnes nicht annehmen will, ist damit notwendig dem Gericht verfallen und ist so schon gerichtet, auch wenn das erst an jenem Tage vor dem großen weißen Thron (Offb 20, 11 ff) endgültig offenbar wird.

Über diese wichtige Sache sagt Jesus[171] noch ein klärendes Wort. 19
Nicht zum Gericht, sondern zur Rettung sandte Gott Jesus in die Welt. Aber gerade darin vollzieht sich ein Gericht, das erschreckender und unentrinnbarer ist als jedes Gericht vom Gesetz her. Spricht das Gesetz das Todesurteil über unsere Sünden, so hat es wohl recht. Und doch muß ein Mensch nie an seinen Sünden verloren gehen, und seien es auch die abscheulichsten Sünden, die er begangen hat. Gottes rettende Liebe nimmt am Kreuz j e d e Sünde fort. Aber wer diese rettende Liebe ablehnt, liefert sich damit selber der Verlorenheit aus. Was als „Rettung", also als das Gegenteil alles „Richtens", aus Gottes Liebe in die Welt kommt, wird nun dennoch zum letzten Gericht. **„Das ist das Gericht, daß das Licht gekommen ist in die Welt, und es liebten die Menschen mehr die Finsternis als das Licht."** Das Licht kam in die Welt; das ist lauter Gnade aus dem Quell der Liebe. Was sonst hätte das Licht veranlassen können, in der Finsternis zu scheinen (1, 5)? Das Licht will in sich selbst nichts anderes als Gnade, es will erleuchten, aus der Finsternis retten, im Licht das Leben schenken. Aber es zeigt sich als Tatsache, daß gerade diese Gnade zum Gericht wird. Es zeigt sich, daß **„die Menschen mehr die Finsternis als das Licht lieben"**. Das kann Jesus sagen, weil er „weiß, was im Menschen ist" (2, 25). Er gibt sich keinen Täuschungen hin im Blick auf Nikodemus und die führenden Kreise des Volkes. Diese unheimliche „Vorliebe" der Menschen für die Finsternis wird für Jesus das Kreuz bringen, aber auch seine Boten werden viel davon erleben (vgl. etwa Apg 13, 46; 2 Ko 1, 15 f; 4, 4). Und die Erfahrung in aller Welt bestätigt, was hier gesagt ist.

Für dieses Geschehen ist auch der Grund zu erkennen. Warum „lie- 20
ben die Menschen die Finsternis mehr als das Licht"? Johannes antwortet: **„Denn es waren böse ihre Werke."** Und er fügt erläuternd hinzu: **„Denn jeder, der Schlechtes treibt, haßt das Licht und kommt**

W. Stb. Und es ist ebenso zu beachten, daß nach dieser Stelle auch „Ungläubige" zur christlichen Versammlung kommen und dort vom Geist Gottes überwunden werden können. Die Entscheidung des Menschen zum Unglauben muß nicht schon eine endgültige sein.

[171] Es wird oft angenommen, daß diese Sätze nicht mehr zu dem Gespräch mit Nikodemus gehören, sondern Ausführungen des Evangelisten sind. Schlatter sagt dazu: „Es ist seltsam, daß es üblich wurde, die letzten Worte von V. 18 vom Vorangehenden abzulösen, obwohl erst mit diesen Worten die Rede die Gegenwart des Rabbi erreicht und erst sie ihm zeigen, was jetzt in seinem Bereich steht, und ihm **den Weg auf**schließen, auf dem er zu Jesus kommen kann" (a. a. O. S. 102 f).

nicht zu dem Licht, damit seine Werke nicht an den Tag kommen."
Jeder von uns kennt das, was hier beschrieben wird. Alles Böse, Unreine und Häßliche sucht sich zu verbergen und liebt das Dunkel der Lüge in Ableugnung oder in unwahrer Entschuldigung und Selbstrechtfertigung[172].

21 Aber wie haben wir diese ganzen Aussagen zu verstehen? Ist hier eine besonders schlimme Art von Menschen gemeint, denen nun (V. 21) der „gute Mensch" gegenübergestellt wird: **„Wer aber die Wahrheit tut, kommt zum Licht, damit seine Werke offenbar werden, weil sie in Gott gewirkt sind"**? Kommen demnach nur diese „guten" Menschen zu Jesus, zu dem Licht aus Gott? 1900 Jahre der Geschichte des Evangeliums widerlegen eine solche Auffassung. Immer kommen die Zöllner und die Hurer eher in das Himmelreich (Mt 21) als die Menschen, die sich selbst für gut, gerecht und fromm halten und sogar von andern dafür angesehen werden mögen. Aber Vers 19 hatte auch nicht eine besondere Art „schlimmer Menschen" aus der Menschheit hervorgehoben, sondern seine Aussagen einfach von „den" Menschen gemacht. So wie Vers 19 es schildert, so sind „die Menschen", alle Menschen ohne Ausnahme. Doch wie kann dann Johannes sagen: „Wer aber **die Wahrheit** tut . . ." Hier begegnet uns zum ersten mal der seltsame Ausdruck **„die Wahrheit t u n "**. Wir meinen, es gälte die Wahrheit zu erkennen, zu wissen, zu verstehen. Auch im Christentum sind wir meist nur auf dieses denkende Erfassen der Wahrheit aus. Wir verwenden dabei einen Wahrheitsbegriff, der nur eine „Denkrichtigkeit" meint. Johannes aber, so sahen wir schon (o. S. 58 zu 1, 17), meint mit **„Wahrheit"** die eigentliche Wirklichkeit des Lebens im Gegensatz zu allem Schein und zu aller Verdeckung der Wirklichkeit durch die Lüge. Zur eigentlichen Wahrheit führt uns darum noch nicht das Denken als solches, sondern der folgenschwere Schritt, der die Flucht in das Dunkel aufgibt und sich zu der Wirklichkeit bekennt, wie sie ist. Das ist das erste und grundlegende **„Tun"** der Wahrheit. **„Wahrheit tun"** ist darum zu allererst gleichbedeutend mit dem, was wir „Buße tun" nennen. Es ist das Verlassen der bergenden Dunkelheit, das Hineintreten in das Licht, in dem nun freilich unsere Werke, unsere von Natur bösen Werke, an den Tag kommen. Dieser Schritt kann erst da gewagt werden, wo dieses aufdeckende Licht Gottes in Jesus zugleich als das rettende und erneuernde Licht erkannt wird. Wirkliche,

---

[172] Die moderne Psychologie hat gezeigt, wie sehr die uns peinlichen Schulderlebnisse von uns „verdrängt" werden und wie mächtig sich unser Unterbewußtsein dagegen sträubt, sie wieder an den Tag kommen zu lassen. Auch das Märchen vom „Marienkind" schildert den hier gemeinten Tatbestand in bewegender Deutlichkeit: lieber sterben als geschehene Schuld zugeben.

rückhaltlose Buße gibt es nur vor dem Kreuz. Aber diese Buße, dieses Wahrwerden im Licht und dabei dieses „Glauben" an den am Kreuz erhöhten Gottessohn, den Retter für die in sich selbst Verlorenen, das sind Werke, **„die in Gott gewirkt sind"**. Bestätigt wird das durch Jesu eigene Antwort auf die Frage, wie man denn „Gottes Werke wirken könne". „Das ist Gottes Werk, daß ihr an den glaubt, den er gesandt hat" (6, 28 f).

Der Mensch aber, der so „die **Wahrheit tut**", ist nicht mehr „Fleisch". Er ist von oben gezeugt und von neuem geboren und kann darum die Königsherrschaft Gottes sehen und in sie eingehen. Ja, er lebt jetzt schon in ihr „errettet aus der Macht der Finsternis und versetzt in das Reich des geliebten Sohnes" (Kol 1, 13). Auch dies zeigt die Geschichte der Verkündigung von Jesus in allen Jahrhunderten in allen Erdteilen, unter allen Völkern. Nikodemus kam nur, um mit dem „Lehrer" Jesus ein theologisches Gespräch zu führen und von ihm zu hören, welche Stellung er eigentlich für sich in Anspruch nehme. Jesus aber hat ihn vor die Entscheidung gestellt, die Wahrheit zu tun und an das Licht zu kommen oder in der Verlorenheit zu bleiben. Nur in solcher Entscheidung wird es uns offenbar, ob Jesus tatsächlich nur ein großer Lehrer oder wesenhaft der Messias und der Geber des Lebens an Verlorene ist. Johannes sagt uns kein Wort über den Ausgang des Gesprächs. Das gehört mit zum Wahrheitsernst seiner Darstellung. Ein erfundenes „Nikodemusgespräch" hätte es sich nicht nehmen lassen, den Sieg Jesu über den hochgestellten Pharisäer zu zeigen.

Nikodemus kam nicht von Jesus los, wie die späteren Nachrichten zeigen. Aber auch 19, 39 ist noch nicht das Zeugnis jener Geburt von oben, über die Jesus mit ihm gesprochen hatte.

DAS LETZTE ZEUGNIS DES TÄUFERS

Johannes 3, 22—36

22 Danach kam Jesus und seine Jünger in das jüdische Land, und
23 dort verweilte er mit ihnen und taufte. * Es war aber auch Johannes taufend tätig in Ainon nahe bei Salim, weil Wasser in reicher Menge dort war. Und sie kamen herbei und ließen sich taufen.
24 * Denn noch war Johannes nicht in das Gefängnis geworfen.
25 * Es entstand nun ein Streitgespräch seitens der Jünger des Johan-
26 nes mit einem Juden über die Reinigung. * Und sie kamen zu

zu Vers 22:
Jo 4, 1. 2
zu Vers 24:
Mt 14, 3
Mk 1, 14
zu Vers 26:
Mt 3, 11. 13
Jo 1, 26—34

Johannes 3, 22—36

zu Vers 27:
Mt 28, 18
Jo 6, 65
19, 11
1 Ko 4, 7
zu Vers 28:
Mt 11, 10
Lk 3, 15—17
Jo 1, 20. 23. 27
zu Vers 29:
Mt 9, 15
22, 2
Mk 2, 19
Jo 15, 11
17, 3
2 Ko 11, 2
Offb 22, 17
zu Vers 31:
1 Ko 15, 47
zu Vers 33:
Rö 8, 16
1 Jo 5, 10
zu Vers 35:
Mt 11, 27
28, 18
Jo 5, 20
10, 17
16, 27
17, 2
Phil 2, 9
zu Vers 36:
Lk 3, 7
Jo 3, 18
Rö 2, 8
11, 20. 30—32
Eph. 2, 3
1 Jo 5, 12
Hbr 3, 18 f

Johannes und sprachen zu ihm: Rabbi, der bei dir war jenseits des Jordans, für den du Zeugnis abgelegt hast, siehe er tauft, 27 und alle kommen zu ihm. * Johannes antwortete und sprach: Ein Mensch kann sich nichts nehmen, wenn es ihm nicht gegeben ist 28 aus dem Himmel. * Ihr selber seid meine Zeugen, daß ich sagte: Nicht bin ich der Messias, sondern ich bin vor ihm hergesendet. 29 * Wer die Braut hat, ist Bräutigam. Aber der Freund des Bräutigams, der steht und ihn hört, freut sich mit Freude über die Stimme des Bräutigams. Diese meine Freude ist nun erfüllt. * Er muß 30
31 wachsen, ich aber abnehmen. * Der von oben Kommende ist über allen. Wer von der Erde ist, der ist von der Erde und redet von der 32 Erde. Wer aus dem Himmel kommt, ist über alle. * Was er gesehen hat und gehört hat, das bezeugt er; und sein Zeugnis nimmt 33 niemand an. * Wer sein Zeugnis annimmt, hat [damit] besiegelt, 34 daß Gott wahrhaftig ist. * Denn welchen Gott gesandt hat, der 35 redet die Worte Gottes; denn ohne Maß gibt er den Geist. * Der Vater liebt den Sohn, und alles hat er in seine Hand gegeben. 36 Wer an den Sohn glaubt, hat ewiges Leben; wer aber dem Sohn ungehorsam ist, wird Leben nicht sehen, sondern der Zorn Gottes bleibt auf ihm.

22

23

Jesus war zum Passa nach Jerusalem gekommen wie viele andere Festpilger. In Jerusalem länger zu bleiben, ist nicht seine Absicht, so bedeutsam seine erste Wirksamkeit dort auch geworden war. Jesus kehrt aber nicht einfach nach Galiläa zurück, wie wir es nach dem ganzen Bild, das die Synoptiker zeichnen, unwillkürlich denken, sondern „danach kam Jesus und seine Jünger in das jüdische Land, und dort verweilte er mit ihnen und taufte". Wir merken, der Apostel und Augenzeuge Johannes kann uns etwas schildern, was wir ohne ihn niemals wissen würden. Es kommt zu einem längeren Aufenthalt Jesu mit seinen Jüngern in der Landschaft Judäa. Diese Landschaft reicht an den Jordan heran; dort werden wir uns Jesus taufend zu denken haben. Wir sahen, wie Jesus nicht bei dem Täufer blieb und nicht unmittelbar in die Täuferbewegung mit eintrat (1, 43). Aber die Taufe, wie Johannes sie übte, ist für Jesus so sehr Gottes gegenwärtiger Wille und nicht nur eine eigenständige Sache des Täufers, daß Jesus auch seinerseits diesen Willen Gottes mit vollzieht. Damit wird unser Verständnis des Wortes Jesu von „Wasser" und „Geist" in 3, 5 bestätigt. Das „Wasser" der Bußtaufe des Johannes hat für Jesus eine solche unabdingbare Notwendigkeit für den Weg zum Heil, daß er es selber anwendet. Auf dieses „Wasser", nicht auf das spätere christliche Taufen blickte er, als er mit Nikodemus sprach.

Der Täufer setzt seine eigene Tauftätigkeit fort. Johannes weiß genau, wo sie sich vollzog: **„Es war aber auch Johannes taufend tätig in Ainon nahe bei Salim, weil Wasser in reicher Menge dort war."** Wir kennen die Lage beider Ort nicht mit Sicherheit. Immerhin bezeugt Hieronymus (etwa 345—420), der seit 386 Leiter eines Klosters in Bethlehem war, einen Ort gleichen Namens 12 km südlich von Skythopolis. Und es gibt heute noch ein „Salim" fünfeinhalb km östlich von Sichem. Danach hätte Johannes seine Tauftätigkeit von „Bethanien jenseits des Jordan" (vgl. zu 1, 28) weiter nach Norden verlegt. Es wird dann der Zusatz besonders wichtig, daß Menschen auch dorthin in die weiter entfernte Gegend **„herbeikamen und sich taufen ließen"**. Johannes hat von Anfang an die Einsamkeit gesucht und von denen, die nach dem Heil fragten, erwartet, daß sie ihrerseits zu ihm kamen. Jesus ging nach Jerusalem und wirkte sogleich in voller Öffentlichkeit in der Hauptstadt seines Volkes und stellte Israel als ganzes vor die Entscheidung. Hier zeigt sich ein bedeutsamer Unterschied zwischen dem Täufer und dem, der selber der Messias ist.

Der Evangelist stellt dabei ausdrücklich fest: **„Denn noch war Johannes nicht in das Gefängnis geworfen."** Damit berichtigt er bewußt den Bericht, den Mk 1, 14 gibt, dem zufolge Jesus erst nach der Verhaftung des Täufers seine öffentliche Wirksamkeit begonnen habe. Das ist ein nicht ganz zutreffendes Bild. Wir sollen aus dem Mund eines Augenzeugen wissen, daß der Täufer und Jesus eine zeitlang nebeneinander in Gottes Sendung tätig waren, wenn auch an getrennten Orten.

Dieses Nebeneinander wird zum Gegenstand eines Streites: **„Es entstand nun ein Streitgespräch seitens der Jünger des Johannes mit einem Juden über die Reinigung."** Über den genauen Inhalt dieser Auseinandersetzung wird uns nichts gesagt. Es könnte sich dabei ganz allgemein um Fragen der **„Reinigung"** gehandelt haben, etwa um das Verhältnis der neuen „Taufe" zu den vielen „Waschungen", die jeder Jude kannte und vollzog. Das Folgende zeigt aber, daß von seiten eines Juden offenbar gefragt worden ist, ob die **„Reinigung"** durch die Taufe bei Jesus nicht wirksamer sei als bei Johannes, da sie noch weit mehr begehrt werde und den Zustrom der Menschen immer mehr auf sich ziehe. Die Jünger des Johannes, bewegt von dieser Frage, wenden sich an Johannes selbst **„und sprachen zu ihm: Rabbi, der bei dir war jenseits des Jordans, für den du Zeugnis abgelegt hast, siehe, er tauft und alle kommen zu ihm."** Ihr Meister soll selbst zu dieser Tatsache Stellung nehmen und dadurch auch ihnen helfen, eine für sie bedrückende Entwicklung der Dinge in rechter Weise zu verstehen.

So kommt es zu einem erneuten Zeugnis des Täufers, zu dem letzten, das uns Johannes berichtet. Bald danach wird die Verhaftung und das Ende des Täufers gekommen sein[173]. Dieses letzte Zeugnis nimmt zunächst die früheren Aussagen auf und erinnert die Johannes-Jünger ausdrücklich daran: **„Ihr selber seid meine Zeugen, daß ich sagte: Nicht bin ich der Messias, sondern ich bin vor ihm hergesendet."** Aber es ist ein kurzer Satz vorangestellt, der den fragenden Jüngern von vornherein die rechte Einstellung geben soll. **„Johannes antwortete und sprach: Ein Mensch kann sich nichts nehmen, wenn es ihm nicht gegeben ist aus dem Himmel."** Das ist wohl eine allgemeine menschliche Wahrheit („ein Mensch"), trotz aller Anmaßung und aller Scheinerfolge in der Welt. Eindeutig aber gilt es für jedes Wirken in der Geschichte Gottes. Alles eigene **„Nehmen"**, wie leidenschaftlich es erfolgt und wie großartig es eine Zeitlang aussehen mag, bleibt völlig vergeblich[174] und ohne eigentliche Wirkung[175]. Die Jünger dürfen darin stille werden. Ihr Meister konnte und kann nur das tun, was ihm von Gott als Auftrag und Vollmacht gegeben war. Größe und Grenze seines Wirkens liegt in der Bestimmung: **„vor dem Messias hergesendet."** Aber auch Jesus nimmt sich **„nichts"** mit eigener Anmaßung. Ihm ist wirklich das ganz andere **„gegeben"**, selber der Messias zu sein.

29 Und nun verdeutlicht der Täufer seine früheren Zeugnisse in einer herrlichen Weise. Wir sehen dabei in ein Stück wirklicher Geschichte hinein, die der Täufer durchlebt hat. Der Täufer benutzt als Bild die damaligen Hochzeitsbräuche. Das lag dadurch nahe, daß allgemein die messianische Zeit als „Hochzeitszeit" galt. Seit das „Hohelied Salomos" in den Kanon des AT aufgenommen war und sinnbildlich ausgelegt wurde, sah man in „Israel", in der „Gemeinde" die „Braut" Gottes. Durch Hoseas einzigartige Verkündigung (Hos 1 und 2) war das vorbereitet. So ist auch das, was der Täufer jetzt seinen Jüngern sagt, einerseits ein einfaches Gleichnis aus dem Leben. Zugleich aber muß es sofort „messianisch" gehört und verstanden werden. **„Wer die Braut hat, ist Bräutigam. Aber der Freund des Bräutigams, der steht und ihn hört, freut sich mit Freude über die Stimme des Bräutigams."** Der „Freund des Bräutigams" ist nicht einfach nur irgendeiner seiner Freunde. Er ist vielmehr der bedeutsame Freund, den er zur Werbung um das Mädchen gesandt hat, der das Ja-Wort der

---

[173] Einige Handschriften beschließen unsern Abschnitt nach V. 36 mit der Bemerkung: „Und danach wurde Johannes dahingegeben."

[174] Darum hat im grie Text das Wort „kann" in unserm Satz die Bedeutung: „Er hat dazu nicht die Macht, er ist dazu einfach nicht imstande."

[175] Wie schwer lernen wir das, die wir das Gift des Sündenfalles, die falsche Eigenmächtigkeit und Selbstherrlichkeit, im Blut haben.

Brauteltern für ihn erlangte und nun dem Bräutigam die Braut zugeführt hat. Jetzt am Hochzeitstage ist er am Ziel seines Wirkens und hat seine helle Freude an der „**Stimme des Bräutigams**", die von seiner Liebe zur Braut spricht. So „**steht**" dieser Freund da, eben durch dieses „**Zeichen**" herausgehoben aus der großen Schar der sitzenden oder liegenden Hochzeitsgäste; „**Bräutigam**" aber ist eindeutig nur der andere, „**der die Braut hat**". Johannes weiß sich Jesus gegenüber als dieser „**Freund**". Seine Aufgabe war, Israel für das Kommen des Messias zuzubereiten, ihm ein bereitetes Volk als „Braut" zu werben und zuzuführen (Lk 1, 17). Diese Aufgabe ist erfüllt. Der Bräutigam ist da, seine „**Stimme**" ist zu hören. Nun kann und will Johannes keine andere Freude haben als diese Freude des „Freundes". Er spricht es aus: „**Diese meine Freude ist nun erfüllt.**" Jesus allein ist wichtig, weil er der Bräutigam ist, der „**die Braut hat**". Darum ist es völlig richtig, wenn Jesus wächst und Johannes abnimmt. „**Er muß wachsen, ich aber abnehmen.**" Das geschieht jetzt schon in jener Wendung der Taufbewegung, die den Johannes-Jüngern Sorge macht. Um Johannes wird es stiller, zu Jesus kommen „**alle**". Und bald wird dieses „**Abnehmen**" noch viel ernster werden. Johannes, das mächtige Haupt der Erweckungsbewegung, wird im einsamen Kerker verschwinden und durch den Haß einer Frau und den sinnlichen Tanz eines Mädchens das Leben verlieren. Jesus aber wird „**wachsen**" zum „**Kyrios**", zum Herrn und Retter, zum Haupt der neuen Gemeinde der Wiedergeborenen, die das Leben des kommenden Äon jetzt schon haben dürfen.

Johannes aber hat dies völlig bejaht und eine heilige Notwendigkeit darin erkannt. Darum sagt er seinen Jüngern, so „**müsse**" es sein. Er hat damit der Gemeinde Jesu und allen ihren Dienern und Dienerinnen eine unvergeßliche Regel gegeben. Alle Wirksamkeit in der Gemeinde kann nur dazu dienen, daß Jesus „**wächst**" und groß wird. Alle menschliche „**Größe**" muß dagegen „**abnehmen**" und zunichte werden. Diener und Dienerinnen Jesu dürfen wie Johannes mit voller Freude einverstanden sein, wenn dieses „**Abnehmen**" manchmal sehr real und schmerzhaft geschieht[176].

Die Rede des Täufers wird nur bis hierher gehen. Sie wird aufgenommen und unmittelbar fortgesetzt durch das Zeugnis des Evangelisten, der für die Gemeinde grundsätzlich und umfassend ausspricht, was der Täufer von seinem Standort aus seinen Jüngern gesagt hatte.

---

[176] Von da aus wird auch die Eifersucht überwunden, die als besonders häßliche Erscheinungsform unserer Grundsünde, unserer Ichhaftigkeit, so leicht Diener und Dienerinnen des Herrn entzweit. „Wenn Jesus seine Gnadenzeit bald hier, bald dort verklärt, so freu dich der Barmherzigkeit, die andern widerfährt" (Zinzendorf). Es geht allein um Jesus und das Großwerden seiner Gnade.

31 **„Der von oben Kommende ist über alles."** Zwischen Jesus und dem Täufer (und allen „Großen" im Reich Gottes) ist nicht nur ein gradmäßiger Unterschied in der Größe dessen, was sie aus dem Himmel bekamen. Hier waltet vielmehr ein qualitativer Gegensatz des ganzen Wesens. **„Wer von der Erde ist, der ist von der Erde und redet von der Erde."** Johannes der Täufer oder der Evangelist spricht vom **„Sein"** von der Erde, und unterstreicht dieses „Sein" noch einmal: der **„ist"** von der Erde, und sein ganzes Wesen ist notwendig von der **„Erde"** bestimmt. Aus dieser Bestimmtheit kann er auch beim reinsten Willen nicht heraus, auch nicht in seinen höchsten geistigen Leistungen. Darum „redet er von der Erde".

Von völlig anderer Art ist der, der nicht **„von der Erde ist"**, sondern **„aus dem Himmel kommt"**[177]. Er ist **„über allen"**. Das ist in sich selbst klar. Wir aber müssen nicht mehr fragen, ob es einen solchen **„aus dem Himmel Kommenden"** überhaupt gibt und wer es wohl sei. Von Jesus ist es gesagt. Das doppelte Zeugnis unseres Satzes: **„Der von oben Kommende, der aus dem Himmel Kommende ist über allen"** gilt Jesus und seiner Herrlichkeit. Um seiner Herkunft willen, die sein Wesen bestimmt, ist Jesus allen Menschen überlegen, auch den größten, die je waren oder je noch sein werden. Denn **„aus der Erde sein"** oder **„aus dem Himmel kommen"**, das ergibt einen totalen Gegensatz, der von keiner menschlichen Größe auch nur im geringsten abgeändert werden kann[178].

32 Dieser aus dem Himmel Kommende ist allein imstande, ein wirklicher „Zeuge" der himmlischen Dinge, der Wahrheit und der Wirklichkeit Gottes zu sein. **„Was er gesehen hat und gehört hat, das bezeugt er."** Wir denken an das Nikodemusgespräch in Kap. 3 zurück. Auch Jesus ist **„Zeuge"**. Ja, er gerade ist es im höchsten und reinsten Sinn, der „treue und wahrhaftige Zeuge", wie er sich selbst in der Offenbarung nennt (Offb 3, 14). Er **„bezeugt"** das Größte, was es gibt, Gottes Wahrheit, und er allein bezeugt sie ganz und klar. Denn er allein erfüllt die Bedingung des wirklichen „Zeugen", selber „ge-

---

[177] Diese Aussage ist zugleich Abwehr der „Gnosis". Das gnostische Denken sah vom griechischen Idealismus (Plato!) her in der Seele jedes Menschen etwas, das „von oben" „aus dem Himmel" gekommen sei und jetzt im Leib, der „von der Erde" ist, gefangen liege. „Erlösung" sei Befreiung der „Seele" aus dem „Kerker" des Leibes. Das Evangelium dagegen sieht den ganzen Menschen in seinem Wesen als „von der Erde". Einzig Jesus ist „aus dem Himmel". Darum bedarf der ganze Mensch, gerade auch in seinem geistigen Leben, der Errettung. Sie ist nicht Errettung aus dem Leibe, sondern aus der Sünde.

[178] Hierin gründet der unbedingte Widerspruch gegen jede „alte" oder „moderne" Theologie, die heimlich oder in aller Offenheit lehrt, daß Jesus nur ein Mensch gewesen sei. Wenn Jesus nicht „von oben", „aus dem Himmel" kam, sondern wie jeder Mensch „aus der Erde" und dann natürlich auch von dort her redet — was hilft er uns?

sehen und gehört" zu haben. Aber wieder, wie schon in 1, 5; 1, 10 f; 3, 11, kommt die Feststellung der unbegreiflichen Tatsache: „**und sein Zeugnis nimmt niemand an.**" Die Frage nach Gott, nach seinem Wesen und Willen, ist die über alles entscheidende Frage. In Jesus steht der einzige in der Welt, der als „Zeuge" diese Frage beantworten kann, weil er aus dem Himmel kommt. Und diese Antwort, dieser Zeuge wird ausgeschlagen!

Aber wieder wie in 1, 10—12 tritt der ersten Aussage mit ihrem scheinbar absoluten „niemand" eine andere entgegen, die dennoch von Menschen sprechen kann, die auf das Wort Jesu hören. „**Wer sein Zeugnis annimmt, hat [damit] besiegelt, daß Gott wahrhaftig ist.**" Gerade auf diese widersprüchliche Weise schildert Johannes die Wirklichkeit zutreffend. Wenn wir mit dem Wissen um die Einzigartigkeit des Zeugnisses Jesu über den Erdball hinblicken, wo Millionen über Millionen nicht einmal einen Augenblick auf dieses Zeugnis hinhören, dann geht es uns durchs Herz: „**und sein Zeugnis nimmt niemand an.**" Und doch, wenn wir den Erdball durchreisen, finden wir überall, selbst in den entlegensten Winkeln, Menschen, die die Botschaft angenommen haben. Sie haben „**damit besiegelt, daß Gott wahrhaftig ist**". Das ist eine Aussage, die uns verwundert. Ist es nicht gerade umgekehrt, daß Gott den Glaubenden versiegelt (2 Ko 1, 22)? Kann ein Mensch die Wahrhaftigkeit Gottes besiegeln? O ja, der Glaubende tut das, indem er „glaubt". Er setzt damit sein Siegel unter die Zusage Gottes. Er bekennt, daß Gott uns nicht belügt und irreführt, sondern daß er „wahrhaftig" ist und uns auf den Fels heiliger und seliger Wirklichkeit stellt. Glaube ist nicht ein unbestimmtes religiöses Gefühl, nicht ein unsicheres Denken und Meinen. Glaube hat es im höchsten Sinn mit Wahrheit zu tun. Glaube hat seinen festen Halt darin, daß er Gottes Wahrheit und Wahrhaftigkeit ehrt. Und es ist umgekehrt das Sündhafte am Unglauben, daß er Gott zum Lügner macht.

Aber wieso besiegle ich Gottes Wahrhaftigkeit, wenn ich Jesu Zeugnis annehme? „**Denn welchen Gott gesandt hat, der redet die Worte Gottes.**" Darin ist Jesus ein echter „Zeuge", daß er nichts eigenes sagt, sondern als der von Gott Gesandte auch nur „**die Worte Gottes redet**". Dabei ist hier nicht von Gottes „Wörtern" („logoi"), sondern von jenen „Worten" („rhemata", hbr „debarim") gesprochen, die „Tatworte", wirksame, Geschichte schaffende Worte sind. Jesus kann so unmittelbar diese Geschehensworte Gottes reden, weil er Empfänger und Träger des Geistes Gottes ist. Und „**ohne Maß gibt Gott den Geist**". Das kann freilich, wie der folgende Vers zeigt, nur „vom Sohn" gesagt werden, noch nicht von den Propheten, die nur jeweils für bestimmte Aufträge Geisteserleuchtungen und Geisteswirkungen empfingen, also den Geist nur in bestimmtem „Maß" hatten. Für den Sohn aber gilt das **„ohne Maß"**. Wenn es wörtlich heißt **„nicht aus Maß"**, dann ist anschaulich daran gedacht, wie der Verkäufer seine Ware in sein Maß füllt, um sie dann abgemessen aus dem Maß dem Käufer in sein Gefäß zu schütten (vgl. Lk 6, 38). So macht es Gott nicht, wenn er dem geliebten Sohn den göttlichen Geist verleiht. Rückhaltlos und ganz hat Gott ihm den Geist geschenkt; darum setzt jeder, der Jesu Zeugnis annimmt, damit sein Siegel unter die Wahrhaftigkeit und Zuverlässigkeit Gottes. Im glaubenden Hören auf Jesus wird Gott gerade nicht beiseite gesetzt, sondern geehrt und als treu und wahr anerkannt.

35 Damit sind wir auf einen charakteristischen Zug gestoßen, der durch die Botschaft des Johannes in seinem Evangelium geht. Ihm liegt daran, die volle Einheit zwischen Jesus und Gott, zwischen dem Vater und dem Sohn zu zeigen. Es muß damals schon jene Sorge gegeben haben, auf die wir heute sogar in kirchlichen Kreisen häufig stoßen, als „verdrängten" wir mit unserm Zeugnis von Jesus Gott selbst und minderten die Ehre des Vaters, indem wir den Sohn so in den Mittelpunkt unserer Lieder, unserer Predigt, unseres Rühmens und Dankens stellten. Nein, hier ist nichts zu befürchten[179]. **„Der Vater liebt den Sohn, und alles hat er in seine Hand gegeben."** Wir haben nicht unser eifersüchtiges Denken in Gottes oder Jesu Herz hineinzutragen. Zwischen Vater und Sohn waltet die lautere, klare Liebe. Liebe aber gibt, Liebe macht den Geliebten reich, Liebe freut sich, wenn der Geliebte im ganzen Reichtum des Beschenktseins gesehen und anerkannt wird. Nicht nur „etwas", nicht nur „viel", nein „alles" hat Gott in die Hand Jesu gegeben. Dann entspricht es nur dem göttlichen Willen und ehrt Gottes eigenes Tun, wenn wir nun auch „alles" in Jesus suchen und finden.

Darum entscheidet sich an unserer Stellung zu Jesus unser Leben.

36 **„Wer an den Sohn glaubt, hat ewiges Leben; wer aber dem Sohn Gottes ungehorsam ist, wird Leben nicht sehen, sondern der Zorn Gottes bleibt auf ihm."** Es heißt nicht: „Wer an Gott glaubt"; das wäre eine völlig unbestimmte und unserer eigenen Gedankenwillkür ausgelieferte Sache. Es heißt auch nicht: „Wer an den Vater glaubt." Der Vater ist nirgends anders zu finden und will nirgends anders zu finden sein als „im Sohn", in Jesus. Wer aber an Jesus glaubt, sich ihm völlig anvertraut, der hat damit ewiges Leben. Noch einmal wird das einfache, klare „Haben" dieses Lebens ausgesagt. Er wird es nicht erst nach dem Tode oder am Jüngsten Tage hoffentlich einmal haben,

---

[179] Vgl. dazu die Ausführungen auf S. 169.

sondern er „hat" es jetzt, er lebt jetzt schon äonisches Leben, eben indem er an Jesus glaubt. Die Botschaft von Jesus vertröstet nicht auf eine ungewisse Zukunft, sondern ruft den Menschen zum Empfangen und Haben des Lebens heute und hier.

Dieser unerhörten Zusage wird aber, wie schon in Vers 18, eine Drohung zur Seite gestellt, die in ihrer Schrecklichkeit der Herrlichkeit der Zusage genau entspricht und diese Zusage vor jedem oberflächlichen Mißverständnis schützt. Johannes hat dabei nicht nur um der sprachlichen Abwechslung willen die Formulierung „wer nicht an den Sohn glaubt" durch die Aussage **„wer dem Sohn Gottes ungehorsam ist"** ersetzt. Er faßt genau wie Paulus (Rö 1, 16; 2 Th 1, 8) das „Glauben" als ein „Gehorchen". Glaube ist nicht ein willkürliches Bejahen irgendwelcher Lehren und Anschauungen. Glaube ist Gehorsam gegen den, der uns mit dem Licht der göttlichen Wahrheit begegnet[180]. Darum ist die Ablehnung Jesu nicht eine freie Sache meiner eigenen Meinung, die ich nach Belieben unternehmen kann, ohne daß dies für mein Leben etwas bedeutete. Ablehnung Jesu ist ein Akt des Ungehorsams, der notwendig zur Folge hat, daß ich das Leben nicht sehen werde. Dabei ist im Text das Wort „Leben" ohne den bestimmten Artikel gebraucht. Wer Jesus den Glaubensgehorsam verweigert, der **„wird Leben nicht sehen"**. Er hat alles Anrecht auf „Leben" verwirkt. Nichts von dem, was „Leben" ist, wird er sehen. Ja, von ihm ist noch Schlimmeres zu sagen. **„Der Zorn Gottes bleibt auf ihm."** Johannes setzt genau wie Paulus (Rö 1, 18) voraus, daß der Zorn Gottes über der gesamten Menschheit liegt. Einzig dort, wo der sündlose Gottessohn zur Sünde gemacht ist und so als das Lamm Gottes die Sünde der Welt wegträgt, ist dieser Zorn Gottes aufgehoben. Nur wer dort im Glauben seinen Platz einnimmt, ist vom Zorn Gottes frei. Wer aber den gehorsamen Glaubensschritt zu Jesus ablehnt, der bleibt mit Notwendigkeit unter dem Zorn Gottes. Keine eigene Frömmigkeit, kein eigenes „Gutsein" kann ihn vor dem Zorn Gottes retten. Er hat in seinem Unglauben die einzige Rettung ausgeschlagen. So muß er dahingehen unter der Last des Zornes Gottes. Welch ein Dasein ist das schon jetzt. Und welch eine Ewigkeit wird daraus werden! Wie erschreckend und doch helfend und heilsam ist es, daß dieses Kapitel, das uns das „Evangelium im Evangelium", das weltbekannte Wort von der Liebe Gottes brachte, mit diesem Wort von dem Zorn Gottes schließt. Erst Vers 16 und Vers 36 miteinander

---

[180] Glaube ist in diesem Sinn auch kein „Wagnis", kein „Sprung" ins Ungewisse, bei dem wir es einmal erproben wollen, ob an Gott wohl etwas sei. Gott hat freilich die Freiheit, auch solchen gewagten Glauben zu bestätigen. Aber das eigentliche Wesen des echten Glaubens ist das nicht. Glaube ist ein inneres Überwundensein von der Wahrheit, der ich nun „gehorchen" muß.

sagen uns die ganze Wahrheit. Jeder Vers schützt den andern vor
Mißverständnissen. Vom „Zorn" Gottes reden wir nur recht, wenn
wir mit aller Kraft die Liebe Gottes verkündigen, die uns die Rettung
aus dem Zorn bereitet hat. Aber die „Liebe" Gottes verkündigen wir
nur recht, wenn wir den ganzen Ernst des Zornes Gottes dabei nicht
verbergen. Es muß gesagt werden, daß über jedem, der Gottes Liebe
in der Hingabe des Sohnes verachtet, der Zorn Gottes „bleibt". Jedes Spielen mit dem Gedanken einer „Allversöhnung" ist uns durch
dieses Wort verboten.

DIE WIRKSAMKEIT JESU
IN SAMARIA

Johannes 4, 1—42

zu Vers 1:
Jo 3, 22. 26

zu Vers 2:
1 Ko 1, 17

zu Vers 4:
Lk 9, 52

zu Vers 5:
Jos 24, 32

zu Vers 6—8:
Mk 4, 38

zu Vers 9:
Lk 9, 52 f

zu Vers 10:
Ps 36, 10
Jo 7, 38 f
Offb 21, 6

zu Vers 14:
Jes 49, 10
Jes 55, 1
58, 11
Jo 6, 27. 35. 48
7, 38 f

zu Vers 19:
Lk 7, 39
Jo 1, 49
9, 17
1 Ko 14, 24 f

zu Vers 20:
5 Mo 12, 5 f
Ps 122

1 Als nun der Herr erfuhr, daß die Pharisäer gehört hatten, Jesus
2 mache und taufe mehr Jünger als Johannes * — freilich, Jesus
3 selbst taufte nicht, sondern seine Jünger —, * verließ er Judäa und
4 zog wieder nach Galiläa. * Er mußte aber durch Samaria hindurch-
5 wandern. * Er kommt nun in eine ,Stadt Samarias mit Namen
Sychar, nahe bei dem Grundstück, das Jakob seinem Sohn Joseph
6 gab. * Dort war aber die Jakobs-Quelle. Jesus setzte sich nun, ermüdet von der Wanderung, so an die Quelle. Es war etwa die
7 Mittagsstunde. * Da kommt eine Frau aus Samaria, Wasser zu
8 schöpfen. Jesus sagt zu ihr: Gib mir zu trinken. * Denn seine Jünger waren fortgegangen in die Stadt, um Lebensmittel zu kaufen.
9 Es sagt nun zu ihm die samaritische Frau: Wie bittest du, der du
ein Jude bist, von mir zu trinken, die ich eine samaritische Frau
10 bin? denn Juden verkehren nicht mit Samaritern. * Jesus antwortete und spricht zu ihr: Wenn du die Gabe Gottes kenntest und
wer es ist, der zu dir sagt: Gib mir zu trinken, du würdest dann
11 ihn bitten, und er gäbe dir lebendiges Wasser. * Sie sagt zu ihm:
Du hast nicht einmal einen Schöpfeimer, und der Brunnen ist tief;
12 woher hast du denn das lebendige Wasser? * Bist du etwa größer
als unser Vater Jakob, der uns den Brunnen gegraben hat, und
13 er selbst trank aus ihm und seine Söhne und sein Vieh? * Jesus
antwortete und sprach zu ihr: Jeder, der von diesem Wasser trinkt,
14 wird wieder dürsten. * Wer aber von dem Wasser trinkt, das ich
ihm geben werde, der wird in Ewigkeit nicht mehr dürsten; sondern das Wasser, das ich ihm geben werde, wird in ihm werden
15 eine Quelle von Wasser, das zu ewigem Leben sprudelt. * Sagt zu
ihm die Frau: Herr, gib mir dieses Wasser, damit ich nicht dürste

Johannes 4, 1—42

16 und auch nicht herzukommen brauche, um zu schöpfen. * Er sagt
17 zu ihr: Geh, rufe deinen Mann und komm hierher. * Die Frau antwortete und sprach: Ich habe keinen Mann. Jesus sagt zu ihr: Mit
18 Recht hast du gesagt, ich habe keinen Mann. * Denn fünf Männer hast du gehabt; und den du jetzt hast, ist gar nicht dein Mann. Dies
19 hast du wahr gesagt. * Die Frau sagt zu ihm: Herr, ich sehe, daß du
20 ein Prophet bist. * Unsere Väter haben auf diesem Berge angebetet, und ihr sagt, in Jerusalem ist der Ort, wo man anbeten muß.
21 Jesus sagt zu ihr: Glaube mir, Frau, es kommt eine Stunde, da ihr weder auf diesem Berge noch in Jerusalem den Vater anbeten
22 werdet. * I h r betet an, was ihr nicht kennt; w i r beten an, was
23 wir kennen; denn das Heil stammt von den Juden her. * Aber es kommt eine Stunde und ist schon jetzt da, daß die wahrhaftigen Anbeter den Vater anbeten werden in Geist und Wahrheit. Denn
24 auch der Vater wünscht sich solche zu seinen Anbetern. * Geist ist Gott, und die (ihn) anbeten, müssen in Geist und Wahrheit
25 anbeten. * Die Frau sagt zu ihm: Ich weiß, der Messias kommt, der sogenannte Christus; wenn er kommt, wird er uns alles ver-
26 kündigen. * Jesus sagt zu ihr: Ich bin es, der mit dir redet.
27 * Und über dem kamen seine Jünger, und sie wunderten sich, daß er mit einer Frau redete. Keiner freilich sprach: Was willst du,
28 oder was redest du mit ihr? * Da ließ die Frau ihren Wasserkrug
29 stehen und ging fort in die Stadt und sagt den Leuten: * Kommt, seht einen Menschen, der mir alles gesagt hat, was ich getan habe.
30 Dieser ist doch nicht etwa der Christus? * Sie gingen aus der Stadt und kamen zu ihm.
31 * Inzwischen baten ihn seine Jünger und sagten: Rabbi iß!
32 *Er aber sprach zu ihnen: Ich habe eine Speise zu essen, die ihr
33 nicht kennt. * Da sagten seine Jünger zueinander: Hat ihm etwa
34 einer zu essen gebracht? * Jesus sagt zu ihnen: Meine Speise ist, daß ich tue den Willen dessen, der mich sandte, und sein Werk
35 vollende. * Sagt ihr nicht: Es dauert noch vier Monate, dann kommt die Ernte? Siehe, ich sage euch: Erhebet eure Augen und
36 seht die Felder: Sie sind weiß zur Ernte. * Schon empfängt der Schnitter Lohn und sammelt Frucht zu ewigem Leben, so daß der
37 Säende zugleich sich freut mit dem Erntenden. * Denn in diesem [Falle] ist das Wort wahr, daß ein anderer es ist, der sät, und ein
38 anderer, der erntet. * Ich habe euch gesandt zu ernten, was ihr nicht gearbeitet habt; andere haben gearbeitet, und ihr seid in ihre Arbeit eingetreten.
39 * Aus jener Stadt aber kamen viele der Samariter zum Glauben an ihn um des Wortes der Frau willen, die bezeugte: Er hat mir
40 alles gesagt, was ich getan habe. * Wie nun die Samariter zu ihm

zu Vers 21:
Mal 1, 11
Apg 6, 14
zu Vers 22:
2 Kön 17, 29—
Jes 2, 3
Rö 11, 18
zu Vers 23:
Eph 2, 18
1 Jo 5, 6
zu Vers 24:
Rö 12, 1
2 Ko 3, 17
zu Vers 25/26:
Jo 1, 41
9, 37
zu Vers 32—34:
Ps 40, 9
Mt 4, 4
Jo 5, 36
6, 38
17, 4
19, 30
zu Vers 35:
Mt 9, 37
Lk 10, 2
Apg 8, 25
Offb 14, 15
zu Vers 36:
Jes 9, 2
1 Ko 3, 6—9. 1
zu Vers 37:
Hio 31, 8
Mich 6, 15
zu Vers 39/40:
Mt 8, 34
Jo 4, 29
zu Vers 42:
Jo 3, 17
Apg 8, 5—8
1 Jo 4, 14

kamen, baten sie ihn, bei ihnen zu bleiben; und er blieb dort zwei
41 Tage. * Und noch viel mehr kamen zum Glauben um seines Wor-
42 tes willen, * und sie sagten zu der Frau: Nicht mehr um deines
Redens willen glauben wir; denn wir selbst haben gehört und
wissen, dieser ist wirklich der Retter der Welt.

1—3 „Als nun der Herr erfuhr, daß die Pharisäer gehört hatten, Jesus
mache und taufe mehr Jünger als Johannes — freilich, Jesus selbst
taufte nicht, sondern seine Jünger —, verließ er Judäa und zog wieder
nach Galiläa." Die Tätigkeit Jesu in Judäa dürfen wir uns nicht zu
kurz denken. Wenn Jesus in Vers 35 die Jünger rechnen läßt, es
seien noch vier Monate bis zur Ernte, so muß das im Dezember oder
Anfang Januar gewesen sein. Wenn Jesus auch nach dem eigentlichen Passa noch Tage oder selbst Wochen in Jerusalem blieb, so
zieht sich die judäische Wirksamkeit immer noch durch Monate. Nur
so konnte es auch zu einer Bewegung großen Umfanges kommen, die
den Pharisäern ernste Bedenken machte. Judäa ist diejenige Landschaft Palästinas, die am festesten mit Jerusalem verbunden ist. Daher sind die Pharisäer besonders an dem interessiert, was in diesem
Raum vor sich geht. Schon gegenüber Johannes waren sie ablehnend
gewesen und erfuhren ihrerseits dessen harte Kritik (Mt 3, 7—10).
Und nun „machte und taufte Jesus mehr Jünger als Johannes". Dabei
bemerkt der Evangelist, daß Jesus es schon so gehalten hat, wie wir es
später bei den Aposteln Petrus und Paulus (Apg 10, 48; 1 Ko 1, 17)
finden: Ihre eigene entscheidende Aufgabe ist die Verkündigung; das
Taufen überlassen sie andern. Johannes sagt uns nichts von ausdrücklichen Drohungen der pharisäischen Kreise[181] gegen Jesus. Aber
Jesus will auf jeden Fall jetzt noch dem Konflikt ausweichen. Dieses
„Weichen" Jesu ist kennzeichnend. Seine „Stunde" ist noch nicht gekommen. Seine Sache ist nicht ein eigenmächtiger Kampf und ein
menschliches Heldentum. Seine Sache ist Gehorsam gegen den Vater,
der ihn jetzt nicht leiden, sondern wirken heißt (5, 17; 9, 4). So zieht
er sich nach Galiläa zurück[182].

4/5 „Er mußte aber durch Samaria hindurchwandern. Er kommt nun in
eine Stadt Samarias mit Namen Sychar, nahe bei dem Grundstück,
das Jakob seinem Sohn Joseph gab." Jesus hat keinerlei „Pläne" für

---

[181] Johannes sagt „die Pharisäer". Damit bringt er zum Ausdruck, welch eine geschlossene Gruppe sie bildeten. Mochten einzelne Schriftgelehrte unter ihnen hier und da besonders hervortreten, sie entscheiden und handeln dennoch gemeinsam als „die" Pharisäer. Auch ein Nikodemus konnte höchstens einen fragenden Einwand machen, aber am Handeln der Gruppe als solcher nichts ändern (7, 50—52).

[182] Johannes hat mit dieser Angabe die Darstellung des Matthäus (4, 12) zugleich bestätigt und berichtigt.

einen Dienst in der Landschaft Samaria. Sein Ziel ist Galiläa. Nur der Weg geht notwendig durch Samaria. Aber nun „begibt" es sich. Jesus gelangt zu einer Stadt Sychar, die nicht mit dem — freilich ganz nahegelegenen — Sichem verwechselt werden darf. Sie besteht vermutlich bis heute fort in dem Dorf Askar am Fuße des Ebal. Da Sichem in der damaligen Zeit keinerlei Bedeutung gehabt zu haben scheint, kann Johannes uns mit Sychar den bedeutenderen Ort jener Gegend genannt haben. Der Ort liegt **„nahe bei dem Grundstück, das Jakob seinem Sohn Joseph gab".** Auch das samaritische Land hat seine alten, heiligen Überlieferungen. Je lebhafter den Samaritern von den Juden die echte israelitische Herkunft und die wirkliche Zugehörigkeit zum Gottesvolk bestritten wurde, um so eifriger pflegten sie solche Erinnerungen aus der Zeit der Patriarchen. So wissen es auch die Einwohner Sychars mit Stolz: Hier bei ihnen ist jenes Grundstück, das Jakob nach 1 Mo 33, 19 f von den Söhnen Hemors kaufte. Man verband damit die Nachricht in 1 Mo 48, 22, die von einem „Stück Land" sprach, das Jakob dem Joseph als Beigabe zu seinem Erbteil schenkte. Die Verbindung der beiden Stellen fand man in dem, was Jos 24, 32 von der Bestattung der Gebeine Josephs auf dem Grundstück Jakobs erzählt.

Aber nicht das „Grab Josephs", sucht Jesus auf. Von der jüdischen Sitte, Gräber der Väter zu schmücken und zu verehren, hält er nichts (Mt 23, 29). Etwas anderes zieht ihn an. **„Dort war aber die Jakobs-Quelle."** Dafür findet sich im AT kein Beleg, soviel es auch sonst von Brunnen der Väterzeit zu berichten weiß. Aber wie Vers 12 zeigt, sind die Leute von Sychar überzeugt, daß Jakob diesen Brunnen selber hergestellt und mit seinen Söhnen und mit seinem Vieh daraus getrunken hat. Der Brunnen wird zunächst mit dem Wort „Quelle" bezeichnet und dann im Vers 12 mit dem eigentlichen Wort „Brunnen" benannt. Es ist also keine Zisterne, die nur Regenwasser sammelt. Die Wasser dieses Brunnens quellen aus der Erde. Aber auf diese Wasserader war man erst durch graben gestoßen, so daß der Brunnen „tief" ist. Er war ausgemauert und mit einem Deckel versehen. Man mußte einen Eimer in die Tiefe lassen, um das Wasser zu schöpfen. Dieser Jakobsbrunnen ist heute noch ein Stück südlich von Askar zu finden. Wer von Judäa aus auf Sychar zuwanderte, kam zunächst an diesen Brunnen, ehe er die Stadt selbst erreichte[183]. So fand ihn auch Jesus. Die Jünger gehen sofort weiter nach Sychar, um etwas zum Essen einzukaufen (V. 8). Aber **„Jesus setzte sich nun, ermüdet von der Wanderung, so an die Quelle".** Es kann der Brunnen-

6

---

[183] Wir sehen, welch sehr genaue Ortskenntnis Johannes besitzt.

rand gewesen sein, auf den er sich niederließ, oder sonst ein Platz unter einem Baum, der zum Sitzen einlud. Jedenfalls setzt sich Jesus „**so**" nieder, d. h. ohne weiteren Umstand, so, wie er müde von der Wanderung kam. Das Wort wurde wirklich „Fleisch". Jesus ist ein echter Mensch, der die Ermattung kennt und ein Ausruhen sucht.

7 Doch er kommt nicht zur Ruhe. Denn „**da kommt eine Frau aus Samaria, Wasser zu schöpfen**". Die Angabe „aus Samaria" gehört nicht zu „sie kommt", sondern zu „eine Frau". Die Frau „kommt" aus dem nahen Sychar, nicht aus dem weitentfernten Nablus, das auf den Trümmern der alten Stadt Samaria erbaut war. Aber sie stammt aus der Landschaft Samaria. Sie ist wirklich eine „Samariterin". Der Evangelist gibt an: „**Es war etwa um die Mittagsstunde.**" Das ist auffällig. Um diese heißeste Zeit geht man nicht zum Wasserholen, schon gar nicht zu einem so weit entfernten Brunnen. Scheut diese Frau die Begegnung mit andern, die morgens oder abends zum Was-
8 serholen kommen? Jesus jedenfalls sah sofort die ganze Not und Zerrüttung dieses Frauenlebens. Ob er deshalb bewußt das Gespräch mit dieser Frau sucht? Ob gerade deshalb das Gespräch mit der Entehrten und Vereinsamten mit einer Bitte beginnt? Jedenfalls „**Jesus sagt zu ihr: Gib mir zu trinken.**"

9 Aber gerade der vereinsamte Mensch ist empfindlich und mißtrauisch. „**Es sagt nun zu ihm die samaritische Frau: Wie bittest du, der du ein Jude bist, von mir zu trinken, die ich eine samaritische Frau bin?**" Der Evangelist setzt erklärend hinzu: „**Denn Juden verkehren nicht mit Samaritern.**" Es ist eine alte, tiefe Feindschaft, die Juden und Samariter trennt. Nach der Eroberung Samarias[184] hatten die Assyrer einen großen Teil der israelitischen Bevölkerung weggeführt und stattdessen fremde Menschen aus Teilen des assyrischen Reiches angesiedelt (Esr 4, 9 f). So entstand eine Mischbevölkerung, die von den reinblütigen Juden verachtet wurde. Und es entstand zugleich eine eigenartige Mischreligion. Die im Land gebliebenen israelitischen Familien hielten an Gott fest. Sie behielten den Pentateuch, also die fünf Bücher Mose, erkannten aber auch nur sie als maßgebende Heilige Schrift an. Man erbaute Gott Heiligtümer im Land, vor allem einen Tempel auf dem Garizim, dem Berg über Sichem. Auch die Erwartung des Messias blieb bei den Samaritern lebendig. Die heidnischen Ansiedler wurden in diese Gottesverehrung mit hineingezogen, da der Mensch jener Tage, und gerade der heidnische, die Götter mit einem Land fest verbunden sah. Lebte man auf israelitischem Boden, so mußte man dem israelitischen Gott — neben dem Kult der

---

[184] Zum Ende des Nordreiches vgl. den Artikel „Samaria" im „Lexikon zur Bibel".

eigenen — Götterverehrung darbringen. Es ist dies alles in 2 Kö 17, 41 sehr anschaulich geschildert. Auch die ganze völkische und religiöse Verachtung von seiten des Judentums klingt uns dort deutlich entgegen. Nach der Rückkehr Israels aus der babylonischen Gefangenschaft und dem Wiederaufbau Jerusalems und des Tempels verschärfte sich der Gegensatz noch (das Buch Nehemia gibt uns davon ein Bild). Unverändert bleibt er bis in die ntst Zeit hinein[185]. „Samariter" ist ein Scheltwort im Mund der Juden (8, 48)[186]. Nun verstehen wir die verwunderte oder auch entrüstete Abwehr, die in dem Wort der samaritischen Frau liegt. Sie ist wirklich eine **„Frau aus Samaria"**, die mit einem **„Juden"** nichts zu tun haben will. Jesus ist wohl einfach durch die „Quasten"[187], die er an seinem Mantel trägt, als Jude zu erkennen. Denn auch der Galiläer ist „Jude", der Jerusalem untersteht und zugehört.

Jesus antwortet in der ganzen Ruhe, wie sie die Liebe und das Wissen um die wahre Größe des eigenen Besitzes verleihen. Wäre er wirklich nur „ein Jude", dann hätte die Samariterin schon recht. Aber es ist ja völlig anders. **„Wenn du die Gabe Gottes kenntest und wer es ist, der zu dir sagt: Gib mir zu trinken, du würdest dann ihn bitten, und er gäbe dir lebendiges Wasser."** Jesus beginnt jetzt das Gespräch zu dem eigentlichen Ziel hinzuwenden. Die tiefe Not ihres Lebens, die Jesus so klar vor sich sieht, soll dieser Frau selbst zum Bewußtsein kommen, und aus ihr, der Gebetenen, eine Bedürftige und Bittende machen. Ein Mensch aber wird seine Not immer nur dann zu erkennen und auszusprechen wagen, wenn er der Hilfe gewiß sein darf. Das Gespräch muß von Jesu Seite aus daher zum Selbstzeugnis werden. Dieses Zeugnis kann jetzt nur andeutend und verheißungsvoll sein, ohne schon Näheres von dem Geber und seiner Gabe zu sagen. Angeknüpft wird es an die Bilder „Wasser" und „Durst", die hier am Brunnen nahe lagen. „Lebendiges Wasser" nennt der Orientale mit einem schönen Ausdruck das Quellwasser. Aber **„lebendiges"** Wasser, Wasser voller Leben in einem ganz andern Sinn, hat Jesus für einen Menschen, dessen Leben von soviel unerfülltem Sehnen und gescheitertem Lebensverlangen zeugt.

Die Frau aber weiß von sich selbst und ihrem eigentlichen Verlangen noch nichts. Sie ist noch ganz den Notwendigkeiten und Bedürf-

---

[185] Deutlich wird das z. B. bei dem jüdischen Schriftsteller Josephus (38—100 n. Chr.), der in seinen geschichtlichen Darstellungen nur in häßlicher und verzerrender Weise von den Samaritern zu reden weiß.
[186] Wie wunderbar, daß durch Jesus das Wort „Samariter" zu einem **Ehrenname geworden** ist!
[187] Vgl. „Lexikon zur Bibel" Stichwort „Quaste".

nissen des Tages hingegeben, wie es bei den einfachen Menschen in ihrem harten Dasein naturgemäß der Fall ist. Sie ist skeptisch gegen alle großen Worte und sieht nüchtern die Realität. **"Sie sagt zu ihm: Du hast nicht einmal einen Schöpfeimer, und der Brunnen ist tief; woher hast du denn das lebendige Wasser?"** Zugleich ärgert sie die Anmaßung dieses fremden „Juden". **„Bist du etwa größer als unser Vater Jakob, der uns den Brunnen gegraben hat, und er selbst trank aus ihm und seine Söhne und sein Vieh?"** Mit Betonung nennt sie diesem „Juden" gegenüber den Patriarchen Jakob **„unsern Vater"**, den Vater der Samariter. Jesus muß sein Zeugnis noch mächtiger

13/14 entfalten. **„Jesus antwortete und sprach zu ihr: Jeder, der von diesem Wasser trinkt, wird wieder dürsten. Wer aber von dem Wasser trinkt, das ich ihm geben werde, der wird in Ewigkeit nicht mehr dürsten; sondern das Wasser, das ich ihm geben werde, wird ihn ihm werden eine Quelle von Wasser, das zu ewigem Leben sprudelt."** Jesus bleibt bei dem Bild vom Wasser. Im heißen Land, wo Wasser und gar „frisches" oder „lebendiges" Wasser eine lebensnotwendige Kostbarkeit ist, war dieses „Wasser" schon im AT zum Gleichnis geworden für das quellende und belebende Heil Gottes. Vgl. etwa Ps 23, 2; 42, 2; 65, 10; Jes 12, 3; 44, 3; 55, 1; Jer 17, 13; Sach 14, 8. Aber was dort noch Sehnsucht und Verheißung war, das wird jetzt von Gott erfüllt. Jesus weiß diese Erfüllung des AltenTestamentes in seiner Hand. Umgekehrt ist es für uns eine große Stärkung unseres Glaubens, daß hinter den Aussagen Jesu die Botschaft des Alten Testamentes steht. Aber dieser so ganz im irdischen Alltagsdenken befangenen Frau zeigt Jesus erst einmal die ganze Vergeblichkeit ihres Denkens und Sichplagens. Da holt sie nun in der Mittagszeit weit her das Wasser, um ihren Durst zu stillen. Wie kurz wird diese Erquickung für sie sein, dann ist der Durst wieder da. So aber geht es mit all unserm „Dürsten", mit allem Sehnen und Streben im irdischen Bereich, an das wir doch unser ganzes Leben setzen; zuletzt ist es völlig vergeblich. **„Jeder, der von diesem Wasser trinkt, wird wieder dürsten."** Aber gibt es denn etwas anderes? Wie dem Theologen und Ratsmitglied Nikodemus in Jerusalem wird hier einer einfachen Frau in Samaria das unerhört Neue gezeigt, das Jesus und nur er, er aber wirklich, zu geben hat. **„Das Wasser, das ich ihm geben werde"**, das ist jenes „äonische Leben", das Jesus dem Nikodemus anbot. Dieses Lebenswasser stillt wahrhaft den Lebensdurst. Aber es tut das nicht so, daß eine bloße Ruhe eintritt, nein die Gabe Jesu **„wird in ihm werden eine Quelle von Wasser, das zu ewigem Leben sprudelt."** Wieder wird der Grundtext wichtig. Die LÜ „das in das ewige Leben quillt", konnte das Mißverständnis erwecken, es handle sich um das „ewige Leben", das wir nach unserm Tode erwarten. Der grie Text **„zu** ewigen Leben"[188] aber weist uns in die Gegenwart. Durch Jesu Gabe ist in uns selbst eine Quelle geschenkt, die jetzt schon ewiges Leben hervorsprudelt. Es ist ein fortwährendes Stillen des Durstes durch die fort und fort sprudelnde Quelle. Und dabei bleibt dann ein solcher Mensch nicht allein, sondern wird — wenn das hier auch nicht so wie später in 7, 37 f ausdrücklich ausgesprochen wird — selber zum Träger des erfüllenden Lebens für andere. Diese Frau wird es selber bald genug erleben (V. 28—30).

Jetzt wird die Frau zur Bittenden. Jetzt sagt sie zu Jesus: „**Gib mir!**" Und auch in der Anrede „**Herr**" kommt zum Ausdruck, daß sie etwas von der Größe Jesu zu ahnen beginnt. So nüchtern realistisch einfache Menschen im Lebenskampf sind, so gut wissen sie doch auch die tiefere Wahrheit zu erfassen, die ihnen im anschaulichen Bild entgegenkommt. So antwortet sie im gleichen Bild, das dieser seltsame Mann da vor ihr benutzt hatte, und meint mit diesem Bild nun auch ihrerseits ihr ganzes Leben mit seinem Elend und seiner Vergeblichkeit: „**Herr, gib mir dieses Wasser, damit ich nicht dürste und auch nicht herzukommen brauche, um zu schöpfen.**" Das weiß sie ja auch, daß dieser Mann nicht irgendeinen Zauberkrug mit ständig fließendem Wasser bei der Hand hat. So sagt sie halb noch mit Ironie und halb in echtem Verlangen zu ihm: Das wäre herrlich, nicht immer laufen und schöpfen zu müssen; das wäre herrlich, nicht dieses vergebliche, sinnlose Leben zu leben. Wenn du das ändern kannst, wenn du das Wasser hast, das den Durst für immer stillt, dann gib es mir[189]!

15

Jesus merkt, wie die Frau zu verstehen beginnt. Aber sie muß jetzt ganz verstehen. Sie muß ihr Leben in seiner ganzen Wirklichkeit sehen, nur dann kann sie auch ganz „die Gabe Gottes erkennen". Jesus läßt sich nicht vergeblich bitten. Er will ihr geben, was nur er zu geben hat. Aber dieses Geben beginnt mit der rückhaltlosen Aufdeckung. Es gilt dieser Frau das Gleiche, was Jesus einem Nikodemus am Ende des Gespräches mit ihm sagte. Sie muß „die Wahrheit tun" und „an das Licht kommen" (3, 21). Darum gibt ihr Jesus eine Antwort, die uns ebenso wie die Frau völlig überrascht: „**Geh, rufe deinen Mann und komm hierher.**"

16

Es ist kein Wunder, daß die Frau sich diesem Griff in ihr persönlichstes Leben zu entziehen sucht. Lebenserfüllung bot ihr dieser Mann, die wollte sie gern haben. Aber was geht ihn die ganze Ver-

17/18

---

[188] Der gleiche Sprachgebrauch findet sich auch 4, 36; 6, 27; 12, 25.

[189] Es ist also nicht nötig, mit kritischen Auslegern in dem Wort der Frau nur eines jener „typischen Mißverständnisse" zu sehen, mit denen der Evangelist das Gespräch in Gang zu halten suchte.

worrenheit ihres Lebens, ihr ganzes konkretes Elend mit all seinem Schmutz an. **"Die Frau antwortete und sprach: Ich habe keinen Mann."**
Aber Jesus geht es gerade um ihr wirkliches Leben. Nicht mit dem religiösen Überbau unseres Lebens hat es Jesus zu tun, sondern mit diesem Leben selbst. Nicht für den „religiösen Menschen" kam er, sondern für den Menschen in seiner ganzen jammervollen Wirklichkeit. Die Frau hatte eine halbe Wahrheit gesagt, mit der sie sich in das bergende Dunkel zu flüchten hoffte. Die Aussage von 3, 20 erweist wieder ihre Richtigkeit. Jesus läßt diese Flucht nicht zu. Mit seiner Kenntnis des Menschen (2, 24 ff) „sieht" er die Sünde und Not ihres Frauenlebens, wie er Nathanael unter dem Feigenbaum „sah". **„Jesus sagt zu ihr: Mit Recht hast du gesagt, ich habe keinen Mann. Denn fünf Männer hast du gehabt; und den du jetzt hast, ist gar nicht dein Mann."** Jesus schilt die Frau nicht aus: Du lügst! Aber in ihrem Wort „Ich habe keinen Mann" liegt gerade der ganze Jammer ihres Lebens. Immer hat sie den „Mann" gesucht und in dem „Mann" die Geborgenheit, die Liebe, die Sinnerfüllung des Lebens[190]. So hat sie fünf Ehen geführt, deren näherer Verlauf nicht geschildert wird. Beendete der Tod einzelne dieser Ehen? Wurde die Frau von allen fünf Männern verstoßen — dann doch wohl kaum ohne eigene Mitschuld. Wir wissen aber auch, wie leicht es damals dem Mann gemacht war, seiner Frau einen Scheidebrief auszustellen und sie zu entlassen[191]. Welch ein Leben lag hinter dieser Frau! Nun, nach den fünf gescheiterten Ehen lebt sie ohne Ehe mit einem Mann zusammen, der **„gar nicht ihr Mann"** ist, jetzt also in offenbarem Ehebruch. Darum ist ihre Behauptung: **„Ich habe keinen Mann"** im bösesten Sinne „wahr". Das ist das Ende eines Lebens, das im „Mann" sein Glück suchte. Die ganze traurige „Wahrheit" liegt vor der Frau.

19/20 Erkannte sie ihre Schuld? Auch sie stand unter dem Gesetz der fünf Bücher Mose, die auch für die Samaritaner „Heilige Schrift", unbedingt gültiges Wort Gottes waren. Das Gesetz aber verhängte über den Ehebruch die Todesstrafe (3 Mo 10, 10; 1 Mo 38, 24). War sie sich dessen bewußt[192]? Der Fortgang des Gespräches läßt zunächst

---

[190] Das ist bei der Seelsorge an Frauen immer zu beachten, daß hier auch hinter den bösesten Wegen dieses Verlangen nach „Geborgenheit" steht.

[191] Auf jüdischen Eheschließungsurkunden wird der Fall der „Verstoßung" von vornherein kontraktlich mit berücksichtigt. Siehe die Urkunden bei H. Bardtke „Die Handschriftenfunde in der Wüste Juda" Evang. Hauptbibelgesellschaft Berlin 1962 S. 84 ff. Ebendort auch das Beispiel eines „Scheidebriefes". Vgl. auch den Artikel „Ehe" IV, 3 im „Lexikon zur Bibel".

[192] Es ist ein großer Unterschied zwischen unserer objektiven Schuld, die uns dem Todesurteil Gottes unterwirft, und dem Schuldbewußtsein, das uns vor diesem Urteil er-

nichts davon erkennen. Die Frau macht freilich keinen Versuch, ihr Tun zu entschuldigen und etwa die Schlechtigkeit der Männer anzuklagen. Aber es ist auch nichts von Betroffenheit an ihr zu merken. Mit einer überraschenden Wendung greift sie die große Frage auf, die zwischen Samaritern und Juden stand. Der unbekannte Mann hat sich ihr als „Prophet" erwiesen, da er so völlig ihr ganzes Leben durchschaut. Nun kann er als „Prophet" doch auch zu dieser Streitfrage Entscheidendes sagen. **„Die Frau sagt zu ihm: Herr, ich sehe, daß du ein Prophet bist. Unsere Väter haben auf diesem Berge angebetet, und ihr sagt in Jerusalem ist der Ort, wo man anbeten muß."**

Wie sollen wir diese Wendung des Gespräches verstehen? Der Evangelist selbst gibt uns keine Erklärung. Ist es ein Versuch der Frau, sich der erschreckenden Wahrheit ihres eigenen Lebens zu entziehen und sich in ein interessantes „Problem" zu flüchten und den „Propheten" lieber mit dieser Frage als mit ihrer eigenen Lebensschuld zu beschäftigen? Jedenfalls geht es ihr in der Formulierung ihrer Frage zunächst nicht um ihr persönliches Verhältnis zu Gott, um ihr eigenes Anbeten. Sie spricht von dem, was „die Väter" getan haben. War das recht?

„Unsere Väter haben auf diesem Berge angebetet." **„Auf diesem Berge":** der Garizim lag bei diesem Gespräch dem Ebal gegenüber vor ihren Augen. Die Frau mag mit ihrer Hand darauf gezeigt haben. Auf ihren Höhen hatte ein Jahwetempel der Samariter gestanden. Der Makkabäer Johannes Hyrkan (135—105 v. Chr.), jüdischer Hoherpriester und Fürst, hatte ihn auf einem Feldzug erobert und zerstört. Aber haben die Väter nicht wohlgetan, als sie **„auf diesem Berge"** ihre Gottesdienste hielten? Liegt das Recht nicht auf Seiten der Samariter? Doch die Juden behaupten **„Jerusalem ist der Ort, wo man anbeten muß."** Ist das richtig? Nun mag hinter dem national-religiösen Interesse an dem „Recht" der Samariter ein verborgenes eigenes Verlangen nach Gott hervorkommen[193]. Wo ist Gott wirklich zu finden? Müssen sie nach Jerusalem wandern, um in Gottes Gegenwart zu kommen und Gott mit ihrem Gebet zu erreichen? Ist sie als Samariterin von dem lebendigen Gott ausgeschlossen, wie jeder fromme Jude ihr das sagte? Hat der prophetische Mann, der ihr ganzes Leben durchschaute, nicht eine andere Antwort für sie?

Die Antwort Jesu zeigt, daß er hinter der Frage der Frau dieses persönliche Verlangen sieht. Gerade weil ihr Leben, so wie es ist,

---

schrecken läßt. Fehlendes Schuldbewußtsein ändert aber an der Tatsache der Schuld nicht das geringste.

[193] Gerade Menschen mit einem zerrütteten Leben tragen oft in der Tiefe ihres Herzens ein starkes Sehnen nach Gott.

ein verlorenes Leben ist, noch viel mehr, als die Frau selbst es weiß, braucht sie die wirkliche Begegnung mit Gott. Mit einem Gott, der im Vergeben und Erneuern eines Lebens der „Vater" ist. Darum würdigt sie Jesus einer Antwort, die er so dem Schriftgelehrten in Jerusalem nicht geben konnte und wollte. **„Jesus sagt zu ihr: Glaube mir, Frau, es kommt eine Stunde, da ihr weder auf diesem Berge noch in Jerusalem den Vater anbeten werdet."** Sie vertraut ihm und hat ihn darum gefragt; nun soll sie ihm auch **„glauben"**, was er ihr sagt, so unerhört es auch ist. Denn Jesus führt sie über den ganzen Streit zwischen Juden und Samaritern empor. Sie darf aus ihrem leeren und verhärteten Samaritertum heraus, ohne sich doch der jüdischen Rechthaberei unterwerfen zu müssen.

22 Freilich: **„I h r betet an, was ihr nicht kennt."** Jetzt zeigt sich in dem „ihr" ein ganz neuer Gesichtspunkt, von dem aus Jesus auf die Fragen der Frau eingeht. Er sieht über diese eine Frau hinweg auf alle Samariter. Sie alle beten an, **„was sie nicht kennen"**. Trotz der fünf Bücher Mose und trotz des Garizim waren sie von dem wahren lebendigen Gott geschieden und kennen ihn nicht. Ob er mit dieser Frau nicht zugleich ihnen allen helfen kann? Dann muß es freilich klar ausgesprochen werden: **„W i r beten an, was wir kennen, denn das Heil stammt von den Juden her."** Die Heilsgeschichte hat sich in Israel, in Jerusalem vollzogen, auch durch das Gericht der Zerstörung und durch die Babylonische Gefangenschaft hindurch und in die Rückkehr und in den Wiederaufbau Jerusalems und des Tempels hinein. Dorthin waren darum von Gott die Propheten gegeben, ein Hesekiel und der gewaltige Bote, dessen Reden in Jes 40—66 gesammelt sind, und die nachexilischen Propheten. Und der unter ihrer Botschaft wieder aufgebaute Tempel ist auch in Jesu, des Sohnes Augen, in voller Wirklichkeit Gottes Haus und Stätte seiner Gegenwart. Wir sahen darum schon, wie Jesus der Entheiligung des Tempels nicht gleichgültig zusieht, sondern für seine Reinigung sein Leben einsetzt (vgl. o. S. 97). Nur aus dieser Gottesgeschichte wächst das vollendete Heil, **„es stammt von den Juden her"**[104]. Jesus ist darum in dieses

---

[104] Das war und ist immer wieder der große Anstoß bei allen selbstbewußten Völkern und gerade auch bei vielen Deutschen, daß das Heil von den Juden herstammen soll. Dagegen lehnt sich der Antisemitismus mit Empörung auf. Aber es ist ein großes Mißverständnis dabei. Nicht die Juden erhalten hier einen besonderen Ruhm. Das AT hat das nachdrücklich ausgeschlossen (5 Mo 7, 7 f; Hes 16, 59 ff). Aber Gott hat sein innerstes Wesen darin kundgetan, daß er auch in der Völkerwelt gerade das Geringe, Schwache und Unedle erwählt hat (1 Ko 1, 26 ff). Darum ist er nicht der Gott der Philosophen oder der Helden, sondern der Gott Abrahams, Isaaks und Jakobs und gerade als solcher der Vater Jesu Christi. So stammt das Heil von den Juden her, und wer es nicht so empfangen will, wird es nicht finden.

Judentum hineingeboren. Die Samariter aber sind von diesem allen abgeschnitten. Wohl hängen sie an den heiligen Stätten der Patriarchengeschichte, an den Mosebüchern, sie beten auch an und warten auf den Messias, aber es ist alles unwirklich und leer; sie „**beten an, was sie nicht kennen**".

Doch nicht zum Judentum sollen die Samariter zurückbekehrt werden, nicht nach Jerusalem soll die samaritische Frau wandern, um dort Gott zu begegnen! Nein, eine ganz andere Kunde darf sie in ihr schuldbeladenes Leben hinein hören, und mit ihr dürfen es alle Samariter wissen: „**Aber es kommt eine Stunde und ist schon jetzt da, daß die wahrhaftigen Anbeter den Vater anbeten werden in Geist und Wahrheit.**" Jesus, der Messias, ist nicht ein Wiederhersteller des Alten, wie viele meinen. Er gibt darum auch nicht einer der bisherigen Richtungen recht, wie diese es hofften. Er schafft Neues. „Anbetung" gab es freilich in Samaria wie in Judäa genug. Das grie Wort dafür meint die Haltung dessen, der sich vor Gott niederwirft und „vor ihm im Gebet liegt" (Da 9, 18)[195]. Menschen in dieser Gebetshaltung konnte man in Jerusalem und in Samaria in Scharen finden. Aber war es mehr als eine „Haltung", eine „Form"[196]? Ist darin noch „Wahrheit", also „Wirklichkeit" und „Wesenhaftigkeit"?

„**Wahrhaftige Anbeter**" hatte Jesus auch in Jerusalem nicht gefunden. Dort hatten sie seines Vaters Haus zum Kaufhaus gemacht. Auch ein Nikodemus war bei allem persönlichen Ernst seines Charakters und seiner Theologie noch kein solch „**wahrhaftiger Anbeter**". Auch ihm fehlte noch jene neue Geburt aus Wasser und Geist, die allein möglich macht, das königliche Walten Gottes wirklich zu sehen und Gott wahrhaft anzubeten[197]. Johannes hatte es uns gleich am Anfang seines Evangeliums gesagt: Wohl ist das Gesetz durch Mose gegeben, aber es kann ja kein Leben schaffen (vgl. Gal 3, 21); „Gnade und Wahrheit" sind erst „durch Jesus Christus geworden" (1, 17). Erst durch Gottes Geist wird lebendige Wirklichkeit, was sonst nur künstliches Frömmigkeitswerk bleibt. Darum gehören „**Geist**" und „**Wahrheit**" unmittelbar zusammen. Die „**wahrhaftigen Anbeter**" sind die, die wirklich und wesenhaft beten und anbeten. Das ist nur möglich durch Gottes eigenen Geist. Aus dem Geist Gottes von oben her gezeugt und neu geboren, mit göttlichem Leben erfüllt, vermag nun ein

---

[195] Das Wort „proskynein" bedeutet wörtlich „anhündeln" und war zunächst die abfällige Kennzeichnung des orientalischen Beters durch den Griechen, der frei stehend mit erhobenen Händen betete. Aber auch der Grieche lernte das „Liegen" vor Gott. So wurde „proskynein" zur Bezeichnung des Anbetens ohne jeden verächtlichen Nebensinn.

[196] Es ist erschreckend bis heute, wie christliche „Formen" da sein können, aus denen das Leben und die „Wahrheit" entwichen sind.

[197] Vgl. dazu Apg 9, 11 und die Auslegung in der W. Stb.

Mensch in ganzer Realität im Umgang mit dem lebendigen Gott zu stehen. Dieses ganz Neue „**kommt**". Aber es ist „**schon jetzt da**"[198], jetzt, da Jesus vor dieser Frau steht und ihr dieses lebendige Wasser anbietet. Und gerade sie, ein verlorener und beschmutzter Mensch, darf „**jetzt**" zu einem solchen wahrhaftigen Anbeter Gottes werden. Wahrlich, eine unerhörte „**Stunde**" ist für sie und alle Samariter angebrochen[199].

Jesus, der Sohn, der den Vater kennt, weiß es, wie sein Vater nach solchen Anbetern verlangt. „**Denn auch der Vater wünscht sich solche zu seinen Anbetern.**" An den unechten, eigenmächtigen „Frommen" hat Gott mehr gelitten als an den „Sündern". Das war Gottes tiefste Klage und sein ernstester Zorn im Wort seiner Boten: „Dies Volk naht mir mit seinem Munde und ehrt mich mit seinen Lippen, aber ihr Herz ist fern von mir" (Jes 29, 13), und „Ich bin euren Feiertagen gram und verachte sie und mag eure Versammlungen nicht riechen. Tu weg von mir das Geplärr deiner Lieder; denn ich mag dein Harfenspiel nicht hören!" (Am 5, 21 und 23). Nun kommt der Sohn, um dem Vater die wahren Anbeter zu schaffen, nach denen er sich sehnt.

24 Jesus spricht es noch einmal grundsätzlich aus: „**Geist ist Gott, und die (ihn) anbeten, müssen in Geist und Wahrheit anbeten.**" Die unbedingte Notwendigkeit, „**in Geist und Wahrheit anzubeten**", ist darin begründet, daß Gott selbst „**Geist**" ist. Bei der tief eingewurzelten Verkehrtheit unseres Denkens müssen wir uns vor einem gefährlichen Mißverständnis warnen lassen. Daß „**Gott Geist ist**", bedeutet gerade nicht einen „vergeistigten" philosophischen Gottesgedanken, wie ihn Schiller in seinen „Worten des Glaubens" ausspricht: „Hoch über der Zeit und dem Raume schwebt lebendig der höchste Gedanke." „Geist"[200], „pneuma" ist Gottes unsichtbares Wesen, seine ewige Kraft und Gottheit (Rö 1, 20) im Gegensatz zu dem hinfälligen „Fleisch" der Kreatur (vgl. o. S. 108). Auch die höchsten, geistigen Leistungen des Menschen sind und bleiben „Fleisch" und bringen den Menschen nicht zu Gott (1 Ko 1, 21). Wer in „**Wahrheit**" an-

---

[198] Es gehört zu den besonderen Eigentümlichkeiten unseres Evangeliums, daß es dieses — eigentlich widerspruchsvolle — Miteinander des „Einst" und „Jetzt" vor unsern Blick stellt. Die großen Dinge Gottes „kommen" und sind doch zugleich schon „jetzt" da. Vgl. besonders 5, 25. Es darf aber diese lebendige Spannung nicht dadurch aufgehoben werden, daß man die „Zukunft" in lauter Gegenwart auflöst. Das erst noch Kommende ist genauso ernst zu nehmen wie das, was jetzt schon ist.

[199] Hier erwächst etwas, was uns selbstverständlich geworden ist: Die völlige Loslösung des Anbeters von bestimmten heiligen Stätten. „Weder auf diesem Berge noch in Jerusalem", sondern überall ist nun Gott gegenwärtig und wirkt wahren Gottesdienst, auch in Gefängniszellen, in Lagern, in Wäldern und Höhlen.

[200] Vgl. dazu den Artikel „Geist, heiliger Geist" im „Lexikon zur Bibel" und im „Theologischen Begriffslexikon" Bd. 1 S. 479 ff.

beten, wer wirklich im Umgang mit diesem lebendigen Gott stehen will, der kann es nur, wenn dieses Leben Gottes selbst sein Herz erfüllt. Ein erhörliches Beten nach Gottes Willen (1 Jo 5, 14) setzt voraus, daß Gottes Wille und Gottes Art durch den Geist Gottes in unserm Herzen ist. Zum wahren Anbeten Gottes gehört die Liebe, die es von Herzen ersehnt: „Vater, dein Name ... dein Reich ... dein Wille ...!" Solche „Liebe" aber ist die Frucht des Geistes. So ist es nicht eine künstliche, gesetzliche Forderung, daß die Beter in Geist und Wahrheit beten „müssen". Es ist eine wesenhafte Notwendigkeit, die aus dem Wesen Gottes selbst folgt. Wer wirklich anbeten und nicht nur „Gebete verrichten" will, der muß den Weg gehen, den Jesus einem Nikodemus wies, muß das „lebendige Wasser" sich schenken lassen von dem, der es hier der samaritischen Frau anbietet und der es allen geben will. Was die wahren Beter haben „müssen", das können sie sich nicht selbst erringen. Nur als die Gabe Jesu können sie es besitzen.

Das Gespräch bleibt echt. Die Frau kann von dem Gesagten nur wenig verstehen und geht scheinbar nicht darauf ein. Aber sie versteht doch, daß hier von etwas ganz Neuem und Erfüllenden die Rede ist, von etwas, was irgendwie zu jenen Verheißungen gehören muß, die sie über den Messias gehört hat[201]. Darum sagt sie zu Jesus: **„Ich weiß, der Messias kommt, der sogenannte Christus; wenn er kommt, wird er uns alles verkündigen."** Ihr religiöses Interesse war in ihrem enttäuschungsreichen Leben doch ernster, als wir zunächst denken mögen. Jesus hatte das erkannt. Das „Wissen" von dem kommenden Messias ist ein ganz persönliches: **„Ich weiß, der Messias kommt."** Darum hat dieses Wissen ihre Gedanken oft beschäftigt und ihr Herz bewegt. So kann Jesus dieser Frau einfach und klar sagen, was er einem Nikodemus trotz seiner Frage und den „Juden" trotz ihres ungeduldigen Drängens (10, 24) nicht sagen konnte: **„Jesus sagt zu ihr: Ich bin es, der mit dir redet."** Wir sahen, daß in diesem Gespräch Jesu Wort notwendig Zeugnis und Selbstzeugnis sein mußte und es auch von Anfang an war (vgl. o. S. 133). Geschah dies Zeugnis zunächst nur in indirekten Hinweisen, so tritt es nun in voller Klarheit hervor. Zum ersten Mal lesen wir jenes **„Ich bin"**, das uns im Johannesevangelium noch oft als das entscheidende Wort begegnen wird. Es zeigt uns, daß vor und hinter allem „Tun" das „Sein" Jesu als das Entscheidende steht. Wäre er nicht, was er „ist", so verlöre alles Reden und Tun die Vollmacht und Bedeutung. Darum begann

25/26

---

[201] Obwohl die Samariter nur den Pentateuch als Bibel besaßen und die Bibel nicht als die Heilige Schrift anerkannten, haben sie doch aus den fünf Büchern Mose die Verheißung des Messias erkannt.

Johannes sein ganzes Evangelium mit den gewaltigen Seinsaussagen über Jesus als das ewige Wort des Vaters[201a]. Und nun darf auch diese Frau hören, wer er eigentlich „ist", der da so seltsam mit ihr geredet und ihr lebendiges Wasser versprochen hat. Wenn sie sich nach dem „Messias" sehnte, jetzt ist dieser Messias nicht mehr eine ferne Sehnsuchtsgestalt. In Jesus steht er vor ihr. **„Ich bin es, der mit dir redet."**

27 Auf diesem Höhepunkt wird das Gespräch unterbrochen. **„Und über dem kamen seine Jünger, und sie wunderten sich, daß er mit einer Frau redete."** Allein hatten sie ihren Meister am Brunnen zurückgelassen; nun finden sie ihn im Gespräch mit einer Frau. Was soll das[202]? Allerdings ist die unbedingte Achtung der Jünger vor Jesus so groß, daß **„freilich keiner sprach: Was willst du, oder was redest du mit ihr?"**. Es ist nicht verwunderlich, daß die Jünger die ganze Umwälzung noch nicht begriffen haben, die hier mit Jesus in die Welt kam. Weil jetzt vor Gott alle menschliche Größe und alle eigene Leistung verschwand, weil jeder nur durch die Geburt von oben und allein durch den Glauben die Rettung aus der Verlorenheit und das Lebensverhältnis zu Gott bekam, verschwand hier auch der Unterschied der Geschlechter, wie jeder andere menschliche Unterschied[203]. Darum gibt sich Jesus zur begreiflichen Verwunderung seiner Jünger mit einer verkommenen Frau aus einem samaritischen Dorf ebenso ernst in Liebe ab wie mit einem Nikodemus in Jerusalem. Welch ein herrliches und weitreichendes Geschehen durch die Geschichte hin bis heute hat hier begonnen!

28/29 Die Frau sieht, daß das Gespräch zu Ende ist. Aber sie ist nicht traurig. Sie ist nicht mehr die Frau, die, erfüllt von den irdischen Notwendigkeiten, mit dem Wasserkrug zum Brunnen kam. Sie ist völlig verwandelt. Das wird nun sichtbar: **„Da ließ die Frau ihren Wasserkrug stehen und ging fort in die Stadt und sagt den Leuten: Kommt, seht einen Menschen, der mir alles gesagt hat, was ich getan habe. Dieser ist doch nicht etwa der Christus?"** Welch ein „Zeichen" ist dieser Krug, der nun am Brunnen stehen blieb! Nun ist ihr dieses „Wasser" wirklich unwichtig geworden, so daß sie es nicht einmal mit nach Hause nimmt. Ihr Herz ist von der großen neuen Wirklich-

---

[201a] Vgl. Einleitung S. 27.

[202] Das Rabbinat verdächtigte und verbot jedes Gespräch mit einer Frau. Von der Frau gehen seiner Meinung nach die erotischen Versuchungen aus, denen sich ein frommer Mann lieber von vornherein entzieht. Es ist darum eine große und bedeutsame Sache, daß Jesus nicht nur bei der Samariterin, sondern überhaupt der Frau die volle Ehre gibt und ihr seine Gemeinschaft geschenkt hat (Lk 8, 1—3; 10, 38—42).

[203] Paulus hat das später grundsätzlich ausgesprochen: 1 Ko 12, 13; Gal 3, 28.

keit erfüllt. Es treibt sie zu ihren Dorfgenossen, um ihnen zu sagen, was sie erfahren und in Jesus erkannt hat. Schnell und ungehindert will sie in ihr Dorf kommen, ohne den schweren Krug auf dem Kopf heimbalancieren zu müssen. Und nun wird sie, die Frau mit dem zweifelhaften Ruf, eine rechte Evangelistin. Sie hält keine langen Reden, aber sie erhebt den Ruf: **"Kommt und seht!"** (vgl. 1, 46). Dabei ist ihr Wort ein persönliches Zeugnis. Was soll sie von diesem wunderbaren Mann draußen am Brunnen sagen? Sie kann nicht einfach rufen: Kommt, seht, draußen am Brunnen sitzt der Messias. Wer hätte ihr das geglaubt? Jedermann wußte doch, wer sie war. Darum hebt sie gerade dies hervor: **"Kommt, seht einen Menschen, der mir alles gesagt hat, was ich getan habe."** Frei bekennt sie sich so zu ihrer Sündhaftigkeit, die sie früher allen gutgemeinten Ermahnungen gegenüber geleugnet oder beschönigt haben wird. Sie nennt freilich keine Einzelheiten, das wäre nicht gut[204]. Wer sich seiner Sünden wahrhaft schämt, wird sie nicht vor andern ausstellen. Es war das aber auch gar nicht nötig. Sie war ja mit ihrem Tun stadtbekannt. **"Alles, was ich getan habe"**, das genügte. Ihre völlig neue innere Haltung leuchtet klar hervor. Das kann das Interesse der Leute erwecken. Denn das muß schon ein ungewöhnlicher Mann sein, der das fertig gebracht hat. Das Urteil, ob dieser Mann nicht wirklich der Messias ist, überläßt sie getrost ihren Dorfgenossen. Wenn sie nur kommen und sehen, werden sie erst recht erfassen, was sie, die verachtete Frau, gemerkt hat. Und wirklich: **"Sie gingen aus der Stadt und kamen zu ihm."**

30

So tut diese Frau, was die Jünger Jesu zu tun versäumt hatten. Sie kannten Jesus als den Messias, sie hatten seine ersten großen Taten gesehen und seine Verkündigung vielfach gehört. Aber als sie nach Sychar kamen, dachten sie nur an die Einkäufe, die sie machen wollten. Von Jesus sagten sie in der Stadt nichts. Diese Frau aber ließ ihren Krug stehen und rief die Leute ihrer Heimat zu Jesus.

Johannes ist ein guter Erzähler. Wir sind gespannt, wie es nun weitergeht und was nun erfolgt, wenn die Leute aus Sychar zu Jesus kommen. Aber der Evangelist erhöht die Spannung, indem er die Erzählung unterbricht. **"Inzwischen baten ihn seine Jünger und sagten: Rabbi iß!"** Noch immer ist ihnen das Essen das Wichtigste. Jesus aber öffnet ihnen einen Blick in sein Leben, der sich Johannes unvergeßlich eingeprägt hat und dessen Wirkung durch alle Zeiten und Räume hindurch nicht abzuschätzen ist. **"Er aber sprach zu ihnen:**

31/33

---

[204] Konkrete Sündenbekenntnisse, vor allem wenn sie das sexuelle Gebiet betreffen, gehören in die Beichte unter vier Augen und nicht in das öffentliche Zeugnis.

Ich habe eine Speise zu essen, die ihr nicht kennt"[205]. Achtlos sind sie an dem großen Geschehen vorbei gegangen, das sich hier eben abgespielt hat. Sie haben überhaupt noch nicht begriffen, was für Jesus die eigentliche „Speise" seines Lebens ist. In ihnen erweckt das Wort Jesu nur ein ratloses Mißverstehen: „Da sagten seine Jünger zueinander: hat ihm etwa einer zu essen gebracht?"[206] Jesus aber sieht sein Leben völlig anders an. „**Jesus sagt zu ihnen: Meine Speise ist, daß ich tue den Willen dessen, der mich sandte, und sein Werk vollende.**"

34

Nun erfahren wir mit den Jüngern, was es heißt, „der Sohn" zu sein, und worin die „Herrlichkeit des einzigen Sohnes vom Vater" (1, 14) liegt. Sie liegt nicht darin, über alle irdischen Bedürfnisse erhaben zu sein und Müdigkeit und Hunger nicht zu kennen[207]. Sie liegt auch nicht in einem glanzvollen Leben, das in reichem Maße Sättigung und Ruhe zur Verfügung hat. „Sohn" sein heißt „gesandt sein" und nun in dieser Sendung völlig für den Willen des Vaters zu leben. Und dieses so, daß es nicht ein harter Dienst wird, den der Sohn mit einem mühsamen Gehorsam leistet, sondern so, daß dieser Dienst selber zu „Speise" wird, also zu dem, wovon er lebt, was ihn sättigt, stärkt, nährt und beglückt. Und dabei ist es durchaus „Gehorsam". Nicht seinen eigenen Willen tut Jesus, sondern **den Willen dessen, der ihn sandte**; ihn aber tut er mit dem ganzen freien, eigenen Willen. Nicht sein eigenes Werk vollbringt Jesus, das ihn als das seine begeistern und über alles hinwegtragen möchte. Es ist des Vaters Werk, das er „**vollendet**". Aber es ist darin so die Sache seiner eigenen Liebe und Hingabe, daß er Müdigkeit und Hunger völlig vergißt. Wir lernen hier am „Sohn", was „Liebe" ist, Liebe, die völlig vom Gehorsam durchdrungen ist und die umgekehrt den Gehorsam zu einer lebendigen und glückseligen Sache macht. Das ist das radikale Gegenstück zum Wesen der „Welt" und erweist, wie recht der Täufer hatte: Hier ist der eine, der nicht „von der Erde ist" (3, 31).

Was die Jünger mit Geringschätzung und Kopfschütteln sahen, dies Gespräch mit einer einfachen Frau, der man ihr Leben wahrscheinlich am Gesicht ablesen konnte, das ist Wille und Werk des Vaters! So gering und armselig kann Gottes Werk aussehen. Jesus aber hatte des Vaters Weisung gehört, als diese Frau zum Brunnen kam. Das

---

[205] Wohl hat es schon ein Jeremia bezeugt, daß Gottes Wort seine „Speise" war, und heute weiß jeder ernsthafte Christ davon. Aber Jesu Speise ist nicht das empfangene Wort Gottes, sondern das Tun des Willens Gottes.

[206] Wir tun nebenbei einen Blick in das Leben, das Jesus mit seinen Jüngern führte. Sie waren selbst beim täglichen Brot auf das angewiesen, was von andern „gebracht" wurde, sei es in direkter Gabe oder in Geld. Kurze Bemerkungen wie die in 12, 6 oder in Lk 8, 1—3 verdeutlichen uns näher, wie es dabei zuging.

[207] Vgl. dazu die Versuchungsgeschichte Mt 4, 2 f.

Werk war ihm nicht zu gering, etwa gegen das Gespräch mit einem hochgestellten Schriftgelehrten in Jerusalem. Er macht es nicht mit halbem Interesse ab, er führt es mit dem ganzen Einsatz durch bis zum Ziel und „vollendet" es so.

Freilich, dabei weiß er zugleich, daß dies nur ein Anfang ist und daß es nicht bei dieser einen Frau bleiben wird[208], und darum fährt er fort: **„Sagt ihr nicht: Es dauert noch vier Monate dann kommt die Ernte?"** Die Gersten- und Weizenernte liegt in Palästina im April und Mai. Wenn es noch vier Monate bis zur Ernte sind, so befinden wir uns jetzt im Dezember/Januar. Es ist erst vor kurzem, im Oktober/November, ausgesät worden. Höchstens der erste grüne Schimmer liegt über den Saatfeldern. So etwa kommt den Jüngern Jesu Wirken vor. Mit allem, was vor ihren Augen geschieht, ist doch nur ein erster Anfang da. Wie lange wird es noch dauern, bis es wirklich zur Ernte kommt. Aber sie täuschen sich: **„Siehe, ich sage euch: Erhebet eure Augen und seht die Felder; sie sind weiß zur Ernte."** Und gerade da, wo kein Jude es vermuten konnte, im verachteten und verhaßten Samaria, ist die Ernte schon da. Reif zur Ernte liegt das Land vor Jesu Blick. Seine Jünger sollen diesen Blick von ihm lernen[209]. Und nicht nur die Jünger, die jetzt in diesem geschichtlichen Augenblick vor ihm stehen, meint Jesus dabei. In der ganzen Geschichte der Gemeinde ist es immer wieder so, daß dieser von Jesus selbst geschenkte Blick die herrliche Ernte Gottes dort zu sehen vermag, wo es überhaupt noch nicht Erntezeit zu sein scheint und nach menschlichem Urteil noch gar nicht Erntezeit sein „kann"[210].

35

„Schon" ehe es zu denken ist, **„schon empfängt der Schnitter Lohn und sammelt Frucht zu ewigem Leben".** Dies erfahren sie ja in diesem Augenblick, wo die Samariter aus Sychar herbeiströmen. Bei dem **„Schnitter"** denkt Jesus gewiß nicht nur an sich selbst; er hat — wie bei seinem Dienst in Judäa — seine Jünger an der Bergung der Ernte beteiligt. Wieviel Einzelgespräche waren zu führen, wenn es nicht bei einem allgemeinen Ergriffensein von Jesus bleiben, sondern wirklich zu einer echten Frucht kommen sollte. Das konnte Jesus selbst nicht in zwei Tagen bewältigen. Dadurch aber kommt es zustande,

36

---

[208] Auch dies hätte Jesus „gelohnt". (Vgl. dazu Lk 15, 7).

[209] So hat auch nach Mt 9, 35—38 gerade da, wo an und für sich nur ein verschmachtendes und zerstreutes Volk zu sehen war, wo alles im besten Fall gepflügt sein konnte und erst einmal gesät werden mußte, Jesus schon die „Ernte" erkannt, die große Ernte, die nach vielen Arbeitern verlangte.

[210] Es sei hier an Nommensens Schau im Anfang seiner Tätigkeit bei den Bataks erinnert. Darum wünschte er sich auf das Arbeitsfeld draußen auch solche Männer, „die mit Gott als der unbedingten Wirklichkeit rechnen wie mit Zahlen und sich am Anfang des Kampfes schon des Sieges freuen" (Ludwig Nommensen, Brunnen-Verlag Gießen, S. 97).

„daß der Säende zugleich sich freut mit dem Erntenden". Jesus hat die mühsame Säearbeit bei der Frau getan, während die Jünger an ganz andere Dinge dachten. Nun freut er sich, und die Jünger dürfen sich mit ihm freuen als die, die staunend eine große Ernte mit einbringen dürfen. Wenn auch unser Evangelium, wie die ganze Bibel, sehr sachlich ist und nur selten Gemütsbewegungen schildert, hier dürfen wir einmal merken, wie Jesus innerlich an dem beteiligt ist, was in seinem Wirken geschieht. Sein Herz ist voll Freude. Und er erwartet, daß seine Jünger sich mit ihm freuen. Da sogar die Engel im Himmel sich freuen über jeden erretteten Menschen, wie sollten Jünger Jesu nicht jubeln, wenn sie „Frucht zum ewigen Leben" sammeln dürfen, wenn durch ihren Dienst Menschen ewiges Leben finden. Welche andere Arbeit in der Welt hat solche Frucht? Eben darin erleben sie es, daß „der Schnitter Lohn empfängt". Johannes

37 fügt hinzu: „In diesem [Falle] ist das Wort wahr, daß ein anderer es ist, der sät, und ein anderer, der erntet." Das hat man wohl manchmal als Sprichwort gesagt, aber es stimmt durchaus nicht immer. Wer ernten will, der muß zuvor die mühsame Arbeit des Pflügens und Säens getan haben. Aber hier in Samaria und immer wieder in der Geschichte der Sache Jesu in dieser Welt wird es wahr: Menschen dürfen ernten was sie selber nicht mit Mühe und Hingabe gesät

38 haben. „Ich habe euch gesandt zu ernten, was ihr nicht gearbeitet habt; andere haben gearbeitet, und ihr seid in ihre Arbeit eingetreten." Die Jünger haben sich hier um diese Frau keine Mühe gegeben, sondern sie nur verachtet. Die Mühe hatte Jesus; doch in der Ernte, die daraus erwächst, dürfen sie nun staunend mitstehen. Aber Jesus sagt dies Wort mit prophetischem Blick und darum in weitem und umfassendem Sinn. Johannes wird an dieses Wort seines Herrn gedacht haben, als er in Ephesus in die Arbeit eintrat, die von Paulus unter heißen Nöten und Kämpfen begonnen worden war. Paulus hatte „gesät", und Johannes durfte „ernten". Aber auch da, wo in der Kirchengeschichte große Ernten in Erweckungsbewegungen vor unsern Augen liegen — wieviel ist vorher im Verborgenen mit Tränen gesät worden. In mühsamen und scheinbar fruchtlosen Zeiten dürfen sich die Arbeiter Jesu trösten: Andere werden in ihre Arbeit eintreten und reich ernten können. Dann werden auch sie, die Säenden, sich mit den Erntenden freuen (V. 36).

Jesus wird bei seinem Wort nicht nur an sein persönliches Säen gedacht haben, sondern mit einem weiten Blick die ganze Gottesgeschichte des Alten Bundes umfassen. Wie reich an Mühen, Lasten und Leiden war das Leben aller Propheten gewesen! Und wie vergeblich schien alle ihre Arbeit. Wenn nun im Neuen Bund die Jünger Jesu so reich ernten dürfen, wie Jesus es bereits vor sich sieht, dann sollen sie nicht meinen, es läge an ihren Vorzügen und Tüchtigkeiten. Nein, **„andere haben gearbeitet, und ihr seid in ihre Arbeit eingetreten."**

Und nun nach dieser Reinigung unseres ganzen Denkens durch den Blick auf den „Sohn" und auf die wunderbaren Regeln, die in Gottes Ernte gelten, dürfen wir den Fortgang in der Geschichte erfahren. **„Aus jener Stadt aber kamen viele der Samariter zum Glauben an ihn um des Wortes der Frau willen, die bezeugte: Er hat mir alles gesagt, was ich getan habe."** So gesegnet kann das echte Zeugnis eines einzigen Menschen, der damals so gering geachteten Frau sein! Und gerade das Zeugnis eines offensichtlichen „Sünders" kann diese Macht in sich haben und hat sie im Lauf der Kirchengeschichte wieder und wieder gehabt.

Die Samariter spüren, daß es jetzt nicht einfach zu Ende sein kann. Dieser Mann muß noch bei ihnen bleiben. Von ihm müssen sie noch mehr hören, mit ihm haben noch viele von ihnen zu reden. **„Wie nun die Samariter zu ihm kamen, baten sie ihn, bei ihnen zu bleiben; und er blieb dort zwei Tage."** Die Dauer und das Ende einer Evangelisation bestimmen nicht wir, das kann allein Gott bestimmen. Jesus hört die Weisung seines Vaters, so kurz uns (und wohl auch den Samaritern) die Frist zu sein scheint.

Ganz wichtig aber ist es, daß in diesen zwei Tagen ein Glaube unter den Samaritern entsteht, der noch weitere Kreise zieht und noch tiefer wurzelt. **„Und noch viel mehr kamen zum Glauben um seines Wortes willen; und sie sagten zu der Frau: Nicht mehr um deines Redens willen glauben wir; denn wir selbst haben gehört und wissen, dieser ist wirklich der Retter der Welt."** Die Zeugnisse derer, die Jesus kennen und Großes mit ihm erlebt haben, sind unentbehrlich und wirksam. Ohne das Zeugnis dieser Frau wäre in Sychar nichts geschehen. Aber der ganze und haltbare Glaube entsteht doch erst, wenn wir nicht mehr um der Rede eines Menschen willen glauben, wie wahr und kraftvoll diese Rede immer sein mag, sondern im Wort zur Begegnung mit Jesus selbst kommen und mit unserm Glauben unmittelbar an Jesus hängen. Welch großen Dienst uns auch Prediger, Evangelisten und Seelsorger tun, wie dankbar wir ihnen lebenslang, ja bis vor Jesu Angesicht hin bleiben, wir müssen doch **„selbst gehört haben und wissen, dieser ist wirklich der Retter der Welt"**.

„Der Retter der Welt": „Soter = Retter", das war damals ein beliebter Titel vieler Gottheiten. Vor allem Asklepius, der Gott der Heilkunst, wurde gern „Retter" genannt. Und die römischen Kaiser hatten seit Augustus, der ihn wenigstens in mancher Beziehung verdiente, diesen Titel für sich in Anspruch genommen. So war er auch in Samaria nicht unbekannt. Wir müssen bedenken, wie auch Palästina als römische Provinz von grie Sprache und hellenistischer Zivilisation durchsetzt war. Auf den Trümmern des alten Samaria war eine neue Stadt aufgebaut worden, die Herodes zu Ehren des Kaisers Augustus „Sebaste"[211] genannt hatte. Allein schon von daher war der „Retter"-Titel den Samaritern vertraut[212]. Nun aber erfassen sie es: Was bei Göttern und Kaisern nur ein Titel, ein leeres Wort war, das ist in Jesus ganze Wirklichkeit geworden. Jesus ist **„wirklich der Retter der Welt"**. Diese Männer blieben nicht bei sich selber stehen. Sie wollen nicht nur selber gerettet sein. Sie wissen gerade als Errettete, daß wirklich die „Welt" den Erretter braucht. Und es ist ihnen ohne weiteres gewiß, daß Jesus für jeden andern genauso da ist, wie für sie. Nur durch Jesus kann und wird der ganzen Welt zuteil werden, was alle Götter und Kaiser ihr nicht zu geben vermochten. So war auch der „Messias" nie eine bloße Heilandsgestalt für einzelne Seelen, sondern immer der „König", der ganz Israel, ja, von da aus auch die Völkerwelt in Gerechtigkeit regieren und in Ordnung bringen sollte. Und wir dürfen den Fortschritt des Neuen Testamentes nicht darin sehen, daß diese weltumspannende Gewißheit fallen gelassen und durch eine rein individualistische Frömmigkeit ersetzt wird. Das wäre ein schwerer Verlust und entstellte das Neue Testament völlig. Nein, die einfachen Samariter aus Sychar haben es richtig erfaßt: Jesus ist **„der Retter der Welt"**.

So ist ungeahnt in Samaria ein Werk Gottes geschehen. Und es ist hier schon so gegangen, wie wir es später in der ganzen Arbeit der Apostel finden. Es war nichts vorher geplant und organisiert; es begab sich alles von Gottes Willen und seiner freien Gnade her; nur daß diesem Willen Gottes auch mit völliger Hingabe gehorcht wurde. Vers 24 leuchtet noch einmal auf. Jesu Ziel war Galiläa, er „mußte" dabei nur unvermeidlich durch Samaria wandern. Eine Wirksamkeit dort lag nicht in seiner Absicht. Er hätte sie dann auch schwerlich gerade in Sychar begonnen. Gott aber hatte dort „sein Werk", das mit einer wasserholenden, jammervollen Frau begann. Der Sohn aber vollzog gehorsam dieses Werk, das nun zur staunenden Freude vor ihm und seinen Jüngern steht.

---

[211] „Sebaste" ist der griechische Ausdruck für das lateinische „Augustus".

[212] Das Neue Testament steht überall und lebendig in seiner Zeit und Umwelt und greift die Worte und Titel auf, die damals jedermann kannte. Wir haben uns bei der Auslegung zunächst um das Verständnis dieser Worte zu bemühen. Wir werden aber in der Verkündigung immer neu versuchen müssen, die Botschaft in Worten und Begriffen unserer Zeit zu sagen, wie jeder Missionar unvermeidlich diese Übersetzungsarbeit tun muß. Wir werden freilich zugleich bei den von uns verwendeten Worten und Begriffen jene inhaltliche Erfüllung vornehmen müssen, wie sie auch hier an unserer Stelle mit dem bereits mißbrauchten Begriff des Retters geschieht. Das letzte Verständnis der eigentlichen Sache kann kein noch so modernes Wort vermitteln, sondern der Geist Gottes.

EIN ZWEITES ZEICHEN JESU IN GALILÄA

Johannes 4, 43--54

43 Aber nach den zwei Tagen ging er von dort fort nach Galiläa.
44 * Denn Jesus selber bezeugte, daß ein Prophet in der eigenen
45 Heimat keine Ehre hat. * Als er nun nach Galiläa kam, nahmen ihn die Galiläer auf, da sie alles gesehen hatten, was er in Jerusalem auf dem Fest getan hatte; denn sie waren auch selber zu
46 dem Fest gekommen. * Er kam nun wieder nach Kana in Galiläa, wo er das Wasser zu Wein gemacht hatte. Und es war ein könig-
47 licher [Beamter], dessen Sohn krank lag, in Kapernaum. * Als dieser hörte, daß Jesus aus Judäa nach Galiläa gekommen sei, ging er zu ihm und bat ihn, daß er herabkomme und seinen Sohn
48 heile. Denn er lag im Sterben. * Jesus nun sprach zu ihm: Wenn ihr nicht Zeichen und Wunder seht, glaubt ihr überhaupt nicht.
49 * Der königliche [Beamte] sagt zu ihm: Herr, komm herab, ehe
50 mein Kind stirbt. * Jesus sagt zu ihm: Geh, dein Sohn lebt. Der Mann faßte Glauben an das Wort, das Jesus zu ihm gesprochen
51 hatte, und ging. * Aber schon als er hinabging, kamen ihm seine
52 Knechte entgegen und sagten, daß sein Knabe lebe. * Da erkundigte er sich bei ihnen nach der Stunde, in der es besser geworden war. Sie sprachen nun zu ihm: Gestern um die siebente Stunde
53 verließ ihn das Fieber. * Da erkannte der Vater, daß es gerade in der Stunde [war], in der Jesus zu ihm sprach: Dein Sohn lebt.
54 Und er kam zum Glauben, er und sein ganzes Haus. * Dies tat Jesus wiederum als zweites Zeichen, als er aus Judäa nach Galiläa kam.

zu Vers 43/44:
Mt 13, 57
4, 12
Mk 6, 4
Lk 4, 24

zu Vers 46:
Mt 8, 5—13
Jo 2, 1—11

zu Vers 48:
1 Ko 1, 22

zu Vers 50:
1 Kö 17, 23

zu Vers 51:
Mt 8, 15
Mk 7, 30

zu Vers 53:
Lk 19, 9
Apg 5, 12
16, 15. 31

zu Vers 54:
Jo 2, 11. 23

Jesus bleibt trotz der fruchtbaren Arbeit nicht länger als die zwei Tage in Samaria und wandert dann weiter nach Galiläa. Johannes gibt uns noch einen besonderen Grund dafür an, warum Jesus gerade Galiläa aufsucht. „Denn Jesus selber bezeugte, daß ein Prophet in der eigenen Heimat keine Ehre hat." Aber hätte das nicht umgekehrt Jesus von Galiläa abschrecken müssen? Ja, wenn er „Ehre" gesucht hätte! Er sucht aber in gradliniger Fortsetzung seines Weichens aus Judäa (s. o. S. 130 zu 4, 1—5) die Stille. Er rechnet damit, in seiner Heimat wenig Anerkennung zu finden und so auch geringeres Aufsehen zu erregen. Noch ist seine „Stunde", die Stunde letzter Kämpfe und Leiden, nicht gekommen. Aber Raum zum Wirken findet er in seiner Heimat. „Als er nun nach Galiläa kam, nahmen ihn die Galiläer auf, da sie alles gesehen hatten, was er in Jerusalem auf dem

43/45

Fest getan hatte; denn sie waren auch selber zu dem Fest gekommen." Das Passa führte Juden aus ganz Palästina in Jerusalem zusammen. So hatten auch viele Menschen aus Galiläa die Wirksamkeit Jesu in Jerusalem miterlebt. Sie mögen zunächst stolz auf ihren Landsmann gewesen sein, der solche Zeichen tat und allgemeines Aufsehen erregte. So nahmen sie ihn bereitwillig auf. Aber Johannes wird uns in Kap. 6 miterleben lassen, wie es auch zwischen den Galiläern und Jesus zum Bruch kam.

46 Jesus kehrt an die Stätte seines ersten Zeichens zurück, wie der Evangelist ausdrücklich hervorhebt. „**Er kam nun wieder nach Kana in Galiläa, wo er das Wasser zu Wein gemacht hatte.**" Dort ist ein Mann, der als ein „königlicher" bezeichnet wird. Es könnte damit ein Glied des Königshauses gemeint sein. Wahrscheinlich aber handelt es sich um einen „königlichen Beamten", also um einen Angestellten des Vierfürsten von Galiläa, Herodes Antipas. Jedenfalls ist es ein angesehener und wohlhabender Mann, der ein „Haus" mit „Sklaven" in Kapernaum besitzt. „**Und es war ein königlicher [Beamter], dessen Sohn krank lag, in Kapernaum.**" Die Krankheit mag schon längere Zeit bestanden haben, ohne daß die Ärzte helfen konnten. Jetzt hat sie sich ernstlich verschlimmert; es geht offensichtlich zum Sterben. Es muß sich bei diesem Sohn nicht um ein „Kind" im eigentlichen Sinn gehandelt haben. Die Ausdrücke „Kind" (V. 49) und „Knabe" (V. 51) wurden damals auch von heranwachsenden Kindern gebraucht.

47 Als der Beamte „**hörte, daß Jesus aus Judäa nach Galiläa gekommen sei, ging er zu ihm und bat ihn, daß er herabkomme und seinen Sohn heile. Denn er lag im Sterben.**" Ist das nicht ein Glaube, an dem Jesus sich freuen müßte? Und ist es nicht besonders bewegend, wenn nicht ein frommer Jude, sondern ein Mann aus der Umgebung des Königs Herodes so zu Jesus kommt? Aber Jesus reiht ihn mit einem „Ihr" unter alle andern ein, deren Unfähigkeit zum Glauben er genugsam kennt, und gibt ihm eine Antwort, die uns in ihrer Härte angesichts der Not und Angst dieses Vaters erschrecken kann: „**Jesus nun sprach zu ihm: Wenn ihr nicht Zeichen und Wunder seht, glaubt ihr überhaupt nicht.**" Was Jesus hier entgegen kam, war nicht der Glaube, den er suchte. Hier wird er als der Wundermann begehrt, der in der Krankheitsnot helfen soll wie die Besprecher. Jesus aber kommt gerade aus Samaria, wo Menschen ganz ohne jedes „Zeichen und Wunder" zum eigentlichen Glauben an ihn als den Retter der Welt erwacht waren. Das wird sein Wort hier mitbestimmt haben. Juden, wie auch der Hofbeamte einer war, können nicht, was Samariter konnten. Wir dürfen Jesu Wort aber nicht als grundsätzliche Ablehnung aller Zeichen und Wunder auffassen. Der Evangelist hat soeben an das Weinwunder in Kana erinnert, von dem er selbst bezeugte, daß

es den Glauben der Jünger gestärkt habe. Nur, wie es uns auch in Kap. 2, 23—25 sichtbar wurde: der Glaube, der aus erlebten Wundern erwächst, trägt die Gefahr der Entstellung in sich und hat ernsten Anfechtungen gegenüber nicht genügend tiefe Wurzeln. Darum weist Jesus aus Liebe und nicht aus Härte die Bitte des Hofbeamten zunächst ab. Gerade dadurch leitet er eine Geschichte ein, die diesen Mann zum eigentlichen Glauben führt. Wir dürfen wohl zu der Geschichte von dem kanaanäischen Weib (Mt 15, 21—28) hinüberblikken. Auch dort geht es durch eine schroffe Abweisung hindurch zu einem „Glauben", den Jesus selbst „groß" nennen muß.

Wie jene Frau in der Liebe zu ihrer geplagten Tochter, so läßt sich auch hier der Vater in seiner Angst um sein Kind nicht abweisen. Er ist auch nicht gekränkt, daß dieser Jesus ihn, den hochgestellten und einflußreichen Mann, so schroff behandelt. Er sieht sein sterbendes Kind und hält an Jesus fest. **„Der königliche [Beamte] sagt zu ihm: Herr, komm herab, ehe mein Kind stirbt."** Nun wird sein Glaube schon anderer Art. Er richtet sich persönlich auf Jesus und rechnet mit seinem Erbarmen für sein sterbendes Kind und für den Vater, der dieses sein Kind liebt. Nun kann Jesus die entscheidende Wendung herbeiführen. **„Jesus sagt ihm: Geh, dein Sohn lebt."** Diesem Wort gegenüber gibt es nur die enttäuschte Abwendung von einem Mann, der bloß Worte hat, oder ein glaubendes Ergreifen eben dieses Wortes. Das ist ein Glaube, der nicht mehr Zeichen und Wunder „sehen" muß, sondern allein dem Wort vertraut und damit der Person selbst, die dieses Wort spricht. Das ist der Glaube, den Jesus haben will. Es ist der Glaube an ihn durch das Wort[213]. Wieder wie in 2, 7 beginnt das helfende Wunder mit einem Befehl, der auch hier nicht leicht zu befolgen ist. Der Mann muß zu seinem todkranken Kind zurückkehren, ohne den großen Helfer mitzubringen. Wieder ist der „Glaube" zugleich „Gehorsam" und dokumentiert sich darum in einer klaren Gehorsamstat. Bedeutsam ist es ausgesprochen: **„Der Mann faßte Glauben an das Wort, das Jesus zu ihm gesprochen hatte, und ging".** Indem er nicht weiter blieb und bat, sondern vertrauend **„ging",** machte er seinen Glauben fest.

Da „Glauben" nicht „Schauen" sein kann, war dieser Weg des Mannes nach Kapernaum dennoch ein Weg der inneren Spannung, je ernstlicher er seinen Jungen liebte, umso mehr. Er mußte aber nicht

---

[213] Hier werden wir an den Hauptmann von Kapernaum erinnert (Mt 8, 5—13). Aber muß man daraus kritisch schließen, daß es sich um die gleiche Geschichte handelt? Es wäre nur verwunderlich, wenn sich um Jesus nicht eine ganze Reihe ähnlicher Geschichten abgespielt hätten. Man darf jedenfalls die charakteristischen Züge nicht übersehen, die das hier berichtete Ereignis von der Erzählung über den römischen Hauptmann trennen. Die „Ähnlichkeit" ist im Grunde doch recht gering.

	den ganzen Weg[214] zurücklegen, bis er die letzte Gewißheit bekommt. **„Aber schon als er hinabging, kamen ihm seine Knechte entgegen und sagten, daß sein Knabe lebe."** Nun ist die Last vollends von seinem Herzen genommen. Aber war das am Ende nur ein „Zufall", daß sein Kind jetzt gesund war? So sagen oft genug auch die Menschen, die vorher in der Not sehr eifrig gebetet haben. Dieser
52/53	Mann aber ist anders. **„Da erkundigte er sich bei ihnen nach der Stunde, in der es besser geworden war. Sie sprachen nun zu ihm: Gestern um die siebente Stunde verließ ihn das Fieber."** Die siebente Stunde ist nach der israelitischen Zeitrechnung, die den Tag um 6 Uhr morgens beginnen läßt, um ein Uhr mittags. Das ist keine Stunde des natürlichen Absinkens von Fieber. **„Da erkannte der Vater, daß es gerade in der Stunde [war], in der Jesus zu ihm sprach: Dein Sohn lebt."**

„Und er kam zum Glauben, er und sein ganzes Haus." Wir machten uns bereits früher klar (S. 78), daß **„Glaube"** nicht eine abgeschlossene Sache ist, die ich als ganze mit einem einzigen Griff in die Hand bekomme. Glaube ist eine lebendige Kraft, die durch viele Stufen hindurch in immer neuen Erfahrungen wächst und reift. Darum ist diese Aussage in unserm Vers kein Widerspruch zu Vers 50. Der Hofbeamte hatte dem Wort Jesu geglaubt und war glaubend nach Hause geeilt. Aber nun nach der vollen Erfahrung der Macht und Gnade Jesu **„kam er"** in einer umfassenden Weise **„zum Glauben".** Nicht mehr nur diesem einen Wort vertraut er; jetzt blickt er mit einem ständigen und ganzen Vertrauen auf Jesus. In dieses Vertrauen zieht er sein ganzes **„Haus"** mit hinein. Seine Frau, der geheilte Sohn, die Sklaven, die durchaus mit zu einem „Hause" gehörten, sie alle erkennen nun in Jesus den Retter, der den Tod besiegt und „Leben" zu geben vermag[215]. Das dreimal hervorgehobene **„dein Sohn lebt"** (V. 50. 51. 53) ist ein „Zeichen" für das eigentliche Leben, das jeder bei Jesus empfängt.

54	Während Johannes in Jerusalem summarisch von „den Zeichen, die er tat" (2, 23) sprach, zählt und erzählt er hier in Galiläa genau die beiden „Zeichen". **„Dies tat Jesus wiederum als zweites Zeichen, als er aus Judäa nach Galiläa kam."** Schlatter sagt dazu: „Durch die Vergleichung der neuen Tat Jesu mit dem Zeichen bei der Hochzeit wird Johannes sagen, mit der Rückkehr nach Galiläa habe eine neue

---

[214] Es handelt sich um eine Entfernung von 30 km.
[215] Solches Glauben ganzer „Häuser" finden wir auch später, z. B. Apg 16, 15; 16, 32 f; 1 Ko 16, 15. Dabei müssen wir bedenken, daß im Altertum ein „Haus" eine ganz anders fest geschlossene Einheit darstellte, die vom Hausvater bestimmt war. Darum konnte damals auch die rasche Taufe ganzer Häuser verantwortet werden, wenn der Vater und Herr des Hauses klar zum wirklichen Glauben an Jesus gekommen war.

Periode im Wirken Jesu begonnen. Und er habe durch diesen ersten Schritt das Verhältnis der Galiläer zu ihm bestimmt. Wie er durch das erste Zeichen in Kana den Glauben in den Jüngern begründete, so schuf er durch das zweite Zeichen glaubende Galiläer. Damit bereitet Johannes den Bericht 6, 1 f vor, der uns zeigt, wie der Anschluß der Galiläer an Jesus endete" (a. a. O. S. 139).

DIE HEILUNG AM TEICH BETHESDA

Johannes 5, 1—18

1 Danach war ein (oder: das) Fest der Juden, und Jesus zog hinauf
2 nach Jerusalem. * Es befindet sich in Jerusalem bei dem Schaftor ein Teich, der auf hebräisch Bethesda heißt und fünf Säulenhal-
3 len hat. * In diesen lag eine Menge von Kranken, Blinden, Lahmen, Ausgezehrten (welche auf die Bewegung des Wassers warte-
4. ten. * Denn ein Engel des Herrn kam von Zeit zu Zeit herab in den Teich und rührte das Wasser auf. Wer nun als erster hineinstieg nach der Erregung des Wassers, wurde gesund, mit welcher
5 Krankheit er auch immer behaftet war). * Es war aber ein Mensch dort, der achtunddreißig Jahre in seiner Krankheit zugebracht hatte.
6 * Diesen sah Jesus liegen. Und als er erfahren hatte, daß es schon lange Zeit so mit ihm stehe, sagte er zu ihm: Willst du gesund
7 werden? * Es antwortete ihm der Kranke: Herr, ich habe keinen Menschen, der mich, wenn das Wasser aufgerührt wird, in den Teich bringe; während ich aber komme, steigt ein anderer vor mir
8 hinein. * Jesus sagt zu ihm: Steh auf, nimm dein Bett und gehe.
9 * Und sofort wurde der Mensch gesund, und er nahm sein Bett
10 und ging. Es war aber Sabbat an jenem Tag. * Da sagten die Juden zu dem Geheilten: Sabbat ist es, und es ist dir nicht erlaubt,
11 das Bett zu tragen. * Er aber antwortete ihnen: Der mich gesund
12 gemacht hat, der sprach zu mir: Nimm dein Bett und gehe. * Sie fragten ihn: Wer ist der Mensch, der zu dir sagte: Nimm [dein
13 Bett] und gehe? * Der Geheilte aber wußte nicht, wer es ist; denn Jesus war ausgewichen, da eine Volksmenge an dem Ort war.
14 * Danach findet ihn Jesus im Tempel und sprach zu ihm: Sieh, du bist gesund geworden; sündige nicht mehr, damit dir nicht
15 etwas Schlimmeres geschieht. * Der Mensch ging fort und sagte den
16 Juden, daß es Jesus sei, der ihn gesund gemacht habe. * Und deswegen verfolgten die Juden Jesus, weil er dieses am Sabbat tat.
17 * Er aber antwortete ihnen: Mein Vater wirkt bis jetzt, und so

zu Vers 1:
Jo 2, 13
zu Vers 2:
Neh 3, 1. 32
zu Vers 8:
Mt 9, 6
Apg 3, 7 f
9, 34
zu Vers 9:
Jo 9, 14
zu Vers 10:
Jer 17, 21 f
Mt 12, 1—8
Lk 6, 2
zu Vers 12:
Mt 21, 10
Mk 4, 41
Lk 5, 21
zu Vers 14:
Mt 12, 45
Jo 8, 11
Apg 3, 8
zu Vers 16:
Mt 12, 14
zu Vers 17:
Jo 9, 4
zu Vers 18:
Jo 7, 1. 19. 25.
10, 30—33. 36
19, 7

18 wirke ich auch. * Deswegen suchten nun die Juden noch mehr ihn zu töten, weil er nicht allein den Sabbat brach, sondern auch Gott seinen Vater nannte und sich damit selber Gott gleich machte.

1 „**Danach war ein (oder: das) Fest der Juden, und Jesus zog hinauf nach Jerusalem.**" Der grie Ausdruck für „**danach**" — wörtlich „nach diesen [Ereignissen]" — bezieht sich nicht nur auf das zweite Zeichen, sondern setzt eine Vielheit von Ereignissen voraus. Welche Zeit inzwischen verstrichen ist, das richtet sich nach der Art des Festes, zu dem Jesus jetzt nach Jerusalem hinaufzieht[216]. Die Handschriften haben teils „ein Fest" und teils „das Fest". In jedem Fall wird an das Laubhüttenfest zu denken sein. Das Passa ist bei Johannes stets als solches bezeichnet (2, 23; 6, 4; 11, 53). Und „Pfingsten" konnte seinem Wesen nach nur mit diesem seinem Namen angeführt werden, während das Laubhüttenfest auch in Kap. 7, 2 zunächst „das Fest der Juden" genannt und dann erst durch den Zusatz „das Laubhüttenfest" näher gekennzeichnet wird. Da Jesus spätestens im Januar durch Samarien nach Galiläa gereist war, waren bis zu diesem am Anfang Oktober begangenen Fest neun Monate verstrichen. Das ist eine Zeit reicher Tätigkeit gewesen, wie die Synoptiker sie uns schildern. In dieser Zeit konnten sich die Dinge so entwickeln, wie sie dann im nächsten großen Bericht des Johannes im Kap. 6 vor uns stehen, zumal dort noch die Monate vom Laubhüttenfest bis in die Nähe des nächsten Passa hinzukommen. Es ist eine mächtige Bewegung um Jesus entstanden. Große Scharen sammeln sich um ihn, man will ihn als Messias ausrufen. Jetzt aber unterbricht Jesus seine Arbeit in Galiläa und geht zum Fest nach Jerusalem. Der, den man als Verderber der rechten Frömmigkeit zu hassen beginnt, ist ein treuer Israelit, der das Festgebot in 5 Mo 16, 16 einhält: „Dreimal im Jahr soll alles, was männlich ist in deiner Mitte, vor dem Herrn, deinem Gott, erscheinen." Aber in diesem Besuch der großen Feste in Jerusalem liegt noch mehr. Jesus weiß um seinen Auftrag an ganz Israel und sucht darum die Gelegenheit, wo er seinem Volk auf den Höhepunkten seines Lebens begegnen und Israel mit seinem Wort erreichen kann.

2 Nun schildert Johannes die Örtlichkeit des folgenden Geschehens. „**Es befindet sich in Jerusalem bei dem Schaftor ein Teich, der auf hebräisch Bethesda heißt und fünf Säulenhallen hat.**" Die Handschrif-

---

[216] Jerusalem liegt so hoch auf dem Gebirge Juda (818 m), daß eine Wanderung dorthin stets aufwärts führte, von wo aus man sie auch antrat. Daher wird der Weg nach Jerusalem immer als ein „Hinaufziehen" bezeichnet.

ten weichen in der Fassung des Namens mannigfaltig voneinander ab. Nestle hat „Bethzatha" in seinen grie Text aufgenommen. Wir werden bei dem vertrauten „Bethesda" bleiben dürfen. Der Name muß für Johannes bedeutungsvoll gewesen sein, da er ihn ausdrücklich in seiner hbr. Form erwähnt. Diese Bedeutung wird uns in der Namensform „Bethesda = Haus der Barmherzigkeit" am deutlichsten. Der Teich liegt bei dem „Schaftor", das wir aus Neh 3, 1; 12, 39 kennen[217] und das mit dem „Benjaminstor" in Jer 37, 13; 38, 7; Sach 4, 10 identisch sein wird. Es liegt im Norden der Stadt. Ausgrabungen in Jerusalem sind auf diese Stätte gestoßen und haben die Angabe des Johannes bestätigt. „In der Nähe der Annenkirche (nördlich des Tempelplatzes) hat man Reste eines doppelten Teiches gefunden, der inmitten von fünf Säulenhallen lag, von denen je zwei den Teich nach der Länge und nach der Seite begrenzten. Eine Säulenhalle teilte die Gesamtanlage in zwei Teile[218]."

„**In den fünf Säulenhallen lag eine Menge von Kranken, Blinden, Lahmen, Ausgezehrten.**" Mehr als diesen Vers 3 wird Johannes selbst nicht geschrieben haben, um sofort mit Vers 5 auf den einen Kranken hinzuweisen, um den es jetzt geht. In Vers 4 haben wir es mit recht alten, aber doch erst später beigefügten Erklärungen zu tun, die auf volkstümlichen Überlieferungen beruhen werden. Sie sollen die in Vers 7 geschilderte Lage des Kranken dem Leser näher erläutern. Johannes selber läßt uns im Wort des Kranken nur die Tatsache der jeweilig eintretenden Bewegung des Wassers und die Überzeugung der Kranken erfahren, daß in dieser kurzen Zeit der Wallung das Wasser besonders heilkräftig sei. Woher diese Bewegung des Wassers stammt, ist ihm nicht wichtig. Und keinesfalls hat Jo-

3/4

---

[217] Es ist das Tor, mit dem der Mauerbau begann; hier baute der Hohepriester selbst mit den Priestern zusammen.

[218] Lexikon zur Bibel Sp 221. J. Jeremias schreibt dazu: „Ein französischer Archäologe konnte feststellen, daß es sich um eine gewaltige Anlage gehandelt hat, die sich über 5 000 Quadratmeter erstreckt. Zwei große Wasserbassins wurden durch eine Zwischenwand von 6,50 m Breite voneinander getrennt. Die ganze Anlage war von 4 Säulenhallen umgeben. Die 5. Halle lag auf der Mauer zwischen den beiden Teichen. Aus den noch reichlich vorhandenen Säulenresten ergibt sich, daß die Hallen etwa 8,50 m hoch gewesen sind. Es hat sich also nicht nur um eine nüchterne Zweckanlage gehandelt, sondern um einen prachtvollen Schmuckbau, der wohl von Herodes dem Großen im Zusammenhang mit dem benachbarten Tempelbau in dieser Gestalt errichtet worden ist ... Die Übereinstimmung von ntst und altchristlicher Überlieferung einerseits und dem Ausgrabungsbefund andererseits berechtigt zur Gleichsetzung des Doppelteiches von St. Anna mit dem Schafteich des Johannes-Evangeliums. Für die glaubende Gemeinde ist das wiedergefundene Bethesda eine neue Bezeugung dessen, daß der lebendige Gott sich in der Geschichte geoffenbart hat" („Die Wiederentdeckung von Bethesda", Göttingen 1949, S. 12 und 26). Vgl. auch die Abbildungen im Lexikon zur Bibel.

hannes an eine Wunderwirkung des Teiches geglaubt, die alle Wunder Jesu in den Schatten gestellt hätte. Die Bemerkung in 9, 32 zeigt eindeutig, daß man in Jerusalem nichts von einem Teich wußte, von dessen Wasser ein Mensch gesund wird, „mit welcher Krankheit er auch immer behaftet war".

5 Johannes liegt nichts an einem Wunderteich, sondern an Jesus und an diesem einen Menschen dort, „der achtunddreißig Jahre in seiner Krankheit zugebracht hatte". Das heißt nicht, daß er diese ganzen achtunddreißig Jahre dort in einer der Hallen am Teich gelegen habe. Das ist aus mancherlei Gründen nicht vorstellbar. Nicht die Länge des Aufenthaltes in Bethesda, die nicht näher angegeben wird, sondern die Dauer seiner Krankheit ist Johannes wichtig. Achtunddreißig Jahre krank und in schwerster Form körperbehindert — welch ein Elend liegt darin, zumal in einer Zeit, in der jede geordnete Krankenpflege fehlte, die uns heute selbstverständlich geworden ist.

6 In der eigentümlichen Kürze der Darstellung, die wir in unserm Evangelium immer wieder bemerken können, sagt uns Johannes nichts darüber, wie Jesus auf dem Fest dazu kam, diese Stätte des Jammers aufzusuchen. Aber im ganzen Erdenleben Jesu ist es so, daß Jesus und das Elend der Menschen sich gegenseitig mit einer geheimnisvollen Macht anziehen. Das menschliche Elend in allen seinen Formen strömt bei Jesus zusammen[219], und Jesus sucht als der „Arzt" nicht die Gesunden, Starken und Gerechten, sondern die Kranken, die Gebundenen, die Sünder. Wir wissen, daß es seine Speise ist, den Willen dessen zu tun, der ihn sandte (4, 24). So ist Jesus unter Gottes Leitung hier und „sah diesen da liegen". Wieder „sieht" Jesus, was andere in der massenhaften Not gar nicht bemerkt hatten. Jesus sieht „diesen", Jesus sieht den einzelnen Menschen und fragt nach seinem besonderen Schicksal. „Und als er erfahren hatte, daß es schon lange Zeit so mit ihm stehe, sagte er zu ihm: Willst du gesund werden?" Ist das nicht eine seltsame, ja fast beleidigende Frage an einen solchen Kranken? Warum wäre der Mann denn hier am heilenden Teich, wenn er nicht gesund werden wollte? Sah Jesus an diesem Mann etwas von dem, was die moderne Tiefenpsychologie uns neu gezeigt hat, daß ein Mensch trotz aller Klagen und Beteuerungen, in seinem Unterbewußten gerade nicht gesund werden „will", sondern seine Krankheit als Bergungsort vor den Forderungen des Lebens krampfhaft festhält? Zielte Jesu Frage darauf, daß dieser Mann aus aller Gewöhnung an seine Lage und aus aller Resignation heraus-

---

[219] Das berühmte „Hundert-Guldenblatt" Rembrandts hat uns das dargestellt.

kam und wieder den ganzen Willen hat, gesund zu werden? Aber das Wesentliche ist doch wohl eine Verheißung, die in der Frage verborgen lag. „Wenn du gesund werden willst — ich kann dir dazu helfen." So wird die Frage ein Aufruf zum Glauben: Vertraue dich in deiner Hilflosigkeit dem an, der die Macht hat, dir zu helfen.

Die Antwort des Kranken läßt uns seine ganze jammervolle Lage erkennen: „**Es antwortete ihm der Kranke: Herr, ich habe keinen Menschen, der mich, wenn das Wasser aufgerührt wird, in den Teich bringe; während ich aber komme, steigt ein anderer vor mir hinein.**" Das Wasser ist nur in der kurzen Zeit seines Aufsprudelns heilkräftig. Der Kranke ist zwar nicht gelähmt, aber sehr körperbehindert. Er muß jemanden haben, der ihn rasch in das Wasser bringt. Wie die Ausgrabungen zeigen, haben Stufen von den Hallen zum Wasser hinuntergeführt. Während dieser Kranke mühsam hinabzukommen sucht, ist immer schon ein anderer vor ihm in das Wasser gelangt. Er kommt zu spät. Und so sind wir Menschen, in solcher Lage denkt jeder nur an die eigene Rettung und sieht zu, wie er selber als erster in den heilenden Sprudel gelangt, und keiner denkt an den hilflosen andern. An der Not dieses einen Kranken wird die Not Ungezählter deutlich, die in den verschiedensten Lebenslagen klagen müssen: „**Ich habe keinen Menschen...**" 7

Da greift Jesus ein. Wieder, wie in 2, 7 und 4, 50, erfolgt seine Hilfe in Form eines Befehls. Und noch deutlicher als dort ist es ein „unsinniger" und unmöglicher Befehl: „**Jesus sagt zu ihm: Steh auf, nimm dein Bett und gehe.**" Es ist ein schöpferischer Befehl, der das Unmögliche, das er fordert, selber möglich macht. Es gehört aber — hier ebenfalls noch viel deutlicher als in 4, 50 — der Glaube dazu, der den unmöglichen Befehl vertrauend befolgt und gerade darin erfährt, daß das geschehende Wunder ihm, dem Glaubenden, die Erfüllung des Befehles erlaubt. Vom „Glauben" des Kranken wird kein Wort gesagt. Aber was sollte dann „Glauben" sein, wenn es nicht dieser vertrauende Gehorsam gegen einen solchen Befehl ist? Wie jener Hofbeamte in Kap. 4, 50 stand auch dieser Kranke unter dem Wort Jesu vor der Entscheidung. Natürlicherweise kann er das Wort Jesu nur traurig oder empört zurückweisen; dann wird er allerdings auch nichts erleben. Oder er muß „glauben", er muß dem, der dieses Wort zu ihm spricht, zutrauen, daß er nicht lügt, nicht leere Worte macht. Dann erfährt er die Wahrheit des Wortes an seinem Leben. Dann „kann" er, was er achtunddreißig Jahre lang nicht konnte: aufstehen, gehen und sein Bett selber tragen. Aber der Akt des „Glaubens" geschieht nicht in solchen Überlegungen, sondern in einer augenblicklichen Antwort des ganzen Menschen mit Geist, Seele und Leib auf das gehörte Wort. „**Und sofort wurde der Mensch gesund,** 8

9

und er nahm sein Bett[220] und ging." „Glaube" und „Heilung" liegen vollständig ineinander.

Was Jesus hier getan hat, wird ausdrücklich nicht ein „Zeichen" genannt. Es war im „Haus der Barmherzigkeit", das soviel Unbarmherzigkeit und Ichsucht barg (V. 7!), eine rein persönliche Tat der Hilfe. Jesus will keinerlei Aufsehen erregen und entzieht sich, wie wir aus Vers 13 erfahren, der Menschenmenge an diesem Ort. Und doch wird gerade diese stille Wohltat zu einem „Zeichen" mächtiger, aber erregender Art, ganz anders als selbst die Tempelreinigung. Diesmal hat Jesus nicht „angegriffen" und mit seiner Heilung nichts Herausforderndes getan. Und doch bricht gerade an dieser Wohltat Jesu der Konflikt mit den Pharisäern auf und gewinnt sofort tödlichen Ernst. Das will Johannes uns zeigen. Darum und nicht eigentlich um der Heilung selbst willen, wird gerade diese Tat Jesu aus der Fülle seiner „Zeichen" vom Evangelisten erzählt. Der sich immer mehr vertiefende Kampf Jesu mit seinem Volk und dessen Leitern bestimmt die ganze Darstellung unseres Evangeliums.

Wir haben an der stillen Tat Jesu etwas übersehen, was nun doch „herausfordernd" ist. **„Es war aber Sabbat an jenem Tag."** Das Sabbatgebot war eines der wesentlichsten im Gesetz, ein besonderes „Zeichen" des Bundes zwischen Gott und Israel (2 Mo 31, 13 f). Darum war seine genaue Erfüllung von endzeitlicher Bedeutung[221]. Solange der Sabbat nicht recht gehalten wird, kann der Messias nicht kommen. Wenn aber Israel auch nur einen Sabbat vollständig hielte, dann würde der Messias erscheinen. So wurde die Übertretung dieses Gebotes selbst in einem scheinbar leichten Fall mit dem Tod durch Steinigung bestraft (4 Mo 15, 32—36). Die Schriftgelehrten hatten um der Wichtigkeit der Sache willen genau festgelegt, was am Sabbat als verbotene „Arbeit", als unzulässiges „Werk" zu gelten hatte, und was „erlaubt" war. Und das war eindeutig, das Tragen eines Bettes war „nicht erlaubt". Auch ein so innerlicher Prophet wie Jeremia wendet sich mit großem Ernst gerade gegen das „Tragen" einer Last „am Sabbattag" (Jer 17, 21 f). So tat der Kranke in den Augen der Pharisäer schwere Sünde.

---

[220] Das „Bett", das der Kranke „nehmen" soll und jetzt auch „nehmen" kann, ist nur eine Art aufrollbarer Matratze; vgl. dazu Mk 2, 3. 4. 11; Apg 5, 15 und andere Stellen, an denen verschiedene Ausdrücke gebraucht werden, aber stets die gleiche Sache gemeint ist. Wohl kannten reiche Leute auch damals Bettgestelle von zum Teil kostbarer Art aus Elfenbein (Am 6, 4) oder gar aus Silber (Esth 1, 6). Aber der einfache Mann begnügte sich mit seiner Schlafmatte.

[221] Wie ernst nimmt auch ein Prophet wie Jesaja die Heiligung des Sabbats! Jes 58, 13. 14; 56, 2. 4. 5.

„Da sagten die Juden zu dem Geheilten: Sabbat ist es, und es ist dir nicht erlaubt, das Bett zu tragen." Johannes kennt genau die Bestimmung der Mischna²²², die eine Anklage wegen Übertretung des Gesetzes nicht zuließ, wenn nicht eine Verwarnung vorausgegangen war. Diese „Verwarnung" wird hier dem Geheilten gegenüber ordnungsgemäß ausgesprochen. Jetzt erst, wenn er trotzdem sein Bett weiter trug, wird er zum Sünder, der der Strafe verfallen ist. 10

Nun verstehen wir das Gewicht seiner Antwort. Er weist die Verwarnung zurück. „Er aber antwortete ihnen: Der mich gesund gemacht hat, der sprach zu mir: Nimm dein Bett und gehe." Gerade in der Ausführung dieses Befehls ist er gesund geworden; wie kann dann dieser Auftrag, sein Bett zu nehmen, unrecht sein? Er jedenfalls konnte nicht anders, als das tun, was dieser mächtige Helfer ihm sagte. Natürlich wird er weiter gefragt: „Wer ist der Mensch, der zu dir sagte: Nimm [dein Bett] und gehe?" Er kann aber keine Auskunft geben. Er hatte ja Jesus nie zuvor gesehen, und in jenen Hallen war Jesus noch unbekannt. Jesus hatte auch nicht länger mit ihm gesprochen, sondern war nach der Heilung sogleich weitergegangen. „Der Geheilte aber wußte nicht, wer es ist; denn Jesus war ausgewichen, da eine Volksmenge an dem Ort war." Wir treffen hier auf den gleichen Zug, den wir bei den Synoptikern immer wieder betont finden: Gerade von seinen Heilungen will Jesus nicht, daß sie bekannt werden, damit man ihn nicht in falscher Weise sucht²²³. So war Jesus vor den vielen Menschen „ausgewichen", die außer den Kranken, wohl als deren Besucher, die Halle füllten. 11

12

13

Aber die Geschichte zwischen ihm und dem Geheilten ist noch nicht zu Ende. Der Heilung darf und muß noch die Seelsorge folgen, weil der Mensch diese Einheit von Leib und Seele ist und immer für beides zugleich die Hilfe braucht. „Danach findet ihn Jesus im Tempel und sprach zu ihm: Sieh, du bist gesund geworden; sündige nicht mehr, damit dir nicht etwas Schlimmeres geschieht." Nicht irgendwie in einer Straße trifft Jesus noch einmal mit dem Geheilten zusammen. Dieser Mann hat den Tempel aufgesucht; es treibt ihn wohl, Gott für die Heilung zu danken. Darin wird deutlich, daß Jesus die von ihm erfaßten Menschen dem Gottesdienst Israels nicht entzieht. Und das Gespräch, das er nun mit diesem Mann führt, zeigt den tiefen Ernst Jesu. Jetzt erst, nach der Heilung, nicht vor ihr, spricht 14

---

²²² „Mischna", vom hbr „schana = durch Wiederholung lehren und lernen", heißt das vom mosaischen Gesetz aus entwickelte und mündlich überlieferte Gewohnheitsrecht des Judentums nach der Rückkehr aus der babylonischen Gefangenschaft.
²²³ Wie ernst haben wir das auch heute zu beachten, wenn wir von der Vollmacht des Heilens im Namen Jesu nach Jak 5, 14 oder Mk 16, 18 oder 1 Ko 12, 9 Gebrauch machen.

Jesus mit diesem Mann von seiner Sünde[224]. Dabei setzt er hier ebenso wie bei dem Gichtbrüchigen (Mt 9, 1—8) voraus, daß ein Mensch sehr genau um seine Sünde weiß. Jesus spricht nicht näher darüber, wie hier „Krankheit" eine Folge von „Sünde" war[225]. Auch das ist dem Geheilten sehr klar. Jesus braucht nur kurz darauf hinzuweisen. Jesu Heilen war zugleich ein Vergeben gewesen. Hier durfte ein Mensch ganz und gar ein neues Leben beginnen. Aber er muß das nun auch mit ganzem Ernst tun. Wenn er jetzt die erfahrene Gnade mißbraucht, um wieder seiner alten Sünde Macht einzuräumen, dann müssen die Folgen weit schlimmer sein, als alles, was er bisher in achtunddreißig Jahren der Krankheit durchgemacht hat. Auch hier würde verachtete Gnade zum Gericht. Das **„Schlimmere"**, das ihm dann geschieht, kann das Schlimmste, das ewige Verderben, sein. Darum gebietet ihm Jesus mit solchem Ernst: **„Sündige nicht mehr"**. Fordert und erwartet Jesus nun ein „sündloses" Leben von ihm? Gewiß nicht. Aber von bestimmten sündlichen Bindungen, in denen er gelebt und die so unheilvolle Folgen gehabt hatten, darf er sich nicht von neuem fesseln lassen. Er braucht es auch nicht mehr. Denn auch hier wieder ist der Befehl Jesu von schenkender und schaffender Kraft. Wenn der Geheilte dem Befehl Jesu im Glauben folgt, erfährt er die innere Freiheit und den Sieg über seine Sünde.

15 Das Gespräch ist offenbar länger und ausführlicher gewesen, als Johannes es in seiner knappen Art uns mitteilt. Denn der Geheilte „kennt" jetzt Jesus. **„Der Mensch ging fort und sagte den Juden, daß es Jesus sei, der ihn gesund gemacht habe."** Johannes berichtet uns einfach die Tatsache, ohne auch nur anzudeuten, warum der Geheilte so handelt. Will er den Vorwurf der Sabbatschändung endgültig von sich abtun? Meinte er, vor den Autoritäten seines Volkes ein Zeugnis für Jesus ablegen zu sollen, und ahnt gar nicht, welche Folgen das für Jesus haben muß? Wir wissen es nicht.

16 Aber nun ist der Konflikt mit der einflußreichen Gruppe der Pharisäer da. Seinen ganzen Ernst müssen wir uns klarmachen. Wir müssen dabei fragen: Hatten die Pharisäer nicht recht? Darf man so einfach

---

[224] So wenig dürfen wir bei Krankenheilungen durch Glauben und Gebet nach Jak 5, 14 eine zwangsläufige Regel daraus machen, daß ein offenes Sündenbekenntnis der Heilung vorher gehen muß.

[225] Wir dürfen freilich nicht in einem eigenmächtigen System jede Krankheit als „Strafe" für irgendwelche Sünden ansehen. Kap. 9, 1—3 warnt uns nachdrücklich davor. Wir dürfen aber ebensowenig übersehen, wie nicht nur unsere ganze Todverfallenheit und eben damit unsere Erkrankungsfähigkeit mit unserer Sündhaftigkeit zusammenhängt, sondern wie auch ganz konkret sündhafte Fehler unserer Lebensführung in Krankheiten und Leiden sich auswirken. Vgl. Tournier „Krankheit und Lebensprobleme" und „Bibel und Medizin". Zürich und Stuttgart 1962.

Gottes klares Gebot beiseite setzen? War nicht die Mahnung berechtigt, für solche Heilungen einen andern Tag zu suchen und nicht den Sabbat durch sie zu brechen (Lk 13, 14)? Und selbst wenn die nähere Auslegung des Gebotes nur aus überlieferten menschlichen Satzungen bestand, dürfen wir alte, geheiligte Sitte durchbrechen? Die Frage ist ernst, denn wir leben alle in geprägten Anschauungen, festen Traditionen, gültigen Verhaltensweisen. Wir können gar nicht anders leben. Darf der einzelne alles dieses eigenmächtig mißachten? Wohin führt das? Müssen nicht gerade ernste Hüter einer Gemeinschaft solchen Eigenmächtigkeiten widerstehen? Die Pharisäer tun es in leidenschaftlicher Weise. **„Und deswegen verfolgten die Juden Jesus, weil er dieses am Sabbat tat."** Wieder nennt Johannes nicht nur die Pharisäer als die Gegner Jesu, sondern spricht von „den Juden". „Pharisäismus" und „Judentum" waren so eng miteinander verknüpft; im Pharisäismus kam das Judentum selbst so zum Ausdruck, daß Paulus im Rückblick auf seine Vergangenheit als Pharisäer sagen kann: „Ich nahm zu im Judentum über viele meiner Gefährten" (Gal 1, 14). Dieses „Judentum"[226] stand seinem Wesen nach in der Gegnerschaft gegen Jesus und „verfolgte" ihn, wie auch der Pharisäer Saulus Jesus „verfolgte" (Apg 9, 4).

Was hat Jesus in dieser Sache zu sagen? Daß er kein „leichtfertiger Verächter" ist (Ps. 25, 3), das hat seine Warnung an den Geheilten genügend gezeigt. Er warnte ihn mit tiefem Ernst vor der Sünde. Aber wie rechtfertigt er den offensichtlichen Bruch des Sabbatgebotes, wie sein Hinweggehen über die anerkannte Auslegung dieses Gebotes? Es ist offenbar zu einer Sondersitzung mit den Pharisäern gekommen, die Johannes nicht im einzelnen schildert. Nur die entscheidende Antwort Jesu in dieser Sondersitzung stellt er vor uns hin: **„Er aber antwortete ihnen: Mein Vater wirkt bis jetzt, und so wirke ich auch."** Er ist nicht ein einzelner, der sich die Freiheit der Mißachtung alter Sitten oder gar der göttlichen Gebote anmaßt. Er handelt nicht nach Belieben. Seine Gegner verkennen ihn völlig, wenn sie ihm Eigenmächtigkeit vorwerfen. Niemand ist weniger eigenmächtig, niemand völliger gebunden als er, der der „Sohn" ist, der in totalem Gehorsam dem Vater gehört (4, 24!). Aber wie kann er dann die Ruhe des Sabbat durchbrechen, die doch an Gottes „Ruhen" am siebenten Schöpfungstag erinnert (1 Mo 2, 2)? Müßte er nicht gerade als der Sohn sagen: „Mein Vater ruhte am siebenten Tage, und so ruhe ich auch"? Jesus aber behauptet **„Mein Vater wirkt bis jetzt"**. Ist das nicht ein Widerspruch zur Schrift? Aber warum

17

---

[226] Vgl. Anmerkung Nr. 93.

„ruhte" Gott damals? Weil alle Werke „vollendet" und alles „sehr gut" war. Da konnte Gott „ruhen". Aber dann kam der Sündenfall. Es begann das Elend der Welt und der Menschheit, das wie eine Lawine vom Sündenfall her immer mächtiger anwuchs. Und nun hat Gott in ganz neuer Weise zu „**wirken**": in seinem gewaltigen Erlösungs- und Heilsplan. Da gibt es für ihn keine „Ruhe", bis er einmal am Ende der Heilsgeschichte sagen kann: „Es ist geschehen" (Offb 21, 6). Dann kommt aufs neue der „Sabbat" Gottes und seiner ganzen Schöpfung. Jetzt aber „**wirkt**" Gott unablässig im Helfen und Heilen und Erretten, auch am Sabbat. Ganz gewiß, nicht beliebige Werktagsarbeiten und Weltgeschäfte sollen die zeichenhaft zurückblickende und hoffnungsvoll vorausweisende Sabbatruhe stören. Aber das Helfen und Heilen, das Wohltun, dieses eigentlichste „Wirken" Gottes ist dem „Sohn" hier auch am Sabbat aufgetragen. „**Mein Vater wirkt bis jetzt, und so wirke ich auch.**" Was Jesus nach den Synoptikern zur Sabbatfrage gesagt hat (Mt 12, 9—12; Mk 3, 4 f; Mt 12, 6—8; Mk 2, 27 f), das ist hier in einem einzigen kurzen Satz zusammengefaßt ausgesprochen.

18 Freilich, diese Verteidigung und Verkündigung seines Tuns erregt erst recht den Zorn seiner Gegner und macht ihn tödlich. „**Deswegen suchten die Juden noch mehr, ihn zu töten, weil er nicht allein den Sabbat brach, sondern auch Gott seinen Vater nannte und sich damit selber Gott gleich machte.**" Wieder dürfen wir uns die Tiefe des Konfliktes nicht durch eine allzu rasche und billige Entrüstung über die Gegner Jesu verhüllen. Es war keine Kleinigkeit, als ernster Vertreter dessen, was bisher als wahre und rechte Frömmigkeit galt[227], nun Jesus und seinem Handeln gegenüber zu stehen. Im Scharfblick ihrer Feindschaft sahen die Pharisäer ganz richtig, daß es sich hier nicht um einzelne Änderungen an einer sonst gleichbleibenden Frömmigkeit handelte, sondern daß hier alles in Frage gestellt war, worin sie das Wesen des rechten Verhältnisses zu Gott sahen. Wörtlich steht hier: „Jesus löste den Sabbat auf." Als „Auflösung" aller Ordnung, als Gefährdung Israels in seinem innersten Bestand, erschien ihnen Jesu Tat. Hatten nicht die Väter in der Makkabäerzeit um des Sabbats willen gelitten und geblutet? Und dieser Jesus löst ihn einfach auf! Stürzte nicht alles ein, wenn man diese „Auflösung" zuließ?

Aber noch schrecklicher war es ihnen, wie sich hier ein Mensch „**Gott gleich machte**". Wohl war das Volk Israel als Ganzes durch Gottes Erwählung im übertragenen Sinn sein „Sohn" (2 Mo 4, 22; Hos 11, 1). Darum konnte auch in Israel Gott als „Vater" angesehen

---

[227] Ist für uns das „Christentum" wirklich etwas anderes als die Erfüllung von Geboten und die Einhaltung alter, frommer Sitten?

und angerufen werden (5 Mo 32, 6; Ps 103, 13; Jes 63, 16; Jer 3, 4; 3, 19; 31, 9). Dem König Israels mochte Gott versprechen, er werde ihm ein „Vater" sein und der König ihm wie ein „Sohn" (2 Sam 7, 14). Das war aber etwas völlig anderes als die Behauptung eines einzelnen Menschen, in einem einzigartigen Sinn in Gott seinen Vater zu haben und wesenhaft an Gottes Seite zu stehen[228]. „Gott gleich sein", war das nicht die satanische Versuchung der ersten Menschen gewesen? Ist Jesus ihr nicht vollends erlegen, wenn er sich in dieser Weise **„Gott gleich macht"**?

Wir sind an Jesu Wort und an das ganze Reden von der Gottessohnschaft Jesu gewöhnt. Es ist uns heilsam, wenn wir in der leidenschaftlichen Auflehnung der „Juden"[229] ganz neu ermessen, was hier von Jesus selbst behauptet und in seiner Gemeinde als Dogma bekannt wird. Wirklich, es geht um Gottes Gottheit. Zwischen den „Juden" und Jesus kann es keine „Verständigung" geben. Ein „Jude" kann nur mit seinem ganzen bisherigen Leben, gerade auch mit seinem bisherigen frommen Leben, brechen und sich Jesus als dem Sohn Gottes und wahren Wirker der Werke Gottes ausliefern, oder er mußte Jesus hassen oder zu vernichten suchen. Saul von Tarsus ist beispielhaft durch dieses Entweder—Oder hindurch gegangen und hat es nach beiden Seiten hin durchlebt. Wir aber werden mit der größten Aufmerksamkeit zu hören haben, was Jesus nun in den folgenden Versen über seine Gottessohnschaft zu sagen hat. Es muß uns an Jesu Wort klar werden, daß er sich gerade nicht in jenem sündhaften Sinn „Gott gleich macht" und daß darum seine Gottessohnschaft die Gottheit Gottes nicht antastet, sondern die wahre Gottheit Gottes in ihrer wesenhaften Liebe zum Ausdruck bringt.

Unser Abschnitt ist das Vorspiel zu dem Geschehen in Kap. 11. Er zeigt zugleich, daß auch das schönste und klarste Wunder nicht, wie wir denken, Menschen für den Glauben gewinnen und Gegner überzeugen muß. Die Heilung des Kranken am Teiche Bethesda wie die Auferweckung des Lazarus führen bei den Gegnern nicht zum Glauben, sondern zum Todesbeschluß gegen Jesus.

---

[228] Bis heute kann darum das Judentum wie der Mohammedanismus Jesus als Menschen achten und anerkennen. Aber der Gedanke, daß Gott einen „Sohn" haben soll und daß ein Mensch gottheitlich anzubeten sei, ist beiden Religionen unerträglich. Für beide steht hier Gottes Gottheit auf dem Spiel.

[229] Moderne Juden wie Martin Buber oder Schalom Ben Chorin können von Jesus als einem großen Sohn des Volkes sehr achtungsvoll reden, lehnen aber die Gottessohnschaft Jesu und seine Messianität auf das leidenschaftlichste ab.

JESUS BEZEUGT SEINE GOTTESSOHNSCHAFT

Johannes 5, 19—30

zu Vers 19:
Jo 3, 11. 32
5, 30
2 Ko 3, 5

zu Vers 20:
Jo 3, 35
14, 12

zu Vers 21:
5. Mo 32, 39

zu Vers 22:
Mt 25, 32
Apg 10, 42
17, 31

zu Vers 23:
Da 7, 13 f
Lk 10, 16
Phil 2, 10 f
1 Jo 2, 23

zu Vers 24:
Jo 3, 16. 18. 36
6, 40. 47
8, 51
11, 25 f
1 Jo 3, 14

zu Vers 25:
Jo 11, 43
Eph 2, 5 f
5, 14

zu Vers 26:
Jo 1, 1—4
1 Jo 5, 20

zu Vers 27:
Da 7, 10. 13 f
Mt 25, 31

zu Vers 28:
Apg 24, 15
1 Th 4, 16

zu Vers 29:
Da 12, 2
Mt 16, 27
25, 31—46
Rö 2, 7—10

zu Vers 30:
Jo 6, 38

19 Es antwortete nun Jesus und sagte ihnen: Wahrlich, wahrlich ich sage euch, der Sohn kann nichts von sich selbst aus tun, wenn er nicht etwas den Vater tun sieht. Denn was dieser tut, das tut 20 auch der Sohn in gleicher Weise. * Denn der Vater hat den Sohn lieb und zeigt ihm alles, was er selber tut. Und er wird ihm noch größere Werke als diese zeigen, daß ihr euch wundern sollt.
21 * Denn wie der Vater die Toten erweckt und lebendig macht, so 22 macht auch der Sohn lebendig, welche er will. * Denn der Vater richtet ja auch niemand, sondern hat das Gericht ganz dem Sohn 23 übergeben, * damit alle den Sohn ehren, wie sie den Vater ehren. Wer den Sohn nicht ehren will, ehrt den Vater nicht, der ihn ge-
24 sandt hat. * Wahrlich, wahrlich, ich sage euch, wer mein Wort hört und glaubt dem, der mich gesandt hat, der hat ewiges Leben, und in ein Gericht kommt er nicht hinein, sondern er ist hinüber-
25 geschritten aus dem Tode in das Leben. * Wahrlich, wahrlich, ich sage euch, es kommt eine Stunde und ist jetzt, daß die Toten die Stimme des Sohnes Gottes hören werden, und die sie [wirklich]
26 hörten, werden leben. * Denn wie der Vater Leben in sich selber hat, so hat er auch dem Sohn gegeben, Leben zu haben in sich sel-
27 ber. * Und Vollmacht hat er ihm gegeben, Gericht zu halten, weil
28 er Menschensohn ist. * Wundert euch nicht darüber, weil eine Stunde kommt, in der alle die in den Gräbern hören werden seine
29 Stimme, * und es werden herauskommen, die das Gute getan ha- ben, zur Auferstehung des Lebens, die das Schlechte vollbracht
30 haben, zur Auferstehung des Gerichtes. * Ich bin nicht imstande, irgend etwas zu tun von mir selbst aus; wie ich höre, richte ich, und mein Gericht ist gerecht, weil ich nicht meinen Willen suche, sondern den Willen dessen, der mich sandte.

Für den Blick seiner Gegner war alles, was Jesus getan und gesagt hatte, sündhafte Eigenmächtigkeit und empörende Anmaßung. Nur so konnten sie sich ein Leben vorstellen, das nicht wie das ihre in der ängstlichen Erfüllung aller Vorschriften geführt wurde. Darum möch- te ihnen Jesus zeigen, daß seine Gottessohnschaft alles andere ist als Willkür und Selbstherrlichkeit. Er ist als der „Sohn" gerade wahrhaft und total und darum ganz anders als sie an den Vater gebunden. „Es antwortete nun Jesus und sagte ihnen: Wahrlich, wahrlich ich sage euch, der Sohn kann nichts von sich selbst aus tun, wenn er nicht etwas den Vater tun sieht." Da auch wir, mit den Gegnern Jesu im

Grund tief verwandt, unter „Gottessohnschaft" sofort etwas Hohes, Großartiges, Glänzendes verstehen, ist es gut für uns, wenn wir aus diesem Satz die Worte einmal herausheben: **„Der Sohn kann nichts."** Das gerade und nichts anderes ist Sohnes-Kennzeichen! Wir selbst sind von wahrer Gotteskindschaft nicht darum fern, weil wir nicht genug können, sondern weil wir immer noch so viel können und können wollen ohne Gott, von uns selbst aus. Jesus aber ist **„der Sohn"**, weil er **„nichts kann"**, nämlich nichts von sich selbst aus, nichts im strengen Sinn ohne Gott. Nur dann kann er handeln, **„wenn er den Vater etwas tun sieht"**[230].

Mit dieser völligen Unterordnung und Demut ist gerade seine ganze Macht, Hoheit und Herrlichkeit als „Sohn" verbunden. **„Denn was der Vater tut, das tut auch der Sohn in gleicher Weise."** Eben weil er „nichts kann", kann er alles; weil er vollständig dem Vater unterworfen ist, hat er am Wirken des Vaters teil und wirkt **„in gleicher Weise"** und in höchster Vollmacht.

Wie eint sich das Entgegengesetzte? Warum ist die völlige Unterordnung des Sohnes nicht Verlust und Entehrung, sondern Hoheit und Herrlichkeit, sein Nichtkönnen nicht Schwachheit, sondern Vollmacht? Jesus nennt uns die Lösung dieses Rätsels. Die Lösung liegt im Wesen und Walten der „Liebe". Es ist die Liebe des Sohnes, die ihn so völlig für den Vater dasein und mit vollstem Willen nichts von sich selbst aus können läßt. Und dieser Liebe des Sohnes antwortet die Liebe des Vaters. **„Denn der Vater hat den Sohn lieb und zeigt ihm alles, was er selber tut."** Der Sohn blickt völlig selbstvergessen auf den Vater und kann und will nichts tun, wenn er nicht **„etwas den Vater tun sieht"**. Der Vater aber nutzt — wenn wir es wagen dürfen, zur Verdeutlichung einmal so zu reden — diese Haltung des Sohnes nicht für sich selbst aus, sondern **„zeigt"** in der Selbstlosigkeit königlicher Vaterliebe dem Sohn **„alles, was er selber tut"**. Von diesem „alles" aus können wir der Aussage des 19. Verses die Umkehrung hinzufügen: Es gibt kein Handeln Gottes, das nicht „in gleicher Weise" Jesu Handeln ist. Wir sahen das sogleich am Anfang unseres Evangeliums vor uns, als gerade das eigenste Werk des Schöpfers und Vaters, die Schöpfung selbst, dem Sohn in betonter Völligkeit zugeschrieben wurde. „Alles wurde durch ihn, und ohne ihn wurde auch nicht eines, was geworden ist" (1, 2).

So ist uns hier ein Blick geschenkt in das innere Lebensgeheimnis Gottes. Gott ist nicht einsam. Er hat sich selbst sein göttliches Ge-

---

[230] Wie völlig haben alle die Jesus verkannt, die aus den Äußerungen seiner **Demut und Unterordnung** unter Gott (z. B. Mt 19, 17) und aus seinem Gebetsleben schlossen, er könne sich niemals für den Sohn Gottes gehalten haben. Gerade **darin** kam seine wahre Gottessohnschaft zum Ausdruck!

genüber geschenkt, in dem er sich in seinem „Wort" aussprach (1, 1). Dies Wort ist „Gott von Art", wahrhaft wesenseins mit dem Vater. Aber diese Wesenseinheit ist nicht eine starre und mechanische Gleichheit. Hier waltet die ganze Herrlichkeit der „Liebe". Was wir in dem kurzen Satz, daß das Wort „bei Gott", „zu Gott hin" ist, gleich am Anfang des Evangeliums lasen, das hat sich uns nun deutlicher entfaltet. Eine tiefe „Ungleichheit" macht die wunderbare „Gleichheit" zu einer lebendigen. „Gleich" sind Vater und Sohn im gottheitlichen Wesen. „Gleich" sind sie im Wirken, „gleich" im Lieben. Aber immer ist dabei das Wirken des Sohnes das auf den Vater blickende und auf sein Tun wartende. Immer ist die Liebe des Sohnes die ehrfürchtige, hingegebene, vom Vater und seiner Ehre erfüllte und ihm völlig dienende. Die Liebe des Vaters aber ist die hoheitsvolle, schenkende und zeigende Liebe[231]. Das muß uns vor Augen stehen, wenn wir sagen: Gott ist Liebe (1 Jo 4, 16). Denn was „Liebe" wirklich ist, das lernen wir nur hier am Urbild und Ursprung aller Liebe.

Wir dürfen es aber auch wahrhaft lernen, weil wir in unserm Ursprung zu solcher Liebe geschaffen sind und in der Erlösung durch Jesus ein Leben in solcher Liebe erlangen. Es kennzeichnet abbildlich den wirklichen Christen, daß auch er immer völliger sagen kann: „Der Jünger kann nichts von sich selbst aus tun, wenn er nicht etwas seinen Herrn tun sieht. Denn was Jesus tut, das tut auch der Jünger in gleicher Weise. Jesus aber hat den Jünger lieb und zeigt ihm alles, was er tut." Darum ist dann auch in dem Jünger Jesu wie beim Sohn dieses „nichts" und „alles" miteinander verbunden: „Als die nichts haben und doch alles haben" (2 Ko 6, 10). Von dieser unserer eigenen Erfahrung aus gewinnen wir dann wieder neu den Blick für das Wort Jesu in unserem Abschnitt. Die Pharisäer aber sind aus ihrer Härte und Lieblosigkeit blind für das Geheimnis der Liebe zwischen Vater und Sohn. Sie verstehen Jesus nicht und sehen da „Sünde" und „Gotteslästerung", wo in Wahrheit die ganze gehorsame Sohnschaft Jesu in ihrer Herrlichkeit steht[232].

---

[231] In ihrer Trinitätslehre hat die Gemeinde dieses Lebensgeheimnis Gottes nachzuzeichnen versucht. Sie betont mit Recht die seinsmäßige Wesenseinheit von Vater und Sohn, von Gott und Jesus. Sie sucht durch die Unterscheidung von „Wesen" und „Personen" und durch die biblische Benennung „Sohn" und „Vater" zum Ausdruck zu bringen, daß die „Wesenseinheit" nicht eine starre und tote ist, sondern daß im Gegenteil hier in dem „lebendigen" Gott alles von einem mächtigen und heiligen Leben in der Liebe zwischen Vater und Sohn erfüllt ist. Sicher kann die Gemeinde in ihrer Trinitätslehre nur stammeln; aber sie kann und darf auch hier nicht schweigen.

[232] Wie groß ist das Wunder im Leben des Pharisäers Saul von Tarsus, daß er sehend wurde für diese Herrlichkeit Jesu. Aber es ist bezeichnend, daß dies nur so geschehen konnte, daß Saul darin zugleich das Wunder der „Liebe" aufging und ihn, den großen

Es geht dabei um echte Geschichte. Der Vater aber zeigt dem Sohn „alles"; es bleibt nicht bei einzelnen Stücken und Teilen. Aber dieses „Zeigen" ist nicht eine einmalige Gesamtschau, sondern das „Blicken" des Sohnes und das „Zeigen" des Vaters vollzieht sich fort und fort in geschichtlichen Ereignissen. Wie dieses „Zeigen" geschieht, darüber sagt Johannes nichts. Es ist ein besonderes Zeichen für die Echtheit und Ursprünglichkeit unseres Evangeliums, daß gerade die ernste und wichtigste Stelle des Lebens Jesu, sein Umgang mit dem Vater, völlig im ehrfürchtig bewahrten Geheimnis verhüllt bleibt. Wir sehen das „Zeigen" des Vaters und das gehorsame Erfassen des Sohnes nur in den offenkundigen Ergebnissen. So zeigte der Vater ihm den Nathanael unter dem Feigenbaum, zeigte ihm, was auf der Hochzeit zu Kana zu tun sei, wies ihm die samaritische Frau am Jakobsbrunnen und gab ihm jetzt die Heilung des Kranken am Sabbat. So wird es weitergehen, bis zur Auferweckung des Lazarus, bis zum Gang an das Kreuz. Jesus weiß: **„Und er wird ihm noch größere Werke als diese zeigen, daß ihr euch wundern sollt."** Das „ihr" ist in diesem Satz betont hervorgehoben. Den Sohn selbst „wundert" es nicht, daß der Vater immer noch größere Werke für ihn zu tun hat. Das erwartet er in tiefer Freude[233]. Aber „ihr", ihr Juden, ihr Menschen, könnt diese Vollmacht nicht begreifen bei einem, der als ganzer wahrer Mensch vor euch steht.

Was sind diese „Werke", die noch „größer" sind, als die Wandlung von Wasser in Wein und die Heilung von hoffnungslos Kranken? Es ist die Auferweckung und Lebendigmachung von Toten. **„Denn wie der Vater die Toten erweckt und lebendig macht, so macht auch der Sohn lebendig, welche er will."** Das ist hier zunächst allgemein ausgesprochen, um dieses „Größere" und wahrhaft Große vor uns hinzustellen. Die Verse 25—30 werden es uns näher erläutern. Es fällt aber in diesem Wort die Entscheidung über das neue und unerhörte Verständnis, das Jesus von dem Amt und der Person des Messias hat. Nach der üblichen Vorstellung war der Messias ein König, der Israels Befreiung und Weltherrschaft herbeiführt, in langer, segensreicher Regierung. „Die Angaben der Rabbinen schwanken — immer mit alttestamentlicher Begründung — zwischen 40 Tagen und 365 000 Jahren als Dauer der Messiaszeit[234]." Jesus aber wußte sich

21

Lehrer des Glaubens, zum Zeugen der Liebe in Wort und Tat machte (1 Ko 13; Rö 9, 1—4).

[233] Jesus erwartet diese „größeren Werke" gerade auch für seine Jünger, durch die hindurch sein neues, weltweites Wirken nach seiner Erhöhung geschieht. Vgl. Jo 14, 12.

[234] Hans Bietenhard „Das Tausendjährige Reich" S. 46. Näheres bei Strack-Billerbeck II, S. 826.

als ein König, der trotz seines Kreuzestodes dennoch nicht starb, ja, der zum Geber des Lebens aus dem Tode berufen ist.

Auch bei diesen „größeren Werken" ist es wieder die Regel für die Wirkungseinheit von Vater und Sohn: **„Wie der Vater, so auch der Sohn"**, in dieser unumkehrbaren Folge. Es ist, wie auch Paulus in Rö 4, 17 sieht und hervorhebt, die Gottheit Gottes, daß „er die Toten lebendig macht und ruft dem, das nicht ist, daß es sei". An diesem wahrhaft gottheitlichen Werk hat Jesus teil. Welch einen Herrn haben wir! Das eingefügte **„welche er will"** kann im ganzen Zusammenhang nicht doch noch eine Willkür des Sohnes meinen. Aber es hebt hervor, wie diese „Toten" ihr neues Leben in nichts sich selbst und ihrem eigenen Verdienst verdanken, sondern es allein von der freien Gnade und Willenstat Jesu empfangen. Nicht „die es verdienen" oder „die es wert sind", macht Jesus lebendig, sondern **„die er will"**, und sei es eine verkommene samaritische Frau. Hiermit ist auch jedes Anrecht auf das „Leben" aufgehoben, daß der Jude in seiner Abrahamskindschaft und in seiner Beschneidung gegeben sah. Jeder Mensch, auch der israelitische, ist für sein Lebendig-gemacht-Werden einzig an den **„Willen"** Jesu gewiesen. Das Kommen zu Jesus und der Glaube an ihn ist darum absolut notwendig zum Empfang des Heils.

22/23 Zu dem großen Thema „Tod, Auferweckung, Lebendigmachung" gehört auch das ernste Thema „Gericht". Jeder Hörer der Worte Jesu mußte sofort daran denken. Ist dies nun nicht etwas, was der Vater sich selbst allein vorbehalten hat? Kann nicht der Sohn hier nur schweigend zusehen, wie der Vater richtet? Nein. **„Denn der Vater richtet ja auch niemand, sondern hat das Gericht ganz dem Sohn übergeben, damit alle den Sohn ehren, wie sie den Vater ehren."** So ist auch diese ernsteste Aufgabe dessen, der Gott und Herr und Weltenrichter ist, **„dem Sohn übergeben"**, und der Sohn hat dabei nicht nur eine bestimmte Funktion auszuüben, sondern das Gericht ist „ganz" in die Hände des Sohnes gelegt[234a]. Das ewige Schicksal jedes Menschen liegt darum in der Hand Jesu. Darum werden und müssen einmal alle den Sohn ehren, wie sie den Vater ehren. So hat es auch Paulus in Phil 2, 9—11 bezeugt; und auch er hat dabei gesehen, daß in dieser Beugung vor Jesus gerade die Ehrung Gottes des Vaters liegt. Die Regel des Wirkens „der Sohn wie der Vater" gewinnt hier auch ihre Umkehrung „im Sohn gerade der Vater". Nichts ist hier gegeneinander gekehrt. Hier ist die wahre und volle Gemeinschaft der Liebe, die das Eigentum des einen sofort auch zum Besitz des

---

[234a] Das ist darum auch die Grundbotschaft aller Zeiten (vgl. Apg 10, 42; 17, 31), daß Jesus zum Richter aller Menschen bestellt ist und darum an ihm Leben und Tod aller Menschen hängt.

andern macht. Das Wirken des Vaters wird zum Wirken des Sohnes, und die Ehrung des Sohnes wird zur Ehrung des Vaters. Darum kann Jesus feststellen: **„Wer den Sohn nicht ehren will, ehrt den Vater nicht, der ihn gesandt hat."** Wer meint — wie die Juden es damals mit Leidenschaft meinten und viele in der Kirche bis heute meinen — die Ehre Gottes gegen eine zu große Ehrung Jesu „schützen" zu müssen, der irrt, weil er sein eigenes ichhaftes Denken in Gott hineinträgt[235]. Mit diesem eifersüchtigen Denken verkennt und mißachtet er die Liebe zwischen Vater und Sohn und will es nicht haben, daß Gott so sehr „alles" in Jesu Hand gelegt hat. Aber Gott hat es gewollt und getan; darum gibt es wahre Ehrung Gottes nur in der Ehrung des Sohnes. Der Sohn aber gibt seinerseits alle Ehre dem Vater bis hin zu dem gewaltigen Schlußakt der Heilsgeschichte, den Paulus in 1 Ko 15, 28 der Gemeinde vor Augen stellt. Das „Wie" in unserm Satz **„damit alle den Sohn ehren, wie sie den Vater ehren"** ist im Griechischen nicht nur ein Wort des Vergleiches, sondern trägt einen begründenden Klang in sich: sie ehren den Sohn gerade „entsprechend" der Ehre, die sie dem Vater geben; sie ehren den Sohn, „weil" sie darin gerade den Vater ehren.

Spricht Jesus von der Zukunft? Durchaus, wie Vers 28 f noch einmal zeigen wird. Aber er spricht zugleich von der Gegenwart und von seinem Tun heute, weil sich die letzte Zukunft heute entscheidet. Das sagt Jesus in dem gewaltigen Satz, der als ein unerhörtes Angebot jeden unmittelbar angeht. Er wechselt dabei von der dritten Person in die erste Person hinüber, damit es unmißverständlich klar ist: Der Sohn, von dem er sprach, das ist er selbst. Mit diesem „Ich" begegnet er, unmittelbar die Entscheidung fordernd, den Führern des Volkes Israel, die vor ihm stehen, und er begegnet ebenso jedem, der jetzt sein Wort hört oder liest. **„Wahrlich, wahrlich, ich sage euch, wer mein Wort hört und glaubt dem, der mich gesandt hat, der hat ewiges Leben, und in ein Gericht kommt er nicht hinein, sondern er ist hinübergeschritten aus dem Tode in das Leben."** Nicht erst in ferner Zukunft, nicht erst nach dem Tode, sondern heute darf und soll es geschehen sein, daß ein Mensch **„hinübergeschritten ist aus dem Tode in das Leben".** Jesus spricht es in der Form der vollendeten Vergangenheit aus. Es ist geschehen, der entscheidende Schritt ist getan. Somit kann es ein Gericht für ihn nicht mehr geben, **„in ein Gericht kommt er nicht hinein".** Wie sollte auch einer, der das ewige Leben schon „hat" (3, 16; 3, 36 sagte das schon), noch erst in das

---

[235] Vgl. dazu die Ausführungen auf S. 126. Nicht durch eigenes Denken, sondern durch den Heiligen Geist, der Jesus verklärt (K. 16, 4), können wir das Geheimnis der Liebe, der Einheit und Unterschiedenheit von „Vater" und „Sohn" erfassen.

Gericht kommen können²³⁶. Das ist wesensmäßig unmöglich. Wer aber ist in dieser wunderbaren Lage? **„Wer mein Wort hört und glaubt dem, der mich gesandt hat."** Es beginnt mit dem „Hören" des Wortes Jesu. Freilich mit einem „Hören" im Auftun des Herzens²³⁷. Aus solchem Hören erwächst das **„Glauben"**. Es ist damit aber nicht ein allgemeines und unbestimmtes „Glauben an Gott" gemeint. Jesus sagt nicht: „und glaubt an den, der mich gesandt hat", sondern sagt: **„und glaubt dem, der mich gesandt hat."** Damit ist dieses „Glauben" inhaltlich bestimmt. Wer so „glaubt", der glaubt es Gott, daß er wirklich Jesus gesandt und dem Sohn alle Vollmacht gegeben hat. Wieder liegt ein völliges Vertrauen auf Gott unlösbar ineinander. Das Wort Jesu führt zum Vertrauen auf Gott und von Gott her wieder zum absoluten Vertrauen auf Jesus, weil Gott es ist, der Jesus gesandt und in dieser Sendung sein Herz und Wesen kundgetan hat. Wer aber dieses **„Hören und Glauben"** in sich trägt, in dem ist damit die ewige Entscheidung gefallen, er sei, wer er sei. Bedingungen anderer Art für den Anteil am Leben gibt es nicht mehr. Umgekehrt vollzieht sich in dem erschütternden Nicht-hören und Nicht-hören-können der Juden (8, 43 u. 47) schon das Gericht und das Todesurteil.

25 Jesus bestätigt ausdrücklich, daß diese „Stunde" ewiger Entscheidung in der Gegenwart da ist und darum fort und fort für Menschen „kommt". **„Wahrlich, wahrlich ich sage euch, es kommt eine Stunde und ist jetzt, daß die Toten die Stimme des Sohnes Gottes hören werden, und die sie [wirklich] hörten, werden leben."** Wenn wir solche sind, die „aus dem Tode in das Leben hinüberschreiten" müssen, so sind wir zunächst **„Tote"**. So sagt es auch der Vater von dem verlorenen Sohn: „Dieser mein Sohn war tot ..." (Lk 15, 24); und das apostolische Wort bestätigt es in Eph 2, 1—3: „tot in Sünden und Übertretungen". Aber nun geschieht das Wunder, daß diese Toten etwas tun, was sie gar nicht tun können: sie **„hören"**. Das ist Kraft der **„Stimme des Sohnes Gottes"**, daß sie bis zu den Toten dringt und in toten Herzen ertönt und hörbar wird. Und da geschieht es: **„Und die sie wirklich hörten, werden leben."**

26 Warum kann es so geschehen? **„Denn wie der Vater Leben in sich selber hat, so hat er auch dem Sohn gegeben, Leben zu haben in sich**

---

²³⁶ Die Botschaft des Paulus von der Entrückung der Glaubenden bei dem Kommen des Herrn und von ihrer Mitwirkung beim Weltgericht 1 Th 4, 13—18; 1 Ko 6, 2. 3 führt nur näher aus, was Jesus hier grundlegend ausgesprochen hat.
²³⁷ In der ganzen Bibel ist das „Hören" — oder auch das Nichthören! — ein entscheidender Vorgang. Vgl. von den zahllosen Stellen nur: 2 Mo 5, 2; 23, 22; 5 Mo 6, 4; 1 Sam 3, 9; Ps 85, 9; 95, 7; 103, 20; Jes 40, 28; 50, 4; 62, 11; Jer 7, 13; 22, 29; 26, 3; Hes 3, 7; Sach 7, 11; Apg 2, 37; 10, 33; 15, 7; 28, 28; Rö 10, 14; 1 Jo 1, 1; 2, 7; Hbr 2, 1; Jak 1, 19; Offb 1, 3; 2, 7; 3, 20.

selber." Im Zeugnis der Bibel geht es überall um „Leben", im Johannesevangelium aber ist das in ganz besonderer Weise hervorgehoben. Darum ist es auch eine so wirksame Missionsschrift geworden, weil die Frage nach dem „Leben" und das Sehnen nach wahrem Leben in jedem Menschen liegt. Jeder wache Mensch hat die Erfahrung gemacht, daß das Leben, das wir alle haben und kennen, nicht ein eigentliches und wirkliches Leben ist. Wir leben jetzt im Tode. Wahres und darum unerschöpfliches, „ewiges" Leben, **„Leben in sich selber"**, hat nur Gott. Und nur der, dem er an diesem göttlichen Leben Anteil gibt, erfährt darin die Stillung seines Lebensverlangens. Aber wieder hat der Vater dieses sein gottheitliches Wesen auch dem Sohn mitgeteilt. Auch der Sohn hat nun **„Leben in sich selber"**, ursprüngliches, nicht erborgtes und abgeleitetes Leben. Darum gibt der Glaube an den Sohn dem Glaubenden Anteil an diesem Leben (3, 36).

Wer das Leben in sich selber hat und es nun geben oder versagen kann, der übt damit schon das Gericht. **„Und Vollmacht hat er ihm gegeben, Gericht zu halten, weil er Menschensohn ist."** Hier steht nicht wie sonst „der Sohn des Menschen", also „der" Menschensohn nach Daniels Weissagung. Mit dem artikellosen **„Menschensohn"** will Jesus sich hier als wirklichen und ganzen Menschen kennzeichnen. Wir könnten einfach übersetzen: „Weil er Mensch ist." Er, der das Leben in sich selber haben darf wie Gott, der ist zugleich ganz „Mensch". Und er ist gerade in dieser Doppelheit seines Wesens von Gott mit der Vollmacht des Gerichtes betraut. Er, der Sohn, ehrt das heilige Recht des Vaters im Gericht; er aber, der Mensch, kennt zugleich den Menschen in seiner ganzen Schuld und Not aus innerster Gemeinschaft mit ihm und kann von daher recht urteilen.

27/29

Aber ist dieses alles zu glauben, während doch Jesus jetzt für seine Gegner nur als „Mensch" sichtbar ist? Bleibt es nicht dabei, daß sich hier ein Mensch in empörender Weise göttliche Dinge anmaßt? Die Gegner sollen nicht in ihrer (zornigen) Verwunderung stecken bleiben. Sie werden die ganze Wahrheit dessen, was jetzt Jesus sagte, erleben. Denn so wie die kommenden Dinge, Gericht und Gewinnung ewigen Lebens, sich jetzt schon vollziehen — auch seine Gegner können die Herrlichkeit des Lebens jetzt haben! —, so eilt umgekehrt alles dies, was sich jetzt schon ereignet, auf eine letzte große „Stunde" zu, in der er endgültig und unwidersprechlich offenbar wird. **„Wundert euch nicht darüber, weil eine Stunde kommt, in der alle, die in den Gräbern, hören werden seine Stimme, und es werden herauskommen, die das Gute getan haben, zur Auferstehung des Lebens, die das Schlechte vollbracht haben, zur Auferstehung des Gerichtes."** Jetzt „leben" sie noch alle ununterscheidbar, die „Toten" und die in das eigentliche Leben schon Hinübergeschrittenen. Und sie alle sinken in gleicher Weise ins Grab! Auch die, die als die Glaubenden ewiges Leben „haben", müssen leiblich sterben, weil „Fleisch und Blut das Reich Gottes nicht ererben werden" (1 Ko 15, 50). Aber dann kommt die „Stunde"[238], in der aufs neue die „Stimme des Sohnes Gottes" ertönt! Und nun werden alle „sie hören", weil das Grab nicht vor ihr sichern kann. Heute ist es noch so, daß diese Stimme auch die „Toten" erreichen „kann", Tote „k ö n n e n" sie hören zu ihrem Heil und Leben (V. 25). Dann aber „m ü s s e n" alle, die in den Gräbern sind, sie unausweichlich hören. Alle „müssen" auferstehen und aus den Gräbern herauskommen. Nun kann sich keiner dem entziehen, keiner ausweichen. Auch die Gegner Jesu, die jetzt seine Stimme nicht als die des Sohnes Gottes anerkennen und sie nicht in ihr Herz lassen, sondern ihn als Gotteslästerer verurteilen, werden dann seiner Stimme folgen müssen. Und dann wird die Scheidung offenbar, die jetzt verborgen durch die Menschheit geht. Die „das Gute getan haben", die also das Wort Jesu hörten und dem Vater die Sendung des Sohnes glaubten, kommen nicht in das Gericht (V. 24), sondern erfahren nun „die Auferstehung des Lebens". Das „äonische Leben", das sie schon besaßen, wird nun ein volles, auch die Leiblichkeit bestimmendes Auferstehungsleben (Rö 8, 11; Phil 3, 20 f; 1 Ko 15, 42—49). Die aber „das Schlechte vollbrachten", weil sie dem Wort Jesu das Gehör verweigerten und so im Todeswesen des Fleisches blieben (3, 1—6), erfahren „die Auferstehung des Gerichtes". Jetzt richten seine pharisäischen Gegner ihn und fällen im Herzen schon das Todesurteil (V. 18). Dann aber werden sie vor seinem Gericht stehen. Und was wird dann aus ihnen? Sie werden ja „das Schlechte vollbringen" in der Verwerfung und Ermordung dessen, den Gott als seinen geliebten Sohn und als seine höchste Liebesgabe zu ihnen gesandt hat. Das Wort Jesu geht aber nicht nur die Gegner an, an die es sich hier unmittelbar wendet. Es trifft als die notwendige Gegenseite zu dem herrlichen Angebot in Vers 24 jeden, der sich Jesus verschließt und damit „Fleisch" bleibt und also auch

---

[238] Jesus faßt hier das eschatologische Geschehen in dem Begriff der „Stunde" zusammen, so wie er das gesamte Geschehen der Passion als seine Stunde bezeichnen kann. Wir müssen aber die andern Aussagen der Schrift vor Augen haben, die uns zeigen, wie lang und wie inhaltlich diese „Stunde" ist. Die Auferstehung der glaubend Entschlafenen bei der Parusie des Herrn (1 Th 4, 15—17) und die „erste Auferstehung", die der Märtyrer aus der großen Trübsal (Offb 20, 1—6), ist durch die Zeit des „Tausendjährigen Reiches" weit getrennt von der „Auferstehung zum Gericht" (Offb 20, 11—15). Jesus berücksichtigt das jetzt in seinen mächtigen Aussagen nicht, wie auch sonst das biblische Zeugnis vom „Tag Gottes" bzw. vom „Tag Jesu Christi" reden kann, obwohl es sehr genau von der Länge und Vielfalt dieses Tages weiß.

nur „Fleischesdinge", für Gott Unbrauchbares vollbringen kann[239]. So haben wir Vers 28 f nach dem verstanden, was uns zu 3, 19—21 klar wurde. Schlatter aber will diese Worte Jesu auf jenes Völkergericht bezogen sehen, das Jesus selbst uns in Mt 25, 31—46 geschildert hat. Hier ist das „Tun des Guten oder des Schlechten" nicht gleichbedeutend mit dem glaubenden Hören oder dem ungläubigen Ablehnen Jesu; hier gibt es vielmehr ein gutes oder böses Verhalten zu den geringsten Brüdern Jesu, das unmittelbar als solches beurteilt wird und zum Leben oder zur Verdammnis führt. Es ist aber bezeichnend, daß die in Mt 25 im Gericht Stehenden alle keine unmittelbare Kenntnis von Jesus haben und somit überhaupt nicht vor der eigentlichen Glaubensfrage standen. Für jeden, der die Botschaft von Jesus hörte und durch sie zum Glauben gerufen wurde, kann Mt 25, 31 ff keine Bedeutung mehr haben. Für ihn gilt vielmehr Joh 3, 36! Und wer den Glauben an Jesus und sein rettendes Tun ablehnen wollte, weil er genug „Gutes getan habe", um zur Auferstehung des Lebens zu gelangen, der müßte noch in einer lebensgefährlichen Blindheit stehen.

Es wird auf Erden in allen Völkern und Staaten viel „gerichtet". Auch wenn sich die irdischen Richter um ein rechtes Urteil mit Ernst bemühen, wieviel unbewußte Befangenheit, wieviel Irrtum, wieviel Ungerechtigkeit ist immer wieder dabei. Jenes letzte Gericht, das Jesus vollzieht, wird von fehlerloser Gerechtigkeit sein. Wie erschreckend und wie tröstlich ist das zu wissen! Jesus sagt darüber: **„Ich bin nicht imstande, irgend etwas zu tun von mir selbst aus; wie ich höre, richte ich, und mein Gericht ist gerecht, weil ich nicht meinen Willen suche, sondern den Willen dessen, der mich sandte."** Wieder ist das „Ich" im Griechischen betont herausgehoben. Wie eigenmächtig sind alle Menschen gerade in ihrem „Richten". Auch seine Gegner sind es, so gerecht sie sich bei ihrer Verurteilung Jesu auch vorkommen. Jesus allein ist anders. **„Wie ich höre, richte ich".** Dieses „Hören" bei seinem Richten meint nicht die selbstverständliche Pflicht jedes Richters, sowohl die Angeklagten wie die Zeugen zu „hören". Wieviel Irrtum kann gerade in das bestgemeinte Hören menschlicher Richter hineinkommen. Nein, es ist das „Hören" des Sohnes auf den Vater. Auch hier ist es so wie in der ganzen Einheit von Vater und Sohn, daß das Übergeben des Gerichtes in die Hand des Sohnes den Vater nicht ausschaltet, sondern durch den liebenden, freien Gehorsam des Sohnes den Willen des Vaters gerade zur Geltung bringt; **„weil ich nicht meinen Willen suche, sondern den Willen dessen, der mich sandte".** Gott hat in keiner Weise „abgedankt", als er das Ge-

---

[239] „Fleischesmenschen trachten nach Fleischesdingen", Rö 8, 5.

richt ganz dem Sohn übergab. Gott bleibt der Richter der Welt. Sein Gericht wird nicht durch das Gericht seines Sohnes ersetzt. Aber er vollzieht es durch den Sohn, weil der Vater den Sohn lieb hat und ihm alles „zeigt". Das Richten des Sohnes erfüllt einzig den heiligen und gerechten Richterwillen Gottes. Wir verstehen, wenn darum das biblische Zeugnis ebenso vom „Tag Gottes" wie vom „Tag Jesu Christi" spricht und in der gleichen Aussage Gott und Christus als unsern Richter nennen kann (Rö 14, 10—12). In Rö 2, 16 lehrt Paulus genau das, was Jesus in seinen mächtigen Aussagen von sich bezeugt hat. Gott selbst richtet; aber Gott richtet „durch Jesus Christus". Das entspricht der Einheit von Vater und Sohn im Werk der Schöpfung.

So ist der grundlegende Satz der Verteidigung Jesu gegen die Anklagen der Gesetzesübertretung: „Mein Vater wirkt bis jetzt, und so wirke ich auch" nun in umfassender Fülle ausgelegt. Die Ankläger sind auf den Gerichtstag verwiesen, an dem ihnen das vollkommen gerechte Urteil über sie zeigen wird, daß Jesus kein eigenmächtiger Gesetzesbrecher ist, sondern der Sohn, der nichts anderes von ganzem Herzen sucht als den Willen des Vaters, der ihn sandte. Eigenmächtigkeit und Eigenwilligkeit kennt gerade er nicht.

DIE DREI ZEUGEN FÜR JESUS

Johannes 5, 31—40

zu Vers 31:
Jo 8, 13 f

zu Vers 33:
Lk 3, 15—17
Jo 1, 19—34
1 Jo 5, 9

zu Vers 35:
Mt 11, 16 f

zu Vers 36:
Jo 1, 33
3, 2
10, 25. 38
14, 10 f
1 Jo 5, 9

zu Vers 37:
Mt 3, 17
Mk 1, 11
Jo 8, 18

zu Vers 38:
Jo 10, 26

31 Wenn ich über mich selbst Zeugnis ablege, ist mein Zeugnis nicht
32 wahr. * Ein anderer ist es, der über mich Zeugnis gibt, und ich
33 weiß, daß wahr ist das Zeugnis, das er über mich ablegt. * Ihr eurerseits habt zu Johannes gesandt, und er hat Zeugnis abge-
34 legt für die Wahrheit. * Ich aber nehme von einem Menschen das Zeugnis nicht an, sondern sage dieses, damit ihr errettet werdet.
35 * Jener war die brennende und scheinende Lampe; ihr aber wolltet
36 nur für eine Stunde an seinem Licht eure Freude haben. * Ich aber besitze ein größeres Zeugnis als das des Johannes: denn die Werke, die mir der Vater gegeben hat, damit ich sie vollende, eben die Werke, die ich tue, geben Zeugnis über mich, daß der Vater
37 mich gesandt hat. * Und der Vater, der mich geschickt hat, der hat Zeugnis über mich abgelegt. Weder seine Stimme habt ihr je-
38 mals gehört, noch seine Gestalt gesehen, * und sein Wort habt ihr nicht in euch bleibend; denn den jener sandte, dem glaubt ihr
39 nicht. * Ihr durchforscht die Schriften, weil ihr meint, in ihnen ewiges Leben zu haben; und sie gerade sind es, die über mich

40 Zeugnis geben. * Und doch wollt ihr nicht zu mir kommen, um Leben zu haben.

Jesus hört bei allem, was er Vers 19—30 gesagt hat, den Einspruch seiner Gegner und liest ihn auf ihren Gesichtern und in ihren Herzen: Dieses alles sagst ja nur du von dir selber; das sind deine Behauptungen! Womit willst du sie beweisen? Welche Zeugen kannst du für sie beibringen? Jesus wird später (8, 14) auf diesen schwerwiegenden Einwand der Gegner antworten: „Auch wenn ich über mich selbst Zeugnis ablege, ist mein Zeugnis wahr; denn ich weiß, woher ich gekommen bin und wohin ich gehe." Kann es hier überhaupt ein anderes „Zeugnis" geben als das Selbstzeugnis Jesu? „Niemand kennt den Sohn als nur der Vater, und niemand kennt den Vater als nur der Sohn, und wem es der Sohn will offenbaren" (Mt 11, 27). Wer wollte in dieses Geheimnis hineinschauen und „objektiv" beurteilen, ob die Aussagen Jesu zutreffend und wahr sind? Das Verlangen der Gegner kann wesensmäßig gar nicht erfüllt werden. Aber um seiner Hörer willen stellt Jesus sich jetzt auf ihren Standpunkt und nimmt ihren Einwand auf. „**Wenn ich über mich selbst Zeugnis ablege, ist mein Zeugnis nicht wahr**", es hat keine Beweiskraft, auch wenn es in sich selbst wahr und zutreffend ist. Aber so, wie die Gegner denken, liegt es gar nicht. „**Ein anderer ist es, der über mich Zeugnis gibt, und ich weiß, daß wahr ist das Zeugnis, das er über mich ablegt.**" Wer ist dieser „andere"? Jesus blickt bereits auf den letzten gültigen Zeugen, der für ihn eintritt, auf Gott selbst. Aber dabei erhebt sich sofort wieder die gleiche Schwierigkeit. Wir sahen in 1, 18, wie Jesus der einzige „Exeget Gottes" ist. Gottes Zeugnis für ihn kann gerade darum nur durch Jesus selbst kund werden. Nur Jesus selbst, dem Gottes Zeugnis gilt, kann „wissen", daß dieses Zeugnis Gottes über ihn „wahr ist". Jesus möchte aber seinen Gegnern helfen und wendet darum ihren Blick auf einen „Zeugen", der als Mensch unter ihnen gestanden hat und den sie selbst befragt haben, auf Johannes den Täufer. „**Ihr euerseits habt zu Johannes gesandt, und er hat Zeugnis abgelegt für die Wahrheit**" (vgl. 1, 19—27). Wieder wird deutlich, wie die „**Wahrheit**" für die Männer der Bibel die „Wirklichkeit" ist, die vor allem Denken und Urteilen der Menschen in sich selbst besteht. Man kann dieser Wirklichkeit sich nur unterordnen und so „**Zeugnis für die Wahrheit ablegen**". Freilich, betont mit einem vorangestellten „**Ich**"[240] spricht es Jesus aus, daß dieses für seine Gegner immerhin beachtliche Zeugnis für ihn selbst in keiner Weise ausreicht. „**Ich aber nehme von einem Menschen das Zeugnis**

zu Vers 39:
Jes 34, 16
Lk 24, 27. 44
2 Tim 3, 15—1
zu Vers 40:
Mt 23, 37
Lk 11, 42

31/34

---

[240] Vgl. die Anmerkung Nr. 96.

nicht an." Wie könnte ein Mensch über Jesu Verhältnis zum Vater, über die innersten Geheimnisse des Lebens Gottes, wirklich Gültiges sagen? Wie könnte selbst ein Johannes davon etwas wissen? Jesus weist auf das Zeugnis des Johannes nur hin, **„damit ihr errettet werdet".** Denn das ist nach allem, was Jesus in 3,1—16.36 und in 5,24—30 dargelegt hat, unumgänglich so, daß diese Frommen Jerusalems, die hier vor ihm stehen, verlorene Leute sind. Ihr Dasein mit all ihrer eigenen Frömmigkeit endet einmal in der „Auferstehung des Gerichtes", wenn sie dem Sohn nicht glauben[241]. Sie müssen errettet werden. Der Sohn aber weiß, „daß der Vater ihn nicht sandte, um zu richten, sondern um zu retten" (3, 17). Sein Liebeswille gilt auch seinen Gegnern, die ihn hassen. Sie suchen ihn zu töten; er sucht sie zu retten. Darum greift er auch das Zeugnis des Täufers auf, das ihm selbst nichts bedeuten kann; es könnte zur Rettung der andern dienen[242]. Johannes war, wie wir gleich am Anfang des Evangeliums hörten (1, 8), nicht selbst das wahrhafte Licht, sondern nur Zeuge des Lichtes. Doch darin war er im tiefen Dunkel seiner Zeit und seines

35 Volkes die **„brennende und scheinende Lampe".** Aber wie wenig ernst wurde er genommen. Er wurde nicht bekämpft; ja, wie wir aus Mt 3, 7 ff erfahren, kamen sogar „viele" aus den priesterlichen und pharisäischen Kreisen zu Johannes hinaus und wollten seine Taufe empfangen. Diese große religiöse Bewegung war ihnen eine gewisse Freude. **„Ihr aber wolltet nur für eine Stunde an seinem Licht eure Freude haben."** Es kam bei ihnen nicht zur wirklichen Buße, zum eigentlichen Ernstnehmen der Sendung des Johannes (vgl. Mt 11,7—19; Lk 7, 24—33; Mt 21, 37). Es entstand kein bleibendes Resultat in die Zukunft hinein. **„Nur für eine Stunde"** dauerte die erwartungsvolle Erregung. Jetzt, da der Täufer verhaftet ist, fragen sie nicht mehr nach ihm und seiner Botschaft. Wie anders sähe sonst alles aus! Wie anders wäre dann auch ihre Stellung zu Jesus[243]!

36 Jesus selbst bedarf dieses Zeugnisses nicht. In dem kurzen Satz, mit dem Jesus dies noch einmal ausspricht, weichen die Handschriften voneinander ab. Man kann den Satz so lesen, daß sich hier selbst Jesus dem Täufer gegenüberstellt, der offensichtlich keine Wunder getan hat, und erklärt: „I c h habe mein Zeugnis als einer, der größer

---

[241] Wie schwer ist es auch für uns zu fassen, daß alle eigene Frömmigkeit, wie ernst sie auch sei, nicht vor dem Gericht retten kann und daß nur der ewiges Leben hat, der Jesus glaubt.
[242] Darum hat auch Johannes in seinem Evangelium das Zeugnis des Täufers mehrfach und eingehend geschildert.
[243] Es ist immer wieder die große Gefahr, daß wir uns an den von Gott geschenkten Bewegungen eine kurze Zeit freuen, ohne wirklich auf das einzugehen, was Gott darin von uns will.

ist als Johannes." Richtiger aber wird die Lesart sein: „**Ich aber besitze ein größeres Zeugnis als das des Johannes.**" Der Unterschied ist bei den Lesarten der Sache nach unerheblich. Auf jeden Fall stellt Jesus dem menschlichen Zeugnis des Täufers ein wichtigeres Zeugnis entgegen. Auch jetzt beruft er sich nicht unmittelbar auf Gott. Er nennt seinen Gegnern vielmehr einen „Zeugen", den sie selbst erkennen und in seiner Zeugniskraft erfassen können. „**Denn die Werke, die mir der Vater gegeben hat, damit ich sie vollende, eben die Werke, die ich tue, geben Zeugnis über mich, daß der Vater mich gesandt hat.**" Der eine aus den Reihen der Pharisäer, Nikodemus, war schon auf dem rechten Wege, wenn er feststellte: „Niemand kann die Werke tun, die du tust, es sei denn Gott mit ihm" (3, 2) und deshalb zu Jesus kam und das ernsthafte Gespräch mit Jesus suchte. Wenn sie doch alle so handelten und offen für Jesus wären! Sie aber starren nur auf den einen Punkt, daß die wunderbare Heilung des langjährigen Kranken am Sabbat geschehen war; Gottes herrliche und erbarmende Macht, die in Jesus wirksam war, sehen sie nicht. Und die vielen Zeichen, die ihnen bei Jesu erstem Aufenthalt in Jerusalem eindrücklich waren (2, 23), haben sie ebenfalls schnell beiseite geschoben und vergessen. Und doch sind es ja Werke des Vaters, also des lebendigen Gottes, an den auch sie glauben, von dessen Wundern in der Vergangenheit sie viel reden und die sie darum wiedererkennen müssen, wenn Gott sie jetzt dem Sohn „**gegeben hat, damit er sie vollende**". So müßten sie doch in diesen göttlichen Werken die Vollmacht seiner Sendung bezeugt sehen.

Ja, sie gerade müßten im Gesandten den Sendenden selbst erfassen. Sie haben in ihrer Schriftgelehrten-Theologie über das Wesen der „Sendung" gründlich nachgedacht und dabei selber den Grundsatz aufgestellt, daß ein Gesandter durch seine Bevollmächtigung dem Sendenden gleich zu achten sei. Warum wenden sie ihr Wissen jetzt nicht an? Warum begreifen sie nicht, daß der größte, der einzig maßgebende Zeuge für Jesus der Vater selbst ist? „**Und der Vater, der mich geschickt hat, der hat Zeugnis über mich abgelegt.**" Aber das ist nun die letzte Tiefe des Konfliktes zwischen Jesus und ihnen. Sie reden ständig von Gott, sie entfalten mit Eifer ihre schriftgelehrte Theologie, sie wollen „ein Lehrer der Blinden sein, ein Licht derer, die in Finsternis sind, ein Erzieher der Törichten, ein Lehrer der Einfältigen" (Rö 2, 19 f), und kennen in Wahrheit Gott überhaupt nicht! „**Weder seine Stimme habt ihr jemals gehört noch seine Gestalt gesehen.**" Welch eine Herausforderung ist dieser Satz für ein Volk, dessen ganzer Stolz es war, als einziges Volk der Welt den lebendigen Gott wirklich zu kennen. Sie waren ein kleines ohnmächtiges Volk; sie hatten keine kulturellen Leistungen aufzuweisen; sie konnten sich nicht neben die Römer und neben die Griechen stellen. Aber klang nicht in ihren Herzen der Jubel eines Mose über ihren einzigartigen Besitz: „Denn wo ist so ein herrliches Volk, dem ein Gott so nahe ist wie uns der Herr, unser Gott, so oft wir ihn anrufen?" Und das wollte ihnen dieser Jesus absprechen? Hatte Israel nicht Gottes Stimme am Sinai gehört? Und hörte es diese Stimme nicht immer neu aus dem Wort Gottes in der Schrift? Aber wieder sagt Jesus dazu sein hartes Nein. **„Sein Wort habt ihr nicht in euch bleibend."** Jesus weiß wohl, wie unablässig sich die Schriftgelehrten und Pharisäer mit Gottes Wort beschäftigen. Aber eben, sie beschäftigen sich mit dem Wort, sie machen das Wort zum Objekt ihrer theologischen Künste[243a]. Das Wort wird nicht zum lebendigen Subjekt, das in ihnen bleibt und seine wahre Macht über sie entfaltet und ihr ganzes Denken und Leben bestimmt[244]. Das wird erschreckend offenbar an der Tatsache: **„Denn den jener sandte, dem glaubt ihr nicht."** Da Jesus in Wahrheit das „Wort" ist, das vom Vater kommt und das alttestamentliche Wort erfüllt, ist Jesu Abweisung zugleich das Urteil über ihr ganzes Verhältnis zum Alten Testament und besiegelt ihre völlige Unkenntnis Gottes.

Nun steht der Konflikt in seiner ganzen Größe vor uns. Hier gibt es keine Verständigung. Die Anklage, die Jesus hier gegen die Theologen Israels, gegen die führenden Männer seines Volkes erhebt, ist so radikal, daß sie nur entweder zu einer tiefen Buße und einer völligen Umkehr führen kann oder den Haß gegen den Ankläger zum Äußersten steigern muß. Aber sollen sie, zu denen jedermann aufschaut, zugeben: Ja, wir kennen Gott nicht? Sollen sie auf alles verzichten, was sie besitzen, und sich arm und hilflos Jesus ausliefern und in dieser ganzen Realität an Jesus „glauben"? Genau darum ginge es[245]! Wenn sie sich aber gegen diesen totalen Umbruch ihres Lebens wehren, dann müssen sie Jesus mit Leidenschaft hassen, und dies umso mehr, als sie das Recht seiner Anklage und seiner Forderung innerlich dennoch spüren.

Auch die Synoptiker haben uns den Konflikt Jesu mit den Frommen seines Volkes in vielen einzelnen Szenen geschildert. Johannes aber läßt uns ihn noch anders als sie in seiner wesenhaften Tiefe erkennen. Es geht nicht um Einzelheiten, auch nicht um die Sabbat-

---

[243a] Anschauliche Beispiele dafür haben wir in Mt 15, 1—6 und 23, 16—22.

[244] Darum wird es Jesus in 8, 31 und 15, 4 zum unabdingbaren Kennzeichen wahrer Jüngerschaft machen, daß diese bleibende Verbindung zwischen seinem Wort und dem Jünger zustande kommt. Nur dann steht es mit dem Jünger Jesu wirklich anders als mit den Pharisäern und Schriftgelehrten.

[245] Wir sehen an Saul von Tarsus, was solche Bekehrung für einen frommen Pharisäer bedeutet. Vgl. Phil 3, 4—8.

frage als solche. Es geht um das Ganze, um die Erkenntnis Gottes selbst.

Das wird deutlich, wenn Jesus jetzt auf sein letztes Wort hin die erbitterte Zurückweisung hört: Wie? Wir sollen das Wort Gottes nicht bleibend in uns haben? Wir, die wir das Studium der Bibel zu unserer Lebensaufgabe machen und „von seinem Gesetz Tag und Nacht reden", wie es der 1. Psalm sagt? Jesus weiß und erkennt es voll an: „**Ihr durchforscht die Schriften, weil ihr meint, in ihnen ewiges Leben zu haben.**" Sie haben die richtige Stellung zu den „Schriften"[246]. Sie sind ihnen nicht Bücher, wie es auch sonst viele in der Welt gibt. Nein, in diesen „Schriften" ist „ewiges Leben" zu finden! Darum sind sie nun auch „Schriftgelehrte", Bibelkenner. Sie werfen nicht nur flüchtige Blicke in die Schrift hinein, sondern „**durchforschen**" sie und beachten dabei jeden Buchstaben und grübeln über jeden Satz nach und suchen den Sinn jedes Wortes zu erfassen. Aber gerade darum ist es das Erschreckende, daß man in dieser Weise mit eigenem Fleiß „Schriftforscher" sein und dennoch das Wesentliche an den „Schriften" übersehen und verkennen kann: „**Und sie gerade sind es, die über mich Zeugnis geben.**" Der Schriftgelehrte Saul von Tarsus hat es nach seiner Bekehrung erkannt und so geschrieben: „Aber ihre Sinne wurden verstockt. Denn bis auf den heutigen Tag bleibt diese Decke unaufgedeckt über dem Alten Testament, wenn sie es lesen, weil sie nur in Christus abgetan wird. Doch bis auf den heutigen Tag, wenn Mose gelesen wird, hängt die Decke vor ihrem Herzen. Wenn Israel aber sich bekehrt zu dem Herrn, so wird die Decke abgetan" (2 Ko 3, 14—16)[247]. Es waltet hier eine eigentümliche Wechselbeziehung. Wir können Jesus nur erkennen im Zeugnis der Bibel und können die Bibel nur wirklich verstehen von der Erkenntnis Jesu her. Jesus selbst ist der Schlüssel zur Schrift, und die Schrift ist die Tür zu Jesus. In der Schrift, völlig anders als in allen Büchern der Welt, ist ewiges Leben zu finden. Aber dieses Leben gibt nur Jesus, von dem die Schrift auf allen ihren Blättern redet. Darum sagt es Jesus mit schmerzlichem Vorwurf gerade den Bibelkennern: „**Und doch wollt ihr nicht zu mir kommen, um Leben zu haben.**" Das

---

[246] In der Bibel wird oft der Plural „Schriften" gebraucht, z. B. 1 Ko 15, 3 f im grie Text, weil damals die Bibel nicht als ein einziges Buch bestand, sondern nur in vielen einzelnen Schriftrollen vorhanden war. Der Ausdruck „hai graphai" kann aber auch die einzelnen Sprüche der Schrift bezeichnen, mit denen die Schriftgelehrten sich intensiv beschäftigen.

[247] Die gleiche Erfahrung macht noch heute jeder Wiedergeborene. Die Bibel, mit der er vorher trotz aller Bemühungen nichts rechtes anfangen konnte, tut sich ihm nun lebendig auf. Aber sie zeigt ihm auch überall, wo er sie aufschlägt, Jesus. Vor allem das AT verstehen wir nur von Jesus her als das Wort des Gottes, der der Vater Jesu Christi ist.

eigentliche Ziel der Bibel, um dessentwillen sie da ist und auf das sie unablässig weist, verschmähen sie und bringen sich dadurch selbst um das ewige Leben. Welch erschütterndes Ende der Schriftgelehrsamkeit: ein Leben, das Tag und Nacht der Erforschung der Schrift gehört und dennoch das einzigartige Ziel der Bibel nicht erreicht und darum dem Tode verfällt[248].

Jesus gibt nicht einfach sich selbst Zeugnis. Außer Johannes dem Täufer hat er seinen Gegnern drei Zeugen gestellt: seine Werke, Gott selbst und die Schrift. Aber ihr Zeugnis bleibt vergeblich. Denn sich von ihnen überzeugen lassen, bleibt nicht ein Vorgang bloßen Denkens, sondern bedeutet den Zusammenbruch des ganzen bisherigen Lebens und nötigt zu einer Umkehr, gegen die sich das Ich in seinem eigenen Geltungstrieb leidenschaftlich wehrt. Davon wird Jesus jetzt noch zu reden haben.

DER UNGLAUBE DER JUDEN
Johannes 5, 41—47

zu Vers 43:
Mt 24, 5
Jo 7, 28
zu Vers 44:
Mt 23, 5—7
Jo 12, 42 f
Rö 2, 29
1 Th 2, 6
zu Vers 45:
5 Mo 31, 26 f
zu Vers 46/47:
5 Mo 18, 15. 18
Lk 16, 31
24, 44

41 Ehre von Menschen nehme ich nicht an. * Aber ich habe euch er-
42 kannt, daß ihr die Liebe Gottes nicht in euch habt. * Ich bin gekommen in dem Namen meines Vaters, und ihr nehmt mich nicht an. Wenn ein anderer kommen wird in seinem eigenen Namen,
44 den werdet ihr annehmen. * Wie könnt ihr glauben, die ihr Ehre voneinander nehmt, und die Ehre von dem alleinigen Gott sucht
45 ihr nicht? * Meint nicht, daß ich euch verklagen werde bei dem Vater; es ist einer da, der euch verklagt, Mose, auf den ihr eure
46 Hoffnung gesetzt habt. * Denn wenn ihr Mose glaubtet, glaubtet
47 ihr (auch) mir; denn über mich hat er geschrieben. * Wenn ihr aber seinen Schriften nicht glaubt, wie werdet ihr meinen Worten glauben?

41 Wirbt Jesus mit seinem Selbstzeugnis und mit seinem Hinweis auf die drei großen Zeugen, die ihn beglaubigen[249], um Ehre und Anerkennung bei den Menschen? Liegt ihm daran, daß seine Gegner,

---

[248] Eine ähnliche Gefahr droht immer wieder auch in der Christenheit. Man kann ein regelmäßiger Predigthörer sein, ein treuer Bibelleser, ein eifriger Mitarbeiter in kirchlichen Werken, ein ausgezeichneter Theologe und kommt doch nicht zu Jesus selbst, um bei ihm das Leben zu erhalten!

[249] Das ist nach 5 Mo 19, 15 die Regel in Israel: „Durch zweier oder dreier Zeugen Mund soll eine Sache gültig sein."

die großen Führer des Volkes, sich vor ihm beugen und ihn ehren? Nein. „**Ehre von Menschen nehme ich nicht an.**" Dazu ist Jesus zu tief von seiner Sendung überzeugt. Wer ernstlich und wirklich in Gottes Auftrag als der geliebte Sohn des Vaters kommt, dem ist an menschlicher Anerkennung nichts mehr gelegen[250].

Warum können die andern diese Sendung Jesu nicht erfassen? Das hat seinen Grund wiederum nicht in bloßen Gedanken und theologischen Theorien. Das kommt vielmehr aus einer tiefen Verkehrtheit ihres Wesens. „**Aber ich habe euch erkannt, daß ihr die Liebe Gottes nicht in euch habt.**" Es war in Israel Sitte, daß jeder rechte Jude das „Höre, Israel...", dies Bekenntnis zu dem einen, allein wahren Gott und dies Gebot der rückhaltlosen Gottesliebe aus 5 Mo 6, 4. 5, zweimal am Tage laut vor sich hinsprach. Aber keine noch so schöne fromme Sitte hilft, wenn die eigentliche Wirklichkeit nicht lebendig da ist. Ja, als Verdeckung der wahren inneren Lage wird solche Sitte zur schweren Gefahr. Wie fromm und allen Völkern überlegen kam sich der Jude vor, wenn er es morgens und abends sagte: „Höre, Israel, der Herr ist unser Gott, der Herr allein. Und du sollst den Herrn deinen Gott, liebhaben von ganzem Herzen von ganzer Seele und mit aller deiner Kraft." Jesus aber hat sie „**erkannt**" und hat gesehen, wie ihnen in Wirklichkeit alle „Liebe zu Gott" fehlt. Es geht ihnen nicht um Gott, es geht ihnen um sich selbst. Nicht Gottesliebe, sondern Eigenliebe erfüllt sie. 42

Darum ist es auch so, wie Jesus es ihnen voraussagt: „**Ich bin gekommen in dem Namen meines Vaters, und ihr nehmt mich nicht an. Wenn ein anderer kommen wird in seinem eigenen Namen, den werdet ihr annehmen.**" Jesus hat in seiner eschatologischen Rede in Mt 24, 24 das Kommen falscher Messiasgestalten in gleicher Weise vor Augen gehabt. Er konnte das voraussagen, weil hier ein notwendiger innerer Zusammenhang besteht. Für Menschen ohne Liebe zu Gott kann ein wahrhaft im Namen Gottes kommender Messias nicht glaubhaft sein; sie müssen ihn aus ihrer eigenen Wesensart heraus immer mißverstehen. Er bedeutet in seinem ganzen Wesen ein ständiges Gericht für sie. Er ist ihnen unannehmbar und unerträglich. Nur Liebe zu Gott konnte den geliebten Sohn des Vaters erkennen und schätzen. Ichgebundene Menschen werden aber einen ichhaften „Messias" begeistert aufnehmen. Ist er doch Art von ihrer Art und 43

---

[250] Das „Ehren" des Sohnes, wo und weil Menschen den Vater recht zu ehren suchen, das in V. 23 als Ziel Gottes in der Erhöhung des Sohnes genannt war, ist eine völlig andere Sache und hat mit einem „Ehre von Menschen nehmen" nichts zu tun. Gleiche Worte können ja in dem Zusammenhang, in dem sie gebraucht werden, sehr verschiedene Wirklichkeiten bezeichnen. Wo man das bedenkt, lösen sich manche „Widersprüche" im biblischen Zeugnis.

entspricht ihren eigenen Wünschen und Vorstellungen. Aber die Hingabe an den „anderen", der „**in seinem eigenen Namen kommen wird**", bleibt nicht eine harmlose Täuschung. Sie führt notwendig ins Verderben und wird für Israel zur Katastrophe. Der Aufstand des Barkochba[251] und sein Ende hat Jesu Voraussage einhundert Jahre später mit dem ganzen Ernst geschichtlicher Wirklichkeit bestätigt.

Es ist ein bleibendes, ja zunehmendes Kennzeichen des verlorenen und entstellten Menschen, daß er „die Liebe zur Wahrheit nicht annimmt" und dafür „der Lüge glauben" muß und daran zugrunde geht (2 Th 2, 10—12). Diese schreckliche Verkehrung des Menschen zeigt sich auch in Israel: Den wahrhaft von Gott Kommenden verwerfen und kreuzigen sie; für den Messias im eigenen Namen werden sie sich zu ihrem eigenen Unheil aufopfern.

Diese Verkehrung hat tiefe Gründe. Es ist kein Zufall, daß sie nicht zum Glauben an Jesus gelangen. Sie werden auch nicht durch einzelne Mißverständnisse und Denkschwierigkeiten am Glauben gehindert. Es ist eine Verkehrung ihrer ganzen Lebensrichtung eingetreten, die ihnen das „Glauben" unmöglich macht[252]. „**Wie könnt ihr glauben, die ihr Ehre voneinander nehmt, und die Ehre von dem alleinigen Gott sucht ihr nicht?**"

44

Jesus hat das Verlangen nach „Ehre" als solches nicht verurteilt und nicht für sündlich erklärt. Der Mensch bedarf der „Ehre" und kann ohne Ehre, ehrlos, nicht leben. Aber das ist die Frage, wo er seine Ehre sucht. Hier entscheidet sich unsere Stellung zu Gott in ganzer Wirklichkeit. Wessen Urteil über uns und unser Leben und Wesen ist uns maßgebend? Wirklich das Urteil Gottes? Oder erregt uns nur das Urteil der Menschen im Innersten, während wir nach Gottes Stellung zu uns wenig fragen? Was für ein jammervolles Bild stellen Menschen dar, die von Gott reden und dabei in gegenseitiger Liebedienerei sich ein Stück armer „Ehre" zu sichern suchen. Welch eine Mißachtung Gottes liegt in diesem ganzen Treiben, das Jesus gerade an den Frommen seines Volkes vor Augen hatte[253]. Hier wird die Sünde deutlich, die tatsächliche Gott-Losigkeit mitten im frommen Eifern für Gott. Und hier kann dann einfach nicht „geglaubt" werden,

---

[251] 132—135, unter der Regierung Hadrians, erfolgte die letzte große Empörung der Juden Palästinas. Ihr Führer war der Messias Simon, genannt Barkochba („Sternensohn"), der die Christen in seinem Volk blutig verfolgte.

[252] Die Hindernisse des Glaubens liegen auch bei uns selten wo wir sie suchen. Sie liegen nicht in unseren „Problemen", sondern viel tiefer in den Gebundenheiten unseres Wesens.

[253] Wie tief liegt diese Sünde in uns allen! Die Mißachtung durch Menschen kann uns schlaflose Nächte bereiten. Lagen wir aber schon einmal schlaflos, weil Gottes Mißachtung über uns stand?

wenn der vor uns steht, dem es im Ernst einzig um Gott geht. Erneut wird deutlich, daß der „Glaube" nur auf dem Weg einer radikalen Umkehr, eines Bruches mit der ganzen bisherigen Lebensrichtung und einer neuen Geburt von oben zustande kommen kann.

Mit rückhaltloser Klarheit hat Jesus gesprochen und die Pharisäer und Schriftgelehrten im Wesen ihrer Frömmigkeit bloßgestellt. Er hört ihre zornige Entgegnung, er wolle mit dem allen wohl ihr Verkläger vor Gott sein. Nein, **„meint nicht daß ich euch verklagen werde bei dem Vater"**; es bleibt dabei, er ist „das Lamm Gottes, das die Sünde der Welt trägt". Darum kann er unmöglich zugleich ein Verkläger sein[254]. Der Bußruf sieht zwar äußerlich einer „Anklage" sehr ähnlich. Er kann treffen und schmerzen wie ein Todesurteil. Aber sein Ziel ist nicht Strafe und Verderben, sondern Rettung. Auch seine Gegner will Jesus mit seinem Wort retten, wie es Vers 34 ausdrücklich ausgesprochen war. Und doch ist ein Ankläger Israels und seiner Leiter da, ein unerwarteter und darum erschreckender Ankläger: **„Es ist einer da, der euch verklagt, Mose, auf den ihr eure Hoffnung gesetzt habt."** Er nennt selber den Namen, den sie ihm so gern entgegengehalten hatten: Mose hat gesagt ... Mose hat geboten ...! Durch Mose fühlen sie sich gerechtfertigt und geschützt. Mose meinen sie voll und ganz auf ihrer Seite zu haben. Jesus aber sagt ihnen, gerade Mose sei ihr Ankläger vor Gott. Warum? **„Denn wenn ihr Mose glaubtet, glaubtet ihr (auch) mir; denn über mich hat er geschrieben."** Die „Schriften gerade sind es, die über mich Zeugnis geben", hatte Jesus eben schon versichert. Nun sagt er es noch besonders von Mose, er habe über ihn, Jesus, geschrieben. Das ist nicht mit einzelnen Worten und messianischen Weissagungen zu „beweisen". So einfach und geradezu und für jeden Beliebigen überzeugend steht Jesus nicht in den Büchern Mose. Das will schon erheblich tiefer und geistlicher erfaßt werden. Darum mußte Jesus selbst seinen Jüngern nach Ostern erst die Augen für die Bibel öffnen, „Und er fing an bei Mose und allen Propheten und legte ihnen in der ganzen Schrift aus, was darin von ihm gesagt war" (Lk 24, 27). Wir haben aber schon oben (S. 55 f) gesehen, wie der ganze Zug der atst Offenbarung Gottes jene „Gnade" erkennen läßt, die nun in Jesus Person geworden ist. Mose, der Gottes Herrlichkeit sehen wollte, sah in diesem unbegreiflichen, gnädigen und barmherzigen Gott bereits die Liebe Gottes, die sich in Jesus offenbart (2 Mo 34, 5—7), so wie Abraham Jesu Tag sah und sich freute (8, 56). Und wir bekamen es gleich am Anfang unseres Evangeliums gezeigt, wie das erste Blatt der Bibel, wie es uns Gottes Schöpfungswort „im Anfang" schildert, bereits von

---

[254] Unser „Verkläger" bei Gott ist ein ganz anderer, Offb 12, 10.

dem redet, der als Jesus von Nazareth unter uns steht (vgl. besonders o. S. 33 f). Darum hält Jesus mit innerstem Recht seinen Gegnern vor: „Wenn ihr Mose glaubtet, glaubtet ihr (auch) mir ... Wenn ihr aber seinen Schriften nicht glaubt, wie werdet ihr meinen Worten glauben?" So eifrig sie die Schriften durchforschen, so genau sie jedes einzelne Gebot zu erklären und zu befolgen suchen, wirklicher „Glaube", wirkliche Öffnung des Herzens für den lebendigen Gott, von dem Moses Schriften handeln, ist das nicht. Diese Männer bleiben bei sich selbst und tun den entscheidenden Schritt des Loslassens ihrer selbst und der freien Hingabe an Gott nicht. Darin ist es mit innerer Notwendigkeit begründet, daß sie Jesus nicht erkennen und seine mächtigen Worte[255] nicht glauben können. Darum wird gerade Mose, auf den sich all ihr Hoffen konzentrierte, ihr Ankläger vor Gott[256].

DIE SPEISUNG DER FÜNFTAUSEND

Johannes 6, 1—15

zu Vers 1:
Mt 14, 13—21
Lk 6, 30—44
Lk 9, 10—17

zu Vers 3:
3 Mo 23, 5—14
Mt 5, 1

zu Vers 4:
Jo 1, 44
2, 13
11, 55

zu Vers 9:
2 Kö 2, 42—44

zu Vers 11:
Ps 145, 15 f

1 Danach ging Jesus fort auf die andere Seite des galiläischen Meeres von Tiberias. * Es folgte ihm aber eine große Volksmenge, weil sie die Zeichen sahen, die er an den Kranken tat. * Es ging aber Jesus hinauf ins Gebirge, und dort ließ er sich mit seinen Jüngern nieder. * Es war aber nahe das Passa, das Fest der Juden. * Als nun Jesus seine Augen aufhob und sah, daß eine große Volksmenge zu ihm kommt, sagt er zu Philippus: Woher sollen wir Brot kaufen, damit diese essen können? * Dies aber sagte er, indem er ihn auf die Probe stellte; denn er selbst wußte, was er tun wollte. * Es antwortete ihm Philippus: Für zweihundert Denare Brot reichen nicht aus für sie, damit jeder ein wenig bekomme. * Es sagt zu ihm einer von seinen Jüngern, Andreas, der Bruder des Simon Petrus: * Es ist ein Junge hier, der hat fünf Gerstenbrote und zwei Fische; aber was ist das für so viele? * Jesus sprach: Laßt die Menschen sich lagern. Es war aber viel Gras an der Stelle. Es lagerten sich nun die Männer, der Zahl nach etwa fünftausend. * Nun nahm Jesus die Brote und verteilte sie nach dem Dankgebet an die Gelagerten, ebenso auch von den

---

[255] Hier steht wieder „rhema", vgl. dazu S. 125.
[256] Es ist die klare Überzeugung aller Boten im NT, daß sie nicht gegen das AT stehen, sondern daß ihre Botschaft vom AT völlig bestätigt wird. Sie rufen nicht vom AT fort zu neuen Lehren, sondern sind gewiß, mit ihrer Botschaft das wahre Verständnis des AT zu erschließen.

12 Fischen, soviel sie wollten. * Wie sie aber gesättigt waren, sagt er
seinen Jüngern: Sammelt die übrig gebliebenen Brocken, damit
13 nichts umkomme. * Da sammelten sie und füllten zwölf Körbe mit
Brocken von den fünf Gerstenbroten, die den Gespeisten übrig
14 geblieben waren. * Die Menschen nun, die gesehen hatten, welches
Zeichen Jesus getan hatte, sagten: Dies ist wahrhaft der Prophet,
15 der in die Welt kommt. * Da Jesus nun merkte, daß sie kommen
wollten und sich seiner bemächtigen, um ihn zum König zu machen, zog er sich wieder in das Gebirge zurück, er allein.

zu Vers 14:
5 Mo 18, 15
Mt 3, 11
Jo 7, 12
12, 13

zu Vers 15:
Mt 11, 12
21, 8. 11
Jo 18, 36

„Danach ging Jesus fort auf die andere Seite des galiläischen Mee-   1
res von Tiberias." Wir wundern uns, Jesus hier in Galiläa zu finden,
ohne daß diesmal wie in 4, 1—3 und 4, 43 eine Wanderung von Jerusalem nach Galiläa begründet oder auch nur erwähnt wird. Man hat
darum gemeint, daß Kap. 6 an einen falschen Platz geraten sei und
eigentlich unmittelbar auf Kap. 4, 54 folgen müsse[257]. Aber es ist bei
der Eigenart der johannäischen Erzählweise durchaus möglich, daß
Johannes uns Jesus ohne nähere Erläuterung in Galiläa zeigt. Das
„Danach" am Anfang des Kapitels läßt erkennen, daß Johannes selber
von Ereignissen weiß, die der jetzt zu berichtenden wunderbaren
Speisung vorangingen. Der griechische Ausdruck, den wir mit „danach" wiedergeben, heißt eigentlich „nach diesem" und steht auch hier
wieder im Plural: „Nach diesen Ereignissen." Die Zeitspanne zwischen Laubhüttenfest (5, 1) und dem nahen Passa (6, 4) ist ausgefüllt mit einer reichen Tätigkeit Jesu in Galiläa. Vers 2 spricht von
den vielen Krankenheilungen, die auf das galiläische Volk großen
Eindruck machten. Johannes hat das nicht näher beschrieben. Es war
das alles bereits bei den Synoptikern zu lesen. Johannes aber liegt
daran, uns den Entscheidungscharakter des Wirkes Jesu erkennen zu
lassen. Er will uns zeigen, warum diese Entscheidung in Galiläa wie
in Jerusalem negativ ausläuft, warum überall — bis in die engere
Anhängerschaft Jesu hinein (V. 60 u. 63) — der Unglaube und mit
ihm die Ablehnung Jesu entsteht, obwohl Jesus mit Wort und Tat
um den Glauben warb und den ganzen Glauben verdiente. Johannes
hat besonders klar gesehen, wie es im Kommen Jesu und in seiner
Sendung von Gott nur um das eine geht: Glauben oder Unglauben.
Der Unglaube ist ihm als die eine und eigentliche Sünde klar geworden, wie der Glaube als solcher die Rettung des Menschen ist. Danach hat Johannes die Auswahl dessen getroffen, was er in seiner
Schrift dem Leser bringt. Darum übergeht er die wunderbare Spei-

---

[257] Vgl. zu der ganzen Frage der Einheitlichkeit unseres Evangeliums die Ausführungen
in der Einleitung S. 29.

sung nicht, obwohl die Synoptiker sie schon erzählt hatten (Mt 14, 13—21; Mk 6, 30—44; Lk 9, 10—17). Für Johannes ist diese Speisung nicht nur eines unter vielen Wundern Jesu. Johannes erkennt in ihr den Höhepunkt der galiläischen Wirksamkeit Jesu und zugleich ihren Wendepunkt.

2 Jesus verläßt das eigentliche Galiläa und geht an das Ostufer des Sees, der hier mit seiner doppelten Bezeichnung als **„Galiläisches Meer"** und **„See Tiberias"** genannt ist. Die Begeisterung für Jesus ist aber so groß, daß ihm auch dorthin **„eine große Volksmenge"** folgt, **„weil sie die Zeichen sahen, die er an den Kranken tat"**. Die seltsame Zweideutigkeit in der Auswirkung der „Zeichen" Jesu wird aufs neue sichtbar. Die „Werke, die der Vater ihm gegeben hatte, daß er sie vollende" (5, 36), waren der große Zeuge für Jesus. Sie wollen seine Sendung beglaubigen und Glauben wecken. So konnte der Aufbruch in Galiläa, der Scharen zu Jesus strömen läßt, der Anfang wirklichen Glaubens sein. Aber gerade in unserer Geschichte werden wir miterleben, daß die Zeichen Jesu mißverstanden werden und auch bei den Galiläern zum Unglauben führen.

3/4 Jesus geht mit seinen Jüngern ins Gebirge des Ostjordanlandes hinauf, offenbar in dem Wunsch, nach langer Wirksamkeit eine stille Zeit mit seinen Jüngern zu haben. In Mk 6, 30 f ist das klar ausgesprochen. Johannes deutet es nur an: **„Es ging aber Jesus hinauf ins Gebirge, und dort ließ er sich mit seinen Jüngern nieder."** Johannes fügt die Zeitangabe hinzu. **„Es war aber nahe das Passa, das Fest der Juden."** Von Anfang Oktober in 5, 1 sind wir nun in den März hineingekommen. Vielleicht ist die Nähe des Passa auch darum dem Evangelisten bedeutungsvoll, weil er das, was Jesus jetzt tun und in und nach seiner Tat verkündigen wird, innerlich zur Feier des Passa in Beziehung steht. „Das heilige Mahl, mit dem Israel seine Befreiung und Gottes Bund mit ihm feierte, wird dadurch erneuert und ersetzt, daß Jesus dem Volk das Mahl bereitet, nicht nur mit dem Brot, sondern auch mit seinem Fleisch und Blut zum ewigen Leben" (Schlatter).

5 In die Stille mit seinen Jüngern oben im Bergland strömt das Volk Jesus nach. Und nun berichtet Johannes in deutlicher Abweichung von den Synoptikern: **„Als nun Jesus seine Augen aufhob und sah, daß eine große Volksmenge zu ihm kommt, sagt er zu Philippus: Woher sollen wir Brot kaufen, damit diese essen können?"** In der Erzählung der Synoptiker sind es die Jünger, die am Abend eines Tages voller Verkündigung und Heilungen Jesus an die Not der hungrigen Scharen erinnern. Für Johannes aber ist es wichtig, daß Jesus auch hier ganz der „Herr" ist, der von sich aus die Initiative ergreift und eine Handlung einleitet, die zu einer ganz besonderen Selbstoffenbarung

führen soll. Auch dieses „Werk" wird dem Sohn vom Vater „gegeben". Auf den Vater und nicht auf Menschen hört Jesus. Es ist Jesus selber, der im Blick auf die heranströmende Menge den Jüngern, speziell dem Philippus, die Frage stellt, wie alle diese Menschen versorgt werden sollen, die von weit hergekommen sind und daher sich nicht selbst versorgen können. Johannes erklärt ausdrücklich, daß Jesus nicht ratlos war und nicht eine Frage wirklicher Hilflosigkeit tat. Nein, **„dies aber sagte er, indem er ihn auf die Probe stellte; denn er selbst wußte, was er tun wollte".** Er, der schon so mächtige Zeichen getan hat, ist auch hier Herr der Situation und zu einer neuen großen Tat bereit.   6

Philippus aber, der sich einem Nathanael gegenüber so freudig zu der Messiaswürde Jesu bekannt (1, 45 f) und danach so viel mit Jesus erlebt hatte, besteht die **„Probe"** nicht, auf die er von Jesus gestellt wird. Er blickt nicht auf Jesus, obwohl er doch „seine Herrlichkeit" schon auf der Hochzeit in Kana und seitdem in vielen „Zeichen" gesehen hatte. Er sieht nur die ganzen Umstände[258] und antwortet hilflos: **„Für zweihundert Denare Brote reichen nicht aus für sie, damit jeder ein wenig bekomme."** Der „Denar" entspricht an sich unserm Markstück, nur daß „eine Mark" damals einen völlig andern Kaufwert besaß. Ein Denar war der übliche Lohn für eine Tagesarbeit[259]. Zweihundert Denare stellen also eine erhebliche Summe dar. Soviel Geld ist bei Jesus und im Jüngerkreis nicht zu finden. Und selbst dann würde jeder nur **„ein wenig bekommen".** Einer der Jünger, **„Andreas, der Bruder des Simon Petrus"**[260], mischt sich ein: **„Es ist ein Junge hier, der hat fünf Gerstenbrote und zwei Fische; aber was ist das für so viele?"** Das **„Gerstenbrot"** war das billige Brot der armen Leute. Es wurde in flachen Scheiben von etwa 30 cm Durchmesser gebacken und darum dann auch nicht geschnitten, sondern „gebrochen". Fünf Gerstenbrote waren an Menge und an Qualität sehr wenig. Sie waren wohl nur für den Jungen selbst mitgenommen. Was einen Jungen sättigen mochte, war lächerlich wenig, wenn man auf die riesige Menschenschar sah. Das Wort des Andreas, des Mannes, der als erster zu Jesus fand (1, 41), zeigt erneut die ganze Hilf-   7   8/9

---

[258] Wie leicht bleibt auch bei uns trotz vieler Glaubenserfahrungen der Blick in der neuen Not an den „Umständen" hängen und führt uns dadurch in den Kleinglauben und in das Versagen.

[259] Vgl. Mt 20, 9, wo leider auch die revidierte LÜ den völlig mißverständlichen Ausdruck „Groschen" beibehalten hat.

[260] Johannes hebt hier wie anderwärts einzelne Jünger namentlich hervor. Da wir bei anderen Angaben des Johannes seine Auskünfte anerkennen müssen, werden wir auch hier lebendige Erinnerungen vor uns haben. Johannes hat das, was er uns erzählt hat, nicht einfach aus der Tradition geschöpft, sondern selber miterlebt.

losigkeit im Jüngerkreis. Das hier die **„Fische"** bezeichnende Wort bedeutete zunächst das Eingemachte, die „Zukost" ganz allgemein. Es enthielt dann aber die Bedeutung „Fisch", weil eingemachte Fische die üblichste und billigste Zukost zum Brot waren.

10   Der klar herausgestellten Ratlosigkeit der Jünger gegenüber vollzieht sich nun das zielbewußte Eingreifen Jesu. Er beginnt auch hier wieder[261] mit einem Befehl, der in dieser Lage sinnlos erscheint. **„Jesus sprach: Laßt die Menschen sich lagern."** Das ist die Vorbereitung zu einer Mahlzeit. Äußerlich läßt der Befehl sich freilich gut befolgen: **„Es war aber viel Gras an der Stelle."** Der Anweisung der Jünger, die durch die Menge gehen, wird auch gehorcht: **„Es lagerten sich nun die Männer, der Zahl nach etwa fünftausend."** So ist alles für das gewaltige Mahl bereit; es fehlt nur eines: die Speise, um fünftausend zu sättigen. Erwartungsvoll liegen hier fünftausend hungrige Männer, und dort steht Jesus mit fünf Gerstenbroten und zwei Fischen.

11   Aber Jesus beginnt die Speisung, als sei alles da für die große Schar. **„Nun nahm Jesus die Brote."** Wie bei den Wasserkrügen im Hochzeitshaus in Kana knüpft Jesus in stiller Schlichtheit an das Vorhandene und Gegebene an. Er zaubert nicht Nahrung aus der Luft. Keine Bewegung, kein Wort erinnert auch nur im geringsten an einen „Zauber". Der Vorgang des Wunders selbst wird hier — wie bei allen biblischen Wundern — nicht einmal andeutungsweise dargestellt. Das echte Wunder entzieht sich seinem Wesen nach jeder Erklärung und darum auch jeder Beschreibung. Mit einer einfachen Selbstverständlichkeit, als wäre alles in bester Ordnung, spricht Jesus das **„Dankgebet"** und **„verteilte die Brote an die Gelagerten, ebenso auch von den Fischen, so viel sie wollten"**. Unerschöpflich wandern die Brote und Fische aus der Hand Jesu zu der riesigen Schar. Es bleibt alles in einer wunderbaren Alltäglichkeit. Wir haben den Eindruck, daß auch die Menschen es während dieser Speisung für ganz einfach und selbstverständlich halten, daß sie Brot und Zukost bekommen. Erst danach (V. 14) geht es ihnen auf, was hier eigentlich geschehen ist.

12   Diese Schlichtheit des ganzen Vorganges wird besonders eindrücklich, wenn nun am Schluß Jesus nicht in der großartigen Haltung eines „Wundertäters" dasteht, sondern wie ein sorgsamer Hausvater seinen Jüngern die Weisung gibt: **„Sammelt die übriggebliebenen Brocken, damit nichts umkomme."** So reich alles für die vielen hungrigen Menschen da war, die übriggebliebenen Brocken sind darum nicht verächtlich. Das erlebte Wunder soll die Menschen nicht sorglos

---

[261] Vgl. 2, 7; 4, 50; 5, 8.

und verschwenderisch machen. Denn es ist gerade nicht ein Zauber wie aus „Tausend und eine Nacht", sondern göttliches Handeln, das sich trotz seiner hohen Unbegreiflichkeit still in den Alltag einordnet (vgl. Mt 8, 15; Mk 5, 43; Jo 11, 44). Es wird damit deutlich: Wunder sind einzelne Hilfen und sind als solche „Zeichen" und Verheißung; aber sie verwandeln diese Welt nicht und helfen darum nicht zu einem bequemen Leben ständiger Wunscherfüllung. Eben dies ist der Punkt, den ein ichhaftes Mißverstehen verkennt, wodurch Wunder dann nicht zum wirklichen Glauben, sondern gerade zum Unglauben führen (V. 26).

So muß nach einer wunderbaren Speisung die mühevolle Arbeit des Auflesens der Brocken getan werden. **„Da sammelten sie und füllten zwölf Körbe mit Brocken von den fünf Gerstenbroten, die den Gespeisten übrig geblieben waren."** Diese „Brockensammlung"[262] zeigt zugleich noch einmal die ganze Größe des Wunders. Vom Brechen der flachen Brote sind soviel kleine Bruchstücke übrig geblieben, daß man damit zwölf Körbe füllen kann. 13

Es ist, als ob die Scharen, die bisher ganz dem Essen hingegeben waren und kein Zeichen des Staunens erkennen ließen, nun erst ganz begreifen, was sie erlebt haben. Irgendwie müssen sie es in ihre Gedankenwelt einordnen und dazu Stellung nehmen. Wer ist dieser Jesus, der so Außerordentliches in ihrer Mitte und vor ihren Augen getan hat? Das Wort „Messias" sprechen sie noch nicht aus. Sie denken unwillkürlich an die Gestalt dessen, von dem Mose gesagt hatte, „Einen Propheten wie mich wird der Herr erwecken" (5 Mo 18, 15; vgl. auch 1, 21). Unter Mose hatte Gott das Volk wunderbar gespeist und ihm „Brot vom Himmel" gegeben. War dieser Jesus nicht ein zweiter Mose, der bei ihnen jetzt das gleiche getan hatte? **„Die Menschen nun, die gesehen hatten, welches Zeichen Jesus getan hatte, sagten: Dies ist wahrhaft der Prophet, der in die Welt kommt."** Von diesem „Propheten", dieser endzeitlichen Gestalt, hatten sie viel gehört. Es war in der Synagoge oft von ihm die Rede gewesen. Aber nun ist er nicht nur in schönen Predigtgedanken, sondern **„wahrhaft"**, in voller Wirklichkeit, unter ihnen. Jesus ist nach ihrem Eindruck der verheißene Prophet, der nicht mehr bloß in der Bibel steht, sondern tatsächlich **„in die Welt kommt"**. 14

Wie sachkundig läßt uns Johannes nun die Stärke der zelotischen Bewegung[263] in Galiläa sehen. Leidenschaftlich schaute man dort nach 15

---

[262] Vater Bodelschwingh verwandte diesen Namen, als er zum Arbeitsmaterial für seine Fallsüchtigen in Bethel alles sammeln ließ, was Menschen in ihrem Haushalt „übrig" hatten.

[263] Vgl. S. 82 die Anmerkung Nr. 119.

dem „König" aus, der Israel von der Fremdherrschaft befreien und die verheißenen Zeiten des Friedens und des Überflusses für Israel heraufführen wird. Sollte Jesus, dieser zweite Mose, nicht der rechte Mann dafür sein? War der König in Rom mit seiner Militärmacht noch zu fürchten, wenn Gottes Wundermacht diesem Jesus so sichtbar zur Seite stand? Er soll unser König werden! Dann hat alle Not ein Ende. Und wenn er selber noch nicht wagt, seine Aufgabe zu erfassen, dann greifen wir ein, „um ihn zum König zu machen" und sein Zögern zu überwinden.

Jesus spürt, was hier im Gange ist. Läßt er es geschehen? **„Da Jesus nun merkte, daß sie kommen wollten und sich seiner bemächtigen, um ihn zum König zu machen, zog er sich wieder in das Gebirge zurück, er allein."**

Warum weicht er aus? Hatte Jesus nicht jetzt in Galiläa gefunden, was er in Jerusalem vergeblich zu gewinnen suchte? Dort erregte er mit seinen Taten und mit seinem Zeugnis Widerstand und Ablehnung bis zum tödlichen Haß. Und hier drängen sie vorwärts und wollen ihn ihrerseits zum König, zum Messias machen. Ist hier nicht seine Sendung begriffen und anerkannt? Nein, hier kommen sie nicht zu ihm, weil sie die eigene Verlorenheit erkannten und in ihm „den Retter der Welt" ergreifen wollten. Diese Galiläer hier sind noch ungebrochen in ihrer Selbstherrlichkeit. Sie unterwerfen sich ihm nicht, weil sie sein göttliches Königtum wahrhaft erkannt haben, sondern sein Königtum soll die Tat ihrer Entschlossenheit sein. Der König, den sie **„machen"**, weil er ihnen mit seiner wunderbaren Speisung gefällt, ist das völlige Gegenteil von dem, was Jesus als der von Gott gesandte Sohn war und sein wollte[264]. Die Kluft zwischen ihm und den Galiläern ist anderer Art als die Kluft zwischen ihm und den Frommen in Jerusalem. Für das Gesetz und seine genaue Einhaltung eifern die Galiläer nicht. Aber sie eifern in der ungebrochenen Eigensucht des Zelotismus für ein „Reich Gottes", das ihren irdischen Wünschen entspricht. Es ist ein „Reich Gottes", in das man „ohne Geburt von oben" hineinkommen kann. Darum wird der Botschaft Jesu: „Wenn ein Mensch nicht von neuem geboren wird, kann er die Königsherrschaft Gottes nicht sehen", auch von den einfachen Galiläern der gleiche Widerstand entgegengesetzt wie von den Schriftgelehrten Jerusalems. Das wird sich bald sehr deutlich zeigen.

---

[264] Unser Blick geht zu Mt 4, 3. 4 hinüber.

JESUS WANDELT AUF DEM MEER
Johannes 6, 16—24

16 Als es aber Abend wurde, gingen seine Jünger hinab zum Meer;
17 * und sie stiegen in ein Schiff und fuhren an das andere Ufer des Meeres nach Kapernaum. Und es war schon finster geworden,
18 Und noch nicht war Jesus zu ihnen gekommen; * und das Meer
19 wurde aufgewühlt, da ein heftiger Wind wehte. * Als sie nun gegen fünfundzwanzig oder dreißig Stadien weit gerudert waren, erblickten sie Jesus auf dem Meer gehen und nahe zum Schiff
20 kommen; und sie fürchteten sich. * Er aber sagt zu ihnen: Ich
21 bin es, fürchtet euch nicht. * Sie wollten ihn nun in das Schiff nehmen, und sogleich war das Schiff an dem Lande, wohin sie fahren wollten.
22 * Am andern Tag sah die Menge, die auf der andern Seite des Meeres stand, daß kein anderes Schiff dort gewesen war außer dem einen, und daß Jesus nicht mit seinen Jüngern zusammen in das Schiff gestiegen war, sondern seine Jünger allein abgefahren
23 waren. * Doch kamen Boote aus Tiberias nahe an die Stelle, wo sie das Brot gegessen hatten, nach der Danksagung des Herrn.
24 * Als die Menge nun sah, daß Jesus nicht dort ist und auch nicht seine Jünger, stiegen sie ihrerseits in die Boote und kamen nach Kapernaum, Jesus suchend.

zu Vers 18:
Mt 8, 24
zu Vers 19:
Ps 77, 20
Jes 43, 16
zu Vers 24:
Mk 1, 37

Jesus hat sich in das Gebirge zurückgezogen und seine Jünger allein gelassen. Sie entschließen sich, nach Kapernaum zurückzukehren. „Als es aber Abend wurde, gingen seine Jünger hinab zum Meer; und sie stiegen in ein Schiff und fuhren an das andere Ufer des Meeres nach Kapernaum." „Abend" wird es nach der israelitischen Tageseinteilung um 18 Uhr. Die Jünger wollten die Nacht nicht im Gebirge verbringen und hoffen, die nicht weite Schiffahrt hinüber nach Kapernaum gut bewältigen zu können. Gerade die führenden Jünger, die beiden Brüderpaare, waren als Fischer an ein nächtliches Verweilen auf dem Wasser gewöhnt. Aber nun wird es doch schwierig: „Und es war schon finster geworden, und noch nicht war Jesus zu ihnen gekommen; und das Meer wurde aufgewühlt, da ein heftiger Wind wehte." Das enge und tiefliegende Becken des Sees Genezareth wurde oft von plötzlichen Stürmen heimgesucht, die mit ihrem hohen Wellengang gefährlich werden konnten. So kamen die Jünger auf dem See in ernste Not.

Da tritt ein Ereignis ein, das für sie alles noch unheimlicher macht. „Als sie nun gegen fünfundzwanzig oder dreißig Stadien weit geru-

16/18

19

dert waren, erblickten sie Jesus auf dem Meer gehen und nahe zum Schiff kommen; und sie fürchteten sich." Ein „Stadion" entsprach der Länge des berühmten olympischen Stadions und betrug 185 m. Fünfundzwanzig bis dreißig Stadien sind also viereinhalb bis fünf km. Der See Genezareth mißt in seiner größten Breite 12 km. die Strecke der Überfahrt vom Ostufer nach Kapernaum war wesentlich kürzer, aber doch befanden sich die Jünger nach fünf km Ruderfahrt noch „mitten auf dem Meer", wie Mt 14, 24 sagt. Da kommt auf dem Wasser eine Gestalt auf sie zu, die sich im Dunkel der Nacht und des Sturmes hell von dem aufgewühlten Meer abgehoben haben muß. Matthäus gibt uns deutlich das Grauen wieder, das die Jünger bei diesem Anblick überfiel. „Und da ihn die Jünger sahen auf dem Meer gehen, erschraken sie und sprachen: Es ist ein Gespenst! und schrien vor Furcht" (Mt 14, 26). Johannes berichtet knapper und zurückhaltender. Wir können uns aber sehr denken, wie unheimlich für die Jünger alles sein mußte. Wohl bedrängt uns die Welt in ihrer eisernen Gesetzmäßigkeit, aber sie ist uns darin doch auch die bekannte, vertraute Welt, in der wir zu Hause sind. Wenn plötzlich vor unsern Augen alte Naturgesetze nicht mehr gelten, wenn ein Mensch auf den erregten Wogen näherschreitet, dann ist uns das „unheimlich", es reißt uns aus aller Sicherheit unseres gewohnten Daseins. Wir werden gut tun, einem allzu harmlosen Bild Jesu gegenüber uns sagen zu lassen, wie Jesus in seiner unbegreiflichen Macht und Überlegenheit und in seinem unvermuteten Handeln wirklich erschreckend für

20 seine Jünger sein konnte[265]. „**Er aber sagt zu ihnen: Ich bin es, fürchtet euch nicht.**" Dieses Wort ist tief in den Herzen der Jünger haften geblieben. In allen vier Berichten wird es genau übereinstimmend wiedergegeben. Es ist das entscheidende und befreiende Wort, für die Jünger wie für uns. Der da auf den Wellen in der Sturmesnacht zu ihnen kommt, während sie ihn weit weg oben im Gebirge denken, das ist dennoch derselbe, Jesus, ihr Herr, der Eine, dem sie vertrauen, dessen Liebe und Treue sie kennen. Daß er es „**ist**", das ist für die Jünger das Entscheidende. So sahen wir es gerade im Johannesevangelium von Anfang an. Nicht erst sein Handeln macht Jesus zum Herrn und Retter; vor allem „Tun" liegt sein „Sein", das die Quelle aller seiner Taten ist[266]. Darum schließt dieses eine Wort „**Ich bin es**" schon alles in sich. Wenn nur er es ist, der uns begegnet, dann ist damit allein schon alles gut, dann weicht alle Furcht. Zugleich ist die-

---

[265] Auch wir haben es mit diesem Jesus zu tun, der uns begegnen kann, wo es uns unmöglich erscheint, und dessen Gegenwart in Finsternis und Sturm zunächst nur die Furcht unseres verzagten Herzens vermehrt.
[266] Vgl. o. S. 33.

ses Erleben der Jünger mit Jesus in ähnlicher Weise wie die Verklärung auf dem Berge (Mt 17, 11 f) eine Vorwegnahme dessen, was in der Auferstehung in der ganzen Vollendung geschehen wird. Wie ein „Auferstandener", allen Gesetzen des Raumes, der Zeit und der Schwerkraft entnommen, kommt Jesus hier über das Wasser zu seinen Jüngern. Der Leib des sündlosen Gottessohnes ist bei aller echten Menschlichkeit doch gleichsam „auferstehungsfähig" und vermag darum schon jetzt „.rwandelt" zu werden (Mt 17, 2 wörtlich). Darum hat auch dieses **„Ich bin es"** hier gottheitliche Hoheit und ist das gleiche „Ich bin", das in dem Gottesnamen „Jahwe" (Jehova) dem Mose bei dem brennenden Dornbusch begegnete. Da Jesus sein Wort „Ich bin es" nicht griechisch, sondern aramäisch sprach, mußten die Jünger unmittelbar daran erinnert werden. Jesus ist der Träger des Gottesnamens, den kein Jude aussprechen durfte.

Wie sehr dieses **„Ich bin es"**, seine Gegenwart bei ihnen, schon alle Hilfe umschloß, das erfahren die Jünger unmittelbar. **„Sie wollten ihn nun in das Schiff nehmen, und sogleich war das Schiff an dem Lande, wohin sie fahren wollten."** Die Jünger wollen Jesus in das Schiff nehmen, aber sie kommen gar nicht mehr dazu. Im gleichen Augenblick schon sind sie am Ufer bei Kapernaum. Ein zweites Wunder setzt das erste unsichtbar fort. So hat es die Gemeinde Jesu immer wieder erfahren, die gern vom „Schiff" der „Kirche" sprach, das die stürmische Fahrt durch das Dunkel der Zeiten zu wagen hat. Ist nur Jesus selbst da, dann kann trotz aller Not und Bedrängnis das ersehnte Ziel erreicht sein, ehe wir es denken. Eben noch war es ein mühevolles Rudern in tiefer Finsternis und gefahrvoller Nacht mitten auf dem Meer, und auf einmal ist schon das sichere Ufer gewonnen, das uns aller Gefahr entnimmt. 21

Johannes hat uns die Geschichte von Jesu Wandeln auf dem Meer nach seiner Art weniger anschaulich erzählt als Matthäus (Mt 14, 22—27) und Markus (6, 45—52). Aber wir merken zugleich, wie er die eigentlichen Zusammenhänge genauer kennt. Diese Seefahrt der Jünger folgt bei ihm nicht nur äußerlich der wunderbaren Speisung, sondern steht mit ihr im Zusammenhang und wird für die Menschen bedeutungsvoll, die das Speisungswunder miterlebt haben. Die gewaltige Schar der Fünftausend wird zwar nicht einfach vollzählig auf dem Platz der Speisung geblieben sein. Aber es waren doch noch viele Leute am Ostufer des Sees, die sehen wollen, was nun weiter geschah. **„Am andern Tag sah die Menge, die auf der andern Seite des Meeres stand, daß kein anderes Schiff dort gewesen war außer dem einen und daß Jesus nicht mit seinen Jüngern zusammen in das Schiff gestiegen war, sondern seine Jünger allein abgefahren waren."** Der Text hier ist unsicher. Die Menge konnte ja nicht erst „am andern 22

Tage" das alles „sehen". Sie konnte es nur am Tage zuvor gesehen haben. So schreiben Handschriften (Koine): „Am andern Tage, als die Menge gesehen hatte, daß ..." Aber dann müßte Vers 23 als ein Zusatz in Gedankenstrichen gesetzt und in dem „als die Menge nun sah" (V. 24) die eigentliche Fortführung des Verses 22 gefunden werden. Aber solche sprachlichen Schwierigkeiten des Textes tun nichts zur Sache. Was Johannes uns erzählen will, ist völlig klar. Der Menge, die das Wunder der Speisung miterlebt hat, geht es um den Wundermann, der sich ihr entzogen hat. Wo ist er? Nur ein einziges Boot hatte gestern am Ufer gelegen. In diesem Boot waren die Jün-

23 ger abgefahren. Wo war Jesus geblieben? Ratlos stehen sie da. „**Doch kamen Boote aus Tiberias nahe an die Stelle, wo sie das Brot gegessen hatten, nach der Danksagung des Herrn.**" Die Kunde von dem großen Ereignis ist rasch nach Tiberias, der Stadt an der Westseite des Sees, gedrungen. Nun machen sich manche in Booten auf und kamen nahe an die Stelle des Wunders. Aber Jesus ist nicht da, es

24 bleibt alles still. „**Als die Menge nun sah, daß Jesus nicht dort ist und auch nicht seine Jünger, stiegen sie ihrerseits in die Boote und kamen nach Kapernaum, Jesus suchend.**"

JESUS DAS BROT DES LEBENS

Johannes 6, 25—35

zu Vers 27:
Jo 4, 14
10, 36
zu Vers 29:
Apg 16, 31
1 Jo 3, 23
zu Vers 30:
Mk 8, 11
Jo 2, 18
zu Vers 31:
2 Mo 16, 4.
13—15
Ps 78, 24
zu Vers 32:
5 Mo 8, 3
Mt 6, 11
zu Vers 33:
V. 51

25 Und als sie ihn auf der andern Seite des Meeres gefunden hatten,
26 sprachen sie zu ihm: Rabbi, wann bist du hierher gekommen? * Es antwortete ihnen Jesus und sprach: Wahrlich, wahrlich ich sage euch, ihr sucht mich nicht, weil ihr Zeichen gesehen habt, sondern
27 weil ihr von den Broten gegessen und euch gesättigt habt. * Wirkt nicht die Speise, die vergeht, sondern die Speise, die bleibt zum ewigen Leben, die der Menschensohn euch geben wird. Denn die-
28 sen hat der Vater versiegelt, Gott. * Sie sprachen nun zu ihm:
29 Was sollen wir tun, damit wir wirken die Werke Gottes? * Es antwortete Jesus und sprach zu ihnen: Dies ist das Werk Gottes,
30 daß ihr glaubt an den, den er gesandt hat. * Sie sprachen nun zu ihm, was tust du denn deinerseits für ein Zeichen, damit wir sehen
31 und dir glauben? Was wirkst du? * Unsere Väter haben das Manna in der Wüste gegessen, wie geschrieben steht: Brot aus
32 dem Himmel gab er ihnen zu essen (Ps 78, 24). * Da sprach Jesus zu ihnen: Wahrlich, wahrlich ich sage euch, nicht Mose hat euch das Brot aus dem Himmel gegeben, sondern mein Vater gibt euch
33 das wahre Brot aus dem Himmel. * Denn das Brot Gottes ist das,

was aus dem Himmel herabkommt (oder: ist der, der aus dem Himmel herabkommt) und gibt der Welt Leben. * Da sprachen sie zu ihm: Herr, gib uns allezeit dieses Brot! * Jesus sprach zu ihnen: Ich bin das Brot des Lebens. Wer zu mir kommt, wird gewiß nicht hungern, und wer an mich glaubt, wird gewiß niemals dürsten.

zu Vers 35:
Mt 5, 6
Jo 4, 14
7, 37

Endlich haben sie Jesus gefunden, voll Staunen, daß er bereits vor ihnen am andern Ufer des Sees ist. „Und als sie ihn auf der andern Seite des Meeres gefunden hatten, sprachen sie zu ihm: Rabbi, wann bist du hierher gekommen?" Jesus antwortet auf ihre Frage nicht und erzählt nichts von dem, was seine Jünger erlebt haben. Sie hätten ihm das doch nicht geglaubt, daß er seinen Weg unabhängig von allen Naturbedingungen auch über stürmische Wellen frei zu nehmen vermag. Er blickt vielmehr in das Innere dieser Menschen. Sie „suchen Jesus", ist das nicht herrlich? Ist es hier nicht ganz anders als in Jerusalem? „Es antwortete ihnen Jesus und sprach: Wahrlich, wahrlich ich sage euch, ihr sucht mich nicht, weil ihr Zeichen gesehen habt, sondern weil ihr von den Broten gegessen und euch gesättigt habt." Sie haben nicht begriffen, daß die Speisung ein „Zeichen" war, ein Hinweis über die leibliche Hilfe und Sättigung hinaus, ein ausgestreckter Arm, der auf das wahre Brot lockend und mahnend zeigte. Sie bleiben von der Stillung des äußeren Hungers durch dieses Wunder gefangen. Aber solche Speise ist zu wenig. Denn es ist „Speise, die vergeht". Sicherlich, sie ist nötig, darum gab Jesus sie auch. Aber was hilft es, wenn einer diese Speise Tag um Tag reichlich hat? Sein Leben eilt trotzdem dahin und vergeht. Darum mahnt Jesus: „Wirkt nicht die Speise, die vergeht, sondern die Speise, die bleibt zum ewigen Leben." Vergehende Speise kann ein vergehendes Leben nicht vom Tode erretten. Aber „Speise, die zum ewigen Leben bleibt", gibt dadurch auch dem am Leben teil, der sie empfängt. Darum kommt alles darauf an, daß wir solche Speise „wirken", d. h. uns verschaffen. Doch wie soll das geschehen? Jesus läßt es nicht bei der Mahnung, die als solche noch nichts helfen würde, sondern macht aus seiner Mahnung „Evangelium" indem er verspricht: „... die der Menschensohn euch geben wird." Sie von sich aus können ja solche Speise nicht „wirken". Sie müssen sie empfangen von dem, der als „Menschensohn", als Herrscher der Ewigkeiten (Dan 7!) über solche unaussprechliche Gabe verfügt. Zum „König", der irdisches Brot austeilt, läßt Jesus sich nicht machen. Aber der „Menschensohn", der ewiges Leben verleiht, ist er. Kann er das so gewiß zusagen? Ja, „denn diesen hat der Vater versiegelt, Gott". Das „Siegel" eines Herrschers erklärte das Versiegelte zu seinem unantastbaren Eigentum. Das Königssiegel

25

26/27

wies aber auch den Gesandten eines Herrschers aus und bevollmächtigte ihn. So gehört Jesus Gott und hat die Vollmacht von seinem Vater. Der Bau des Satzes scheint uns dabei falsch und hölzern zu sein. Das am Satzschluß nachgestellte Wort „Gott" aber hebt mit besonderer Betonung hervor, wie der Vater, der ihn versiegelt hat, Gott, also der Allmächtige und Ewige ist. Wie wirksam und unzerbrechlich ist sein „Siegel".

28 Das Gespräch scheint ernsthaft und fruchtbar zu werden. Das Verlangen nach echtem und bleibendem Leben in aller Vergänglichkeit lebt in jedem Menschen. Und hier standen Israeliten, die von klein auf an Gott zu denken gewohnt waren. So kann es eine echte Frage sein, die sie jetzt Jesus stellen. „**Sie sprachen nun zu ihm: Was sollen wir tun, damit wir wirken die Werke Gottes?**" Hier klingt die Unterweisung nach, die sie von den Schriftgelehrten empfangen hatten. „Wirke Werke", darum ging es in den Synagogen. Eine Fülle von „Werken des Gesetzes" wurden ständig von den Menschen gefordert. Aber auch Jesus hatte vom „**Wirken**" gesprochen. Vielleicht kann er noch besser und klarer als die Rabbinen sagen, was man für Gott tun soll. So etwas wie die Frage nach dem „größten Gebot", die unter den Schriftgelehrten selbst aufbrechen konnte (Mt 22, 34—36) klingt in der Frage der Galiläer.

Es kann aber auch hier wieder der „Zelotismus" der Galiläer zum Ausdruck kommen. Der Zelot wollte nicht mit dem Pharisäer „warten", bis Gott selber sein Reich aufrichtete. Nur im eigenen gewaltsamen und opferwilligen Einsatz seines Volkes kann Gott Israel befreien und zu seiner Weltherrschaft gelangen lassen. So war es in der Makkabäerzeit gewesen. So mußte Israel auch jetzt wieder „**die Werke Gottes wirken**". Sie hatten sofort nach der Speisung gezeigt, wie aktiv sie zum entschlossenen Handeln bereit waren (V. 15). Sie stehen auch jetzt Jesus zur Verfügung, wenn er ihnen nur sagt, was sie „tun" sollen.

29 Und nun kommt Jesu einfache und eindeutige Antwort, die dem ganzen unsicheren Mühen der frommen Menschen und der Leidenschaft der Zeloten das Evangelium entgegenstellt. „**Es antwortete Jesus und sprach zu ihnen: Dies ist das Werk Gottes, daß ihr glaubt an den, den er gesandt hat.**" Nicht ein vielerlei von Bemühungen, Leistungen und Werken will Gott von uns, sondern nur ein einziges „Werk", das doch kein Werk mehr ist, sondern „Glaube", also das gehorchende Vertrauen, das unser gesamtes Leben diesem Einen ausliefert, den Gott gesandt hat. Jesus selbst sagt hier das gleiche, was dann später sein Bote Paulus lehrhaft formulierte und was die Reformatoren aufs neue als das Zentrum des Evangeliums ergriffen: „So halten wir nun dafür, daß der Mensch gerecht werde ohne des

Gesetzes Werke, allein durch den Glauben." Aber gerade weil wir hier im Zentrum des Evangeliums stehen, müssen wir sehr sorgfältig auf Jesu Wort hören. Das „Werk", das Gott an uns sehen will, ist der „Glaube". Aber dieser Glaube seinerseits ist „Gottes Werk", nicht das unsere. Nur, weil Glaube etwas anderes ist als menschliche Leistung, die wir nach unserm Willen hervorbringen, und aus Gottes Wirken an uns hervorgeht, hat er die rettende Kraft und eint uns mit Gott. In dem Satz Jesu ist also der Ausdruck „Gottes Werk" wesenhaft doppeldeutig[267].

Ist „Glaube an den, den Gott gesandt hat", nicht eine einfache und selige Sache gegenüber der ganzen Last der unzähligen Vorschriften, die vom frommen Juden erfüllt werden sollen? Werden jetzt die Galiläer verstehen, was ihnen angeboten wird, und zum Glauben kommen, wie die Samariter es taten? Aber die Galiläer merken, was mancher merkt, dem der Glaube erst allzu „einfach" und allzu „bequem" erschien. Was heißt das doch, sein Leben total diesem einen Mann ausliefern und fortan im Leben und im Sterben nur noch auf ihn vertrauen und ihm gehorchen! Kann man das wagen? Muß man dazu nicht noch ganz andere Garantien im Blick auf diesen Mann haben? „Sie sprachen nun zu ihm: Was tust du denn deinerseits für ein Zeichen, damit wir sehen und dir glauben? Was wirkst du?" Damit ist die Entscheidung im Grunde schon gefallen. Wenn ich erst etwas „sehen" will, ehe ich „glauben" mag, erst Garantien verlange, ehe ich vertraue, dann habe ich das Vertrauen schon versagt. Das Verhältnis zum andern ist bereits verkehrt. Ich mache mich zum Richter, vor mir soll der andere sich ausweisen. Ich wage nicht das Loslassen meiner selbst, das zum Wesen alles Vertrauens gehört. 30

Aber hat Jesus nicht das geforderte „Zeichen" bereits getan und etwas Unerhörtes gewirkt? Haben sie es nicht alle am Tag zuvor miterlebt? Und haben sie nicht selbst gedacht: „Dieser ist wahrhaft der Prophet"? (6, 14), ein zweiter Mose, der auch wie er in der Wüste wunderbar Brot von Gott her schafft? Haben sie ihn nicht sogar als Messias ausrufen wollen? Ja, sie denken jetzt daran. Aber nun zeigt sich wieder, wie seltsam zweischneidig alle Wunder sind. Die Galiläer haben sich längst besonnen. Es war herrlich gestern, gewiß. Aber immerhin, es war doch nur „Gerstenbrot", was sie bekamen, und nicht wie bei Mose richtiges „Manna", „Brot aus dem Himmel"; es war 31

---

[267] Daß der Glaube als „Gottes Werk" in uns zugleich die ganze eigene Aktivität des Menschen in Anspruch nimmt und in Bewegung setzt, hat Schlatter zu unserer Stelle treffend gesagt: „Gottes Werk ist auch hier das Werk, das Gott wirkt, nicht das, das er nur verlangt. Gottes Werk im Menschen ist, daß er an Jesus glaubt. Indem er glaubt, geschieht durch ihn mit dem Einsatz aller ihm eigenen Willensmacht als seine von ihm geleistete Arbeit das, was Gott will und wirkt" (a. a. O. S. 171).

armer Leute Brot und nicht „Engelsbrot" (Ps 78, 24 f). „**Unsere Väter haben das Manna in der Wüste gegessen, wie geschrieben steht: Brot aus dem Himmel gab er ihnen zu essen.**" So etwas müßte Jesus tun, dann würden sie am Ende an ihn glauben. Es wird bei Johannes ebenso deutlich wie im synoptischen Bericht, daß der Unglaube zwar ständig „Zeichen" fordert, aber sich zugleich durch kein „Zeichen" überwinden läßt. Kein Wunder ist ihm wunderbar genug. Immer ist es noch nicht das „Zeichen vom Himmel", das uns das Glauben ersparen würde. Die Galiläer sagen zwar: „Damit wir sehen und dir glauben." In Wahrheit aber meint der Unglaube in ihrem Herzen: „Damit wir sehen und nicht mehr glauben müssen." (Vgl. dazu Lk 11,

32   29—32 und die Ausführungen auf S. 101[268].) Jesus hat die Gottesgeschichte in der Heiligen Schrift jederzeit mit fraglosem Glauben bejaht. Mose war ihm wie Abraham eine ehrwürdige Gestalt in göttlicher Sendung. Er will mit seinem Satz „**Mose**" nicht herabsetzen. Aber er muß den Blick der Galiläer von den menschlichen Werkzeugen, die sie in falscher Weise verherrlichen, auf den lenken, dem allein die Ehre gebührt. Es war doch nicht Mose selber, der ihnen das Manna gab; das Manna war Gottes Gabe. Und nun bedarf Israel, bedarf der Mensch noch eines ganz andern Brotes, das weit über das Manna hinausgeht. Es ist das „wahre", also das eigentliche und wirkliche „**Brot aus dem Himmel**". Und das gibt nicht ein Mose, das gibt nur der Vater Jesu, und er gibt es in Jesus, dem Sohn. Um das deutlich zu machen, schildert Jesus, was das Brot leisten und wie es sein

33   muß, wenn es wirklich „**Brot aus dem Himmel**" und „**Gottes Brot**" sein soll. „**Denn das Brot Gottes ist das, was aus dem Himmel herabkommt und gibt der Welt Leben.**" Auch das Manna war irdische Substanz und war darum noch nicht wirklich „Brot der Engel" oder gar „Brot Gottes". Und auch das Manna war „Speise, die vergeht" und die darum auch nur das vergängliche Dasein der Väter fristen konnte. Das echte Brot Gottes muß etwas Ungeheures vollbringen: es muß „**der Welt**", also dem Reich der Finsternis und des Todes, „**Leben**", wirkliches, göttliches und darum ewiges Leben geben. Wer das begriffen hat, kann nicht am Manna als solchem hängen bleiben, sondern kann auch in ihm nur ein „Zeichen" sehen, das auf größeres hinweist.

Von eigentümlicher Bedeutsamkeit ist es, daß im Griechischen das Wort für „Brot" männlichen Geschlechtes ist, weshalb auch das an-

---

[268] Ein Stück entschuldigt sind die Galiläer freilich dadurch, daß die Rabbinen die — in sich einfache — Erzählung der Schrift vom Manna „mit unbegrenzter Phantasie" (Schlatter) ausgemalt und die Erneuerung dieser großartigen Wunder für die Zeit des Messias angekündigt hatten.

schließende Partizip im Maskulinum steht. Wir könnten versuchen, das im Deutschen so wiederzugeben, daß wir übersetzen: **"Der Brotlaib Gottes ist der, der aus dem Himmel herabkommt und gibt der Welt Leben."** Dadurch bleibt dann offen, ob sich das Partizip nur auf das „Brot" zurückbezieht oder bereits Jesus selbst in seiner Person meint. Wie aber immer Johannes den Zusammenhang empfunden haben mag — vielleicht ganz bewußt doppeldeutig — Jesus ist jedenfalls das „Brot", das ganz anders als das Manna wirklich und wesenhaft **„aus dem Himmel"** kommt (vgl. 3, 31; 8, 23) und darum **„Leben"** zu geben vermag. Und es liegt nun auch eine innere Notwendigkeit darin, daß dieses Brot nicht nur dem einen Volk, nicht mehr wie das Manna nur Israel allein, sondern **„der Welt"** gegeben wird und der Welt das wirkliche Leben bringt (vgl. 1, 9—13). Die Galiläer sind von dem Wort Jesu nun doch betroffen. Nicht mehr „Rabbi" nennen sie ihn jetzt, sondern „Herr". Und sie richten an Jesus die Bitte: **"Herr, gib uns allezeit dieses Brot."** Ist es jetzt so weit? Stehen die Galiläer vor dem letzten Schritt zum Glauben? Wird es nun in Kapernaum so werden, wie es in Sychar war? Aber gerade die Erinnerung an Samaria warnt uns. Auch die Samariterin bat: „Herr, gib mir dieses Wasser." Und doch war das Angebot Jesu noch irdisch und ichhaft mißverstanden, und Jesus mußte dem Gespräch erst noch eine überraschende Wendung geben, ehe jene Frau wirklich begriff, was Jesus für sie bedeutete (vgl. 4, 15 f). Hatten die Galiläer als echte Juden und leidenschaftliche Zeloten Jesu Angebot wirklich besser verstanden?

Das kann sich nur erweisen, wenn Jesus jetzt zur letzten Enthüllung fortschreitet und in unmittelbarer Selbstoffenbarung bestätigt, daß dieses wunderbare Brot nicht ein „etwas", sondern eine Person ist, er, Jesus selbst. Wollen die Galiläer wirklich das überirdische Brot haben? Nun wohl, so sollen sie es hören: **„Jesus sprach zu ihnen: Ich bin das Brot des Lebens."**

Bei diesem Wort Jesu — wie bei allen seinen „Ich bin"-Worten — liegt der Ton auf dem gewaltigen **„Ich"**. Es ist darum in der griechischen Sprache wieder betont hervorgehoben. Jesus will nicht schildern, welchen vielfältigen Reichtum seine Person umschließt und wie er neben vielem andern auch das Brot des Lebens sei. Nein, wenn Menschen begriffen haben, was dieses eigentliche Brot ist und wie nötig sie es haben, und nun fragen, wo sie es finden können, dann kann Jesus nur antworten: „Dieses gesuchte und unentbehrliche, wunderbare Brot — bin I c h." Dieses Brot gibt es nicht abgelöst von Jesus. Er in seiner Person ist dieses Brot. Es ist daher noch nicht zur Stelle in irgend etwas, was mit Jesus zusammenhängen mag, aber doch nicht wirklich er selber ist. Nicht eine noch so zutreffende Lehre über Jesus, nicht ein von ihm eingesetztes Sakrament als solches, auch nicht das Herrenmahl[269], „ist" dieses Brot. Das mächtige „I c h bin das Brot des Lebens" schließt alles andere aus. Wir müssen Jesus selbst haben, wenn wir dieses Brot des Lebens wirklich haben wollen.

Es ist der Beachtung wert, daß die beiden ersten Selbstoffenbarungen Jesu „Wasser" und „Brot" nennen. „Wasser und Brot" ist das unmittelbar Lebensnotwendige, das man haben muß, um überhaupt am Leben zu bleiben. Jesus gibt nicht Luxus, nicht eine schmückende und erfreuende, fromme Zugabe zum Leben, sondern die unentbehrlichen „Lebensmittel".

Zugleich dürfen wir diese Selbstoffenbarung Jesu im Zusammenhang der ganzen Botschaft der Bibel sehen. Der Mensch war nach dem Sündenfall vom „Baum des Lebens" und damit vom ewigen Leben abgeschnitten und dem Tode verfallen (1 Mo 5, 22—24). Das wird von Gott nun aufgehoben, wenn er das Brot des Lebens aus dem Himmel sendet und dem Menschen anbietet. Die Erfüllung dessen, was nach Offb 2, 7 und 22, 2 einmal vollendet dastehen wird, hat in Jesus schon jetzt begonnen.

Da das **„Brot des Lebens"** in einer Person besteht, vermeidet Jesus für das Aufnehmen des Brotes zunächst noch die naheliegenden Bilder des „Essens". Er bleibt bei den einfachen und doch alles aussagenden Ausdrücken: „Zu ihm kommen", „an ihn glauben". Wer „zu Jesus kommt", läßt sich selbst los und tritt aus seinem ganzen bisherigen Leben heraus. Und wer „an Jesus glaubt", vertraut sich ihm völlig an und hat sein Leben nur noch in Jesus. Und nun verspricht Jesus, daß das Brot, „das der Welt Leben gibt", auf diese Weise wirklich empfangen und gegessen wird und seine Wirkung tut. **„Wer zu mir kommt, wird gewiß nicht hungern und wer an mich glaubt, wird gewiß niemals dürsten."** Jesus versprach es damals den Galiläern mit voller Gewißheit. 1900 Jahre Geschichte seiner Gemeinde haben es erwiesen, wie wahr es ist. Aber nur der kann es erfahren, der wirklich zu Jesus selbst kommt und sich ihm anvertraut.

DER UNGLAUBE DER GALILÄER

Johannes 6, 36—51

zu Vers 36:
Mt 13, 13
Jo 15, 24

36 Aber ich habe euch gesagt: Gesehen habt ihr (mich) und doch glaubt ihr nicht. * Alles, was mir der Vater gibt, wird zu mir kommen; und den, der zu mir kommt, werde ich gewiß nicht hinaus-

---

[269] Es ist mit dem „Sakrament" wie mit der „Schrift": nur wenn es uns hilft, daß wir zu Jesus selbst kommen und das Leben bei ihm empfangen, hat es wahrhaft seinen Dienst getan (vgl. 5, 39 f).

38 stoßen. * Denn ich bin herabgekommen vom Himmel, nicht damit ich meinen eigenen Willen tue, sondern den Willen dessen, der
39 mich gesandt hat. * Dies aber ist der Wille dessen, der mich gesandt hat, daß ich nichts von allem, was er mir gegeben hat, ver-
40 liere, sondern es aufwecke am letzten Tage. * Denn dies ist der Wille meines Vaters, daß jeder, der den Sohn sieht und an ihn glaubt, ewiges Leben habe, und ich werde ihn auferwecken am
41 letzten Tage. * Da murrten die Juden über ihn, weil er sprach:
42 Ich bin das Brot, das aus dem Himmel herabgekommen ist, * und sagten: Ist dieser nicht Jesus, der Sohn des Josephs, dessen Vater und Mutter wir kennen? Wie sagt er jetzt: Ich bin aus dem Him-
43 mel herabgekommen? * Es antwortete Jesus und sprach zu ihnen:
44 Murrt nicht untereinander * Niemand ist imstande zu mir zu kommen, wenn nicht der Vater, der mich geschickt hat, ihn zieht.
45 Und ich werde ihn auferwecken am letzten Tage. * Es steht geschrieben in den Propheten: Und sie werden alle von Gott gelehrt sein (Jes 54, 13). Jeder, der vom Vater her gehört und gelernt hat,
46 kommt zu mir. * Nicht, daß einer den Vater gesehen hat; nur der
47 von Gott her ist, der hat den Vater gesehen. * Wahrlich, wahrlich
48 ich sage euch, der Glaubende hat ewiges Leben. * Ich bin das Brot
49 des Lebens. * Eure Väter haben in der Wüste das Manna geges-
50 sen und sind gestorben. * Dies ist das Brot, das aus dem Himmel
51 herabkommt, damit einer von ihm esse und nicht sterbe. * Ich bin das lebendige Brot, das aus dem Himmel herabgekommen ist. Wenn einer ißt von diesem Brot, leben wird er in Ewigkeit. Und das Brot, das ich geben werde, ist mein Fleisch für das Leben der Welt.

zu Vers 37:
Mt 11, 28
Jo 17, 6—9. 11
Apg 16, 14
zu Vers 38:
Mt 26, 39. 42
Jo 4, 34
5, 30
Hbr 10, 9 f
zu Vers 39:
Jo 10, 28 f
17, 12
zu Vers 40:
Jo 3, 14—16
5, 29
11, 24
zu Vers 42:
Lk 3, 23
4, 22
zu Vers 44:
Jo 6, 65
zu Vers 45:
Jer 31, 33 f
Mt 11, 25 f
1 Th 4, 9
zu Vers 47:
Jo 3, 16. 36
5, 24
1 Tim 6, 16
zu Vers 49:
1 Ko 10, 3. 5
zu Vers 51:
Hbr 10, 5. 10

Jesus hat gerufen und gelockt und sein seliges Angebot vor die Galiläer hingestellt. Jetzt muß die Entscheidung fallen. „Ich bin das Brot des Lebens" — das kann jetzt nur noch mit der Tat des Glaubens angenommen oder mit der Tat des Unglaubens zurückgewiesen werden. Jesus sieht auf den Angesichtern und in den Herzen seiner Hörer das Nein. Da nimmt er aufs neue das Wort: „**Aber ich habe es euch gesagt: Gesehen habt ihr (mich) und doch glaubt ihr nicht.**" Das ist dieses erschütternde „**und doch nicht**" im rätselhaften Verhalten der Menschen. Was sie gefordert hatten: „Sehen und dann glauben" (V. 30), das ist ihnen zuteil geworden. Sie haben „**gesehen**", „**mich**", wie die meisten Handschriften hinzufügen. Sie „**sahen**" ihn, wie er vor ihnen stand und in der unerschöpflichen Fülle das Brot für die Tausende darreichte. Sie „**sehen**" ihn auch jetzt, wie er sich ihnen selber bezeugt und sie zu sich ruft. Und er, den sie in voller Gegenwart vor sich haben, ist das Brot, das den innersten Hunger

36

stillt. **„Und doch"** glauben sie nicht. Sie nehmen die unaussprechliche Gabe nicht an. Welch ein Rätsel, das sich fort und fort in der Geschichte des Evangeliums wiederholt. Es sind nicht unerfüllbare Forderungen und allzu schwere Leistungen, die die Menschen ablehnen. Es ist gerade der Verzicht auf alles eigene Können und das vertrauende Ergreifen des einzigartigen Geschenkes im „Glauben", was sie verweigern.

37

Welch ein Schmerz muß durch das Herz Jesu gehen, wenn er es nun auch in Galiläa in ganzer Wirklichkeit erlebt: „Er kam in sein Eigentum und die Seinen nahmen ihn nicht auf." Zugleich stand hier eine bedrängende Frage auf: Was geschieht hier eigentlich? Scheitert Gottes Wille am Widerstand der Menschen? Ist der Vater, der ihn gesandt hat, so ohnmächtig? Kann der kleine Mensch den Willen Gottes durchkreuzen und sein Spiel mit Gott treiben? Der Sohn heftet auch jetzt den Blick auf den Vater und ist des einen völlig gewiß: **„Alles, was mir der Vater gibt, wird zu mir kommen."** Des Vaters Willen kann nicht vereitelt werden. Mit tiefer Freude nimmt Jesus jeden an, den der Vater zu ihm führt. Die negative Folgerung: dann ist also alles, was nicht zu ihm kommt, ihm auch nicht vom Vater gegeben, spricht er nicht aus. Aber die Galiläer, die jetzt nicht kommen, dürfen nicht als die Überlegenen dastehen; sie müssen sich die bange Frage stellen: Sind wir also nicht von Gott dem Lebensspender gegeben? Sind wir von Gott verworfen[270]?

Jesus hat sein Wort so positiv formuliert, weil es ein Wort voller Gewißheit und Hoffnung sein darf. Mag jetzt das Nein der Menschen wie eine eherne Mauer ihm entgegenstehen, dennoch werden Menschen zu ihm kommen. In dieser Gewißheit geschieht das Wirken Jesu damals und geschieht die Verkündigung von Jesus zu allen Zeiten und an allen Orten. Gerade auch da, wo es menschlich aussichtslos erscheint, wird es sich erweisen, daß Gott Jesus Menschen geschenkt hat. Sie werden durch alle äußeren und inneren Hindernisse hindurchbrechen und zu ihm kommen.

Vielleicht werden sie sehr bange kommen. Aus welch einem Leben und mit welchen Lasten, mit welchen Gebundenheiten und Beschmutzungen kommen sie! Wie lange hatten sie dem Ruf widerstanden. Wies der Heilige und Reine sie nicht zurück? Dürfen wir unter allen

---

[270] In gleicher Weise hat später Petrus die Gemeinde angeleitet, innerlich mit der Tatsache fertig zu werden, daß ihre Botschaft auf Widerstand und Ablehnung stößt. Das ist nicht eine „Niederlage" Gottes und ein Triumph der Gegner, sondern diesem „Sichstoßen an dem Wort" sind sie „verordnet" (1 Pt 2, 8). Der Gedanke an die „Prädestination" taucht nicht zufällig an vielen Stellen im biblischen Zeugnis auf. Er ist notwendig um der Ehre und Hoheit Gottes willen, auch wenn er nicht rational zu einem einsichtigen System gemacht werden kann und darf.

Umständen zu Jesus kommen, so wie wir sind? Nun spricht Jesus jenes Wort, das ungezählten Sündern Mut gemacht hat, den Schritt zu Jesus zu wagen: „**Und den, der zu mir kommt, werde ich gewiß nicht hinausstoßen.**" Wie wunderbar: Der, der sich selbst nicht ansehen mag, der ein Grauen vor sich selber hat, dessen Leben und Wesen zerrüttet und entstellt ist, der darf es wissen: Ich bin ein Geschenk Gottes an Jesus in dem Augenblick, in welchem ich mich Jesus zu Füßen werfe.

Es ist wohl wahr, daß wir nur durch Jesus zum Vater kommen (14, 6). Aber wir dürfen nicht vergessen, daß wir auch umgekehrt zu Jesus nur durch den Vater kommen! Wir unsererseits finden Gott nur in Jesus, aber wir finden ihn dort nur darum, weil Gott uns zuvor gefunden und Jesus gegeben hat. Jesus erwählt uns nicht nach seinem eigenen Urteil und nach seiner persönlichen Schätzung, mit der er uns etwa annehmenswert fände. Jesus nimmt uns nur darum an, weil wir diese Gabe des Vaters an ihn sind und weil er allein dem Willen des Vaters folgt: „**Denn ich bin herabgekommen vom Himmel, nicht damit ich meinen eigenen Willen tue, sondern den Willen dessen, der mich gesandt hat.**" 38

Und nun stellt uns der Sohn vor den ganzen Heilsplan des Vaters. Es ist nicht so, wie wir es in der Christenheit manchmal gedacht haben, daß der Sohn uns dem unwilligen Vater gleichsam abbettelt oder abringt. Nein, „**dies aber ist der Wille dessen, der mich gesandt hat, daß ich nichts von allem, was er mir gegeben hat, verliere.**" Es bleibt dabei, daß „der Sohn nichts von sich selber aus tun kann, wenn er nicht den Vater etwas tun sieht" (5, 19). Jesu errettendes und versöhnendes Handeln geschieht nicht gegen Gott, sondern völlig von Gott her und im Sohnesgehorsam gegen den Vater. Gott hat ihm bestimmte Menschen „**gegeben**" und sie ihm dadurch als kostbares Gut anvertraut. Nun darf er sie nicht „**verlieren**"; und er wird dies auch ganz bestimmt nicht tun. „Verlöre" er sie, so wären sie doppelt „verloren". Verloren von ihrem gottentfremdeten Wesen her (3, 16) und verloren durch Jesus, „hinausgestoßen". Nun aber sind sie ebenso zweifach und darum mit völliger Gewißheit errettet. Errettet durch den Vater, der sie dem Sohn übergibt und zum Sohn zieht, und durch den Sohn, der sie annimmt und in seiner Hand festhält. Wir werden auf diese doppelt geschenkte Heilsgewißheit in 10, 28 f in gleicher Weise stoßen. 39

Jesus sieht dabei auf das letzte Ziel. Die Reihe der üblichen Tage dieser Weltgeschichte hat ein letztes[271] Ziel und darum auch einen „letzten Tag", an dem diese Weltzeit endet und ein neuer „Äon" mit „äonischem Leben"[272] beginnt. Zu diesem „Äon" und seiner Herrlichkeit gelangen wir nur durch eine „Auferweckung" oder „Verwandlung", da „Fleisch und Blut", wie wir es auch als Wiedergeborene noch an uns tragen, das Reich Gottes nicht ererben kann[273]. Jesus wird darum sein Erlösungswerk an den Menschen, die der Vater ihm gab, dadurch vollenden, daß er sie nicht „verliert", sondern sie „**auferwecken wird am letzten Tage**".

40 Freilich, so wie der Sohn ganz gebunden ist an das Handeln des Vaters, so sind wir von Gott her ganz gebunden an den Sohn. Wieder steht diese eigentümliche lebendige Einheit von Vater und Sohn vor uns, auf die wir immer wieder hingewiesen werden, weil sie das besondere Thema gerade unseres Evangeliums ist. „**Denn dies ist der Wille meines Vaters, daß jeder, der den Sohn sieht und an ihn glaubt, ewiges Leben habe, und ich werde ihn auferwecken am letzten Tage.**" Wir können nicht unmittelbar zu Gott kommen und bei Gott ewiges Leben finden. Gerade Gott „will" dies nicht. Gott „will" jetzt nur im Sohn „gesehen" (14, 8) und gefunden werden. Daß Jesus hier noch einmal vom „Sehen" des Sohnes spricht, dem das Glauben folgt, während am Ende des Evangeliums die von Jesus selig gepriesen werden, die „nicht sehen und doch glauben" (Kap. 20), kann einfach darin liegen, daß Jesus jetzt als der Sichtbare in seiner Person und in seinen „Werken" vor den Menschen steht. Solange er im Fleisch lebt, ist „sehen" und „glauben" die Heilsordnung. Es kann aber gerade auch in unserm Vers ein Hinweis darauf liegen, warum es kein unmittelbares Kommen zu Gott gibt. Denn das wußte jeder Israelit sehr wohl, daß „kein Mensch leben wird, der Gott sieht" (2 Mo 33, 20). Für den Menschen, wie er jetzt als Sünder ist, wäre ein „Sehen" Gottes nicht das Leben, sondern der Tod! Nur in Jesus ist Gott für den Sünder so zu „**sehen**", daß daraus das rettende Glauben und der Empfang des Lebens wird.

„**Jeder, der den Sohn sieht und an ihn glaubt**" — das ist der genaue Gegensatz zu dem, was jetzt die Haltung der Galiläer ist, denen Jesus sagen mußte: Gesehen habt ihr mich und doch glaubt ihr nicht (V. 36). So stehen sie nicht nur gegen Jesus, was sie für ungefährlich halten könnten, sondern gegen „**Gottes Willen**", so wenig sie das selber möchten, und bringen sich um die einzigartige und unentbehrliche Gabe Gottes, um das „ewige Leben".

Jesus stellt — wie es darum auch die apostolische Verkündigung tut, den bereits gegenwärtigen Besitz des „äonischen" Lebens und den vollen Eingang in den neuen „Äon" durch eine „Auferweckung

---

[271] Griechisch „eschaton". Davon stammt unser Wort „Eschatologie", die Lehre von den letzten Dingen, und „eschatologisch" = „auf die letzten Dinge bezogen".
[272] Vgl. o. S. 115 die Ausführungen zu 3, 16.
[273] Näheres darüber sagt 1 Ko 15, 50—57; siehe W. Stb.

am letzten Tage" nebeneinander hin, ohne darin ein „Problem" zu empfinden und einen Ausgleich dafür zu suchen. Der wirkliche Besitz göttlichen Lebens verwandelt jetzt noch nicht unsere gesamte Existenz. Es steht mit uns vielmehr so, wie Paulus es in Rö 8, 10. 11 lehrhaft darstellt. Darum ist uns trotz des neuen Lebens, das wir bereits „haben", das leibliche Sterben nicht erspart. Und eben darum bedürfen wir auch der „Auferweckung", der Gleichgestaltung mit dem Herrn bis in die Leiblichkeit hinein (1 Jo 3, 2; Phil 3, 20. 21; Rö 8, 29 f).

Jetzt erst wird uns das Verhalten der Galiläer unmittelbar geschildert. Vers 41 schließt dadurch genau an Vers 35 an[274]. „**Da murrten die Juden über ihn, weil er sprach: Ich bin das Brot, das aus dem Himmel herabgekommen ist.**" Auch die Galiläer sind „Juden", so wahr sie zu Israel gehören. Aber Johannes will hier gewiß nicht nur auf diese ihre äußere Zugehörigkeit hinweisen, sondern vor allem ihre innere Wesensart hervorheben. Auch sie sind im Grunde nicht anders als die Menschen Jerusalems im Widerstand gegen Jesus; im Unglauben sind sie mit den Jerusalemern geeint und sind echte „**Juden**" genauso wie diese. Zugleich macht uns Johannes mit diesem Ausdruck deutlich, was auch aus den Synoptikern klar hervorgeht, daß bei allem Zulauf zu Jesus und bei allem Glauben, den Jesus hier und da findet, doch Israel als Ganzes den Glauben an Jesus verweigert. Und bei Israel noch ganz anders als bei andern Völkern kam es auf die Haltung der Gesamtheit des Volkes, nicht auf die von einzelnen seiner Glieder an. „**Die Juden**" also „**murrten**"[275].

41

Zugleich sind die „Galiläer" doch klar von den „Judäern" unterschieden. Ihr Anstoß an Jesus kommt nicht aus dem Zorn über Jesu Stellung zur gesetzlichen Frömmigkeit. Aber sie kennen Jesus als ihren Stammesgenossen, als den Menschen, der in ihrer Mitte in einem einfachen Hause aufwuchs, jedermann bekannt als „**Jesus, Josephs Sohn**". Wie kann er von sich behaupten: „**Ich bin das Brot, das aus dem Himmel herabgekommen ist**"? Wie kann er, dieser unser Mitmensch, sich ein Wesen zuschreiben, das von unserm Wesen vollständig geschieden ist und ihn an Gottes Seite stellt? Die Gott-Menschheit ist der unüberwindliche Anstoß. Er wurde durch einen Hinweis auf die wunderbare Entstehung des Menschen Jesu durch den Heiligen Geist in Maria, der Jungfrau, noch nicht über-

42

---

[274] Die Verse 36—40 werden darum von manchen Forschern als späterer Einschub angesehen, der unnötig den unmittelbaren Zusammenhang von V. 35 und V. 41 durchbreche. Aber das ist lediglich eine Annahme, die unserm rationalen und systematischen Denken entspricht. In keiner Handschrift liegt irgendein Anzeichen vor, daß unser Abschnitt eine spätere Zufügung sein müsse.

[275] Vgl. dazu die Erklärung zum Begriff „die Juden" bei Johannes auf S. 62, **Fußnote 93**.

wunden. Deshalb macht Jesus den Galiläern gegenüber auch keinen Versuch, ihr Murren durch einen Bericht über die Weihnachtsgeschichte zu stillen[276]. Nur in dem Vertrauen, das wir zu Jesus selbst fassen, erfahren wir es in der Hingabe an ihn, daß er wirklich wesenhaft anders ist als wir, wirklich Gottessohn und Menschensohn zugleich. Und dann erst werden uns auch die Berichte über das Weihnachtsgeschehen gewiß. Aber es ist für uns wichtig zu sehen, daß der Glaube an Jesus zu seinen Lebzeiten, in seiner unmittelbaren Gegenwart nicht etwa leichter war als für uns heute. Immer ist der Glaube an Jesus der von Natur unmögliche „Blick", der in dem Menschen Jesus den aus dem Himmel gekommenen Gottessohn erkennt[277].

43/44 Jesus greift in seiner Antwort noch einmal auf, was er schon in Vers 37 gesagt hatte. Jetzt aber ist sein Wort nicht mehr so positiv und der Zukunft zugewandt wie vorhin. Jetzt hebt er dem Murren der Galiläer gegenüber den ganzen Ernst der Sache hervor: **„Es antwortete Jesus und sprach zu ihnen: Murrt nicht untereinander. Niemand ist imstande, zu mir zu kommen, wenn nicht der Vater, der mich geschickt hat, ihn zieht. Und ich werde ihn auferwecken am letzten Tage."** Jetzt sollen die Galiläer aufschrecken, die ihn aburteilen und murrend zurückweisen. Mag ihr **„Murren"** angesichts seiner „Menschheit" auch verständlich sein, es ist dennoch jenem gefährlichen „Murren" gleich, mit dem Israel sich gegen Gottes gnädiges Handeln in dem Erretter Mose auflehnte (2 Mo 15, 24; 16, 2; 17, 3; 4 Mo 14, 2). Dieses Murren gegen Mose war zugleich das Murren gegen Gott selbst (2 Mo 16, 7; 4 Mo 14, 27). So kann auch das „Murren" der Galiläer zum Gericht für sie werden, daß der Vater sie nicht zu Jesus zieht, sondern in ihren Unglauben dahingibt. Wir bedenken nochmals, was wir uns zu Vers 37 bereits klar machten. Unsere Bekehrung zu Jesus ist freilich unsere eigene freie Tat. Niemand ist entschuldigt, wenn er diese Tat verweigert. Aber wir können diese Tat nicht beliebig nach unserer Willkür jederzeit tun[278]. Der lebendige Gott muß uns „ziehen", indem er seine Geschichte in unserm Leben hat[279]. Aber dieses **„Ziehen"** ist nicht ein mechanischer Zug,

---

[276] Vgl. die Ausführungen auf S. 81.
[277] So ist es wahrlich kein Wunder, daß selbst in der christlichen Theologie immer wieder die Versuche aufbrechen, dieser „Unmöglichkeit" aus dem Wege zu gehen und in Jesus den bloßen Menschen zu sehen, der nur in irgend einem überlegenen Sinn, nicht aber wesenhaft und wirklich Gottes Sohn ist. Jede „moderne" Theologie ist darin sehr „alt".
[278] Vgl. die gute Darlegung bei F. Heitmüller „Aus vierzig Jahren Dienst am Evangelium". Bundes-Verlag, Witten (Ruhr).
[279] Auch aller Einsatz in Evangelisation und Seelsorge ist vergeblich, wenn diese „Vorgeschichte Gottes" nicht in irgendeiner Weise in Menschen begonnen hat. Wir haben allen das entscheidende Wort zu sagen, weil wir diese verborgene Geschichte nicht

dem der Mensch willenlos folgen müßte. Unser Wille ist aufgerufen, dem „Ziehen Gottes" zu gehorchen. Gerade im Blick auf dieses „Ziehen" von Gottes Seite ist das „Glauben", wie wir sahen (vgl. o. S. 91), immer ein „Gehorchen".

Jesus belegt das mit einem Wort der Schrift: **„Es steht geschrieben in den Propheten: Und sie werden alle von Gott gelehrt sein."** Wir lesen das Wort bei Jes 54, 13 in der LÜ in etwas anderem Wortlaut, der dem hbr Text entspricht, während die grie Fassung bei Johannes mit der LXX[280] übereinstimmt. Der Sinn ist aber der gleiche und entspricht inhaltlich der Verheißung vom neuen Bund bei Jer 31, 31 ff. Jesus hat darum mit Recht gesagt, so sei es in „den Propheten" geschrieben. „Von dir allein muß sein gelehrt, wer sich durch Buß' zu Gott bekehrt, gib himmlisches Erkennen[281]." Wo aber Gott selbst das „himmlische Erkennen" verleiht, da beweist sich das durch die Wendung zu Jesus und durch das wirkliche Kommen zu ihm. **„Jeder, der vom Vater her gehört und gelernt hat, kommt zu mir."** Der wirklich von Gott gelehrte Hörer ist daran erkenntlich, daß er Gott in Jesus findet. Gotteserkenntnis aus einer andern Quelle geht an der Wirklichkeit vorbei und hat „keinen Gott" (2 Jo 9). Wieder ist die ganze Geschichte der evangelistischen Verkündigung in aller Welt die gewaltige Bestätigung dessen, was Jesus damals den Galiläern sagte. Überall, bei Menschen jeder Hautfarbe und jeder Kulturstufe, wird Jesus groß und als das Heil erkannt, geliebt und gelobt, wo Gottes Lehren und Überführen einsetzt und Menschen sich dem erschließen.

Es geht bei dem „Hören und Lernen von Gott" nicht um eine „Gottesschau". Es bleibt bei dem, was wir am Anfang des Evangeliums (1, 18) lasen. **„Nicht, daß einer den Vater gesehen hat; nur der von Gott her ist, der hat den Vater gesehen."** Jetzt ist nicht schon die Zeit, Gott zu schauen, jetzt ist die Zeit des Glaubens. Aber wie wird dieses „Glauben" fest und klar, weil es nicht ein unsicheres, eigenes „Denken" über Gott ist, sondern sich an den halten darf, der **„den Vater gesehen hat"** und darum mit völliger Gewißheit von ihm sprechen kann. In dieser wahrhaftigen Erkenntnis des lebendigen Gottes besitzt der Glaube bereits das ewige Leben (17, 3). Darum kann Jesus an dieser Stelle erneut versichern: **„Wahrlich, wahrlich ich sage euch,**

---

kennen können. Aber gerade vor dem Evangelisten steht es als ernste Tatsache und als immer neu erfahrene Grenze seines Wirkens: Niemand ist imstande zu Jesus zu kommen, wenn ihn der Vater nicht zieht.

[280] Vgl. das Verzeichnis der Abkürzungen.
[281] So A. Blaurer in seinem Pfingstlied „Jauchz', Erd' und Himmel, juble hell ...".

	der Glaubende[282] hat ewiges Leben." Denn der ist mit dem vereint, der es aufs neue bezeugt: „Ich bin das Brot des Lebens." Wieder liegt der Ton auf dem „Ich": Ich und kein anderer bin das Lebensbrot.
49/50	Und nun kommt Jesus noch einmal auf das zurück, was die Galiläer ihm von den Vätergeschichten her entgegengehalten hatten (V. 31). Die wunderbare Speisung drüben am andern Ufer des Sees war ihnen kein genügendes Zeichen gewesen, da Jesus ihnen doch nur gewöhnliches Gerstenbrot und nicht wie Mose Manna verschafft hatte. Es ist wahr, die Väter bekamen das Manna. Doch was half es ihnen? „Eure Väter haben in der Wüste das Manna gegessen und sind gestorben." Er aber, der sie jetzt zum „Zeichen" für Größeres in ihrem leiblichen Hunger mit der einfachen und doch ausreichenden Nahrung versah, der hat ihnen zu geben, was die Väter durch Mose nicht bekamen: „Dies ist das Brot, das aus dem Himmel herabkommt, damit einer von ihm esse und nicht sterbe." Jesus macht seine Aussage jetzt nicht in der Ich-Form, sondern redet in der dritten Person, um seinem Wort die ganze objektive Festigkeit zu geben. Es geht um die große „Sache", um das eigentliche und wirkliche „Brot aus dem Himmel", das vom Tode rettet. Dabei kann Jesus in beiden Sätzen nicht den leiblichen Tod meinen, den ja auch die an ihn Glaubenden weiterhin zu sterben haben. Ihm geht es um den wesenhaften Tod, durch den auch die scheinbar lebendigsten Menschen „Tote" sind, wie wir schon 5, 21 sahen. An diesen Gerichtstod denkt Jesus auch beim Blick auf die „Väter". Wie Paulus in 1 Ko 10, 1 ff hat Jesus die Gerichte Gottes vor Augen, durch die keiner der aus Ägypten Ausgezogenen das verheißene Land erreichte. Vor diesem Tod unter Gottes Zorn hatte das Manna die Väter nicht gerettet[283]. Aber gerade diesen Tod wird keiner mehr sterben, der vom wirklichen „Brot aus dem Himmel" gegessen hat. Wird vor der einzigartigen Wichtigkeit dieses Brotes aufs neue die Frage wach, wo es denn zu finden sei, dann kann
51	Jesus nur wieder versichern: „Ich bin das lebendige Brot, das aus dem Himmel herabgekommen ist. Wenn einer ißt von diesem Brot, leben wird er in Ewigkeit." „In Ewigkeit" heißt wörtlich: „in den Äon hinein." Er geht nicht in der Wüste zugrunde wie die Väter, erreicht „Kanaan", den neuen Äon und die neue Welt, weil er bereits das Leben dieser neuen Welt im Glauben an Jesus in sich trägt.
	Jesus hat damit schon Gesagtes wiederholt. Aber jetzt fügt er einen Satz hinzu, der sein Gespräch mit den Galiläern (und mit uns!)

---

[282] Die Koine, unterstützt von C und D, liest hier ein „an mich". Sachlich ist das völlig richtig, kann aber gerade darum spätere Einfügung sein.
[283] Genau das Gleiche bezeugt auch Paulus in 1 Ko 10, 1—5.

bedeutsam weiterführt, und zwar in ähnlicher Weise, wie es auch im Gespräch mit Nikodemus geschah. Auf die Frage nach dem „Brot des Lebens" kann ebenso wie auf die Frage nach der „Wiedergeburt" nicht ohne die Wendung zum Kreuz geantwortet werden. **„Und das Brot, das ich geben werde, ist mein Fleisch für das Leben der Welt**[284]**."** Wohl ist Jesus in seiner Person das Brot des Lebens, aber er kann dennoch nicht einfach so, wie er jetzt vor den Galiläern steht, als das lebenschaffende Brot empfangen werden. Er muß zuvor noch etwas anderes **„geben"**, wodurch die **„Welt"** erst die rettende Gabe erhält. **„Für das Leben der Welt"** muß ein Lösegeld bezahlt, muß ein Opfer dargebracht werden. Denn die Welt ist wirklich **„Welt"**, von Gott getrennte, gegen Gott empörte, in Sünde, Finsternis und Tod gefesselte Existenz. Kann die Welt dann überhaupt göttliches Leben finden und zu dem neuen Äon gelangen? Sehen wir, wie „unmöglich" es ist? Damit dies Unmögliche dennoch möglich wird, muß etwas geschehen, was in seiner Größe dieser ganzen „Unmöglichkeit" entspricht. Nur durch dieses Geschehen hindurch kann dies total Entgegengesetzte: „Welt" und „göttliches Leben" miteinander vereint werden. Es ist das Kreuzesgeschehen. Der Sohn gibt **„sein Fleisch"**, seine ganze Existenz als Mensch, zum Sühnopfer für die **„Welt"**.

Die Galiläer stießen sich an dem **„Fleisch"** Jesu, an seinem wirklichen Menschsein, mit dem er ihr eigenes Dasein teilte und wie einer von ihnen war. Sie hatten — wie wir alle — das Verlangen nach dem „Übermenschen", nach einem göttlichen Retter, der die Schwachheit und Niedrigkeit des „Fleisches" hinter sich ließ und in sichtbarer „Herrlichkeit" strahlte. Sie lehnten Jesus ab, weil er so deutlich das „Fleisch" an sich trug. Wie sollte er, der „Fleisch" war, das Brot ewigen Lebens sein können? Sie glaubten es ihm nicht. Sie sehen in seiner Botschaft nur ein anmaßendes Wort. Jesus aber sagt ihnen, daß er gerade nur durch dieses **„sein Fleisch"** das wahre Brot sein kann. Nur weil er „Fleisch" geworden ist, kann er den Opfergang des Leidens und Sterbens gehen. Freilich, wenn sie jetzt schon an seinem Fleisch Anstoß nehmen und dadurch nicht an ihn glauben können, wie wird es erst werden, wenn sein Fleisch als ein zerschlagenes, gemartertes und entstelltes am Fluchholz hängt[285].

---

[284] Der Text von der Koine, den wir aus der LÜ kennen: „Mein Fleisch, das ich geben werde für das Leben der Welt", ist wieder eine naheliegende spätere Ergänzung. Die Formulierung „Mein Fleisch für das Leben der Welt" erinnert an die kurze und gerade darum so mächtige Botschaft in den Einsetzungsworten des Abendmahles „Dies ist mein Leib für euch" (1 Ko 11, 24 nach dem grie Wortlaut).

[285] Diese Auflehnung gegen Jesus ist aber näher an der Wahrheit als unser gewohnheitsmäßiger Umgang mit Jesu Kreuz, der vor der Lebenshingabe des Herrn für unser Leben nicht mehr erschrocken steht.

JESU FLEISCH ALS LEBENSBROT

Johannes 6, 52—59

zu Vers 52:
Mt 26, 26—28
Jo 4, 14
5, 26
zu Vers 56:
Jo 15, 4
1 Jo 2, 24
3, 24
zu Vers 57:
Jo 5, 26

52 Da stritten die Juden miteinander und sagten: Wie kann dieser
53 uns sein Fleisch zu essen geben? * Da sprach Jesus zu ihnen:
Wahrlich, wahrlich ich sage euch, wenn ihr nicht eßt das Fleisch
des Menschensohnes und trinkt sein Blut, hab ihr nicht Leben in
54 euch. * Wer mein Fleisch ißt (wörtlich: kaut) und mein Blut trinkt,
hat ewiges Leben, und ich werde ihn auferwecken am letzten Tage.
55 * Denn mein Fleisch ist wahre Speise und mein Blut ist wahrer
56 Trank. * Wer mein Fleisch ißt (wörtlich: kaut) und mein Blut
57 trinkt, der bleibt in mir und ich selbst in ihm. * Wie mich gesandt
hat der lebendige Vater, und ich lebe um des Vaters willen, so
wird auch der, der mich ißt (wörtlich: kaut), leben um meinetwil-
58 len. * Dies ist das Brot, das aus dem Himmel herabkam, nicht wie
die Väter aßen und starben; wer dieses Brot ißt (wörtlich: kaut),
59 wird leben in Ewigkeit. * Dies sagte er in der Synagoge lehrend
in Kapernaum.

52   Jesus hatte seinem Wort an die Galiläer vom „Brot aus dem Himmel" eine Wendung gegeben, die auf das Opfer hinwies, das er für das Leben der Welt bringen müsse. Wie fremd muß das den „Juden" sein, die von ihrer ganzen Verlorenheit noch nichts erkannt hatten und sich als „Juden" der „Welt" weit überlegen fühlten. Wenn aber das eigentliche, innere Verständnis fehlt, dann wird der Gedanke, das „Fleisch" eines Menschen „essen" zu sollen, abstoßend und widerwärtig. So muß es zu dem Einwand kommen, der sich jetzt nicht nur in den Herzen erhebt, sondern zur lauten Diskussion wird. Wir befinden uns ja (V. 59) in einer Synagoge, die eine solche Diskussion möglich macht. „**Da stritten die Juden miteinander und sagten: Wie kann dieser uns sein Fleisch zu essen geben?**" Dieser „Streit" zeigt aber zugleich, daß es in Galiläa anders als in Jerusalem Anhänger Jesu gab, die öffentlich für Jesus eingetreten waren und an die sich nun die Ablehnenden mit ihrer empörten Frage wenden. Wollen jene sich noch immer für einen Mann einsetzen, der so überspannte, rätselhafte und widerwärtige Dinge sagt?

53/54   Was antwortet Jesus auf diese Frage? Er wiederholt alles das, was er über sich selbst als das „Brot des Lebens" gesagt hat. Aber er zeigt nun, daß alles dies nur gilt, wenn er dabei als der Geopferte und Gekreuzigte gesehen und erfaßt wird.

Jesus gibt keine Erklärung für das, was er gesagt hat. Er bekräftigt die Wirklichkeit und Wichtigkeit der Sache mit einem „**Wahrlich, wahrlich ich sage euch**" und verschärft die anstößige Formulierung, indem er nun ausdrücklich vom „**Essen seines Fleisches**" und vom „**Trinken seines Blutes**" spricht und daran den Besitz des wahren Lebens knüpft. „**Wahrlich, wahrlich ich sage euch, wenn ihr nicht eßt das Fleisch des Menschensohnes und trinkt sein Blut, habt ihr nicht Leben in euch.**" Alles, was sie jetzt in sich tragen, auch an religiösem Leben und zelotischer Aktivität, ist kein wirkliches „**Leben**". Gerade die Galiläer, die „Gottes Werke wirken wollen", müssen es sich gesagt sein lassen, daß das Heil genau in der entgegengesetzten Richtung liegt: in der Annahme dessen, was der Menschensohn-Messias blutend und sterbend für sie tun wird. Ob es den Galiläern (und uns!) gefällt oder nicht, die Unausweichlichkeit der Tatsachen ist wichtiger als alles „Erklären". Das Bild des „Essens und Trinkens" ist dabei hilfreich. Wir alle ernähren unser irdisches Leben, auch wenn wir die geheimnisvollen Vorgänge, in denen das geschieht, nicht verstehen und erklären können.

Jesus nennt sich hier mit dem Hoheitstitel „der Menschensohn". Er unterstreicht dadurch, daß gerade der Danielsche Menschensohn zu seiner ewigen Herrschaft nur dadurch kommt, daß er Fleisch wird und dieses Fleisch opfert. Nur als geopfertes kann es ja „gegessen" werden. Mit dem „Fleisch" verbindet sich das „Blut". Und auch dieses kann erst „getrunken" werden, wenn es vergossenes Blut ist. Das herrliche Endziel, auf das der Menschensohntitel besonders hinweist, ist nur zu erreichen auf dem Weg durch die Tiefen der Leiden und des Todes. Das ist das eigentliche Evangelium, das „Wort vom Kreuz", das hier Jesus selbst den Galiläern vor Augen stellt. So will und muß der „Menschensohn" angenommen, aufgenommen, „gegessen" und „getrunken" werden, wenn das äonische Leben erlangt werden soll. Nur von dem, der ihn so in seinem hingeopferten Fleisch und Blut aufnimmt, kann Jesus es sagen: „**und ich werde ihn auferwecken am letzten Tage.**" An dieser Stelle erst erhält das schon mehrfach ausgesprochene Wort Jesu (5, 26; 6, 39. 40. 44) seine ganze Deutlichkeit und seine volle Wahrheit.

Es geht tatsächlich um den entscheidenden Punkt des Evangeliums. Gerade die Darstellung, die Johannes von Jesus gibt, konnte zu der Auffassung verleiten, es handle sich bei ihm um einen „vergeistigten" Christus, den wir bruchlos und unmittelbar aufnehmen können, um in ihm das wahre Leben zu haben. „Zu Jesus kommen" und „an Jesus glauben", das scheint direkt und ohne weiteres möglich zu sein. Vielleicht beruht die Beliebtheit des Johannesevangeliums gerade bei „religiösen" und geistig hochstehenden Menschen auf diesem Mißverständnis, bei dem es ein Christentum ohne das anstößige Wort vom Kreuz und ohne das abstoßende Wort vom rettenden und reinigenden Blut zu geben scheint.

55 Gegen dieses gefährliche Mißverständnis wendet sich Jesus. Wie im Nikodemusgespräch weist er auch hier auf sein Kreuz als das unentbehrliche Mittel zum wirklichen Empfangen des neuen Lebens. Nur als der Geopferte und Gekreuzigte, der sein Fleisch für das Leben einer verlorenen Welt gibt, ist er in Wahrheit das Brot des Lebens und täuscht die nicht, die zu ihm kommen. Nicht irgend eine „geistige", eine ungebrochene Gemeinschaft mit Jesus reicht aus. Wer das meint, der hat sich noch nicht als „Welt", als „Finsternis", als „Sünder", als „Verfluchten" (Gal 3, 10!) erkannt. Für „Gottlose, Sünder, Feinde" (Rö 5, 5 ff) kann Jesus nicht in seinem geistigen Wesen die vom Tode befreiende Speise des Lebens sein. Nein, für sie ist nur **„mein Fleisch wahre Speise und mein Blut wahrer Trank"**, bezeugt Jesus.

56 Darum wählt Jesus nun die schroffsten Ausdrücke für dieses „Annehmen" seines blutigen Opfers. Das Wort „essen" ersetzt Jesus in Vers 54 und 56 durch das Wort, das das **„Kauen"** und **„Zerbeißen"** betont und darum auch vom „Fressen" der Tiere gebraucht wurde. Er „verschärft absichtlich den aufregenden, das Gefühl verletzenden Stachel des Wortes" (Schlatter). Und er versichert dabei: **„Wer mein Fleisch ißt (wörtlich: kaut) und mein Blut trinkt, der bleibt in mir und ich selbst in ihm."** Also selbst das, was wie eine rein „innerliche" und „geistige" Gemeinschaft mit Jesus aussieht, unser „Bleiben in ihm" und sein „Bleiben in uns", ist nicht direkt in geistigen Vorgängen zu haben, sondern bleibt gänzlich gebunden an das hingeopferte Fleisch und das vergossene Blut Jesu. Nur wer Jesu Opfer in seiner ganzen Realität annimmt, empfängt darin auch das kostbare Gut, jetzt schon „in Jesus" zu bleiben und zur „Wohnung" Jesu zu werden[286].

Während sonst das „Sterben" die Trennung bedeutet, die den Sterbenden endgültig von den Seinen scheidet, ist es hier gerade erst das Sterben Jesu, das zu der „bleibenden" und wesenhaften Verbundenheit mit den Seinen führt. Wenn Jesus in seinem letzten großen Gebet von dieser Verbundenheit in den mächtigsten Ausdrücken redet (17, 23. 26), werden wir daran zu denken haben, daß die Wirklichkeit des dort Gesagten in dem Sterben Jesu gründet.

Es ist völlig klar, daß trotz der absichtlich gewählten Derbheit des

---

[286] In dem großen Wort des Paulus Gal 2, 20 haben wir das Echo dieser Verkündigung Jesu im Leben des Jüngers vor uns. Paulus lebt nicht mehr als „Ich", sondern Christus lebt „in ihm"; aber dies ruht darauf, daß Jesus ihn geliebt und „sich selbst für ihn dargegeben" hat.

Ausdruckes das Bild des „Kauens" und „Trinkens" dennoch „Bild" bleibt. Jesus spricht nicht von einem verklärten und verewigten Fleisch und Blut, das uns in einem „Sakrament" gegeben wird. Nein, Jesus spricht mit aller Bestimmtheit gerade von dem „Fleisch", das dort am Pfahl hängen, und von dem „Blut", das unter den Geißelhieben und am Kreuz aus den Wunden herabrinnen wird. Und dieses Fleisch und Blut hat er niemand zum Kauen und Trinken in den Mund gelegt. Vom „Kauen" und „Trinken" aber redet Jesus, weil er weiß, wie das Wort „Glaube" von uns zu einer sehr unwirklichen Sache vergeistigt und zu einem bloßen Gedankenwerk verdünnt werden kann. So nicht! sagt Jesus. Ihr müßt schon „kauen" und „trinken". Dennoch geht es hier genauso um ein Bild, wie wenn an anderer Stelle vom „Waschen im Blut Jesu" gesprochen wird (Offb 1, 5; und alte LÜ 7, 14). Auch hier will das Bild auf eine Realität hinweisen, aber nicht einfach selber diese Realität sein.

Dieses Essen und Trinken des Fleisches und Blutes des Menschensohnes kennzeichnet das eigentliche Christsein jederzeit. Die Botschaft ist immer, auch nach Ostern und Himmelfahrt, das „Wort vom Kreuz" (1 Ko 1, 18; 2, 2). Es handelt sich nicht um eine zu überschreitende Anfangsstufe, sondern um die bleibende Mitte. Das bezeugt uns das Herrenmahl, das wieder und wieder von der Gemeinde gefeiert wird und „die Anteilhabe am Leib und am Blut des Christus" (1 Ko 10, 16) ist. Insofern ist unser Abschnitt auch ein Wort zum Abendmahl und redet von dem, was in der Mahlfeier der Gemeinde sich besonders deutlich verwirklicht. Hier wird das Fleisch Jesu gegessen und sein Blut getrunken. Nur daß freilich nicht jeder es schon in der von Jesus gemeinten Weise tut, der da Brot und Wein empfängt, sondern nur der, der wahrhaft „glaubt". Die beiden Sätze Jesu: „Wer an mich glaubt, hat ewiges Leben" und „Wer mein Fleisch ist und mein Blut trinkt, hat ewiges Leben" sind beide gleich wahr und widersprechen sich nicht, sondern erklären und verdeutlichen einander. Ein „Glauben", das nicht wirklich ein „Essen" ist, hilft uns ebenso wenig wie ein „Essen", das nicht wirklich im „Glauben" besteht.

Jesus kennzeichnet das „Leben", das wir bei ihm gewinnen, in eigentümlicher und wichtiger Weise. **„Wie mich gesandt hat der lebendige Vater, und ich lebe um des Vaters willen, so wird auch der, der mich ißt (wörtlich: kaut), leben um meinetwillen."** Ein Leben, das nur aus einem letzten Opfer entspringt, kann nicht ein selbstsüchtiges Leben sein und kann nicht für sich selbst gelebt werden, sich nicht um sich selbst drehen. Jesus wählt im Gegensatz dazu die Wendung **„Wer mich ißt, der wird leben um meinetwillen".** Diese Wendung sagt ein Doppeltes zugleich: **„Um Jesu willen" „leben"** wir, näm-

57

lich, weil er uns mit seinem Opfer von Sünde und Tod errettet hat. Aber wir leben dann auch **"um seinetwillen"** in einem ganz andern Sinn: wir leben für ihn, in der Hingabe an ihn, im Dienst für ihn und seine Sache. Diese zweite Bedeutung wird von Jesus unterstrichen, indem er seine Sendung durch den Vater und sein Leben für den Vater als Vorbild hinstellt. Wir werden durch die Aufnahme Jesu und seines Opfers in seine eigene Existenz mit hineingenommen und in die Sendung Jesu mit eingefügt. Von Gott geht der Strom der rettenden Liebe zu Jesus, und durch Jesus werden wir selber von diesem Strom als Diener dieser Liebe in die Welt hineingetragen und haben gerade darin wirklich das „ewige" Leben (vgl. dazu 2 Ko 5, 15; Gal 2, 20)[287].

58 Denn wie erst der geopferte, leidende und blutende Menschensohn das Brot aus dem Himmel ist, so ist auch erst der, der nun selber wieder zum Opfern, Leiden und Lieben fähig und bereit ist, der wirkliche Träger eines Lebens, das nicht zu Ende geht, sondern in den kommenden Äon, in die neue Welt Gottes hinein lebt. **„Dies ist das Brot, das aus dem Himmel herabkam, nicht wie die Väter aßen und starben; wer dieses Brot ißt, wird leben in Ewigkeit."** Das ist der tiefe Unterschied der neuen Gemeinde von der Schar **„der Väter"**, die auch nach der Rettung aus Ägypten im alten, ichhaften Wesen lebten und darum und darin **„starben"**. Die echten Glieder der Gemeinde des Menschensohnes haben tatsächlich das neue, vom Ich gelöste, dem kommenden Äon zugewandte und von ihm her bestimmte Leben, das dem Tode entnommen und darum „äonisch", „ewig" ist.

59 **„Dies sagte er in der Synagoge lehrend in Kapernaum."** Es wird nicht gleich am Anfang Vers 25 gesagt, daß die Jesus Suchenden ihn **„in der Synagoge"** fanden. Wir können uns denken, daß Jesus erst später mit den Galiläern in die Synagoge hineinging und dort dann eingehend **„lehrte"**. Diese hinzugefügte Ortsbestimmung war durch nichts veranlaßt. Johannes hat die Angabe des Ortes nur gemacht, weil dies deutlich in seiner Erinnerung stand, wie Jesus diese entscheidenden Sätze dort in der Synagoge von Kapernaum gesprochen hatte[288].

---

[287] Bischof Ignatius von Antiochien, der unter Trajan in Rom als Märtyrer starb, schreibt vor diesem Sterben: „In mir ist kein Feuer, das das Stoffliche liebt, sondern Wasser, das da lebendig ist und redet in mir, innerlich mir sagend: hin zum Vater! Ich freue mich nicht an der vergänglichen Speise noch an den Freuden des Lebens. Gottes Brot will ich, **das ist das Fleisch Jesu Christi aus Davids Samen, und als Trank will ich sein Blut, das ist unvergängliche Liebe."**

[288] Allerdings dürfen wir nicht unbeachtet lassen, daß im grie Text das Wort „Synagoge" mit dem Artikel steht. Schlatter ist der Meinung, daß es deshalb hier nicht das Gebäude bezeichnen könne, sondern nur eine „Versammlung" als solche. Schlatter mochte daher übersetzen: „Diese Dinge sagte er, als Versammlung war, lehrend in Kapernaum." Aber

Man hat gemeint, unsern Abschnitt am einfachsten deuten zu können, wenn man ihn auf das Abendmahl bezog, so wie man in Jo 3, 5 die Beziehung auf die christliche Taufe fand. Johannes lasse hier Jesus vom Abendmahl und seiner **Notwendigkeit** für das Leben der Gemeinde und des einzelnen Christen reden. Er bringe in seiner Darstellung der Leidensgeschichte die Einsetzung des Abendmahles nicht, habe aber hier in seiner Weise dieses Sakrament und seinen Inhalt bezeugt. Damit würde Johannes zum eigenmächtigen Erfinder, der seine eigenen Gedanken über das Abendmahl Jesus in den Mund legt. Das wäre an dieser Stelle besonders übel gewesen, weil er in Vers 59 ausdrücklich sagt, daß diese Worte Jesu in der Synagoge von Kapernaum gesprochen worden seien. Sie sind damit besonders nachdrücklich als eigene Worte Jesu dargestellt. Wir stünden dann vor einer bewußten Unwahrheit des Evangelisten. Wenn aber Jesus tatsächlich in der Synagoge, im entscheidenden Gespräch mit seinen galiläischen Landsleuten, seine herausfordernden Sätze prägte, konnte er nicht von einem späteren Sakrament der Gemeinde reden, von dem die Galiläer nicht das geringste ahnen konnten[289]. Wir haben also zur Erfassung unseres Abschnittes zunächst vom Abendmahl gerade abzusehen. Unser Abschnitt muß ganz in sich selbst gehört und verstanden werden.

Aber trotzdem ist ein enger Zusammenhang zwischen dem Abendmahl und dem, was Jesus in unserm Kapitel sagt, nicht zu leugnen. Er braucht auch gar nicht geleugnet zu werden! Aber dieser Zusammenhang liegt nicht darin, daß Jesus selbst oder der Verfasser unseres Evangeliums hier vom Herrenmahl gesprochen hat. Der Zusammenhang liegt in der großen Sache, um die es im Herrenmahl ebenso wie in der Rede Jesu in Kapernaum geht. Schlatter urteilt: Johannes beschrieb der Kirche „Jesus nicht als den Stifter eines Sakramentes, wohl aber als den, der sie durch einen in den Tod gegebenen Leib mit dem Leben speist". Aber eben dies bezeugt auch jede Feier des Herrenmahles und proklamiert, wie Paulus 1 Ko 11, 26 sagt, im Essen dieses Brotes und im Trinken dieses Bechers „den Tod des Kyrios, bis daß er kommt". Der Tod dessen, der der „Herr" ist, ist aber das Leben aller, die diesen seinen Tod glaubend annehmen. Johannes Kapitel 6 bezeugt nicht das Abendmahl, aber jedes Abendmahl bezeugt Johannes 6. Darum können gerade Worte aus Johannes 6 mit vollem Recht als Abendmahlsworte gebraucht werden.

inwiefern wäre dann das Zusammenströmen der Menschen bei Jesus **in diesem Falle**, anders als sonst, eine „Versammlung" gewesen, die als solche eigens **zu kennzeichnen** war?

[289] Ob Jesus für sich selber bei seinen Worten bereits auf die spätere Mahlfeier seiner Gemeinde vorausblickte, ist eine andere Frage. Entscheiden können wir sie nicht.

DIE SCHEIDUNG DER JÜNGER

Johannes 6, 60—71

zu Vers 61:
Mt 11, 6
zu Vers 62:
Lk 24, 51
Jo 3, 13
20, 17
zu Vers 63:
Jo 15, 3
1 Ko 15, 45
2 Ko 3, 6
Gal 6, 8
1 Pt 3, 18
zu Vers 64:
Jo 2, 25
6, 36
10, 26
13, 11
zu Vers 65:
Jo 6, 44
zu Vers 66:
Lk 9, 62
zu Vers 67:
Lk 22, 28
zu Vers 68:
Apg 5, 20
zu Vers 69:
Mt 14, 33
16, 16
Jo 1, 49
11, 27
1 Jo 4, 16
zu Vers 70/71:
Lk 6, 13
22, 3
Jo 6, 64
12, 4
13, 18
15, 16
18, 2

60 Viele nun, die aus dem Kreise seiner Jünger [das] gehört hatten,
61 sprachen: Hart ist dieses Wort. Wer kann das anhören? * Jesus aber, der in sich selbst wußte, daß seine Jünger darüber murrten,
62 sprach zu ihnen: Das erregt euch Anstoß? * Wenn ihr nun seht den
63 Menschensohn hinaufsteigen dorthin, wo er früher war? * Der Geist ist es, der lebendig macht; das Fleisch nützt gar nichts. Die
64 Worte, die ich euch gesagt habe, sind Geist und sind Leben. * Aber es sind einige von euch, die nicht glauben. Denn Jesus wußte von Anfang an, wer die seien, die nicht glauben wollen, und wer der
65 ist, der ihn verraten werde. * Und er sagte: Deswegen habe ich euch gesagt, daß keiner imstande ist, zu mir zu kommen, wenn es
66 ihm nicht gegeben ist vom Vater. * Von da an zogen sich viele
67 seiner Jünger zurück und wanderten nicht mehr mit ihm. * Da
68 sprach Jesus zu den Zwölf: Wollt etwa auch ihr weggehen? * Es antwortete ihm Simon Petrus: Herr, zu wem sollen wir weggehen?
69 Worte ewigen Lebens hast du; * und wir sind zu dem Glauben gekommen und haben erkannt, daß du bist der Heilige Gottes.
70 * Es antwortet ihm Jesus: Habe nicht ich [selber] euch, die Zwölf,
71 erwählt? Und einer aus euch ist ein Teufel. * Er meinte aber Judas, den Sohn des Simon, des Ikarioten. Denn dieser sollte ihn verraten, einer aus den Zwölf.

60 Johannes hat uns den Bruch der Galiläer mit Jesus gezeigt. Nicht umsonst ist dabei gerade Kapernaum als der Ort des entscheidenden Geschehens genannt. Gerade dort, in „seiner Stadt" (Mt 9, 1) erfolgt der Bruch. Johannes hat ihn uns in seiner ganzen Tiefe geschildert, wenn er ihn unmittelbar auf die Begeisterung folgen läßt, die Jesus zum König machen will. Jesu Rede hat mit steigender Schroffheit alles durchkreuzt, was die Galiläer dazu trieb, nach dem Speisungswunder in Jesus den ersehnten Messias zu sehen. Die ganze „jüdische" und „zelotische" Messiaserwartung und damit das gesamte Denken und Streben der Galiläer bis in ihre beste Frömmigkeit hinein ist von Jesu Wort in der Wurzel getroffen. Die Galiläer wünschen sich, wie wir es alle von Natur tun, den „Retter", der sie aus ihrer Unterdrückung und Not befreit und ihnen das reiche und glückliche Dasein in dieser Welt verschafft. Jesus aber zeigt ihnen und uns, was wir von uns aus nicht gern hören mögen noch verstehen können: daß wir den nötig haben, der sterbend verlorene Menschen zu retten vermag und ihnen mit seinem hingegebenen Fleisch und mit seinem

vergossenen Blut wahres Leben bringt. Wenn wir das Befremden, die Enttäuschung, die Auflehnung der Galiläer nicht verstehen, dann haben wir wohl selber Jesu Wort noch nicht wirklich gehört. Es trifft auch uns einschneidend in der Wurzel unseres ganzen natürlichen Denkens und unserer menschlichen Religiosität.

Darum hat es auch erschreckend in den Kreis der bisherigen Anhänger hinein gewirkt. Wir stoßen dabei erneut auf die eigentümliche Erzählweise des Johannes. Er hat uns nur von der Berufung des Brüderpaares Andreas und Petrus und des Philippus und Nathanael berichtet und die Berufung der Brüder Jakobus und Johannes angedeutet. Nun hören wir auf einmal wie selbstverständlich von den „Zwölf" und von einem offenbar ziemlich großen Kreis von Männern, die wie „Jünger" oder „Schüler" Jesus beständig begleiteten. Johannes bringt in seinem Evangelium vieles nicht, was er doch sehr wohl weiß und als bekannt voraussetzt. Was im Johannesevangelium „fehlt", ist daher von Johannes weder geleugnet noch als unwichtig erklärt[290].

Die Rede Jesu hat „viele" seiner Anhänger erschreckt und befremdet. **„Viele nun, die aus dem Kreise seiner Jünger [das] gehört hatten, sprachen: Hart ist dieses Wort. Wer kann das anhören?"** War es ein wirkliches Mißverstehen, das sie vor der grausigen Vorstellung eines „Trinkens von Blut" und eines „Essens von menschlichem Fleisch" zurückschaudern ließ? Oder haben sie sehr wohl verstanden, was Jesus eigentlich meint, und ist ihnen gerade darum das Wort so „hart"? Wie unerträglich war es einem Simon Petrus, als Jesus seine erste Leidensankündigung vor seine Jünger hinstellte (Mt 16, 21 f.) Ein Messias am Galgen, an dem Fluchholz, war jedem frommen Jüngerherzen ein „Ärgernis", ein „Skandal" (1 Ko 1, 23). Und wie „hart" ist der Mensch, auch der fromme Mensch, beurteilt, wenn der ersehnte Messias gerade nur am Galgen, durch sein Sterben, der Retter des Menschen, auch des Israeliten sein kann. Läßt sich so etwas anhören? Sollte es wirklich so mit Israel, so mit dem Menschen stehen?

Mildert jetzt Jesus die Härte seines Wortes? Beruhigt er die betroffenen Jünger, daß es so radikal nicht gemeint sei? Damit hätte er die einzig rettende Wahrheit preisgegeben. Wohl sieht er klar, wie es in vielen seiner Jünger aussieht: **„Jesus aber, der in sich selbst wußte, daß seine Jünger darüber murrten, sprach zu ihnen: Das erregt euch Anstoß?"** Das Wort wird für sie zu einem Stoß, der sie umwirft. Sie können nicht mehr mit, sie kommen zu Fall. Aber das

---

[290] Vgl. Einleitung S. 22.

62 kann Jesus nicht ändern. Doch er fügt hinzu: **„Wenn ihr nun seht den Menschensohn hinaufsteigen dorthin, wo er früher war?"** Was will Jesus mit diesem seltsamen Fragesatz sagen? Er weist jedenfalls darauf hin, daß die Hingabe seines Fleisches in seinem Sterben nicht das Einzige und nicht das Letzte in seiner Geschichte ist. Die Jünger werden noch etwas ganz anderes „sehen" dürfen, nicht nur sein Kreuz, sondern auch seine Himmelfahrt, den **„Aufstieg des Menschensohnes dorthin, wo er früher war"**. Wir merken, auch Johannes weiß von der sichtbaren Himmelfahrt Jesu (Apg 1, 9), die Jesus selbst vorausverkündigt hat. Was wird dann sein, **„wenn"** sie dieses Ereignis **„sehen"** werden? Jesus läßt die Frage offen. Es kann in ihr eine Aufforderung zum ausharrenden Glauben liegen. Macht aus eurem Erschrecken vor meinem harten Wort nicht den Abfall von mir! Glaubt und wartet. Meine Erhöhung wird die Rätsel, vor denen ihr jetzt steht, wunderbar lösen. Jesus hat dann genau das vorausgesagt, was sich nach dem Karfreitag durch die Ostertage und die Himmelfahrt tatsächlich vollzogen hat. Den Jüngern, „die Toren und trägen Herzens" waren, ging es auf: „Mußte nicht Christus solches leiden und zu seiner Herrlichkeit eingehen" (Lk 24, 25 f). Sie wurden Boten gerade des Kreuzes, nun aber solche Boten, die nichts Größeres und Schöneres kannten als das, was ihnen jetzt so hart und unerträglich erscheint: die Opferung des Fleisches des Menschensohnes für das Leben der verlorenen Welt. Damit wird zugleich deutlich, daß Jesus mit seiner seltsamen Frage nichts zurücknimmt von dem, was er in seiner Rede immer härter und schroffer ausgeführt hat. Denn seine „Erhöhung", seine Heimkehr zum Vater, seine Himmelfahrt, beginnt mit dem Kreuz und kann sich nur durch das Geschehen auf Golgatha hindurch vollziehen. An der Härte der Sache wird nichts geändert: „Es geht durchs Sterben nur."

63 Und nun folgt einer jener Sätze, die das Lesen des Johannesevangeliums so schwer machen, weil sie in völligem Widerspruch aufzuheben scheinen, was eben erst nachdrücklich behauptet worden ist[291]. In Vers 51—56 wurde uns gesagt, die Gabe Jesu sei gerade sein „Fleisch", und man müsse unbedingt gerade sein Fleisch „essen", sonst habe man kein Leben in sich. Jetzt hören wir: **„Der Geist ist es, der lebendig macht; das Fleisch[292] nützt gar nichts."** Eben wurden wir schroff vor jeder Vergeistigung gewarnt, jetzt scheint eine rein geistige Auffassung das einzig Richtige zu sein. Aber wir machten uns schon zu 3, 5—8 und vor allem zu 4, 24 klar, daß „Geist" im

---

[291] Ähnliches ist uns schon in 1, 11 f und 3, 32. 33 begegnet.
[292] Vgl. den Artikel „Geist" und den Artikel „Fleisch" im „Lexikon zur Bibel" und im „Theol. Begriffslexikon" R. Brockhaus Verlag.

biblischen Sinn nicht „Geistigkeit" und nicht bloße „Gedanken" meint, sondern die höchst reale Kraft und Lebendigkeit Gottes. Selbstverständlich ist „Fleisch und Blut" als solches, als irdische, vergängliche Substanz, gar nichts nütze in göttlichen Dingen. Das hatte Jesus schon dem Nikodemus unnachsichtig vorgehalten. Wenn sich die Jünger jetzt ärgern, weil sie meinen, er lege dem Fleisch als solchem irgendwelchen Wert bei, dann haben sie ihn völlig mißverstanden. Im Gegenteil, seine ganze Rede war ein einziger Angriff auf ihre „fleischlichen" Messiasgedanken, die ihre Wurzel in einer falschen Schätzung des „Fleisches" haben. „**Das Fleisch**" will einen König haben, der wunderbar das irdische Brot spendet und Israel zur Herrschaft führt. Aber das alles ist in Jesu Augen „**nichts nütze**". Auch sein eigenes Fleisch wäre nichts nütze, wenn er es schonte und aufbewahrte zu einem Königtum nach den Wünschen und Erwartungen der Galiläer. Nur gerade als das preisgegebene und hingeopferte Fleisch „nützt" es etwas. Am Kreuz ist es gerade der Geist, der das „Fleisch" zum wirksamen, alle Räume und Zeiten erfüllenden Opfer für eine verlorene Welt macht. Jesus hat sich, wie der Hebräerbrief sagt, „ohne alle Fehl durch den ewigen Geist Gott geopfert", und nur darum kann das Blut Christi unser „Gewissen reinigen von den toten Werken" (Hbr 9, 14). Ohne den „Geist", ohne die heilige Hingabe, wäre das Fleisch, das Jesus mit uns allen gemeinsam hat, „**gar nichts nütze**". Aber wenn Jesus unmittelbar anschließend an sein Wort von der Himmelfahrt vom „Geist" spricht, dann steht notwendig „Pfingsten" vor ihm. Da kommt der Geist Gottes, der „lebendig macht" und Menschen, die „tot" für Gott waren, neues, göttliches Leben schenkt. Nur durch den Geist werden Menschen „von oben gezeugt" und „von neuem geboren", so daß sie nun in das Reich Gottes kommen können. So hatte es Jesus schon Nikodemus bezeugt. Widerspricht sich Jesus jetzt? Oder kennt Jesus zwei verschiedene Wege zum Leben? „Das Fleisch des Menschensohnes gibt Leben" und „der Geist macht lebendig"? Nein. Erst durch „Karfreitag" wird „Pfingsten" möglich. Eins folgt hier aus dem andern. Eins ist in dem andern begründet, eins wirkt mit dem andern zusammen zu dem einen großen Ziel, daß verlorene Menschen, Feinde Gottes, äonisches Leben erhalten. Es bleibt auch gerade bei unserm Satz dabei, daß wir das Fleisch des Menschensohnes essen und sein Blut trinken müssen, um diesen Geist, der Leben wirkt, zu erhalten. Der scheinbare „Widerspruch" ist auch hier wieder nur der Ausdruck für die ganze Tiefe und Lebendigkeit der Sache. Vom „Leben" kann man nur in „Widersprüchen" reden.

Darum verbindet Jesus jetzt auch selber noch einmal sein Wort vom „Fleisch" des Menschensohnes, das „gegessen" werden müsse, mit dem „Geist", der allein lebendig macht. **„Die Worte, die ich euch gesagt habe, sind Geist und sind Leben**[293]**."** Jesus kann dabei an alle Worte denken, die er überhaupt zu den Jüngern gesprochen hat. Aber das schließt dann seine ganze Rede unseres Kapitels jedenfalls mit ein. Und in der jetzt von Johannes geschilderten Situation wird Jesus mit „den Worten, die ich euch gesagt habe" vor allem die Ausführungen von Kap. 6, 26—59 meinen. Also gerade diese vom „Essen" („Kauen") seines Fleisches und vom „Trinken" seines Blutes handelnden Worte sind in Wahrheit **„Geist und Leben"**. Das Essen des geopferten Fleisches Jesu führt zum Empfang des Geistes und des Lebens; und der Geist wiederum macht das Wort vom Kreuz zum rettenden Evangelium und zum Lebensbrot. So, im Heiligen Geist, will Jesu Rede in Kap. 6 gelesen und als Gabe des Lebens verstanden werden.

64 Aber Jesus überwindet auch durch diese Erklärungen die murrenden Jünger nicht. Warum nicht? **„Aber es sind einige von euch, die nicht glauben."** Nie ist unser „Denken" und unser „Verstehen" eine selbständige und nur in sich selbst funktionierende Größe. Immer ist es von einer viel tieferen Stelle her gesteuert. Hinter jedem wirklichen Hören und Verstehen steht ein inneres Sich-erschließen, das im Wort „Glauben" mit gemeint ist. Wird dies verweigert, dann erwächst daraus das Mißverstehen und Murren, und das vernommene Wort wird zum Anstoß und Fall. So ist es bei den „Vielen" im Jüngerkreis. Jesus weiß um sie von Anfang an, auch wenn ihr Mitgehen mit ihm eine Zeitlang wie „Glauben" aussehen mochte[294]. Jesus ist vor dem Abfall „vieler", sogar im Kreise seiner Anhänger nicht überrascht. Er „wußte", wie anstößig die Offenbarung Gottes ihrem Wesen nach für die „Welt" sein muß. Er **„wußte"** um die Härte seines Wortes und hatte bewußt immer schroffer und herausfordernder gesprochen. Denn nur die „harte" und kompromißlose Verkündigung kann zu jener radikalen Wendung führen, in der das wirkliche „Glauben" besteht. Der Anstoß, die Ablehnung, die Abwendung vieler anderer muß dabei in Kauf genommen werden[295]. Dieses Wissen Jesu um die Wirkung seiner Verkündigung ist aber noch bestimmter: **„Denn Jesus wußte von Anfang an, wer die seien, die nicht glauben wollen."** In diesem Satz wird durch das verwendete Verneinungswort

---

[293] Vgl. den Artikel „Leben" im „Lexikon zur Bibel" R. Brockhaus Verlag.

[294] Auch heute gibt es „Bekehrungen" und „Glauben", bei denen sich Menschen doch nicht im letzten Jesus als ihrem Retter ausliefern. Dann kommen aber unweigerlich Lebenslagen, in denen das in einer Abwendung von Jesus sichtbar wird, weil der Anspruch Jesu unerträglich und sein Wort zu „hart" scheint.

[295] Wie wichtig ist diese Erkenntnis auch für die Verkündigung heute. Sie wird von den Erfahrungen aller Erwecklungsbewegungen bestätigt.

der Unglaube nicht nur als Tatsache festgestellt, sondern es wird die ablehnende Bewegung gekennzeichnet, die hinter diesem **„nicht glauben"** als ein **„nicht glauben wollen"** steht. Und dieses Widerstreben wird bei einem Mann aus der Jüngerschar sogar so weit führen, daß er Jesus **„verraten wird"**. Das Wort das wir in gewohnter Weise mit „verraten" wiedergeben, heißt aber eigentlich „dahingeben, preisgeben, ausliefern". Es ist das gleiche Wort, das in Rö 8, 32 Gottes eigenes Handeln an seinem geliebten Sohn bezeichnet, den der Vater „für uns alle dahingegeben hat". So ist auch im Handeln des Judas gar nicht das „Verraten" der verborgenen Versammlungsstätte im Garten Gethsemane das Entscheidende, sondern der furchtbare Wille, Jesus seinen Feinden „auszuliefern" und damit dem Tode „preiszugeben". Judas wird aber hier noch nicht mit Namen genannt. Es wird nur festgestellt: Jesus wußte, **„wer der ist, der ihn verraten werde"**.

Noch einmal, wie schon in Vers 37 und 44 rührt Jesus an das erschreckende Geheimnis, das hinter dem Verhalten der Menschen steht. Der Mensch ist nie, auch nicht in seinem Widerstand gegen Gott, der absolute Herr, der in Glauben oder Unglauben über Gott verfügt, sondern bleibt in aller seiner Freiheit doch zugleich von Gottes Wirken umfaßt. **„Und er sagte: Deswegen habe ich euch gesagt, daß keiner imstande ist, zu mir zu kommen, wenn es ihm nicht gegeben ist vom Vater."** Eine Theorie darüber, ob und warum Gott es Menschen auch „nicht gibt", zu Jesus zu kommen, entwickelt Jesus nicht. Er bleibt bei der erfahrbaren und immer neu erfahrenen Wirklichkeit stehen. Der Sohn achtet ehrfurchtsvoll das Tun des Vaters, ohne nach seinem „Recht" und seinen Gründen zu fragen. Er freut sich an denen, die der Vater ihm gibt und die darum zu ihm kommen. Wo aber der Vater es **„nicht gegeben"** hat, da dringt er auch nicht in Menschen, um sie doch noch zu gewinnen, sondern trägt die Vergeblichkeit seines Wortes und die Ablehnung seiner Botschaft und seiner Person. Denn es bleibt bei der großen Grundregel: „Der Sohn kann nichts von sich selbst aus tun, wenn er nicht den Vater etwas tun sieht" (5, 19)[296]. 65

Das Wort Jesu bleibt vergeblich. **„Von da an zogen sich viele seiner Jünger zurück und wanderten nicht mehr mit ihm."** Die innere Entscheidung wird hier sehr einfach konkret. Das Jüngerverhältnis, die „Nachfolge", vollzog sich im tatsächlichen **„Mitwandern"** mit Jesus. Jetzt geben viele dieses Mitwandern auf und **„gehen zurück"**, ganz 66

---

[296] Auch wir werden in unserm Dienst beides zugleich stets hören müssen, „Gott will, daß alle Menschen errettet werden", das macht uns eifrig, frei und kühn, die Botschaft zu allen zu tragen. „Keiner ist imstande, zu Jesus zu kommen, wenn es ihm nicht gegeben ist von dem Vater", das macht uns ruhig in aller Ablehnung der Botschaft und bewahrt uns vor falschem und eigenmächtigen Eifer.

real zurück in ihr früheres Leben ohne Jesus. So wird es sichtbar stiller und einsamer um Jesus. Der „Mißerfolg", die „Niederlage", die sich im „Kreuz" vollenden wird (16, 32), zeichnet sich deutlicher ab. Johannes hat uns das viel klarer und ernster berichtet und in seinen inneren Gründen aufgezeigt als die Synoptiker, die uns in Mt 11 nur das negative Ergebnis der galiläischen Wirksamkeit Jesu überraschend vor Augen stellen. Auf das Geheimnis des offenbarenden Wirkens Jesu weist aber gerade auch Mt 11 mit der „johanneisch" klingenden Stelle Mt 11, 25—27 hin.

67/69 Wie wird es mit dem engsten Kreis, mit den „Zwölf", die Jesus in ihrer Zwölf-Zahl zum Zeugnis für das Zwölf-Stämmevolk berufen hat? Jesus wendet sich auch jetzt in dem Ernst der Lage nicht mit einer beschwörenden Aufforderung zur Treue, sondern mit einer offenen Frage an sie. **„Da sprach Jesus zu den Zwölf: Wollt etwa auch ihr weggehen?"** Zum Glauben muß man niemand drängen. Glaube kann nur in Freiheit leben. Darum unterscheidet sich Jesus tief von den menschlichen Führern, die mit allen Mitteln ihre Anhängerschaft festzuhalten suchen. Jesus gibt Freiheit. Auch für die „Zwölf" ist der Weg von Jesus fort jederzeit offen.

Simon Petrus gibt für alle die klare Antwort: **„Es antwortete ihm Simon Petrus: Herr, zu wem sollen wir weggehen?"** Wie einfach und echt ist diese Antwort. Petrus sieht es in diesem Augenblick vor sich, wie ein **„Weggehen"** von Jesus doch ein Ziel haben müßte. Soll es nur ein Weggehen in das **„Zurück"**, eine bloße Rückkehr in die alten Verhältnisse sein, so als ob sie inzwischen nichts gehört, nichts erfahren und miterlebt hätten? Ist solches **„Zurück"** überhaupt möglich[297]? Für die Zwölf nicht. Sie müßten schon zu einem „andern" gehen, der größer und besser wäre als Jesus[298]. Aber **„zu wem"** sollen sie da gehen? Es ist kein solch „anderer" da. Und nun bricht das Bekenntnis klar hervor: **„Worte ewigen Lebens hast du."** Nicht von den Zeichen und Wundern spricht Petrus. Nicht sie sind es, die ihn und seine Mitjünger bei Jesus festhalten. Es ist Jesu Wort, dessen Macht sie erfahren haben. **„Worte ewigen Lebens"**, Worte, die das eigentliche Leben erschließen und vermitteln, haben sie bei Jesus gehört. Könnten sie bei irgend einem „andern" mehr und größeres finden? Dabei tritt es uns bedeutsam entgegen: die Jünger, die sich zurückziehen, fanden Jesu Wort „hart"; die Jünger, die bleiben, er-

---

[297] Man hat mit Recht darauf hingewiesen, daß es für die ganze Menschheit „nach Christus" nicht mehr möglich ist, so zu leben, wie sie „vor Christi Geburt" gelebt hat. Auch in diesem umfassenden Sinn gibt es kein „Zurück". Es gibt jetzt nur Christusglauben oder „Anti-Christentum".

[298] Auch hier bemerken wir die innere Parallele zu Mt 11. Der Täufer fragt dort nach einem „andern", auf den er vielleicht „warten" müsse (Mt 11, 3).

kennen in dem gleichen Wort die Kraft und die Gabe ewigen Lebens. So verschieden wird das gleiche Wort gehört, je nachdem, ob man es im Glauben oder im Unglauben vernimmt.

Und nun sieht Petrus auf sich selbst und auf seine Mitjünger und sagt es mit einem betonten „wir": „**Und wir sind zu dem Glauben gekommen und haben erkannt, daß du bist der Heilige Gottes.**" Die Zwölf „**sind zu dem Glauben gekommen und haben erkannt**". Man hat gegen die Darstellung der Evangelien kritisch eingewendet, sie gäben uns von den Jüngern Jesu kein wirkliches Bild. Die verschiedensten Berichte von Jüngerberufungen ständen unvereinbar nebeneinander. Wie die Jünger nun eigentlich zum Glauben an Jesus gekommen seien, werde nicht klar; so sei alles ganz unzuverlässig. Johannes kann nicht vergessen haben, daß er vom Glauben an Jesus bei den ersten Jüngern schon in 1, 35 ff gesprochen hat. Aber Johannes weiß, daß „Glauben" als ein Lebensvorgang seine „Geschichte" hat[299]. Es ist kein Widerspruch, kein Durcheinander, wenn die Jünger sofort bei der ersten Begegnung mit Jesus „glauben" und dann nach dem ersten Zeichen, das Jesus tat, wieder „an ihn glauben", jetzt ihren Glauben klar bekennen und dann doch nach Ostern wieder neu und nun überhaupt erst eigentlich und in vollem Sinn „glauben" werden. „**Wir sind zu dem Glauben gekommen.**" Mit dieser Aussage blickt Simon Petrus auf die ganze Zeit seit jener ersten Begegnung zurück. Eine Geschichte ihres Glaubens hat sich vollzogen, die jetzt zu einem festen Ergebnis geführt hat. Auch wenn viele zurückweichen, sie können Jesus nicht mehr verlassen, ihr Glaube hält sie in voller Freiheit bei Jesus fest[300].

Wirklicher Glaube bleibt nicht ein unbestimmtes Ahnen, sondern führt zu bestimmter Klarheit und Erkenntnis. Petrus fährt darum fort: „**und haben erkannt**". Wir machten uns schon zu Vers 64 deutlich, daß unser Denken und Erkennen nicht eine freie Tätigkeit in sich selbst ist, sondern von der Tiefe unseres Wesens her gesteuert wird. Der Glaubensakt, mit dem wir uns für etwas öffnen, ermöglicht erst das wirkliche „**Erkennen**". Petrus hat das richtig gesehen. Mit dem „Glauben" der Person Jesu gegenüber fängt es an. Daraus erwächst dann immer deutlicher das Erkennen seines Wesens[301].

---

[299] Vgl. die Ausführungen zu 1, 42 auf S. 78.
[300] Wir dürfen und sollen jederzeit ganz in dem Glauben leben, den wir jetzt haben, auch wenn es noch, wie bei Petrus, in ungeahnte Proben und in schmerzliches Versagen bei uns gehen mag. Die Verleugnung des Petrus macht sein Bekenntnis hier nicht zur Lüge.
[301] Darum wird es zu einer wesentlichen Aufgabe der Gemeinde, ihre neugewonnenen Glieder zu einer klaren und umfassenden „Erkenntnis" zu führen. Wie oft hat es ein Paulus den Gemeinden gesagt: „Ich will nicht, daß ihr nicht wißt ..."

Allerdings wie im Johannesevangelium „Wahrheit" nicht theoretische Richtigkeit, sondern wesenhafte Wirklichkeit bedeutet, ist auch das „Erkennen" nicht ein intelektueller Akt sachlicher Feststellungen, sondern ein inneres Erfassen lebendiger Wirklichkeit mit der ganzen Person[302].

Wenn wir nach dem Inhalt dieses Glaubens und Erkennens der Zwölf fragen, dann ist es nicht ganz leicht für uns, daß wir gerade hier eine der Stellen haben, an denen die Handschriften erheblich voneinander abweichen. Die Handschriften von Koine bieten uns als das Petrusbekenntnis: „daß du bist der Christus, der Sohn des lebendigen Gottes". Unser schlichter Text **„daß du bist der Heilige Gottes"**, wird von den Handschriften der „ägyptischen" Textform gebracht[303]. Es ist schön, daß das Bekenntnis des Petrus hier so „einfach" lautet und dadurch so lebendig ist und doch alles Wesentliche sagt. Noch ganz ohne eine geprägte Formel bricht die Erkenntnis aus Petrus hervor: du bist völlig anders als wir alle, auch als die besten und frömmsten; du bist „heilig", du gehörst trotz deiner Menschheit auf die Seite Gottes. Denn das ist das Wesensmerkmal Gottes, daß er **„der Heilige"** ist. „Heilig, heilig, heilig ist der Herr Zebaoth", rufen unermüdlich die Seraphinen, die Gottes Thron umgeben. So **„heilig"** ist auch Jesus. Da ist der alles beherrschende Eindruck, den die Zwölf im vertrauten Umgang mit Jesus empfangen haben. Und diese seine „Heiligkeit" ruht in seiner einzigartigen Verbundenheit mit Gott. Er ist „der Heilige", aber **„der Heilige Gottes"**. Hier ist sein Wesen erfaßt, aus dem sein Werk, sein Messiasamt, seine Vollmacht empfängt. Als der „Heilige Gottes" kann er wahrhaft „der Christus" sein[304].

70/71 Petrus hat im Namen der „Zwölf" gesprochen und meint dieser Zwölf sicher zu sein. Jesus sieht tiefer und sieht ein erschreckendes Geheimnis. **„Es antwortete ihm Jesus: Habe nicht ich [selber] euch, die Zwölf, erwählt? Und einer aus euch ist ein Teufel."** Welch ein Rätsel! Er selbst, der Sohn, der die Menschen durch und durch kennt und der zugleich ganz nach dem Willen des Vaters fragt, hat diese

---

[302] Es ist bezeichnend, daß die Bibel in 1 Mo 4, 1 das Wort „Erkennen" für die eheliche Vereinigung verwenden kann. Siehe auch die Auslegung zu Kap. 10, 14 f.

[303] Nach der einfachen Grundregel der Textbeurteilung werden wir uns leicht sagen können: daß Abschreiber die schlichte Fassung durch reichere und ihnen sonst vertraute Worte ersetzen, ist weit verständlicher, als daß diese Worte von einem Abschreiber gestrichen wurden, wenn sie ursprünglich dort standen. Wir schlagen Mt 16, 16 auf und merken, dort steht der gleiche Wortlaut, den die Handschriften von Koine auch an unserer Stelle bringen. Er ist also von Abschreibern ausgleichend in unsere Stelle eingetragen worden.

[304] Der „Heilige" wird Jesus von Johannes auch 1 Jo 2, 20 und Offb 3, 7 genannt.

Zwölf herausgerufen. Und doch ist einer von ihnen „**ein Teufel**". Hat sich Jesus getäuscht, als er auch diesen einen zu sich rief? Hat er ihn gerufen, obwohl er sofort wußte, wie es um diesen einen stand? Warum hat er es dann getan? Warum hat es der Vater gewollt? Das ganze Rätsel des Judas steht vor uns, um dessen Lösung man sich immer wieder gemüht hat. Aber alle „Lösungen" werden immer irgendwie „flach" und werden der Abgründigkeit des ganzen Geschehens nicht gerecht. Wir sollten auch hier nicht mehr wissen wollen[305], als uns das biblische Wort selber sagt. Und Johannes hat hier das Geheimnis unentschleiert stehen gelassen und es mit seiner einfachen und doch so bewegenden Schlußformulierung in seiner Rätselhaftigkeit ausgesprochen: „**Denn dieser sollte ihn verraten, einer aus den Zwölf.**"

Das Wort Jesu war für die andern Jünger damals nicht so eindeutig, wie es für uns jetzt ist. „**Einer von euch ist ein Diabolos.**" „Diabolos" heißt aber zunächst einfach „ein Verkläger", ein „Verleumder". Das Wort „Teufel" ist dann erst daraus entstanden, weil Satan seinem Wesen nach „der Verkläger" ist. Die Jünger mußten aber in jener Stunde noch nicht mehr aus dem Wort Jesu hören, als daß einer unter ihnen ein verleumdendes und verklagendes Herz hatte[306].

Den Namen nannte Jesus dabei nicht. „**Einer aus euch**", das ging sie darum alle an. „**Er meinte aber Judas, den Sohn des Simon, des Iskarioten.**" Das für uns geradezu zur Bezeichnung eines heimtückischen Verräters gewordene Wort „Ischariot" wird hier nicht auf Judas, sondern auf seinen Vater Simon bezogen. Es muß also eine rein sachliche Aussage enthalten. Man kann es aramäisch deuten und als „Mann aus Karioth" übersetzen. Andere bringen es mit der Bezeichnung „Sikarier" in Verbindung. Die radikalen Kreise in Israel, die den Kampf gegen die römische Fremdherrschaft mit Attentaten aller Art führten, nannte man die „Dolchleute", die „Sikarier"[307]. Wenn Judas aus einem Hause stammte, das dieser Bewegung ange-

---

[305] Wir tun gut, den Weg des Judas nicht zu erklären. Denn „erklären" heißt „verständlich machen" und also auch „entschuldigen". Das aber darf nicht geschehen. Es muß so bleiben wie Schlatter es sagt: „Für Johannes war der Fall des Judas das größere Rätsel als der Sturz Jerusalems und des Rabbinats." Aber gerade in seiner ganzen Rätselhaftigkeit wird der Weg des Judas uns zur Warnung vor jeder Selbstsicherheit. Ich kann von Jesus selbst erwählt sein und auch da bei Jesus bleiben, wo „viele" weggehen, und kann dann doch den furchtbaren Fall tun. Wir können uns nicht über Judas entrüsten; wir können uns nur an Jesus und an seine Gnade und Treue klammern.

[306] Diese Zweideutigkeit des Wortes merken wir alle bei einer Stelle wie Eph 4, 27. Die Epheser sollen dem „Diabolos" nicht Raum geben. Was heißt das? „Gebt nicht Raum dem Lästerer", wie die LÜ sagt? Oder „gebt nicht Raum dem Teufel"?

[307] Sie gehören also zu den „Zeloten"; vgl. Fußnote 119.

hörte, dann würde seine bittere Enttäuschung über Jesus, der nichts zur Befreiung Israels tat, besonders verständlich werden. Die Rede Jesu in Kapernaum, die radikale Absage an den Zebedaismus, das schroffe Bekenntnis zu der Notwendigkeit des Leidens und Sterbens war für ihn dann wahrhaft ein „hartes", ein unerträgliches Wort. Aber das Rätsel seines Weges bliebe auch dann bestehen. Warum ging Judas nicht mit den vielen andern enttäuscht von Jesus fort? Warum blieb er? Er ist nicht mehr frei in seinem Handeln, er ist „ein Diabolos", ein von Satan bereits gebundener, der vom Satan im Jüngerkreis festgehalten und zum Werkzeug der Auslieferung des Heiligen an das Fluchholz zubereitet wird. Wir dürfen aber bei solchen Überlegungen nicht vergessen, daß sie auf ganz unsicherem Boden stehen. Ob die Bezeichnung von Judas Vater als **„des Iskarioten"** überhaupt etwas mit den „Sikariern" zu tun hat, bleibt ungewiß.

Wenn der Bericht des Johannes den gleichen Vorgang meinen sollte, den wir als „das Petrusbekenntnis von Cäsarea-Phlippi" aus Mt 16 kennen, dann ständen wir freilich vor sehr großen und schwer ausgleichbaren Verschiedenheiten. Aber eben diese Verschiedenheiten im Blick auf den Ort, auf die Situation und auf das Ziel des ganzen Geschehens lassen erkennen, daß es sich auch um zwei ganz verschiedene Begebenheiten handelt. Wir sahen schon: das „Glauben" der Jünger am Anfang schließt ein weiteres und vertieftes „Glauben" später nicht aus. Der bange innere Kampf Jesu in Kap. 12, 12 ff kann sich sehr wohl in Gethsemane noch einmal in schwererer Weise wiederholen. Die Rede Jesu über sein Fleisch als wahre Speise kann sich in der Einsetzung des Abendmahles konkretisieren. So kann Petrus hier in der kritischen Situation der Abwanderung vieler von Jesus sein Bekenntnis zu Jesus abgelegt haben, und Jesus kann trotzdem zu einer anderen Zeit mit seinen Zwölfen in die Einsamkeit des nördlichen Teils von Galiläa gekommen sein und ihnen dort ausdrücklich die Frage nach ihrer Erkenntnis seiner Person gestellt haben. Johannes berichtet dieses nicht, da er fast nichts erzählt, was bei den Synoptikern schon zu lesen war.

JESUS KOMMT ZUM LAUBHÜTTENFEST WIEDER NACH JERUSALEM

Johannes 7, 1—13

zu Vers 1:
Jo 4, 43
6, 1

1 Und nach diesen Ereignissen wanderte Jesus in Galiläa; denn er wollte nicht in Judäa wandern, weil ihn die Juden zu töten suchten.
2 * Es war aber nahe das Fest der Juden, der „Zeltbau" („Laub-

3 hütten"). * Da sprachen zu ihm seine Brüder: Ziehe fort von hier
und gehe nach Judäa, damit auch deine Jünger sehen deine Werke,
4 die du tust. * Denn niemand tut etwas im Verborgenen und sucht
doch in öffentlicher Geltung zu stehen. Wenn du derartige Dinge
5 tust, so offenbare dich der Welt. * Denn auch seine Brüder glaub-
6 ten nicht an ihn. * Da sagte Jesus ihnen: Meine Zeit ist noch nicht
7 da; eure Zeit aber ist immer bereit. * Die Welt kann euch nicht
hassen; mich aber haßt sie, weil ich über sie Zeugnis gebe, daß ihre
8 Werke böse sind. * Geht ihr hinauf zu dem Fest. Ich gehe nicht
9 hinauf zu diesem Fest, weil meine Zeit noch nicht erfüllt ist. * Dies
10 sprach er zu ihnen und blieb in Galiläa. * Als aber seine Brüder
hinaufgegangen waren zu dem Fest, da ging auch er hinauf, nicht
11 öffentlich, sondern gleichsam im Verborgenen. * Die Juden nun
12 suchten ihn auf dem Fest und sagten: Wo ist er? * Und es gab
viel Gerede über ihn unter den Volksscharen. Die einen sagten:
Er ist gut. Andere aber sagten: Nein, sondern er verführt das
13 Volk. * Niemand redete frei heraus über ihn aus Furcht vor den
Juden.

zu Vers 2:
3 Mo 23, 34—3
zu Vers 3:
Mk 12, 46. 48
Jo 2, 12
Apg 1, 14
zu Vers 4:
Mt 12, 16
zu Vers 5:
Mk 3, 21
zu Vers 6:
Jo 2, 4
zu Vers 7:
Jo 3, 19
15, 18
zu Vers 10:
Jo 2, 13
zu Vers 13:
Jo 9, 22
12, 42
19, 38

Trotz allem, was geschehen ist und was zur Ablehnung Jesu durch 1
die Galiläer bis in seinen Jüngerkreis hineingeführt hat, „wandert
Jesus in Galiläa" noch längere Zeit umher, natürlich nicht untätig,
sondern weiter verkündigend und lehrend. Es sind die Monate zwischen dem Frühjahr (Passa 6, 3) und dem Herbst (Laubhüttenfest
7, 2). Es wird eine schwere Zeit für Jesus gewesen sein. Eine Änderung in der Haltung der Galiläer konnte er nicht mehr erwarten.
Warum blieb er trotzdem noch und sucht nicht wieder Judäa auf, wo
er früher in stärkerer Weise Eingang gefunden hatte (4, 1)? „Er
wollte nicht in Judäa wandern, weil ihn die Juden zu töten suchten."
Was im Anfang des 4. Kap. nur angedeutet war, wird jetzt klar ausgesprochen. Die Gegnerschaft der Pharisäer ist so ernst, daß Jesus in
ihrem Einflußgebiet in der Nähe Jerusalems in steter Lebensgefahr
ist. Gerade unser Kapitel macht das in den Versen 19. 25. 30. 44
deutlich.

Mit „den Juden", die ihn töten wollen, sind wieder wie schon in
1, 19 die führenden Kreise, vor allem die Pharisäer, gemeint. Johannes gebraucht das Wort gern in diesem engeren Sinn. Doch sind die
Pharisäer, die mit Eifer die rechten und ganzen, gesetzestreuen „Juden" sein wollen und zu sein behaupten, auch wirklich die Vertreter
dessen, was „Judentum" überhaupt ist. Indem sie Jesus zu töten
suchen, werden gerade sie, die „Juden", die sich mit hohem Stolz
aus der verlorenen Welt herausgenommen meinen, zu gefährlichsten
Vertretern der „Welt" in ihrer Finsternis und Gottesfeindschaft.

2	„Es war aber nahe das Fest der Juden, der „Zeltbau" („Laubhütten")." Das „Laubhüttenfest" ist das fröhlichste und volkstümlichste der drei großen Feste und kann hier und da einfach **„das Fest"** genannt werden (vgl. 5, 1). Es wurde sieben Tage lang gefeiert. Aus Baumzweigen wurde „Zelte" hergestellt (daher der amtliche grie Name „Zeltbau"). In diesen „Laubhütten", auf den Dächern, in den Höfen und Straßen, wohnte alles fröhlich in diesen Tagen (3 Mo 23, 39—43)[308].
3/6	„Da sprachen zu ihm seine Brüder: Ziehe fort von hier und gehe nach Judäa, damit auch deine Jünger sehen deine Werke, die du tust." Wieder setzt Johannes die Kenntnis der Synoptiker, besonders der Angabe in Mk 6, 3 und Mt 13, 55 voraus. Die Gemeinde, die das Johannesevangelium liest, weiß bereits, wer „die Brüder Jesu" sind. Johannes muß den Lesern nichts darüber sagen. Die Brüder knüpfen bei ihrem Wort nicht an die Pflicht an, die nach 5 Mo 16, 16 eigentlich für jeden Mann in Israel bestand, das Laubhüttenfest wie das Passa in jedem Jahr in Jerusalem zu begehen. Sie haben einen ganz andern Gesichtspunkt. Sie **„glauben nicht an ihn"**. Johannes betont es: **„auch seine Brüder"**, sogar seine Brüder glaubten nicht. Hätten sie nicht die Allerersten sein müssen, die Jesu Herrlichkeit schauten und „den Heiligen Gottes" in ihm erkannten? Sie waren doch durch viele Jahre hindurch die Nächsten bei ihm. Aber gerade durch diese Nähe, durch diese Vertrautheit mit ihm werden sie — wie die Galiläer ganz allgemein (vgl. 6, 42) — am Glauben gehindert. Sie können es sich nicht denken, daß er, ihr Bruder, mit dem sie aufgewachsen sind, etwas ganz anderes sein soll als sie selber. Den „Messias" vermögen sie nicht in ihm zu sehen[309]. Zugleich aber ärgert sie doch auch seine nach ihrem Empfinden unentschlossene und nach ihrer Meinung törichte Haltung. Wenn er schon etwas Besonderes sein will,

---

[308] „... Während des Festes schöpfte ein Priester 7 Tage bei Tagesanbruch eine 3 Log fassende Kanne voll Wasser aus dem Siloahteich. Am Tempeleingang wurde er mit 3 Trompetenstößen begrüßt. Das Wasser wurde gleichzeitig mit dem Trankopfer auf dem Altar ausgegossen; dort befanden sich 2 Schalen mit Öffnungen, durch die Wasser und Wein unterirdisch abflossen. Man führte für diese Wasserspende Jes 12, 3 an: „Ihr werdet mit Freuden Wasser schöpfen aus dem Heilsbrunnen." Außerdem begannen die Juden nun wieder die Bitte um Regen, die vom 1. Tag des Passahfestes bis zum 8. Tag des L. im Gebet ausgelassen wurde. An den Brauch der Wasserspende knüpfte Jesus an, als er am Laubhüttenfest jedem Glaubenden die Gabe des lebendigen Wassers verhieß (K. 7, 37 f). (Vgl. „Lexikon zur Bibel" Sp. 828—830).

[309] Umso gewichtiger ist es, daß dies später anders wurde. Nach Ostern kommen Jesu Brüder zum Glauben, und Jakobus wurde sogar der führende Mann in der Jerusalemer Gemeinde, bis auch er um Jesu willen den Märtyrertod starb. Apg 1, 14; 12, 17; 15, 13; 21, 18; Gal 1, 19; 2, 9. 12. Jakobus ist darum ein besonders wichtiger Zeuge der Auferstehung Jesu (1 Ko 15, 7).

Johannes 7, 1—13

dann soll er doch auftreten und die Menschen mitreißen durch große Taten. Wenn die Galiläer sich abwenden und nicht mehr seine „Jünger" sein wollen, nun, in Judäa hatte er doch viel Anhang gefunden. Zu den vielen „Jüngern" dort soll er gehen und sie aufs neue seine Taten sehen lassen. Sie warten gewiß schon darauf. „**Gehe nach Judäa, damit auch deine Jünger sehen deine Werke, die du tust.**" So aber lebt er in einem Selbstwiderspruch. Er will der Messias sein, er „**sucht in öffentlicher Geltung zu stehen**" und bleibt doch zugleich „**im Verborgenen**", im abgelegenen Galiläa, und hält sich unbegreiflich zurück. Das geht nicht. „**Wenn du derartige Dinge tust**", wenn du nicht einfach als frommer Israelit lebst, sondern sichtlich an ein großes oder gar messianisches Wirken denkst, „**dann offenbare dich der Welt**". Die Art deines jetzigen Wirkens widerspricht deinen gleichzeitigen Ansprüchen, daß wir an dich „glauben" sollen. Das große Fest mit allen Festpilgern bietet dir die Gelegenheit zu einem Hervortreten, das aller Augen auf dich lenkt.

An diesem Rat an Jesus wird der eigentliche Grund des Unglaubens der Brüder Jesu offenbar. Dieser Grund ist ihr „weltliches" Denken. Der Welt imponiert nur das großartige, öffentliche Auftreten in auffallenden Taten. Im Rat der Brüder kommt aufs neue etwas von dem an Jesus heran, was ihm schon der Fürst der Welt als Weg zur Gewinnung der Massen angeraten hatte (Mt 4, 5 f). Jesus aber kennt das verborgene, unscheinbare Wirken Gottes, das in erstaunlicher Weise zum weitausgreifenden Erfolg führt. Er hat das in seinen Gleichnissen vom Senfkorn, Sauerteig und von der selbstwachsenden Saat ausgesprochen.

Aber darauf geht Jesus selber jetzt nicht ein. Er hebt etwas anderes hervor, was sein Verhalten bestimmt und was ihn tief von dem ganzen Denken und Leben seiner Brüder trennt. Der von Gott gelöste Mensch ist notwendig der selbstherrliche, der Mensch, der über sein Leben selber verfügen zu können meint. Er kann jederzeit tun, was er für richtig hält. Nach seiner Meinung ist immer und stets die rechte Zeit für alles da. Jesus aber weiß von „seiner Zeit", „seiner Stunde", die erst gekommen sein muß, ehe er handeln und in Jerusalem zur Entscheidung hervortreten kann. „**Da sagte Jesus ihnen: Meine Zeit ist noch nicht da; eure Zeit aber ist immer bereit.**" Für das Wort „Zeit" ist im grie Text der eigentümliche Ausdruck „Kairos" verwendet. Dieser Ausdruck meint nicht den allgemeinen Zeitfluß, sondern jene bestimmten „Zeiten", die sich aus diesem Zeitfluß herausheben als die unwiderbringlichen Stunden, in denen fruchtbar gehandelt werden kann und darum auch gehandelt werden muß, „Stunden", die nicht der Mensch bestimmt, sondern die Gott sendet. Es kann nicht jederzeit alles getan werden. Die Brüder Jesu verkennen das. Sie wähnen, die Stunde des Handelns sei jederzeit „**bereit**" und stehe immer zur Verfügung; es liege nur am Willen des Menschen, am Willen also auch ihres Bruders Jesus, zuzugreifen. Wie völlig abhängig von Gottes Stunden gerade der Bevollmächtigte, der Messias, sein Leben zu führen hat, davon haben sie keine Ahnung. Eine unüberbrückbare Kluft liegt zwischen Jesus und ihnen. Es ist wahrlich kein unglücklicher Zufall, daß sie nicht an Jesus glauben.

Für Jesus aber hat diese „Stunde" des entscheidenden Handelns zugleich auch einen völlig andern Inhalt wie für seine Brüder. Wohl ist es die Stunde seines öffentlichen Hervortretens als Messias. Aber wie Jesus es seinen Landsleuten, allen ihren Erwartungen schroff ins Gesicht schlagend, gesagt hat: dieses Hervortreten ist nicht einfach Ansehen, Gewinnung der Massen, heiliges Königtum, sondern es ist das Opfer seines Fleisches am Kreuz. „Jesus, der König der Juden" wird in der Stunde Gottes nur als Überschrift über dem Schandpfahl stehen.

Daß Jesus auch jetzt bei dem Wort an seine Brüder „**seine Zeit**" so kommen sieht, zeigt die Fortsetzung seines Wortes. Er weiß es:

7 ihn trifft der Haß der Welt. „**Die Welt kann euch nicht hassen; mich aber haßt sie, weil ich über sie Zeugnis gebe, daß ihre Werke böse sind.**" Noch tiefer und schwerer als schon am Anfang bei dem Nikodemusgespräch (3, 17—19) weiß Jesus, wie es steht. Wohl ist er nicht gesandt zu richten, sondern zu retten. Aber wer im Ernst der Welt die „Rettung" anbietet, der bezeugt ihr damit mit dem gleichen Ernst ihre „Verlorenheit". Die Welt, und vollends die fromme Welt Israels, ist mit ihren „Werken" zufrieden und hält sich bei mancherlei einzelnen Fehlern doch für „gut". Sie täuscht sich völlig über sich selbst und über ihren Stand vor dem Urteil Gottes. Aber der, der für ihre Rettung sein Leben einsetzt, zerreißt diese Täuschung! Er gibt über die Welt das „**Zeugnis, daß ihre Werke böse sind**". Darum ist gerade der Retter für die Welt unerträglich. Fromme Leute wie die Brüder Jesu kann die Welt gut ertragen, ja, am Ende sogar schätzen. Sie werden nicht als Gericht empfunden, sondern im schlimmsten Fall als Sonderlinge, denen man ihre harmlose religiöse Liebhaberei gönnen kann. „**Die Welt kann euch nicht hassen.**" Aber Jesus haßt sie, weil er am Kreuz blutend und sterbend der Welt die unheilbare Tiefe ihrer Verlorenheit aufdeckt[310].

---

[310] Darum sind „Religionen" in der Welt immer wieder sehr beliebt und gewinnen Millionen von Anhängern. Das eigentliche Evangelium aber wird immer wieder gehaßt und dies in einer „religiösen" Umwelt am allermeisten. Die Geschichte der Gemeinde Jesu ist voll von Beispielen dafür.

Wenn Jesus Galiläa verläßt und nach Judäa und Jerusalem geht, dann ist das nicht der Weg zum endlichen Triumph, sondern der Weg in den Tod. Diesen Weg kann und will Jesus aber erst gehen, wenn „seine Zeit erfüllt ist". Das ist sie aber für Jesu Blick noch nicht. Noch hat Gott es ihm nicht gezeigt[311]. Darum sagt Jesus seinen Brüdern: „**Geht ihr hinauf zu dem Fest, weil meine Zeit noch nicht erfüllt ist.**" Er handelt auch danach. „**Dies sprach er zu ihnen und blieb in Galiläa.**"

Doch nun werden wir überrascht. „**Als aber seine Brüder hinaufgegangen waren zu dem Fest, da ging auch er hinauf, nicht öffentlich, sondern gleichsam im Verborgenen.**" Wie sollen wir das verstehen? Wir stoßen hier noch befremdender auf einen „Widerspruch" oder auf einen jähen Umschwung bei Jesus als schon in den Versen 4 und 7 des 2. Kapitels. Johannes will offensichtlich, daß wir dies Befremdliche und Widerspruchsvolle im Handeln Jesu empfinden sollen. Denn gerade nur daran erkennen wir, was es heißt, als der „Sohn" in völliger Abhängigkeit vom Vater zu leben und tatsächlich keinen eigenen Willen zu haben[312]. In das Geheimnis des inneren Lebens Jesu und seines Umganges mit dem Vater läßt uns Johannes nicht hineinblicken. Das ist eines der Merkmale für die Echtheit seines Berichtes. So hören wir weder bei der Hochzeit zu Kana noch hier etwas davon, wie Jesus die Gewißheit erhält, daß seine „Stunde" nun doch gekommen und seine Zeit „erfüllt" ist. Wir erleben nur das Ergebnis mit.

Es ist eine große Entscheidung, die sich mit diesem Weg nach Jerusalem vollzieht. Es wird der endgültige Abschied von Galiläa. Wohl verläßt Jesus Jerusalem noch einmal (10, 40) bis zum entscheidenden Einzug in die Stadt (12, 12). Aber sein Gang jetzt ist die endgültige Wende zum äußeren Untergang. Er geht damit hinein in den tödlichen „Haß der Welt". Insofern ist „**seine Zeit**" — in jenem besonderen Sinn der Leidens- und Sterbezeit — tatsächlich jetzt „**gekommen**". Der „Widerspruch" zwischen dem Vers 10 und den Versen 6 f ist also alles andere als Willkür Jesu oder gar Täuschung seiner Brüder. Die ganze Schwere des gehorsamen Schrittes auf dem „Todesweg" liegt in dem, was seinen Brüdern als unberechenbarer Eigensinn erscheinen konnte. Jesus zieht aber nicht mit den Pilgerscharen öffentlich mit, sondern geht allein, vielleicht auch auf ganz andern Wegen, jedenfalls „gleichsam im Verborgenen", „incognito" nach Jerusalem.

---

[311] Für den inneren Blick Jesu kann sein Sterben als „Lamm Gottes" so fest mit dem „Passa" zusammengehören, und die letzte Erfüllung des Passa darstellen, daß schon darum ein „Laubhüttenfest" nicht „seine Zeit" zum Sterben sein konnte.

[312] Ganz ähnlich ist es bei Gotteskindern, die unter der Leitung des Heiligen Geistes stehen. Sie bleiben mit ihrem Handeln den andern immer wieder unverständlich und befremdend. Vgl. 1 Ko 2, 15.

11 „Die Juden nun suchten ihn auf dem Fest und sagten: Wo ist er?" Die Bezeichnung „die Juden" ist in diesem Satz wieder absichtlich doppeldeutig. Jesus ist so bekannt geworden, daß man in den großen Pilgerscharen ganz allgemein nach ihm fragt und ihn hier auf dem Fest zu sehen hofft. Alle Festpilger und insofern „die Juden" suchen ihn. Aber im besonderen sind es die pharisäischen Kreise, die auf ihn lauern und ihn „suchen". So ist es eine ganz allgemeine und zugleich eine sehr spezielle Frage, die in Jerusalem in diesen Tagen umläuft: „Wo ist er?"

12/13 Wie anschaulich hat uns Johannes damit schon die ganze Lage geschildert. Nun läßt er sie uns noch konkreter vor Augen treten. „**Und es gab viel Gerede über ihn unter den Volksscharen. Die einen sagten: Er ist gut. Andere aber sagten: Nein, sondern er verführt das Volk. Niemand redete frei heraus über ihn aus Furcht vor den Juden.**" Das ist ein Bild der Dinge, wie wir es von den Synoptikern nicht bekommen. So kann die ganze widerspruchsvolle und beklommene Atmosphäre nur einer schildern, der sie selber miterlebt und mit durchlitten hat. Der Name Jesu ist in aller Munde. Es wird viel und ganz verschieden auf diesem Fest von Jesus gesprochen. Treffend ist gezeichnet, wie es dabei nicht um die eigentlichen großen Fragen geht, die durch Jesu Handeln am Teich Bethesda aufgeworfen waren. So klar und so „theologisch" denkt das Volk nicht. Es bleibt bei den ganz allgemeinen Eindrücken. „**Er ist gut**", oder „**Nein, er verführt das Volk**". Und es bleibt alles ein verstecktes und verhaltenes Reden. Man weiß um die Gegnerschaft „der Juden", das heißt wieder der maßgebenden Kreise in der Priesterschaft und bei den Pharisäern. Vor ihnen fürchtet man sich; keiner wagt offen über Jesus zu reden.

JESU AUSEINANDERSETZUNG MIT DEN FESTPILGERN

Johannes 7, 14—30

zu Vers 15:
Mt 13, 54
Mk 6, 2

zu Vers 18:
Jo 5, 41. 44

zu Vers 19:
Apg 7, 53
Rö 2, 17—29

14 Als aber das Fest schon halb vorüber war, ging Jesus in den Tempel hinauf und lehrte. * Da wunderten sich die Juden und sagten:
15 Wie kommt dieser zu seinen Kenntnissen und hat doch nicht studiert? * Da antwortete ihnen Jesus und sprach: Diese meine Lehre
16 ist nicht mein, sondern dessen, der mich geschickt hat. * Wenn
17 jemand seinen Willen tun will, wird er von der Lehre erkennen, ob sie aus Gott ist oder ob nur ich von mir selber aus rede. * Wer
18 von sich selber aus redet, sucht seine eigene Ehre; wer aber die

Ehre dessen sucht, der ihn geschickt hat, der ist wahr, und Unge-
19 rechtigkeit ist in ihm nicht. * Hat nicht Mose euch das Gesetz gegeben? Und keiner von euch tut das Gesetz. Warum sucht ihr mich
20 zu töten? * Die Volksmenge antwortete: Einen bösen Geist hast
21 du; wer sucht dich zu töten? * Jesus antwortete und sprach zu ihnen:
E i n Werk habe ich getan, und alle wundert ihr euch deswegen.
22 * Mose hat euch die Beschneidung gegeben — nicht daß sie von
Mose herstammt, sondern von den Vätern —, und auch am Sab-
23 bat beschneidet ihr einen Menschen. * Wenn ein Mensch die Beschneidung am Sabbat empfängt, damit das Gesetz Moses nicht
gebrochen wird, dann zürnt ihr mir, daß ich einen ganzen Men-
24 schen gesund gemacht habe am Sabbat? * Urteilt nicht nach dem
25 Augenschein, sondern fällt das rechte Urteil. * Da sagten einige von
den Jerusalemern: Ist dieser nicht der, den sie zu töten suchen?
26 * Und siehe, öffentlich redet er, und nichts sagen sie ihm. Haben
etwa die Regierenden wirklich erkannt, daß dieser der Messias ist?
27 * Doch diesen kennen wir, woher er ist; aber der Messias, wenn
28 er kommt, niemand weiß, woher er ist. * Da rief Jesus im Tempel
lehrend und sagt: Mich kennt ihr und wißt, woher ich bin? Und
doch bin ich nicht von mir selbst aus gekommen, sondern es ist ein
29 Wahrhaftiger, der mich geschickt hat, den ihr nicht kennt. * Ich
kenne ihn, denn von ihm her (oder: bei ihm) bin ich, und er hat
30 mich gesandt. * Da suchten sie ihn festzunehmen; und doch legte
keiner Hand an ihn, denn seine Stunde war noch nicht gekommen.

zu Vers 20:
Jo 8, 48. 52
10, 20
zu Vers 21:
Jo 5, 16
zu Vers 22:
1 Mo 17, 10—1
3 Mo 12, 3
5 Mo 1, 16 f
Mt 12, 5
zu Vers 26:
Mt 26, 55
zu Vers 27:
Hbr 7, 3
zu Vers 29:
Mt 11, 27
zu Vers 30:
Lk 22, 53
Jo 8, 20

Wir haben sehr anschaulich die Lage gesehen, in die Jesus nun 14
hineinkommt. Was wird er tun? Wird er versuchen, „im Verborgenen" zu bleiben? Nein. **„Als aber das Fest schon halb vorüber war,
ging Jesus in den Tempel hinauf und lehrte."** Jesus war offenbar erst
gekommen, als die ersten Tage des Festes schon vorüber waren. Nun
aber sucht er den Tempel auf, den Mittelpunkt der Festfeier, und
macht von dem Recht Gebrauch, das jeder Israelit hatte, das Wort in
der Gemeinde zu ergreifen. Der Ausdruck **„lehren"** sagt freilich noch
mehr. Er ist Fachausdruck für die verantwortliche Auslegung des Gesetzes, der Schrift. „Lehren" wird von „Verkündigen" (grie: „herolden" oder „evangelisieren") unterschieden[313]. Die Bergpredigt ist bei
aller inneren Mächtigkeit doch „Lehre" („Er lehrte mit Vollmacht und
nicht wie die Schriftgelehrten" Mt 7, 29), weil sie Auslegung des Gesetzes ist.

---

[313] In Mt 4, 23 werden die drei Tätigkeiten Jesu: „Lehren", „herolden" und „heilen" als
je besonders nebeneinander genannt.

Daß aber auch die Hörer Jesu Wort nicht nur als „Laienzeugnis", sondern als verantwortliche Schriftauslegung eines „Lehrers" verstehen, zeigt ihr Verhalten.

15 **„Da wunderten sich die Juden und sagten: Wie kommt dieser zu seinen Kenntnissen und hat doch nicht studiert?"** „Die Juden" sind hier wohl wieder besonders die pharisäischen und schriftgelehrten Kreise. Sie wissen genau, daß Jesus nicht wie sie den jahrelangen Unterricht eines der angesehenen Theologen wie Gamaliel oder Nikodemus genossen hat. Darum kann und darf Jesus eigentlich nicht „lehren", nicht verantworlich Gottes eigenes Wort auslegen und erklären. Und doch stehen sie unter dem Eindruck, daß das Lehren Jesu gegründet, ja tiefgründig und mächtig ist. Wörtlich lautet ihre Frage: „Wie kennt dieser Buchstaben?" Nun kann „to gramma", oder im Plural „ta grammata", auch „die Schrift" bzw. „die Schriften" bedeuten (vgl. z. B. Rö 2, 27 f; 7, 6; 2 Ko 3, 6). So faßt es die uns bekannte LÜ: „Wie kennt dieser die Schrift, obwohl er sie doch nicht gelernt hat?" Aber dann müßte bei „gramma" oder „grammata" der Artikel stehen. Das ist an unserer Stelle jedoch nicht der Fall. „Buchstaben kennen" war aber ein häufiger allgemeiner Ausdruck für den Besitz von Kenntnissen und Bildung überhaupt. So erhielt die Redewendung ihren umfassenden Sinn und muß auch hier nicht nur „Bibelkenntnis" bedeuten. Freilich war im Raum der Schriftgelehrsamkeit alle „Kenntnis" und alles „Wissen" immer zentral auf das Kennen und Verstehen der biblischen Schriften bezogen. Darum ist es inhaltlich nicht von großer Bedeutung, ob wir den grie Ausdruck in dem einen oder andern Sinn verstehen. Wichtig ist dagegen, daß schon Jesus selbst, genau wie seine Jünger (Apg 4, 13!), ein unstudierter Mann war, kein Theologe vom Fach, und doch — wie dann auch seine Jünger — fähig, das Wort Gottes wahrer und gewaltiger zu verkündigen als seine gelehrten Gegner.

16 Jesus sagt sofort, warum das so ist. **„Da antwortete ihnen Jesus und sprach: Diese meine Lehre ist nicht mein, sondern dessen, der mich geschickt hat."** Schriftgelehrsamkeit bestand freilich in dem eigenen klugen und geistvollen Auslegen des „Gesetzes". Das mußte fachmännisch gelernt werden. Dabei lernte jeder erst einmal die Auslegungen der Väter in ihren verschiedenen theologischen Schulen kennen, um dann hier und da selber eine einzelne neue Auslegung beizutragen. Jesu „Lehre" ist etwas völlig anderes. Er hat sie nicht erdacht und erarbeitet, sondern von Gott empfangen. Sie halten ihn für einen „Autodidakten"; aber er ist „Theodidakt", ein „von Gott Gelehrter" im höchsten Sinne. Gerade darum ist seine Lehre das wahre Verständnis und die rechte Auslegung der Schrift. In den großen Gottesboten des Alten Bundes wirkte und redete bereits der Geist

Christi (1 Pt 1, 11!), der jetzt aus Jesus als der in ihm Wohnende spricht. Wie sollte dieser Geist nicht am besten, ja überhaupt ganz allein wissen, was Er in jenen Männern gewollt und gemeint hat, die die biblischen Bücher schrieben! Noch mehr. In Jesus ist das „Wort" leibhaftig da, das Gott von je her gesprochen und auch durch Mose und die Propheten verkündigt hat. Dies „Wort", dieser „Logos", kennt und versteht in einzigartiger Weise das Wort der Bibel. Dies und nichts Geringeres macht Jesu Lehre zu dem Wort, das auch wir für Leben und Sterben in getrostem „Glauben" zu hören haben[314].

Aber ist das nicht eine bloße Behauptung? Wie können wir erkennen, daß Jesu Wort wirklich und tatsächlich Gottes eigenes Wort ist? Jesus sagt, daß es einen Weg zur Gewißheit gibt. Das ist freilich nicht der Weg des theoretischen Prüfens, der philosophischen oder theologischen Kritik. Denn woher wollte man dabei den sicheren Maßstab nehmen, nach welchem man beurteilen kann, was „göttlich" ist und was nicht? Darum weist Jesus einen ganz andern Weg, einen Weg der Praxis, der unsern persönlichen Einsatz fordert, der aber auch zum Ziel wirklicher Gewißheit führt. „**Wenn jemand seinen Willen tun will, wird er von der Lehre erkennen, ob sie aus Gott ist oder ob nur ich von mir selber aus rede.**" Was wir „tun", ist immer ein „**Wille**", entweder Gottes Wille oder unser eigener Wille. Solange wir unserm eigenen Willen folgen und unsere eigenen Ziele erstreben, müssen wir mit Jesus zusammenstoßen, gerade weil seine Lehre von Gott ist und weil er als der Sohn Gottes Willen und Gottes Ehre gegen uns vertritt. Und wenn sich unsere Eigensucht unter dem Schein des Eifers für Gott verbirgt, dann muß dieser Zusammenstoß besonders heftig werden und zur erbitterten Feindschaft gegen Jesus führen. Wenn wir aber wirklich „**den Willen Gottes tun wollen**", dann „verstehen" wir Jesus und erkennen etwas von seiner Sohnesart. Was wir zwar „**wollen**", aber immer wieder so gar nicht können, das steht in Jesus in ganzer Erfüllung vor uns: „Der Sohn kann nichts von sich selber tun, sondern was er sieht den Vater tun, das tut ebenso der Sohn" (5, 19). So ist auch sein „Lehren" nicht seine eigene Sache, nicht eine Rede von ihm selber aus, sondern das Lehren Gottes, das nun „in gleicher Weise" auch der Sohn tut. Sehr oft wird erst die Begegnung mit

---

[314] Fr. Büchsel hat dazu Beachtenswertes im Blick auf die rechte Auslegung des Wortes Jesu gesagt. Jesu Wort mag als Menschenwort hoch interessant und sogar tief beweglich sein. Die eigentliche Größe dieses Menschenwortes ist, daß es Gottes Wort ist. Schließlich hatten die alten Theologen, die von der menschlichen Eigenart dieses Wortes nicht viel Aufhebens machten, es nicht für belangreich hielten, das Wort geschichtlich in seinem Verhältnis zu der zeitgenössischen Art zu verstehen, aber es als Gottes Wort behandelten, Jesus tiefer erfaßt." (NTD Bd. 4 S. 96 in seiner Auslegung des Johannes-Evangeliums.)

Jesus einem Menschen aufgehen lassen, wie sehr er — auch als ein „guter" oder „religiöser" Mensch, ja sogar als ein „Christ" — von seinem eigenen Willen erfüllt war und Gottes Willen mißachtet hat. Aber auch dies ist ein Weg, um nach Jesu Wort zu erkennen, daß sein Leben göttlich und völlig anders ist als alles eigenmächtige Reden von Gott[315]. Jesus verdeutlicht das an einem zweiten klaren Kennzeichen.

18 „**Wer von sich selber aus redet, sucht seine eigene Ehre; wer aber die Ehre dessen sucht, der ihn geschickt hat, der ist wahr, und Ungerechtigkeit ist in ihm nicht.**" Auf die verderbliche und den Glauben verhindernde Wirkung des Strebens nach „Ehre" hatte Jesus bereits 5, 44, ebenfalls in Jerusalem vor seinen pharisäischen Gegnern, hingewiesen. Jesus spricht das aus, was wir heute aus den Erkenntnissen der Tiefenpsychologie wieder neu lernen. Das Verlangen nach „Ehre" ist nicht ein einzelner Zug in einzelnen, besonders verkehrten Menschen, sondern gehört als „Geltungsstreben" zum Wesen des „Ich" überhaupt. Das Suchen der eigenen Ehre beherrscht viel tiefer als wir denken, unser ganzes Tun und darum auch unsere theologische Arbeit und unser ganzes Reden, auch das fromme. Und eben in diesem Schielen nach der eigenen Ehre verrät sich das Reden dann als eigenmächtig, auch wo es von Gott handelt und sich auf die Bibel beruft. Haben seine Gegner davon etwas bei Jesus merken können? Gleich bei seinem ersten Auftreten in Jerusalem bei der Tempelreinigung hatten sie etwas ganz anders erlebt: „Der Eifer um dein Haus wird mich verzehren." So steht er auch jetzt vor ihnen als der, der Gottes Ehre sucht und dafür alle eigene Beliebtheit daran gibt und der Schande des Kreuzes entgegengeht. Darum ist er „**wahr, und Ungerechtigkeit ist in ihm nicht**". Das Suchen der eigenen Ehre führt immer in den Schein. Die „Heuchelei", die religiöse Schauspielerei, die Jesus den Pharisäern vorwarf, hat in dem Streben nach „Ehre" ihre Wurzel. Erst die Freiheit vom Ehrgeiz, das Erfülltsein von der Ehre Gottes, macht wirklich „**wahr**"[316]. Wer nur ruhig und gründlich auf Jesus sieht, der wird diese „Wahrheit" in ihm erkennen und sich

---

[315] Man kann den von Jesus hier gezeigten Weg der Vergewisserung auch so gehen, daß man praktisch versucht, den Weisungen Jesu selbst zu folgen und seine Lehre im Leben zu erproben. Auch dann wird man erkennen, daß die Lehre Jesu nicht eines der vielen Weltanschauungssysteme ist, die Menschen erdachten, sondern daß sie Gottes Wahrheit in unser Leben bringt. Vgl. Hallesby „Wie ich ein Christ wurde", R. Brockhaus Taschenbücher 7.

[316] Wir, die wir in Wahrheit verdorbene Sünder sind, geraten durch unser Geltungsstreben besonders tief in die — zunächst ganz unbewußte und gerade darum so gefährliche — Schauspielerei, uns als „gute" oder „fromme" Menschen vor uns selbst und vor andern darzustellen. Welche Befreiung ist es, wenn wir vor Jesus, dem Erretter der Sünder, endlich die Maske fallen lassen können und „wahr" werden!

dieser Wahrheit von Herzen beugen. So ist es immer wieder bei ungezählten Menschen, die zum Glauben an Jesus Christus kommen.

Bei seinen Gegnern aber ist es anders. Wohl sind sie eifrige Schriftgelehrte und strenge Pharisäer, und doch muß Jesus ihnen sagen, was später Stephanus in ähnlich kurzer Schroffheit (Apg 7, 53) sagt und was dann Paulus in Rö 2, 17—29 gründlich darlegen wird: „**Hat nicht Mose euch das Gesetz gegeben? Und keiner von euch tut das Gesetz.**" Eben darum gehören sie nicht zu denen, die mit brennendem Verlangen wirklich den „Willen Gottes tun wollen". Darum können sie Jesu Lehre nicht als von Gott stammend erkennen. Aber der Vorwurf „**Keiner von euch tut das Gesetz**" muß zugleich für diejenigen empörend und unerhört sein, die doch meinen, ihr ganzes Leben an die Erforschung und Erfüllung der Gebote Gottes gesetzt zu haben. Und ausgerechnet dieser Jesus, dieser Gesetzesbrecher, der am Sabbat heilt und den Geheilten das Bett tragen heißt, will sie derart beschuldigen! Da wächst der Haß gegen Jesus auf, wie auch Stephanus und Paulus diesen Haß erfahren haben. Jesus sieht in den Herzen schon das Verlangen, ihn zu beseitigen: „**Warum sucht ihr mich zu töten?**" Weil Jesu Lehre von Gott ist und Jesu Urteil Gottes Urteil in seiner ganzen Klarheit, darum gibt es hier nur die Beugung vor Jesus und die Auslieferung an ihn oder die Auflehnung gegen Jesus bis zum leidenschaftlichen Vernichtungswillen.

Nun mischt sich die Volksmenge ein. Es ist wohl die Masse der Festpilger, die den Tempel füllt, die die Tiefe des Kampfes zwischen Jesus und den Pharisäern nicht erfaßt und in Jesu Wort eine grundlose dunkle Sorge, ja eine Art Verfolgungswahn sieht, der nur von einem bösen Geist herrühren kann. „**Die Volksmenge antwortete: Du hast einen bösen Geist, wer sucht dich zu töten?**"

Jesus kann sich auf ein Gespräch mit der Menge nicht einlassen. Er erinnert aber an den Ursprung des Konfliktes und damit an den Grund dieses Willens, ihn zu töten. „**Jesus antwortete und sprach zu ihnen: Ein Werk habe ich getan und alle wundert ihr euch deswegen.**" Dies „eine Werk" war die Heilung des Kranken am Teich Bethesda (5, 1 ff), diese Heilung am Sabbat, die den ganzen Gegensatz zwischen ihm und dem Pharisäismus aufbrechen ließ. Damals hat sich Jesus einfach auf das Wirken des Vaters berufen und seinen Gegnern dann ausführlich gezeigt, daß er, der Sohn, nicht eigenmächtig und sündhaft handeln kann, sondern gerade als der Sohn viel tiefer gehorsam ist als sie, die für das Gesetz eiferten. Jetzt versucht er seinen Gegnern auf ihrem eigenen Boden zu begegnen. „**Mose hat euch**[317] **die Beschneidung gegeben — nicht daß sie von Mose her-**

---

[317] Nach dem grie Text von Nestle beginnt der Satz mit einem „Deswegen", welches auch durch die übliche Verseinteilung zu diesem Satz gezogen wird: „Deswegen hat euch

stammt, sondern von den Vätern —, und auch am Sabbat beschneidet ihr einen Menschen." Die Beschneidung ist älter als Mose und schon dem Abraham als Bundeszeichen gegeben und befohlen (1 Mo 17, 10—12). Mose aber hat sie in das Gesetz aufgenommen und dabei angeordnet, daß sie am achten Tage vollzogen werden soll (3 Mo 12, 3). Wenn man aber diese Bestimmung streng einhalten wollte, mußte man Kinder auch am Sabbat beschneiden, wenn der achte Tag nach ihrer Geburt auf einen Sabbat fiel. Nun ist diese Operation am Leibe eines Kindes zweifellos ein „Werk". Dennoch wird es auch am Sabbat getan. Und nun folgert Jesus so, wie auch Schriftgelehrte

23 ihre theologischen Schlüsse aufbauten: „**Wenn ein Mensch die Beschneidung am Sabbat empfängt, damit das Gesetz Moses nicht gebrochen wird, dann zürnt ihr mir, daß ich einen ganzen Menschen gesund gemacht habe am Sabbat?**" Jesus scheint die Beschneidung hier nicht in ihrer ganzen Tiefe als Zeichen der Zugehörigkeit zur israelitischen Heilsgemeinde zu fassen, sondern sich der Deutung anzuschließen, die im griechischen Gebiet gern zur Begründung der Beschneidung gebraucht wurde: sie fördert die Gesundheit. Sie ist dann freilich nur eine teilweise gesundheitliche Hilfe, während Jesus einen ganzen Menschen gesund gemacht hat. Aber die Hauptsache für Jesus ist der grundsätzliche Gedankengang. Wenn auch die Schriftgelehrten und Pharisäer überhaupt erlaubte oder gar gebotene „Werke" am Sabbat anerkennen, dann müssen sie auch verstehen, daß die heilende Hilfe für einen unglücklichen Kranken ein solches „Werk" ist. Darum fordert Jesus seine Gegner auf, in dieser Sache nicht ober-

24 flächlich und mechanisch zu urteilen, sondern tiefer zu sehen. „**Urteilt nicht nach dem Augenschein, sondern fällt das rechte Urteil.**" Sie sehen nur die augenscheinliche Übertretung des Sabbatgebotes und fragen nicht nach den inneren Gründen. So sind sie rasch mit dem falschen Urteil fertig, anstatt durch eine eindringende Prüfung des Handelns Jesu zu dem „**rechten Urteil**" zu kommen.

25/26 Nun mischen sich einige der Jerusalemer in die Auseinandersetzung ein. Es sind keine Schriftgelehrten, sondern einfache Bürger der Stadt. Aber als solche Städter haben sie einen wachen und etwas ironischen Geist. Sie wissen um die Entrüstung der leitenden Kreise gegen Jesus und um ihren Willen, Jesus zu beseitigen. Darum wundern sie sich und sagen: „**Ist dieser nicht der, den sie zu töten suchen? Und siehe, öffentlich redet er, und nichts sagen sie ihm.**" Wieder kennzeichnet

---

Mose die Beschneidung gegeben." Aber ein „Deswegen" hat hier keinen Sinn, während es sich dem vorhergehenden Satz leicht einfügt. Wir müssen bedenken, daß die grie Handschriften noch keine Satzzeichen kennen. Es unterliegt daher unserer eigenen Einsicht, wie wir Sätze des grie Textes voneinander trennen wollen.

Johannes sachkundig die Lage. Im damaligen Judentum bedeutet ein Schweigen der Autoritäten eine Billigung des Geschehens. Denn dazu sind die „Gesetzeskundigen" verpflichtet, sofort Einspruch zu erheben, wenn Unerlaubtes geschah oder gelehrt wurde. Wir kennen aus der jüdischen Überlieferung viele Auseinandersetzungen über Bestimmungen des Gesetzes, die damit beginnen, daß ein Rabbi ein von ihm beobachtetes oder ihm zugetragenes Verhalten kritisiert. Nun aber läßt man Jesus öffentlich im Tempel reden und „sagt ihm nichts". Die Jerusalemer können sich das mit einiger Ironie nur so erklären: „**Haben etwa die Regierenden wirklich erkannt, daß dieser der Messias ist?**" Diese Leute haben offensichtlich eine Sympathie für Jesus, der trotz aller Drohungen so aufzutreten und öffentlich zu reden wagt. Von ernsthaftem Glauben an ihn sind sie freilich weit entfernt. Dazu entspricht Jesus zu wenig den geheimnisvollen Vorstellungen, die sie sich vom „Messias" machen. Neben der biblischen Erwartung des Davidssohnes aus Bethlehem lebten im Volk andere Gedanken, nach denen „der Messias vor seinem öffentlichen Auftreten unerkannt irgendwo in Verborgenheit weilen" sollte (Strack-Billerbeck). So denken auch diese Jerusalemer. „**Aber der Messias, wenn er kommt, niemand weiß, woher er ist.**" Darum kann ihnen Jesus nicht imponieren. „**Doch diesen kennen wir, woher er ist.**" Auch hier ist es wie bei den führenden Kreisen, wenn auch in einer ganz anderen Richtung, die Herkunft Jesu aus Galiläa, die den Glauben an ihn von vornherein hindert. Er „kann" gar nicht der Messias sein, weil er ihren Vorstellungen vom Messias nicht entspricht. 27

Das Reden dieser Leute dringt bis zu Jesus hin, oder Jesus liest auch hier wieder auf den Angesichtern und in den Herzen. Jedenfalls wendet sich Jesus mit besonderem Ernst gegen diese Art des Denkens und gegen diese Weise, ihm den Glauben zu verweigern. „**Da rief Jesus im Tempel lehrend und sagt: Mich kennt ihr und wißt, woher ich bin?**" Mitten im Lehren erhebt Jesus seine Stimme und „ruft", ja eigentlich „schreit". Auf ein solches „Schreien" stießen wir schon in 1, 15 bei dem Zeugnis des Täufers (vgl. o. S. 56). Es ist dabei nicht die äußere Stimmstärke wesentlich, weshalb in beiden Fällen, 1, 15 und hier, ein schlichtes „er sagt" hinzugefügt wird. Das „Schreien" meint die innere Intensität dieses „Sagens" und unterstreicht die Fülle der Gewißheit. Es handelt sich um das, was wir eine „Proklamation" nennen können. Der oberflächlichen Anerkennung der Großstädter, die ihn dann doch im gleichen Atemzug als einen Mann aus dem kümmerlichen Galiläa sofort wieder abtun, entgegnet Jesus mit tiefem Ernst. Es geht um das Geheimnis seines Wesens und darum für seine Hörer um Leben und Tod. „**Mich kennt ihr und wißt, woher ich bin?**" Die bloße Kenntnis meines Kommens aus Galiläa genügt 28 euch? So schnell seid ihr mit mir fertig, so wenig hört ihr das, was ich zu sagen habe? Ihr vermißt bei mir das Geheimnis, das den echten Messias umgeben muß? Ihr meint mich mit eurer Klugheit und Menschenkenntnis leicht übersehen und beurteilen zu können? Aber das Geheimnis ist in Wirklichkeit gewaltig da! **„Und doch bin ich nicht von mir selbst aus gekommen, sondern es ist ein Wahrhaftiger, der mich geschickt hat, den ihr nicht kennt."** Nicht aus Galiläa ist er „gekommen" und nicht „von sich selbst aus". Er kam, weil er „geschickt" worden ist. Und nun gilt wieder der Grundsatz, daß man es in dem Gesandten mit dem Sendenden selbst zu tun hat. Dieser Sendende aber ist **„ein Wahrhaftiger"**, der nicht mit sich spielen läßt. Aber freilich, diesen „Wahrhaftigen", diesen „Wesentlichen", den wahren, lebendigen Gott „kennen sie nicht". Jesus wagt das im Tempel zu sagen, an dem Ort, der jedem Juden die einzigartige Stätte der Gegenwart Gottes war! Und nicht nur den klugen Städtern ist es gesagt, sondern ebenso den Priestern, den Pharisäern, den Schriftgelehrten, die für Gott gegen Jesus eifern und eben damit zeigen, daß sie Gott nicht kennen.

29 Jesus aber steigert ihre Empörung noch und zerschlägt zugleich die gewisse Sympathie, die ihm die Städter entgegenbrachten, indem er fortfährt: **„Ich kenne ihn, denn von ihm her (oder: bei ihm) bin ich, und er hat mich gesandt."** Die Handschriften schwanken zwischen einem „par autou = von ihm her" und einem „par auto = bei ihm"[318]. Doch welchem Text wir auch folgen, Jesus schreibt sich aufs neue ein einzigartiges Verhältnis zu Gott zu. Solche Sätze mußten für jüdische Ohren noch ganz anders herausfordernd und lästerlich klingen als für uns, weil Israel Gott als den Heiligen und Unnahbaren kannte, vor dem selbst die starken Engel das Angesicht verhüllen (Jes 6!) und der radikal von der Welt geschieden in unerreichbarer Höhe thront. Wie kann ein Mensch es wagen zu behaupten, er sei **„von Gott her"** oder er sei während seines Lebens als Mensch auf dieser Erde zugleich **„bei Gott"**! Das war entweder eine Anmaßung und Lästerung, die einen frommen Mann nur zu erbittertem Zorn reizen konnte; oder man mußte zu diesem Jesus sagen: „Mein Herr und mein Gott" und sich ihm restlos ausliefern. Wieder ist es Paulus, der es aus eigener Erfahrung weiß: man kann nur „Kyrios Jesus" („Herr-Gott ist Jesus") oder „Anathema Jesus" („Verflucht ist Jesus") sagen (1 Ko 12, 3). Aber nur der Geist Gottes selbst kann hier

---

[318] Zu der Aussage „Ich bin" würde ein „bei ihm" gut passen. Es wäre damit von Jesus selbst ausgesprochen, was Johannes in 1, 18 von Jesus bezeugt hatte (vgl. o. S. 59). Die Jerusalemer meinen ihn als Galiläer zu kennen und ahnen nicht, daß der vor ihnen steht, der fort und fort „bei Gott ist" und Gott darum wahrhaft und völlig „kennt".

die wahre Entscheidung geben[319]. Jesus sucht keine Verständigung, kein langsames Überzeugen seiner Gegner. Jesus sucht die Entscheidung, obwohl er weiß, wie sie ausfallen muß. Wer Jesus nicht glaubt, der kann ihn nur mit überzeugter Leidenschaft als einen Lästerer hassen oder sich verpflichtet fühlen, ihn zu vernichten. „**Da suchten sie ihn festzunehmen, und doch legte keiner Hand an ihn, denn seine Stunde war noch nicht gekommen.**" Seine „Stunde" bindet Jesus innerlich in seinem Handeln, sie bindet aber auch den andern die Hand. Gott führt den Sohn innerlich in freiem Gehorsam, er führt aber auch die äußeren Geschehnisse mit göttlicher Gewalt durch alles „Wollen" der Menschen hindurch.

30

EIN VERHAFTUNGSVERSUCH DES HOHEN RATES

Johannes 7, 31—36

31 **Aus dem Volk aber kamen viele zum Glauben an ihn und sagten: Der Messias, wenn er kommt, wird er etwa mehr Zeichen tun, als
32 dieser getan hat?** * **Es hörten die Pharisäer das Volk über ihn im Stillen so reden, und es sandten die Hohenpriester und die Phari-
33 säer Diener aus, um ihn zu verhaften.** * **Da sprach Jesus: Noch eine kurze Zeit bin ich bei euch, dann gehe ich fort zu dem, der
34 mich geschickt hat.** * **Suchen werdet ihr mich und nicht finden, und
35 wo ich bin, könnt ihr nicht hinkommen.** * **Da sprachen die Juden untereinander: Wo will er hingehen, daß wir ihn nicht finden werden? Will er etwa in die Diaspora der Griechen gehen und die
36 Griechen lehren?** * **Was bedeutet dieses Wort, das er sagte: Suchen werdet ihr mich und nicht finden, und wo ich bin, könnt ihr nicht hinkommen?**

zu Vers 31:
Jo 8, 30
zu Vers 33:
Jo 13, 33
zu Vers 34:
Jo 8, 21
zu Vers 35:
1 Pt 1, 1
Jak 1, 1

Trotz alles Unverständnisses, aller Widerstände und aller Furcht kommt es doch auch zum Glauben an Jesus. Freilich, es ist dies wieder ein Glaube, der nicht wirklich vom Wort Jesu überwunden ist, sondern auf die Wunder Jesu sieht. „Aus dem Volk aber kamen viele

31

---

[319] Auch uns heutigen Lesern zerschlägt Jesus mit seiner unerhörten Behauptung die Möglichkeit, uns ihm gegenüber in eine freundliche Sympathie hineinzuflüchten und dadurch der eigentlichen Entscheidung auszuweichen. Jesus — ein „edler Mensch"? Aber kein „edler Mensch" sagt solche Dinge von sich, wie Jesus es hier tut. Es ist gut, wenn wir uns an den Behauptungen Jesu stoßen bis wir von ihm überwunden werden und in ihm Gottes wahrhaftigen Sohn erkennen.

zum Glauben an ihn und sagten: **Der Messias, wenn er kommt, wird er mehr Zeichen tun, als dieser getan hat?**" Das ist noch nicht eigentlich der Glaube, den Jesus will und den er erstaunlicherweise bei den Samaritern in Sychar ohne ein einziges Wunder gefunden hat. Andererseits sieht gerade unser Evangelium in den „Zeichen" einen echten Grund zum Glauben, ja sogar eine Verpflichtung dazu. Vgl. 10, 38; 12, 37; 20, 30. Im „**Volk**" wird einfacher gedacht und geurteilt als bei den „Jerusalemern" oder gar bei den Schriftgelehrten. Es ist darum auch ein ganz richtiger und realistischer Gedanke, mehr Wunder als Jesus könne auch der Messias nicht tun. Warum sollte dann nicht Jesus selber der Messias sein? Zum klaren und bestimmten Erfassen „Jesus ist der Messias" kommt es aber nicht. Man spricht bei allem „Glauben" an Jesus doch zugleich von „**dem Messias, wenn er kommt**".

32 Aber für die Gegner Jesu ist auch dieser Glaube schon eine bedrohliche Sache. Mag Jesus so ungeheuerlich reden, wie er will, solange er allein bleibt, ist er ungefährlich. Aber schon Jesu Taufen in Judäa erregte ihre Besorgnis (4, 1—3). Wenn er nun gar in Jerusalem selbst Anhänger im Volk gewinnt und wenn man beginnt, in ihm den Messias zu sehen, dann muß eingeschritten werden. Wir erleben hier ein Vorspiel des Geschehens von 11, 47 ff, das dann endgültig in die Leidensgeschichte Jesu führt. Seine Anhänger im Volk wagen sich noch nicht offen hervor. Es ist ja noch keine klare und feste Überzeugung, die zum offenen Bekenntnis bereit und fähig ist. Es wird über Jesus „gemurmelt", wie es wörtlich heißt. „**Es hörten die Pharisäer das Volk über ihn im Stillen so reden.**" Das scheint ihnen gefährlich genug. Aber mehr als einen starken „moralischen" Einfluß haben die Pharisäer als solche nicht. Ein Stück obrigkeitliche Gewalt besaß nur der regierende Hohepriester, dem die Tempelpolizei unterstand. Wie später der Pharisäer Saul von Tarsus in Damaskus nur dann zur Verhaftung der Christen schreiten konnte, wenn er schriftliche Vollmachten des Hohenpriesters in der Hand hatte (Apg 9, 1 f), so müssen sich die Pharisäer auch hier an die Sadduzäer, an die Priesterpartei, wenden, zu der sie sonst in erheblichem Gegensatz standen. Nun eint der Haß gegen Jesus die Priester und die Pharisäer. „**Und es sandten die Hohenpriester und die Pharisäer Diener aus, um ihn zu verhaften.**" Vermutlich sind das „**die Hohenpriester und die Pharisäer**", die im Hohen Rat zusammensaßen. Die „Diener" werden die Männer der Tempelpolizei sein (vgl. Apg 4, 1—3; 5, 22 f).

33/34 Jesus kennt seine Lage genau und rechnet mit Leiden und Tod. Johannes hat die drei „Leidensweissagungen" nicht gebracht, die wir bei den Synoptikern lesen (Mt 16, 21; 17, 22; 20, 17—19). Aber in seiner Weise redet Jesus auch in unserem Evangelium klar von seinem bevorstehenden Ende. „Da sprach Jesus: **Noch eine kurze Zeit bin ich bei euch, dann gehe ich fort zu dem, der mich geschickt hat.**" Aber nicht das bewegt Jesus, was er selbst durchleiden muß. Er sieht in seinem Sterben nur die Rückkehr zum Vater. Ihn sorgt, was aus denen wird, die ihn ablehnen und hassen und die ihn doch brauchen, wenn sie leben wollen. Nur **„noch eine kurze Zeit"** ist er bei ihnen. Schnell ist diese kurze Zeit, dieses „Heute" der Entscheidung vorbei. Dann ist es zu spät! Er sieht es kommen: **„Suchen werdet ihr mich und nicht finden, und wo ich bin, könnt ihr nicht hinkommen."** Das ist zunächst der Hinweis auf die ganze Ohnmacht seiner Feinde. Gerade wenn sie ihr Werk an ihm getan und ihn getötet haben, ist er ihnen für immer entgangen. Sie suchen ihn dann vergeblich, um sein Werk aufzuhalten. Er ist dann unerreichbar für sie. Denn nachkommen in den Himmel zu Gottes Thron, wo er dann sein wird, das können sie nicht.

Jesu Wort kann aber noch einen tieferen Sinn haben. Ein Suchen nach dem, was nur er zu geben hat, wird aufbrechen. Nach dem Messias sehnt sich Israel und wird sich immer mehr nach ihm sehnen. Aber dann ist er, der wahre Messias, nicht mehr zu finden; er ist unerreichbar für sie. Wenn sie doch zu ihm kämen, solange er noch zu erreichen ist! Es geht durch Jesu Wort etwas von dem Ruf, den Gott einst durch Jesaja ausgesandt hat: „Suchet den Herrn, solange er zu finden ist; rufet ihn an, solange er nahe ist" (Jes 54, 6)[320].

Die, die nicht „glauben", können auch nicht hören und verstehen. Gerade die sorgende und suchende Liebe hören sie in Jesu Wort nicht. Sehr lebensecht wird geschildert, wie die Gegner Jesu, **„die Juden"**, untereinander über Jesu Wort reden. Man hört förmlich die entrüsteten und höhnischen Wendungen, die in ihrem Kreis umlaufen: **„Wo will er hingehen, daß wir ihn nicht finden werden? Will er etwa in die Diaspora der Griechen gehen und die Griechen lehren?"** Die **„Diaspora der Griechen"** meint, wie wir es genau mit dem gleichen Wortlaut in einem Brief des Rabbi Gamaliel I finden, die unter den Griechen zerstreut lebenden Juden. Will Jesus sich dorthin flüchten? Nun, fügt ein anderer hinzu, da will er seine großartige Lehre am Ende sogar den Griechen selber vortragen? Vielleicht hat er bei diesen gottentfremdeten Heiden mehr Glück als bei uns, die wir seine Gotteslästerung durchschauen. Und doch läßt das Wort Jesu sie in seinem geheimnisvollen Ernst nicht los. Sie müssen sich mit ihm beschäftigen und es ständig wiederholen: **„Was bedeutet dieses Wort, das er**

35/36

---

[320] Dieses „zu spät" gilt wohl „zuerst den Juden" (Rö 1, 16; 2, 10; Apg 13, 46), aber es gilt ebenso der Welt. Es kann für jeden Leser des Evangeliums „zu spät" sein, wenn er das Heute versäumt, in dem Jesu Wort ihn trifft und bewegt.

sagte: Suchen werdet ihr mich und nicht finden, und wo ich bin, könnt ihr nicht hinkommen?" Johannes aber mag nachträglich, als er der Gemeinde dieses Wort weitergab, eine „Weissagung" darin gehört haben, ähnlich der ungewollten Weissagung des Hohenpriesters beim Todesbeschluß Jesu in 11, 49—52. Jetzt, da Johannes sein Evangelium schrieb, war Jesus in seinen Boten tatsächlich in die „**Diaspora der Griechen**" hinausgegangen und hatte „**die Griechen gelehrt**". Ganze Gemeinden waren dadurch draußen in der Völkerwelt auf griechischem Boden entstanden. Jesus selbst wird allerdings dem lockenden Ruf der Griechen nicht folgen (12, 20 f) und wird den Verdacht der Pharisäer mit der Tat widerlegen. Er wird Israel, das ihn verstößt, bis in das Sterben hinein treu bleiben und so das sterbende Weizenkorn werden, das viel Frucht bringt, auch bei den „Griechen" und über die ganze Erde hin (12, 24).

JESUS RUFT ZUM GLAUBEN AM LETZTEN TAG DES FESTES

Johannes 7, 37—44

zu Vers 37:
3 Mo 23, 36
Jes 55, 1
Offb 22, 17

zu Vers 38:
Jes 44, 3
58, 11
Hes 47, 1—12
Joe 3, 1

zu Vers 39:
Jo 16, 7
2 Ko 3, 17

zu Vers 40:
5 Mo 18, 15
Jo 6, 14

zu Vers 42:
2 Sam 7, 12
Mich 5, 1
Mt 2, 5. 6
22, 42

zu Vers 43:
Jo 9, 16

37 Aber an dem letzten, dem großen Tage des Festes, stand Jesus und
38 rief: Wenn jemand dürstet, komme er zu mir und trinke. * Wer glaubt an mich, wie die Schrift gesagt hat, Ströme lebendigen Was-
39 sers werden von seinem Leibe fließen. * Dies aber sagte er von dem Geist, den die empfangen sollten, die zum Glauben an ihn gekommen waren. Den Geist gab es noch nicht, weil Jesus noch
40 nicht verherrlicht war. * Aus der Volksmenge nun sagten Hörer
41 dieser Worte: Dieser ist wahrlich der Prophet. * Andere sagten: Dieser ist der Messias; andere aber sagten: Kommt denn der
42 Messias etwa aus Galiläa? * Hat nicht die Schrift gesagt „Aus dem Samen Davids" und „aus Bethlehem", dem Dorf, wo David
43 war, „kommt" der Messias? * Eine Spaltung nun entstand im Volk
44 um seinetwillen. * Einige von ihnen wollten ihn festnehmen, aber keiner legte seine Hand an ihn.

37 Der letzte Tag dieses durch Jesus so tief erregten Laubhüttenfestes ist herangekommen. Vielleicht ist nicht der siebente, sondern der achte Tag gemeint, der nach 3 Mo 23, 36 dem Fest noch hinzugefügt und besonders als festlich hervorgehoben war. Die Sprache des Johannes ist arm an Eigenschaftsworten. Johannes benützt das Wort „groß" auch dort, wo wir im Deutschen mannigfaltige Bezeichnungen verwenden würden. Luther hat das empfunden und hier das einfache

„groß" mit „der am herrlichsten war" (rev. LÜ: „welcher der höchste war") wiedergegeben. Diesen Tag benutzt Jesus zu einer nochmaligen dringenden Ansprache an die Festbesucher. Wieder wird dabei der Ausdruck **„er rief"** verwendet, von dem wir bereits zu 1, 15 und 7, 28 sprachen. Dieser Ausdruck will die Anspannung der Stimme nur insofern hervorheben, als in ihr die Anspannung des Herzens zum Ausdruck kommt. **„Aber an dem letzten, dem großen Tage des Festes stand Jesus und rief: Wenn jemand dürstet, komme er zu mir und trinke."**

Jesus mag sein Wort so geformt haben, weil zum Brauchtum des Festes ein eindrucksvoller Vorgang gehörte, an den er anknüpfen kann. An jedem Festtag gingen Priester zum Teich Siloah[321] hinab, füllten dort einen goldenen Krug mit Wasser und trugen ihn in feierlicher Prozession in den Tempel. Unter dem Jubel des Volkes und den Klängen der Tempelmusik wurde dieser Krug zugleich mit einer Kanne Weines in die am Altar angebrachten silbernen Schalen ausgeleert. Vor der großen Festgemeinde stand dabei das Jesajawort: „Ihr werdet mit Freuden Wasser schöpfen aus dem Heilsbrunnen" (Jes 12, 3). Das war ihr Stolz und ihre Seligkeit, daß sie den Heilsbrunnen zu besitzen meinten und aus ihm schöpfen konnten. Welch ein Fest war es doch! Man sagte in Israel: „Wer die Freude des Wasserschöpfens nicht gesehen hat, hat niemals eine Freude gesehen."

Freut sich Jesus nicht mit? Schon im Alten Testament haben sich die Boten Gottes gerade gegen die großen religiösen Festfeiern Israels wenden müssen (Am 5, 1 f; Jes 1, 11—15; 29, 13). Solche Feiern können hinreißend sein und können den Eindruck größten religiösen Reichtums erwecken. Und doch fehlt ihnen die letzte Wahrheit, die allein vor Gott gelten kann. Jesus sieht die Menschenmenge, Jesus hört den Jubel, aber — schöpfen sie denn wirklich mit Freude Wasser aus dem Heilsbrunnen? Gibt es in der großen Festversammlung nicht auch Herzen, die es schmerzlich merken, wie die eigentliche Wirklichkeit des Heils fehlt? Bleiben sie nicht bei aller Schönheit des Festes doch „Durstende", und kein Wasser in goldenen Krügen kann ihren Durst stillen? Wenn solche da sind, die Jesus meint, dann ruft er sie zu sich. Denn bei ihm ist die Wirklichkeit zu finden, die dem Fest bei aller Schriftgemäßheit und bei allem Glanz und Klang fehlt. Der tatsächliche „Heilsbrunnen" ist er selbst, er in seiner Person. Bei ihm können sie wirklich trinken.

Das Wort Jesu hat Geltung für alle Zeiten und alle Lebenslagen aller Menschen. Nicht nur in Israel, sondern auch in den christlichen Kirchen gibt es bei aller Fülle der Überlieferung, der schönen Sitten,

---

[321] Siehe S. 293.

der bewegten Feste die Dürstenden, die in all diesem nicht finden, was ihren Durst stillt[322]. Auch auf allen andern Lebensgebieten kann das Größte und Schönste, was wir haben mögen, das Leben nicht geben, nach dem wir uns bewußt oder unbewußt sehnen. Wen dürstet, muß und darf zu Jesus selbst kommen. Sein Leben mit Jesus wird ein unerschöpfliches „Trinken", das den Durst stillt und zugleich Raum für ein immer tieferes Verlangen läßt, dem immer reichere Erfüllung zuteil wird, bis zu der letzten und endgültigen Erfüllung auf der neuen Erde (Offb 21, 6; 22, 17; 7, 17)[323].

Jesu Einladung läßt völlige Freiheit und bedrängt niemand. „**Wenn jemand dürstet**", sagt Jesus. Diese Einladung ist von schrankenloser Weite. Jeder kann dieser „**Jemand**" sein. Keine besonderen Voraussetzungen, keine Werte und Leistungen irgendwelcher Art werden von ihm verlangt. Jeder darf kommen, wie er ist. Und doch macht dieses Wort zugleich klar, warum Jesus zwar für alle Menschen notwendig ist, aber doch nur von bestimmten Menschen gesucht und gefunden wird. Nur „**wenn jemand dürstet**", hat er ein Ohr für Jesu Ruf.

38 Jesus gibt aber noch mehr und noch größeres als nur die Stillung des eigenen Sehnens. Auch der Samariterin war von Jesus schon zugesagt, daß das Wasser, das er ihr gibt, selber zum sprudelnden Quell werden sollte (4, 14). Jetzt unter Israeliten im Tempel kann Jesus noch deutlicher reden. „**Wer glaubt an mich, wie die Schrift gesagt hat, Ströme lebendigen Wassers werden von seinem Leibe fließen.**" Wir wissen nicht[324], ob der Hinweis auf die Schrift eine Richtschnur für den Glauben sein soll („wer so glaubt, wie die Schrift es sagt") oder ob er die Zusage begründet, daß der an Jesus Glaubende überfließendes Leben für andere haben werde. Wir wissen auch nicht, welches Schriftwort Jesus dabei vor Augen hatte. Man hat an Jes 44, 3 f; 58, 11 oder an Hes 47, 1—9; Sach 14, 8 gedacht. Wie dies aber auch sei, Jesus hat die höchste Lebenserfüllung darin gesehen, daß wir zum Mittler „lebendigen Wassers" für andere werden. In der ganzen Bibel ist es eine Grundregel Gottes, daß er seine herrliche Gabe nirgends nur zur eigenen Segnung und Beglückung des Empfängers selber gibt, sondern immer den weiterwirkenden Dienst an

---

[322] Denken wir nur an Martin Luther, der als eifriger Mönch in allem, was seine Kirche auch in ihren besten Vertretern ihm zu bieten hatte, die Heilsgewißheit nicht fand, nach der er sich mit verzehrender Glut sehnte.

[323] Auch mit diesem Ruf erweist Jesus seine Gottheit, seine Einheit mit Gott. Er erfüllt, was Gott für seine Person versprochen hat: Jes 44, 3; 55, 1.

[324] In den alten Handschriften gibt es keine Zeichensetzung. Schon die Kirchenväter Cyprian und Origenes haben die Zeichensetzung und damit das Verständnis des Textes verschieden gefaßt.

andern im Auge hat[325]. Und dieser Dienst ist nicht Last und bedrückende Einschränkung der Gnade, sondern letzte Höhe. Nicht nur den Durst gestillt bekommen, sondern Quelle für andere sein, nicht nur trinken, sondern andere tränken dürfen, nicht nur Leben empfangen, sondern Leben weitergeben, das ist erst die herrlichste Erfüllung eines Verlangens nach vollem Leben. Diese Erfüllung findet keiner in sich selber. Nie wird er selber in sich zur Quelle. Die Verheißung ist ganz an die Grundbedingung gebunden: **„Wer an mich glaubt."** Wir heutigen Christen stehen aber staunend davor, wie wahr Jesu Wort ist, wie es sich durch Jahrhunderte bis heute an bekannten und unbekannten, berühmten und verborgenen Jüngern Jesu tatsächlich verwirklicht hat.

Auf zwei Wendungen in dem Wort Jesu haben wir noch besonders zu achten. Jesus spricht ausdrücklich von **„Strömen"**, die fließen sollen. Nicht nur wenige Tropfen werden die an ihn Glaubenden für andere zur Verfügung haben. Mächtig wird ihre Wirkung sich in ganzen Strömen ergießen. Diese Ströme aber kommen von ihrem **„Leibe"**, immer geht es in der Bibel um den ganzen Menschen, der gerade erst mit seinem Leibe der real lebendige und wirklich sich einsetzende Mensch ist. Nur wer seinen Leib zum lebendigen Opfer in Gottes Dienst hingibt (Rö 12, 1), wird die Erfüllung der Zusage Jesu erleben.

Der Evangelist selber sieht vom Beginn der Erfüllung aus auf das Wort seines Herrn zurück und kann uns genauer sagen, wie Jesus es konkret gemeint hat: **„Dies aber sagte er von dem Geist, den die empfangen sollten, die zum Glauben an ihn gekommen waren."** In der Tat, auf den Heiligen Geist trifft alles zu, was Jesus hier sagt. Nur wer zum Glauben an Jesus gekommen ist, empfängt ihn. Kein Bitten um den Heiligen Geist hilft, wenn wir nicht zu Jesus kommen. Im Heiligen Geist aber empfangen wir selbst göttliches Leben und Stillung unseres Durstes. Und der Geist wird dann zur wirkenden Kraft unseres Zeugnisses in Wort und Leben und macht, daß es auch andere zum Leben führt und das göttliche Leben zu andern trägt. So wird Jesu damaliges Wort durch die göttliche Erfüllung selbst ausgelegt. Damals, als Jesus es sprach, konnte es noch nicht erkannt werden. **„Den Geist gab es noch nicht."** Natürlich weiß Johannes, daß der Geist Gottes von Ewigkeit her da war und bereits in den Propheten geredet hatte. Aber Geist und Geisteswirken in voller Gegenwart „gab es" vor Pfingsten tatsächlich nicht. Die Ausgießung des Geistes konnte erst erfolgen, als das ganze Heilshandeln Gottes in Jesus vollendet, als Jesus zum Kreuz „erhöht", von den Toten auferweckt und

---

[325] Vgl. z. B. 1 Mo 12, 1—3; 2 Mo 3, 6 und 10; Jes 6, 6—8; Lk 5, 8 und 10; Apg 9, 5 und 15 f.

zum Thron Gottes hinaufgenommen war. Johannes faßt dieses alles in den einen Ausdruck „der Verherrlichung Jesu" zusammen. **„Den Geist gab es noch nicht, weil Jesus noch nicht verherrlicht war."**

40/42 Wieder erhalten wir ein anschauliches Bild, wie diese Verkündigung Jesu auf die Menge gewirkt hat. Der Eindruck seiner Worte ist groß. Wie bei der wunderbaren Speisung in Galiläa und zuvor schon beim Wirken des Täufers ist es die geheimnisvolle Gestalt „des Propheten"[326], an die viele jetzt denken müssen. **„Aus der Volksmenge nun sagten Hörer dieser Worte: Dieser ist wahrlich der Prophet."** Ander griffen noch höher. **„Andere sagten: Dieser ist der Messias."** Ein Ahnen geht durch die Volksmenge, daß Großes unter ihnen geschieht und alte Weissagungen sich erfüllen. Ist es am Ende wirklich messianische Zeit? Aber nun zeigt sich wieder die Gefahr theologischer Vorstellungen und biblischer Gedanken, die uns hindern können, die jetzt von Gott uns geschenkte Wirklichkeit mit freiem Herzen aufzufassen. **„Andere sagten: Kommt denn der Messias etwa aus Galiläa?"** Sie haben für ihre Bedenken die biblische Begründung. **„Hat nicht die Schrift gesagt ‚Aus dem Samen Davids' und ‚aus Bethlehem', dem Dorf, wo David war, ‚kommt' der Messias?"**[327] Jetzt hören wir im Gegensatz zur Kritik der Jerusalemer in Vers 27 den Einwand gegen Jesus von der prophetischen Verheißung her. Nach der Schrift „weiß man" sehr wohl, woher der Messias kommen muß. Jesus aber entspricht nicht den biblischen Verheißungen! Johannes hat dazu keine Stellung genommen und nicht auf das hingewiesen, was wir aus Mt 1 und Lk 2 erfahren[328]. Er hat hier wie überall die Kenntnis der andern Evangelien einfach vorausgesetzt. Aber er wird ganz bewußt aus inneren Gründen jeden Hinweis auf Jesu Geburt in Bethlehem unterlassen haben. Ihm liegt alles daran, daß wir recht an Jesus glauben lernen (vgl. 20, 31, das Schlußwort seines Evangeliums). Echter Glaube aber kann nur entstehen und wachsen im inneren Überwundenwerden von dem Wort Jesu und von der ganzen Wirklichkeit, die sich uns in seinem Wort und in seinem Tun erschließt. Äußere „Beweise" reichen nicht aus. Auch der Beweis erfüllter messianischer Weissagungen kann unsern Glauben nicht tragen. Der Glaube derer, die auf dem Laubhüttenfest Jesus erlebt haben, darf nicht von seinem Geburtsort abhängig sein. Die Menschen dort auf dem Fest stehen unmittelbar vor der Glaubensfrage, die sie nur durch das Sehen und Hören Jesu selbst in der vertrauten Hingabe an ihn beantworten können. Sind sie erst einmal glaubend, dann werden sie nachträglich

---

[326] Vgl. hierzu die Auslegung von 1, 21 und 6, 14.
[327] Diese schriftkundigen Hörer denken an Stellen wie 2 Sam 7, 12; Ps 89, 4 f und Mich 5, 1.
[328] Vgl. zu dieser Frage o. S. 49 zu 1, 13 und S. 205 f. zu 6, 42.

auch mit fröhlichem Staunen erfahren, wie Gott dafür gesorgt hat, daß „Jesus von Nazareth", Jesus, der „Galiläer", dennoch **„aus Bethlehem"**, dem Dorf, „wo David war" und aus dem „Samen Davids" gekommen ist. Gott erfüllt sein Wort. Aber die lebendige Erfüllung kann sehr anders aussehen, als wir uns das in unseren festgefahrenen Gedanken vorstellten.

Zum eigentlichen klaren Glauben kommt es nicht. Menschen, die sich aus der großen Menge lösen und wirklich dürstend zu Jesus kommen, werden nicht sichtbar. Es bleibt bei einer allgemeinen Erregung, bei einem Hin und Her der Meinungen. Eine gewisse Scheidung der Geister tritt ein. Aber diejenigen, die sagen, „**dieser ist der Messias**", meinen es doch nicht im letzten Ernst. Und diejenigen, die Jesus festnehmen wollen, legen doch noch nicht wirklich Hand an ihn. „**Eine Spaltung**[329] **nun entstand im Volk um seinetwillen. Einige von ihnen wollten ihn festnehmen, aber keiner legte Hand an ihn.**"

43/44

DER MISSLUNGENE VERHAFTUNGSVERSUCH DES HOHEN RATES

Johannes 7, 45—52

45 Es kamen nun die Diener zu den Hohenpriestern und Pharisäern, und diese sagten zu ihnen: Warum habt ihr ihn nicht hergebracht?
46 * Die Diener antworteten: Niemals hat ein Mensch so geredet, wie
47 dieser Mensch redet. * Da antworteten die Pharisäer: Habt ihr
48 euch etwa auch verführen lassen? * Hat etwa jemand von den Oberen ihm Glauben geschenkt oder jemand von den Pharisäern?
49 * Nein, dieses Volk, das das Gesetz nicht kennt — verflucht sind
50 sie. * Nikodemus sagt zu ihnen, der früher einmal zu ihm gekom-
51 men war, einer aus ihren eigenen Reihen: * Richtet denn unser Gesetz den Menschen, wenn es nicht zuerst von ihm gehört und
52 ermittelt hat, was er tut? * Sie antworteten und sprachen zu ihm: Bist etwa auch du aus Galiläa. Forsche nach und sieh, daß aus Galiläa ein Prophet nicht aufsteht.

zu Vers 46:
Mt 7, 28 f
27, 63
zu Vers 48:
1 Ko 1, 26 f
zu Vers 50:
Jo 3, 1. 2
zu Vers 51:
5 Mo 1, 16
Apg 25, 16

Die nach Vers 32 ausgesandten „**Diener**", also wohl Männer der Tempelpolizei, kommen nun zu ihren Auftraggebern zurück. Johan-

45

---

[329] Da nicht einmal Jesus selbst wirklich alle zu gewinnen vermochte, sondern eine Spaltung hervorrief, warum verlangt man dann eigentlich immer wieder von Predigern und Evangelisten, daß es bei ihnen keine „Spaltungen" geben dürfe? Wo „Entscheidungen" nötig sind, muß es auch immer zu „Scheidungen" kommen.

nes hat es in seiner Erzählung sehr geschickt geordnet, daß er uns zunächst bei dem Fortgang der Wirksamkeit Jesu und ihren Auswirkungen im Volk festgehalten hat und uns darüber ganz vergessen ließ, daß ja doch eine amtliche Fahndung gegen Jesus angesetzt war. So belanglos und erfolglos ist sie! Jetzt hören wir davon. **„Es kamen nun die Diener zu den Hohenpriestern und Pharisäern."** Das Neue Testament redet — wie auch der jüdische Schriftsteller Josephus — von **„den Hohenpriestern"** in der Mehrzahl. Dabei weiß Johannes sehr wohl, daß es immer nur den einen regierenden Hohenpriester gab (vgl. 11, 51). Aber in der großen Priesterschaft, zu der viele arme und geringe Leute gehörten, die nur zu bestimmten Dienstzeiten im Tempel amtierten, sonst aber auf dem Lande wohnten (vgl. Lk 1, 5 ff, bes. V. 8), gab es um den leitenden Mann eine einflußreiche Gruppe, wie sie uns Apg 4, 6 geschildert wird. Diese mächtigen Männer des Priesteradels sind hier als **„Hohepriester"** mit **„den Pharisäern"** zusammen, unter denen wir uns ebenfalls die amtlichen Leiter der großen und weit verzweigten Bewegung des Pharisäismus zu denken haben. Doch nun welche Überraschung. Die Polizisten kommen ohne Jesus an. Sie werden angefahren: **„Warum habt ihr ihn nicht hergebracht?"**

46 **„Die Diener antworteten: Niemals hat ein Mensch so geredet, wie dieser Mensch redet."** Im Urtext kommt es noch anschaulicher und stockender heraus: **Wie dieser redet, der Mensch!"** Es zeigt sich hier in einfacher Weise, was wir an dem Hauptmann von Kapernaum noch deutlicher sehen. Gerade diese Männer, die ans Durchgreifen gewöhnt sind und sehr realistisch denken, spüren die „Macht" des Wortes Jesu. Sie haben dieses Wort sicher nicht „verstanden", sie können keine theologische Auskunft darüber geben, auch sind sie nicht zum Glauben gekommen. Aber sie haben Jesus nicht anzufassen vermocht. Ein heiliger Respekt hielt sie zurück, von dem sie nur stammelnd etwas sagen können.

47/49 **„Da antworteten die Pharisäer."** Die Pharisäer finden eher das Wort an die Diener als die vornehmen Herren vom Priesteradel. Sie waren auch eifriger bei der Sache; von ihnen geht der Haß gegen Jesus aus. Die Priesterschaft war „liberal", und darum ein Stück tolerant, solange es nicht an ihre politische Machtstellung ging (11, 48). Von den Pharisäern erhalten wir jetzt ein sehr anschauliches Bild. Sie halten den Männern der Tempelpolizei vor: **„Habt ihr euch etwa auch verführen lassen? Hat etwa jemand von den Oberen ihm Glauben geschenkt oder jemand von den Pharisäern? Nein, dieses Volk, das das Gesetz nicht kennt — verflucht sind sie."** Ihr unwillkürliches Verlangen nach „Ehre", das ihr ganzes Denken bestimmt (5, 44), wird sichtbar. Es geht ihnen nicht darum, ob Jesus die Wahrheit sagt oder nicht. Jesus ist für sie erledigt, weil keiner der Oberen und keiner ihrer Parteigänger ihm Vertrauen schenkt. Wenn es nur die ungebildeten Leute aus dem Volk sind, die in ihm den Propheten oder gar den Messias zu sehen beginnen, dann ist das nicht ernst zu nehmen. Wer nicht in „maßgebenden Kreisen" Einfluß gewinnt, ist für sie abgetan. Zugleich tritt ihre Erbitterung gegen **„dieses Volk, das das Gesetz nicht kennt"**, hervor. Wie mühen sie sich nun seit Jahrhunderten das Volk genau im „Gesetz" zu unterweisen und es zur strengen Einhaltung aller Vorschriften des Gesetzes zu bringen. Aber es sind immer nur so wenige, die sie wirklich dafür gewinnen. Die einfachen Menschen in ihrem Daseinskampf kümmern sich um all diese schwierigen Auslegungsfragen nicht und meinen die vielen Vorschriften nicht einhalten zu können. In dem Ausdruck **„dieses Volk"** klingt die verächtliche Bezeichnung „am ha arez", **„Volk des Landes"**, nach, die in pharisäischen Kreisen gern gebraucht wurde. Das „Landvolk" lebte nach ihren Begriffen stumpf und uninteressiert an ihren Gesetzesauslegungen vorbei. Zornig sagen die Pharisäer von ihnen: **„Verflucht sind sie"**[330]. Nur **„dieses Volk"** ist es, was sich für Jesus interessiert. Damit ist Jesus gerichtet. Dieses Urteil der pharisäischen Führung entspricht ihrer Feststellung: „Dieser nimmt die Sünder an und isset sogar mit ihnen" (Lk 15, 2).

Nikodemus mischt sich in das Gespräch ein. Johannes hebt hervor, daß er selbst zu der Gruppe der Pharisäer gehörte, selber Theologe war und Sitz im Hohen Rat hatte; und er erinnert daran, daß wir ihn schon von seinem nächtlichen Besuch bei Jesus kennen. **„Nikodemus sagt zu ihnen, der früher einmal zu ihm gekommen war, einer aus ihren eigenen Reihen: Richtet denn unser Gesetz den Menschen, wenn es nicht zuerst von ihm gehört und ermittelt hat, was er tut?"** Er ist auch jetzt der vorsichtige Mann, als der er uns damals schon entgegentrat. Er wagt kein eigentliches Wort für Jesus. Das würde ja auch vergeblich sein. Er weist lieber auf das Gesetz hin, das seine Kollegen auch ihrerseits so eifrig vertreten, faßt sich ganz mit ihnen zusammen und spricht von **„unserm Gesetz"**. Aber er fragt: **„Richtet denn unser Gesetz den Menschen, wenn es nicht zuerst von ihm gehört und ermittelt hat, was er tut?"** Er möchte wenigstens verhindern, daß Jesus ohne eine gründliche Untersuchung verworfen und vernichtet wird. Doch er erreicht damit nichts. Die andern gehen auf seinen Einwand

50/51

---

[330] Wir haben kein Recht, allzu schnell über die Pharisäer entrüstet zu sein. Es liegt auch uns nahe, besonders wenn wir fromme Gruppen mit besonderen Anschauungen oder einer bestimmten Lebens- und Frömmigkeitspraxis bilden, daß wir uns über Menschen ärgern, die sich nicht für das interessieren, was uns so wichtig erscheint. Im „Pharisäismus" steht nur besonders grob vor uns, was in feineren Formen auch uns gefährdet.

als solchen gar nicht ein. Für solche ruhigen Fragen haben sie in ihrem Haß gar kein Ohr. Sie spüren im Wort des Nikodemus eine Parteinahme für Jesus. Das ist ihnen schon zu viel und sie weisen
52 Nikodemus schroff zurück. „**Sie antworteten und sprachen zu ihm: Bist etwa auch du aus Galiläa? Forsch nach und sieh, daß aus Galiläa ein Prophet nicht aufsteht.**" Wir sehen, wie „Galiläa" von Jerusalem her eingeschätzt wurde. Auch ein Nathanael stellte sofort die Frage: „Aus Nazareth kann etwas Gutes kommen?" Aber Nathanael war ein „rechter Israelit". Er ließ sich sagen: Komm und sieh! Die Gegner Jesu in Jerusalem aber wollen nicht mehr „sehen". Für sie ist der Fall absolut erledigt. Nur ein Galiläer konnte auf den Gedanken kommen, einen „Galiläer" als Gottgesandten anzuerkennen. Sie sind ihrer Sache so sicher, daß sie ihrerseits den Nikodemus auffordern, doch recht „zu sehen": „**Forsche nach und sieh, daß aus Galiläa ein Prophet nicht aufsteht.**" Nicht einmal „**ein Prophet**", ein Gottesbote überhaupt, kann Jesus sein, wenn er „**aus Galiläa**" kommt. Ob sie dabei 2 Kö 14, 25 übersahen, wo von dem Propheten Jona, dem Sohn Amitthais, die Rede ist, der aus Gath-Hepher im Gebiet Sebulon, also aus Galiläa stammt? Aber sie meinen mit ihrem Wort wohl nur die Zukunftsweissagungen der Schrift. Das künftige Auftreten eines Propheten aus Galiläa war nicht verheißen. Ein „**Prophet aus Galiläa**" gehört nicht in das biblische Zukunftsbild.

EIN EINSCHUB: JESUS UND DIE EHEBRECHERIN

Johannes 7, 53 — 8, 11

zu Vers 5:
3 Mo 20, 10
5 Mo 22, 22—2

zu Vers 6:
Mt 22, 15

zu Vers 7:
Rö 2, 1

zu Vers 9:
Rö 2, 15. 22

zu Vers 11:
Jo 5, 14

53/1 Und sie gingen ein jeder in sein Haus. * **Jesus aber ging auf den**
2 **Ölberg.** * **Am frühen Morgen aber kam er wieder in den Tempel, und das ganze Volk kam zu ihm; und er setzte sich und lehrte sie.**
3 * **Da bringen die Pharisäer und Schriftgelehrten eine Frau, beim**
4 **Ehebruch ergriffen, und stellen sie in die Mitte** * **und sagen zu ihm: Lehrer, diese Frau ist auf frischer Tat als Ehebrecherin ergrif-**
5 **fen worden.** * **Im Gesetz aber hat Mose befohlen, solche zu steini-**
6 **gen; was sagst du nun dazu?** * Das sagten sie aber, um ihn auf die Probe zu stellen, damit sie etwas hätten, ihn anzuklagen. Jesus aber bückte sich nieder und schrieb (oder: malte) mit dem Finger
7 auf die Erde. * Als sie aber dabei blieben, ihn zu fragen, richtete er sich auf und sprach zu ihnen: Wer von euch ohne Sünde ist,
8 werfe als erster einen Stein auf sie. * Und er bückte sich wieder
9 und schrieb (oder: malte) auf die Erde. * Als sie aber das gehört

hatten, gingen sie fort, einer nach dem andern, von den Ältesten anfangend; und er blieb allein und die Frau, die in der Mitte da-
10 stand. * Jesus richtete sich auf und sprach zu ihr: Wo sind sie?
11 Hat dich keiner verurteilt? * Sie sprach: Keiner, Herr. Da sprach Jesus: Auch ich verurteile dich nicht. Gehe hin, von jetzt an sündige nicht mehr.

Es handelt sich bei diesem Abschnitt um einen „Einschub", der nicht von Johannes geschrieben ist und ursprünglich nicht zu unserm Evangelium gehörte. Der eigentliche Text geht mit 8, 12 weiter. Daß es sich um einen „Einschub" handelt, zeigt nicht nur der ganz andere Stil der Erzählung, sondern auch ihre wechselnde Stellung in den Handschriften des NT. Die Textüberlieferung bringt unsern Abschnitt zwar meist nach 7, 52, aber zuweilen auch nach 7, 36, nach 21, 24 und sogar nach Lk 21, 38 oder Mk 12, 17. Auch der Text selbst weist erhebliche Unterschiede in den einzelnen Handschriften und Handschriftengruppen auf. Koine hat mancherlei Erweiterungen, wie wir sie aus unserer LÜ kennen. Woher die Erzählung stammt und wie sie überhaupt in unser Evangelium gekommen ist, wissen wir nicht. Aber ihre innere Echtheit und Überzeugungskraft ist unbezweifelbar. Sie zeigt uns Jesus in unvergeßlicher Weise.

Die Pharisäer haben Nikodemus schroff zurückgewiesen. Aber sie 7, 53 — 8, 2 sind durch die Frage des Nikodemus doch gestört, gerade weil sie sich ihr nicht wirklich stellen. Sie wagen keinen neuen Beschluß. Die Sitzung wird abgebrochen, „und sie gingen ein jeder in sein Haus". Von Jesu Verhalten wird das Bild entworfen, das wir nur aus den letzten Tagen seines Aufenthaltes in Jerusalem kennen. Vgl. Mt 21, 17—18. "Jesus aber ging auf den Ölberg. Am frühen Morgen aber kam er wieder in den Tempel, und das ganze Volk kam zu ihm; und er setzte sich und lehrte sie." Er verbringt die Nächte außerhalb der Stadt auf dem Gelände des Ölbergs, kehrt aber frühmorgens in die Stadt zurück und lehrt im Tempel. Dieses „Lehren" wird in einer der vielen Hallen und Höfe des Tempels stattgefunden haben. Jedenfalls ist der nun erzählte Vorgang nur im Freien zu denken.

An einem dieser Tage „bringen die Pharisäer und Schriftgelehr- 3/5 ten[331] eine Frau, beim Ehebruch ergriffen, und stellen sie in die Mitte

---

[331] Johannes verwendet das Wort „Schriftgelehrter", das bei den Synoptikern so häufig zu finden ist, in seinem Evangelium nicht. Auch an solchem sprachlichen Zeichen merken wir, daß unser Abschnitt nicht von Johannes stammt. Ebenso unmöglich ist es, daß die Gegner Jesu ihm jetzt noch nach allem, was in Kap. 7 vor sich gegangen ist, als „Lehrer" anreden. Sie haben auch jetzt nicht mehr nötig, „ihn auf die Probe zu stellen, damit sie etwas hätten, ihn anzuklagen". Es ist deutlich sichtbar, daß unser Abschnitt nicht an diese Stelle gehört.

und sagen zu ihm: Lehrer, diese Frau ist auf frischer Tat als Ehebrecherin ergriffen worden. Im Gesetz aber hat Mose befohlen, solche zu steinigen; was sagst du dazu?" Wann und wie diese Frau unmittelbar beim Ehebruch ertappt worden ist, wird nicht gesagt. Jetzt jedenfalls hatten Schriftgelehrte und Pharisäer sich ihrer bemächtigt. Sie bringen sie und „stellen sie in die Mitte". Es ist also wohl ein Kreis von Zuhörern um Jesus zu denken; vor Jesus ist ein freier Raum, in den die Frau hineingestellt wird. Laut wird ihre Schandtat ausgesprochen, wobei das „auf frischer Tat ergriffen" besonders anklagend betont wird. Hier kann es keine Ausreden geben. Und die Bestimmungen des Gesetzes 3 Mo 20, 10; 5 Mo 22, 22—24 sind eindeutig und hart. Nun soll Jesus dazu Stellung nehmen.

6 „Das sagten sie aber, um ihn auf die Probe zu stellen, damit sie etwas hätten, ihn anzuklagen[332]." Es geht diesen Männern gar nicht um die Sünde und ihre Bekämpfung. Dazu hätten sie Jesus nicht gebraucht. Es geht ihnen um den Kampf gegen Jesus. Ihn hoffen sie endlich unentrinnbar gestellt zu haben. Verurteilt er jetzt diese Frau, dann hat er seinen Gegnern recht geben müssen und seinen Ruf als „Freund der Zöllner und Sünder" verloren. Schützt er aber selbst eine solche Ehebrecherin, dann ist er vor jedem entlarvt, der es überhaupt noch ernst meint mit Gottes Geboten. Er ist dann tatsächlich und klar „ein Diener der Sünde" (Gal 2, 17). Wie sich Jesus auch entscheidet, immer haben seine Gegner ihn in der Hand und können seine Stellungnahme gegen ihn verwenden. Sie merken nicht, wie sie nur sich selbst damit bloßstellen. Es wird ja doch deutlich, wie ihr frommer Eifer nicht wirklich Gott und Gottes Geboten gilt, sondern von Unwahrhaftigkeit, List und Haß regiert wird. Wie schrecklich ist es, wenn wir so ernste Dinge wie schwere Schuld und Gottes harte Drohungen für unseren persönlichen Kampf gegen einen uns verhaßten Menschen ausnutzen wollen.

Jesus hat das durchschaut und straft seine Gegner mit Verachtung. „**Jesus aber bückte sich nieder und schrieb (oder: malte) mit dem Finger auf die Erde.**" Aber der Haß seiner Gegner ist zäh. Er muß zur Antwort so oder so gezwungen werden. Kann Jesus entrinnen? Schweigt er vielleicht aus Verlegenheit? Oder hat er etwas Bedeutsames in den Sand „**geschrieben**"? Nein, das Wort „schreiben" kann auch ein „Malen" bezeichnen. Jesus malt mit seinem Finger irgendwelche Linien und Figuren in den Sand. Er macht damit in starker Weise deutlich, wie völlig er sich von der ganzen unechten Fragerei

---

[332] Das ist eine typisch „synoptische" Szene, wie wir sie auch Mt 22, 15—22; 22, 23—40 finden. Johannes berichtet uns nie etwas ähnliches; er schildert uns den Kampf Jesu mit den Pharisäern nur grundsätzlich und darum nur in öffentlichen Reden.

seiner Gegner geschieden weiß. Aber dann, als die Frager ihn weiter bedrängen, richtet er sich auf. Und nun kommt eine jener Antworten, wie wir sie mehrfach aus den Evangelien kennen, eine Antwort, die das ganze Netz zerreißt und die triumphierenden Gegner jäh zu Geschlagenen, ja zu selber Gerichteten macht: **„Wer von euch ohne Sünde ist, werfe als erster einen Stein auf sie."** Das Gesetz Mose gilt. Jesus widerspricht ihm nicht. Eine Ehebrecherin in Israel hat den Tod verdient. Nun wohl, macht ernst, beginnt die Steinigung! Aber — als erster werfe der von euch einen Stein, der selber ohne Sünde ist! **„Und er bückte sich wieder und schrieb (oder: malte) auf die Erde."** Jesus führt kein Gespräch mit seinen Gegnern. Er hält ihnen keine lange Rede, um ihnen seine innere Stellung zur Frage der Sünde darzulegen. Dieses eine Wort genügt. Mit ihm ist schon alles gesagt.

Welche Gewalt kann ein Wort haben! Die Gegner berufen sich nicht darauf, daß bei Mose von solchen Bedingungen nichts zu lesen ist und daß die Durchführung des Gesetzes dann ja niemals möglich gewesen wäre. Nein, das Wort Jesu steht da. Keiner wagt nach einem Stein zu greifen und sich damit als sündlos hinzustellen. **„Als sie aber das gehört hatten, gingen sie fort, einer nach dem andern, von den Ältesten anfangend."** Die uns vertraute Hinzufügung „von ihrem Gewissen überführt", ist sachlich völlig richtig. Aber gerade darum wird sie eine sehr begreifliche Hinzufügung sein, die man schwerlich fortgelassen hätte, wenn sie von Anfang an mit da stand. Der ursprüngliche Text ist zurückhaltender. Er berichtet nur die Tatsache und überläßt es dem Leser, den Vorgang innerlich zu verstehen. Als die Durchschauten halten sie es in Jesu Nähe nicht aus. Das Wort **„ohne Sünde"** war ganz allgemein gesagt und auch so umfassend gemeint. Aber angesichts der Ehebrecherin mochte es die Männer gerade auch an ihre unreinen und begehrlichen Gedanken erinnern. Die Ältesten verlassen zuerst den Platz. Sie wagen nicht den ersten Stein zu werfen, tun aber den ersten Schritt eines geschlagenen Gewissens. **„Und er blieb allein und die Frau, die in der Mitte dastand."**

Die Frau ist nicht mit fortgegangen. Sie hat die Gelegenheit nicht benutzt zu einem heimlichen Entrinnen. Sie kommt von Jesus nicht los, gerade sie mit ihrer offenkundigen Sünde nicht. Sie muß von diesem „Lehrer" noch ein Wort hören; er muß sein Urteil über sie sprechen. Hier ist in aller Stille „Glaube" entstanden, Glaube, der sich dem andern unterwirft. Und wieder ist Jesus einzigartig. Er stellt mit der schuldigen Frau keine Erörterungen an, führt kein „seelsorgerliches Gespräch". Er weiß, daß in diesem Herzen schon alles geschehen ist. Jesus stellt nur noch einmal das Erstaunliche fest, was sich hier begeben hat. **„Jesus richtet sich auf und sprach zu ihr: Wo sind sie? Hat dich keiner verurteilt? Sie sprach: Keiner, Herr."** Und nun ist es fast wie eine heilige Ironie in Jesu Wort. „**Da sprach Jesus: Auch ich verurteile dich nicht.**" Wenn nicht einmal diese strengen, heiligen Männer dich verurteilt haben, dann brauche ich es ja auch nicht zu tun. Ich habe dem Gesetz zugestimmt und auf Steinigung erkannt. Nun schließe ich mich dem Freispruch der Gesetzesvertreter an. Der einzige „Sündlose", der mit Recht den Stein werfen könnte, der gerade tut es nicht. Mit richterlicher Hoheit verkündigt Jesus den Freispruch: „**Gehe hin!**" Das ist die Entlassung der Angeklagten in die Freiheit. Und mit der Vollmacht des Retters fügt er die schöpferische Mahnung hinzu: „**Von jetzt an sündige nicht mehr.**" Auf den Ernst solcher Mahnung trafen wir bereits in 5, 14. Die jetzt erfahrene Rettung aus dem Todesgericht hilft nicht, wenn die Frau in ihr altes Leben zurückfällt. Ist diese Gefahr nicht gerade auf diesem Lebensgebiet groß genug? Sie bedarf des Befehls, den ihr Retter ihr gibt. Im göttlichen Befehl liegt zugleich die Kraft seiner Erfüllung, wie es der Kranke am Teich Bethesda am eigenen Leib erfahren hatte.

Wir stoßen in unserm Bericht auf jene zunächst so rätselhafte Paradoxie im Verhalten Jesu, die durch das ganze Evangelium hindurchgeht. Er, der in der Bergpredigt die Forderung Gottes bis aufs Äußerste radikalisiert, der ist zugleich der Freund der Zöllner und Sünder. Und umgekehrt: Er, der für solche Sünder wie diese Ehebrecherin die volle Vergebung hat, ist nicht einer, der die Sünde leicht nimmt und die Gebote abschwächt, sondern das ist der, der schon den begehrlichen Blick für Ehebruch erklärt. Wie kann das zusammen bestehen? Unsere Geschichte zeigt uns etwas davon. Gerade weil Jesus die Sünde so radikal faßt, so bis in ihre verborgenste Wurzel hinein sieht, gerade darum fällt für ihn der Unterschied zwischen „Sündern" und „Gerechten" dahin. Klar steht vor Jesus, was später Paulus lehrhaft aussprechen wird: „Es ist hier kein Unterschied: sie sind allzumal Sünder und mangeln des Ruhmes, den sie bei Gott haben sollen" (Rö 3, 23). Äußerlich saubere und „gute" Menschen sind innerlich nicht anders als die offenkundigen „Sünder" und tragen den Keim zu allen Sünden tief in sich[333]. Die frommen Männer Israels, die ganz gewiß die eheliche Treue gehalten haben, fallen dennoch unter das Gericht der Bergpredigt, und es kann darum keiner von ihnen den ersten Stein auf die Ehebrecherin werfen. Alle können nur von der freien Gnade und von der Vergebung leben. Vor allen steht die große Frage, wo denn die Vergebung für sie zu finden ist? Jesus ist in seiner Person die einzige Antwort auf diese Frage. **Darum spricht er das gültige Wort der Vergebung auch zu dieser Frau, die mit ihrer Schuld vor ihm stehen blieb.**

---

[333] Wieder ist es die Tiefenpsychologie, die uns das in neuer Weise deutlich gemacht hat.

JESUS DAS LICHT DER WELT

Johannes 8, 12—20

12 Wiederum nun redete Jesus zu ihnen: Ich bin das Licht der Welt. Wer mir nachfolgt, wird gewiß nicht in der Finsternis wandeln,
13 sondern wird das Licht des Lebens haben. * Da sprachen zu ihm die Pharisäer: Du legst über dich selbst Zeugnis ab; dein Zeugnis
14 ist nicht wahr. * Jesus antwortete und sprach zu ihnen: Auch wenn ich über mich selbst Zeugnis ablege, ist mein Zeugnis wahr; denn ich weiß, woher ich gekommen bin und wohin ich gehe. Ihr aber
15 wißt nicht, woher ich komme und wohin ich gehe. * Ihr richtet
16 nach dem Fleisch; ich richte niemand. * Und wenn auch ich richte, ist mein Gericht wahr, weil ich nicht allein bin, sondern ich und
17 der, der mich gesandt hat. * Auch in eurem Gesetz steht geschrie-
18 ben, daß zweier Menschen Zeugnis wahr ist. * Ich bin es, der von mir zeugt, und es zeugt von mir der Vater, der mich gesandt hat.
19 * Da sagten sie zu ihm: Wer ist dein Vater? Jesus antwortete: Weder mich kennt ihr noch meinen Vater. Wenn ihr mich kenntet,
20 würdet ihr auch meinen Vater kennen. * Diese Worte sagte er in (oder: bei) der Schatzkammer, lehrend im Tempel. Und niemand nahm ihn fest, weil seine Stunde noch nicht gekommen war.

zu Vers 12:
Jes 9, 1
42, 6
49, 6
60, 13
Mt 5, 14
Jo 1, 5. 9
2, 8. 11
1 Th 5, 5

zu Vers 14:
Jo 5, 31
7, 28. 33
1 Ko 2, 11

zu Vers 16/17:
5 Mo 17, 6
19, 15
Mt 18, 16
26, 60

zu Vers 18:
1 Jo 5, 9

zu Vers 19:
Jo 14, 7

zu Vers 20:
Jo 7, 30

12

Die große Auseinandersetzung geht weiter. Jesus fährt fort öffentlich im Tempel zu lehren. Wie lange diese Zeit seines Auftretens dauerte, wird uns nicht gesagt. Johannes kann auch hier nicht alles bringen, was Jesus in vielen Stunden seines Lebens ausgeführt hat. Mit der Einleitungsformel „Wiederum redete Jesus zu ihnen" in unserm Vers und in Vers 21 greift Johannes besonders wichtige Stücke der Lehrtätigkeit Jesu und seines Kampfes mit den Juden heraus. Jesus beginnt mit einem mächtigen „Ich bin" Wort. „**Wiederum nun redete Jesus zu ihnen: Ich bin das Licht der Welt. Wer mir nachfolgt, wird gewiß nicht in der Finsternis wandeln, sondern wird das Licht des Lebens haben.**" Auch mit diesem Wort knüpft Jesus an etwas an, was die Besucher des Laubhüttenfestes eindrücklich erlebt haben. Am Abend des letzten, großen Tages des Festes strahlte der Tempel in heller Beleuchtung in die dunkle Nacht. „Die Festsitte legte daher den Gedanken ‚Leben schaffendes Wasser' und ‚Licht' miteinander in die Gemeinde" (Schlatter). Der leuchtende Tempel war eine bildhafte Verkündigung dessen, was Gott durch den Propheten (Jes 9, 1; 60, 1. 19) verheißen hatte. Und sie, die hier zum fröhlichen Fest versammelt waren, besaßen dieses kostbare Gut. Sie haben das helle Licht mitten in der Nacht, die über den Völkern lag. Aber hatten sie es wirklich? Wieder richtet Jesus in einer unerhörten Weise den Blick auf sich selbst und nimmt in Anspruch, seinerseits erst wahrhaft zu geben, was Israel zu besitzen meint. Noch mehr: Er spendet nicht nur das Licht, er gibt es vielmehr so, daß er dieses Licht selber „ist". Damit ist die ganze Wirklichkeit und Gegenwart der Gabe gewährleistet. „**Ich bin das Licht der Welt.**" Aber nur „**wer mir nachfolgt**", wer ständig bei mir selbst bleibt, wird dieses „**Licht des Lebens**" haben.

Wieder haben wir vor Augen, was die „Gottheit" Jesu bedeutet. Schon in der Form hat Jesus das große „**Ich bin**" der Selbstoffenbarung Gottes (2 Mo 3) für sich in Anspruch genommen. So kann nur Gott von sich selber sprechen. Aber noch vielmehr gilt das von dem Inhalt dessen, was Jesus hier von sich sagt. Nur Gott kann sagen: „Ich bin das Licht der Welt." Sagt es Jesus, dann behauptet er damit seine Einheit mit Gott. Er ist Gottes erleuchtende und lebenschaffende Gegenwart in der Welt. In Jesus allein haben wir wirklich Gott als das Licht der Welt. Diesen ungeheuren Anspruch Jesu mußte jeder seiner bibelkundigen Hörer empfinden, wenn er bei dem Wort Jesu sofort an Schriftstellen wie Ps 4, 7; 27, 1; 36, 10; 89, 16; Jer 3, 5; Mich 7, 8 dachte.

Wir haben aber auch darauf zu achten, daß Jesus niemals bloß abstrakte, dogmatische Aussagen über sein „Wesen" macht. Was er „ist", das ist sofort von größter praktischer Bedeutung für jeden Menschen. Mit dieser Selbstaussage verbindet sich eine große Verheißung und in der Erfüllung dieser Verheißung läßt es sich „beweisen", daß die Selbstaussage wahr ist. „**Wer mir nachfolgt, wird gewiß nicht in der Finsternis wandeln, sondern wird das Licht des Lebens haben.**" Durch 1900 Jahre hindurch ist das in der ganzen Weite der „Welt" erprobt. Jesus hat sich als dieses „Licht" nicht nur in Israel erwiesen, nicht nur bei einzelnen Menschen jedes Volkes, jeder Kulturstufe, jeder menschlichen Art. Wir haben es darum unendlich leichter das Wort Jesu zu fassen, als die damaligen Hörer[334].

„**Licht**" und „**Finsternis**" sind umfassende Ausdrücke, die hier nicht näher erklärt und konkretisiert werden. Es ist nichts Äußerliches damit gemeint. Die „Welt" versteht es gut, eine glänzende und gleißende Helle zu verbreiten; und gerade der Weg des Christen kann sehr dunkel aussehen. Aber alles, was böse ist, was mit dem

---

[334] Daß die heutige Theologie gegenüber dem rein „dogmatischen" Interesse früherer Zeiten die „Bedeutsamkeit" Jesu und seines Wortes für uns hervorhebt, ist wohl gut. Nur darf nun nicht umgekehrt alles in bloße „Bedeutsamkeit" aufgelöst und das „Sein" gering geschätzt werden. Denn mit dem einzigartigen „Sein" Jesu ginge notwendig auch seine „Bedeutsamkeit" verloren. „Ist" er nicht wirklich und wesenhaft „das Licht der Welt", dann wird keine „Nachfolge" uns das Licht des Lebens verschaffen.

Fürsten dieser Welt zusammenhängt, was unter der Macht des Todes steht, was Gottesferne und Ichleben ist, das ist „Finsternis", wie schön es auch erscheinen mag. Und alles aus Gott stammende, alles, was wahrhaft gut und rein ist, die wirkliche Liebe, das ist „Licht". Den Ausdruck „Licht des Lebens" haben wir zunächst nach 1, 4 zu verstehen: das Leben ist das Licht der Menschen. Das wahre ewige Leben erfüllt das Dasein mit leuchtendem Glanz, so wie auch Gott gerade als der „Lebendige" das Licht für die Menschen ist. Aber eben darum ist es auch umgekehrt so, daß das Leben nur im Licht gedeihen kann und das Licht braucht. „Licht des Lebens" ist Jesus in der Weise, daß wir in seinem Licht erst wahrhaft zu leben vermögen. Wer Jesus „nachfolgt", wer in der ständigen Verbindung mit Jesus lebt, der wird auch durch viel Finsternis dieser Welt hindurchmüssen, durch Versuchungen, Angriffe der satanischen Macht, durch Leiden, durch das Tal der Todesschatten. Aber er wird dennoch dabei nicht eigentlich „in der Finsternis wandeln", nicht von der Finsternis bestimmt sein, sondern im Dunkel der Welt doch das Licht des Lebens „haben". Welch eine Zusage!

Die Gegner Jesu bleiben unbeeindruckt. Sie hören nur den ungeheuren Anspruch, den Jesus erneut mit seinem „Ich bin" stellt. „**Da sprachen zu ihm die Pharisäer: Du legst über dich selbst Zeugnis ab; dein Zeugnis ist nicht wahr.**" Sie werfen damit Jesus nicht einfach „Lüge" vor. „**Wahr**" hat auch hier wieder den Sinn von „wirklich" oder „gültig". Du redest von dir selbst, das ist kein wirkliches Zeugnis, das ist eine bloße Behauptung, die du uns beweisen mußt. 13

Aber es gibt keinen Punkt außerhalb und oberhalb von Jesus, von dem aus objektiv geprüft werden könnte, ob seine Aussagen wahr sind oder nicht. Nur wer es mit Jesus wagt, wer sich Jesus öffnet und anvertraut (also „glaubt" oder „nachfolgt"), kann und wird erfahren, daß Jesus wirklich das ist, was er sagt. Für das, was er in Wahrheit ist, kann Jesus keine „Zeugen" stellen, keine „Beweise" liefern. Hier gibt es zunächst nur das Selbstzeugnis, weil nur Jesus selbst um das Geheimnis seines Wesens wissen kann. „**Jesus antwortete und sprach zu ihnen: Auch wenn ich über mich selbst Zeugnis ablege, ist mein Zeugnis wahr; denn ich weiß, woher ich gekommen bin und wohin ich gehe.**" Jesus hatte sich (5, 31) noch unter die allgemeine Regel gestellt, daß ein Selbstzeugnis keine ausreichende Beweiskraft besitzt. Er hatte damals seinen Gegnern die erforderlichen drei Zeugen gestellt. Jetzt entzieht er sich allen solchen Ansprüchen. Aber er drückt seine Selbstgewißheit so aus, daß sie auch seine Gegner nachdenklich machen könnte. Es ist die uralte Menschheitsfrage: Woher kommen wir? Wohin gehen wir? Haben sie eine sichere Antwort? Jesus aber hat gerade da die leuchtende Gewißheit, wo für die Menschen das 14 dunkle und beängstigende Rätsel liegt. Er weiß, daß er vom Vater gekommen ist und zum Vater geht und fort und fort „an der Brust des Vaters" (1, 18) ein Leben der Gewißheit führt.

15 Die Gegner glauben es ihm nicht und halten Gericht über ihn. Sie meinen dabei in Gottes Namen zu handeln und Gottes Ehre zu schützen, Jesus aber muß ihnen sagen: **„Ihr richtet nach dem Fleisch."** Sie urteilen von dem natürlichen, gottgelösten Denken aus, das zugleich von ichhaften Motiven, wie Ehrgeiz, Machtstreben, Selbstbehauptung, Gekränktsein und Haß bestimmt ist. Von diesem ganz natürlichen Denken aus kann aber Gott und sein Walten nicht erkannt werden, wie Jesus auch einem Mann wie Nikodemus mit aller Schroffheit gesagt hatte (3, 3). Ja, von ihrem fleischlichen Wesen her „richten" sie überhaupt, anstatt zu hören und wirklich zu prüfen, was Jesus sagt. Jesu Haltung ist grundlegend anders. **„Ich richte niemand."** Jesus steht auch seinen Gegnern nicht „richtend" gegenüber, wie er ihnen das schon 5, 45 versichert hatte. Er ist nicht zum Richten, sondern zum Retten gesandt (3, 17). Alle Schroffheit seiner Aussagen, alle Radikalität seiner Worte, alle Härte seiner Angriffe auf Israels Frömmigkeit will nicht herabsetzen, aburteilen, verwerfen, sondern aus der verderbenden Lüge herausreißen und in die rettende Wahrheit rufen. Was wollte Jesus lieber, als daß seine Gegner und ganz Israel auf ihn hörten, wirklich zu ihm kämen und in ihm das Licht, das Brot und das Leben fänden!

16/18 Aber wieder treffen wir auf die Eigenart der Darstellung des Johannes. Der nächste Satz scheint aufzuheben, was der vorige gerade aufs bestimmteste versichert hatte. „Ich richte niemand", hatte Jesus gesagt und fährt fort: **„Wenn auch ich richte, ist mein Gericht wahr, weil ich nicht allein bin, sondern ich und der, der mich gesandt hat."** Wie sollen wir diesen Widerspruch verstehen? Wir sahen es schon in 3, 18 ff, daß gerade das rettende Wirken Jesu zum endgültigen Gericht wird, wenn man es von sich weist und damit seine Verlorenheit selber festhält und bestätigt. Aber schon in 5, 22 war Jesus darüber hinausgegangen. Gott hat ihm tatsächlich auch das Gericht in die Hand gelegt. Das müssen sie, die ihn jetzt richten und verurteilen, wissen, daß sie in Wahrheit vor ihm als ihrem Richter stehen. Das muß jeder sich gesagt sein lassen, der über Jesus redet und urteilt, daß er mit allen seinen Meinungen und Ansichten über Jesus dem Gericht Jesu unterliegt. Es ist eine unheimliche Situation, wenn einer, den wir richten zu können meinen, sich plötzlich in unausweichlicher Größe als unser Richter vor uns erhebt.

Jesus bezeugt den Ernst seines Richtens. Sein Gericht, sein Urteil ist **„wahr"**. Das meint wieder nicht nur die Aufrichtigkeit, sondern vor allem die Wesentlichkeit und Gültigkeit seines Urteils. Diesem

„wahren Urteil" kann niemand entgehen. Das ist darin begründet, daß — wie wir schon zu 5, 22 sahen — der Vater zwar dem Sohn das Gericht übergeben hat, aber dennoch in Jesus selber der Richtende bleibt. So ist Jesus in seinem Richten „nicht allein, sondern ich und der, der mich gesandt hat." Wer könnte hier noch an eine andere Instanz appellieren!

Damit ist aber auch zu der Selbstbezeugung Jesu der zweite Zeuge hinzugetreten, den das Gesetz fordert. „Auch in eurem Gesetz steht geschrieben, daß zweier Menschen Zeugnis wahr ist." Diese vom Gesetz geforderten zwei Zeugen sind da: „Ich bin es, der von mir zeugt, und es zeugt von mir der Vater, der mich gesandt hat." Aber dieser zweite Zeuge ist nicht ein solcher, der von menschlichen Richtern herbeizitiert und „vernommen" werden kann. Dieses Zeugnis Gottes vernimmt vielmehr nur der, der glaubend sein Herz erschließt. Und der große Zeuge „Gott" ist gerade nur in Jesus zu finden, für den er sein Zeugnis ablegt. Das ganze Geheimnis der göttlichen, nur dem Glauben zugänglichen Wahrheit wird deutlich und soll in diesem Wort Jesu deutlich werden. Es muß bei der unauflöslichen Spannung bleiben: Jesus wird nur durch das Zeugnis Gottes erkannt, und nur in Jesus selbst ist Gott, der Zeuge für Jesus, zu finden.

Wenn Jesus dabei von „eurem Gesetz" spricht, so meint er damit zunächst einfach, daß es das Gesetz ist, auf das sie sich berufen und das sie verteidigen zu müssen meinen. Zugleich liegt aber auch in dieser Formulierung Jesu ein eigentümlicher Abstand vom Gesetz, wie wir ihn auch bei Paulus finden (vgl. besonders Gal 3, 19 f auch Rö 5, 20). Das Gesetz ist nicht das erste und das letzte Wort Gottes und ist nicht das eigentliche „Wort", das Gott erst in seinem Sohn gesprochen hat und spricht. Das verkennen die Pharisäer, indem sie so für das Gesetz eifern, als wäre es das ein und alles. So kann Jesus sich nicht zum Gesetz stellen. Er kann es nicht „unser Gesetz" nennen. Jesus hat das ursprüngliche Wort von Gott, das „Evangelium", das freie Angebot des Lebens für jeden Glaubenden.

Jesus hat als zweiten Zeugen „seinen Vater" genannt, der ihn gesandt hat. Sofort erfolgt die kritische Frage: „Wer ist dein Vater?". Wieder ist es wesensmäßig unmöglich, daß Jesus diese Frage so beantwortet, wie die Gegner es wünschen, Gott als seinen Vater zu „zeigen". Auch dem eigenen Jünger wird Jesus später dieses Verlangen abschlagen müssen (14, 8. 10). Außerhalb des „Wortes", in dem er sich ausspricht, ist Gott nicht zu finden und zu „zeigen". Jesus kann nicht abgesehen von sich selbst erst einmal den Vater vor sie hinstellen, um dann zu „beweisen", daß dieser Gott und Vater ihn wirklich gesandt habe. Der „Vater" ist immer nur im „Sohn", und der „Sohn" ist nur im „Vater" zu erfassen (vgl. dazu das Wort Jesu

19

in Mt 11, 27). „Jesus antwortete: **Weder mich kennt ihr noch meinen Vater. Wenn ihr mich kenntet, würdet ihr auch meinen Vater kennen.**" So ganz liegt die Erkenntnis Gottes und die Erkenntnis Jesu ineinander, daß die eine immer nur zugleich mit der andern möglich ist. Es gibt keinen andern Weg als den des „Glaubens" an Jesus. Aber gerade diesen Weg wollen die Pharisäer auf keinen Fall gehen. Darum ist das Gespräch mit ihnen von vornherein gescheitert. Es gibt keine Verständigung, es gibt nur den Kampf, der äußerlich mit der Niederlage Jesu enden wird.

20 Aber der Ausgang dieses Kampfes liegt dennoch nicht einfach in der Hand der Feinde. „**Diese Worte sagte er in (oder: bei) der Schatzkammer, lehrend im Tempel.**" Wieder steht es vor dem Augenzeugen Johannes in lebendiger Erinnerung, wie Jesus dieses ganze Gespräch in der „**Schatzkammer**" des Tempels geführt hat. Es gab im Tempel wahrscheinlich mehrere „Schatzkammern". Der Tempel in Jerusalem, ebenso wie die heidnischen Tempel der damaligen Welt, war zugleich ein wichtiges Geldinstitut. Jesus aber wird nicht „in" einer dieser Schatzkammern gesprochen haben. Das „**in**" meint hier wahrscheinlich nur den Tempelbezirk, in dem Jesus sprach. Aber das ist dem Evangelisten bei seinen Ortsangaben wichtig gewesen: Jesus war hier ganz und gar im Raum seiner Feinde. Eine „Schatzkammer" wird besonders gesichert im Innern der Tempelgebäude liegen. Diesen Raum beherrschen Jesu Gegner mit ihrer Tempelpolizei. Nichts hinderte hier eine Festnahme Jesu. Und doch erfolgt sie nicht. „**Und niemand nahm ihn fest, weil seine Stunde noch nicht gekommen war.**" Aller Menschenmacht zum Trotz steht Jesus allein nur und völlig in der Hand des Vaters, der die „**Stunde**" bestimmt.

DIE ENTSCHEIDENDE BEDEUTUNG DER PERSON JESU

Johannes 8, 21—30

zu Vers 21/22:
Mk 12, 41
Lk 22, 53
Jo 7, 34 f
13, 33

zu Vers 23:
Jo 3, 31
17, 16
18, 36
Kol 3, 1 f

21 **Er sprach nun wiederum zu ihnen: Ich gehe fort, und ihr werdet mich suchen und in eurer Sünde sterben. Wohin i c h gehe, könnt**
22 **i h r nicht gelangen.** * Da sagten die Juden: Will er sich etwa selbst töten, weil er sagt: Wohin ich gehe, könnt ihr nicht gelangen?
23 * Und er sagte zu ihnen: Ihr seid aus dem was unten ist, ich bin aus dem, was oben ist. Ihr seid aus dieser Welt, ich bin nicht aus
24 dieser Welt. * Ich sagte euch nun, daß ihr sterben werdet in euren Sünden; denn wenn ihr nicht glaubt, daß ich bin, werdet ihr ster-
25 ben in euren Sünden. * Da sagten sie zu ihm: Du — wer bist du?

Jesus sprach zu ihnen: Daß ich überhaupt noch zu euch rede! (Oder: Zuerst und vor allem steht fest, daß ich zu euch rede.
26 Oder: Ganz und gar das bin ich, was ich zu euch rede). * Viel habe ich über euch zu reden und zu richten. Aber der mich gesandt hat, ist wahrhaftig, und was ich von ihm gehört habe, das rede ich
27 zur Welt. * Sie erkannten nicht, daß er von dem Vater ihnen
28 sagte. * Da sprach Jesus: Wenn ihr den Menschensohn erhöht haben werdet, dann werdet ihr erkennen, daß ich bin und von mir selbst aus nichts tue, sondern wie mich der Vater gelehrt hat, das
29 rede ich. * Und der mich gesandt hat, ist mit mir; er hat mich nicht
30 allein gelassen, weil ich, was ihm gefällt, tue allezeit. * Als er so redete, glaubten viele an ihn.

zu Vers 28:
Mt 26, 64
Jo 3, 14
12, 32
zu Vers 30:
Jo 7, 31

Der Kampf geht weiter. Jesus setzt aufs neue mit seiner Verkündigung ein und stellt seine Hörer vor den ganzen Ernst der Entscheidung. „Er sprach nun wiederum zu ihnen: Ich gehe fort, und ihr werdet mich suchen und in eurer Sünde sterben. Wohin i c h gehe, könnt i h r nicht gelangen." Auch wenn ihn jetzt noch niemand festzunehmen wagt, seine Zeit ist jedenfalls nur noch kurz. Dann geht er fort und wird für seine Hörer unerreichbar. Alles Suchen ist dann vergeblich. Und weil er gesandt ist zu retten, darum wird jeder, der ihn jetzt ablehnt, in seiner Sünde sterben. Es ist beachtenswert, daß Jesus von „der Sünde" in der Einzahl spricht. Es geht bei seinen Gegnern, wie auch bei uns selbst, nicht um die vielen moralischen Verfehlungen, sondern um die eine, das ganze Leben bestimmende Grundhaltung des „Unglaubens" (16, 9) in Selbstherrlichkeit und Gottlosigkeit. Wohl wird auch Jesus sterben, aber sein Sterben ist ein „Fortgehen". Und das ist für ihn kein Unglück. Er geht ja zum Vater zurück in die Herrlichkeit. Aber dorthin können sie, die in ihrer Sünde sterben, nicht gelangen. Ihr Sterben wird der Weg in das Dunkel.

Das ist Gottes freie Gnade, daß es für viele seiner Hörer dann doch noch anders wurde und am Pfingsttag nach Jesu „Fortgang" das Wort sie treffen und in Scharen zu Jesus bringen konnte. Auch Jesus selbst will und kann seine Hörer jetzt nur in dem Heute sehen, das für sie über Leben und Tod entscheidet[335].

Aber wieder verstehen seine Gegner nichts von dem Ernst seines Wortes. Wenn Jesus von ihnen nicht als Gotteslästerer hingerichtet wird, sondern selber „fortgeht", dann kann er das nur auf dem Wege des Selbstmordes tun. Wenn sie vorher (7, 33—36) bei einem ähnlichen Wort Jesu an eine Flucht zu den Griechen gedacht hatten, dann

21

---

[335] Vgl. das Wort Jesu in Vers 28 und die Auslegung dazu.

hindert sie jetzt an einem solchen Gedanken sein Wort „**Wohin i c h gehe, könnt i h r nicht gelangen.**" Das griechische Ausland war ihnen nicht verschlossen. Viele Juden waren dorthin gelangt. So muß nach 22 ihrer Meinung Jesus doch wohl den Selbstmord meinen. „**Da sagten die Juden: „Will er sich etwa selbst töten, weil er sagt: Wohin ich gehe, könnt ihr nicht gelangen?**" Das Altertum kannte und bejahte den Selbstmord als offenstehenden Ausweg aus einem unerträglichen Leben. Zumal der unterliegende politische Kämpfer konnte diesen Ausweg wählen. Ist es am Ende bei Jesus jetzt so weit? Hat er sich in seinem Kampf gegen sie verstiegen und sieht er die ganze Erfolglosigkeit seines Kampfes so deutlich vor sich, daß auch ihm nur noch dieser letzte Ausweg bleibt? Auf diesem Weg werden sie ihm allerdings nicht folgen. Da hat er recht mit seinem Satz „**Wohin ich gehe, könnt ihr nicht gelangen.**" Vielleicht sahen sie aber als „Juden" im Selbstmord eine Sünde, die an den Ort der Qual führt. Dorthin wollen und können sie, die gesetzestreuen Juden, freilich nicht kommen.

23   Warum geraten die Juden in ihrer Gegenwehr gegen Jesus bis in solche Gedanken hinein? Warum können sie nicht hören und verstehen? Das ist weder Zufall noch Mangel an Begabung. Es ist nicht einmal einfach „böser Wille". Nein, dahinter stehen Gegensätze des Wesens, die ein wirkliches Hören und Verstehen unmöglich machen. „**Und er sagte zu ihnen: Ihr seid aus dem, was unten ist; ich bin aus dem, was oben ist. Ihr seid aus dieser Welt, ich bin nicht aus dieser Welt**"[336]. Unsere Herkunft formt und prägt uns. Wer „aus Europa ist", ist in allem anders als einer, der „aus Afrika ist". „Aus etwas sein" schließt also in sich, daß unser ganzes Wesen, Leben, Denken und Empfinden von dem bestimmt ist, „aus dem" wir sind. „Von oben sein" — „von unten sein", „aus dieser Welt sein" — „nicht aus dieser Welt sein", das redet im unvermeidlich räumlichen Bild[337] von letzten Wesensgegensätzen. Wer „**von unten her**" und „**aus dieser**

---

[336] „Diese Welt" ist grie Wiedergabe des hbr Ausdrucks „dieser Äon". Während der Grieche tatsächlich „räumlich" dachte und eine reine und gute „obere Welt" „über" dieser schlechten Welt stehen sah, denkt der Hebräer geschichtlich-dynamisch. Böse ist das jetzige Weltzeitalter und alles, was aus ihm stammt und zu ihm gehört. Jesus aber entstammt nicht „diesem Äon", sondern ist nur in ihn gekommen, um uns aus ihm zu retten. So hat es der Israelit Paulus in Gal 1, 4 gesagt.

[337] An der Notwendigkeit, wesenhafte innere Dinge in räumlichen Bildern darzustellen, wird dadurch noch nichts geändert, daß wir statt von „dem, was oben ist" nach Robinsons Vorschlag von der „Tiefe" des Daseins sprechen. Im Gegenteil ist zu fragen, ob die Bibel nicht deutlicher und klarer redet, wenn sie das Dunkle, Böse, Gottferne als „unten" oder „Tiefe" bezeichnet und das Göttliche, Lichte, Heilige und Gute „oben" sucht. Wer „erhebt" nicht unwillkürlich sein Herz und Angesicht, wenn er an Gott denkt?

Welt" ist, der kann unmöglich den verstehen, der von „oben", von Gott kommt.

Wir haben aber zu bedenken, daß dieses **„Sein von unten"**, das **„Sein aus dieser Welt"** nicht etwa nur einige, besonders „schlimme" oder „unreligiöse" Menschen kennzeichnet, sondern ausnahmslos uns alle trifft. Nur ein einziger kann sagen: **„Ich bin aus dem, was oben ist"**, **„ich bin nicht aus dieser Welt"**, nur Jesus. Darum ist es das „Natürliche", daß wir Jesus nicht wirklich erkennen, sondern ihn mißverstehen und ihn ablehnen[338]. Und es ist das Wunder der Gnade, wenn uns dennoch die Augen für Jesus aufgehen. Aufs neue und jetzt noch tiefer wird uns deutlich, was Jesus einem Nikodemus über die unbedingte Notwendigkeit der „Wiedergeburt" sagte (3, 3 ff). Erst die „Zeugung von oben her" macht aus uns Menschen, die den erfassen können, der „von oben" ist und „von oben" zu uns kam.

Zugleich stellt uns dieses Wort Jesu vor die Grundlinie aller „Christologie"[339]. Man hat das Wesen Jesu in den verschiedensten Formen auszudrücken gesucht. Wir können und werden das auch weiter tun, weil alle Denkformen veralten und unzulänglich sind, das Geheimnis der Person Jesu zu erfassen. Aber es muß in der „Lehre von Christus" immer klar bleiben, daß Jesus bei der vollen Wirklichkeit seines Lebens als Mensch dennoch vollständig „anders" ist als wir. Das läßt sich nicht einfacher und deutlicher ausdrücken, als es Jesus selbst mit seinem Wort hier tut. Der einfachste Christ kann dieses Wort verstehen. Das ist der Grundeindruck, den jeder empfängt, der überhaupt Jesus begegnet: Ich bin mit meinem ganzen Denken und Streben und Fühlen **„aus dieser Welt"** **„von unten"**; er aber, er ist in allem **„nicht aus dieser Welt"**, er ist **„von oben"**. Wer das nicht sieht, wer Jesus irgendwie in eine Reihe mit andern Menschen stellt, der hat Jesus noch nie gesehen.

Jesus sagt seinen Gegnern, warum sie ihn wesensmäßig nicht zu verstehen mögen. Aber an dem Aufgehen der Augen für Jesus hängt das Leben. **„Ich sagte euch nun, daß ihr sterben werdet in euren Sünden; denn wenn ihr nicht glaubt, daß Ich bin, werdet ihr sterben in euren Sünden."** Das ist vielleicht der gewaltigste Satz des ganzen Evangeliums, der alle seine andern Aussagen zusammenfaßt und in sich schließt. Das ebenso herausfordernde wie beseligende **„Ich bin"** ist hier von jeder näheren Bestimmung und damit auch von jeder

---

[338] Wer darum als ein eingewöhnter „Christ" das Erkennen und Verstehen Jesu für leicht und selbstverständlich hält, muß sich fragen lassen, ob er Jesus überhaupt schon wirklich erkannt und verstanden hat. Gerade alle menschliche Schätzung und Bewunderung Jesu kann ein letztes Mißverstehen Jesu sein. Das gilt auch für die Haltung der modernen Juden, die in Jesus den „großen Sohn des jüdischen Volkes" sehen.

[339] Vgl. dazu o. S. 37.

Einschränkung freigehalten. Jesus ist nicht dieses oder jenes (so gewiß er herrlicher Weise auch Brot vom Himmel und Licht und Tür und Hirt und Weinstock und Weg und Leben und Auferstehung ist), sondern Jesus „ist" — „Jesus". Und daß er „ist" und dieser ganze „Jesus" ist, das ist unsere Rettung, unser Leben[340]. Wer dieses „Sein" Jesu nicht glaubend erfaßt, wie unzulänglich er es immer ausdrücken mag, der muß **„in seinen Sünden sterben"**. Wer dieses eine glaubt, daß Jesus „ist", auch wenn er noch keine zutreffenden Erkenntnisse der Person Jesu im einzelnen hat, dem gilt, wie es auch Paulus in Rö 10, 13 sagt: „Wer den Namen des Herrn anrufen wird, der soll errettet werden."

Daß dieser „einfache" Glaube, daß Jesus „ist", zur Rettung genügt, zeigt zugleich, wie mit diesem prädikatlosen „Ich bin" Jesus „gottheitlich" redet. So hat Gott selbst von sich gesprochen, als er auf Moses Bitte seinen „Namen" kundtat. Wer ist dieser Gott der Väter, der jetzt Mose begegnet und die Rettung aus Ägypten verheißt? Mose kann und soll seinem Volk sagen: Der „Ich bin" („Jahwe, Jehova") hat mich zu euch gesandt (2 Mo 3, 14)[341]. Gott kann sich nur selber bezeugen als der, der von sich sagt: „Ich bin, der ich bin" oder „Ich werde sein, der ich sein werde". An dieses „Ich bin" hat Gott durch den Propheten Jesaja Israel aufs neue erinnert, „damit ihr wißt und mir glaubt und erkennt, daß Ichs bin. Vor mir ist kein Gott gemacht, so wird auch nach mir keiner sein. Ich, Ich bin der Herr und außer mir ist kein Heiland" (Jes 43, 10—12). Israel begegnet in Ihm dem einzigen, ewigen Ich, welches für uns das Du ist. Das ist Angesprochensein, das alle andern Ansprüche ausschließt. Das ist das Du, das uns ganz haben will und darum auch ganz frei macht. Und genau dieses „Ich" Gottes eignet sich Jesus selber zu! Weil Gott sein offenbarendes „Ich bin" gesprochen hat, darum ist der, der das „Wort" Gottes ist, auch dieses „Ich bin"[342].

Jesus stellt mit seinem Wort vor die letzte Entscheidung. An ihr hängt notwendig Leben und Tod. Er hat es seinen Hörern bereits warnend gesagt, **„daß sie in ihren Sünden sterben werden."** Nun bestätigt er es aufs neue als die unaufgebbare Folge ihres Unglau-

---

[340] Darum hat schon J. Ch. Blumhardt unter sein Bild geschrieben: „So oft ich den Namen Jesu schreibe, durchdringt mich ein heiliger Schauer, mit freudiger Inbrunst des Dankes, diesen Jesum mein zu wissen. Was wir an ihm haben, weiß ich erst jetzt recht."

[341] In unserer Bibel wird dieser Gottesname meist als „Ich werde sein" wiedergegeben. Sprachlich nach dem hbr Verbum sind beide Übersetzungen möglich. Die Elberfelder Bibel hat das „Ich bin".

[342] Es wird an dieser Stelle besonders klar, wie an der historischen Treue im Zeugnis des Johannes alles liegt. Ein solches Wort darf kein Mensch Jesus in den Mund legen! Dieses Wort gilt nur, wenn Jesus selbst es gesagt hat.

bens: „**Wenn ihr nicht glaubt, daß Ich bin, werdet ihr sterben in euren Sünden.**" Wenn in Jesus Gott selber als der Retter aus Sünde und Tod vor uns steht, wo sollten wir dann noch Rettung finden, wenn wir ihn ablehnen? Das muß jeder, der Jesus zurückweist (oder ihn in einen bloßen, edlen Menschen umfälscht) sich klar machen, daß er sich damit der Auslöschung seiner Sünden beraubt, in seiner Sünde bleibt und darum notwendig in seinen Sünden stirbt. Wie furchtbar muß es sein, „**in seinen Sünden sterben**", mit der ganzen Last seiner Sünde in die Ewigkeit und in das Zorngericht Gottes gehen.

An die Gleichsetzung Jesus = Jehova wagen die Gegner überhaupt nicht zu denken, es wäre ihnen eine zu ungeheuerliche Lästerung gewesen (V. 59!). Ihnen fehlt bei diesem „glauben, daß ich bin" einfach die nähere Bestimmung. „**Da sagten sie zu ihm: Du — wer bist du?**" Die Antwort Jesu auf diese Frage kann sehr verschieden übersetzt werden. Die griechischen Väter haben das „tän archän" am Anfang des Satzes als ein „überhaupt" verstanden. Dann hätte Jesus hier ausgerufen: „**Daß ich überhaupt noch zu euch rede!**" Jesus hätte damit zum Ausdruck gebracht, was wir uns in der Auslegung klarmachten: ein „Verstehen" zwischen Jesus und seinen Gegnern ist unmöglich, das Gespräch ist von vornherein hoffnungslos. „Wozu überhaupt noch weiter mit euch reden!" Der Hinweis in Vers 28, daß sie erst bei seiner Wiederkunft (und dann zu spät!) erkennen werden, daß er „ist", würde dazu wohl passen. Aber das „tän archän" kann auch heißen „zuerst" oder „vor allem". Ihr fragt, wer und was ich bin? Nun, „**zuerst und vor allem steht fest, daß ich zu euch rede.**" Das entspricht der früheren L Ü „erstlich der, der mit euch redet". Dies jedenfalls sehen sie an ihm, daß er ihnen sein Wort gibt und ihnen dadurch zeigt, wie er sie sucht und ihnen helfen will. Darauf sollen sie hören; dann werden sie ihn kennen lernen. Die Aussage wird noch etwas anders gewendet, wenn wir „tän archän" als „ganz und gar" fassen, das „hoti" mit Nestle in „ho" und „ti" trennen und nun übersetzen: „**Ganz und gar das bin Ich, was ich zu euch rede.**" Jesus kann nicht nochmalige Erklärungen bringen über das hinaus, was er schon so reichlich in seinem Wort ihnen gesagt hat. In seinem Wort selbst muß er gefunden werden. Sein Wort ist nicht, wie so oft bei uns, Verhüllung seines eigentlichen Wesens, sondern was er ist, das kommt in seinem Wort voll und klar zum Ausdruck. „**Ganz und gar das bin ich, was ich zu euch rede.**" Gewinnt er mit seinem Wort nicht die innere Macht über sie, daß sie ihn wirklich erkennen, dann helfen ihnen auch keine Erklärungen zur Antwort auf ihre Frage.

Sie verkennen die Situation. Sie stellen ihn zur Rede und wünschen, daß er sich verteidigt und rechtfertigt. In Wahrheit ist es ganz anders:

„Viel habe ich über euch zu reden und zu richten." Während aber ihre Anklagen und Fragen falsch sind und aus der Unfähigkeit zum Hören und Verstehen kommen, ist es bei ihm völlig anders. **„Aber der mich gesandt hat, ist wahrhaftig, und was ich von ihm gehört habe, das rede ich zur Welt."** Er redet nicht eigenmächtig. Er kann wahrhaft „hören". Er hört auf den, der ihn gesandt hat, und redet zur Welt nur das, was er selber von seinem Auftraggeber hört. Und dieser Auftraggeber ist **„wahrhaftig"**.

Vielleicht müssen wir das „Aber" in unserm Satz noch schärfer und gewichtiger fassen. Dann würde Jesus sagen: „Zu euch" zu reden, hat keinen Sinn mehr; „über euch" könnte ich freilich viel reden und richten. Doch ich tue es nicht. **„Aber der mich gesandt hat, ist wahrhaftig."** Gott führt selber seine Sache gegen Israel und bringt die Wahrheit ans Licht. Darum kann Jesus schweigen. Auf der andern Seite läßt sich Jesus darum auch nicht an der Verkündigung „zur Welt" hindern. **„Was ich von ihm gehört habe, das rede ich zur Welt."** Mag Israel ihn hassen und ausstoßen, seine Verkündigung im Auftrag des Vaters wird weiter in die Welt hineingehen.

27 Der Evangelist bemerkt dazu: **„Sie erkannten nicht, daß er von dem Vater ihnen sagte."** An und für sich war es seinen Gegnern nicht fremd, sich auf Autoritäten zu berufen. Jeder Schriftgelehrte wiederholte vor allem das, was er seinerseits von seinen Lehrern gehört hatte. „Empfangen" und „überliefern" waren Grundworte schriftgelehrter Lehre [343]. So finden sie es selbstverständlich, daß auch Jesus sich auf einen Auftraggeber beruft und nur das redet, was er von diesem „gehört" hat. Aber daß Gott selbst dieser Sendende ist und als der „Vater" unmittelbar seinem Sohn alles sagt, das ist bei dem ungeheuren Abstand, den sie (nicht ohne Wahrheit!) zwischen Gott und aller Kreatur sehen, ihnen unfaßlich. Daran denken sie bei Jesu Wort überhaupt nicht. So völlig fern liegt ihnen alles das, was Jesus als der „Sohn" besitzen darf.

28 Jetzt erkennen und verstehen sie nichts von dem, was Jesus ist, und kämpfen gegen ihn und verurteilen ihn. Aber einmal werden sie Jesus in dem, was er „ist", erkennen und sein majestätisches „Ich bin" verstehen. Wann wird das sein? Jesus sagt es mit einem verhüllenden Rätselwort. **„Da sprach Jesus: Wenn ihr den Menschensohn erhöht haben werdet, dann werdet ihr erkennen, daß ich bin und von mir selbst aus nichts tue, sondern wie mich der Vater gelehrt hat, das rede ich."** Sie selber, gerade sie seine Feinde, werden **„den Menschensohn erhöhen."** Von 3, 14 her wissen wir, daß Jesus

---

[343] Das ist auch bei Paulus noch deutlich: 1 Ko 11, 23; 15, 3.

mit dieser „Erhöhung des Menschensohnes" seine Kreuzigung meint. Seine Feinde werden ihn an das Kreuz **„erhöhen"** wie Mose die eherne Schlange hoch an den Pfahl gehängt hat. Sie werden meinen, ihn damit endgültig besiegt, geschändet und vernichtet zu haben. Aber in Wahrheit haben sie ihn tatsächlich in einer Weise **„erhöht"**, wie sie es nicht ahnen. Gerade am Kreuz ist sein Werk vollbracht und der Sieg über Satan, Sünde und Tod errungen. Dieser Sieg bricht in seiner Auferstehung hervor. Er wird der Welt kund in dem Wirken des Erhöhten vom Himmel her im Heiligen Geist und vollendet sich in seiner Parusie[344].

Und nun, nach der Auferstehung und Sendung des Geistes, wird es geschehen, daß auch Menschen aus Israel, ja, aus den Reihen seiner Gegner von dieser „Erhöhung" Jesu her rückblickend **„erkennen werden, daß Ich bin und von mir selbst aus nichts tue, sondern wie mich der Vater gelehrt hat, das rede ich."** Vor der Klarheit seines Ausganges werden für viele die Schleier zerrissen, die jetzt ihren Blick auf Jesus verdunkeln. Sie werden im Licht der Auferstehung, erleuchtet vom Heiligen Geist, das innere Wesen Jesu, sein wahres „Ich bin" erfassen. Es wird ihnen die Gottessohnschaft Jesu aufgehen. Sie werden es staunend als Wahrheit entdecken, daß Jesus in seinem ganzen Leben **„von sich selber aus nichts tat"**, sondern nur redete, was **„der Vater ihn gelehrt hat."** Jesus sieht, trotz des Entscheidungscharakters dieser Stunde, deren Verfehlung für viele das „Sterben in ihren Sünden", den ewigen Tod bedeutet, jene Möglichkeit der Gnade Gottes, von der wir schon o. S. 263 sprachen. Stellen wie Apg 2, 37—41; 6, 7; 9, 1—19; 15, 5 zeigen uns etwas von der Erfüllung des Wortes Jesu. Nach der „Erhöhung" Jesu kamen auch Priester und Pharisäer zum Glauben an ihn.

Jetzt aber geht Jesus einsam, mißverstanden, von allen Autoritäten Israels verworfen, seinen Weg, den Weg zum Kreuz. Auch seine Jünger werden ihn noch allein lassen (16, 32). Aber **„der mich gesandt, ist mit mir; er hat mich nicht allein gelassen."** Das kann nicht anders sein, weil der Sohn keinen eigenen Weg geht, sondern völlig am Vater hängt. **„Er hat mich nicht allein gelassen, weil ich, was ihm gefällt, tue allezeit."** Immer wieder muß Jesus gerade diesen ganzen Gegensatz hervorheben. Sie klagen ihn an als einen ganz besonderen Sünder und Gesetzesbrecher. Sie halten ihn für einen Gotteslästerer,

29

---

[344] Das NT spricht nicht von „Wiederkunft", sondern entweder von der neuen „Offenbarung" Jesu oder von seiner „Parusie". „Parusie" bedeutet wörtlich „Anwesenheit", kann dann aber auch die „Ankunft" meinen, die zur „Anwesenheit" führt. In Stellen wie 1 Ko 16, 17; Phil 1, 26 ist schwer zu entscheiden, ob bei „Parusie" mehr an die „Ankunft" und zugleich seine neue „Anwesenheit" gedacht ist. Die Parusie Jesu ist seine „Ankunft" und zugleich seine neue „Anwesenheit" auf der Erde.

den man aus Israel ausrotten müsse. In Wirklichkeit ist gerade er
der, der allezeit und in allem nur das tut, was Gott gefällt.
30 Gibt es darüber bei ihnen wirklich kein rechtes Urteil? Wenn sie
auch vieles nicht verstehen, müßte nicht dies noch deutlich sein, ob
einer Gottes Willen tut und Gott gefällt oder wirklich nur ungehorsam und eigenwillig ist? Müßten das nicht gerade die erkennen, die
ständig von Gott reden und ganz im Dienst Gottes zu stehen behaupten? So hatte es ihnen Jesus schon in 7, 17 gesagt. Wer wirklich
den Willen Gottes tun will, der wird erkennen, ob diese seine Lehre
von Gott sei oder ob er von sich selber rede. Und wirklich, das erfassen doch jetzt viele, daß dieses Zeugnis von seinem Gehorsam gegen Gott wahr ist. Diesem Eindruck können sie sich nicht entziehen.
Von hier aus gewinnen sie Vertrauen zu Jesus. **„Als er so redete,
glaubten viele an ihn."** „Hier entstand der Glaube nicht an der sichtbar werdenden Macht Jesu, sondern an der Festigkeit und Ruhe, die
die Eintracht mit Gottes Willen Jesus gab." (Schlatter a. a. O. S. 211).
Darum kann im folgenden Abschnitt zum ersten Mal ausdrücklich
von Juden gesprochen werden, „die an ihn gläubig geworden waren"
(V. 31). Ob davon einzelne bei jenen einhundertundzwanzig Menschen waren, die schon vor Pfingsten mit den Jüngern Jesu zusammen beteten? Oder ob sich von solchen Glaubensanfängen her erklärt,
daß am Pfingsttag sofort eine so große Menge von der Verkündigung
des Petrus durchbohrt wird und nun endgültig durch Bekehrung und
Taufe zum Eigentum Jesu werden kann? Unsere Quellen reichen nicht
aus, um solche Fragen zu beantworten.

JESU FREIHEITSVERHEISSUNG FÜR DIE GLAUBENDEN JUDEN

Johannes 8, 31—36

zu Vers 31:
Jo 15, 14
1 Jo 2, 5

zu Vers 33:
Neh 9, 36
Mt 3, 9

zu Vers 34:
Rö 6, 16
V. 20
2 Pt 2, 19
1 Jo 3, 8

31 Da sagte Jesus zu den Juden, die an ihn gläubig geworden waren:
Wenn ihr in meinem Wort bleibt, seid ihr wirklich meine Jünger,
32 * und werdet die Wahrheit erkennen, und die Wahrheit wird
33 euch freimachen. * Sie antworteten ihm: Same Abrahams sind wir
und sind niemals jemandes Sklaven gewesen. Wie kannst du sa-
34 gen: Ihr werdet frei werden? * Jesus antwortete ihnen: Wahrlich,
wahrlich ich sage euch, jeder, der die Sünde tut, ist Sklave der
35 Sünde. * Der Sklave bleibt nicht im Hause für immer; der Sohn
36 bleibt für immer. * Wenn nun der Sohn euch frei macht, werdet
ihr wirklich frei sein.

Johannes 8, 31—36

"Juden" sind zum Glauben an Jesus gekommen! Und diesmal nicht durch das Sehen seiner Zeichen wie in 2, 23, sondern durch das Hören seines Wortes. Glaube als ein Lebensvorgang kann aber zunächst ein schwacher "Keim" sein und bedarf jedenfalls des Wachstums und der Förderung. So wendet sich Jesus nun auch besonders zu den Juden, die von seinem Selbstzeugnis bewegt waren und Vertrauen zu ihm gefaßt haben. **"Da sagte Jesus zu den Juden, die an ihn gläubig geworden waren: Wenn ihr in meinem Wort bleibt, seid ihr wirklich meine Jünger."**

Zum ersten Mal hören wir jetzt das Wort vom "Bleiben" aus Jesu Mund, das dann später in der Unterweisung seiner Jünger aufs neue wichtig werden wird (15, 4—7; 15, 9—11). Jesus kritisiert den Glauben dieser Hörer nicht, er mißt auch nicht seine Größe. Aber die innere Bewegung, die zum Glauben führte, kann abklingen oder durch andere Einflüsse erstickt werden (Mt 13, 5—7). Darum kommt nun alles auf das **"Bleiben"** an. Jesus mahnt aber nicht nur allgemein zu solchem Bleiben, sondern spricht sofort bestimmt vom **"Bleiben in seinem Wort."** Die glaubenden Juden hatten Jesu Wort nur mündlich gehört und müssen es nun im Gedächtnis behalten und sich nachsinnend immer neu mit ihm beschäftigen[345]. Aber auch das ist noch nicht genug. So könnten wir immer noch unser wirkliches Leben außerhalb dieses Wortes führen und nur vereinzelte fromme Stunden im Wort verweilen. Die Glaubenden **"bleiben in seinem Wort"** nur dann, wenn sie sich im Alltag in ihrem ganzen Denken, Reden und Tun von ihm bestimmen lassen. Dabei werden sie mit dem "Anstoß" rechnen müssen, den das Wort Jesu unweigerlich bringt, wenn wir tatsächlich aus ihm leben. Nun wird es darauf ankommen, trotzdem in Jesu Wort zu bleiben. Dann erst sind sie **"wirklich seine Jünger."** Andernfalls könnte sich ihre Jüngerschaft bald als Schein erweisen und zerbrechen.

Bleiben sie aber in seinem Wort, dann erfolgt ein Geschehen in ihrem Leben, das von großer Bedeutung ist. Jesus sagt ihnen zu: **"Ihr werdet die Wahrheit erkennen, und die Wahrheit wird euch freimachen."**

Haben sie nicht die Wahrheit erkannt, wenn sie zum Glauben an Jesus kamen? Glauben an Jesus auf Grund seines Wortes gibt es nicht ohne Erkenntnis. Aber wir sahen schon bei 6, 69, wie aus dem "Glauben" eine neue, eine tiefere "Erkenntnis" erwächst. **"Die Wahrheit"** ist so unerschöpflich, so groß, so umfassend, daß es für ihre

zu Vers 36:
Rö 6, 18. 22
1 Ko 7, 23
2 Ko 3, 17
Gal 5, 1

zu Vers 35:
Gal 4, 30

31

32

---

[345] Auch wir, die wir gedruckte Bibeln besitzen dürfen und durch ihr Lesen im Wort bleiben, sollten das Wort vielmehr durch Auswendiglernen in uns aufnehmen und uns dadurch ein Nachsinnen über das Wort den ganzen Tag hindurch möglich machen. Vgl. Ps 1, 2.

Erkenntnis beim Bleiben in Jesu Wort keine Grenzen gibt. Jesus meint mit „**Erkenntnis der Wahrheit**" nicht das bloße Wissen von Tatbeständen und das Feststellen von Richtigkeiten, sondern meint die wesenhafte, lebendige Wahrheit, die uns zeigt, wer Gott wirklich ist und wer wir Menschen eigentlich sind. Sie zeigt uns, wie wir zum äonischen Leben kommen, welche herrlichen Ziele Gott mit der ganzen Schöpfung hat und wie Gott diese seine Ziele verwirklicht[346]. Diese ganze Wahrheit ist nicht mit der eigenen Verstandeskraft zu erfassen, sondern wird vom Heiligen Geist (16, 13) denen immer mehr erschlossen, die im Wort Jesu bleiben[347]. Jesus wird es seinen Jüngern später sagen, daß er selber in Person diese Wahrheit „ist" (Jo 14, 6). Durch das Bleiben in seinem Wort kommen sie daher mit der lebendigen Wahrheit Gottes in wesenhafte Verbindung.

Daß die „**Wahrheit**", von der Jesus spricht, eine Wirklichkeit ist, die ihr ganzes Leben umgestaltet, das zeigt sich in der weiteren Verheißung, die Jesus an das Erkennen der Wahrheit knüpft. Er verspricht: „**Und die Wahrheit wird euch frei machen.**" Die freimachende Kraft der „Wahrheit" erfahren wir auch sonst schon in unserm Leben. Sowohl Täuschung und Irrtum wie auch Lüge und Falschheit machen unsicher und unfrei. Jeder Mensch erlebt eine tiefe Befreiung, auch unter Schmerzen, wenn in seinem Leben die Wahrheit zum Durchbruch kommt und Irrtum und Lüge überwindet. Aber was wir in Anfängen bereits abgesehen von Gott an befreiender Kraft der Wahrheit erleben können, das erfüllt sich da, wo die ganze und letzte Wahrheit auch ganze und völlige Freiheit bringt. Wieder kann Paulus uns als das Bild dieser Freiheit vor Augen stehen[348]. Er hat an sich selbst erlebt, wie Christus uns zur „Freiheit befreit" und will darum auch die Gemeinde in dieser „Freiheit eines Christenmenschen" sehen (Gal 5, 1).

33 Aber nun zeigt es sich, wie wenig diese „glaubenden Juden" Jesus verstehen. „**Sie antworteten ihm: Same Abrahams sind wir und sind niemals jemandes Sklaven gewesen. Wie kannst du sagen: Ihr werdet frei werden?**" Mit dem Beginn des Glaubens verschwindet unser altes Wesen und Denken noch nicht. Es ist auch im gläubig Gewordenen noch da und kann sich kräftig und unbefangen an ihm zeigen.

---

[346] Diese „Wahrheit" nennt Paulus „die verborgene Weisheit Gottes im Geheimnis, welche Gott verordnet hat vor den Äonen zu unserer Herrlichkeit" (1 Ko 2, 7).

[347] Das Wahrheitsverlangen, das in den großen Dichtern und Denkern der Menschheit gewohnt hat, aber auch in jedem aufrichtigen Menschen lebt, wird hier und nur hier gestillt.

[348] Luther hat das Evangelium tief und wesentlich verstanden, wenn er von der „Freiheit eines Christenmenschen" schrieb. Das war ein herausforderndes neues Thema, das der neuen Entdeckung des Evangeliums entsprach.

Hier waren ja Juden zum Glauben an Jesus gekommen, und als echte „Juden" zeigen sie sich sofort trotz ihres Glaubens. Der ganze jüdische Stolz bricht hervor, der schon der Wirksamkeit des Täufers so große Widerstände bereitete: **„Same Abrahams sind wir!"** (vgl. Mt 3, 9). Mit der großen Verheißung Jesu können sie von daher nichts anfangen. **„Wir sind niemals jemandes Sklaven gewesen."** Wieso sollen sie noch „Befreiung" gebrauchen? Durch die rabbinische Schriftenauslegung klingt immer wieder der Stolz auf die „Freiheit", die die Israeliten als „Söhne Abrahams" und „Söhne Gottes" in dieser ihrer Stellung vor Gott im Gegensatz zu allen andern Völkern besitzen[349]. Unter dem Druck der äußeren Knechtschaft mag dieser Stolz auf diese innere Freiheit nur umso leidenschaftlicher geworden sein. Äußerlich haben sie sich mancher Fremdherrschaft fügen müssen. Aber innerlich sind sie **„niemals jemandes Sklaven gewesen."** So lehnen auch die, die von Jesus angefaßt und bewegt worden waren, sich empfindlich gegen sein Wort auf, das ihre „Freiheit" in Frage stellt. **„Wie kannst du sagen: Ihr werdet frei werden?"**

Auch diesen seinen Anhängern gegenüber hat Jesus wieder die gleiche schwere Aufgabe, die er an ganz Israel erfüllen mußte. Die Unwahrheit und Unwirklichkeit dessen, was sie zu besitzen meinen, muß aufgedeckt und der schmerzhafte Stoß gegen ihren falschen Stolz geführt werden (vgl. o. S. 182). Sie meinen keine **„Sklaven"** zu sein und eine „Befreiung" nicht nötig zu haben. Dann werden sie Jesus in seinem Weg zum Kreuz nie verstehen. Denn „Retter", „Befreier" zu sein, das gerade ist doch sein Werk. Darum muß Jesus ihnen ihre eigentliche „Sklaverei" zeigen. **„Jesus antwortete ihnen: Wahrlich, wahrlich ich sage euch, jeder, der die Sünde tut, ist Sklave der Sünde."** Den Zeloten quält die politische Unfreiheit unter der Herrschaft Roms. Aber es gibt eine Sklaverei, die unendlich schwerer und gefährlicher ist, auch wenn sie äußerlich verborgen sein mag. Es ist die Sklaverei, die in das ewige Verderben bringt. Dieser Sklaverei verfällt **„jeder, der die Sünde tut."** Es ist die eigene Tat des Menschen, wenn er der sündlichen Versuchung folgt und jetzt diese bestimmte Sünde tut. Der Mensch meint freilich, diese Tat sei nicht schwerwiegend; es handle sich nur um eine „Entgleisung", einen vereinzelten „Fehler". Er selber sei davon eigentlich nicht berührt und habe seine Freiheit nicht verloren. Aber Jesus sagt ihm: „Jetzt wurdest du zum Sklaven", zum **„Sklaven der Sünde".** Wer Sünde tut, ist angebunden 34

---

[349] A. Schlatter zitiert a. a. O. S. 212: „Akiba sagte: ‚Auch die Armen in Israel sieht man als Freie an, denn sie sind Söhne Abrahams, Isaaks und Jakobs'; die Abkunft von Abraham verleiht ihnen die nie verlierbare Freiheit. Damit, daß zu Israel gesagt ist: ‚Ihr seid Söhne dem Herrn eurem Gott', sind sie aus der Knechtschaft in die Freiheit geführt" (Rabba zum Pentateuch zu 5 Mo 14, 1).

an seine Schuld und kann von sich aus diese Schuld nie mehr abtun. Er gerät aber auch von der einen Sünde aus in neue Sünden, in eine ganze ihn kettende Sündengeschichte. Und vor allem, er ist in seinem Tun der Sünde mit dem Bösen einen Bund eingegangen, aus dem er sich selbst nicht zu lösen vermag. Er ist tatsächlich „Sklave" geworden, der nun im Teufel seinen „Herrn" hat. „Jeder", der die Sünde tut, wird Sklave, also auch der Israelit. Die Herkunft aus dem Samen Abrahams schützt dagegen nicht.

35 Das ist ein Tatbestand, dessen Tragweite die Juden sehen müssen. Jesus knüpft an das eben gebrauchte Bild vom „Sklaven" an, ohne jetzt zu berücksichtigen, wessen Sklave der sündigende Mensch geworden ist. Denn es gilt ganz allgemein: „**Der Sklave bleibt nicht im Hause für immer.**" Er hat nicht die unauflösbare Zugehörigkeit zum Hause, wie ein Sohn sie besitzt. „**Der Sohn bleibt für immer.**" Der Sklave dagegen kann jeden Tag weiterverkauft oder sonst aus dem Hause getan werden. Noch sind die Juden „**im Hause**". Sie gehören zu Gott als „sein" Volk. Und Schriftstellen wie 4 Mo 12, 7; Ps 36, 9; 84, 5 zeigen, wie Israel durch das „Wohnen" Gottes in seiner Mitte in der Stiftshütte und im Tempel seine Zugehörigkeit zum „Hause Gottes" empfand. Darauf sind sie stolz als „Same Abrahams". Aber wenn sie „Sklaven" sind und gar „**Sklaven der Sünde**", dann kann Gott sie jeden Tag aus seinem Hause verweisen. Jesus sagt damit den Juden das Gleiche, was ihnen schon der Täufer warnend vorgehalten hatte. Die Zugehörigkeit zu Abraham kann niemals gegen Gott sichern, als wäre Gott an die Juden gebunden (3, 9)[350].

36 „Sklaven der Sünde" müssen „frei gemacht" werden. Das ist unbedingt notwendig. Aber wer kann das tun? Das ist die entscheidende Frage für jeden Menschen. In der falschen Selbständigkeit des Menschen vom Sündenfall her, meint er immer wieder diese Befreiung durch seine eigenen Anstrengungen in „Besserung", „Änderung", „Wiedergutmachung" und anderem bewirken zu müssen und zu können. Gerade auch der Jude sah in der Erfüllung des Gesetzes die Überwindung der Sünde. Aber es ist alles vergeblich, Jesus weiß die wahre Antwort, weil sie in seiner Person lebendig und wirksam da ist. „**Wenn nun der Sohn euch frei macht, werdet ihr wirklich frei sein.**" Der Sohn ist der einzige, der selbst wahrhaft frei ist, frei von Selbstsucht, Sorgen, Todesangst, frei von allem Festhalten eigener Ehre und eigenen Besitzes (Phil 2, 5 ff), nur gebunden an den Vater und

---

[350] Auch in der Christenheit wird der Versuch in vielen Formen immer neu wiederholt, sich in irgend einem frommen Besitz vor Gottes Gericht zu bergen. Haarscharf ist die Grenze zwischen echtem Vertrauen auf Gottes Treue und der falschen Sicherung gegen Gottes Heiligkeit.

für ihn lebend. In Freiheit gibt er sich hin, um uns zu befreien. Er sagt von seinem Befreiungswerk jetzt nichts näheres. Nach seiner „Erhöhung" am Kreuz werden sie es erkennen. Jetzt sagt er ihnen nur mit aller Bestimmtheit zu, daß sie durch ihn „**wirklich frei sein werden**". Wenn sie davon etwas erfahren, wird ihr begonnenes Glaubensverhältnis tief und fest werden. Dann „**bleiben sie in seinem Wort**", weil sie anders nicht mehr leben können.

Die Verkündigung Jesu, wie sie uns Johannes wiedergibt, konnte an manchen Stellen den Eindruck erwecken, als ginge es nur um „das Leben" überhaupt, um „das Licht" im allgemeinen, um „das Glauben" als bloße Haltung ohne nähere Bestimmtheit. Unser Abschnitt aber zeigt, wie auch im Johannesevangelium der Blick klar auf die Sünde gerichtet ist und die zentrale Aufgabe des „Sohnes" in der Befreiung von der Sünde gesehen wird.

DIE TEUFELSKINDSCHAFT BEI DEM SAMEN ABRAHAMS

Johannes 8, 37—47

37 Ich weiß, daß ihr Samen Abrahams seid. Aber ihr sucht mich zu
38 töten, weil mein Wort keinen Raum in euch findet. * Was ich gesehen habe bei dem Vater, rede ich; und auch ihr tut nun, was ihr von dem Vater gehört habt (oder: und so tut auch ihr, was ihr
39 gehört habt von eurem Vater). * Sie antworteten und sprachen zu ihm: Unser Vater ist Abraham. Jesus sagt zu ihnen: Wenn ihr
40 Kinder Abrahams seid, tut die Werke Abrahams! * Nun aber sucht ihr mich zu töten, einen Menschen, der ich euch die Wahrheit gesagt habe, die ich gehört habe von Gott. Das hat Abraham nicht
41 getan. * Ihr tut die Werke eures Vaters. Sie sprachen zu ihm: W i r sind nicht aus Unzucht geboren; e i n e n Vater haben wir:
42 Gott. * Jesus sprach zu ihnen: Wenn Gott euer Vater wäre, liebtet ihr mich, denn ich bin von Gott ausgegangen und bin gekommen. Denn nicht von mir selbst aus bin ich gekommen, sondern
43 jener hat mich gesandt. * Warum versteht ihr meine Sprache
44 nicht? Weil ihr nicht imstande seid, mein Wort zu hören. * Ihr seid aus dem Vater, dem Teufel, und die Begierden eures Vaters wollt ihr tun. Er war ein Menschenmörder von Anfang, und in der Wahrheit steht er nicht, weil Wahrheit nicht in ihm ist. Wenn er die Lüge redet, redet er aus seinem eigensten [Wesen], weil
45 er ein Lügner ist und ein Vater von ihr. * Ich aber, weil ich die

zu Vers 42:
1 Jo 5, 1
zu Vers 43:
Rö 8, 7
1 Ko 2, 14
zu Vers 44:
1 Mo 3, 1—5
Apg 13, 10
2 Pt 2, 4
1 Jo 3, 8—10
zu Vers 45:
Gal 4, 16
zu Vers 46:
2 Ko 5, 21
1 Pt 2, 22
zu Vers 47:
Jo 18, 37
1 Jo 4, 3. 6
5, 19

46 Wahrheit sage, glaubt ihr mir nicht. * Wer von euch kann mir
Sünde nachweisen? Wenn ich Wahrheit sage, warum glaubt ihr
47 mir nicht? * Wer aus Gott ist, hört die Worte Gottes. Darum hört
i h r nicht, weil ihr nicht aus Gott seid.

Nun geht der Kampf Jesu mit den Juden seinem Höhepunkt entgegen. Immer schroffer und rückhaltloser offenbart er seine ganze Tiefe. Es ist nicht nur ein menschlicher Gegensatz, der hier ausgetragen wird, nicht nur ein Streit von Meinungen und Auffassungen. Hier kommt ein letzter Widerstreit zum Ausdruck, der in jenseitige Tiefen hineinreicht, der Widerstreit von Gott und Satan.

37 Jesus ist noch im Gespräch mit den glaubenden Juden, die ihm ihre Abstammung von Abraham entgegengehalten haben. Darin ist ihm der Stolz des Juden begegnet, der den „Juden" blind macht und ihn zum Haß gegen Jesus, statt zum Glauben an Jesus führt. Darum wendet sich Jesus nun wieder an alle und bringt gerade diesen Punkt allgemein zur Sprache. Sicherlich, sie sind die Nachkommen Abrahams. Aber in welch schneidendem Gegensatz dazu steht ihr Verhalten. Hier kann etwas nicht stimmen: **„Ich weiß, daß ihr Samen Abrahams seid. Aber ihr sucht mich zu töten, weil mein Wort keinen Raum in euch findet."** Sie lassen Jesus nicht gleichgültig stehen, immer wieder umdrängen sie ihn und hören sein Wort. Aber doch findet dieses sein Wort „keinen Raum in ihnen". Sie nehmen es nicht an; es kann nicht in ihnen Wurzel schlagen und auf sie wirken. Wie ein Fremdkörper bleibt es in ihnen. Darum bäumt sich alles in ihnen gegen dieses Wort auf und wird zum Haß gegen den, der sein Wort so mächtig sagt. Sie **„suchen ihn zu töten"**[351]. Das haben sie zwar abgeleugnet (7, 20). Vielleicht sind sie sich selber auch dessen noch gar nicht bewußt. Aber Jesus sieht tiefer als sie. In seinen Augen ist jedes Hassen schon „Mord" (Mt 5, 21 f; 1 Jo 3, 15). Dieser Mordwille in ihrem Haß wird hervorbrechen und das „Weg, weg mit ihm! Kreuzige ihn!" (19, 15) gerufen.

38 Sie können so unmöglich wirklich **„Same Abrahams"** sein. Aber wessen „Söhne" sind sie dann? Der folgende Satz ist in seinem Wortlaut unsicher. Mit sehr starker Bezeugung in den Handschriften finden wir zu dem Wort vom „Vater" ein verdeutlichendes „mein", bzw. „euer" hinzugesetzt. **„Was ich gesehen habe bei meinem Vater, rede ich; und so tut auch ihr, was ihr gehört habt von eurem Vater."** Dann hätte Jesus zwar als den Vater der Juden noch nicht den Teufel genannt, aber sofort schon ausgesprochen, daß die Juden einen ganz

---

[351] So hat wieder und wieder echte Verkündigung sich nicht abschütteln lassen und erregte gerade darum Widerwillen und Haß gegen die Boten, die diese Verkündigung brachten.

andern Vater haben als er selbst. Aber ist das nicht doch eine spätere Erweiterung des Textes, die so nahe lag, daß wir uns über ihr Eindringen in viele Handschriften nicht wundern können? Hat Jesus die Frage der Vaterschaft der Juden nicht zunächst bewußt offengelassen? Bei Jesus selbst ist es eindeutig: „Was ich gesehen habe bei dem Vater, rede ich." Er ist „Sohn" und kann nichts von sich selbst aus tun und reden (5, 19a). Doch auch seine Hörer sind nicht einfach von sich selbst bestimmt in ihrem Verhalten. Auch sie „tun, was sie von dem Vater gehört haben." Wer ist dieser „Vater"? Gerade das ist die Frage, um die es geht! Sind sie wirklich Abrahams Same und damit Gottes Söhne, dann muß sich das in dem erweisen, was Jesus schon 6, 45 mit dem gleichen Ausdruck „von dem Vater hören" ausgesprochen hat: „Jeder, der vom Vater gehört und gelernt hat, kommt zu mir." Dazu ruft er sie. Wenn sie das tun, dann haben sie von dem rechten Vater gehört und sind wirklich Abrahams Same. Wenn sie aber nicht zu ihm kommen, sondern ihn hassen, dann wird sichtbar, daß ein ganz anderer „der Vater ist, von dem her sie hören", um dementsprechend zu handeln.

Die Juden spüren die Frage, vor die sie von Jesus gestellt sind. Sie wollen ihr entgehen, indem sie sich erneut hinter der Tatsache ihrer Abstammung von Abraham sichern. „Sie antworteten und sprachen zu ihm: Unser Vater ist Abraham." Aber Jesus entläßt sie nicht aus der zwingenden Logik, die er in den beiden vorigen Sätzen vor sie hingestellt hat und die er nun zu dem sie konkret treffenden und überzeugenden Schluß bringt: „Jesus sagt zu ihnen: Wenn ihr Kinder Abrahams seid, tut die Werke Abrahams! Nun aber sucht ihr mich zu töten, einen Menschen, der ich euch die Wahrheit gesagt habe, die ich gehört habe von Gott. Das hat Abraham nicht getan." Vaterschaft aus der wir stammen, gibt uns unsere Art und formt unser Tun[351a]. Darum gibt es nur einen einzigen Beweis dafür, daß sie wirklich Kinder Abrahams sind: sie müssen „die Werke Abrahams tun." Das sind die Werke des Gehorsams (Auszug), des völligen Vertrauens (Erwartung und Opferung Isaaks), der liebevollen Demut (Verhalten gegen Lot). Nichts davon ist an ihnen zu sehen, die leibliche Abstammung von Abraham hilft ihnen nichts. Denn aus ihnen bricht etwas ganz anderes hervor: „Nun aber sucht ihr mich zu töten." Und dieser mörderische Haß hat seinen einzigen Grund in der Tatsache, daß Jesus als „ein Mensch" vor ihnen steht, „der ihnen die Wahrheit gesagt hat", die Wahrheit, die er von Gott gehört hat. Auflehnung

---

[351a] Selbstverständlich ist dabei die wahre und wesenhafte „Abstammung" gemeint. So ist auch im NT die Sohnschaft Abrahams Rö 9, 7 f; Gal 3, 7; 4, 21—31 gefaßt.

gegen Gottes Wahrheit bis zum Mord an Gottes Boten — das ist das schauerliche Gegenteil zu Abrahams Glaubensleben. „**Das hat Abraham nicht getan.**" Jesus hat dabei betont, daß er im Dienst der Wahrheit Gottes als ein einfacher Mensch zu ihnen gekommen ist. Er bedrängt und vergewaltigt sie nicht mit göttlicher Übermacht. Wehrlos steht er unter ihnen; nichts tut er ihnen an. Er hat nichts als nur ein Wort, das nicht sein eigenes Wort ist, mit dem er nicht seine eigene Ehre sucht, sondern das er von Gott gehört hat und mit dem er ihnen Gottes Wahrheit bringt. Darum wird in der Auflehnung gegen ihn

41 die ganze Tiefe ihrer Verderbtheit offenbar. „**Ihr tut die Werke eures Vaters**" — welch ein furchtbarer und finsterer Vater muß das sein.

Die Juden hören den Vorwurf, ihr seid nicht Abrahams Söhne, ihr könnt es nicht sein! Sie bäumen sich dagegen auf. Das ist es doch, was sie aus allen Völkern heraushebt, was ihnen den festen Grund unter den Füßen gibt, daß sie als Same Abrahams die von Gott Erwählten und Geliebten sind[352]. Will dieser Jesus ihnen das nehmen? Dann nimmt er ihnen alles. Dann erklärt er sie zu Bastarden. Welch ungeheure Beleidigung tut er ihnen an. „**Sie sprachen zu ihm: W i r sind nicht aus Unzucht geboren; e i n e n Vater haben wir: Gott.**" Das war der ganze Stolz und Halt eines Juden, seine reine, klare Abstammung. Die Juden sind nicht wie Moabiter und Amoriter „**aus Unzucht geboren**" (1 Mo 19, 36—38), sie sind nicht ein Mischvolk wie die Samariter. Sie haben „**e i n e n Vater: Gott**". Wenn sie bei Jesus immer wieder auf diese seltsame „Anmaßung" stießen, daß er ein einzigartiges Verhältnis zu seinem „Vater" haben will, so sagen sie es ihm frei heraus: sie haben das gleiche Verhältnis zu Gott, Gott ist für sie wie für Jesus der eine Vater. Standen sie damit nicht klar auf dem Boden der Schrift: 2 Mo 4, 22; 5 Mo 32, 6; Jes 63, 16?

42 Das war von den Juden mit voller Überzeugung gesagt. Es war ihr „Glaubensbekenntnis", dafür eiferten sie und dafür litten sie. Und doch war dieses ihr Glaubensbekenntnis eine Lüge. Das ist schlimmer als aller offener Unglaube der „Welt". Die Unwahrheit ihrer „heiligsten Überzeugungen" ist aber unwiderleglich deutlich: „**Jesus sprach zu ihnen: Wenn Gott euer Vater wäre, liebtet ihr mich.**" Stammten sie innerlich aus Gott und lebten sie wirklich im Kindesverhältnis zu Gott, mit welcher Freude und Liebe müßten sie ihn dann begrüßen! Er kam ja doch von diesem Gott her zu ihnen und lebt als der Sohn dieses Gottes in ihrer Mitte. Wie müßten sie ihn darum erkennen und ehren, wenn Gott wirklich ihr Vater wäre.

---

[352] Haben sie vergessen, daß Gott ihnen schon durch Hosea sagen lassen mußte: Ihr seid „nicht mein Volk", seid „nicht geliebt" (Hos 1, 6—9)?

„Denn ich bin von Gott ausgegangen und bin gekommen." Jesus sagt es hier merkwürdig absolut und ohne jede nähere Bestimmung: „Ich bin gekommen." Dieses sein „Gekommen sein" in die Welt umschließt schon alles andere mit, was aus seinem Kommen erwächst. So konnte schon der 40. Psalm geheimnisvoll von einem einzigartigen Boten Gottes sprechen, dessen ganzes Tun für Gott darin liegt, daß er sagen kann: „Siehe, ich komme" (Ps 40, 8; vgl. Hbr 10, 1—10). So „kam" Jesus von Gott. Jesus betont es noch einmal, daß darin nicht das Geringste von jener Anmaßung und Eigenmächtigkeit liegt, **die sie ihm in ihrer Blindheit vorwerfen: „denn nicht von mir selbst aus bin ich gekommen, sondern jener hat mich gesandt."**

Der Gegensatz der Juden gegen ihn ist so tief, daß es gar nicht mehr um einzelne Punkte geht. Ein Abgrund völligen Mißverstehens liegt zwischen Jesus und ihnen. Jesus muß klagen: **„Warum versteht ihr meine Sprache nicht?"** Wenn ich aus einem Lande stamme und höre in der Fremde die Sprache dieser meiner Heimat, wie geht mir das Herz auf, wie „verstehe" ich diese Sprache. So müßte es bei der Begegnung mit Jesus geschehen sein, wenn die Juden wirklich von Gott stammten. So aber sind sie **„nicht imstande, sein Wort zu hören."** Es ist ihnen eine unverständliche Fremdsprache. Sie können es nicht einmal wirklich „hören"[353]. Damit ist es erwiesen, daß sie nicht mit Jesus denselben Gott zum Vater haben können. 43

Aber wenn nicht Gott ihr „Vater" ist, wer ist es dann? Von sich selber können sie nicht stammen; solche Eigenmacht ist Menschen nicht verliehen. Nun spricht es Jesus unverhüllt im letzten, schärfsten Angriff aus: **„Ihr seid aus dem Vater, dem Teufel, und die Begierden eures Vaters wollt ihr tun"**. Stellen wir es uns noch einmal in seiner ganzen Wirklichkeit vor. Nicht von den römischen Gewalthabern, nicht von „Heiden" oder von „Atheisten", nicht einmal von den „Zöllnern und Sündern" in Israel, sondern von Israel selbst, von dem erwählten Volk Gottes sagt es Jesus: Ihr stammt vom Teufel. Und gerade die führenden Kreise des Volkes, die mit Ernst Israeliten zu sein und das Gesetz zu erfüllen suchten, schließt er in dieses Urteil ein. Welch eine Anklage[354]! 44

---

[353] So geht es dem noch nicht wiedergeborenen Menschen bis heute beim Bibellesen. Bei aller Mühe, die er sich gibt, versteht er doch nichts. Selbst auf der Kanzel kann es so sein. Schlatter erzählt von einer Weihnachtspredigt über Jes 9: der Prediger „schob die mächtige Botschaft des Jesaja hin und her und zankte sich mit ihr". A. Schlatter „Erlebtes" S. 37 (Furche-Verlag Berlin).

[354] Wer kann dann noch kommen und behaupten: Bei mir aber ist es anders? Wer das täte, bewiese gerade damit, daß er zu jenen „Juden" gehört, die sich gegen Jesu Urteil auflehnen.

Freilich, wenn wir das Wort Jesu verstehen wollen, müssen wir uns aus dem „Moralismus" losmachen, der uns gerade in der Christenheit weithin beherrscht. Jesus hat seine Gegner nicht „verteufelt" und ihnen nicht moralische Schlechtigkeiten vorgeworfen. Er hat sicherlich viele von ihnen genauso beurteilt, wie Paulus sich im Rückblick auf seine jüdische Vergangenheit in Phil 3, 5 ff selbst beurteilt hat. Auch die „**Begierden**" des Teufels, die sie „**tun wollen**", sind dementsprechend nicht das, was wir sofort bei diesem Wort vor Augen haben. Zwar ist es bezeichnend, wenn Jesus vom „Willen" des Vaters redet, den er tut, aber dem Teufel nicht einen echten, klaren „Willen" zuerkennt, sondern von seinen „**Begierden**" spricht. Aber was Satan leidenschaftlich begehrt, das sind wahrlich nicht in erster Linie lasterhafte und schändliche Dinge.

Das Wesen des Teufels ist unendlich gefährlicher. Jesus kennzeichnet es mit aller Klarheit. „**Er war ein Menschenmörder von Anfang, und in der Wahrheit steht er nicht, weil Wahrheit nicht in ihm ist. Wenn er die Lüge redet, redet er aus seinem eigensten [Wesen], weil er ein Lügner ist und ein Vater von ihr.**" Jesus blickt auf den „Anfang" zurück, auf die Urgeschichte. Er tut dies aber nicht, um die Herkunft des Teufels zu „erklären" und uns aufzudecken, wie aus dem großen Engel Gottes ein Teufel werden konnte. Der Böse und gar das radikale Böse muß unerklärbar sein, sonst wäre es nicht wirklich das „Böse"[355]. Denn was erklärlich ist, ist damit auch schon „verständlich" und also entschuldigt. Darum muß die alte Frage „Woher kommt das Böse in Gottes guter Schöpfung?" unbeantwortet bleiben. So stellt auch Jesus nur Tatsachen vor uns hin. Sobald uns der Teufel „**am Anfang**", also in dem Bericht vom Sündenfall in 1 Mo 3 begegnet, ist er „**der Menschenmörder**". Es geht Satan um den „Menschen", weil der Mensch zum Bilde Gottes geschaffen ist. Mit tödlichem Haß sieht Satan den Menschen, der zu jenem wahrhaftigen Leben bestimmt ist, das er selbst für immer verloren hat. Darum sollen nun die Menschen „ermordet" und in den ewigen Tod gestürzt werden. Zugleich will der Teufel damit Gott selber treffen und Gottes herrlichen Plan vereiteln. So verführt Satan Adam und Eva zur Sünde, die gerade hier nicht eine moralische Verfehlung, sondern Auflehnung gegen Gott ist und damit Trennung von Gott, der Quelle des Lebens. Das bringt notwendig den Tod. Die Menschen müssen nun sterben. Ihre äußere Vergänglichkeit im leiblichen Tode ist nur das Zeichen dafür, daß sie um das wahre Leben, das göttliche und ewige, gebracht worden sind[356].

---

[355] Vgl. das zu 1, 11 auf S. 46 Gesagte und zu 6, 70 auf S. 224.
[356] Wie harmlos leben wir Menschen und haben doch einen Todfeind, der unser Mörder ist!

Neben der Mordlust des Teufels steht die Lüge. Dabei geht es nicht nur um einzelne Lügen, die vom Teufel ausgehen. Die Lüge ist vielmehr ein Grundzug seines ganzen Wesens. **„In der Wahrheit steht er nicht, weil Wahrheit nicht in ihm ist."** Wir haben wieder daran zu denken, daß „Wahrheit" im Johannesevangelium nicht ein bloßer moralischer Begriff ist, sondern die wesenhafte Wirklichkeit und ihre Offenbarung meint. Wenn der Teufel nicht „**in der Wahrheit steht**", dann bezeichnet das nicht nur seine Unfähigkeit, aufrichtig und wahrhaftig zu sein. Nein, Satan steht nicht mehr in der eigentlichen Wirklichkeit, und diese wesenhafte Wirklichkeit ist nicht mehr in ihm. Wir haben hier noch einmal daran zu denken, daß Jesus selbst „die Wahrheit" ist. Er ist sie in seiner Sohnschaft Gottes, in der er es „nicht für einen Raub hielt, Gott gleich zu sein, sondern entäußerte sich selbst und war gehorsam bis zum Tode, ja zum Tode am Kreuz." Aus dieser „Wahrheit", aus diesem wahren Verhältnis zu Gott ist Satan herausgetreten und zum Feind Gottes, zum Feind des gehorsamen Sohnes und zum Feind des zum Bilde Gottes geschaffenen Menschen geworden.

Darum ist er auch in einer viel tieferen und umfassenderen Weise ein **„Lügner"**. Sicherlich, er „lügt" auch so, wie wir moralisch das „Lügen" verstehen, so wie bei der Versuchung der Menschen (1 Mo 3, 4—5). Er lügt mit jenem Korn Wahrheit, das auch unser Lügen so gefährlich macht. Adam und Eva sinken nach dem Genuß der verbotenen Frucht nicht um, ihre Augen werden wirklich aufgetan, sie wissen nun, was gut und böse ist. Aber sie wissen es in einer schrecklichen Bindung an das Böse, das sie zuvor nicht zu kennen brauchten. Aber schon in dieser Auswirkung ist Satans „Lügen" mehr als bloße Unwahrhaftigkeit. Satan reißt die Menschen aus der Wirklichkeit, in der sie allein „leben" konnten, aus der kindlich-gehorsamen Verbundenheit mit Gott und stürzt sie in ein „unwirkliches" Dasein, in welchem sie in eigener Macht Gott gleich sein wollen und damit doch gerade in die Qual eines vergeblichen Lebens und in das ewige Verderben fallen. Die Wirklichkeit Gottes, die Klarheit seines Gebotes, den Ernst seiner Drohung lügt er fort und das Elend der Gottesferne lügt er um zu einem „Sein wie Gott". Und dieses Verfälschen der Wirklichkeit ist sein eigenstes Wesen, in dem er lebt. **„Wenn er die Lüge redet, redet er aus seinem eigensten [Wesen], weil er ein Lügner ist und ein Vater von ihr."** Er sucht die Entstellung der wahren Wirklichkeit immer neu und immer weiter in die Welt hineinzubringen. Dieses sein Lügen ist so tief, daß es mit dem Pathos der Wahrheit geschehen kann. So

Wieviel fürchten wir, gegen wieviel sichern wir uns mit ängstlicher Sorge, um den „Menschenmörder" aber kümmern wir uns nicht.

haben immer wieder auch die von ihm umgarnten Menschen, die objektiv der Lüge Satans dienten, dabei subjektiv völlig „ehrlich" sein können[357]. In diesem Sinn als „Vater der Lüge" ist er jetzt auch der „Vater" der Juden und bewirkt, daß sie die „Wahrheit" in Jesus, die herrliche, befreiende Wirklichkeit Gottes in ihm, nicht sehen, sondern Jesus als Lästerer und Verführer verabscheuen und zu töten suchen. Anders ist es nicht zu erklären, daß die frömmsten Menschen der Welt, die für Gott eifern, den verstoßen, der von Gott gekommen ist und ihnen das Leben bringt. Solche „Verlügung" der Wirklichkeit ist teuflisch.

45/47 Jesus zeigt diese unbegreifliche Verkehrung sehr schlicht und doch erschreckend auf: **„Ich aber, weil ich die Wahrheit sage, glaubt ihr mir nicht."** Der hellen Wahrheit nicht glauben, wenn sie mir gesagt und gezeigt wird, das ist ein rätselhafter Widerspruch. Denn von Natur gehören **„Wahrheit"** und **„Glauben"** zusammen.

Aber die Verkehrung, die Jesus aufdeckt, ist noch tiefer. Nicht nur „obwohl" Jesus die Wahrheit sagt, glauben sie ihm nicht, sondern gerade „weil" er sie sagt. So tief sind sie von ihrem „Vater", dem „Vater der Lüge", bestimmt, daß gerade die vor sie hingestellte Wahrheit für sie zum Grund des Unglaubens, der Abwehr, ja des Abscheus wird.

Oder ist irgend etwas Falsches oder Sündhaftes an Jesus, das sie daran hindern könnte, ihm zu glauben? **„Wer von euch kann mir Sünde nachweisen?"**, fragt Jesus seine Feinde ins Angesicht. So völlig ist er seiner Reinheit, Göttlichkeit und Sündlosigkeit gewiß[358]. Dann aber ist auch sein Wort „sündlos", also lauter und wahr. Und nun muß Jesus noch einmal das dunkle Rätsel aussprechen und fragen: **„Wenn ich Wahrheit sage, warum glaubt ihr mir nicht?"**[359]. Für dieses Rätsel gibt es nur die eine Erklärung, die freilich für Israel, das Eigentumsvolk Gottes, entsetzlich ist: **„Wer aus Gott ist, hört die**

---

[357] Wir denken an 1 Jo 2, 22: „Wer ist ein Lügner, wenn nicht, der da leugnet, daß Jesus der Christus sei." Diese Leugnung der Gottessohnschaft und Messianität Jesu ist von vielen Juden und Heiden bis in die Kreise von Theologen hinein mit völlig „ehrlicher" Überzeugung vertreten worden. Subjektiv eiferten solche Männer redlich für die „Wahrheit" und waren dennoch „Lügner".

[358] Seine Gegner hätten sofort antworten können: Du brichst ja den Sabbat! Über Sündlosigkeit kann man nicht diskutieren. Auch Jesus kann sie nur bezeugen und darauf vertrauen, daß im hellen Licht Gottes auch die andern keine Sünde an ihm finden werden. Für Jesu rettende Tat ist allerdings seine Sündlosigkeit unerläßliche Vorbedingung. Sonst würde auch für ihn Ps 49, 8—10 gelten.

[359] Wie völlig steht Paulus in der Linie Jesu, wenn er für die Zeit des Antichristen, des Weltherrschers in Satans Namen, voraussieht, daß dann die Menschen „der Lüge glauben" werden, zur Vergeltung dafür, daß sie der „Wahrheit" (also dem Evangelium von Jesus) nicht glauben wollten (2 Th 2, 10 f).

Worte Gottes. **Darum hört ihr nicht, weil ihr nicht aus Gott seid."** Dieses Urteil trifft jeden, der das Wort Jesu nicht „hört", er sei sonst so „gut" oder „religiös", wie er wolle. Dabei ist das ein Urteil einfachster und unanfechtbarer Logik: Wer wirklich aus Gott ist, muß die „Worte" Gottes hören und als solche erkennen. Für Wort ist hier wieder „rhema" gebraucht, also der Ausdruck, der das Wort als wirksames und geschehenes kennzeichnet.

„Ihr seid nicht aus Gott", „ihr seid aus dem Vater, dem Teufel", das sagt Jesus seinem Volk in seinen maßgebenden Kreisen. So unerhört hart kann Jesus reden. Der „Johanneische Christus" ist völlig verkannt worden, wenn man ihn oft als „weich" dargestellt hat. Alle falschen Jesusbilder zerbrechen hier. Jesus ist der Zeuge der Wahrheit. Gerade die fromme Täuschung, der religiöse Schein, die Unechtheit vor Gott, die unwahre Anmaßung einer Gottesbeziehung ist für den, der die Wahrheit ist, unerträglich. Hier muß sie hart aufgeweckt werden.

Es ist aber gerade nicht jene kalte „Härte", die Jesu Gegner in ihrem Urteilen und Verurteilen kennzeichnet. Wenn wir auch in die Hoheit Gottes keinerlei Sentimentalität eintragen dürfen, so kann doch die rettende Liebe (3, 16 f) nicht ohne tiefen Schmerz sein, wenn sie das geliebte und erwählte Israel nun dem Teufel als „Vater" verfallen sehen und über Tempeldienst und Synagogen, über Bibelforschung und Pharisäismus das Urteil sprechen muß: **„Nicht aus Gott."** So müssen wir die letzten Worte Jesu auf der Höhe seines Kampfes mit seinem Volk hören als Worte göttlichen Schmerzes.

DIE EWIGKEIT JESU

Johannes 8, 48—59

48 Die Juden antworteten und sprachen zu ihm: Sagen wir nicht mit Recht, daß du ein Samariter bist und einen bösen Geist (wörtlich:
49 einen Dämon) hast? * Jesus antwortete: Ich habe keinen bösen Geist (wörtlich: einen Dämon), sondern ehre meinen Vater, und
50 ihr entehrt mich. * Ich suche nicht meine Ehre. Es ist einer da, der
51 sie sucht und der richtet. * Wahrlich, wahrlich ich sage euch, wenn jemand mein Wort halten wird, wird er den Tod gewiß nicht
52 sehen in Ewigkeit. * Da sprachen die Juden zu ihm: Jetzt haben wir erkannt, daß du einen bösen Geist (wörtlich: einen Dämon) hast. Abraham ist gestorben und die Propheten, und du behauptest: Wenn jemand mein Wort halten wird, wird er gewiß den

zu Vers 48:
Mk 3, 21 f
Jo 7, 20
zu Vers 49:
Mal 1, 6
zu Vers 50:
Jo 5, 41
1 Pt 2, 23
zu Vers 51:
Jo 6, 40. 47
zu Vers 52:
Mt 16, 28

zu Vers 55:
Mt 26, 72
Jo 7, 28
zu Vers 56:
1 Pt 1, 8
Hbr 11, 13
zu Vers 59:
Mt 23, 37. 39
Jo 10, 31

53 Tod nicht schmecken in Ewigkeit. * Bist du etwa größer als unser Vater Abraham, der doch gestorben ist? Und auch die Propheten 54 sind gestorben. Was machst du aus dir selbst? * Jesus antwortete: Wenn ich mich selbst ehre, so ist meine Ehre nichts. Es ist mein 55 Vater, der mich ehrt, von dem ihr sagt: er ist unser Gott. * Und doch habt ihr ihn nicht erkannt; ich aber kenne ihn. Und wenn ich sagen würde, daß ich ihn nicht kenne, so würde ich gleich euch ein 56 Lügner sein. Aber ich kenne ihn und halte sein Wort. * Abraham euer Vater, frohlockte, meinen Tag zu sehen, und er sah ihn und 57 freute sich. * Da sprachen die Juden zu ihm: Fünfzig Jahre bist 58 du noch nicht alt und hast Abraham gesehen? * Jesus sprach zu ihnen: Wahrlich, wahrlich, ich sage euch: Ehe Abraham wurde, bin 59 Ich. * Da hoben sie Steine auf, um auf ihn zu werfen. Jesus aber verbarg sich und ging aus dem Tempel.

48   Jesus hat gegen die „Juden" den schroffsten Angriff geführt. Er hat ihnen die Zugehörigkeit zu Abraham und die Gotteskindschaft abgesprochen und den Teufel ihren wirklichen „Vater" genannt. Jetzt gibt es nur noch ein Entweder-Oder. Entweder beugen sie sich in einer wahrhaft radikalen Buße vor diesem Urteil Jesu, oder sie müssen sich leidenschaftlich gegen den Mann wehren, der ihnen solch ein Urteil sprach. Wir wundern uns nicht, daß die Juden den erbitterten Gegenangriff führen. „**Die Juden antworteten und sprachen zu ihm: Sagen wir nicht mit Recht, daß du ein Samariter bist und einen bösen Geist (wörtlich: einen Dämon) hast?**" Sie können in Jesu Urteil über sie nur eine Herabsetzung und Beschimpfung ihres Judentums sehen. Solche Angriffe kannte man genügend von den Samaritern. So wird dieser Jesus auch „**ein Samariter**" sein! Jedenfalls benimmt er sich so. Oder das Gewaltige, das sie an ihm spüren, hat einen noch schlimmeren Hintergrund: er hat einen bösen Geist, er ist besessen, er ist ein dämonischer Mensch. Schon lange hatten sie das empfunden (vgl. 7, 20). Jetzt, nach den ungeheuerlichen Sätzen sehen sie, wie recht sie damit gehabt haben. Daß sie Jesus als „Samariter" brandmarken, mag auch von daher kommen, daß die Kunde von Jesu Wirken in Samaria (K. 4) nach Jerusalem gedrungen ist. In Samaria sind sie von Jesus begeistert, da gehört er auch hin zu diesen Mischlingen und Ketzern.

49/50   Die Antwort Jesu ist sehr ruhig, aber auch voller Klarheit und Entschiedenheit. Sie verkennen ihn und sein Wirken, wenn sie etwas „Dämonisches" bei ihm sehen. Die Wucht und Härte seines Angriffes auf sie hat einen völlig andern Grund. Es geht ihm einzig um die Ehre Gottes, um sie aber geht es ihm mit dem letzten Ernst, den die Ehre des heiligen, lebendigen Gottes fordert. Die unwahre und entstellte Frömmigkeit, auf die sie so stolz sind und für die sie ständig Gottes

Namen in Anspruch nehmen, tastet Gottes Ehre an. Diese Lüge Israels und seiner Frommen muß bis auf den Grund aufgedeckt und ins Licht gestellt werden. Hier ist Jesus unerbittlich, weil es ihm, dem Sohn, um die Ehre des Vaters geht. **"Jesus antwortete: Ich habe keinen bösen Geist, sondern ehre meinen Vater, und ihr entehrt mich."** Er ist über diese Entehrung nicht etwa persönlich gekränkt. Auch darin unterscheidet er sich völlig von ihnen allen, die so empfindlich auf ihre eigene Ehre bedacht sind (5, 44). **"Ich suche nicht meine Ehre."** Gott aber kann es nicht gleichgültig sein, wenn die große Gabe seiner Liebe (3, 16) so verkannt und sein reiner, heiliger Sohn so beschimpft wird. Wenn auch Jesus selbst nicht seine Ehre sucht, **"es ist einer da, der sie sucht und der richtet"**[360]. Und diesem Gericht werden sie nicht entgehen.

Jesu „Ehre", Jesu ganze Herrlichkeit, wird einen einzigartigen „Beweis" finden. **"Wahrlich, wahrlich, ich sage euch, wenn jemand mein Wort halten wird, wird er den Tod gewiß nicht sehen in Ewigkeit."** Vom „Halten seines Wortes" spricht er hier, weil er noch auf die an ihn Glaubenden sieht, denen er eben dieses „Bleiben in seinem Wort" zur Aufgabe gemacht hat (V. 31). Aber es ist auch ein nochmaliges Angebot an seine Gegner. Sie müssen doch nicht dem Tod und dem Gericht verfallen. Auch jetzt ist nicht, wie sie meinen, das „Richten" und Verurteilen sein Ziel, sondern das „Retten". Kann sich unter ihnen nicht doch noch jemand finden, der auf sein Wort ernstlich hört und es festhält? Dann würde ihm die ganze Freiheit vom Tode zuteil. So gewaltig ist „sein Wort", so sehr ein „Wort ewigen Lebens" (6, 68), das sie jetzt verachten und zurückstoßen. Nicht um das leibliche Sterben als solches geht es. Das ist zu durchleiden und ist doch auch nichts Schlimmeres als sonstige körperliche Nöte. Furchtbar ist nur das **„Sehen"** des Todes, das Ausgeliefertsein an den Tod in der Trennung von Gott, das Bleibenmüssen im Tode bis **„in die Ewigkeit"**, in den kommenden Äon hinein. Dieses Sehen des Todes ist vorbei für den, der Jesu Wort hält. Das „Sterben", dieses unentrinnbare Enden des irdischen Lebens, wird nun etwas ganz anderes als bisher: nicht mehr Begegnung mit dem Tod, sondern Begegnung mit Jesus. Es wird ein „dem Herrn sterben" (Rö 14, 8), ein „Auswandern aus dem Leibe und Einwandern zum Herrn" (2 Ko 5, 8 in wörtlicher Übersetzung). Welch eine Herrlichkeit ist das für jeden,

---

[360] Die Anschuldigung gegen Jesus entspricht der Verdächtigung von Mt 12, 24: „Er treibt die Teufel nicht anders aus, denn durch Beelzebub, ihren Obersten." Damals hat Jesus seine Gegner gewarnt: eine solche Verdächtigung führe zur Lästerung des Geistes Gottes, zu der einzigen Sünde, für die es keine Vergebung gebe. Auch hier weist Jesus auf Gottes Gericht, mit dem Gott selbst die Ehre seines Sohnes und seines eigenen Wirkens im Sohne schützt.

52/53 der zu Jesus kommt; und welche Herrlichkeit Jesu leuchtet hier auf.
Aber auch dieses Wort, das doch ihr eigenstes Lebens- und Sterbensschicksal betrifft, vermag die Herzen der Hörer nicht zu erfassen oder auch nur nachdenklich zu machen. Sie fragen nicht, ob etwas so Wunderbares wahr sein könnte. Sie sehen darin erneut dämonische Anmaßung und finden ihr Urteil bestätigt. **„Da sprachen die Juden zu ihm: Jetzt haben wir erkannt, daß du einen bösen Geist (wörtlich: einen Dämon) hast. Abraham ist gestorben und die Propheten, und du behauptest: Wenn jemand mein Wort halten wird, wird er gewiß den Tod nicht schmecken in Ewigkeit."** Es ist ihnen völlig klar, daß Jesus hier Wahnsinn redet. Selbst ein Abraham starb ja doch! Gerade sein Sterbenmüssen, obwohl er der große Freund Gottes ist, gilt in der schriftgelehrten Bibelauslegung als der zwingendste Beweis für die Macht des Todes. Und auch die großen Gottesboten, deren Schriften man heilig hielt, starben. Wenn Jesus jetzt behauptet, daß der nicht den Tod zu schmecken, also nicht zu sterben brauche, der sein Wort halte, dann mußte er größer sein als Abraham und alle Propheten! **Bist du etwa größer als unser Vater Abraham, der doch gestorben ist? Und auch die Propheten sind gestorben. Was machst du aus dir selbst?"**

Da ist die Frage hervorgebrochen, die wahrlich Jesus gegenüber gestellt werden muß und darum auch zu allen Zeiten bis heute gestellt wird, wenn es nicht zum Glauben an Jesus kommt. **„Was machst du aus dir selbst?"** Das Wort Jesu, das uns zum Glauben an ihn ruft, überschreitet jedes Menschenmaß und muß das auch tun, wenn wir wirklich und im eigentlichen Sinne des Wortes „an ihn glauben" sollen. Denn „glauben", also für Leben und Sterben, für Zeit und Ewigkeit unbedingt vertrauend einem andern gehören, kann ich nur, wenn dieser andere nicht ein Glied der Menschheit, wenn auch das größte und edelste ist, sondern tatsächlich „von oben", von Gott her zu uns kommt. Aber wenn ein Mensch vor mir steht, der von sich behauptet und bezeugt, dieser „ganz andere" zu sein, dann muß mein Denken durch die Frage hindurch: Macht hier einer aus sich selber etwas Übermenschliches — oder ist es die wunderbare Wahrheit, der ich mich völlig ergeben darf und ergeben muß? Man muß es schon so sagen: Jesus ist entweder ein dämonischer Mensch mit einem krankhaft übersteigerten Selbstbewußtsein — wozu dann freilich die tiefe Ruhe nicht paßt, die über ihm liegt — oder er ist wirklich „der Sohn". Die entrüstete Frage **„Was machst du aus dir selbst"** ist darum näher an der Wahrheit als alle Bemühungen, Jesus zu verharmlosen und einen besonders guten oder frommen Menschen aus ihm zu machen. Darin hatten seine Gegner recht: ein „frommer Mensch" war er nicht. Darum gibt es Jesus gegenüber nur die entrüstete Ablehnung „Was machst du aus dir selbst!" oder das Bekenntnis „Mein Herr und mein Gott", mit dem man sich ihm zu eigen gibt.

„**Jesus antwortete: Wenn ich mich selbst ehre, so ist meine Ehre nichts. Es ist mein Vater, der mich ehrt, von dem ihr sagt: er ist unser Gott.**" Was sollte Jesus anderes antworten? Seine Gegner haben ja recht. Wenn er sich alles selbst anmaßt und aus sich selbst einen macht, der größer ist als die Männer der Bibel, dann ist es alles nichts. Aber das tut er nicht. Er kann es nur aufs neue bezeugen, und sie können es nur „glauben": der Gott, den sie von ihrer ganzen Geschichte her „**ihren Gott**" nennen, das ist „**sein Vater**", der ihn „**ehrt**". Aber das ist das Schlimme, daß sie ihn mit dieser Betonung „ihren Gott" nennen und ihn doch in Wahrheit gar nicht kennen. Wohl „kennen" sie viel biblische Geschichte und haben im eifrigen Unterricht der Pharisäer und Schriftgelehrten viel von Gott gelernt. Sie sind sich sicher, das einzige Volk in der Welt zu sein, das den wahren Gott kennt. „**Und doch habt ihr ihn nicht erkannt.**" Das ist die „**Lüge**", die ihr ganzes Wesen, ihre ganze Religion vergiftet und gerade sie, die Eiferer für Gott, zu „**Lügnern**" macht. Ein solcher „**Lügner**"[361] würde Jesus, wenn er umgekehrt sein ganzes, wesenhaftes Kennen des Vaters leugnen würde. „**Und wenn ich sagen würde, daß ich ihn nicht kenne, so würde ich gleich euch ein Lügner sein.**" Er kann nur bezeugen: „**Aber ich kenne ihn und halte sein Wort.**" Wieder steht der Konflikt in seiner unaufhebbaren Schärfe vor uns. Was sie bei Jesus seine Anmaßung, seine Einbildung, seine Dämonie nennen, das ist die lautere Wahrheit von Gott her. Und wo sie im leidenschaftlichen Eifer für die Wahrheit Gottes gegen Jesus einzutreten meinen, da gerade sind sie Lügner. Johannes möchte uns zeigen, aus welchen Tiefen des Konfliktes zwischen Jesus und den frömmsten Menschen der Welt das Kreuz Jesu erwächst. Er möchte es uns recht verstehen lehren, weil jeder Hörer der Botschaft vom Kreuz und jeder Leser des Evangeliums vor der gleichen Entscheidung zwischen Ärgernis und Glauben steht.

Jesus weiß, wie all seine Zuhörer von der „Geschichte" her leben. „Samen Abrahams sind wir", das haben sie ihm entgegengehalten, darum muß er ihnen nun sagen, wie Abraham zu ihm, Jesus, steht. Wenn Jesus verlangt, man solle an ihn „glauben", wenn er tatsächlich „mehr sein will als Abraham" und Zusagen gibt, die ein Abraham niemals gewagt hätte — wie ist dann sein eigenes Verhältnis zu Abraham? Jesus bleibt die Antwort nicht schuldig. „**Abraham, euer**

---

[361] Hier wird in neuer Weise bestätigt, was wir o. S. 281 über den Sinn des Wortes „Lüge" bei Johannes sagten.

Vater, frohlockte, meinen Tag zu sehen, und er sah ihn und freute sich." Während sie meinen, Jesus nicht zu brauchen, und daher auch nicht zu ihm kommen, um von ihm mit Freude das Leben zu empfangen (5, 40), sah Abraham in jubelnder Erwartung auf den Tag Jesu[362] hinaus. Die große Verheißung des Segens für alle Geschlechter auf Erden sollte und konnte ja erst durch den Samen Abrahams zur Erfüllung kommen. Abraham schaute darum aus nach diesem einen „Samen" (Gal 3, 16!), durch den die Heilsgeschichte Gottes zum Ziele käme, die Gott in Abrahams Berufung begonnen hatte. Er „**frohlockte**", daß es diese große Erfüllung einmal geben werde. Und Jesus weiß, daß es nicht bei dieser Erwartung und prophetischen Vorschau des Christustages blieb[363]. „**Und er sah ihn und freute sich.**" Wie das geschah, sagt Jesus nicht. Aber wenn auf dem Berg der Verklärung die andern Großen des Alten Bundes, Mose und Elia, zu Jesus treten und mit ihm über seinen Ausgang reden (Mt 17, 3; Lk 9, 30 f), warum sollte nicht ebenso Abraham lebendigen Anteil an Jesus und seiner Sendung nehmen können und sich daran freuen?

57 „**Da sprachen die Juden zu ihm: Fünfzig Jahre bist du noch nicht alt und hast Abraham gesehen?**". Sie sind von dem, was Jesus über ihren Vater Abraham gesagt hat, so aus der Fassung gebracht, daß sie Jesu Wort unwillkürlich umdrehen. Jesus sagte, Abraham habe ihn, Jesus, und seinen Tag gesehen. Für die Juden klingt es, als habe Jesus behauptet, seinerseits Abraham gesehen zu haben. Über das Alter Jesu kann uns diese Aussage der Juden nichts mitteilen. „**Fünfzig Jahre bist du noch nicht alt**", das heißt für die damalige Zeit mit dem geringen Durchschnittsalter der Menschen „Du bist noch nicht einmal ein alter Mann und willst Abraham gesehen haben!"[364]

58 Jesus stellt das nicht richtig, sondern nimmt gerade auch diese Äußerung der Juden auf, wie sie jetzt gesagt ist, und knüpft an sie ein Selbstzeugnis, das an sich nichts mehr und nichts größeres behauptet, als was Jesus längst in den andern gottheitlichen Selbst-

---

[362] Im Judentum sprach man von „den Tagen des Messias", weil man den Messias in seiner irdischen Wirksamkeit als Befreier und Regierer Israels sah. Die Propheten aber redeten von „dem Tag Jahwes", weil sie auf Gottes alles vollendendes Handeln blickten. Jesus weiß sich als den „Messias", durch den nicht die Erwartungen des Volkes erfüllt werden, sondern durch den Gottes eigenes letztes Tun geschieht. So spricht er in der Einzahl von „seinem Tag".

[363] Über diese Schau Abrahams waren die Lehrer Israels verschiedener Meinung. „Jochanan B. Zakkai sagte: Gott hat Abraham diese Welt geoffenbart, aber nicht die kommende. Akiba dagegen sagte: er hat ihm diese und die kommende Welt geoffenbart" (Schlatter a. a. O. S. 220).

[364] Mit fünfzig Jahren entfiel die Verpflichtung zur Zahlung der Doppeldrachme für den Tempel; es kam zu so etwas, wie zu einer Steuerfreiheit wegen Alters. Daher zeigt auch Mt 17, 24, daß Jesus noch nicht fünfzig Jahre alt war.

aussagen ausgesprochen hat. Bisher blieb das viel allgemeiner, unanschaulicher, „dogmatischer". Aber jetzt wird es konkret und tritt dadurch in seiner ganzen Wirklichkeit riesengroß vor die Juden und vor uns hin. **„Jesus sprach zu ihnen: Wahrlich, wahrlich ich sage euch: Ehe Abraham wurde, bin ich."** Wir erinnern uns an alles, was wir über das „Ich bin" schon hörten. Aber gemessen an der ehrwürdigen Gestalt Abrahams in ihrer bestimmten Geschichtlichkeit und Zeitlichkeit wird es erst anschaulich und herausfordernd. Nun ist es nicht mehr abzuschwächen oder in bloße „Sinnbildlichkeit" aufzulösen. **„Ehe denn Abraham wurde, bin ich."** Da steht das **„Ich bin"** als absolute Aussage, als Behauptung ewiger Existenz, göttlichen Daseins vor den Juden, vor uns. Nicht nur „größer" als ihr Vater Abraham beansprucht Jesus zu sein. Nein, er ist etwas total anderes. Er steht dem geschichtlichen Abraham gegenüber in der Hoheit der Ewigkeit[365].

Wir verstehen die unmittelbare Reaktion bei den Juden. **„Da hoben sie Steine auf, um auf ihn zu werfen."** Hier kann man nur anbetend niederfallen und sich Jesus ausliefern oder ihn als einen Wahnsinnigen und Lästerer steinigen. Und die Juden, die damals Steine aufhoben, haben Jesus besser und wirklicher verstanden als die heutigen Israeliten, die Jesus neben Abraham als hervorragendes Glied des Volkes Israel ehren möchten.

Aber kann man denn im Tempel ohne weiteres „Steine aufheben"? Zur Zeit Jesu wurde am Tempel noch ständig weitergebaut. Daher lagen in den Höfen Steine genug. So werden uns bei Josephus wiederholt Steinigungen im Tempel berichtet: **„Jesus aber verbarg sich und ging aus dem Tempel."** Johannes erzählt uns nicht, wie Jesus das gemacht hat. Es kommt auch nicht darauf an. Wir denken zurück an das, was wir schon zu 4, 3 über das „Weichen" Jesu gesagt haben. Jesu Kampf ist kein menschlicher. Seine Haltung in diesem Kampf kann darum auch nichts mit menschlichem Heldentum zu tun haben. Jesus ist nicht ermächtigt, mit äußerer Macht seine Gegner niederzuwerfen. Er ist zum Leiden berufen. Aber dieses Leiden soll im Erhöhtwerden an das Kreuz geschehen. Sich in dieser Stunde mit Steinen totwerfen zu lassen, war nicht seine Aufgabe vom Vater her. Das war nicht der Kelch, den er aus des Vaters Hand zu nehmen hatte. Sein Kelch war unendlich bitterer und schwerer.

---

[365] Der Unterschied von Zeit und Ewigkeit ist ein qualitativer, nicht ein quantitativer. „Ewigkeit" ist nicht nur „sehr lange Zeit". Auch die größte Masse von „Zeit" ergibt noch nicht „Ewigkeit". Jesus drückt das aus, in dem er das ewig-gegenwärtige „Ich bin" dem „Werden" Abrahams gegenüberstellt.

DIE HEILUNG DES BLINDGEBORENEN
Johannes 9, 1—7

zu Vers 2:
2 Mo 20, 5
Lk 13, 2
zu Vers 3:
11, 4
zu Vers 4:
Jer 13, 16
Jo 5, 17
zu Vers 5:
Mk 8, 23
Jo 8, 12
12, 35
zu Vers 6:
Mk 8, 23
zu Vers 7:
2 Kö 5, 10

1 Und im Vorbeigehen sah er einen Menschen, blind von Geburt an. 2 * Und es fragten ihn seine Jünger: Rabbi, wer hat gesündigt, dieser oder seine Eltern, daß er blind geboren wurde? * Jesus antwortete: Weder dieser hat gesündigt noch seine Eltern, sondern es 4 sollen die Werke Gottes an ihm offenbar werden. * Wir müssen wirken die Werke dessen, der mich geschickt hat, solange es Tag 5 ist. Es kommt eine Nacht, da niemand wirken kann. * Solange ich 6 in der Welt bin, bin ich Licht der Welt. * Als er dies gesprochen, spie er auf den Boden und machte einen Brei aus dem Speichel und 7 legte ihm den Brei auf die Augen * und sprach zu ihm: Geh, wasche dich im Teich Siloam (das heißt übersetzt: „Abgesandter"). Da ging er fort und wusch sich und kam sehend [zurück].

1 Der neue Bericht muß nicht unmittelbar an 8, 59 anschließen. Es kann aber auch von Johannes selbst gezeigt sein wollen, wie Jesu mächtiges Wirken durch die immer heftigere Feindschaft seiner Gegner nicht einen Augenblick aufgehalten wird. Wohl muß Jesus sich verbergen und aus dem Tempel weichen. Aber sofort auf diesem seinem Weg „sah er im Vorbeigehen einen Menschen, blind von Geburt an". Jesus sieht sich nicht besorgt nach seinen Feinden um; er hat das offene Auge für die Not dieser Welt, die ihm hier in dem Schicksal eines Blindgeborenen entgegentritt. Hat Jesus mit seinem durchdringenden Blick sofort erkannt, daß diese Blindheit von Geburt an bestand? Wahrscheinlich hat doch ein Gespräch stattgefunden, das uns Johannes in seiner knappen Erzählweise nicht berichtet.

2 Auch die Jünger sehen diese Not. Aber es ist nicht die Not als solche, die sie bewegt. Sie interessiert eine ganz andere Frage: „**Und es fragten ihn seine Jünger: Rabbi, wer hat gesündigt, dieser oder seine Eltern, daß er blind geboren wurde?**" Das vom „Gesetz" beherrschte Denken des Judentums lebte im Gedanken der Vergeltung. Am Schicksal des Menschen ist seine Frömmigkeit oder seine Sünde abzulesen. Am Frommen hat Gott Wohlgefallen, darum geht es ihm gut. Unglück, Not und Krankheit dagegen sind ein Zeichen, daß besondere Sünde den Zorn Gottes und seine Strafe hervorgerufen hat. Was Mose und die Propheten dem Volk Israel für seine Geschichte klar gesagt haben und was Israel selbst in Glück und Unglück immer neu durchlebt hatte (5 Mo 28; 2 Chr 20, 20; Kla 2, 43—45), das wurde auf den einzelnen Menschen und sein Schicksal angewendet (vgl. die Reden der Freunde Hiobs!). Das saß so tief in den Herzen,

daß es ganz üblich war, beim Anblick eines Leidenden, etwa eines Blinden, auszurufen „Gepriesen ist der Richter der Wahrheit." Die Frage der Jünger war so eine ganz selbstverständliche; sie zeigt aber, wie dieses „gesetzliche" Denken hart und unbarmherzig machen mußte[366].

Jesus aber läßt sich auf eine Erörterung über die Sünde, die hier hinter der Not eines schweren Schicksals stehen könnte, gar nicht ein. Er fragt nicht nach menschlichen Gründen zurück, sondern nach göttlichen Zielen vorwärts. **„Jesus antwortete: Weder dieser hat gesündigt noch seine Eltern, sondern es sollen die Werke Gottes an ihm offenbar werden."** Also nicht der Mensch ist der Wirkende und Gott nur der Vergeltende. Gott ist der schöpferisch Tätige, der auch Augen sehend macht, die noch nie sahen. So sollen die Jünger Gott ganz neu erfassen lernen. Im Licht dieser Kenntnis Gottes gewinnen auch Leiden und Nöte ein ganz anderes Aussehen. Für den Blindgeborenen wird seine Heilung durch Jesus ein einzigartiges Erlebnis, das alles Leid aufwiegt und seinem Leben eine völlig neue Richtung gibt[367]. 3

Gottes Werke sollen offenbar werden. Aber Gott hat es so geordnet in seiner Gnade, daß sein Wirken geschieht, indem „wir" wirken. **„Wir müssen wirken die Werke dessen, der mich geschickt hat, solange es Tag ist."** Jesus faßt seine Jünger mit sich selbst zusammen, weil sein eigenes Wirken in ihrer Lebensarbeit weitergehen wird[368]. 4

Dieses Wirken Gottes durch „uns" hat aber seine Zeit. Es kann nur geschehen **„solange es Tag ist. Es kommt eine Nacht, da niemand wirken kann"**. Alle Boten und Botinnen Gottes haben unter diesem tiefen Eindruck gestanden, die Zeit des Wirkens mit ganzer Entschlossenheit auskaufen zu müssen, weil es begrenzte Zeit ist. **„Solange es Tag ist"** — niemand weiß, wie lange dieser **„Tag"** dauert. Unversehens und schneller, als wir denken, kann **„eine Nacht"** kommen, die das Wirken unmöglich macht. Jesus hat hier vom **„Tag"** und

---

[366] Die Ablehnung eines solchen gesetzlichen Denkens hindert nicht, die darin liegende Wahrheit zu sehen. Gott ist ein gerechter Vergelter. Der „Lohngedanke" ist bei Paulus und bei Jesus selbst kraftvoll und tröstlich da. So kann es tatsächlich einen Zusammenhang von Sünde und Krankheit auch im Einzelleben geben. Jesus hat das selbst in 5, 14 ernst herausgestellt. Wir tun darum recht, wenn wir uns in Krankheitszeiten fragen, ob jetzt bestimmte Sünden bei uns von Gott heimgesucht werden.

[367] So ist es bei allen, die es selber durchleben, wie Gott sie in schwere Lagen stellt, um dann an ihnen seine herrliche und mächtige Hilfe zu erweisen. Sie möchten ihr Leben nicht anders haben und nicht mit denen tauschen, die ohne Leiden, aber auch ohne die wunderbare Erfahrung mit Gott dahingelebt haben.

[368] Eine Anzahl wichtiger Handschriften liest statt „Wir" ein „Ich". So hat es auch die revidierte LÜ beibehalten. Aber wie sollte man auf das „Wir" überhaupt gekommen sein, wenn ursprünglich das soviel einfachere „Ich" dastand? Die Ersetzung des unbequemen „Wir" durch ein naheliegendes „Ich" ist dagegen leicht zu verstehen. So wird die Lesart „Wir" die ursprüngliche sein.

von der „**Nacht**" mit Absicht so unbestimmt gesprochen, und wir haben kein Recht, in unserer Auslegung einseitig festlegen zu wollen, was Jesus offen ließ. Die „Nacht" kann unser natürliches Lebensende im Sterben sein. Aber Jesus sieht hier auf den gewaltsamen Abbruch seines Wirkens durch den Haß seiner Feinde. Als Judas vom letzten Mahl Jesu mit den Seinen aufstand und zum Vollzug der Auslieferung Jesu hinausging, da war es „**Nacht**" (13, 30). Und „**eine Nacht**" kam in der Geschichte der Gemeinde Jesu für manches hoffnungsvoll begonnene Wirken auch auf ganz andere Weise, etwa in Veränderungen der Weltlage, im Zugehen von zuvor offenen Türen, in unerwartetem Emporkommen von Gegenströmungen. Im letzten Sinn wird es die „**Nacht**" des antichristlichen Weltreiches sein, in der die Gemeinde Jesu nicht mehr „**wirken kann**". Jesus hat das in seinem Wort alles mit umfaßt, indem er gerade nicht von „der Nacht" sprach, sondern von „**einer Nacht**", die unserm Wirken ein Ende setzt. Dann kann „**niemand**" wirken, auch nicht der Willigste, Stärkste und Fähigste.

5 Auch über dem Gottessohn steht für sein irdisches Wirken ein ernstes „Solange". „**Solange ich in der Welt bin, bin ich Licht der Welt.**" Das umfassende Wort „**Licht**" meint alles Erleuchten, Helfen, Heilen, Lösen, Beleben. Jesus tut darum nicht nur einzelne „Werke"; in seiner Person selbst „ist" das alles da und darum freilich auch fort und fort wirksam. Sachlich liegt in dieser Formulierung schon der Hinweis auf das besondere Werk Gottes, das jetzt geschehen soll. Das „**Licht der Welt**" kann einen Menschen nicht in der Dunkelheit der Blindheit lassen.

6/7 „**Als er dies gesprochen, spie er auf den Boden und machte einen Brei aus dem Speichel und legte ihm den Brei auf die Augen und sprach zu ihm: Geh, wasche dich im Teich Siloam (das heißt übersetzt: „Abgesandter"). Da ging er fort und wusch sich und kam sehend [zurück].**" Auch hier werden wieder unsere „Systeme" durchkreuzt. In 4, 50 und 5, 8 heilte Jesus durch sein Machtwort ohne eine besondere Handlung. Zeichnet uns also Johannes einen „vergeistigten Christus", der in göttlicher Weise sein schöpferisches Wort spricht? Wenn wir das meinen, werden wir hier fast geärgert. In unästhetischer Derbheit stellt Jesus hier einen Brei von der Erde her und streicht ihn dem Blinden auf die Augen. Ist Jesus auf einmal ein Kind seiner Zeit, in der man allgemein im Speichel eines Menschen besondere Kräfte verborgen sah und darum vom Speichel großer Wundermänner Heilungen erwartete? Warum ist Jesus hier so anders im Vorgehen als bei seinen bisherigen Heilungen? Johannes gibt uns keine Erklärung dafür. Wir können nur Vermutungen aussprechen. Vielleicht hatte Jesus Grund, gerade bei diesem armen Menschen tatsächlich an das Denken der Zeit anzuknüpfen und ihn so drastisch seine Heilung erleben zu lassen. Vielleicht fiel dadurch dem Mann das „Glauben" leichter, daß er das Handeln Jesu merken und auch selber seinen Glauben in die Handlung des „Abwaschens" kleiden konnte. Dieser Mann wird nachher immer wieder nach dem Vorgang der Heilung gefragt; so sollte er auch wirklich etwas sehr Bestimmtes zu berichten haben. Und bei diesem Bericht vor den Pharisäern ist die Herstellung des Breies und sein Aufstreichen von großer Bedeutung. Ob eine Heilung durch ein Wort bereits ein „Werk" war, das am Sabbat nicht getan werden durfte, war zweifelhaft. Was aber Jesus hier zur Heilung „tat", war eindeutig ein verbotenes „Werk".

Johannes berichtet uns nicht nur den Befehl Jesu an den Blinden, sich im Teich Siloam zu waschen, sondern erklärt ausdrücklich den Namen „**Siloam**" als „**Abgesandter**". Das hebräische Wort bedeutet zunächst „Aussendung, Leitung, Ausfluß" und bezieht sich auf die kunstvolle Zuleitung des Wassers aus der Quelle Gichon durch den Felsentunnel des Königs Hiskia (2 Kö 20, 20) in den Teich[369]. Johannes aber denkt wohl daran, daß in Jesus noch ganz anders das Wasser für uns da ist, „das in das ewige Leben quillt." Nicht im Wasser des Teiches liegt die Wunderkraft des Heilens, sondern in dem, der von Gott „**gesandt**" ist, um der Retter für alle Not der Menschen zu sein. So werden wir mit dem bedeutungsvollen Namen „**Siloam**" an Kap. 4, 5. 7 erinnert.

Der Blindgeborene gehorcht, tastet sich bis zum Teich Siloam durch und tut, was Jesus ihm gesagt hat. Das ist „Glaube", zwar ein erst noch beginnender und keimhafter, der sich aber doch in dem konkreten Gehorsam als echter Glaube erweist. Er wird sofort in die Bewährung durch die Anfechtung hineinmüssen, darin aber auch standhalten und sich vertiefen, bis Jesus ihn selbst zum klaren, die Person Jesu voll erfassenden Glauben macht.

DAS VERHÖR DES GEHEILTEN VOR DEN PHARISÄERN

Johannes 9, 8—34

8 Die Nachbarn nun und die ihn früher gesehen hatten, daß er ein
9 Bettler war, sagten: Ist er es nicht, der saß und bettelte? * Die einen sagten: Er ist es! Die andern sagten: Nein, sondern er ist

zu Vers 8:
Apg 3, 10
zu Vers 10:
Jo 7, 43
Apg 2, 22

---

[369] Vgl. Lexikon zur Bibel Sp. 1301/II. Das hbr Wort lautet eigentlich „Schiloach".

zu Vers 22:
Jo 7, 13
12, 42
16, 2
19, 38
20, 19

zu Vers 24:
Jo 7, 19

zu Vers 31:
Ps 66, 18
Spr 15, 8. 29
Jes 1, 15
Apg 10, 35

zu Vers 34:
Ps 51, 7

10 ihm ähnlich. Er selbst sagte: Ich bin es. * Da sagten sie zu ihm:
11 Wie wurden denn deine Augen geöffnet? * Er antwortete: Der Mensch, der Jesus heißt, machte einen Brei und strich ihn mir auf die Augen und sprach zu mir: Geh hin zum Siloam und wasche dich; als ich dann hinging und mich wusch, wurde ich sehend.
12 * Und sie sprachen zu ihm: Wo ist jener [Mann]? Er sagte: Ich weiß nicht.
13/14 * Sie bringen ihn zu den Pharisäern, den vorher Blinden. * Es war aber Sabbat an dem Tage, an dem Jesus den Brei machte und
15 ihm die Augen öffnete. * Da fragten ihn auch die Pharisäer, wie er sehend geworden wäre. Er aber sprach zu ihnen: Einen Brei legte er mir auf die Augen, und ich wusch mich und kann sehen.
16 * Da sagten einige von den Pharisäern: Es ist dieser Mensch nicht von Gott, weil er den Sabbat nicht hält. Andere sagten: Wie kann ein sündiger Mensch derartige Zeichen tun? Und ein
17 Zwiespalt war unter ihnen. * Da sagten sie wieder zu dem Blinden: Was sagst du von ihm, daß er dir die Augen geöffnet hat?
18 Er aber sprach: Er ist ein Prophet. * Nun wollten die Juden von ihm nicht glauben, daß er blind war und sehend wurde, bis daß
19 sie die Eltern des Sehendgewordenen riefen * und sie fragten: Dies ist euer Sohn, von dem ihr sagt, daß er blind geboren wurde? Wie
20 kann er denn jetzt sehen? * Da antworteten seine Eltern und sprachen: Wir wissen, daß dieser unser Sohn ist und daß er blind
21 geboren wurde. * Wieso er aber jetzt sehen kann, wissen wir nicht, oder wer ihm die Augen geöffnet hat, w i r wissen es nicht. Fragt ihn, er ist alt genug, er wird über sich selbst aussagen.
22 * Dies sprachen seine Eltern, weil sie die Juden fürchteten; denn die Juden waren schon übereingekommen, wenn jemand ihn als Messias bekenne, solle er aus der Synagoge ausgestoßen werden.
23 * Deswegen sprachen seine Eltern: Er ist alt genug, fragt ihn selber.
24 * Sie riefen nun den Menschen zum zweiten Mal, der blind gewesen war, und sprachen zu ihm: Gib Gott die Ehre! Wir wissen,
25 daß dieser Mensch ein Sünder ist. * Da antwortete er: Ob er ein Sünder ist, weiß ich nicht. Eines weiß ich, daß ich blind war und
26 jetzt sehe. * Da sprachen sie zu ihm: Was hat er dir getan? Wie
27 hat er deine Augen geöffnet? * Er antwortete ihnen: Ich habe es euch schon gesagt, und ihr habt nicht gehört. Was wollt ihr es noch einmal hören? Ihr wollt doch nicht etwa auch seine Jünger
28 werden? * Und sie beschimpften ihn und sprachen: Du bist ein
29 Jünger jenes [Menschen], wir aber sind des Mose Jünger. * Wir wissen, daß zu Mose Gott geredet hat; von diesem aber wissen wir
30 nicht, woher er ist. * Der Mensch antwortete und sprach zu ihnen: Darin liegt das Verwunderliche, daß ihr nicht wißt, woher er ist,

31 und er hat mir doch die Augen geöffnet. * Wir wissen, daß Gott
Sünder nicht erhört, sondern wenn einer gottesfürchtig ist und
32 seinen Willen tut, den erhört er. * Noch nie hat man vernommen,
33 daß einer Augen eines Blindgeborenen geöffnet hat. * Wenn die-
34 ser nicht von Gott wäre, könnte er nichts tun. * Sie antworteten
und sprachen zu ihm: In Sünden bist du ganz und gar geboren,
und du belehrst uns? Und sie stießen ihn hinaus.

Die Heilung des Blindgeborenen ist in der Stille erfolgt. Indem 8/12
dieser Mann hinging und sich im Teich Siloam wusch, wurde er sehend. Das „Zurückkommen" in Vers 7 heißt keineswegs, daß er zu Jesus und seinen Jüngern zurückkehrte. Jesus ist im Verfolg von Vers 1 weitergegangen. In Vers 12 versichert der Geheilte ausdrücklich, daß er nicht wisse, wo Jesus sei. Erst später trifft er mit Jesus erneut zusammen (V. 35). Aber die Heilung kann nicht verborgen bleiben. Nachbarn und Bekannte bemerken sie und reden darüber. „Die Nachbarn nun und die ihn früher gesehen hatten, daß er ein Bettler war, sagten: Ist er es nicht, der da saß und bettelte? Die einen sagten: Er ist es! Die andern sagten: Nein, sondern er ist ihm ähnlich." Der Evangelist schildert wieder anschaulich die Lage und läßt manche von ihnen ausdrücklich die Möglichkeit einer Täuschung aussprechen. Aber der Geheilte selber kann in diese Redereien hinein nur bezeugen: „Ich bin es." Natürlich wird er nun nach dem wunderbaren Vorgang seiner Heilung gefragt und berichtet kurz und sachlich davon. Jesus nennt er dabei einfach „den Menschen, der Jesus heißt"; erst später, bei der Verhandlung vor den Pharisäern, kommt es heraus, daß er sich doch seine Gedanken über Jesus gemacht hat (V. 17, 31—33). Wir würden gern etwas davon hören, was er innerlich erlebte, als ihm die völlig unbekannte Welt des Lichtes aufging und alles lebendig und farbig vor ihm stand, was er vorher nur mühsam ertasten konnte. Aber die Bibel ist hier wie immer von äußerster Zurückhaltung. Tatsachen sind ihr wichtig, nicht subjektive Erlebnisse und Gefühle.

Auch von Staunen und Freude bei den Nachbarn hören wir nichts. 13/15
Ist ihnen die ganze Sache sogar unheimlich und verdächtig? „Sie bringen ihn zu den Pharisäern, den vorher Blinden." Die Pharisäer waren für das Volk so etwas wie beamtete Seelsorger. So wie ein geheilter Aussätziger sich den Priestern zeigen und von ihnen begutachten lassen mußte, so sollten die religiösen Fachleute auch in diesem Falle entscheiden, wie das Heilungswunder zu bewerten sei. Es scheint dabei auch die Nachbarn bedenklich gemacht zu haben, daß die Heilung an einem Sabbat vollzogen worden war. „Es war aber Sabbat

an dem Tage, an dem Jesus den Brei machte und ihm die Augen öffnete." Aber die Nachforschung der Pharisäer bezieht sich keineswegs nur auf diesen Punkt. Sie wollen von der Heilung selbst näheres wissen. „Da fragten ihn auch die Pharisäer, wie er sehend geworden wäre." Die Antwort des Geheilten ist hier noch kürzer und drastischer als bei seinem Gespräch mit den Nachbarn. „Er aber sprach zu ihnen: Einen Brei legte er mir auf die Augen, und ich wusch mich und kann sehen."

16 Nun erweist sich die Bedeutung von „Tatsachen". Über Gedanken und Meinungen kann man endlos streiten. Tatsachen lassen sich nicht leugnen und zwingen zum Nachdenken. So kommt es selbst unter den Pharisäern zu einem Zwiespalt. Die einen sind auch jetzt schnell mit ihrem Urteil fertig: „Da sagten einige von den Pharisäern: Es ist dieser Mensch nicht von Gott, weil er den Sabbat nicht hält." Es bestätigt sich, was wir bei Kap. 8, 46 zu Jesu Sündlosigkeit sagten. Seine „Sünde" ist für pharisäische Augen offenkundig: Jesus bricht den Sabbat. Also „kann" er nicht von Gott sein. Und doch gibt es auch in der pharisäischen Gruppe Männer, die über die Tatsachen nicht so einfach hinweggehen können. „Andere sagten: Wie kann ein sündiger Mensch derartige Zeichen tun?" Wieder wird etwas von jenem Denken sichtbar, das hinter der Frage der Jünger am Anfang der Erzählung stand. In welche „Probleme" führt es hinein. Wer eine Wunderheilung vollzieht, muß doch fromm und von Gott sein; aber ein Mann, der das Sabbatgebot übertritt, „kann" nicht von Gott sein. „Und ein Zwiespalt war unter ihnen." In diesem Zwiespalt wenden sich die Fachleute an den „Laien", der die Tat Jesu an sich erfahren hat, und fragen ihn nach seinem Eindruck von der Person Jesu.

17 „Da sagten sie wieder zu dem Blinden: Was sagst du von ihm, daß er dir die Augen geöffnet hat?" Vielleicht hoffen sie, daß dem Geheilten, wie seinen Nachbarn und Bekannten, Jesus irgendwie „unheimlich" vorgekommen ist. „Er aber sprach: Er ist ein Prophet." Der Geheilte enttäuscht die Erwartungen. An die Messianität Jesu denkt er trotz der Größe des Wunders (V. 32!) nicht. Aber einer jener Gottesmänner muß Jesus sein, von denen man bisher nur aus alten Zeiten gehört und gelesen hatte. Nun ist ein solcher „Prophet" lebendig da. Wir merken zugleich, wie in der Vorstellung von einem „Propheten" gar nicht die Vorschau der Zukunft der beherrschende Zug war, sondern die Bevollmächtigung von Gott. Wer von Gott her das übliche, mittelmäßige Leben zu durchbrechen und große Taten zu tun vermag, der ist ein „Prophet". Das ganze Sehnen nach der Wirklichkeit und Gegenwart des lebendigen Gottes in besonders erwählten Gottesboten kommt hier zum Ausdruck.

18/21 Weitere Kreise aber, die hier wieder als „die Juden" bezeichnet werden³⁷⁰, suchen sich dem Zwiespalt viel einfacher zu entziehen. Die ganze erregende Tat ist überhaupt nicht wahr. Man muß den Fall nur gründlich nachprüfen, dann wird sich zeigen, daß gar kein Wunder geschehen ist. Der Geheilte ist offenbar ein jüngerer Mann. Leben nicht noch Angehörige? Ja, die Eltern leben sogar noch. So müssen die Eltern vernommen werden. „**Nun wollten die Juden von ihm nicht glauben, daß er blind war und sehend wurde, bis daß sie die Eltern des Sehendgewordenen riefen und sie fragten: Dies ist euer Sohn, von dem ihr sagt, daß er blind geboren wurde? Wie kann er denn jetzt sehen?**" Aber die Eltern können nur die Tatsache bestätigen, daß der junge Mann ihr Sohn ist, daß er blind geboren wurde und jetzt sehen kann. Über die Heilung selbst können sie nichts aussagen. Als rechte Zeugen berichten sie nur, was sie wirklich selber wissen. Ihre Worte betonen hier aber: „**Wieso er aber jetzt sehen kann, wissen wir nicht, oder wer ihm die Augen geöffnet hat, w i r wissen es nicht.**" Sie wollen offensichtlich mit dieser Sache nichts zu tun haben. „**Fragt ihn, er ist alt genug, er wird über sich selbst aussagen.**"

Wir spüren die ganze Abneigung einfacher Leute, in eine solche Untersuchung durch die beherrschenden Kreise hineingezogen zu werden. Die Angst vor Unannehmlichkeiten überwiegt die Freude an der Heilung ihres Sohnes, die trotzdem dagewesen sein kann. Diese Angst ist nicht unbegründet. „**Dies sprachen seine Eltern, weil sie die Juden fürchteten; denn die Juden waren schon übereingekommen, wenn jemand ihn als Messias bekenne, solle er aus der Synagoge ausgestoßen werden. Deswegen sprachen seine Eltern: er ist alt genug, fragt ihn selber.**" Es handelt sich dabei nicht schon um einen amtlichen Beschluß des Hohen Rates. Es ist nur in den führenden Kreisen so besprochen worden. Es liegt also kein „Widerspruch" zu Kap. 16, 2 vor, wo Jesus von dem „Bann" als einer Maßnahme der Zukunft spricht. Unter dem Einfluß der Schriftgelehrten und Pharisäer konnten Anhänger Jesu sehr rasch aus allen Synagogen hinausgeworfen und so verfemt werden, daß keiner mehr mit ihnen zu tun haben wollte. Es kam dabei einfach auf die Einstellung des Volkes an. An dem Verhalten der Eltern sieht man, wie wirksam solche Drohungen sein konnten. Aus Kap. 12, 19 merken wir, daß sie aufs Ganze gesehen an der Haltung des Volkes zunächst scheiterten. Auch in der Apostelgeschichte wird sehr deutlich, wie alles von der Volksabstimmung abhängt. In Apg 4, 21; 5, 26 kann mit Rücksicht auf das Volk nichts Ernstliches gegen die Apostel unternommen werden; in Kap. 7, 56 aber steht der Steinigung des Stephanus schon nichts mehr im Wege; und in Kap. 12, 1—3 kann Herodes den Apostel Jakobus töten

22/23

---

³⁷⁰ Vgl. das zu Kap. 1, 19 Gesagte.

und Petrus verhaften, weil es „den Juden gefiel" und sich die allgemeine Stimmung gegen die Gemeinde gewandt hatte.

24 Mit den Eltern ist nichts anzufangen, sie weichen aus. So kommt es zu einem zweiten Verhör des Blindgeborenen selbst. „**Sie riefen nun den Menschen zum zweiten Mal, der blind gewesen war, und sprachen zu ihm: Gib Gott die Ehre! Wir wissen, daß dieser Mensch ein Sünder ist.**" Wieder stoßen wir auf das sichere Urteil von Männern, die als führende Fachleute alles „wissen". Betont heißt es „w i r wissen". Und wenn „wir", die wir es doch wissen müssen, mit unserm Urteil fertig sind, dann muß ein solcher junger „Laie" sich doch beugen. Und nun reden sie ihn ganz feierlich und biblisch an, so wie sich einst Josua an Achan gewandt hatte (Jos 7, 19): „**Gib Gott die Ehre.**" Das Bekenntnis der Schuld ist die einzige Weise, wie ein Sünder Gott noch ehren kann. Nicht an sich selbst und an sein Schicksal soll er denken, sondern Gott groß sein lassen. Aber liegt ihnen an Gott, wie es Josua wirklich um Gottes Ehre ging? Ist es nicht in Wahrheit ihre eigene Ehre, ihr Haß gegen Jesus, was sie umtreibt? Vergessen ist der Zwiespalt in ihren eigenen Reihen. Sie müssen recht haben gegen Jesus. Der Geheilte muß zu einem Geständnis gebracht werden. Gerade innere Unsicherheit und schlechtes Gewissen können zum Fanatismus treiben.

25/27 Aber der junge Mann läßt sich auf nichts ein. Über ihre theologische Beurteilung Jesu will er mit ihnen nicht streiten. Die Tatsachen aber sind für ihn klar, da gibt es nichts zu deuten. „**Da antwortete er: Ob er ein Sünder ist, weiß ich nicht. Eines weiß ich, daß ich blind war und jetzt sehe.**" Gewiß, das wollten auch die Pharisäer nicht bestreiten, aber auf das „Wie" der Heilung kommt es an! War da nicht doch Zauberei dabei? „**Da sprachen sie zu ihm: Was hat er dir getan? Wie hat er deine Augen geöffnet?**" Der Blindgeborene spürt die Unechtheit dieser immer wiederholten Frage. Sie wollen nicht wirklich wissen, wie alles zugegangen ist. Sie wollen etwas herausbekommen, was zu ihrer Ansicht von der Sache paßt und ihnen eine Handhabe gegen Jesus gibt. Das scheint dem geraden Sinn des jungen Mannes verächtlich. Er wird abweisend und sogar ironisch. „**Er antwortete ihnen: Ich habe es euch schon gesagt, und ihr habt nicht gehört. Was wollt ihr es noch einmal hören? Ihr wollt doch nicht etwa auch seine Jünger werden?**"

Die Pharisäer empfinden die Peinlichkeit ihrer Lage und werden dementsprechend heftig. „**Und sie beschimpften ihn und sprachen: Du bist ein Jünger jenes [Menschen], wir aber sind des Mose Jünger. Wir wissen, daß zu Mose Gott geredet hat; von diesem aber wissen wir nicht, woher er ist.**" Entrüstet wehren sie sich gegen die Zumutung, Jünger dieses Jesus zu werden. Sie sind mit Stolz „**des Mose**

Jünger". Sie fühlen sich in der alten Tradition geborgen. Mose steht klar und eindeutig in der Bibel. Als Jünger des Mose geht man sicher. Jesus dagegen reißt diese ganze Sicherheit ein und zerstört die Grundlage, auf der sie ihr Leben und ihre kirchliche Stellung aufgebaut haben[371]. Und dabei weiß von diesem Jesus doch keiner, „woher er ist". Er kann seine unerhörten Ansprüche mit nichts „beweisen". Wir aber denken an das Wort Jesu in Kap. 5, 46 zurück. Wenn seine Gegner Mose „glaubten", wenn sie dem Wort des Mose wahrhaft hingegeben wären und wirklich Gottes Willen tun wollten (17, 7), dann würden sie auch das offene Ohr und Herz für Jesus haben und in ihm Gottes eigene, helfende Gegenwart bei ihnen erkennen. Wieder wird die ganze Tiefe des Konfliktes sichtbar. Das, was Jesus entgegensteht ist leidenschaftliche „Frömmigkeit" in der Berufung auf alte, heilige Autorität.

Dem einfachen Laien aber geht es um die schlichten Tatsachen. Die läßt er sich nicht nehmen. Er ist doch nun einmal in unerhörter Weise von Jesus geheilt. Das ist ebenso sicher wie das „Wissen" derer, die ihn hier verhören und beschimpfen. „Er wundert sich" über das Nicht-Wissen dieser „Wissenden". **„Der Mensch antwortete und sprach zu ihnen: Darin liegt das Verwunderliche, daß ihr nicht wißt, woher er ist, und er hat mir doch die Augen geöffnet."** Er trifft die Gegner Jesu genau am kritischen Punkt. Wissen sie denn wirklich nicht, „woher Jesus ist"? Hat Jesus keine „Beweise" seiner Sendung gebracht? „Niemand kann die Zeichen tun, die du tust, es sei denn Gott mit ihm", so hat ein führender Mann in ihren eigenen Reihen ebenfalls mit einem „Wir wissen" gesagt (3, 2). Können sie, die gelehrten Theologen, nicht **„wissen"**, was er, der einfache „Laie", so deutlich vor Augen hat? Wenn sie sich an die Tatsachen der Vergangenheit klammern, an Gottes Reden mit Mose am Sinai, warum gehen sie an den Tatsachen von heute vorbei? Und nun hält er ihnen auch ein „Wissen" entgegen. **„Wir wissen, daß Gott Sünder nicht erhört, sondern wenn einer gottesfürchtig ist und seinen Willen tut, den erhört er. Noch nie hat man vernommen, daß einer Augen eines Blindgeborenen geöffnet hat."** Und nun kann er genauso gut wie sie theologische Folgerungen ziehen und ihrem Urteil über Jesus das seine entgegenhalten: **„Wenn dieser nicht von Gott wäre, könnte er nichts tun."**

30/33

---

[371] Bei jeder Erweckungsbewegung in der Kirche ist ganz ähnliches geschehen. Das neue Leben aus Gott scheint denen, die in den alten und gewohnten Zuständen hängen, immer unberechtigt, ja gefährlich und verderblich. Es wird mit Überzeugung bekämpft. Anschauungsmaterial bietet die Geschichte der Reformation und aller Erweckungsbewegungen.

34 Jetzt können die Pharisäer nur noch schimpfen und Gewalt anwenden. „**Sie antworteten und sprachen zu ihm: In Sünden bist du ganz und gar geboren und du belehrst uns? Und sie stießen ihn hinaus.**" Sie greifen auf das gleiche Denken zurück, das wir am Anfang des Kapitels auch bei den Jüngern Jesu fanden. Wenn dieser Mann blind geboren wurde, dann muß er ein ganz besonderer Sünder und „**ganz und gar in Sünde geboren**" sein. Nähere Vorstellungen, wie das möglich sein soll, haben sie nicht und brauchen sie auch nicht. Aber sie sind voll Empörung, daß ein solcher Sünder sie, „die Gerechten", die Lehrer Israels „belehren" will. Und nun tun sie praktisch das, was sie schon vorher unter sich beschlossen hatten, obwohl der Geheilte in Jesus noch gar nicht den Messias sah: „**Sie stießen ihn hinaus.**" Das ist zunächst ein Hinauswerfen aus dem Raum, in dem sie mit dem Geheilten gesprochen haben. Aber dieses „Hinaus mit dir! Mit dir sind wir fertig!" hängt dem jungen Mann nun als Makel an. Er kann sich nirgends sehen lassen, wo Pharisäer und Schriftgelehrte sind. Er, der als Zeugnis für Gottes Gnade und erbarmende Herrlichkeit Anlaß zum Lobpreis Gottes werden sollte, ist durch die Blindheit der Gegner Jesu einer geworden, den jeder „Fromme" verabscheute und mied.

DURCH JESUS WERDEN BLINDE SEHEND UND SEHENDE BLIND

Johannes 9, 35—41

zu Vers 37:
Jo 4, 26
zu Vers 39:
Mt 11, 5. 25
13, 11—15
Lk 2, 34
Apg 9, 8
13, 11
zu Vers 40:
Mt 15, 14
zu Vers 41:
Spr 26, 12
Jo 15, 22. 24

35 Es hörte Jesus, daß sie ihn hinausgestoßen hätten; und als er ihn
36 fand, sprach er: D u glaubst an den Menschensohn? * Er antwortete und sprach: Und wer ist es, Herr, damit ich an ihn glauben
37 kann? * Jesus sprach zu ihm: Du hast ihn ja gesehen, und der mit
38 dir redet, der ist es. * Er aber sprach: Ich glaube, Herr! und fiel
39 vor ihm nieder. * Und Jesus sprach: Zum Gericht bin ich in diese Welt gekommen, damit die Nichtsehenden sehen und die Sehen-
40 den blind werden. * Pharisäer, die mit ihm zusammen waren,
41 hörten das und sprachen zu ihm: Sind etwa auch wir blind? * Jesus sprach zu ihnen: Wenn ihr blind wäret, hättet ihr keine Sünde. Nun aber sagt ihr: Wir sehen! Da bleibt eure Sünde!

35/38 Jesus „hört" von dem Schicksal des von ihm geheilten Mannes. Was er darüber denkt, wird zunächst nicht gesagt. Aber er „findet" ihn dann. Das griechische Wort „finden" kann wie das deutsche Wort ein Finden nach ausdrücklichem Suchen bezeichnen oder auch ein ungesuchtes Antreffen. Wir können uns aber sehr denken, daß Jesus diesen Menschen, dessen er sich angenommen, nun gerade in seinem Ausgestoßensein nicht losläßt, sondern bewußt weiter bedenkt. Wenn er von seiner Ausschließung aus der Synagoge gehört hat, weiß er auch um das tapfere Bekenntnis und den wachsenden Glauben dieses Mannes. Zuerst war sein Glaube der einfache, vertrauende Gehorsam gegen eine bestimmte Weisung Jesu. Jetzt in der Anfechtung und unter den bedrängenden Fragen der Gegner wird dieser Glaube immer klarer ein vertrauendes Erkennen der Person Jesu selbst. Jesus ist ein Prophet. Jesus ist ohne Sünde. Jesus ist besonders mit Gott verbunden, Jesus ist „von Gott". Nun will Jesus diesen Glauben zur klaren Reife führen. „**Es hörte Jesus, daß sie ihn hinausgestoßen hätten; und als er ihn fand, sprach er: D u glaubst an den Menschensohn?"**

Jesus setzt offensichtlich voraus, daß der Blindgeborene von dem „**Menschensohn**" nach Daniel 7 weiß. Er setzt aber ebenso voraus, daß der Blindgeborene versteht, was das Wort „glauben" bedeutet. Vom Menschensohn nach Dan 7 wissen, ja sogar das einstige Kommen dieses Menschensohnes erwarten, das ist noch nicht „Glauben an den Menschensohn"[372]. In diesem Sinne haben auch die Pharisäer und Schriftgelehrten „an den Menschensohn geglaubt". Aber bei dem Geheilten ist etwas anderes geschehen. Er ist dem Menschensohn bereits begegnet, er hat ihm vertraut und gehorcht, er hat seine rettende Macht erfahren. In der Frage mit dem betont vorangestellten „Du" liegt schon ein Zuspruch Jesu. Du, mit alle dem, was du erfahren hast, du glaubst bereits an den Menschensohn. Es muß nur noch ein letzter Schleier fallen, du mußt nur noch erkennen, an wen du bereits glaubst. So wird auch in der Gegenfrage des Geheilten mehr liegen, als wir im ersten Augenblick denken. Sollte er wirklich meinen, daß der „Menschensohn" ein ganz anderer sei, auf den Jesus ihn nun hinweisen solle? „**Und wer ist es, Herr, damit ich an ihn glauben kann?"** Liegt darin nicht schon die Bitte: Herr, wenn du selbst der ersehnte „Menschensohn" bist, sage es doch, damit ich dann in aller Klarheit an dich glaube? Da gibt Jesus diesem einfachen Mann — ebenso wie früher der samaritischen Frau — die direkte Offenbarung, die er so den Pharisäern und Schriftgelehrten nicht geben kann. „**Jesus sprach zu ihm: Du hast ihn ja gesehen, und der mit dir redet, der ist es."** Nun wird es erst klar, in welcher Tiefe und

---

[372] Wir können daran die gefährliche Verschwommenheit ermessen, in die der „Glaube" bei uns geraten ist. Wir würden ein solches Wissen und Erwarten durchaus schon als „Glaube an den Menschensohn" bezeichnen. So ähnlich „glauben" ja doch viele in der Christenheit an Gott, an Jesus, ohne im biblischen Sinn wirklich zu glauben.

Herrlichkeit dem Geheilten das „Sehen" geschenkt ist. Der von Geburt an Blinde „sieht" den Menschensohn, den Retter und Weltvollender, den die andern, die „Wissenden" und angeblich „Sehenden" nicht zu erkennen vermögen. Hier ist im „Zeichen" der Blindenheilung die Entstehung des Glaubens nach ihrem Wesen beschrieben. Jeder Mensch ist „blind von Geburt" für die Wahrheit Gottes. An jedem muß das Wunder der Blindenheilung geschehen, damit er zum wahren, lebendigen Glauben kommen kann. Dann aber „sieht" der Glaubende „seine Herrlichkeit" (1, 14!) und weiß es, daß der, der mit ihm redet, „es ist" (8, 24!).

Jesus formuliert im Perfekt: „**Du hast ja ihn gesehen.**" Du hast ihn gesehen — für immer. Dieses „Gesehen haben" ist nun der Grund deines Lebens, bis du ihn „sehen wirst, wie er ist" (1 Jo 3, 2). In der Zwischenzeit aber ist er immer wieder „der, der mit dir redet". Immer neu wirst du es erfahren: „**Und der mit dir redet, der ist es.**" Jesus selbst ist der von Daniel geschaute „Menschensohn".

Nun bricht der Glaube in voller Klarheit durch: „**Er aber sprach: Ich glaube, Herr! und fiel vor ihm nieder.**" Wirklicher Glaube weiß sehr bestimmt von sich selbst und kann es darum bewußt bezeugen: „**Ich glaube**" und wirklicher Glaube an Jesus wird notwendig zur Anbetung Jesu. Der Geheilte „**fiel vor ihm nieder**". Hier war nicht nur Vertrauen zu dem guten Menschen, der ihm geholfen hatte. Hier war auch nicht nur Ehrfurcht vor einem „Propheten", einem Boten Gottes. Hier ist in Jesus der erkannt, der „im Anfang bei Gott war" und Gottes Wesen besaß. Wie wunderbar sehend ist der Blinde geworden. Nun gibt es vor Jesus nur die eine Haltung, das Niederfallen vor ihm. Wenn das einer der Pharisäer gesehen hätte: Jesus läßt sich anbeten wie Gott! Aber das ist genau die ungeheure Entscheidung, auf die Jesus mit jedem seiner „Ich bin" Worte zugegangen ist. Es gibt Jesus gegenüber nur Anbetung oder Verfluchung als Lästerer.

39 Nun läßt Jesus erkennen, wie er selbst dies alles durchlebt. Die maßgebenden Kreise des Volkes Gottes, die Theologen, die Gott besonders zu kennen meinen, lehnen Jesus völlig ab; ja, sie hassen ihn und wollen ihn töten. Ein einfacher, unglücklicher Mensch, blind von Geburt an, kniet vor ihm und erfaßt in ihm „den Menschensohn". Was geschieht hier? Was bedeutet dies alles? „**Und Jesus sprach: Zum Gericht bin ich in diese Welt gekommen, damit die Nichtsehenden sehen und die Sehenden blind werden.**" Es klingt, als ob Jesus selber staunend vor dem steht, was die Tatsachen zeigen. Was hier geschieht, hat er nicht beabsichtigt. Er wußte sich von Gott gesandt, die Welt zu retten (3, 17). Nun muß er sehen: „**Zum Gericht bin ich in diese Welt gekommen.**" Für „Gericht" ist an dieser Stelle ein Wort ge-

wählt, welches das Gericht als ein vollzogenes und abgeschlossenes kennzeichnet. Es ist so geworden, wie es Kap. 3, 19 vorausgesagt war. Nicht eigentlich Jesus vollzieht das Gericht, es vollzieht sich gerade an dem Retter Jesus in einer Tatsächlichkeit, die Jesus selber nur bewegt feststellen kann. Jesu rettendes Tun erreicht sein Ziel. Blinde werden sehend, nicht nur äußerlich, sondern innerlich und wesenhaft. Diesem Blindgeborenen ist nicht nur das Augenlicht geschenkt worden, sondern auch das „wahre Licht", das Licht ewigen Lebens. Aber zugleich werden Sehende blind. Wo in aller Welt sollte es sonst noch „Sehende", die Wahrheit Gottes Kennende geben, wenn es nicht „die Juden" sind, und unter ihnen ganz besonders die, die Tag und Nacht die Bibel studieren und das Leben streng nach Gottes Geboten zu regeln suchen? Aber gerade diese „Sehenden" muß Jesus von Tag zu Tag schrecklicher blind werden sehen. Auch wir kennzeichnen solchen Vorgang mit einem Wort, das von „blind" abgeleitet ist: Pharisäer und Schriftgelehrte werden immer mehr „verblendet". Sie sind blind für Gott, blind für Jesus, blind für sich selbst[373].

Den ganzen Ernst des Geschehens muß Jesus denen klar machen, zu deren Verblendung es gehört, daß sie die Verblendung nicht mehr merken können! „**Pharisäer, die mit ihm zusammen waren, hörten das und sprachen zu ihm: Sind etwa auch wir blind?**" Sie fühlen sich so „sehend", so in Ordnung, daß sie sich nicht denken können, daß Jesus auch sie meine. Aber sie argwöhnen doch zugleich, daß Jesus sie hier aufs neue angreife. „**Jesus sprach zu ihnen: Wenn ihr blind wäret, hättet ihr keine Sünde. Nun aber sagt ihr: Wir sehen! Da bleibt eure Sünde.**" Dieses Wort Jesu zeigt noch einmal den Zustand, in dem die Gegner Jesu sich befinden. Sie sind tatsächlich „blind" für ihn. Sie sehen seine Wahrheit nicht. Sie bekämpfen ihn mit Überzeugung und Leidenschaft. Aber eben dies ist nicht mehr die einfache natürliche „Blindheit", die ahnungslos ist. Solche „Blindheit" wäre ihre Entlastung und noch nicht Sünde des Unglaubens[374]. Sie können noch geheilt werden wie der Blindgeborene. Aber so ist ihre „Blindheit" nicht. Sie sind erst durch ihre schuldhafte Auflehnung gegen

40/41

---

[373] Wer einseitig nur von der Freude des Evangeliums redet, verkennt den tiefen Ernst der richtenden Wirkung gerade der rettenden Botschaft und des rettenden Herrn. Das Evangelium ist „Geruch des Lebens zum Leben" und „Geruch des Todes zum Tode" (2 Ko 2, 16).

[374] Dem Wort Jesu entspricht die Unterscheidung, die Paulus zwischen „Ungläubigen" und „Unkundigen" in 1 Ko 14, 23 f macht. „Unglaube", der verdammt, ist im NT erst die willentliche Ablehnung der klar und bewußt gehörten und verstandenen Botschaft von Jesus. Wer sie so „ablehnt", wird sich selbst dabei immer als ein „Überlegener" und „Sehender" fühlen, der einen Retter nicht nötig hat und mit Recht die „törichte Verkündigung" (1 Ko 1, 18 ff) abweist. Eben dies macht ihn zu einem Verlorenen.

Jesu Wort „blind" geworden. Sie sind dadurch blind, daß sie die Finsternis mehr lieben als das Licht und sich gegen das hereinbrechende Licht Gottes in Jesus durch die immer heftigere Verklammerung mit der Finsternis zur Wehr setzen. Wenn sie dabei auf ihr religiöses „Sehen" stolz sind und sich gerade in der Ablehnung Jesu als die Sehenden und Wissenden gebärden, — uns klingt noch ihr „wir wissen, wir wissen" in den Ohren —, dann machen sie sich selbst haftbar. „Mit sehenden Augen sehen sie nicht" war die Anklage Gottes durch Jesaja gegen sein Volk und war zugleich die Androhung wachsender Verstockung (Jes 6, 9 f; Mt 13, 13). In voller Blindheit und Verblendung auf sein Sehen stolz zu sein und von diesem angeblichen Sehen her zu urteilen und das Licht aus Gott als Finsternis zu verwerfen, das ist Sünde[375] und Strafe für die Sünde in einem.

JESUS BEZEUGT SEINE SENDUNG IN BILDERN AUS DEM HIRTENLEBEN

Johannes 10, 1—21

zu Vers 1:
Mich 2, 12
zu Vers 3:
Ps 95, 7
Jes 43, 1
zu Vers 7:
Ps 118, 20
Mt 7, 13—15
23, 13
zu Vers 8:
Jer 23, 1. 2
zu Vers 9:
Jo 14, 6
zu Vers 10/11:
Ps 23, 1
Jes 40, 11
Hes 34, 11—23
37, 24
Lk 15, 4—7
Jo 15, 13
1 Jo 3, 16
Hbr 13, 20

1 Wahrlich, wahrlich ich sage euch: Wer nicht durch die Tür in den Hof der Schafe hineinkommt, sondern anderswoher einsteigt, der
2 ist ein Dieb und ein Räuber. * Wer durch die Tür hineinkommt,
3 ist ein Hirt der Schafe. * Dem öffnet der Türhüter, und die Schafe hören seine Stimme, und er ruft seine Schafe bei Namen und
4 führt sie heraus. * Wenn er die Seinen alle herausgelassen hat, geht er vor ihnen her, und die Schafe folgen ihm, denn sie kennen
5 seine Stimme. * Einem Fremden aber werden sie gewiß nicht folgen, sondern von ihm fliehen, denn sie kennen nicht der Fremden
6 Stimme. * Diese Bildrede sagte ihnen Jesus; sie aber verstanden nicht, was das war, was er zu ihnen redete.
7 * Da sprach Jesus wiederum: Wahrlich, wahrlich ich sage euch: Ich
8 bin die Tür zu den Schafen. * Alle, wieviele vor mir gekommen sind, Diebe sind sie und Räuber. Aber es haben auf sie die Schafe
9 nicht gehört. * I c h bin die Tür; wenn jemand durch mich eingeht, wird er gerettet werden, und er wird eingehen und ausgehen und
10 Weide finden. * Der Dieb kommt nur, um zu stehlen und zu schlachten und zu verderben. I c h bin gekommen, damit sie Leben

---

[375] „Sünde" meint in diesem ganzen Wort Jesu nicht sittliche Verfehlungen, sondern die schuldhafte Blindheit gegen Jesus. Freilich, diese Blindheit kam nicht ohne innere sittliche Verderbnisse wie Ehrgeiz, Eifersucht, Machtstreben und Unwahrhaftigkeit zustande.

Johannes 10, 1—21

11 haben und Überfluß haben. * I c h bin der gute Hirte. Der gute
12 Hirte setzt seine Seele ein für die Schafe. * Wer Lohnarbeiter und nicht Hirt ist, wem die Schafe nicht gehören, sieht den Wolf kommen und läßt die Schafe im Stich und flieht — und der Wolf raubt
13 und versprengt sie —, * weil er Lohnarbeiter ist und ihm nicht an
14 den Schafen liegt. * I c h bin der gute Hirt, und ich kenne die mir gehörenden [Schafe], und die mir gehörenden [Schafe] kennen
15 mich, * wie mich der Vater kennt und ich den Vater kenne. Und
16 meine Seele setze ich ein für die Schafe. * Und andere Schafe habe ich, die nicht aus diesem Hofe sind; und auch die muß ich führen, und meine Stimme werden sie hören, und es wird sein eine Herde,
17 ein Hirt. * Deswegen liebt mich der Vater, weil ich einsetze meine
18 Seele, um sie wieder zu nehmen. * Niemand hat sie von mir genommen, sondern ich selbst setze sie ein von mir selbst aus. Vollmacht habe ich, sie einzusetzen, und Vollmacht habe ich, sie wieder zu nehmen. Diesen Auftrag habe ich von meinem Vater emp-
19 fangen. * Eine Spaltung entstand wieder unter den Juden wegen
20 dieser Worte. * Es sagten viele von ihnen: Er hat einen bösen
21 Geist und ist wahnsinnig. Was hört ihr auf ihn? * Andere sagten: Diese Worte sind nicht die eines Besessenen. Ist etwa ein böser Geist imstande, Augen von Blinden zu öffnen?

zu Vers 12:
Apg 20, 29
1 Pt 5, 2 f
zu Vers 14:
1 Mo 4, 1
1 Ko 8, 2 f
Gal 4, 9
2 Tim 2, 19
zu Vers 15:
Mt 11, 27
zu Vers 16:
Sach 14, 9
Jo 11, 52
Apg 10, 34 f
Eph 2, 14—18
4, 5
Phil 2, 8. 9
1 Pt 2, 25
zu Vers 17:
Jes 53, 10
zu Vers 18:
Jo 5, 26
zu Vers 19:
Jo 7, 43
9, 16
zu Vers 20:
Mk 3, 21
Jo 7, 20

1—3

Es ist gut, daß das 10. Kapitel, das bekannteste und beliebteste des ganzen Buches, sofort mit einem herben und schroffen Satz beginnt. „Wahrlich, wahrlich ich sage euch: Wer nicht durch die Tür in den Hof der Schafe hineinkommt, sondern anderswoher einsteigt, der ist ein Dieb und Räuber." Wir merken sofort, daß wir in den ganzen Bildern aus dem Hirtenleben nicht eine Idylle, eine liebliche Darstellung für erbauliche Stunden, zu erwarten haben. Das 10. Kapitel setzt den harten Kampf fort, der vom 5. Kapitel an sich mehr und mehr steigerte und am Schluß des 8. Kapitels fast schon zur Steinigung führte. Auch im 10. Kapitel ist die Sendung Jesu und seine einzigartige Vollmacht und Größe das Thema des Selbstzeugnisses Jesu. Und dieses Zeugnis Jesu ist auch hier notwendig zugleich der Angriff auf die bisherigen Leiter des Volkes.

Zu dem ganzen Abschnitt muß uns das Bild der damaligen Viehzucht vor Augen stehen. Eine Stall- und Weidewirtschaft in unserer Art gab es nicht. Schafe verschiedener Besitzer (nach V. 12 sind sie die eigentlichen „Hirten") wurden in „Höfen", also in ummauerten Plätzen unter freiem Himmel gehalten. In den Hofraum führte ein Tor, das besonders nachts von einem „Türhüter" beaufsichtigt wurde. Aus dem Hof wurden dann die Tiere von dem Besitzer und „Hirten" selbst oder auch von einem „Lohnarbeiter", einem bezahlten Schäferknecht, hinausgeführt, um draußen im Gelände ihre Nahrung zu suchen. Es kam darauf an, daß der Hirt für seine Schafe gutes Weideland und vor allem das notwendige Wasser fand (Ps 23!). Im Bergland waren die Schafe, die selbst wehrlos sind, dem Überfall wilder Tiere, des Berglöwen, des Bären und des Wolfes, ausgesetzt. Der Hirt mußte zum Kampf für seine Schafe unter Einsatz des Lebens bereit sein. David schildert 1 Sam 14, 34—37 sehr anschaulich solch ein Hirtenleben, das völlig anders aussieht, als wir es von mancherlei stillen, friedevollen Hirtenbildern her kennen.

Von den damaligen Verhältnissen aus wird uns das Bild verständlich, das Jesus zeichnet. Wer nicht am öffnenden Türhüter vorbei durch das Tor zu den Schafen hineingeht, sondern irgendwo über die Mauer in den Hof steigt, ist ein Mann mit bösen Absichten. Er will stehlen und rauben. **„Wer durch die Tür hineinkommt"** der ist kein Unbefugter, **„der ist ein Hirt der Schafe." „Dem öffnet der Türhüter"**, er kennt ihn ja als den Besitzer von Schafen im Hofraum.

In den Hofraum ist der „Hirt" gekommen. Aber dort sind Schafe verschiedener Besitzer. Wie findet der Hirt jetzt seine Schafe heraus? Es geschieht auf eine überraschende Weise, die zunächst unwahrscheinlich klingt, aber heute genauso erlebt werden kann: **„Und die Schafe hören seine Stimme, und er ruft seine Schafe bei Namen und führt sie heraus."** Der Besitzer kennt seine eigenen Tiere aus den andern heraus und kennt und liebt jedes einzelne; und umgekehrt kennen diese Schafe ihren Hirten und folgen ihm.

4/5 Denn nun beginnt mit dem Herausführen aus dem Hof der eigentliche Hirtendienst. **„Wenn er die Seinen alle herausgelassen hat, geht er vor ihnen her, und die Schafe folgen ihm, denn sie kennen seine Stimme."** Es ist eine eigenartige Wirklichkeit, daß ein Tier gerade **„die Stimme"** seines Herrn kennt. Und dieses „Kennen"[376] ist niemals die bloße Tatsachenfeststellung „dieses ist mein Herr", sondern ist immer zugleich ein Vertrauen, das sich erwartungsvoll und folgsam dem Hirten anvertraut. Hier ist die Angst und das natürliche Mißtrauen des Tieres überwunden, das einem „Fremden" gegenüber sofort einsetzt. **„Einem Fremden aber werden sie gewiß nicht folgen, sondern von ihm fliehen, denn sie kennen nicht der Fremden Stimme."**

6 Das Wort Jesu ist ein echtes Gleichnis, wie wir es vielfach aus den Synoptikern kennen. Es werden dabei tatsächliche Vorgänge aus dem Leben erzählt, ohne jede „Auslegung". Der Hörer soll selber erkennen, wieso er in diesem Bild aus dem Leben vorkommt und was ihm

---

[376] Dieses „Kennen" wird als ein wesentliches Thema in V. 14/15 und V. 27 aufgenommen und vertieft. Vgl. auch die Anmerkung Nr. 302.

das zu sagen hat. Dieses eigentliche „Verstehen" des Gleichnisses ist nicht von der intellektuellen Klugheit des Hörers abhängig, sondern von dem inneren Blick für seine eigene Lage, die in dem Gleichnis aufhellend abgebildet ist. Darum konnten auch die Jünger Jesu ratlos vor einem solchen „Gleichnis" stehen (vgl. etwa Mk 4, 1—9; 10, 13—20). So wundern wir uns nicht, wenn die Leiter des Volkes, zu denen Jesus spricht, mit diesem Bild aus dem Hirtenleben nichts anzufangen wissen. Sie sind ja „blind für Gott, blind für Jesus, blind für sich selbst" (S. 303). **„Diese Bildrede sagte ihnen Jesus; sie aber verstanden nicht, was das war, was er zu ihnen redete."**

Wohl war das Hirtenleben den Israeliten, selbst wenn sie in Jerusalem wohnten, anders bekannt und vertraut als uns heute. Und vielfältig hatte das Alte Testament von dem Hirtengleichnis in der verschiedensten Weise Gebrauch gemacht. Der 23. Psalm wird damals so beliebt gewesen sein wie heute und dazu noch weit echter und unmittelbarer verstanden. Die große Verheißung von Jes 40, 11 mußte jedem Bibelkenner im Ohr klingen: „Er wird seine Herde weiden wie ein Hirte." Ochse und Esel, die ihren Herrn „kennen", hatte Jesaja (1, 3) dem tauben Volk zur Beschämung hingestellt[377]. Die Not Israels war im Bild von den „Schafen ohne Hirten" (1 Kö 22, 17; Jes 13, 14; 53, 6; Sach 10, 2) dargestellt. Darum hatte Gott aber auch das Versagen der führenden Kreise in Israel im Bild der treulosen, untauglichen und bösen Hirten drohend gekennzeichnet (Jer 2, 8; 10, 21; Hes 34, 1—10; Sach 11, 4—6). Diesem schrecklichen Versagen gegenüber, das Israel elend untergehen läßt, hatte Gott versprochen, sich seiner Herde selbst anzunehmen, selber ihr Hirte zu sein und ihnen rechte Hirten zu geben (Jer 3, 15; Hes 34, 11—16; Hes 34, 23; Mi 5, 3), wie einst Mose (Ps 72, 21; Jes 63, 11) und David (Ps 78, 70—72; Hes 37, 24) Gottes gute Hirten für Israel waren.

So hatten gerade Schriftgelehrte und Pharisäer alle Möglichkeit, Jesus zu verstehen. Aber wie wir uns zu Kapitel 8 klarmachten, hängt unser „Hören" und Verstehen nicht von unserer allgemeinen Verständigkeit, sondern weitgehend von unserer inneren Haltung ab. Unser „Hören" wird wie unser „Denken" unwillkürlich von unserem Ich aus geleitet. Und hier war mit dem ersten Satz das Ich der Hörer angegriffen. Wie? Sie, die berufenen und hochangesehenen Leiter und Hüter des Volkes sollen als „Diebe und Räuber" über die Mauer eingestiegen sein? Das war für sie ein so ungeheuerlicher Gedanke, daß sie von vornherein der Bildrede Jesu den Eingang in ihr Herz versagten. Wenn jemand nicht durch die Tür gründlicher Vorbildung

---

[377] Darum stehen noch heute Ochse und Esel an der Weihnachtskrippe.

und amtlicher Ermächtigung hineinkam, sondern anders woher eingestiegen war, dann doch gerade dieser Jesus selbst. Er war „unbefugt" in Israel eingedrungen und hatte in empörender Weise sich die Herrschaft anzumaßen versucht und jeden „Beweis" für seine Vollmacht verweigert (2, 18). Der ganze unüberbrückbare Gegensatz zwischen Jesus und den führenden Kreisen Israels wird aufs neue sichtbar.

7/8 Jesus macht darum auch hier keinen Versuch der Verständigung, sondern gibt mit herbster Schroffheit und mit einem erneuten radikalen Selbstzeugnis eine Auslegung seiner Bildrede. „**Da sprach Jesus wiederum: Wahrlich, wahrlich ich sage euch: Ich bin die Tür zu den Schafen. Alle, wieviele vor mir gekommen sind, Diebe sind sie und Räuber.**" Wieder ist es ein „**Ich bin**"-Wort, das Jesus sagt. Aber diesmal ist es in besonderer Weise konkret auf das Dasein Israels, der „Herde" Gottes, bezogen. In einem kühnen Bild bezeichnet sich Jesus als die „**Tür**"[378], als den einzig rechtmäßigen und wirklichen Zugang zu dem Hof, in dem die Herde Gottes gesammelt ist. In strengem Sinn nur durch Jesus hindurch kommt man wirklich und recht zu Gottes Volk. Wer einfach von sich aus, und ohne durch Jesus hindurchzugehen, an Gottes Volk herantritt, der gleicht dem Mann, der über die Mauer in den Schafhof steigt. Er kann dabei nur selbstsüchtige Ziele haben und muß ein „**Dieb**" und ein „**Räuber**" sein.

Mit denen, die „**vor mir**"[379] **gekommen sind**", kann Jesus keinesfalls den Täufer meinen, den er stets als Boten Gottes geehrt hat und der mit seinem mächtigen Zeugnis von Jesus wirklich „durch die Tür" zu Israel kam. Auch die Propheten werden selbstverständlich von Jesu Urteil nicht getroffen. Sie redeten im Geiste Christi (1 Pt 1, 11) und gingen somit auch durch „die Tür" zu den Schafen oder führten doch die Schafe zu der „Tür" hin. Aber mit Maleachi (um 450 v. Chr.) verstummt die Prophetie. Immer mehr werden Schriftgelehrte und Pharisäer die geistlichen Leiter Israels. Und über sie fällt Jesus das harte Urteil: sie sind nicht durch die Tür hereingekommen, sondern haben Gottes Volk eigenmächtig und eigensüchtig geleitet und gleichen darum Dieben und Räubern. Jesus nimmt das Urteil der Propheten über die unverantwortlichen „Hirten" Israels auf (Jer 2, 8; 10, 21; Hes 34, 1—10; Sach 11, 4—6) und wendet es jetzt gegen die maßgebenden Kreise in Jerusalem, mit denen er im Kampf steht.

---

[378] Er „öffnet" nicht die Tür, er „ist" selber die Tür und darin etwas völlig anderes als jeder „Türhüter".

[379] Wichtige Handschriften (Koine und Sinaiticus) haben das „vor mir" nicht. Das Verständnis des Satzes würde aber durch die Auslassung dieser Worte nicht leichter werden.

Es ist eine unheimliche Tatsache, daß man an der Gemeinde Gottes eifrig arbeiten, sich mit allem Selbstbewußtsein als „Hirt" fühlen und in Wahrheit doch ein „Dieb und Räuber" sein kann. Nur durch Jesus als die „Tür" kommt man wahrhaft und recht zu den Schafen. Aber nicht eine noch so richtige Lehre über Jesus ist die „Tür". Jesus selbst, er in Person, er in seinem Wesen, er in seiner Liebe ist „die Tür". **„Ich bin die Tür zu den Schafen."** Man muß in Jesus selbst hineinkommen, in Jesus selbst leben, Jesus „gegessen" (6, 57) und von ihm „getrunken" (4, 14; 7, 37) haben, um wirklich durch ihn als Tür zu den Schafen zu gelangen. An Jesus entscheidet es sich, wer ein rechter Hirte ist. Wenn dieses Verhältnis zu Jesus nicht da ist, müssen notwendig andere Motive — vielleicht tief verborgen und gerade darum so gefährlich — das Wirken in der Gemeinde bestimmen und einen Menschen zum „Räuber" machen, der nur von den Schafen leben will. Die **„Räuber"** in der Gemeinde bringen die Schafe aus eigensüchtigen Gründen um das ewige Leben.

Jesus setzt von seinem Bild her hinzu: **„Aber es haben auf sie die Schafe nicht gehört."** Wir merken die ganze Schwierigkeit der Auseinandersetzung, die Jesus zu führen hat. Denn das, was er hier sagt, ist zunächst keineswegs klar zu sehen. Im Gegenteil! Ist es nicht gerade Jesus, der von weitesten Kreisen nicht verstanden und nicht gehört wird? Wandten sich nicht viele von ihm ab, bis in die Schar seiner Jünger hinein, so daß er selbst die Zwölf fragen mußte: „Wollt etwa auch ihr weggehen?" Stehen nicht Pharisäer und Schriftgelehrte weithin in hohem Ansehen? „Hört" man nicht überall auf sie? Und doch ist Jesu Aussage von tiefer Wahrheit und bewährt sich darum bis heute. Bei allem Ansehen und bei aller Beliebtheit von „Pharisäern und Schriftgelehrten" erreichen sie doch nie wirklich die Menschen in ihrem Innersten. Nie geschieht es durch sie, daß „die Toten" die Stimme des Sohnes Gottes hören und zum Leben kommen. Nie öffnen sich ihnen die Menschen wirklich und in ihren eigentlichen Nöten und Fragen. Aber wenn Menschen „durch Jesus" zu den andern kommen, mögen sie wohl ihre Fehler und Schwächen haben, aber da horchen die Herzen auf, da öffnen sie sich, da „hören" sie, da geschehen die Wunder der Erweckung und der Errettung.

Darum wendet Jesus jetzt das Bild und blickt auf die einzelnen, die aus dem Tode in das Leben kommen müssen. **„Ich bin die Tür, wenn jemand durch mich eingeht, wird er gerettet werden."** Nicht nur für die, die in der Gemeinde Gottes dienen wollen, ist Jesus der einzig rechtmäßige Zugang. Er i s t dies deshalb, weil er unmittelbar für jeden Menschen persönlich die einzige Tür zur Errettung ist. Zu der Schar der Erretteten, die Gott gehören, zur Gliedschaft in der Gemeinde Gottes kommt man nur durch die **„Tür"**, die Jesus selbst ist.

Nicht Geburt, nicht Sitte und Überlieferung, auch nicht ein Sakrament als solches, kein „Hineinwachsen" macht uns zu Gliedern der erlösten Heilsgemeinde. Wohl mag es viele Wege geben, auf denen ein Mensch bis vor die Tür gelangt. Wir wollen nichts gering schätzen, was Menschen auf Jesus aufmerksam machen kann. Die Vielfältigkeit und Originalität der Vorgeschichten Gottes ist immer wieder erstaunlich. Aber dann gibt es nicht vielerlei Türen zum Leben. Es gibt nur eine Tür. Es geht nur durch Jesus selbst und unser persönliches Verhältnis zu ihm hindurch.

Aber Jesus ist nicht nur für die Errettung, für den Anfang des neuen Lebens, die „Tür". Er bleibt es fort und fort im weiteren Leben der Erretteten. Wer durch Jesus errettet wurde, **„wird eingehen und ausgehen und Weide finden"**. Durch die Wiedergeburt werden wir nicht selbständige Leute, die in sich selber haben, was sie brauchen und darum aus sich selber leben können. Nein, wie die Schafe jeden Tag wieder durch die Tür hinausgehen müssen, um draußen **„Weide zu finden"**, so geht es jedem Erretteten sein Leben lang, wie alt er immer werden mag. Es gibt auch keine „Weide", die ohne Jesus von uns selbständig entdeckt und ausgenutzt werden könnte. Alles **„Weide finden"** ist nur durch Jesus hindurch möglich.

10 Von diesen immer wieder erfahrbaren Tatsachen des geistlichen Lebens aus wird nochmals der ganze Gegensatz zwischen Jesus und den falschen Leitern Israels (und in der Gemeinde aller Zeiten!) deutlich. Es geht dabei um den Gegensatz der innersten Lebensrichtung. **„Der Dieb kommt nur, um zu stehlen und zu schlachten und zu verderben."** Immer droht dem Dienst in der Gemeinde die Entstellung, daß dabei die eigene Ehre, der eigene Vorteil gesucht und die „Schafe" dafür ausgenutzt werden. Das Leben der Schafe ist dabei gleichgültig. Sie können ruhig verderben, wenn nur der „Hirt" gedeiht[380]. Im Kommen Jesu aber und in seinem Dienst geht es nur um die Schafe und ihr Leben. Jesus sucht nichts für sich selbst. Was sollte er auch suchen, was er nicht als der „Sohn" schon alles hätte. Sein „Kommen" ist von vornherein nur Verzicht und Hingabe im Blick auf ihn selbst. Aber es bringt das Leben für die andern. **„I c h bin gekommen, damit sie Leben haben und Überfluß haben."** Vor Jesus braucht sich niemand zu fürchten, als ob er uns irgend etwas „nehmen" und „rauben" wolle. Sein Werk ist einzig das Geben. Und was er gibt, ist **„Leben"**, wirkliches und eigentliches Leben. Und dies gibt er nicht sparsam

---

[380] So hat Jesus die Heuchelei der kirchlichen Führer seiner Zeit gekennzeichnet: „Weh euch, Schriftgelehrte und Pharisäer, die ihr der Witwen Häuser fresset und verrichtet zum Schein lange Gebete" (Mt 23, 14). Es sage aber kein Prediger und Seelsorger zu schnell, daß ihn das keinesfalls mittreffe!

und kümmerlich. Es ist ihm nicht genug, daß die Seinen einigermaßen ein Stück Leben haben; nein, sie sollen „**Überfluß haben**". Wie ist auch dieses Wort Jesu im Laufe der Jahrhunderte an ungezählten Menschen jeder Art und in jeder Lebenslage erfüllt worden.

Und nun wendet sich die Erklärung der Bildrede von der „Tür" fort zum „Hirten" selbst. Aufs neue erklingt das mächtige Selbstzeugnis Jesu: „**I c h bin der Hirte, der gute.**" Gott hatte in langer, schmerzhafter Geduld die unzulänglichen, ja die bösen Hirten sein Volk vernachlässigen und verderben sehen. Er hatte versprochen, sich selber seiner Herde anzunehmen. Nun tut er dies; er, der eine, wahrhaft „**gute**" Hirte ist da. „**I c h bin es**", auf den alle Weissagungen des rechten Hirten zielen, kann Jesus sagen. „**I c h bin es**", in dem sich das Hirtenbild, das alte Bild für das Königtum in Israel, endgültig verwirklicht. In mir ist Hesekiel 34, 11—16 und Jesaja 40, 11 erfüllt. Welch eine Blindheit, wenn Israels Führer das nicht erkennen und diese Erfüllung der Verheißungen Gottes zurückstoßen.

11

Der „gute Hirte" hat ein einziges, unbedingtes Kennzeichen. „**Der gute Hirte setzt seine Seele ein für die Schafe.**" Über dem Leben der „Diebe und Räuber" steht die Regel des natürlichen Wesens: „Für uns selbst." Über dem Leben Jesu leuchtet das mächtige „Für die Schafe." Warum verließ das ewige Wort den Platz beim Vater in der Herrlichkeit? Warum wurde das Wort „Fleisch" und teilte unser ganzes Dasein? Warum wird der Logos zum leidenden, blutenden, sterbenden Gottesknecht? Es gibt nur eine Antwort: Für die Schafe, für uns! Wir sind dabei an die Fassung des Wortes gewöhnt: „Der gute Hirte läßt sein Leben für die Schafe." So behalten auch neuere Übersetzungen das Wort bei. Es ist auch richtig, daß das hbr „näphäsch", grie „psyche", nicht die „Seele" im strengen dogmatischen oder philosophischen Sinn meint, sondern die „Lebendigkeit" eines Wesens bezeichnen will und darum auch mit „Leben" wiedergegeben werden kann. Aber andererseits steht hier nun eben nicht das Wort „Leben", weder „bios" noch „zoe", wie der Leser bei der üblichen Übersetzung vermuten muß. Es steht nun einmal „psyche = Seele" da. Die Übersetzung ist aber auch für den Inhalt der Aussage nicht gleichgültig. „Das Leben lassen" läßt ganz einseitig und wesentlich passiv nur an das Sterben denken; dann scheint es so, als sei Jesus nur in den Stunden seines Sterbens dieser gute Hirte gewesen. Aber wenn Johannes in 1 Jo 3, 16 mahnt, wir sollen auch „das Leben für die Brüder lassen", dann hat er sicher nicht gedacht, daß alle Christen gegenseitig füreinander sterben sollen. Er meint den gesamten „Lebenseinsatz", den Einsatz der ganzen „Seele", der fort und fort in unserm Miteinander in der Liebe geschehen soll und kann. So hat auch E. M. Arndt das Wort verstanden und es in wörtlicher Übersetzung in sein Lied aufgenommen: „Wer ganz die Seele dreingesetzt, dem soll die Krone werden." Für solchen Einsatz kann dann das Sterben die äußerste Vollendung sein. So ist es bei dem „guten Hirten" Jesus in seinem Kreuzestod. Aber Einsatz seiner Seele ist fort und fort sein ganzes Leben und Wirken. Einsatz seiner Seele für die Schafe ist gerade auch der heiße Kampf, den er jetzt vor unsern Augen um die irregeleiteten Schafe gegen ihre Verführer, gegen diese „Diebe und Räuber" führt.

12/13   Jesus stellt zur Verdeutlichung das Gegenbild des bloßen **„Lohnarbeiters"** dem echten **„Hirten"** gegenüber. Wir sind hier an das Wort „Mietling" gewöhnt, und dieses Wort hat für uns, aus schmerzlichen Erfahrungen heraus mit untauglichen und feigen Hirten in der Gemeinde Jesu, einen abfälligen und aburteilenden Klang. Jesus aber meint es ganz sachlich, und wir haben es so als sachliche Schilderung zu hören. Der „misthotos" ist der **„Lohnarbeiter"**, ein Mann, der für bestimmten Lohn eine bestimmte Arbeit verrichtet. So kann er auch als „Lohnarbeiter" zum Hirten der Schafe angestellt werden. Die Schafe gehören ihm nicht, er hat kein eigentliches Interesse an ihnen. Er versorgt sie, wie es sich gehört, aber zum Einsatz seines Lebens weiß er sich nicht verpflichtet. Wenn das Raubtier naht, läßt er die Schafe im Stich und rettet sein Leben. Wer will es ihm verdenken? Soll er für seinen kümmerlichen Tagelohn und für fremde Tiere seine heilen Glieder oder sein Leben riskieren? **„Wer Lohnarbeiter und nicht Hirt ist, wem die Schafe nicht gehören, sieht den Wolf kommen und läßt die Schafe im Stich und flieht — und der Wolf raubt und versprengt sie —, weil er Lohnarbeiter ist und ihm nicht an den Schafen liegt."**

Aber freilich, so wenig einem Lohnarbeiter ein Vorwurf aus solchem Verhalten zu machen ist, für die Schafe ist es schlecht, wenn sie einem bloß gemieteten Knecht ausgeliefert sind, der sie in der Gefahr im Stich läßt. Und wenn der, der sich zum „Hirten" berufen ließ, nun wie ein bloßer Lohnarbeiter handelt, dann trifft ihn mit Recht die ganze Verurteilung. Wir haben es mit einem echten Gleichnis zu tun. Ein „Gleichnis" ist keine „Allegorie"; in ihm muß daher nicht jeder Einzelzug ausgedeutet werden. Das Kommen des Wolfes malt zunächst nur die Gefährdung der Herde. Es kann damit jede Bedrohung der Gemeinde von außen und von innen dargestellt sein. So sprach dann auch Paulus von menschlichen Feinden der Gemeinde als von „Wölfen"[381]. Es ist daher auch keineswegs nur an äußere Verfolgungen zu denken, in denen der **„Lohnarbeiter flieht"**. Er kann auch der inneren Verstörung der Gemeinde durch Irrlehre ohne Gegenwehr

---

[381] Er tat dies in seiner letzten Ansprache an die Ältesten von Ephesus, der späteren Wirkungsstätte des Johannes (Apg 20, 29).

zusehen, weil er die Nöte und Schmerzen des Kampfes scheut und seinen theologischen Ruf nicht aufs Spiel setzen will. Er mag dabei seinen Dienst in der Gemeinde schlecht und recht tun, er gleicht dann doch dem „Lohnarbeiter", der so weit seine Pflicht erfüllt, der sich aber nicht eigentlich um seine Schafe kümmert und Kampf und Gefahr ausweicht. Das Bild muß recht weit gefaßt werden, damit es wirklich drohend und mahnend vor uns steht.

Aber freilich, zuletzt ist in dem allen und hinter dem allen doch Satan der eigentliche „Wolf", der die „**Schafe raubt und versprengt**". So sah Jesus in 8, 44 hinter den „Dieben und Räubern", die in Israel eingedrungen waren, als ihren „Vater" den Teufel, dessen „Begierden" sie erfüllen. Es ist die letzte und entscheidende Aufgabe des „guten Hirten", die Schafe von diesem „**Wolf**" zu erretten. Das ganze Leben, Wirken, Leiden und Sterben Jesu ist Kampf mit Satan und Sieg über ihn. So hat es der gleiche Johannes, der uns hier von Jesus berichtet, später grundsätzlich ausgesprochen: „Dazu ist erschienen der Sohn Gottes, daß er die Werke des Teufels zerstöre" (1 Jo 3, 8)[382].

Noch einmal bezeugt Jesus „**Ich bin der gute Hirt**". Aber nun hebt er an dem Hirtenbild eine Seite hervor, die schon in der Schilderung Vers 2—5 wesentlich war: das gegenseitige „Kennen" zwischen dem Hirten und seinen Schafen. „**Und ich kenne die mir gehörenden [Schafe] und die mir gehörenden [Schafe] kennen mich**[383]." War es zunächst das Erkennen der „Stimme" und das vertrauende „Folgen", das im Bild hervortrat, so wird jetzt gezeigt, wie hinter solchem „Hören" und „Folgen" ein ganz tiefes „**Kennen**" steht. Das Gleichnis Jesu knüpft an Vorgänge an, wie sie sich tatsächlich zwischen dem Hirten und seinen Schafen abspielen. Aber nun sprengt die Schilderung des „**Kennens**" zwischen dem Hirten und den ihm gehörenden Schafen das Gleichnis und zeigt uns eine Wirklichkeit, die nicht mehr mit irdischen Vergleichen erfaßt werden kann. Denn dieses „Kennen" ist so tief, daß Jesus es mit seinem eigenen Verhältnis zum Vater vergleichen muß. Jesus und seine Schafe kennen sich gegenseitig, „**wie mich der Vater kennt und ich den Vater kenne**". Wenn wir schon zu 5, 19 zu sagen wagten, daß sich für uns in unserm Leben mit unserm Herrn abbildlich wiederhole, was in der Gemein-

14/15

---

[382] Unter den bedeutenden Theologen ist es vor allem Karl Heim, der das Werk Jesu so erfaßt und dargestellt hat in „Jesus der Weltvollender", Hamburg 1952³. Auch wir werden den nur dann wahrhaft erfassen, was wir an Jesus haben, wenn wir den „Wolf" in seiner Furchtbarkeit kennen und in der Lebenshingabe des guten Hirten unsere eigene Rettung aus der Macht des Wolfes erfassen.

[383] Die uns vertraute Lesart „Ich bin bekannt den Meinen" wird von gewichtigen Handschriften gestützt. Aber der jetzt bevorzugte Text entspricht der Parallelaussage des folgenden Verses besser.

schaft zwischen Sohn und Vater wunderbar als das Wesen innerer Gemeinschaft überhaupt vor uns stehe, so bestätigt das nun Jesus selbst. Es ist wirklich so, daß Jesus uns kennt, **„wie ihn der Vater kennt"**. Ist das möglich? Muß nicht Jesu „Kennen" der Menschen zu jener Zurückhaltung gegen uns führen, die in 2, 24 f deutlich hervortrat? Ja, muß Jesu Erkennen meines verdorbenen Wesens nicht in Abscheu, Zorn und Verstoßung enden? Aber Jesus hatte es schon in 6, 37 versprochen, daß er keinen hinausstoßen werde, der zu ihm kommt. Wer im Glauben einer der „Seinen" wird, den „kennt" er in einer für uns unbegreiflichen, aber seligen Weise des Zurechtliebens, das einmal in unserer Gleichheit mit ihm sein Ziel erreicht haben wird (1 Jo 3, 2; Rö 8, 29). Er wird das später in den letzten Gesprächen mit seinen Jüngern ausdrücklich bestätigen, daß dieses sein „Kennen" ein „Lieben" ist: „Wie mich der Vater geliebt hat, habe ich euch geliebt" (15, 9). Darum und nur darum kann nun auch unser **„Kennen"** Jesu seinem Kennen des Vaters gleichen: **„Die mir gehörenden [Schafe] kennen mich, ... wie ich den Vater kenne."** Wir würden ihn niemals „kennen", wenn er uns nicht zuerst erkannt und „zuerst geliebt" (1 Jo 4, 19) hätte. Aber nun sehen und lieben wir in Jesus die alleinige Quelle unseres wahren Lebens, wie der Sohn sein Leben aus dem Vater und im Vater hat. Und es ist wenigstens anfangsweise und darin doch grundlegend eine herzlich bejahte Abhängigkeit von Jesus in unserer ganzen inneren Haltung da, die der tief gewollten und bejahten Abhängigkeit des Sohnes vom Vater entspricht.

Aber ein solches **„Kennen"** der Seinen ist nur möglich in dem freien Opfer Jesu für uns. Den Sohn kann der Vater in ganzer Freude und mit völligem Wohlgefallen kennen und lieben. Uns aber kann Jesus nur dadurch kennen und lieben, daß er sein Verhältnis zu uns unter den Willen gestellt hat: **„Und meine Seele setze ich ein für die Schafe."** Er kennt und sieht uns als die, die er mit dem ganzen Einsatz seiner Seele und seines Lebens erkauft hat und die ihm darum teuer sind. Aber er kennt und sieht an uns schon das, was er mit dem ganzen Einsatz seiner Seele aus uns machen wird[383a].

16   Jesu Werk und Kampf hat ständig und völlig Israel gegolten. Bei allem, was wir bisher lasen, haben wir immer daran zu denken, Jesus redet zu „den Juden". Gerade auch Johannes, der den Gegensatz zwischen Jesus und „den Juden" in seiner ganzen Tiefe darstellt, weiß doch zugleich, mit welcher Treue Jesus bis in sein Sterben als „König der Juden" an Israel festhielt. Auch die Schafe, von denen unser Abschnitt redet, sind „die verlorenen Schafe aus dem Hause Israels"

[383a] Er wird uns ja darstellen heilig und unsträflich und ohne Tadel vor seinem Angesicht Kol 1, 22; vgl. Rö 8, 29; Eph. 5, 27.

(Mt 10, 6; 15, 24), zu denen allein er jetzt gesandt ist[384]. Aber bei dieser Treue zum Eigentumsvolk Gottes weiß Jesus doch von seiner weltweiten Sendung. **"Und andere Schafe habe ich, die nicht aus diesem Hofe sind; und auch die muß ich führen, und meine Stimme werden sie hören, und es wird sein eine Herde, ein Hirt."** Die „andern Schafe" sind nicht im umzäunten Raum, in „diesem Hof", geborgen wie Israel hinter dem „Zaun des Gesetzes". Sie sind „ohne Christus, ausgeschlossen vom Bürgerrecht in Israel und fremd den Testamenten der Verheißung", und daher ohne Hoffnung und ohne Gott in der Welt (Eph 2, 12). Aber Jesus weiß, was er tun wird nach des Vaters herrlichem Plan und Willen. Gottes Verheißung an Abraham 1 Mo 12, 3 mußte erfüllt werden. Darum „**muß**" Jesus auch diese vielen andern Schafe aus allen Geschlechtern und Sprachen und Völkern „**führen**", die er mit seinem Blut für Gott erkauft (Offb 5, 9). Und das Wunder wird geschehen, das kein Mensch erwarten konnte: „**Und meine Stimme werden sie hören."** Menschen, die nach ihrem Wesen, ihrer Geschichte, ihrer Kultur nicht das geringste mit dem Mann aus Palästina zu tun haben, werden von dem Wort Jesu getroffen und finden in Jesus ihr Leben, ihr ein und alles. Wenn es nicht in der Geschichte des Evangeliums als Wirklichkeit vor uns stände, würde niemand es für möglich halten. Aber Jesu Wort ist Wahrheit: „**Meine Stimme werden sie hören."** Und dann wird es nicht mehrere verschiedene Herden geben, sondern „**es wird sein eine Herde, ein Hirt".** Jesus sieht jene Gemeinde aus „Juden" und „Heiden" voraus, die zuerst im Hause des Kornelius geschenkt wurde, die in den paulinischen Gemeinden da war und um die es in dem entscheidungsvollen Apostelkonzil (Apg 15) ging. „**Eine Herde, ein Hirt",** das ist in jenen Worten des Paulus bestätigt, die die Einheit in Christus über alle Unterschiede hinweg bezeugen (1 Ko 12, 12 f; Gal 3, 28; Kol 3, 11). Jesu Wort von der „**einen Herde"** ist nicht ein bloßes Ideal. Es ist herrlich erfüllt. In allen Erdteilen, Ländern, Rassen und Stimmen ist Jesu Stimme „gehört" worden und sind Menschen zu der Gemeinde Jesu hinzugekommen. Diese Gemeinde kann ihrem Wesen nach immer nur die eine Gemeinde sein, wie es nur einen Hirten gibt, der sie sich mit seinem Leben erwirbt[385].

---

[384] Diese seine Sendung wird nicht vergeblich bleiben. Es wird einmal Israel als ganzes gerettet werden: Rö 11, 26.

[385] Darum hat die Evangelische Allianz von Rö 12, 5 aus die Einheit aller wiedergeborenen Gotteskinder als eine immer schon geschenkte und notwendige Wirklichkeit angesehen, die nicht das Ziel, sondern die vorgegebene Grundlage aller Bemühungen ist, diese Einheit der Kinder Gottes in dem gemeinsamen Hören auf das Wort und im gemeinsamen Beten konkret zu leben.

17/18 Alles aber ruht auf dem Opfer Jesu. Darum spricht Jesus am Schluß noch einmal von diesem Einsatz seiner Seele, seines Lebens. Was er davon sagt, ist eingefaßt in zwei Worte, die des Vaters Stellung zu diesem seinem Opfer zeigen. Jesus geht seinen Weg nach dem ausdrücklichen Auftrag des Vaters. **„Diesen Auftrag habe ich von meinem Vater empfangen."** Der Vater gab in seiner eigenen göttlichen Liebe zur Welt den Sohn dahin (3, 16; auch Rö 8, 32). Und eben weil Jesus diesen Auftrag des Vaters in seinem eigenen Leiden und Opfern der Welt bringt, steht er selber in der Liebe des Vaters. **„Deswegen liebt mich der Vater, weil ich einsetze meine Seele."**

Aber weil er so vom Auftrag und von der Liebe des Vaters umschlossen ist, ist er in seinem Handeln, in der Hingabe seiner Seele, so völlig „frei". **„Niemand hat sie von mir genommen, sondern ich selbst setze sie ein von mir selbst aus."** Die Geschichte seines Lebens und seines Sterbens sieht freilich äußerlich ganz anders aus. Er scheint einfach der Übermacht seiner Feinde zu erliegen. Ist er nicht wehrlos preisgegeben, wenn die früher gegeneinander erbitterten Gegner „Herodes und Pontius Pilatus mit den Heiden und den Völkern von Israel" (Apg 4, 27) sich gegen ihn zusammenschließen? „Nahmen" sie ihm nicht seine Seele, sein Leben? Nein, so ist es nicht. Das Opfer Jesu ist darin echtes Opfer, daß es in vollkommener Freiheit gebracht wird. Tag um Tag seines Lebens setzt er seine Seele in Freiheit ein, bis er sie im Sterben am Fluchholz ganz hingeben wird. Auf diesen Ausgang seines Kampfes sieht Jesus mit so völliger Gewißheit, daß er von ihm in der Form der vollendeten Vergangenheit spricht: **„Niemand hat meine Seele von mir genommen."** Zugleich hebt diese Form die Aussage besonders hervor, daß der kommende Ablauf der Ereignisse kein „Zwang" ist, dem Jesus ausgeliefert wäre. Er geht den Weg zum Kreuz in voller Freiheit.

Aber Jesus weiß dabei noch etwas anderes. Die „Seele", das „Leben", die er jetzt einsetzt bis zur letzten Hingabe im Sterben, wird er nicht für immer verlieren, er wird sie „wieder empfangen". Das von Jesus hier gebrauchte Wort kann auch mit „nehmen" übersetzt werden. **„Vollmacht habe ich, sie einzusetzen, und Vollmacht habe ich, sie wieder zu nehmen."** Aber auch in dieser **„Vollmacht"** ist das **„Wiedernehmen seiner Seele"** doch nicht ein eigenmächtiges. Gott ist es, der nach dem Zeugnis des ganzen Neuen Testamentes Jesus von den Toten auferweckt und ihm die „Seele" zu einem neuen Leben in Auferstehungsherrlichkeit zurückschenkt. Aber wie nach 5, 19 ff der Sohn in der vollen, willigen Abhängigkeit vom Vater doch immer der Handelnde ist und bleibt und selbst das „tut", was er den Vater tun sieht, so ist dieses Zurückempfangen seines Lebens zugleich sein eigenes „Nehmen", zu dem er die **„Vollmacht"** hat, freilich vom Vater verliehen. Diese Aussage Jesu entspricht seiner Ankündigung der Auferstehung in den Leidensweissagungen bei den Synoptikern (Mt 16, 21; 17, 22; 20, 18 f). Dieses Wissen um sein kommendes neues Leben nimmt aber seinem Opfer ebensowenig seinen schweren und vollen Ernst, wie der Härte eines Märtyrertodes dadurch nichts abgebrochen wird, daß vor dem Blutzeugen die großen Zusagen Gottes stehen und ihm im Sterben die kommende Herrlichkeit zeigen. Es muß gerade dabei der Glaube bewährt werden, der diese Zusage im Wort für wichtiger und gewisser hält als die ganze Wirklichkeit der Leiden und des Todes, in die er jetzt hineingeht.

Eine solche Rede, wie wir sie soeben aus dem Munde Jesu hörten, kann nicht ohne Wirkung auf die Hörer bleiben. Aber wieder ist diese Wirkung nicht eine einheitliche. Der Weg zu der einen Herde unter dem einen Hirten geht durch Entscheidung und darum auch durch Scheidung und Zwiespalt hindurch. „**Eine Spaltung entstand wiederum unter den Juden wegen dieser Worte.**" Bei „vielen" ist der Eindruck aufs neue der, der entstehen muß, wenn es nicht zum Glauben und zur Hingabe an Jesus kommt (vgl. o. S. 240 f); was Jesus von sich sagt, das ist einfach „**wahnsinnig**". Eine geradezu dämonische Selbstüberschätzung und Anmaßung spricht daraus und zeigt sich auch in der schroffen Verurteilung der anerkannten Leiter des Volkes als „Diebe und Räuber". „**Es sagten viele von ihnen: Er hat einen bösen Geist und ist wahnsinnig. Was hört ihr auf ihn?**" Aber es gibt unter den Hörern auch ganz andere Stimmen. „**Andere sagten: Diese Worte sind nicht die eines Besessenen.**" Das ist es, was auch uns am Wort Jesu beeindruckt, sobald wir Jesus kennenlernen. Seine Worte sind wohl unerhört, und Jesus sagt von sich das Allergrößte aus, und doch ist es so einfach und ruhig ausgesprochen. Es fehlt alles Krampfhafte und Gewaltsame, es ist auch auf den Höhen des Selbstzeugnisses nur „Hoheit" und nichts von „Anmaßung" zu spüren. Darum hat das Wort Jesu, gerade auch dies Wort von sich selbst als dem guten Hirten, immer wieder Glauben geweckt und Menschen zum Glauben an Jesus überwunden. Wahrlich, „**diese Worte sind nicht die eines Besessenen**".

19/21

Die hier so urteilen, benutzen dabei für „Wort" den Ausdruck „rhema", der auch ein „Geschehen", eine „Tat" bezeichnen kann[386]. Sie sehen — beachtlich auch für unser Verständnis — Jesu Rede im Kapitel 10 noch im Zusammenhang mit seiner Heilung eines Blindgeborenen. Darum fügen sie ihrem Urteil über Jesu Wort hinzu:

---

[386] Vgl. in unserm Evangelium 3, 34; 6, 63; 6, 68; 8, 20. Besonders klar ist „rhema" in diesem Sinn gebraucht Apg 10, 37, aber auch Lk 1, 37; 2, 15; Mt 18, 16; 2 Ko 13, 1; nach 5 Mo 19, 15.

„Ist etwa ein böser Geist imstande, Augen von Blinden zu öffnen?"
Sie haben gemerkt, Jesus „redet" nicht nur, sondern handelt; hinter seinem Wort über sich selbst steht eine große, wirksame Vollmacht, darüber können und wollen sie nicht hinweggehen.

DER RUF ZUR ENTSCHEIDUNG BEIM TEMPELWEIHFEST

Johannes 10, 22—42

zu Vers 23: Apg 3, 11	22 Es kam danach das Tempelweihfest in Jerusalem. Es war Winter. 23 * Und Jesus ging im Tempel umher in der Säulenhalle Salomos.
zu Vers 24: Mt 26, 63	24 * Da umringten ihn die Juden und sagten zu ihm: Wie lange hältst du unsere Seele auf? Wenn du der Messias bist, sage es uns frei
zu Vers 25: Jo 4, 26 5, 36	25 heraus. * Jesus antwortete ihnen: Ich habe es euch gesagt, und ihr glaubt nicht. Die Werke, die ich tue in dem Namen meines Vaters,
zu Vers 26: Jo 6, 64 Jo 8, 45 V. 47	26 die zeugen von mir. * Aber ihr glaubt nicht, weil ihr nicht zu 27 meinen Schafen gehört. * Meine Schafe hören meine Stimme, und
zu Vers 27: Ps 95, 7 Jo 18, 37	28 ich kenne sie, und sie folgen mir, * und ich gebe ihnen ewiges Leben, und sie werden gewiß nicht umkommen in Ewigkeit, und
zu Vers 28: Jo 5, 24 6, 39 17, 12 1 Pt 1, 5	29 nicht wird jemand sie aus meiner Hand reißen. * Was mir mein Vater gegeben hat, ist größer als alles (oder: mein Vater, der [sie] mir gegeben hat, ist größer als alles), und niemand ist imstande, 30 aus der Hand des Vaters zu reißen. * Ich und der Vater, wir sind 31 eins. * Da brachten die Juden wiederum Steine herbei, um ihn zu steinigen.
zu Vers 31: Jo 8, 59	
zu Vers 33: Mt 9, 3 26, 65 Jo 5, 18	32 * Jesus antwortete ihnen: Viele gute Werke habe ich euch vom Vater her sehen lassen. Wegen welches Werkes davon steinigt ihr 33 mich? * Die Juden antworteten ihm: Wegen eines guten Werkes steinigen wir dich nicht, sondern wegen Lästerung und zwar weil 34 du, der du ein Mensch bist, dich selbst zu Gott machst. * Jesus
zu Vers 34: Ps 82, 6 1 Ko 8, 5	antwortete ihnen: Steht nicht in eurem Gesetz geschrieben „Ich 35 habe gesagt: Götter seid ihr"? * Wenn [die Schrift] die als Götter anspricht, an die das Wort Gottes erging — und die Schrift kann
zu Vers 35: Mt 5, 17 f	36 nicht gebrochen werden — * wie sagt i h r von dem, den der Vater geheiligt und in die Welt gesandt hat, „du lästerst", weil ich
zu Vers 36: Lk 1, 35 Jo 5, 17—20	37 sagte: Ich bin Gottes Sohn? * Wenn ich die Werke meines Vaters 38 nicht tue, so glaubt mir nicht. * Wenn ich sie aber tue, und wenn ihr mir auch nicht glauben wollt, glaubt den Werken, damit ihr die Erkenntnis erlangt und besitzt, daß in mir der Vater ist und
zu Vers 39: Lk 4, 30 Jo 8, 59	39 ich selbst in dem Vater. * Da suchten sie ihn wiederum festzunehmen; und er entkam aus ihrer Hand.

40 *Und er ging wiederum fort auf die andere Seite des Jordan an
41 den Ort, wo Johannes zuerst getauft hatte, und blieb dort. *Und
viele kamen zu ihm und sagten: Johannes hat zwar kein Zeichen
getan; alles aber, was Johannes über diesen gesagt hat, ist wahr
42 gewesen. *Und viele kamen zum Glauben an ihn dort.

zu Vers 40:
Jo 1, 28
zu Vers 42:
Jo 7, 31

„Es kam danach das Tempelweihfest in Jerusalem. Es war Winter." 22
Die letzte Datierung in der Geschichte Jesu, wie sie Johannes uns
berichtet, war in 7, 2 das Laubhüttenfest gewesen. Eine Wirksamkeit
Jesu in Jerusalem mit Wundertaten wie der Heilung des Blindgeborenen und mit dem inneren Ringen um Israels fromme und führende
Kreise, wie es die Kapitel 7, 1 — 10, 21 durchzieht, hatte sich dem Auftreten Jesu beim Laubhüttenfest angeschlossen. Diese Wirksamkeit
hatte die 2 oder $2^1/_2$ Monate seit jenem Fest ausgefüllt. Jetzt war es
Winter geworden, Anfang Dezember, wo es auch in Jerusalem kalt
ist mit Regen und Schnee. In dieser Zeit wird das Fest der Tempelweihe begangen, vom 25. Kislew an 8 Tage lang. Es ist keines der
großen zentralen Feste, die alle männlichen Glieder des Volkes nach
Jerusalem riefen. Aber es war ein fröhliches Fest, das in Jerusalem,
der Stadt des Tempels, eine besondere Bedeutung hatte. Der nach der
Rückkehr aus Babylon wieder aufgebaute und 515 v. Chr. fertiggestellte Tempel war durch Antiochus Epiphanes entweiht worden.
1 Makk 1 und 4, 36—61 berichteten davon. Nach dem Befreiungskampf gegen die Herrschaft des syrischen Königs hatte Judas Makkabäus den Tempel wieder hergestellt und 165 v. Chr. neu geweiht.
Zum dankbaren Gedächtnis daran beging man das Fest, das hebräisch
„chanukka", griechisch „engkainia" = „Erneuerung, Wiederherstellung" hieß.

Jesus hielt sich im Tempel auf, in jener großen Säulenhalle an der 23/24
Ostseite des Vorhofes, der „Halle Salomos", in der dann auch die
Apostel zu großen Scharen von Zuhörern gesprochen haben (Apg
3, 11; 5, 12). Er scheut die Öffentlichkeit nicht, sondern sucht immer
neu die Begegnung mit seinem Volk und dessen führenden Kreisen.
„Da umringten ihn die Juden und sagten zu ihm: Wie lange hältst du
unsere Seele auf? Wenn du der Messias bist, sage es uns frei heraus."
In der Theologie ist sehr betont auf das „Messias-Geheimnis" hingewiesen worden, das bei den Synoptikern über dem Reden und Wirken
Jesu nach seinem ausdrücklichen Willen (Mt 16, 20; 19, 9) stehen
bleibt. Aber wir sehen, auch Johannes hat von diesem „Messias-Geheimnis" gewußt, das den „Juden" so erregend zu schaffen macht.
Nur der Samariterin und dem Blindgeborenen hatte sich Jesus ausdrücklich als der Messias — Menschensohn bezeichnet (4, 26; 9, 37).
Unter all den mächtigen „Ich bin"-Worten findet sich keines, das

„Ich bin der Messias" lautet. Darauf aber schien es den Juden gerade anzukommen. Welch sehnendes Verlangen nach dem Messias lebte im Volk. Warum **hält Jesus ihre Seele auf**? Nur eine ausdrückliche Inanspruchnahme der Königswürde und der Königsvollmacht könnte zur letzten Entscheidung führen.

So war eine ganz eigentümliche Lage entstanden. Jesus hatte weit größeres von sich ausgesagt, als man im allgemeinen dem „Messias" zuschrieb. Die Juden waren über diese Selbstzeugnisse empört und empfanden sie als Lästerung, die mit der Steinigung Jesu beantwortet werden müßte (8, 59). Zugleich aber beklagen sie sich über Jesu Zurückhaltung und fordern von ihm, sich endlich klar und unmißverständlich als Messias zu bezeichnen. Sie warten auf jene hinreißenden messianischen Aufrufe zum Kampf für Israels Freiheit und Größe, wie sie dann später im Wirken Barkochbas zu finden sind. **„Wenn du der Messias bist"** — bei aller Feindschaft gegen Jesus scheint es ihnen doch auch wieder möglich, daß dieser unbegreifliche Mann der erwartete Helfer ist. Aber dann **„sage es uns frei heraus"**, und dann wäre gerade das Fest der Tempelweihe mit seiner Erinnerung an die nationale Erhebung unter den Makkabäern der rechte Zeitpunkt, um als Messias hervorzutreten.

Es ist eine bezeichnende Tatsache, daß der Unglaube trotz aller erlebten Wunder, immer noch „das Zeichen vom Himmel" fordert (Mt 12, 38; 16, 1) und trotz aller gewaltigen Selbstzeugnisse immer noch ein klareres und eindeutigeres Wort begehrt. Wer nicht im Glauben, im gehorchenden Vertrauen, sein Herz erschließt und ausliefert, dem wird kein Wunder wunderbar genug, kein Zeugnis eindeutig genug und kein Beweis beweiskräftig sein. Darum kann der Unglaube nie von außen widerlegt und überwunden werden. Unglaube wird nur durch Glauben geheilt.

25 So kann Jesus auf die Beschwerde der Juden nur antworten: **„Ich habe es euch gesagt, und ihr glaubt nicht."** Und wenn seine Worte ihnen zweifelhaft bleiben, **„die Werke, die ich tue in dem Namen meines Vaters, die zeugen von mir"**. Jesus selbst will freilich den Glauben, der aus dem „Wort" geboren wird. So hat er den Glauben mit Freuden an den Samaritern in Sychar erlebt, bei denen er überhaupt kein „Zeichen" tat. Er weiß, wie leicht „Wunder" mißverstanden werden und zu gefährlich falschem Glauben führen (6, 15; 6, 26). Er kennt die Brüchigkeit des Glaubens, der nur an Wundern entsteht (2, 23—25). Aber doch hat Jesus immer wieder „Zeichen" getan. Er weiß auch um die Macht von „Tatsachen", die aus „Taten" entstehen. Er hat erfahren, wie es darum gerade seine Wunder sind, die auch in den Reihen seiner Gegner Menschen nachdenklich machten (3, 2; 7, 21. 31; 9, 16; 10, 21). So verweist er die Fragenden auch hier auf

seine „**Werke**". Freilich gebraucht er diesen Ausdruck hier wohl absichtlich anstelle des Wortes „Wunder" oder „Zeichen", weil er gerade nicht nur die einzelnen besonderen Wundertaten meint, sondern sein gesamtes „Wirken". Seine „**Werke**" umfassen sein ganzes Leben in seiner göttlichen Sohnesart. Er „redet" nicht nur von sich, das konnten ja immer noch leere und unbegründete Worte sein, nein, er „ist" wirklich das, was er sagt. Seine „**Werke in dem Namen seines Vaters**" bestätigen sein Wort und bezeugen seine Sendung.

Wenn aber sein Wort eindeutig genug ist und von seinen Werken bezeugt wird, warum findet er dann keinen Glauben? „**Aber ihr glaubt nicht, weil ihr nicht zu meinen Schafen gehört.**" Gehört bei ihm „Wort" und „Werk" und „Sein" unlöslich zusammen, so auch bei seinen Gegnern. Wir stoßen hier freilich auf einen „Zirkel", der sich nicht logisch auflösen läßt. Sie glauben nicht, weil sie nicht seine Schafe sind; aber das ist keine Entschuldigung, denn sie sind nicht seine Schafe, weil sie nicht glauben. Nur mit solchem „Zirkel" kann man das lebendige Geheimnis des „Glaubens" umschreiben. Glaube ist in der Tat nicht etwas, was ich jederzeit von mir aus aufbringen kann, wann ich will. Es muß mir erst von Gott „das Ohr geöffnet" sein, damit ich „höre wie ein Jünger" und in diesem Hören dann auch glauben „kann"[387]. Aber dennoch werde ich zum Glauben aufgerufen — wie oft hat Jesus das getan und wird es in unserm Abschnitt erneut tun (V. 38) —, und eben indem ich diesem Ruf folge und „glaube", werde ich zu einem, der glauben kann[388]. 26

Und nun schildert Jesus seine „**Schafe**" und ihr Wesen und Leben. Er nimmt dabei wieder auf, was er im Grundgleichnis Vers 1—5 geschildert hat, und wendet es nun auf die Seinen an. Diese sind dadurch zuerst gekennzeichnet, daß sie seine „**Stimme**" zu „**hören**" vermögen. „**Meine Schafe hören meine Stimme.**" Natürlich kann jeder das Wort akustisch ins Ohr bekommen; aber es kann ihm dann ein fremdes, verschlossenes Wort bleiben, das ihn nicht trifft, das ihn nicht wirklich „angeht". Es ist ein einzigartiger Vorgang, der sich bis heute immer neu ereignet, wenn wir das Wort Jesu wahrhaft „hören" und darin die „Stimme unseres Herrn", die „Stimme" des wahren „Hirten" erkennen[389]. 27

---

[387] Vgl. Jes 50, 4. Hinter dem Wort Jesu steht aber auch jene Wirklichkeit, auf die er in 3, 19—21 hingewiesen hat.

[388] Unsere reformatorischen Väter haben dieses Geheimnis bezeugt, indem sie lehrten, der Glaube selbst sei die neue Geburt und das neue göttliche Leben. Schlatter weist auf den gleichen Tatbestand hin, wenn er sagt, glauben lerne man nur durch Glauben, so wie man laufen nur lerne durch Laufen.

[389] Dieses Geschehen ist das letzte Ziel aller Verkündigung. Es ist aber mit keiner eigenen Kraft und Fähigkeit, mit keiner alten oder neuen Methode zu erreichen. Es will erbetet und erglaubt sein und treibt den Verkünder in das Gebet.

Aber Jesus sagt das nicht nur von dem wunderbaren Beginn des Glaubens an ihn. Dieses **"Hören seiner Stimme"** kennzeichnet das Leben fortdauernd. Die Welt ist erfüllt von unzähligen "Stimmen" der verschiedensten Art, und alle diese "Stimmen" werben um uns. Auch in unserem eigenen Herzen erheben sich mancherlei Stimmen lockend oder zurückweisend. Aber die, die Jesus gehören, hören durch dieses ganze Stimmengewirr hindurch **"seine" Stimme**, die einzigartige Stimme des guten Hirten in ihrer unbestechlichen Reinheit und unüberwindlichen Liebe. Immer neu erkennen sie Jesus als das ewige Wort, das allein das Leben bringt.

Diesem unserm "Erkennen" entspricht das uns geltende "Kennen" Jesu: **"Und ich kenne sie."** Wir sahen schon, daß dieses "Kennen" immer ein liebendes und erwählendes und errettendes ist. Wir dürfen hier aber auch daran denken, daß auf diesem **"Kennen"** die absolute und unverbrüchliche Festigkeit unseres Verhältnisses zu Jesus beruht. In jeder Verbundenheit mit Menschen begleitet uns die heimliche Sorge, die Liebe des andern zu verlieren, wenn er uns erst ganz kennenlernt und merkt, wer wir wirklich sind. Wir ahnen alle die Abgründe unseres Herzens und die ganze Häßlichkeit und Verdorbenheit unseres Wesens. Darum gibt es unter uns so viel Verschlossenheit und so manche feinere und gröbere Schauspielerei. Viel Glaubensleben ist darum auch von der Angst begleitet, Jesus könne uns loslassen oder verwerfen, wenn er uns erst richtig kennenlerne. Aber diese Angst ist unbegründet! Jesus **"kennt"** uns ganz und gar, wenn er uns annimmt. Wir können ihn nie "ent-täuschen", denn er hat sich nie über uns "ge-täuscht".

Dieses Verhältnis zu Jesus im gegenseitigen "Kennen" führt in die "Nachfolge". **"Und sie folgen mir."** Das ist das einzige, was die Schafe "leisten" und tun können. Und doch ist es — wie der als Gleichnis benutzte Vorgang anschaulich zeigt — gerade keine "Leistung". Die Schafe tun damit nichts für den Hirten und bringen ihm damit nichts zu. Warum "folgen ihm die Schafe" (V. 4)? Weil sie nur bei dem Hirten das finden, was sie selbst zum Leben brauchen: Weide und Wasser und Leitung und Schutz. Für uns aber werden diese Bilder zum Ausdruck für das eigentliche, ewige Leben, das wir nur bei Jesus, unter seiner Führung und in unserer "Nachfolge", finden. Darum hat Simon Petrus, als Jesus auch den Zwölfen das Fortgehen von ihm anbot, mit Recht nicht geantwortet "Wir lassen dich nicht im Stich, wir stehen zu dir", sondern: "Zu wem sollten wir weggehen? Worte ewigen Lebens hast du" (6, 68) und eben nur du. Nirgends sonst können wir bekommen, was wir bei dir fanden. Darum kann es Jesus von den Seinen auch mit solcher Gewißheit sagen **"Sie folgen mir"**. Darin liegt ja für sie selbst ihr "Leben".

Eben dies bestätigt Jesus: **"und ich gebe ihnen ewiges Leben."** Hier 28
wie schon in 3, 15 f ist das „Leben" nicht zuerst als das unbegrenzt
dauernde, „ewige" gekennzeichnet; es wird vielmehr als „äonisch",
also als dem neuen, alles vollendenden Äon zugehörig charakterisiert.
Es kann auch einfach „das Leben" heißen. Es ist das Leben, nach dem
aller Lebenshunger sich eigentlich sehnt und das die Menschen auch
auf ihren Irrwegen und Sündenwegen unbewußt und vergeblich
suchen[390]. Aber Jesus gibt es den Seinen, und es ist die ganze und
umfassende Gabe, die er zu geben hat[391]. Diese Gabe wird jetzt schon
„geschmeckt" (Hbr 6, 5). Sie ist aber zugleich „unter dem Kreuz verborgen" (Luther) und gehört nur den Glaubenden. Der gute Hirte, der
seinen Schafen ewiges Leben gibt, sendet sie doch zugleich „mitten
unter die Wölfe" (Mt 10, 16) und läßt das Leben immer wieder nur
so „gewinnen", daß sie es um seinetwillen „verlieren". Gerade als
„äonisches", von dem kommenden Äon her bestimmtes Leben kann
es nicht die Art des Gedeihens in dieser Welt an sich tragen.

Solches Leben „haben" die Seinen jetzt schon als seine Gabe. Aber
sie sind noch unterwegs zu dem kommenden neuen Äon, der erst die
volle Erfüllung bringt. Werden sie diesen Äon, die Königsherrschaft
Gottes, erreichen und in sie eingehen (3, 5)? Werden sie nicht auf dem
langen Weg, der bis dorthin vor ihnen liegt, umkommen? Jesus
verspricht: **"und sie werden gewiß nicht umkommen in Ewigkeit."**
Dabei ist auch hier wieder nicht ein philosophischer Begriff von
„Ewigkeit" gemeint. Nein, „bis in den (kommenden) Äon hinein",
wie es in echt biblischer Begriffsbildung wörtlich heißt, werden die
Schafe Christi nicht umkommen. Warum darf ich[392] dessen gewiß
sein, während ich doch die vor mir liegende Zukunft nicht kenne?
Wieso kann Jesus es versprechen, obwohl gerade er alle Gefahren
und Anfechtungen kennt und sehr wohl den „Wolf" kommen sieht
und den Fürsten dieser Welt gewiß nicht unterschätzt? Traut er den
Seinen so viel Überwinderkraft zu? Hält er ihren Glauben für so sieghaft? Nein, Jesus kann dieses Versprechen nur geben, weil er fort-

---

[390] Hier liegt der Grund, warum die „Sünder" oft so viel leichter und seliger zu Jesus kommen als die „Gerechten". Sie haben auf dunklen und schmutzigen Wegen so leidenschaftlich „das Leben" gesucht; nun steht es in Jesus überraschend und überwältigend vor ihnen.

[391] Es kann auffallen, daß hier, wie auch sonst bei Johannes, nicht von der „Vergebung der Sünden" als der Gabe Jesu die Rede ist. Aber „ewiges Leben" gibt es für „Sünder" nur durch die Errettung (V. 9!) und Vergebung hindurch. Und der „Hirt" ist gerade für den Blick des Johannes immer zugleich das „Lamm", das die Sünde der Welt trägt.

[392] In Mt 16, 18 hat Jesus diese Zusage der Gemeinde gegeben. Auch Paulus spricht in dem Siegeslied Rö 8, 35—39 von dem „Wir" der Gemeinde. Und auch in unserm Text weist das zugrundeliegende Bild von der „Herde" auf die Gemeinde. Das vereinzelte Schaf, das sich von der Herde löst, gerät mit Ernst in die Gefahr des „Umkommens".

fahren kann: „**Und nicht wird jemand sie aus meiner Hand reißen.**" Die Hand dieses Hirten ist stark und unbesieglich. Darum, wer auch immer der „**jemand**" ist, der uns aus dieser Hand reißen möchte, Tod oder Leben, Engel oder Fürstentümer oder Gewalten, Gegenwärtiges oder Zukünftiges, Hohes oder Tiefes, alles überhaupt, was doch nur „Kreatur" ist, wird es ihm nicht gelingen[393].

29 Und wenn wir doch noch zagen sollten, dann verweist uns der Sohn auf den Vater. Hier, bei dem allmächtigen Gott selbst, ist es widerspruchslos gewiß: „**Niemand ist imstande, aus der Hand des Vaters zu reißen.**" Hat Jesus uns dem Vater erworben und in die Hand des Vaters gelegt als seine Kinder (1, 12), wer sollte uns dann je aus dieser Hand reißen können[394]. So sind wir von einer doppelten Hand umschlossen und in vollkommener Sicherheit. Aber beachten wir es dabei wohl: nur vom „Herausreißen" hat Jesus gesprochen und hat es uns zugesagt, daß es unmöglich sei. Wohl aber können wir uns selbst aus dieser Hand lösen. Wir sind nicht mechanisch und ohne unseren Willen oder gar gegen unseren Willen in ihr festgehalten.

So einfach und klar diese Aussage am Schluß des Verses ist, bietet doch der Anfang des Verses der Auslegung Schwierigkeiten. Das kommt in der Verschiedenheit der Handschriften an dieser Stelle zum Ausdruck. Die heute bevorzugte Lesart sagt: „**Was mir mein Vater gegeben hat, ist größer als alles.**" Wie hat Jesus das gemeint? Was der Vater Jesus gegeben hat, das sind ja „die Seinen". So hat es Jesus in Kapitel 6, 37 ausgesprochen: „Alles, was mir der Vater gibt, kommt zu mir." Dann muß Jesus in seinem Wort jetzt die Überlegenheit der Seinen über alles hervorgehoben haben. Eben als die ihm vom Vater Gegebenen sind sie selber größer als alles. Jesus hat dann radikal ausgesprochen, was Johannes in seiner Weise in 1 Jo 5, 5 mit Triumph verkündigt: „Alles, was von Gott geboren ist, überwindet die Welt." Diese Lesart bleibt aber innerlich schwierig. Sollte Jesus die Seinen wirklich „größer als alles" genannt haben? Nirgends sonst finden wir in seinem Mund etwas Ähnliches. Und warum diese doppelte Zusicherung der Geborgenheit in seiner und des Vaters Hand, wenn sie selber „größer als alles" sind? Viel einfacher ist die uns vertraute Fassung: „**Der Vater, der [sie] mir gegeben hat, ist größer als alles.**" Aber ist das nicht eine — schon früh vorgenommene und darum auch in alten Handschriften bezeugte — Verbesserung des eigentlichen Textes zur Erleichterung des Verständnisses? Doch der Unterschied der Lesarten ist im Griechischen sehr gering und läßt sich darum aus einer bloßen Verschreibung erklären. Es könnte aber auch mit Absicht

---

[393] Wieder ist Paulus mit Rö 8, 38 f der echte Bote Jesu und der beste Ausleger seines Wortes.

[394] Wieder sind die Fragen des Paulus in Rö 8, 31—34 die beste Auslegung dazu.

zu dieser Änderung gekommen sein, weil bei dem Satz: „Der Vater, der [sie] mir gegeben hat", das Objekt zu „geben" fehlte, das wir mit dem eingefügten „sie" erst ergänzen. Jedenfalls ist in dieser Form des Satzes die Aussage als solche klar und führt unmittelbar und logisch zu dem Schluß des Satzes, den wir schon besprachen. Es wird nun auch deutlich, daß uns nicht eigentlich zwei verschiedene Hände halten. Wir sind in der Hand des wahren Hirten; aber in diese Hand hat uns die Hand des Vaters gelegt. Und dieser Vaterhand entreißt uns niemand, weil der Vater jedenfalls größer ist als alles. Wir sind unverlierbar in der Hand des Sohnes, weil die Hand des Vaters uns dem Sohne gab.

Wie leuchtet hier von neuem die völlige Einheit zwischen Vater und Sohn. Das Geben des Vaters und das Tun des Sohnes ist ein einheitliches Handeln, das in solcher Weise uns und unserer Errettung und Bewahrung bis in den kommenden Äon hinein dient. Wie gewiß, wie unverzagt, wie kühn darf der an Jesus Glaubende sein, wenn er so doppelt geborgen ist!

Darum spricht Jesus hier seine Einheit mit dem Vater ausdrücklich aus. Er tut es in gedrängter Kürze und gerade darin gewaltig: **„Ich und der Vater, wir sind eins."** Wir wollen beachten, daß Jesus nicht behauptet: „Ich und der Vater sind Einer." Der Vater und der Sohn fallen nicht in einer Person zusammen. Sie bleiben zwei Personen, die aber in vollendeter Gemeinschaft **„eins"** sind. Diese „Einheit" hatte Jesus bereits in den Aussagen 5, 19 ff näher beschrieben. Es ist die Einheit vollkommenen Liebens, freilich so, daß dabei der Vater der Anhebende, Führende und Gebende ist und der Sohn willig der Nehmende, Gehorchende und Vollziehende bleibt.

Was Jesus hier in knapper Zusammenfassung seiner bisherigen Aussagen bezeugt, ist aber nicht schon damit erfaßt, daß man von einer „Willenseinheit" zwischen dem einfachen Menschen Jesus und Gott spricht. Mit solchen Versuchen einer modernen Deutung wäre die Gottessohnschaft Jesu zu einer bloßen symbolischen Bezeichnung entleert und ihres eigentlichen Wesens beraubt. Es wäre aber auch ein Phantasiebild des „Menschen" an die Stelle der Wirklichkeit gesetzt und aus Jesus ein erdichteter „Idealmensch" gemacht. Denn der wirkliche Mensch steht seit dem Sündenfall im tiefsten Gegensatz gegen Gottes Willen und Wesen. Wäre Jesus nur „ein Mensch", dann könnte auch von einer „Willenseinheit" mit Gott bei ihm keine Rede sein. Nur weil in dem Menschen Jesus das „Wort" Fleisch wurde, das „Wort", in dem Gott sein ganzes Herz und Wesen ausgesprochen hat, kann die ungeheure Aussage aus dem Mund dieses einen Menschen kommen **„Ich und der Vater, wir sind eins"**. Kapitel 10, 30 ist ohne 1, 1 unmöglich.

| 31 | Eben darum ist die Reaktion der Juden auf dieses Wort vom Judentum her durchaus verständlich. **„Da brachten die Juden wiederum Steine herbei, um ihn zu steinigen."** Wenn wir darüber nur den Kopf schütteln, stehen wir wahrscheinlich nicht über diesen Juden, sondern weit unter ihnen. Uns ist Gott so fern und undeutlich, seine Einzigartigkeit, Hoheit und Heiligkeit empfinden wir so wenig, daß es uns kaum bewegt und beunruhigt, wenn ein Mensch behauptet, mit Gott „eins" zu sein. Der Jude aber kam aus einer langen Schule Gottes. „Höre, Israel, der Herr ist unser Gott, der Herr allein." Das war das tägliche Bekenntnis jedes Juden[395]. Dieses „allein" brannte ihm in der Seele. Unerträglich ist es dem strengen jüdischen Monotheismus[396] bis heute, wenn ein Zweiter neben Gott stehen und mit Gott eins sein will, vollends wenn dieser „Zweite" ein „Mensch" ist.

Nur wenn wir das voll verstehen und mitempfinden, hören wir den Satz Jesu recht als einen wahrhaft unerhörten Satz und sehen wieder von da aus die ganze Größe Jesu als eine unerhörte Größe. Alle freundlichen, liberalen Vorstellungen von Jesus hat er selbst mit solch einem Wort zerschlagen und unmöglich gemacht. |

| 32 | Jetzt „verbirgt" sich Jesus nicht wie in 8, 59. Er spricht die erregte Menge noch einmal an und erinnert sie an das in Israel geltende Recht. Es ging in Israel nicht um Meinungen, Gedanken und Ansichten, wie etwa später in der Großkirche ketzerische Ansichten strafbar waren. Ein Todesurteil wegen „Ketzerei" gab es in Israel nicht. Vom „Gesetz" her handelte es sich in Israel immer um das „Werk". Darum wirft Jesus den Männern, die das Todesurteil durch Steinigung an ihm vollziehen wollen, die Frage entgegen: **„Viele gute Werke habe ich euch vom Vater her sehen lassen. Wegen welches Werkes steinigt ihr mich?"** Wollen sie die herrliche und selige Wirklichkeit seines Lebens in der Einheit mit dem Vater mit Steinigung beantworten? Er überblickt seine **„Werke"**, sein ganzes Wirken: wo hat er je Menschen geschädigt und verletzt? Waren es nicht lauter **„gute Werke"**, die der Sohn vom Vater her hatte sehen lassen? Welches Werk hat sie so erbittert? |

| 33 | Nun kommt es eindeutig an den Tag. Nicht Jesu „Werke" sind es, die die Juden erregen, nicht einmal seine Heilungen am Sabbat als solche. Es geht einzig um Jesu Stellung zum Vater, um seine Gottessohnschaft. Dabei aber handelt es sich nicht nur um „Gedanken" und „Meinungen", die Jesus über sich haben mochte. Jesus sprach seine Gottessohnschaft öffentlich aus und forderte den Glauben für sich selbst, den Israel doch einzig Gott darbringen durfte. Das war ein |

---

[395] Vgl. o. S. 181.
[396] „Monotheismus" ist der Glaube an einen einzigen, persönlichen Gott.

„Werk", das den Tod verdiente. Denn es war der Angriff auf Israels Heiligtum und war „Lästerung" und „Abgötterei". „**Die Juden antworteten ihm: Wegen eines guten Werkes steinigen wir dich nicht, sondern wegen Lästerung und zwar weil du, der du ein Mensch bist, dich selbst zu Gott machst.**" So ist es bis heute. Gern will man viel Gutes an Jesus anerkennen. Ja, man ist bereit, ihm höchste menschliche Ehrentitel zu geben. Aber daß er, der als einfacher Mensch vor uns steht, sich ein einzigartiges Verhältnis zu Gott zuschreibt und „sich selbst zu Gott macht", das ist unerträglich[397]. Zugleich zeigt gerade der Vorwurf der „Lästerung" die Tiefe und Unaufhaltsamkeit des Kampfes. Denn da, wo die Juden den lästerlichen Angriff auf ihr Heiligtum sehen, da steht in Wahrheit die letzte und höchste Offenbarung der Liebe eben des Gottes, an den Israel glaubt. Indem die Juden diese Selbsterschließung Gottes in seinem fleischgewordenen „Wort" verkennen und verlästern, werden sie selber „Lästerer"[398]. Darum wird in dem später folgenden Kampf der Gemeinde Jesu mit den Juden gerade diesen der Vorwurf gemacht, daß sie „lästern" (Apg 13, 45; 18, 6). Israel sollte der „Zeuge Gottes" und darum auch der Zeuge Jesu sein (Jes 43, 9—13; 44, 6—11), und begeht statt dieses Zeugendienstes „Lästerung", weil es Jesus, den wahren „treuen Zeugen" Gottes (Offb 1, 5), als Lästerer verwirft. Das ist es, was zur Entscheidung steht: Wer „lästert" und wer „bezeugt", Israel oder Jesus, die Gemeinde Jesu oder die Juden?

Jesus macht einen letzten Versuch, bei seinen Gegnern eine Möglichkeit des Verstehens zu schaffen. Wenn er ihnen aus der Schrift selber nachweisen kann, daß auch dort schon Menschen zu Gott in eine besondere Beziehung gestellt und mit gottheitlichen Prädikaten belegt werden, dann müssen sie stille werden und können ihn nicht einfach als Lästerer verurteilen. Und es geschieht in der Tat, daß Menschen im Alten Testament selbst „Götter" genannt werden. Im Psalm 82 wendet sich Gott warnend an ungerechte Richter und erinnert sie an die göttliche Hoheit ihres Amtes. „Wohl habe ich gesagt: 34/36

---

[397] Von hier aus müssen die Versuche der Theologie verstanden werden, die Gottheit Jesu als „Gemeindebildung" und „Gemeindetheologie" zu erklären, und nur den Menschen Jesus mit seinen „guten Werken" übrig zu behalten. Johannes aber widerspricht diesen Theorien hartnäckig durch sein ganzes Evangelium hindurch und zeigt (viel deutlicher als die Synoptiker), wie es nie zum Haß gegen Jesus und zu seiner Kreuzigung gekommen wäre, wenn Jesus nur „ein Mensch mit guten Werken" war. Der ganze Kampf zwischen Jesus und den Juden geht zuletzt einzig um Jesu Gottessohnschaft. Das wird jetzt am Ende dieses Kampfes eindeutig klar.

[398] Genauso ist es an Paulus zu sehen. Er eiferte als Pharisäer mit Leidenschaft für Gottes Ehre gegen den Lästerer Jesus und seine Anhänger und mußte dann nach Damaskus erkennen, daß er selber in diesem Eifer für Gott „war ein Lästerer und ein Verfolger und ein Frevler" (1 Tim 1, 13).

Ihr seid Götter und allzumal Söhne des Höchsten" (Ps 82, 6)[399]. Das müssen auch seine Gegner anerkennen. Wenn es das aber unzweifelhaft gibt, daß die Bibel selber[400] Menschen um ihrer göttlichen Sendung und Beauftragung willen als „Götter" bezeichnet, **„und die Schrift kann nicht gebrochen werden — wie sagt i h r von dem, den der Vater geheiligt und in die Welt gesandt hat, „du lästerst", weil ich sagte: Ich bin Gottes Sohn?"** Göttliche Bevollmächtigung von Menschen kennt die Schrift; das müssen die Schriftgelehrten zugeben. Können sie nicht von daher Jesus verstehen, der noch in ganz anderer Weise von Gott bevollmächtigt, vom Vater **„geheiligt"** und **„gesandt"** ist als jene „Götter"? Jesus hat sich ja nichts eigenmächtig angemaßt, wie seine Gegner von der eigenen Ichhaftigkeit her meinen. Er ist „geheiligt", er ist ganz zu Gottes Eigentum gemacht. Und so als ein ihm Geheiligter, der bis ins Letzte Gott zur Verfügung steht, hat ihn der Vater „gesandt". Er redet und handelt darum in einer Bevollmächtigung, die alles überragt, was die **„Richter"** und Propheten Israels besaßen.

37/38   Aber freilich, um diese Heiligung und Sendung Jesu geht gerade der Kampf. Sie wird von den Juden bestritten. Sie sehen alle Zeugnisse Jesu darüber als unbewiesene Behauptungen an. Wer soll hier entscheiden? „Worte" können es nicht. Darum verweist Jesus noch einmal auf seine **„Werke"**, auf die unleugbaren **„Tatsachen"** seines gesamten Wirkens. **„Wenn ich die Werke meines Vaters nicht tue, so glaubt ihr mir nicht. Wenn ich sie aber tue, und wenn ihr mir auch nicht glauben wollt, glaubt den Werken."** Seine Gegner sollen gar nicht ihm und seinen „Behauptungen" glauben; aber sie sollen die Tatsachen sehen und diesen Tatsachen, **„den Werken, glauben"**[401]. In

---

[399] Auch in 2 Mo 21, 6; 22, 7—8 ist von „ha elohim", von „den Göttern" die Rede, vor denen Rechtshandlungen stattfinden. Der alte Luthertext bot hier das Wort „Götter", die revidierte Bibel meint dafür „Gott" sagen zu müssen, während die Elberfelder Bibel diese „Elohim" einfach als „Richter" bezeichnet. Gerade von Ps 82, 6 aus ist es wahrscheinlich, daß in 2 Mo 21 und 22 die Amtsleute und Richter um ihrer besonderen Vollmacht willen „Götter" genannt wurden. „Zu ihnen geschah das Wort Gottes." In Israel war alles „Richten" zugleich ein „prophetisches" Tun (Samuel!). Im leitenden und richtenden Handeln war Gott selbst mit seiner Weisheit und Kraft zugegen. Das „Amt" hatte hier tatsächlich und eigentlich „göttliche" Autorität.

[400] Der grie Wortlaut gibt an dieser Stelle das Tätigkeitswort „ansprechen, nennen", einfach in der 3. Person der Einzahl: „er, sie, es spricht an". Es kann hier nach jüdischem Brauch ohne weiteres „Gott" als Subjekt dieses Ansprechens gemeint sein: „Wenn er (Gott) die als Götter anspricht ..." Das Wort kann sich aber auch auf „das Gesetz" zurück oder auf das kommende „die Schrift" vorauf beziehen: „Wenn euer Gesetz bzw. wenn die Schrift die als Götter anspricht ..."

[401] Was müßten wir über den Verfasser unseres Evangeliums denken, wenn er den Gegnern Jesu mit solchem Ernst zumutet, ihren Glauben auf „Werke" Jesu zu gründen, die dieser Verfasser selber erst erfunden hätte!

seinen „Werken", in seinem ganzen Wirken, müssen sie doch die
Züge des Vaters sehen.
   Von diesem „Glauben" aus gelangen sie dann zur Erkenntnis über
das einzigartige Verhältnis zwischen Jesus und Gott. **„Glaubt den
Werken, damit ihr die Erkenntnis erlangt und besitzt, daß in mir der
Vater ist und ich selbst in dem Vater."** Erst im Glauben und durch
den Glauben erwächst auch das Erkennen. Denn es ist nicht ein Feststellen toter Tatbestände, sondern ein Erfassen von Personen und
ihrer Beziehung zueinander. Das ist nur vom Glauben aus möglich.
Jesus kennzeichnet die Einheit zwischen dem Vater und ihm in neuer
Weise. Sie ist so gestaltet, **„daß in mir der Vater ist und ich selbst in
dem Vater"**. Es handelt sich um eine Personeinheit, wie es sie sonst
nicht gibt. Es kann nirgends eine Person „in" einer andern Person
sein. Nur die wahrhaft wiedergeborenen Jünger Jesu werden diese
Einheit dadurch kennenlernen, daß auch bei ihnen ein ähnliches Geheimnis da ist: Jesus lebt in ihnen (Gal 2, 20!), und sie sind in allem
Denken, Reden und Tun fortwährend „in Christus", wie Paulus immer wieder sagt. Es findet auch hier keine „Vermischung" mit Christus statt; wir selber werden auch nicht von Christus gleichsam auf-
gesogen und entpersönlicht, wie es die Mystik denkt. Wir bleiben
wir selbst in voller persönlicher Selbständigkeit, und Jesus bleibt erst
recht ganz Er selbst in seiner Herrlichkeit. Und doch lebt Jesus nicht
nur „über" uns auf seinem Thron zur Rechten des Vaters, sondern
„in uns" und ist zugleich wiederum zugleich der Lebensraum, in dem sich
unser eigenes Leben vollzieht. Das Geheimnis ist unaussprechbar und
logisch nicht klarzulegen. Es ist aber kindlich einfach in seiner Wirklichkeit zu erfahren. Von dieser Erfahrung aus sind wir nicht völlig
ohne Verständnis für das Geheimnis, das uns Jesus in seinem Wort
über sein Verhältnis zu Gott vor Augen stellt. In Jesus wohnt und
wirkt Gott selbst, ohne die personale Wirklichkeit und Selbständigkeit Jesu auszulöschen; und zugleich ist der Vater der Lebensraum, in
dem sich Jesu ganzes Dasein und Wirken vollzieht.
   Der Vers bietet uns wieder einen schwierigen Ausdruck, der verständlicherweise zu Abweichungen in den Handschriften geführt hat.
Unsere Textgestalt sagt wörtlich: „Damit ihr zur Erkenntnis kommt
und erkennt"[402]. Diese doppelte Verwendung von „erkennen" in
ihrer verschiedenen Form gibt einen guten Sinn. Wenn seine Gegner

---

[402] Die Handschriften von Koine, in diesem Falle auch vom Sinaitikus unterstützt, bieten die Lesart: „Damit ihr erkennt und zum Glauben kommt." Das sieht wieder nach einer „Verbesserung" der zweimaligen Verwendung des Wortes „erkennen" aus, die umso näher lag, als es Jesus fort und fort um das „Glauben" geht. Aber ein erneutes „Glauben" ist hier nicht passend, nachdem Jesus eben vom Glauben seinen Werken gegenüber gesprochen hatte.

seinen Werken glauben wollen, dann würden sie zur rechten Erkenntnis seiner Einheit mit Gott kommen und würden dadurch diese Erkenntnis fort und fort besitzen. Der Glaube führt dazu, daß „ihr die Erkenntnis erlangt und besitzt, daß in mir der Vater ist und ich selbst in dem Vater".

39 Dieses „Glauben", diese Unterwerfung unter die Wahrheit, dieses vertrauende Auftun der Herzen für Jesus, wollen seine Gegner nicht. Ihre Feindschaft ist mit Gründen und Argumenten nicht zu überwinden. Sie antworteten dem Werben Jesu erneut mit Gewalt. Sie versuchen wieder eine Verhaftung. Aber wieder mißlingt sie, weil Jesu Stunde noch nicht gekommen ist. „Da suchten sie ihn wiederum festzunehmen; und er entkam aus ihrer Hand." Wie Jesus entkommen konnte, wird nicht näher geschildert. Einzig die Tatsache selbst ist wichtig.

40/42 Nun ist von Jesu Seite aus in einem langen, schweren Kampf durch Monate hindurch (Kap. 7—10) alles getan, um Israel in seiner Führerschaft zu gewinnen. Der Kampf bleibt vergeblich. Jetzt steht in erstaunlicher Weise vor uns, was der Anfang unseres Evangeliums in den knappen Satz faßte: „Er kam in sein Eigentum und die Seinen nahmen ihn nicht an." Jesus bricht den Kampf ab. Er verläßt Jerusalem „und er ging wiederum fort auf die andere Seite des Jordan an den Ort, wo Johannes zuerst getauft hatte, und blieb dort". Auf der Landkarte finden wir diese Gegend jenseits des Jordan unter dem Namen Peräa. Dort ist Jesus vor unmittelbaren Verhaftungsversuchen sicher. Die Pharisäer und die Priesterschaft sind froh, daß Jesu Wirken in der Hauptstadt und vor ihren Augen und Ohren ein Ende hat. An eine Fahndung nach Jesus in dem entlegenen und einsamen Gebiet Peräas denken sie nicht. Solange Jesus dort ist, scheint er ihnen ungefährlich.

Aber Jesus bleibt auch dort nicht einsam. „Und viele kamen zu ihm und sagten: Johannes hat zwar keine Zeichen getan, alles aber, was Johannes über diesen gesagt hat, ist wahr gewesen." Noch einmal wird Größe, Bedeutung und Grenze im Wirken des Johannes herausgestellt. Es ist tatsächlich so, daß von Johannes keinerlei Wunder berichtet werden. Trotzdem zog er große Scharen an, ein gutes Zeichen für Echtheit und Tiefe der durch ihn hervorgerufenen Bewegung. Er war dadurch freilich auch „nur" Prophet, wie auch die atst Propheten nicht durch Wunder ausgewiesen zu sein brauchten. Aber als Prophet weist er von sich selbst weg auf den Kommenden. Die sein damaliges Zeugnis über Jesus hörten, können nur bestätigen: dieses Zeugnis ist lauter Wahrheit gewesen. Und so geschieht „dort" im abgelegenen Peräa, was in Jerusalem nur sehr begrenzt und mühsam geschah: „Und viele kamen zum Glauben an ihn dort." Es ist dies zugleich ein Wort des Johannes an die Täufergemeinden seiner Zeit: Seht doch den Täufer in seiner eigentlichen Wirklichkeit und folgt seinem Wort und Zeugnis und werdet auch euerseits endlich an Jesus gläubig.

Jesus im abgelegenen Peräa, Jerusalem mit den führenden Kreisen des Volkes voll heftiger Feindschaft gegen den „Gotteslästerer Jesus" — wie wird es nun weitergehen? Mit dieser Frage entläßt uns der erste Teil des Evangeliums. Der zweite Teil wird uns mit dem größten Wunder Jesu, mit der Auferweckung des Lazarus, wieder nach Jerusalem zurückbringen. Gerade dieses größte Wunder, wirklich ein „Zeichen vom Himmel", führt zum endgültigen Todesbeschluß des Hohen Rates. Der zweite Teil des Evangeliums wird ganz zur Passionsgeschichte mit ihrem Ausgang in der Auferstehung Jesu von den Toten.

Sachregister

Dieses Sachregister will kein vollständiges Verzeichnis aller wichtigen Worte in diesem Band bieten, sondern nur auf die wichtigsten „Sachen" hinweisen, die in diesem Buch ausgelegt werden.

Anbetung, 139 f.
Auferweckung, 167, 172

Brot des Lebens, 199 f., 205, 208 f., 214

Ehre Gottes, 181 f., 236
Erkennen, Kennen, 223 f., 313 f., 322, 330
Erlösung, 204
Ewigkeit, 285
Ewiges Leben, 112 f., 134, 146, 169 f., 195, 204, 208, 213 f., 222, 310, 323

Feindschaft (Gottes-), 227
Fleisch (Jesu), 50 f., 209 f.
Fleisch (d. Menschen), 108, 219
Finsternis, 41, 117, 258 f.
Freiheit, 274 f.

Gehorsam, 91, 207
Geheimnis Jesu, 34
Geist Gottes, 109, 125, 219 f., 247
Gericht Jesu, 168 f., 174, 303
Gesetz Mose, 58, 81, 237, 251, 261
Glaube, 43, 48 f., 115 f., 138, 147, 151 f., 157 f., 170, 178, 196 f., 200, 204, 207 f., 213, 222 f., 246 f., 255, 270, 293, 301 f., 330
Gnade, 55 f., 57 f.
Gottessohnschaft, 47—49, 269
Gott-Vater, 261, 268, 276 f., 313 f., 324 f.

Heilige Gottes, 224
Heiligung, 157 f., 298 ff.
Herde Jesu, 315
Hirte, 307, 312, 315
Herrlichkeit, 53 f., 55, 86 f., 92, 95

Jesu Jünger, 143, 271
Jesus — das Leben, 39 f.
— das Licht, 39 f., 44, 117, 257 f., 292
— der Prophet, 189, 197
— der Schöpfer, 38 f.
— der Sohn, 37
Jesu Name, 48
Johannes-Jünger, 75
Johannes der Täufer, 42, 63—68

Kreuz Jesu (Opfer, Tod), 50 f., 209, 211—213, 215, 217, 269

Lamm Gottes, 68 f., 70 f., 74
Lehre Jesu, 233, 253
Liebe Jesu, Gottes, 113, 165 f.
Lügner, Lüge, 280 ff., 287
Logos — das Wort, 34—38, 50

Menschensohn, 85, 112, 170, 195, 218 f., 268 f., 361 f.
Messias, 77 f., 141 f., 239, 242, 248 f., 319 f.

Nachfolge, 258, 322
Neugeburt (Wiedergeburt), 105—108

Reinigung, 121
Retter der Welt, 147 f.
Rettung, 266 f.

Schafe Jesu, 321
Sklaven der Sünde, 273 f.
Sohn Gottes, 59 f., 73, 84
Sündenvergebung, 69–71, 255 f.

Teufel, 225, 279, 284

Unglaube, 185, 220 f., 243, 263

Verlorenheit, 114, 265, 267

Wahrheit, 55 f., 119, 140, 271 f., 282
Welt, 45 f., 113 f., 264
Werke Gottes, Jesu, 177, 196, 321, 326, 328 f.
Wille Gottes, 114, 203, 235

Zeichen Jesu (Wunder), 87 ff., 101, 186, 188 f., 193 f., 195, 198
Zeit – Kairos, 229 f.
Zeugnis Jesu, 124 f., 175, 179 f., 230, 259
Zeugnis des Johannes, 43, 62, 122
Zorn Gottes, 127 f.

LEXIKON ZUR BIBEL Volksausgabe

Herausgegeben von Fritz Rienecker

100 Kunstdruckbildseiten mit 1728 Textspalten, über 150 Fotos, z. T. Großformat.
Über 350 Textillustrationen und Kartenskizzen, mehrfarbige Karten,
Format 15,7 x 23,2 cm.
Über 6000 Stichwörter aus Geschichte, Kulturgeschichte, Archäologie, Religionswissenschaft, Geographie, Biologie und Wirtschaft.
Namensangaben von Personen, Tieren, Orten und Pflanzen sind vollständig aufgenommen.
Alle wichtigen theologischen Begriffe sind ausführlich erläutert.
Die Stichwörter richten sich nach der Luther-Übersetzung.
Ein umfassendes vergleichendes Register verweist den Leser der Menge-, Elberfelder-, Zürcher Bibel und der revidierten Lutherbibel bei Übersetzungsunterschieden auf die entsprechenden Artikel des Lexikons.
Evangelienharmonie.
Große Zeittafel vom 3. Jahrtausend vor bis 79 nach Chr.
Umfassende Bibliographie.
Ortsnamenregister.

„Wem das Buch der Bücher ans Herz gewachsen ist, der findet in diesem Lexikon eine kaum übersehbare Fülle von Erläuterungen, die die Bibel in einem neuen Licht erscheinen lassen."

Westfälische Rundschau, Dortmund

„Es gefällt, weil es in die Gruppe jener Lexika gehört, die dreierlei können: demjenigen, der sich mit dem Thema (also in diesem Falle der Bibel) beschäftigt, Aufschlüsse und Informationen geben; demjenigen, der sich mit dem Lexikon beschäftigt, zum Thema (Bibel) hinführen; ganz unabhängig vom Thema zur Lektüre anregen. Es ist gut geschrieben, zuverlässig redigiert und liebevoll hergestellt – ein prächtiges Geschenk."

Die Zeit

„Hier ist uns eine gute Grundlage für unsere Arbeit gegeben. Wo anders haben wir auf so kleinem Raum so viel Material und bekommen so guten und anschaulichen Unterricht wie hier?"

Gnadauer Gemeinschaftsblatt

R. BROCKHAUS VERLAG WUPPERTAL

ATLAS ZUR BIBEL

Herausgegeben von H. H. Rowley

52 Seiten, Format 20,5 x 25,5 cm kart. mit Leinenrücken.

Mit Karten und Übersichten zur Ausbreitung des Christentums, Verbreitung der Weltreligionen, Konfessionskunde, Mission. Die Arbeitsgebiete der evangelischen und katholischen Missionsgesellschaften sind berücksichtigt. Aufliegerkarte des modernen Israel.

Ein Handbuch für die praktische Arbeit, für Unterricht und Studium.

Der Atlas läßt die Geschichte Israels und der frühchristlichen Gemeinden besser verstehen, denn er hört nicht, wie viele derartige Werke, mit den Reisen des Apostels Paulus auf, sondern zeigt auch die Weiterentwicklung des Christentums und später der Konfessionen und der Missionsgesellschaften bis in unsere Zeit hinein, und zwar anhand von farbigen Karten und Übersichten. Ein Register der Orts- und Völkernamen weist die Bibelstellen nach, gibt an, wo die Orte im Atlas verzeichnet sind und wie sie heute heißen.

„Ein handlicher, konzentrierter ATLAS ZUR BIBEL mit sehr einprägsamen plastischen Karten und guten Übersichten in Wort und Bild (empfohlen für den Unterricht)."

Ministerium für Unterricht und Kultus Rheinland-Pfalz, Mainz

„Die Aufmachung ist ausgezeichnet, die Sorgfalt in der Herstellung wirklich lobenswert."

Österreichischer Rundfunk

„Einen so preisgünstigen, guten Atlas zur Bibel, dem auch noch Karten über die heutige Ausbreitung des Christentums und die heutige Missionsarbeit beigegeben sind, gab es bisher meines Wissens überhaupt nicht."

Leiterbrief, Gründingen

R. BROCKHAUS VERLAG WUPPERTAL